玉树大地震救灾重建志

（卷四）医疗防疫志·社会赈灾志

《玉树大地震救灾重建志》编纂委员会　编

方志出版社
Publishing House of Local Records

图书在版编目（CIP）数据

玉树大地震救灾重建志．卷四，医疗防疫志·社会赈灾志 /《玉树大地震救灾重建志》编纂委员会编．—北京：方志出版社，2024.7

ISBN 978-7-5144-5217-4

Ⅰ．①玉… Ⅱ．①玉… Ⅲ．①地震灾害—重建—玉树县 Ⅳ．① D632.5

中国国家版本馆 CIP 数据核字（2024）第 015983 号

责任编辑：高孟君
责任校对：张玉霞
责任印制：梅中英
出 版 者：方志出版社
地　　址：北京市朝阳区潘家园东里 9 号（国家方志馆 4 层）
邮　　编：100021
网　　址：http://www.zgfzcb.cn
发　　行：方志出版社图书营销中心（010–67110500）
印　　刷：北京中科印刷有限公司
开　　本：889 毫米 ×1194 毫米　1/16
印　　张：43.25
字　　数：1050 千字
版　　次：2024 年 7 月第 1 版
印　　次：2024 年 7 月第 1 次印刷
定　　价：480.00 元

玉树

2010.4.14 7:49

7.1级大地震

4月14日7时49分37.9秒 青海省玉树藏族自治州玉树县发生里氏7.1级强烈地震

总受灾面积约为35862平方千米，重灾区面积约8022平方千米，246842人受灾，2698人遇难，270人失踪。此次地震为当地有历史记录以来最强烈的地震

4月14日8时许 青海省消防总队玉树支队成立救援组、医疗救护组和县中队看守所增援组，当即开始紧急救援，成为第一支救援部队、第一个救出生命的部队、第一家开设集中安置点的部队

4月14日9时许 青海省委、省政府召开紧急会议，立即启动Ⅰ级应急响应，安排部署抗震救灾和应急处置工作

4月14日10时 卫生部启动自然灾害卫生应急Ⅰ级响应

4月14日上午 温家宝致电强卫，对青海省玉树抗震救灾工作做出重要指示

4月14日中午 受胡锦涛、温家宝委托，回良玉率领国务院有关部门和军队、武警部队负责人紧急赶赴灾区

4月14日11时30分 强卫主持召开十一届省委第92次常委会会议，部署抗震救灾工作

4月14日15时20分 省长骆惠宁一行乘坐专机抵达结古镇，开展现场指挥救援工作

4月14日19时40分 四川省救援队抵达玉树灾区，随即赶赴救援现场。

4月15日11时 甘肃省组织的应急救援队38人、带10辆救护车到达玉树灾区

4月15日17时15分 温家宝乘飞机抵达玉树考察灾情慰问各族干部群众，指导抗震救灾工作

4月15日下午 首架运送震区伤员的飞机抵达西宁机场，38名伤员随即被送往医院

4月17日 卫生部疾病预防控制局局长于竞进带领由25人组成的国家卫生防疫队抵达玉树地震灾区

4月17日 青海省红十字会在西宁市中心广场举行玉树“4·14”抗震救灾大型募捐活动

4月17日 玉树州孤儿学校学生率先复课

4月18日11时 胡锦涛乘专机抵达玉树灾区视察

《玉树大地震救灾重建志》编纂委员会

《玉树大地震救灾重建志》评审小组

组　　长	高　煜			
副 组 长	杨松义			
成　　员	曹多珠	王华平	邓尔平	吴解勋
	索　南	韩新华	李泰年	王　升
	陈宇琪	凌　晨		

《玉树大地震救灾重建志（卷四）医疗防疫志》编纂委员会

主　　任	马海莉			
副 主 任	许存和	张海明	严文彪	颉学辉
	王晓勤	李晓东	刘　魁	
委　　员	桑文俊	赵　辉	李榆林	毕玉华
	柳玉香	刘砚秋	李砚明	李秀忠
	牛建平	熊成钢	祝增红	黄立成
	付学利	马国威	江　华	张建茹
	田　中	赵春明	艾溪涛	
办公室主任	李晓东			
副 主 任	桑文俊	熊成钢	艾溪涛	
分　　纂	艾溪涛			
编　　辑	祁泽宏	刘占山	许红星	徐微微
	肖剑敏	吴　黎	张旭东	李　颖

《玉树大地震救灾重建志（卷四）社会赈灾志》

编纂委员会

主　　任	更　阳	罗松达哇		
副 主 任	景占荣	辛全伟	高玉峰	杨自沿
	葛文平	徐信阁	王新平	布　尕
	才仁公保			
委　　员	武玉嶂	廖文顺	娄海青	张　霆
	赵　江	薛建华	李晓东	姚宽一
	元乃光	张国钧	常伟宁	申红兴
	王华杰	柴桂荣	代　吉	孙　林
	莫重录	郑玉斌	白秀娟	马　驰
	唐赟峰	靳延勇	王雅民	张永军
	王健锋	曹生渊	查　科	刘宝春
	左玉玲	豆本加	尕玛朋措	关却加
	吕　刚	杨洪武	仁青才项	尕藏才让
	张　洪			
办公室主任	景占荣	辛全伟		
副 主 任	张　洪	刘　明	马旦珠	乔忠民
	洛　阳			
成　　员	孙家南	于兰斌	敬永平	张作森
	刘海宁	达明恒	李德胜	莫重录
	白志强	朱占坡	刘玉香	冯文辉
	卓玛端智	王智伟	万　玛	仁　青
主　　编	更　阳	罗松达哇		
副 主 编	景占荣	辛全伟	乔忠民	
分　　纂	乔忠民			
副 分 纂	任　斌	蔡建国		
工作人员	林　丽			

凡　例

一、《玉树大地震救灾重建志》（以下简称“全志”）编纂，以马克思列宁主义、毛泽东思想、邓小平理论、“三个代表”重要思想、科学发展观、习近平新时代中国特色社会主义思想为指导，坚持辩证唯物主义和历史唯物主义的立场、观点和方法，存真求实，全面、客观、系统地记述2010年4月14日发生在青海省玉树藏族自治州玉树县的里氏7.1级地震灾情灾害、抢险救灾、医疗防疫、社会赈灾和恢复重建的全过程，全景展示中共中央、国务院的坚强领导和青海省委、省政府及各族人民群众抗震救灾的奋斗历程，充分展示社会主义制度的优越性和中华民族强大的凝聚力、向心力，大力弘扬大爱同心、坚韧不拔、挑战极限、感恩奋进的玉树抗震救灾精神。

二、全志共分六卷，卷一为《大事记·附录》，卷二为《图志》，卷三为《灾情灾害志·抢险救灾志》，卷四为《医疗防疫志·社会赈灾志》，卷五为《灾后重建志》，卷六为《集体·人物》。

三、各卷记述时限，上限均为2010年4月14日，下限根据记述主体内容有所区别。卷一《大事记·附录》，卷二《图志》下限为2013年12月31日；卷三中的《灾情灾害志》下限为2010年6月20日，《抢险救灾志》下限为2010年8月31日；卷四《医疗防疫志·社会赈灾志》下限为2010年8月31日；卷五《灾后重建志》下限为2013年12月31日；卷六《集体·人物》下限为2014年1月。为保持记述内容的相对完整，对必要的背景内容、捐赠款物统计及与抗震救灾工作密切相关的原始文件、重大事件后续发展等方面，记述时限适当上溯、下延。

四、全志记述的地域范围，灾情灾害部分为玉树大地震的主要灾区，重点记述玉树藏族自治州1个极重灾区（结古镇）、4个重灾区（隆宝镇、仲达乡、安冲乡、巴塘乡）的情况；其他部分为事件相关地域。

五、全志采用述、记、志、传、图、表、录、索引等体裁，以志为主。内容记述，横分门类，纵述史实。篇目结构，除《大事记·附录》外，其余各卷原则上按篇、章、节编次，节下设目。各卷卷首设《编纂说明》。《凡例》中没有涉及但需要说明并作特殊处理的原则和内容，在各分卷《编纂说明》中分别予以说明。全志除《图志》集中编排图片外，其他各卷图片随文插录。图片不编号，表格以各分卷的篇为单位排序编号。所用地图均以国家测绘部门审定的为准。

六、全志采用现代语体文记述，除前言、概述、无题述外，坚持述而不论，寓观点于记述之中。

七、全志涉及国家法律、法规和有关部门规章的，以现行法律、法规和有关部门规章为准。数字用法、标点符号分别采用国家标准《出版物上数字用法》（GB T15835-2011）、《标点符号用法》（GB T15834-2011），计量单位采用国家技术监督局1993年12月发布的《量和单位》系列国家标准。行文规范，按照全志编纂委员会制定的《〈玉树大地震救灾重建志〉行文规范》执行。

八、全志资料来源为各级档案馆、图书馆和各种媒体及有关单位。统计数字采用省政府统一提供的公开发布的数据和统计局发布的数据。

九、编纂要点。《大事记·附录》居全志之首。《大事记》采用编年体，适当结合纪事本末体，依时间顺序按年、月、日记载玉树大地震救灾重建全过程中的大事、要事、新事、特事。《附录》按文体分类，主要辑存有关抗震救灾和灾后恢复重建的重要文献。

《图志》按专题分类，采用图片下附简要文字说明的形式，直观再现玉树大地震前后灾区面貌和抗震救灾、灾后重建全过程。

《灾情灾害志·抢险救灾志》《医疗防疫志·社会赈灾志》《灾后重建志》为全志的主体部分。其中，《灾情灾害志·抢险救灾志》主要记述玉树地震灾区地理概况、区域历史地震、玉树大地震造成的巨大破坏和次生灾害情况；中国共产党、人民政府、全国各族人民和海内外各方紧急救援玉树地震灾区情况。《医疗防疫志·社会赈灾志》主要记述灾区医疗救护、疫病防治、伤员康复、医疗卫生机构恢复重建等情况；全国各地、国际社会对玉树地震灾区的赈济及捐赠款物的管理发放情况及群众生活安置工作。《灾后重建志》主要记述灾害调查评估、恢复重建工作的组织实施及验收等情况。

《集体·人物》按人物传、人物简介、人物表分类，坚持“生不立传”的原则，以事系人。区分表彰层次，以相应形式记载为抗震救灾和恢复重建做出贡献并受到表彰的英雄集体和模范。

十、全志一般不采用注释，个别特殊需要加以说明的采取页下注或文内括注方式。

十一、鉴于玉树市于2013年11月1日正式挂牌成立，为尊重历史事实，全志对玉树县、玉树市不作统一处理，两称并存。

编纂说明一

一、《玉树大地震救灾重建志（卷四）医疗防疫志》由青海省卫生与计划生育委员会牵头承编，主要参编单位为玉树州政府、省食品药品监督管理局、省红十字会、省疾控中心、省军区、武警青海总队。

二、体例结构按篇、章、节、目设置，力求全面、客观记述玉树大地震有关医疗防疫方面的情况。为记述层次清晰，有的目下还设置子目。

三、正文部分设组织领导、医疗防疫救援力量、医疗救治、卫生防疫、救援保障5篇17章，正文前设概述，志末附后记。

四、记述所有省外医疗卫生防疫及救援队伍排序均按地理区域划分。

编纂说明二

一、《玉树大地震救灾重建志（卷四）社会赈灾志》由青海省民政厅牵头承编，主要参编单位有青海省委宣传部、玉树州政府、省红十字会、团省委、西宁海关、青海机场公司、省外事办、青藏铁路公司、省财政厅、省审计厅。

二、体例结构按篇、章、节、目设置。正文依次设国家及省外赈灾、省内赈灾、志愿者赈灾服务、灾区民生、赈济款物使用管理与监督 5 篇 19 章，志前设概述，卷末附后记，力求全面客观、真实记录玉树大地震救灾重建期间的赈灾情况。为记述层次清晰，有的目下还设置子目。

三、对各地区、各系统、各部门的赈灾活动，一般先记应急反应、紧急部署、重大举措，着眼于“广义”赈灾；然后再由上而下、由内到外记述捐款捐物，着重于“狭义”赈灾。

四、未注明币种的捐款均为人民币。

五、记述所有省外事务、活动排序均按地理区域划分。

六、捐赠款物数据统计口径，均采用地区、行业、系统的统计数据，条块间有局部交叉或重叠；赈灾款物的总量（包括阶段性总量）及分类统计数据采用青海省政府统一提供、发布的数据，或以财政汇总数和审计结果为准。

七、海外侨胞赈灾以华侨为主，由于甄别身份存在困难，其中包含部分中资、合资企业，留学生和华人的赈灾。

总目录

（卷一）大事记·附录

（卷二）图　志

（卷三）灾情灾害志·抢险救灾志

灾情灾害志

抢险救灾志

（卷四）医疗防疫志 · 社会赈灾志

医疗防疫志

社会赈灾志

（卷五）灾后重建志

（卷六）集体·人物

目　录

医疗防疫志

社会赈灾志

医疗防疫志

众志成城　抗震救灾

概　述

众志成城　抗震救灾

“4·14”玉树7.1级大地震灾区范围包括青海省玉树藏族自治州各县和四川省甘孜藏族自治州的石渠县等，共有7个县27个乡镇，受灾面积3.59万平方千米，受灾人口24.68万人。截至4月21日17时，地震遇难人员达到2698人（含失踪270人），受伤12135人，其中重伤1434人。抢险救灾，救人为先。地震发生后，各级卫生机构紧急启动卫生应急响应，成立抗震救灾领导小组，及时组织疏散转移住院患者，积极救治受伤人员，开展医疗防疫工作，保证灾区广大群众的生命安全，确保大灾之后无大疫。中共青海省委、青海省人民政府坚决贯彻中共中央、国务院有关指示精神，把抢险救人、救治伤员、伤员转运、心理卫生干预、卫生防疫等作为重中之重，举全省之力，在卫生部、解放军、武警部队和有关兄弟省（自治区、直辖市）医疗卫生救援力量的强力支持下，与死神赛跑，救治伤员，严防疫情，掀起了一场波澜壮阔、气壮山河的生命大救援。

一

地震发生后，中共中央、国务院、中央军委高度重视，中共中央总书记、国家主席、中央军委主席胡锦涛，中共中央政治局常委、国务院总理温家宝及其他中央政治局常委分别做出重要指示，胡锦涛、温家宝急赴灾区视察指导，看望伤员，慰问一线医疗救灾抢险工作者。胡锦涛要求，各部门要全力做好抗震救灾工作，千方百计救援受灾群众，同时要加强地震监测预报，落实防范余震措施，切实安排好受灾群众生活，维护灾区社会稳定。4月17日，胡锦涛主持中央政治局常委会会议，果断做出决策部署，紧急调集救援力量支持玉树地震救灾。会议要求，努力救治受伤人员，加大救治力度，加强危重伤员转移救治力度，确保受伤人员得到及时有效救治，尽最大努力抢救伤员生命、医治群众病痛。18日，胡锦涛在玉树灾区视察时，看望了在帐篷医院里忙碌的医护人员，勉励大家大力发扬救死扶伤的人道主义精神，继续精心医治和护理好受伤群众，切实加强灾后卫生防疫工作。

4月14日上午，国务院成立玉树地震抗震救灾总指挥部。4月16日，温家宝主持召开国务院抗震救灾总指挥部会议时要求，及时抢救受伤人员，伤势严重的要迅速转移到周边条件好的地方救治。国家迅速启动应急机制。总指挥部设立卫生防疫组，由卫生部牵头，国家发展改革委、农业部、质检总局、食品药品监管局、中医药局、总后勤部卫生部为成员单位，负责医疗救助和卫生防疫。4月14日晚8时，玉树地震抗震救灾总指挥部卫生防疫组在卫生部召开紧急会议，研究部署青海玉树地震灾区卫生防疫工作。会议要求各成员单位按照“高度重视、协调配合、迅速应对、科学处置”的原则，千方百计抢救伤病员，做好卫生防疫工作，确保大灾之后无大疫。一是要高度重视，加强领导，在人员配备和经费保障上给予足够的支持。二是要抓住重点，统筹安排，全力做好抢救伤病员和卫生防疫工作。三是要密切配合，形成合力，确保抗震救灾卫生应急工作有效开展。26 日，中共中央政治局委员、国务院副总理回良玉主持召开国务院抗震救灾总指挥部第十次会议，专题研究部署玉树地震灾区学生复课、卫生防疫等工作。他强调，解决学生复课问题，加强卫生防疫工作，是当前抗震救灾面临的重大任务。

二

地震发生后，卫生部迅速成立了由部长陈竺和党组书记张茅任组长的卫生部青海玉树地震卫生应急领导小组，并启动自然灾害应急Ⅰ级响应。14 日下午，卫生部抗震救灾前方指挥部即开赴灾区。“救人是第一位的任务！”全国卫生系统紧急行动起来，支援玉树，救助玉树。卫生部迅速做出安排部署，调集 13 个省（区、市）医疗防疫队伍，以最快的速度奔赴玉树灾区，开展医疗救援和卫生防疫工作。先后共有 55 支医疗防疫队投入抗震救灾医疗救治和卫生防疫工作。各医疗队在“黄金 72 小时”内，不惜一切代价抢救生命。在各方救援力量的不懈努力下，受伤人员及时得到治疗。

地震发生 30 分钟后，国家地质灾害应急救援队和 3 个军队医院医疗队迅速集结，以空中、陆地机动方式于当晚抵达玉树地震灾区，迅即展开救援行动。震后 6 小时，四川省甘孜藏族自治州医疗队首批 49 名先遣队员带着价值 5 万元的药品和 8 辆急救车抵达玉树地震灾区赛马场的集中安置点开展救援工作。震后 7 小时，甘肃省 39 名医务人员、10 辆急救车携带药品器械和生活物资，翻山越岭向玉树进发。来自汶川地震极重灾区的四川省什邡市医疗队的 31 名医护人员，一路疾驰 30 多小时，于 16 日上午抵达结古镇。至 4 月 19 日，包括青海及灾区在内卫生系统共有近 2000 名医务人员战斗在灾区一线，为在“黄金 72 小时”内抢救伤员生命，赢得了宝贵时间。

救援实行现场搜索、营救、医疗三位一体的联动机制，对幸存伤员科学施救；军队以方舱医院为主，与州、县医务人员混合编组，在受灾群众集中安置点玉树州体育场和赛马场建立 2 个医疗中心；国家地质灾害紧急救援队在玉树州体育场建立规模大、设备全的流动医院，开展救治灾区伤病员的工作。至 4 月 16 日，在万余名救援官兵紧急搜救被压埋人员的同时，从“帐篷医院”的紧急救治到后续转送救治，一条完整的伤员运送救治链条迅速形成。

受制于灾区卫生医疗条件，卫生部在地震当天就制订了伤员转运方案，协调民航总局、铁道部、交通运输部，通知西宁、成都、兰州、西安等地预留床位，迅速启动危重伤员的转运救治。各地都把最好的医院、最好的医生和最好的床位安排给从玉树转运过来的地震伤员。15 日下午，首架运送震区伤员的飞机抵达西宁机场，机上 38 名伤员随即被送往医院进行救治；15 日 17

时许，运载伤员的飞机降落在成都双流国际机场，成都的救护车辆和医护人员立即将伤员转移到安排好的医院；16 日凌晨 1 时 20 分，100 余名地震伤员抵达西安咸阳国际机场，来自西安、咸阳的 80 余辆救护车和 260 余名医务人员不到 2 个小时就完成了转运。截至 4 月 19 日 17 时，累计收治伤员 9145 人，其中重症伤员 2059 人；累计转运伤员 2059 人，其中转运到西宁 1223 人、海南州 26 人、格尔木 181 人、西安 95 人、兰州 201 人、西藏昌都 16 人、四川 317 人；累计出院 58 人。参与抢救的医疗救治队伍共 40 支 2032 人。其中，玉树州本地 502 人，青海省内 511 人，省外和部队 1019 人。医疗队伍中含公共卫生人员 156 人，卫生监督人员 82 人。

为确保每一位受伤群众都得到有效救治，卫生系统在继续做好灾区现场医疗救援工作的同时，认真开展检伤分类工作，组织力量安排好对重伤员的救治和后期康复工作，最大限度降低伤残率。逐步加大卫生防疫和卫生监督工作力度，严防传染病流行，切实保障灾区饮用水和食品卫生安全，防止发生饮用水和食品安全事件。针对灾区近几年动物间鼠疫疫情活跃的情况，采取有效措施，重点防范鼠疫疫情，通过加强监测、灭鼠灭獭、健康教育等防控措施，有效防范鼠疫暴发和流行。在紧急医疗卫生救援工作告一段落后，指导灾区开展医疗卫生设施受损情况评估工作，积极争取多方支持，协助灾区恢复重建，尤其是重点医疗卫生设施的建设，以尽快恢复灾区医疗卫生秩序，改善灾区医疗服务条件，确保灾区人民病有所医。

地震发生后，各级政府、卫生主管部门建立新闻发言和信息披露机制，应急阶段卫生部逐天通报收治伤员情况和卫生防疫工作信息，配合媒体报道，营造社会舆论环境，回应社会关注，宣传先进模范，传递各界关爱，鼓舞士气，凝聚力量，支援抗震救灾。地震引发港澳台地区和国际社会的广泛关注，媒体做了大量新闻报道，台湾地区在最短时间内派出医疗救援队到灾区开展医疗救治工作。

三

地震发生后，解放军、武警部队紧急启动应急反应机制，迅速组建医疗救援队，从四面八方奔赴灾区开展医疗救治和防疫工作。震后 30 分钟，解放军启动卫勤保障预案，18 支医疗队、1209 名医疗卫生人员紧急赶赴灾区。解放军总后勤部迅速筹措、紧急调运 85 个品种、价值 6048 万元的药品、装备发往灾区。中央军委从北京军区、济南军区派出了两个方舱医院赶赴玉树灾区，分别和玉树州、玉树县医院结成对子，在玉树奋战近 5 个月，被当地各族群众誉为“生命之舟”。这次抗震救灾，军队和武警部队共投入解放军总医院、解放军第 302 医院专家组、军事医学科学院防疫专家组 3 个卫生专家组；总参谋部总医院、第三军医大学、第四军医大学西京医院、解放军第 22 医院、解放军第 536 医院、西藏军区总医院、兰州军区兰州总医院、解放军第 1 医院、解放军第 4 医院、解放军第 10 医院、解放军第 25 医院、解放军第

323 医院、武警总医院、武警青海总队医院、武警甘肃总队医院等 15 支医疗队；北京军区第 255 医院、济南军区第 153 医院 2 个方舱医院；兰州军区第一防疫队、第二防疫队，武警疾控中心防疫队 3 支防疫队；兰州军区第一、第二心理卫生服务队 2 支心理服务队，共 25 支卫勤分队、2025 人。同时指定 10 所医院收治后送伤病员，另有部队建制卫勤力量 308 人实施伴随保障。共诊治伤员 7.3 万人次、手术 1635 人，后方医院收治伤病员 963 人、手术 200 例；累计消杀环境面积 648 万平方米，心理干预 1.2 万人次，健康教育 27 万人次；先后筹措 85 个品种、8300 余万元的药材运抵灾区。

地震造成的重伤员需尽快转到有条件的医院救治。玉树距西宁 800 多千米，高寒缺氧，山高路远，道路崎岖。地震发生当天，医院房屋全部损坏，电力供应中断，伤员无法立即救治，尤其是重伤员没有条件及时进行手术。为此，卫生部前方工作组研究决定以飞机转运为主、汽车运送为辅转运救治伤员。安排飞往玉树运送救援队伍的飞机返回时转运伤员，连夜把重伤员转移出去。省委、省政府立即在巴塘机场设立救治转运中心。空军部队在机场跑道两边架设起临时夜航设备。青海省卫生厅成立玉树地震灾区伤员转运工作领导小组，制订《伤员转送计划和伤员转送方案》，负责伤员转送的组织、协调和落实工作。迅速将灾区所有的重症伤员转运至西宁、兰州、成都、西安、格尔木、海南藏族自治州等医院进行救治。在震后 56 小时内，转移重伤员 1881 人，1.1 万多名伤员得到了及时医疗救治。共转移 3109 名重伤员到外地接受治疗；在实施的 1284 例手术中，截肢的仅 19 人，因灾死亡率、致残率、截肢率极低，创造了地震救援史上的奇迹。

地震发生后，武警总部党委立即召开会议研究部署救灾工作，所属卫生部迅速启动卫勤保障应急预案，成立抗震救灾卫勤保障领导小组，并组织武警总医院应急救援队乘空军运输机赶赴灾区一线，组织协调卫生应急救援工作。震后 30 分钟，青海省武警总队启动卫勤保障预案，派出人员组成第一批医疗队携带药品器材摩托化赶赴灾区，随后紧急抽调以骨科、脑外科、神经科为主的第二批 40 人医疗队搭乘专机于 4 月 14 日下午进入灾区展开救援。4 月 14 日地震当天，武警总部卫生部抽调 255 名医护人员赶到灾区。在抗震救灾中，共有武警总医院、武警青海总队医院、武警甘肃总队医院等 17 支医疗队、720 名医疗卫生人员赶赴灾区，展开医疗救护。

四

面对突如其来的地震灾害，全省卫生系统迅速启动应急预案，紧急组织全省医疗防疫队伍与死神赛跑，以最快速度奔赴灾区，救死扶伤，严防疫情发生，最大限度地挽救受灾群众的生命。

在玉树抗震救灾中，青海省卫生应急管理和应急体制、机制经受住了考验。省内外先后共有 55 支医疗队（青海省共派出 27 支医疗队）及玉树州、县、乡三级医务人员在当地参加伤员救治工作。省抗震救灾指挥部卫生防疫组统一指挥协调，通过航空、铁路、公路转移重症伤员到省内外各医院接受医疗救治，创下了人类历史上首次在高海拔地区最大规模转运救治伤员的壮举。为确保大灾之后无大疫，青海省支持、协调、保障来自省内外、解放军、武警部队的疾病预防控制中心，组成 22 支防疫队，参加灾后卫生防疫工作，确保卫生防疫全面覆盖灾区所有的县、乡、村，创造了在青藏高原之上、生命禁区之中、困境绝地之下大灾之后无大疫的人间奇迹。

地震发生后，省、州（地、市）、县卫生机构快速组建医疗卫生防疫救援队，青海省红十字会协调多支救援队伍携带医疗设备、药品、物资，赶赴灾区开展伤员救治和卫生防疫工作，第一时间发挥了救治主体和基地的作用。在震后 72 小时内，玉树州医疗救援力量发挥了不可替代的作用。地震发生时玉树州有 148 名医生、121 名护士参加了第一时间（24 小时内）的救援行动。

应急抢救期间，青海省卫生厅成立抗震救灾心理干预领导小组、省级抗震救灾心理干预专家组，印发《心理危机干预方案》《玉树地震灾区干部心理援助工作方案》。编印藏汉双语心理自救和互救宣传教材，以青海省第三人民医院为指导中心，邀请卫生部专家进行项目技术指导、质量控制和成效评估。组织医务人员开展地震灾后紧急期的心理救援、灾后心理救助的组织与协调等培训工作。青海大学、青海师范大学、青海民族大学迅速组建心理救援专家小组奔赴玉树灾区开展心理救援工作。在加强生活救助的同时，积极开展群众心理安抚工作和形式多样的群众性活动，鼓励他们走出灾难的阴影，摆脱伤痛的折磨，构建精神家园，累计进行心理干预 1.2 万人次，健康教育 3.58 万人次。

青海省卫生厅制定《玉树地震灾后恢复重建过渡期医疗技术对口帮扶工作方案》，由青海省卫生厅组织省级地方、部队和武警医院共 12 支医疗队，对口帮扶灾区州、县、乡（镇）医疗卫生机构工作，大幅度提高了玉树地区医疗机构防灾减灾的能力和水平。对口帮扶医院采取组派医疗队、选派受援人员进修、创新对口支持方式等，真帮实扶，为玉树州、县、乡（镇）医疗卫生机构注入了强大的生命力。全省各地区派出素质好、业务精的中青年专业人员组成对口帮扶队伍，在灾区开展技术服务，加强人员培训，组织开展灾区恢复重建，实施免费再生育全程服务工程，使玉树地区因灾受损医疗卫生机构绝大部分基本恢复工作秩序，与全省医改步调一致，全力推进各项医改任务，为人民群众提供优质的医疗卫生服务。进一步控制和降低孕产妇和婴儿死亡率。深入开展爱国卫生运动，在受灾群众聚居地、受灾临时安置点，彻底清除各种垃圾、污物，消除卫生死角，为玉树灾后重建提供良好的卫生环境。玉树州卫生系统灾后恢复重建项目共有 67 项，总投资 9.5 亿元，总建筑面积 43.53 万平方米，截至 2013 年 12 月，全部完成建设任务。

五

根据历史经验，大地震发生之后，由于灾区环境遭到严重破坏，水质污染，蚊蝇滋生，粪便垃圾不能及时处理，加上受灾群众因生活条件较差造成健康水平下降，极易发生重大传染病疫情。基于此，卫生部、青海省委、青海省政府从抗震救灾工作一开始就要求坚持医疗救治和卫生防疫两手抓的方针，按照“早期、科学、依法、规范”的卫生防疫原则，组织来自省内外的 22 支卫生防疫队伍对灾区重点环境、集中安置点、公共场所、医疗卫生机构、污水、厕所、粪便、垃圾等方面进行全方位的环境消毒。在应对传染病和突发公共卫生事件中，积极恢复灾区疾控体系，构建了省、州、县、乡（镇）、村五级联动卫生防疫机制，快速实行传染病疫情零报告、月报告制度和重点区域巡查制度，建立灾区重点疾病定期分析机制。灾后重点开展鼠疫防治预防性灭獭工作。实施应急免疫和国家扩大免疫规划工作，积极组织协调恢复冷链系统，恢复常规计划免疫工作。针对灾后容易发生常见病、传染病、鼠疫及饮水、食品、环境卫生等问题印发各类宣传材料，利用广播、健康教育流动宣传车、健康教育万里行等多种形式开展健康教育活动，不断增强群众自我防病意识，确保实现大灾之后无大疫。

青海省各级卫生监督机构对灾区食品卫生安全进行全面评估，积极组织专业技术力量及监测设备，全面开展食品、安置点的集中供水、分布式供水点监测，有力保障灾区食品和饮用水卫生安全，避免肠道传染病疫情发生。

地震发生后，由中国工程院院士、高原病防治专家吴天一率领的高原病防治专家组与青海大学医学院高原医学救治志愿者服务队、青海省公安消防医院、西藏军区总医院等省内外高原病防治医疗队，现场指导急性高原肺水肿的抢救治疗工作，宣传预防高原病知识。

青海省卫生厅积极与卫生部妇幼卫生保健与社区卫生司及联合国儿童基金会联系，申请援助玉树州及 6 个县妇幼保健机构救护车、工作车及医疗卫生设备，迅速组织救援队伍奔赴灾区，对灾后孕产妇分娩、妇女保健、儿童保健工作的恢复发挥了重要作用。

青海出入境检验检疫局先后派出 4 批次 41 名防疫队员赶赴灾区进行卫生防疫工作，制定出入境救灾物资卫生检疫措施，对捐赠的食品检疫合格后立即放行，对捐赠的医疗设备现场快速验放，对急需进口的救灾设备、器具及医疗设备等快速进行入境登记检查放行。

六

玉树抗震救灾是一场迄今为止人类在高原高寒高海拔地区开展的规模最大、成效最显著的救援行动。各医疗防疫队克服余震不断、高寒缺氧等无数难以想象的艰难困苦，顽强拼搏、连续作战，最大限度地救治伤员生命，充分展示了强大的中国力量和强大的医疗应急组织动员能力。

玉树大地震救援是国家应急行动，国家提供了坚实的政策、物资条件保障。鉴于玉树地震后的特殊困难，青海省卫生厅等有关部门迅速制定医疗防疫、省外就医、物资保障等政策措施，落实工作责任，强化监督检查，有力有序地推进各项优惠政策的组织实施，使所有地震伤病员都得到了免费治疗，所有转运来的伤病员得到了最好的救治。

省委、省政府、国家计划生育委员会高度重视受灾家庭伤亡情况和再生育工作，要求把再生育服务作为特殊的民生工程，办好办实。省人大常委会及时出台《玉树地震灾区有成员伤亡家庭再生育的决定》，对5类人群的再生育做出明确规定，并要求免费提供再生育技术服务和心理安抚工作，省、州、县人口计划生育部门及省级专家深入灾区开展健康体检、妇科检查及治疗，终止现用避孕措施，进行心理疏导、医学咨询和优生优育指导、孕期保健全程服务。

广大医护工作者把保护灾区人民的生命安全作为天职和使命，作为抗震救灾第一位任务，用高超的医术、最佳的状态竭力为伤病员服务。不论是本地还是外地援助医疗队伍，不论是战斗在一线还是守护在后方提供保障的医疗防疫人员，大家始终牢记使命，舍生忘死，竭尽全力，为抢救伤员奔忙，留下了无数可歌可泣的故事。从年轻美丽的护士到白发苍苍的医学专家，他们都将自己的生命置之度外，不畏艰险，不顾疲劳，把救治受伤群众的生命看得高于一切，争分夺秒抢救生命，诠释了救死扶伤的职业信仰，涌现出像玉树藏族自治州人民医院院长韩慧瑛、玉树八一医院（原玉树县妇幼卫生综合医院）院长才仁松保、从事高原医学研究的中国工程院院士吴天一、果洛州达日县人民医院医师吴敏等一大批优秀医疗防疫工作者。他们为玉树抗震救灾、灾后重建、改善藏区医疗条件竭尽全力，甚至将生命奉献给了玉树这片热土；他们用自己的血肉之躯塑造了一个地震灾区人民生命守护天使的光辉群体形象。

这些英模人物与无数无名英雄白衣战士，虽然来自不同的岗位，却都有着一个共同的特征，这就是坚韧不拔的毅力和一切为伤病员负责的精神。他们以高尚的医德和精湛的医术，做到了伤残率较低、死亡率极低、治愈率和康复率较高，充分展示了玉树大地震医疗卫生防疫队伍的职业素养、作风意志、毅力情怀、技术和应急能力。在抗震救灾工作中，各级医疗卫生机构的党组织和广大党员干部思想高度统一，工作雷厉风行，走前头，做表率，充分发挥基层党组织的战斗堡垒作用、共产党员的先锋模范作用和党员领导干部的带头表率作用，以实际行动彰显了旗帜的力量，展现了党员的风采，经受住了艰苦救灾斗争的锻炼，经受住了党和人民的检验，赢得了全社会的高度赞誉。

七

大爱同心、坚韧不拔、挑战极限、感恩奋进的玉树抗震救灾精神，由国家力量与玉树人民共同凝聚而成，是玉树抗震救灾给全省各族人民留下的宝贵精神财富。在波澜壮阔、气吞山河的玉树抗震救灾斗争中，党和国家领导人坚定地与人民在一起，坚强领导、科学指挥；人民子弟兵无私奉献、英勇冲锋；全国人民鼎力相助、倾力支援；全省上下团结和睦、守望相助，共同汇聚成温暖人间的无疆大爱。全省各级党委政府、广大党员干部和灾区干部群众临危不惧、奋起自救、共克时艰，以压不垮、震不倒、摧不折的顽强毅力，用坚定意志和血肉之躯筑起保护生命、保卫家园的钢铁长城。在这场人类迄今为止难度最大、环境最恶劣、条件最艰苦的抗震救灾中，玉树人民以昂扬的革命意志、必胜的战斗激情，奋勇挑战体力极限、精神极限和生存极限，用鲜血、汗水和生命创造了人类抗震救灾史上的玉树速度、玉树奇迹。玉树人民对来自中共中央、国务院、人民军队和全国人民的巨大支持无限感恩，用奉献来报答全社会对灾区的关爱，把知恩之心、感恩之情转化为自强不息、奋发进取的发展动力，转化为自力更生、艰苦奋斗的优良作风，转化为埋头苦干、重建家园的实际行动。

玉树抗震救灾精神，凝聚的是面对困难、挑战和责任而无畏担当的勇气、品格和能力。可歌可泣的玉树大地震医疗卫生救援历程虽然只有短短的 60 多天时间，但它成绩显著，足可载入历史。玉树抗震救灾医疗防疫工作之所以取得全面胜利，主要归结于以下因素：一是中共中央、国务院以人为本，对灾区人民的生命和健康高度重视，灾后反应迅速、决策科学、指挥果断、部署有力，为举国家之力开展灾区医疗卫生防疫工作提供了根本保证。二是国务院抗震救灾总指挥部卫生防疫组及其成员单位、受灾地区各级党委和政府，形成从上到下统一指挥、协调配合、周密组织、科学调度、高效运转的工作机制，保证了全国医疗卫生资源和相关技术、物资资源的统一调配，使灾区医疗防疫工作得以有力、有序、有效地全面开展。三是受灾地区卫生系统不等不靠，快速、高效、科学地应对灾情，积极组织开展灾区医疗防疫工作，成为医疗救治和卫生防疫的基本力量。四是解放军和武警部队卫生系统全体人员闻令而动、冲锋在前、不畏艰险、勇挑重担，以娴熟高超的医疗技术、爱民敬业的良好医德、敢打硬仗的战斗作风，在灾区医疗卫生防疫工作中发挥了突击队和主力军的作用。五是前期当地医院和群众自救、搜索营救、医疗三位一体应急现场施救、伤员航空转移、方舱医院与地方医疗力量结合、国家应急救援队等多种专业力量联合攻坚、省内省外统筹转移伤员住院治疗、优先提供先进医疗救治设备设施等资源、组织专家指导队伍等救援措施以及技术方案的运用，使重伤员得到及时、有效救治，为提高救治效果起到了关键作用。六是划片分区实现灾区卫生防疫责任制，组织开展对口帮扶，全面开展心理疏导、防疫、培训、宣传、教育等系统化工作，保证了卫生防疫工作的规范、科学、高效。七是广泛开展积极的思想政治教育，加大舆论宣传工作力度，弘扬伟大抗震救灾精神，树立先进榜样，为抗震救灾提供了良好的社会环境和群众基础。

在玉树地震抗震救灾期间，广大医护人员表现出了白衣战士“生命至上、仁爱奉献、科学防治、精益求精、团结拼搏、永不言弃”的抗震救灾精神。这场玉树地震卫生防疫医疗的特殊战斗，是对玉树抗震救灾精神形成的实践贡献，丰富了玉树抗震救灾精神的内涵。玉树抗震救灾精神对玉树未来影响重大，将贯穿玉树发展的方方面面和久远时空，是支撑玉树未来发展的坚实支柱。

第一篇
组织领导

玉树大地震发生之后，在中共中央、国务院的坚强领导下，按照国务院抗震救灾总指挥部决策要求，卫生防疫组各成员单位和全国卫生系统，全力投入地震灾区卫生救援，动员组织全国卫生系统精干力量，创新前方后方指挥一体化、军队地方合作一体化工作机制，取得了伤员转运、救治重大阶段性成果，卫生防疫和监督、物质保障等工作高效推进。

卫生部迅速成立青海玉树地震卫生应急领导小组，并启动自然灾害应急Ⅰ级响应；青海省卫生厅迅速组建抗震救灾医疗防疫队奔赴灾区，灾区当地医院第一时间救治伤员；人民解放军、武警部队、公安民警、消防官兵及省内外医疗卫生救援队伍火速集结，向着地震灾区同一个目标进发；全国各地的救援力量和医疗物资汇集灾区，把抢救生命放在第一位，用最快、最好、最科学的救灾方案救死扶伤，治病救人，严防疫情。一场迄今为止人类在高原高寒地区规模最大、成效最显著的抗震救灾医疗防疫工作迅速展开，掀起了一场波澜壮阔、气壮山河的生命大营救，最大限度地挽救了受灾群众的生命。

众志成城　抗震救灾

第一章　决策部署

第一节　中共中央决策部署

4 月 14 日，正在国外访问的中共中央总书记胡锦涛得知玉树发生大地震的消息后，立即向国内发出指示，要求各部门全力做好抗震救灾工作，千方百计救援受灾群众，同时要加强地震监测预报，落实防范余震措施，切实安排好受灾群众生活，维护灾区社会稳定。他还根据抗震救灾工作的需要，指示连夜紧急调用飞机，运送各地救援队伍奔赴灾区，并调集部队昼夜兼程开赴灾区投入抗震救灾斗争。

地震发生后，中共中央、国务院紧急做出部署，要求全力做好抢险救援、物资调拨、医疗救助。胡锦涛提前结束国外访问行程于 4 月 17 日赶回北京，当天下午主持召开中央政治局常务委员会会议，全面部署青海玉树抗震救灾工作。会议要求，妥善安排群众生活，千方百计做好受灾群众救助和安置工作，扎实做好灾区卫生防疫工作。加大救治力度及危重病人转移工作，确保受伤人员得到及时有效救治，尽最大努力抢救伤员生命。

4 月 18 日，胡锦涛飞抵玉树，看望慰问地震灾区干部群众，实地指导抗震救灾工作。他在青海玉树体育场地震受灾群众安置点亲切看望在地震中受伤的藏族群众和武警总医院医疗队医务人员，要求全力以赴抢救受灾群众，确保人民群众的生命安全。

中共中央政治局常委、国务院总理温家宝等党和国家领导人相继赶赴灾区现场指导抗震救灾工作，要求全力抓好灾区伤员救治和灾后防疫工作，确保人民群众生命安全。

4 月 15 日下午，温家宝飞抵青海玉树地震灾区，考察灾情，慰问各族干部群众，指导抗震救灾工作。他指出，当前，抗震救灾第一位的工作是救人。只要有一丝希望，就要尽百分努力，坚持下去，决不放弃。天色向晚，温家宝到玉树州人民医院，走进医院大院搭建的帐篷里，看望受伤的群众，慰问医护人员。

4 月 26 日，中共中央政治局常委、全国政协主席贾庆林结束视察玉树灾区抗震救灾工作后与全国政协副主席、中央统战部部长杜青林，以及中央有关部门领导到西宁市第一人民医院慰问灾区伤病员，并看望在西宁市第一人民医院参与救治伤员的台湾医疗救援队，代表胡锦涛及受灾群众，向台湾医疗救援队全体成员表示感谢。

第二节　国务院组织部署

地震发生后，国务院立即成立由中共中央政治局委员、国务院副总理回良玉任总指挥，青海省委书记强卫任副总指挥，国务院有关部门和青海省委、省政府相关人员组成的抗震救灾总指挥部。总指挥部下设包括卫生防疫在内的9个工作组。4月14日下午，受中共中央、国务院委派，回良玉在抗震救灾指挥部临时搭建的帐篷里主持召开总指挥部会议，全面分析震情灾情，研究部署救灾措施，要求尽最大努力千方百计救治伤员，做好伤员转运工作，做好受灾群众安置工作，确保受灾群众的衣被、帐篷、食品、药品等需要，尽一切可能挽救生命；防范和控制各种传染病的暴发、流行。

4月15日下午，温家宝视察灾情，指挥抗震救灾工作。回良玉、国务委员兼国务院秘书长马凯、国务委员兼公安部部长孟建柱一同参加。当晚20时40分，温家宝在玉树军分区大院内搭起的国务院抗震救灾总指挥部的帐篷里召开会议，听取玉树抗震救灾情况的汇报并作了重要指示。温家宝指出，抗震救灾要重点做好以下工作：一是救人，这是当前抗震救灾的核心，是第一位的任务，要坚持到底，决不放弃；二是医疗工作，要及时抢救受伤人员，伤势严重的要迅速转移到周边条件好的地方救治。

4月21日上午，回良玉主持召开总指挥部第八次全体会议。回良玉强调，要发扬不畏艰险、连续作战的精神，扎实开展人员搜救救治、卫生防疫、群众生活安置工作。回良玉指出，玉树强烈地震发生7天以来，在中共中央、国务院和中央军委的坚强领导下，在社会各界的大力支援下，受灾地区各级党委、政府团结带领广大干部群众奋起抗灾，抗震抢险救灾各项工作取得了重要进展。人员搜救已覆盖全部受灾村庄，伤病群众已得到及时救治，危重伤员已全部转运外地治疗，受灾群众已得到临时安置，灾后重建准备工作正在抓紧进行，灾区人心安定、民族团结、社会稳定。下一步，要按照既定的部署，继续扎实做好人员搜救救治、卫生防疫、群众生活安置、基础设施抢通保障、灾后恢复重建、维护民族团结和社会稳定等各项工作，最大限度地减轻灾害损失。

4月14日至5月2日，温家宝、回良玉分别主持召开了18次国务院抗震救灾总指挥部会议，其中8次会议研究安排医疗救治、卫生防疫，明确提出了要求和措施。

5月1—2日，温家宝在回良玉等领导的陪同下再次赴玉树看望慰问灾区各族干部群众，深入方舱医院等单位了解灾后群众安置情况，指导灾区恢复重建工作。

救灾期间，回良玉5次到玉树灾区召开会议、指导指挥。4月23—24日，回良玉深入玉树地震灾区，考察指导抗震救灾工作，看望慰问受灾群众，并连夜主持召开抗震救灾联席会议，研究部署灾后恢复重建前期工作。回良玉到受灾严重的结古镇禅古村、甘达村考察，他指示当前要重点做好群众安居、伤员救治、卫生防疫工作。回良玉到体育场安置点方舱医院，了解伤员救治和医疗设施情况，对广大医务工作者卓有成效的工作表示衷心感谢，勉励大家继续抓紧救治伤员，注意保护好自己的身体。

第三节　中央军委部署指挥

玉树地震发生后，军委主席胡锦涛和军委其他领导就部队做好抗震救灾工作分别作出指示。地震刚发生，正在国外访问的中央军委主席胡锦涛作出“全力以赴，首先救人”的指示。

中央军委委员、总参谋长陈炳德在军队有关情况报告上批示：兰州军区党委首长高度重视玉树地区的救灾工作，作了周密安排，及时调动了部队投入救灾。望深入细致了解灾情，全力以赴、积极主动地组织救灾，首先是救人，组织好医疗救治，同时组织好各种保障，主动加强同地方的联系，协调配合做好救灾工作。

4 月 15 日，中央军委召开紧急会议，按照胡锦涛的指示要求，专题研究部署部队抗震救灾工作。安排国家抢险救灾应急救援部队、防疫专家组和全军最先进的 2 个野战方舱医院立即开赴灾区。落实军委部署，解放军和武警部队卫生系统从甘肃、四川、陕西、北京、山东、江苏等地紧急抽调 18 支医疗队 1209 名医务人员当天集结赶赴灾区；总后勤部快速筹措、紧急调运 85 个品种、价值 6048.6 万元的药品和装备发往灾区。

4 月 20 日，总参谋部、总政治部联合下发《充分发挥部队抗震救灾突击队作用的通知》。要求部队坚持生命至上、救人为先，不抛弃、不放弃，扩大搜索范围，进村入户包干，军地联合排查每一处倒塌房屋，争分夺秒搜救每一个被困群众，竭尽全力抢救每一个幸存生命。充分发挥军队医疗、心理、运输等专业力量作用，及时有效抢救伤员生命、医治群众病痛，最大限度地减少因灾死亡、致残人数。

4 月 22 日，为指导任务部队救援行动有序有效展开，军队抗震救灾指挥协调组下发《深入贯彻落实胡主席重要指示，全力做好当前抗震救灾工作》，要求联指和各有关大单位进一步加大人员搜救和伤员救治力度，继续坚持救人第一的原则，进一步扩大搜救范围，采取“过筛子”的排查方法，加大对重点乡镇和村庄的搜救力度，确保不留盲点、不留死角。北京军区方舱医院、济南军区方舱医院要发挥医疗救治的骨干作用，在一定时期内替代受损的州、县医院功能，集中救治伤员。联指要从现有医疗队中抽调部分力量深入结古镇周边乡镇巡诊看病，协助恢复村镇医疗点。

第二章　组织实施

第一节　总指挥部卫生防疫组组织实施

一、工作要求

为落实胡锦涛、温家宝就玉树地震作出的重要指示和国务院抗震救灾总指挥部会议精神，由卫生部牵头，以国家发展改革委、农业部、质检总局、食品药品监管局、中医药局、总后卫生部为成员单位组成青海玉树地震灾区救援卫生防疫组。卫生防疫组各成员单位和全国卫生系统，全力投入地震灾区卫生救援，动员组织全国卫生系统精干力量，创新前方后方指挥一体化、军队地方合作一体化工作机制，取得了伤员转运、救治重大阶段性成果，卫生防疫和监督、物质保障等工作高效推进。

4 月 14 日晚，青海玉树地震灾区救援卫生防疫组召开紧急会议，讨论青海玉树地震灾区卫生防疫组工作方案，明确各部门工作职责和分工，确定联防联控工作相关制度。会议决定派出由北京、天津有关医院组成的医疗卫生救援队于 15 日早上出发赶赴地震灾区，开展卫生救援行动，部分中央媒体将派记者随队前往灾区。玉树地震灾区救援卫生防疫组组长、卫生部党组书记张茅要求，各成员单位按照“高度重视、协调配合、迅速应对、科学处置”的原则，在人员配备和经费保障上给予足够的支持，全力做好抢救伤病员和卫生防疫工作，确保抗震救灾卫生应急工作的有效开展。要求各成员单位千方百计抢救伤病员，做好卫生防疫工作，确保大灾之后无大疫。

地震发生后，玉树地震灾区救援卫生防疫组迅速调动全国军地医疗和卫生应急救援队伍，多方配合、齐心协力抢救伤员。共组织军地医疗救治队伍 55 支 3534 人，配备急救车近 400 辆，携带大量医疗器械和保障物资在灾区开展紧急医疗救援工作。同时，调集 1000 个单位 20 万毫升血液保障灾区血液供给。截至 4 月 22 日，累计接诊灾区伤病人员 4 万余人次，累计收治伤员 9145 人次。灾区医疗救治工作逐步由紧急救援向提供基本医疗服务转变。

4 月 17 日，卫生部部长陈竺主持召开青海玉树地震卫生应急领导小组第 4 次会议，传达学习 17 日下午中央政治局常委会会议精神和国务院抗震救灾总指挥部第二次全体会议精神，会议就贯彻落实中央领导指示精神和国务院抗震救灾总指挥部第二次全体会议有关要求，以及当前做好医疗救治和卫生防疫工作进行了研究，并提出下一步 5 个方面的工作安排和具体措施。一是进一步加强医疗救治工作。要迅速组织排查，对伤情加重或新发现的伤员及时转运；要加快伤员救治进度，努力降低病死率和伤残率；同时，要落实灾区后续医疗救治服务。二是全面开展灾区卫生防疫，确保大灾之后无大疫。卫生防疫要尽快将责任、措施、人员物资落实到位，实现灾区检测报告、消毒灭菌、饮水卫生和健康教育 4 个方面全覆盖；要以居民集中安置点为中心开展环境卫生治理工作；要妥善处理遇难群众遗体，开展心理疏导工作；要全面做好灾区鼠疫防控工作。三是提前谋划医疗卫生机构恢复重建。根据灾区气候特点，提前指导、帮助青海省编制灾区医疗卫生机构恢复重建规划，加强青海玉树地震灾区卫生恢复重建工作。四是深入开展宣传报道工作。加大对抗震救灾医疗卫生救援工作的宣传报道力度，指导接收伤员的地方及时发布相关救治信息。五是关心灾区医疗队员身心健康，建立轮换制度。

5 月 20 日，国务院抗震救灾总指挥部卫生防疫组发出《关于进一步做好青海玉树地震灾区高原病防治工作的通知》（以下简称《通知》）。通知指出，做好高原病防治工作是青海玉树抗震救灾和灾后重建工作取得全面胜利的重要保障。通知做出四方面的部署：一是高度重视，加强组织领导。各有关地区、部门要清醒认识高原病防治任务的严峻性和长期性，切实加强组织领导，将高原病防治工作作为抗震救灾和灾后重建的一项重要工作来抓，指定专人负责和协调，以高度负责的精神，科学、规范、有效地开展高原病防治工作，及时研究解决高原病防治工作中遇到的问题，维护救援人员和参与灾后重建人员的生命安全和身体健康。二是分工负责，加强沟通协作。各有关地区、部门要认真贯彻落实《青海玉树地震灾区高原病综合防治指导方案》，各司其职，各负其责，加强协调，密切合作，建立全过程的高原病防治工作机制，提高综合防治能力。要坚持属地领导，统筹布局军地防治力量，按照“预防为主、防治结合，军地结合、责任包干，统筹兼顾、科学指导，加强监护、及时救治”的原则，制订切实可行的工作方案，定期召开工作例会，落实救援人员用人单位、派出单位法定代表人负责制，扎实做好高原病预防、救治和转运工作。国家发展改革委、工业和信息化部、食品药品监管局等部门要切实做好高原病防治设备、药品和用品的生产、供应、运输等工作，保障高原病防治工作的需要。三是科学防控，完善各项措施。大力宣传普及高原病防治知识，开展相关知识培训，提高救援人员自我防护意识和能力。加大心理疏导力度，及时解决心理问题，有效预防心因性高原反应。派出单位要做好人员遴选工作，合理配置防治设备和药品，科学指导预防用药。用人单位要合理安排工作，配备必要的防护用品，建立健康体检制度，安排专人每日定时对工作人员进行高原反应检测和评估，及时报告异常情况。在灾区要实行分片包干，组织医疗专家定期进行排查、巡诊和评估，发现问题及时处置。坚持早期治疗，依托灾区现有的医疗点，建立高原病救治中心。充分发挥医疗专家组的作用，对重症病人实行会诊制度。开辟转运绿色通道，及时转运重症病人。建立后方定点救治医院，确保重症病人得到有效救治。进一步完善用人单位与灾区医疗机构健康监护工作机制和灾区医疗机构与后方医疗机构重症病人对口转运工作机制，努力做到早发现、早治疗、早转运。四是加强督导，狠抓措施落实。各有关地区、部门要建立监督检查制度，定期组织开展综合性的督导检查，及时发现和解决问题，确保各项防治措施落实到位。《通知》附件转发《青海玉树地震灾区高原病综合防治指导方案》，对高原病综合防治工作组织管理、如何切实做好预防高原病的准备工作、认真落实急性高原病的预防措施、及时进行急性高原病诊断和治疗、建立健全急性高原病病人及时转运机制、强化督导各项防治措施的落实等做出明确规定。要求灾区地方政府、各有关部门、各用人单位要充分认识做好高原病防治工作的重大意义，牢固树立以人为本的思想，以对灾区居民和广大工作人员高度负责的精神，切实做好灾区高原病的综合防治工作，为灾后重建工作顺利进行做出贡献。

二、卫生防疫组成员单位工作

地震发生后，国务院抗震救灾总指挥部各组成单位按照抗震救灾Ⅰ级响应预案，迅速分组，分头开展工作。4 月 16 日，中央财政拨付 5 亿元青海抗震救灾资金；解放军总后勤部快速筹措、紧急调运 85 个品种、价值 6048.6 万元的药品、装备发往灾区。

在青海省玉树抗震救灾指挥部的要求下，建设等部门全力在 4 月 20 日前做好地震灾区垃圾处理和厕所设置工作，加强灾区防疫力量。针对灾区卫生防疫问题，由青海省环境保护厅负责，在 20 日以前摸清震区清运垃圾所需专业车辆数量，坚持震区生活垃圾集中收集、集中填埋处理和兼顾生态保护的原则，尽快合理提出震区流动厕所分布位置及数量，选址应远离河流及水源点。在 20 日前由青海省住房和城乡建设厅在震区合适地点建筑若干垃圾填埋点，充分利用现有大型机械对建筑垃圾进行永久性填埋，并做好填埋点夯实和消毒工作。医疗废弃物及死亡动物尸体要在选定的垃圾填埋点附近进行焚烧处理后填埋，做好焚烧现场消毒工作。

玉树大地震使灾区畜牧业生产受到严重损失，大量牲畜因灾死亡，乡镇兽医站大面积倒塌。为尽快恢复地震灾区基层动物疫病防控能力，确保大灾之后无大疫，促进灾后畜牧生产恢复发展，4 月 15 日，农业部紧急制定《青海玉树抗震救灾动物防疫工作实施方案》，全面部署抗震救灾防疫工作。方案以确保地震灾区不发生重大动物疫病和重要人畜共患病，保障灾区畜牧业发展恢复，维护灾区公共卫生安全为目标，重点部署了 5 项工作：一是强化死亡畜禽无害化处理和环境消毒工作。当务之急是制订科学的死亡畜禽无害化处理方案，选择合适的尸体处理地点和方法，尽快进行无害化处理。对死亡畜禽所在地、存活畜禽圈舍及周边地区进行消毒，消灭病原微生物，不留死角。二是强化重大动物疫病和重要人畜共患病防控工作。玉树州位于中亚候鸟迁徙带，正值候鸟北迁季节，传播禽流感疫情风险很大。要求有关单位加强疫情监测，坚决防止候鸟禽流感病毒传染家禽，并感染人。根据灾区畜禽养殖及人畜共患病流行情况，尽快对存栏牛进行一次炭疽紧急免疫。加强灭鼠工作，防止出现鼠疫暴发流行。三是强化动物及动物产品检疫监管工作。鉴于大量畜产品调往灾区，组织周边地区兽医部门，建立快速检疫通道，加强调往灾区畜产品的安全监管，增派人员，加强值班力量，确保产品安全，确保运输畅通。对因灾死亡畜禽，严格落实“四不准一处理”措施，即“不准宰杀、不准食用、不准销售、不准转运，必须进行无害化处理”。四是做好突发重大动物疫情应急准备工作。农业部重大动物疫情应急预备队做好准备，所有队员保持通信畅通，随时待命出发。五是开展重大动物疫情发生风险评估工作。及时统计畜牧兽医行业受灾情况，掌握畜禽死亡数量、畜牧兽医基层机构受损等情况。根据灾情，结合当地重大动物疫病和人畜共患病流行病史，分析评估疫情发生风险，采取进一步防控措施。

4 月 16 日，农业部组织中国农科院兰州兽医研究所紧急准备一批灾区急需物资，安排 3 辆卡车，随农业部工作组和专家组连夜运往玉树。这是农业部调出的第三批防疫物资，包括 10 吨消毒药、50 具喷雾器、100 顶帐篷、100 床棉被、100 件军大衣，以及一批方便食品。农业部工作组和专家组将积极采取有效措施，对口援助，帮助当地农牧系统尽快恢复工作。

为支持青海省做好抗震救灾工作，农业部安排 100 万元动物疫病应急防疫经费于 4 月 16 日拨付到位，用于玉树县地震灾后禽流感、炭疽等主要动物疫病应急免疫及受灾区域消毒与死亡畜禽尸体无害化处理等工作。农业部还紧急协调中国农产品市场协会，向各会员单位发出紧急通知，要求各批发市场会员单位密切关注青海及周边农产品市场供求情况，引导支持驻场经营的批发商根据市场需要及时组织向灾区调运农副产品，确保市场稳定供应，同时在灾区及周边地区农产品出现销售困难时及时动员批发商前往收购经销，以实际行动支援青海玉树抗震救灾工作。农业部还决定对青海省组团参加 2010 年在郑州举办的第八届中国国际农产品交易会免收全部展位费，支持灾区扩大农产品展示推介，拓展市场销路。

玉树地震灾区家畜无害化处理工作已全面展开。为加快推进无害化处理工作，4 月 18 日，农业部和青海省农牧系统抗震救灾前线指挥部组成 3 个工作组，重点在受灾严重的结古镇、隆宝镇和上拉秀乡开展死亡家畜的收集、无害化处理及消毒工作。为加强动物防疫力量，防止动物疫情发生，指挥部还从玉树藏族自治州其他 5 县及邻近的海南藏族自治州紧急抽调 80 名兽医技术人员赶赴灾区开展工作。截至 21 日，结古镇重灾区死亡牲畜无害化处理工作已结束。

食品药品监管局协调国药集团保障灾区麻醉药品的供应，监督检查药械 2140 批次，派遣药品快速检测车检测药品 155 批次。质检总局加大对棉衣被等救灾物资的质检力度。武警除派出救援队伍外，还为受灾群众净化饮用水 100 多吨。

第二节　卫生部组织实施

一、协调管理

地震发生后，卫生部迅速成立由部长陈竺和党组书记张茅任组长的卫生部青海玉树地震卫生应急领导小组，并启动自然灾害应急Ⅰ级响应。4 月 14 日 10 时，卫生部应急办副主任张国新、国家疾病预防控制中心书记梁东明致电青海省卫生厅，询问玉树地震灾区情况，并表示卫生部在医疗专家、设备、物资等方面将给予全力支持。甘肃省、重庆市、新疆维吾尔自治区等省（自治区、直辖市）卫生部门主动要求派遣医疗队参加抗震救灾。

15 日，卫生部前方工作组初步评估，大地震造成的重伤员需尽快转到有条件的医院救治。在地震当天制订了危重伤员转运方案，协调民航局、铁道部、交通运输部，科学调度，确保伤员转运工作安全有序。发出做好青海玉树地震伤员医疗救治与转运工作的通知，保证伤员接收与医疗救治工作顺利开展。通知兰州、成都、西安、西宁等地预留 2000 张床位，迅速启动危重伤员的转运救治工作。15 日，首架运送震区伤员的飞机抵达西宁机场，38 名伤员立即被送往指定医院；17 时，运载着 36 名危重伤员的飞机抵达成都，为在“黄金时间”救治伤员赢得了宝贵时间。截至 20 日 8 时，51 所医院先后接收地震伤员 2381 人。其中，西宁市接收 1498 人，海南州接收 32 人，格尔木市接收 181 人；陕西省西安市接收 96 人；甘肃省兰州市接收 215 人；西藏自治区昌都地区接收 18 人；四川省成都市接收 341 人。

20 日，卫生部办公厅发布《关于进一步有序做好青海省玉树地震灾区医疗卫生救援工作的通知》（卫发明电〔2010〕33 号）。通知指出，在中共中央、国务院的坚强领导下，青海省及受灾地区各级卫生部门积极投入抗震救灾工作中，全国各地医疗卫生人员十分关心灾情，各地卫生部门积极组织医疗卫生救援队伍赶赴灾区支持抗震救灾工作。截至目前，玉树灾区已实现医疗救治全覆盖，完成重症伤员的转运工作。但由于此次地震灾区空间极为有限，大量房屋倒塌或受损成为危房，基本没有接待能力，加之余震不断，交通不便，又地处海拔 3700 多米的高原地带，夜间气温均在 0℃以下，如大量人员前往灾区，将给救灾和安置工作带来新的困难。通知要求各省、自治区、直辖市卫生厅（局），新疆生产建设兵团卫生局有序做好支援地震灾区工作。一是各地区各级卫生部门，近期原则上暂不要自行安排工作组和医疗卫生救援队伍前往灾区；二是各地区非紧急救援人员、志愿者等各界群众若已组织医疗卫生救援队，各地卫生部门要积极做好沟通工作，劝阻不要自行前往灾区，以支援灾区的抗震救灾工作；三是已派驻灾区的医疗卫生救援队伍的，纳入抗震救灾总指挥部各工作组统筹安排，并与当地做好沟通协调工作。

21日，卫生部副部长尹力与省长骆惠宁、副省长马顺清就做好灾区医疗救治、卫生防疫和灾后重建工作交换意见，并赴青海省人民医院看望慰问伤员。随后，尹力与卫生部疾病控制局相关人员赴玉树灾区看望卫生防疫人员，代表卫生部党组书记张茅和部长陈竺向参加抗震救灾卫生防疫工作的青海省、州、县、各兄弟省（市）防疫人员表示慰问和感谢，同时指出，这里是三江源头，消杀灭工作要讲究科学的方式，防疫工作要不断总结、不断完善，指导好当地开展爱国卫生运动，管好饮食、饮水、厕所等，要开展健康教育活动，普及健康教育知识。

22日，卫生部疾控局副局长郝阳等飞抵玉树地震灾区，检查并指导医疗救治和卫生防疫工作。27日，卫生部副部长陈啸宏一行7人到玉树地震灾区，检查并指导医疗救治和卫生防疫工作。

二、医疗救治

（一）紧急调援，全力抢救伤员

地震发生后，卫生防疫组迅速调动全国军地医疗和卫生应急救援队伍，多方配合、齐心协力抢救伤员。截至4月20日，在卫生部调集的339辆急救车中，到达玉树129辆、西宁129辆、格尔木5辆、石渠3辆、海南州26辆，撤回47辆。卫生部派出北京、天津、广东、四川、甘肃、陕西、湖北、重庆、山西、宁夏、西藏、新疆、云南等13省（区、市）医疗队共计1951人，增加17人。一直奋战在一线的青海医疗队计331人，19日撤离了104人。

（二）果断决策，实施伤员转运，提高救治效果

面对当地严峻的自然条件和医疗设施严重损毁的状况，卫生防疫组果断决策，实施重症伤员转运治疗。经军地共同努力，于震后3天完成1434例重症伤员的大规模转运。重症伤员被分别转运至西宁、海南州、格尔木、兰州、成都、西安、昌都7个地区38所医疗条件和技术较好的综合医院和专科医院并得到有效救治。至4月20日16时，玉树地震灾区累计救治伤员9145人，转运伤员2381人。转运的伤员分别被送到西宁、成都等地接受治疗，伤员转运过程中未发生一例死亡。医疗机构转运出来正在住院的病人截至4月22日为2500人，其中已经治愈154人。

（三）集中优势，全力救治危重伤员

根据收治伤员医院的分布情况，调整整合医疗资源，重点加强西宁和格尔木等地医疗救治力量。至4月20日，西宁市区共有13家省市级医院集中收治玉树地震灾区伤员，很多医院不仅为患者疗伤，还为陪护人员解决了食宿问题。卫生部组建联合专家组，为每一名伤员实施个体化治疗。接收伤员的医院全力以赴实施救治工作，截至22日，全部完成非择期手术544例，累计治愈出院伤员154例。

4月23日上午，国务院新闻办公室举行有关青海玉树地震抗震救灾工作进展的第十场新闻发布会，介绍青海玉树抗震救灾医疗救治和卫生防疫工作。卫生部通报，共组织军地医疗救治队伍55支3534人；截至22日，累计接诊灾区伤病员4万余人次，累计收治伤员9145人次，累计治愈出院伤员 154 例；灾区卫生救援人员开展健康咨询近 3 万人次。玉树灾区有医疗救援人员 3032 人，正在尽快恢复灾区基本医疗卫生服务秩序。

（四）组织专家指导，加快地震伤员康复

玉树大地震发生后，按照中共中央、国务院的部署，各级卫生行政部门、医院和广大医务人员迅速组建医疗队，支援灾区开展伤员医疗救治和转运工作。鉴于重症伤员已被转送至青海省、四川省、甘肃省、陕西省和西藏自治区的部分医院进行救治，整体救治工作有序有力进行，卫生部和中国残联决定派出康复专家组赴青海省、西藏自治区、陕西省和甘肃省接收地震伤员的医院开展康复指导工作。

4 月 19 日，卫生部与中国残联联合下发《关于做好青海玉树县地震伤员早期康复工作的通知》，对地震伤员早期康复工作提出要求：一是定点收治医院在挽救生命、治疗伤病的同时要开始早期康复工作，做到救治与康复同步实施；二是五省（区）卫生行政部门、残联要指定专人负责地震伤员的早期康复工作，完善工作机制，有序开展早期康复；三是要加强与有关部门的协商沟通，建立部门会商的工作制度，统筹利用康复资源，确保工作有序、高效开展。

4 月 20 日，为确保玉树县地震伤员得到早期、规范的康复医疗服务，提高伤员整体治疗效果，卫生部办公厅、中国残联办公厅发出《关于选派专家指导地震伤员康复工作通知》（以下简称《通知》）。《通知》明确专家组的主要工作任务：一是指导各接收省开展地震伤员早期康复工作，协助当地康复专家制订伤员康复治疗计划和工作方案。二是对疑难、复杂或重症伤员的康复治疗进行会诊，提高康复治疗效果。三是培训当地康复专业技术人员和相关医务人员。《通知》安排北京市、江苏省、浙江省、安徽省、湖北省、湖南省卫生厅（局）通知本辖区的康复专家赴指定省指导工作，协调专家所在单位给予支持，确保专家顺利完成任务。四川省卫生厅会同四川大学华西医院和四川省人民医院组成康复专家组，负责四川省接收伤员的康复治疗，并将专家组名单于 4 月 20 日 16 时前报卫生部医政司。青海省、西藏自治区、陕西省和甘肃省卫生厅要指定专人负责专家组在本省（区）工作期间的组织协调和相关工作，充分发挥专家组的指导作用，提高地震伤员定点收治医院的康复治疗水平。专家组的交通和食宿费用由卫生部和中国残联统一负担。

《通知》安排派出由 8 名康复医师、4 名康复治疗师和 4 名辅具专家组成的康复专家组赴青海西宁市、西藏昌都地区、陕西西安市和甘肃兰州市开展康复指导工作。专家组巡诊了 4 市（地区）所有伤员定点收治医院，共计会诊伤员 1800 余名，会同当地康复专业技术人员为重症和伤情复杂的伤员制订了个性化康复治疗与训练方案，为轻症伤员按损伤类型制订了康复方案，并累计培训当地康复专业技术人员和相关医务人员 150 余人。四川省卫生厅也组织省级康复医疗专家组巡诊伤员 116 名，各伤员接收医院也组织开展康复治疗相关培训。

为进一步指导定点医院规范开展伤员早期康复治疗，降低伤员致残率，减轻伤员残疾程度，4 月 21 日，卫生部再次与中国残联联合下发《地震伤员常见损伤早期康复治疗指导原则》，对早期康复治疗的介入时机及标准、治疗原则与方法、康复护理要点等予以明确，供定点收治医院为地震伤员提供早期康复治疗时参考。至 5 月初，青海西宁市、四川成都市、甘肃兰州市、陕西西安市和西藏昌都地区的定点接收医院均已将早期康复治疗纳入伤员的整体救治工作中，做到医疗救治与康复同步实施，早期康复治疗的效果已经开始显现。

三、卫生防疫工作

（一）卫生部制定《玉树抗震救灾卫生防疫工作安排》

根据玉树地震灾区的实际工作需要，卫生部4月19日确定了人员、设备及疫苗等需求计划，组织制定了《玉树抗震救灾卫生防疫工作安排》，按照分片包干原则，将受灾的7个乡、2个镇的19个点分包给青海省及其他各救援省份的专业人员，确定了人员分配方案并交青海省抗震救灾指挥部审批。

卫生部前方工作组依据《卫生部抗震救灾卫生防疫工作方案》，结合玉树实际制定了《玉树抗震救灾卫生防疫工作方案》，对地震灾后防病工作原则、疫情监测、食品卫生、饮水卫生、环境卫生、病媒生物防治和消毒处理等工作做出部署。中国疾病预防控制中心组织专家还紧急制订了玉树地震灾区鼠疫监测工作实施方案、宣传教育工作实施方案、医务人员培训工作方案和居民安置点灭獭工作方案等一系列鼠疫防治相关工作方案。方案要求青海省地方病预防控制所等单位，结合当地实际情况进行修改和完善，并印发现场防疫队伍开展工作。

中国疾病预防控制中心组织专业人员，在综合考虑灾区历史疫情和突发公共卫生事件发生情况，以及震后存在危险因素的基础上，对灾区可能发生的重点传染病风险进行初步评估，提出了灾后传染病监测与防控的策略和措施建议。中国疾病预防控制中心还对玉树县地震灾区传染病网络直报系统进行初步评估，形成《玉树县地震灾区传染病网络直报初步评估报告》，提出玉树县地震灾区传染病监测策略和措施的建议。

（二）明确提出卫生防疫工作要求

4月17日，卫生部发出进一步加强玉树地震灾区卫生防疫工作的通知，要求切实加强组织领导，完善相关卫生防疫工作方案；加强疫情监测工作，保证报告渠道畅通；突出防疫监督工作重点，认真组织落实鼠疫、炭疽、包虫病等重点传染病的防控措施，科学开展灭鼠、灭獭及环境消杀工作，有效防范鼠疫暴发和流行，做好食品和饮用水卫生监管，加强灾区城镇集中供水以及受灾群众集中安置点饮用水卫生监督监测工作；加强灾区集中供餐单位餐饮原料采购、储存、加工的卫生监督管理工作，确保不发生重大食源性疾病；加强健康宣传教育，提高群众防病意识；加强人员培训，有序开展心理援助工作。

青海省、甘肃省和玉树州联合组成的7支71人卫生监督队伍继续对结古镇11个受灾群众安置点开展巡回监督检查和饮水、食品等安全指导工作，卫生监督巡查工作已从城区延伸到农村。各受灾群众安置点的自来水取水点水质符合生活饮用水标准，集中供餐点食品加工过程基本符合卫生要求，医疗救助点传染病报告和医疗废物处置工作逐步得到规范。

5月2日，灾区高原病巡回医疗队继续深入开展巡回医疗，发现高原反应3人、高原病1人，累计发现高原反应71人、高原病8人，均得到及时有效诊治。

5月3日，玉树地震灾区群体性预防接种工作继续深入开展，9个疫苗接种点继续对结古镇、隆宝镇适龄人群开展疫苗接种工作。截至2日17时，共接种麻风腮疫苗2321人、甲肝疫苗2347人，未接到任何接种不良反应报告。灾区鼠疫防控队伍继续加大动物间疫情监测力度，已累计完成鼠疫监测3934万平方米，灭獭2816万平方米，堵旱獭洞4365个。以中国疾病预防控制中心移动生物安全实验室为依托建立了灾区鼠疫实验室检测基地，并制订了基地工作方案，确保灾区鼠疫监测工作有效开展。

（三）扎实有序推进灾区卫生防疫工作

4月18日，青海玉树抗震救灾工作进入第五天，近2000名来自解放军、武警部队、国家疾控中心、青海以及全国各地的医疗卫生人员全力开展卫生防疫工作，进行环境消毒，监测灾区水源。卫生防疫组还组建250余人的卫生防疫预备队，可按需求随时赶赴灾区开展工作。4月20日上午，卫生部副部长尹力在西宁市第一人民医院查看玉树地震灾区伤员集中救治情况时提出要明确两个目标：一是在医疗救治过程当中，努力提高治愈率和康复率，最大限度地降低病死率、伤残率，使被救出来的伤员早日康复。二是要实现灾后无大疫。现在灾区的卫生防疫工作已经全面展开。灾后迅速组建由当地和外援卫生防疫和监督专业人员组成的308人卫生防疫队伍，建立军队、部门与当地政府协调联动机制，将灾区划分为19个卫生防疫责任片区，实行分片包干、责任到人。针对玉树灾区特点，制定印发卫生防疫和卫生监督一系列工作方案以及人畜共患病疫情应急处置预案，并派出专家组指导实施。全面展开环境消杀、帐篷消毒、供水点监测、传染病和鼠疫疫情监控监测、健康宣教等工作。至4月23日，灾区已开展环境消杀121.5万平方米，消毒帐篷6600顶；对68个供水点进行水体监测；在27个医疗点开展了传染病监测，动物鼠疫疫情监测面积累计达470万平方米。地震灾区并未出现鼠疫、霍乱等流行性疫情。

（四）快速启动重大动物疫病和人畜共患病防控工作

农业部门迅速向灾区紧急调运10吨消毒剂、167台喷雾器等防疫物资，已对300头死亡大型动物进行无害化处理，同时加强灾区动物及动物产品检疫监管，强化重大动物疫病和人畜共患病监测。灾区免疫工作进展顺利，未发现重大动物疫情。

（五）发布抗震救灾食品和饮用水安全保障方案

4月19日，卫生部抗震救灾防病领导小组食品与饮用水安全组发布了抗震救灾食品和饮用水安全保障方案（草案）。食品安全部分的工作重点包括：建立外源食物的检查制度、了解当地潜在的污染源、加强食品卫生宣传、把好食物运送关、把好食物储存关、把好食物分发关、防范营养缺乏症，预防食物中毒和正确处置食物中毒事故。方案要求政府有关部门应做好以下几方面工作：一是按照职能分工，完成应急状态下政府交办的各项食品安全监管任务；二是尽快向灾区提供食品集中贮存点和相应的贮存条件，向群众安置点集中供餐现场加工点提供必要条件；三是重点做好灾区群众安置点集中供餐以及餐饮服务单位、集体食堂的监管，同时做好食物中毒和其他食源性疾病的应急报告；四是重点做好在对灾区恢复生产的食品生产企业进行监管的同时，加强对主要向灾区提供食品的其他企业进行监管；五是加强对恢复经营的食品批发、食品零售商以及食品摊贩的监管，特别要加强农村集贸市场的食品安全监管；六是特别加强对畜禽屠宰、经营的监管，尽快摸清灾区定点屠宰企业生产经营状况，严格防止私宰私杀；七是以各种形式重点做好集中供餐加工者的食品安全知识和加工技能宣传教育，通过广播、标语等宣传工具，并以简单、易懂、醒目的标语口号方式向广大受灾群众群众大力宣传食品安全和相关防病知识。

饮用水卫生部分的工作重点包括：开展灾区集中式供水卫生监督检查，重点检查水处理设备和消毒设施运行状况，指导水质消毒工作，监测水质变化；开展受灾群众集中安置点饮用水卫生监督、监测。重点检查临时供水设施、贮水设施设备卫生状况，开展水质监测，指导水质消毒工作，进行饮用水卫生知识宣传、教育；开展饮用水卫生安全评估工作，指导水源选择、水源卫生防护以及应急供水水质处理工作；配合疾病预防控制机构做好水质评估和监测工作。

方案要求卫生监督部门应做好以下几方面工作：一是根据承担卫生监督任务所在场所情况，确定工作范围、重点环节和具体内容，制订饮用水卫生监督日常工作计划；二是灾后对所有供水设施巡回检查 1 次，灾后一个月内对集中式供水设施至少每周监督和检测 1 次；三是以开展指导工作为主，发现问题及时做出判断，提出处理建议。对难以处理的重大问题，及时向当地卫生行政部门报告。

方案同时还印发了《灾区食品安全的主要问题及可利用食物管理》《受灾群众应急安置点集中供餐加工场所基本要求》《受灾群众长期性安置点集中供餐加工场所基本卫生要求》《灾区群众食品安全知识宣传和培训方案》《受灾群众安置点集中供餐加工现场检查和指导要点》等内容。

四、高原病防治

4 月 23 日，卫生部成立由中国工程院院士吴天一和西藏军区总医院、西藏自治区人民医院、西藏自治区第二人民医院、拉萨市人民医院、第三军医大学高原军事医学系、第三军医大学附属医院、解放军第 4 医院、解放军第 22 医院等医院专家组成的青海玉树地震高原病医疗专家组在地震灾区进行高原病防治工作，拟订高原病医疗保障技术方案，对玉树地震灾区救援人员和医务人员进行高原病防治知识技术培训，开展对地震灾区高原病患者的医疗救治工作。

省卫生厅根据卫生部《青海玉树地震灾区救援人员急性高原病医疗方案》，组织专家制定《青海玉树地震灾区救灾过渡期救援人员急性高原病防治方案》，并立即印发到灾区各医疗队和各救援队人员的手中。同日，卫生部发出关于切实做好青海省玉树地震灾区鼠疫防控工作的通知，要求完善灾区鼠疫防控责任制，发挥卫生防控专业队伍作用，做好鼠疫防控工作，迅速健全灾区鼠疫防控体系，加强风险沟通与舆情引导。

为有效开展地震灾区高原病防治工作，玉树灾区 6 支军地高原病医疗队深入开展巡回医疗，至 4 月 26 日，累计巡诊 5760 人次，发现高原反应 46 人，发放“高原病防治巡回小分队及高原门诊联系人和联系方式”150 份。此外，为做好地震伤员医疗救治工作，各定点医疗机构及时根据伤员病情变化调整治疗方案。卫生部已要求各定点收治医院按照青海省委、省政府的有关规定，有序做好伤员出院衔接工作。灾区 2 所方舱医院充分发挥玉树州、县两级医院替代功能，向灾区群众提供基本医疗服务。

五、灾后心理救援

地震发生后，青海省卫生厅立即成立灾后心理救援领导小组，组建青海省卫生厅玉树灾区心理援助站，成立技术指导专家组，邀请卫生部专家进行项目技术指导、质量控制和成效评估。青海大学、青海师范大学、青海民族大学迅速组建心理救援专家小组奔赴玉树灾区开展心理救援工作。心理援助工作受益人数达 20 万人，未发生一例因心理问题导致的严重社会问题，也未出现过因心理问题自杀、自伤的情况，未出现因精神心理问题引起的群体性突发事件。心理援助工作提升了基本公共卫生均等化服务水平，畅通了协调联动机制，灾后心理疾病得到有效控制，重性精神疾病管理治疗模式和信息系统运行情况初步建成。

6 月 5 日，济南军区野战方舱医院心理专家在玉树州职业技术学校活动板房考点为玉树高考生进行心理疏导

卫生部门组织专业人员开展灾区人员心理卫生服务需求快速评估，同时大力开展健康宣传教育和心理干预活动。大量发放《高海拔地区急性高原病防治知识》、藏汉双语《灾后心理健康基本知识》。编印鼠疫和高原病等防治知识要点以及环境、食品饮水卫生宣传要点，由青海卫生部门翻译成当地语言,印制成“明白纸”发往灾区。灾区卫生救援人员开展健康教育咨询 2.8 万人次。同时，快速组织专家赶赴西宁市，对通晓当地民族语言和风俗的 186 名地震灾后心理援助人员进行师资培训，指导做好伤员转运和灾区群众的心理疏导服务。

六、卫生新闻宣传

4 月 20 日,卫生部办公厅印发《关于加强青海玉树地震抗震救灾卫生新闻宣传工作的通知》（以下简称《通知》)。《通知》指出，青海玉树地震发生后，全国各地的医疗卫生工作者不畏艰险、忘我工作，在抢救灾区受伤群众生命、全力转运重症伤病员、医治伤员病痛、全面开展卫生防疫等各个方面做出了突出贡献，涌现出许多感人事迹，展现了医疗卫生工作者的高尚情操。为进一步凝聚力量，振奋精神，激励医疗卫生工作者为夺取抗震救灾最后胜利做出更大的贡献，树立卫生队伍的良好形象，现就加强青海玉树地震抗震救灾卫生新闻宣传工作印发通知。《通知》要求各省、自治区、直辖市卫生厅局，新疆生产建设兵团卫生局，一要充分认识加强抗震救灾卫生新闻宣传工作的意义。加强卫生系统抗震救灾宣传工作，广泛宣传抗震救灾中先进典型的感人事迹，有利于教育和激励广大医疗卫生工作者以先进典型为榜样，弘扬救死扶伤的人道主义精神，全心全意为人民健康服务。有利于促进社会与卫生系统的沟通，促使社会各界更加理解和支持卫生事业，更加尊重和关爱医疗卫生工作者，为深化医药卫生体制改革工作和卫生事业发展营造良好的社会氛围。二要开展多种形式的抗震救灾卫生新闻宣传工作。加大先进典型宣传力度；加强灾区健康教育工作。三要加强抗震救灾卫生新闻宣传工作的组织领导。

卫生部组织青海、四川卫生监督员在结古城区各个方向、各居民安置点开展卫生防疫知识宣传，向受灾群众宣传卫生防病知识，指导受灾群众、救援队伍开展食品加工、饮用水消毒、环境卫生等工作，并向受灾群众、救援队员等发放宣传资料 3000 余份。在玉树民族师范学校、赛马场等主要安置点、四川省医疗点、城区主要干道等重点场所张贴藏汉双语饮水、食品卫生宣传标语十余幅。同时开展医疗救治点、集中供餐点巡查指导。要求医疗救治点建立并完善登记日志，做好传染病疫情的登记报告，做好医疗垃圾的收集等；对集中供餐点食品洗涤、加工、用品用具的洗涤消毒等进行指导。共巡查医疗救治点、集中供餐点 20 余户。

第三节　解放军、武警部队组织实施

一、解放军部队组织实施

地震发生后，总后勤部卫生部立即启动应急机制，成立全军抗震救灾医学救援应急指挥领导小组。兰州军区联勤部卫生部、武警部队后勤部卫生部等有关单位迅速成立相应组织，建立 24 小时应急值班制度。军地双方在第一时间建立抗震救灾医学救援协调机制，确保决策快、行动快。

落实中央军委部署，总后勤部组织医疗队、医疗防疫专家组、方舱医院开赴灾区救援。解放军各大单位及任务部队及时作出应急部署和具体行动方案，迅速集结部队开赴抗震救灾一线。

解放军四总部、北京军区、空军、第二炮兵迅速启动应急机制。空军紧急派出运输机支持灾区；派遣指挥小组，调动夜航灯光系统，使本来只能在白天开放的玉树巴塘机场具备了 24 小时起降大型运输机的能力；在北京、西安、成都、西宁、格尔木等地紧急开设航线，运输航空兵某团 8 架运输机和 3 架直升机 24 小时不间断飞行，把亟待救治的重伤员及灾区急需的物资运出运进。北京军区命令国家地震灾害紧急救援力量某工兵团救援队 110 名专业救援队员携带部分医疗救援设备和9条搜救犬、2台大型救援特种车，誓师出征。第二炮兵命令驻高原某部迅即组织医疗等专业力量，千人百车火速驰援。

成都军区命令四川省军区迅速组织专业救援分队，多路开进。

兰州军区迅速部署两个集团军派出包括医疗队员在内的官兵5000余名、300余台车辆、3架直升机，组建医疗队19支、卫生防疫队3支，救灾期间救治伤员达1.93万人。兰州军区6支医疗分队共320人，最早于14日晚上就赶到了灾区。为了使更多的伤员得到治疗，部队还在西宁、兰州及西安的医院准备了充足的床位。

青海省军区组织指挥所属部队立即投入抗震救灾，各救援队伍到达玉树灾区后，立即开始救援活动，累计抢救伤员538人，医疗救治2190人次。青藏兵站部汽车某团的310台汽车昼夜奔驰在西宁至玉树间800多千米的高原道路上，运送药品、药械，转移伤员，从空中和陆地运送药品等救灾物资5163吨。

截至4月18日，空军和陆军部队累计飞行89架次，抢救被压埋群众1564人，救治伤员2.1万人。截至4月22日，各救援队伍诊治伤员3.19万人，转运重症伤员1549名。

医疗卫生防疫工作深入开展，开通北京、二炮军地医院3G远程医疗影像会诊系统，伤员的病情被随时清晰地传输到分布在全国上百家医院的会诊中心。各部队派出的防疫、净水、心理服务、高原病防治专家队陆续从各单位赶赴灾区，参加抗震救灾工作，一场立体化、全方位的应急救灾医疗防疫战取得圆满成功。

二、武警部队组织实施

地震发生后，武警总部党委立即召开会议研究部署救灾工作，卫生部迅速启动卫勤保障应急预案，成立由卫生部部长时立强任组长的抗震救灾卫勤保障领导小组，并派卫勤防疫处处长徐向鑫组织武警总医院应急救援队乘空军运输机赶赴灾区一线，组织协调卫生应急救援工作。

4月14日7时55分，武警部队作战指挥中心启动Ⅰ级应急响应机制，运用卫星指挥系统了解灾情，做出决策部署。

地震发生后，武警青海总队启动应急响应机制，成立由总队长谢才书和政委孟世强为组长的抗震救灾领导小组，指派后勤部两名副部长张书太、许录林带卫生处处长车杰赴灾区指挥协调医疗防疫工作。总部、总队两级卫生机关设立医疗救治组和卫生防疫组，坚持24小时值班，主动收集信息，组织救治力量，及时为抗震救灾部队调拨急救、防疫和预防高原病药品器材，保证了救援工作有力、有序、有效展开。

武警青海总队、武警总医院派出4200多名官兵开赴重灾区结古镇开展生死大营救。武警青海总队立即成立指挥所，迅速通过卫星地面站开展指挥。7时51分，武警玉树支队通过卫星传输系统及时向上级报告灾情。随后，350名官兵和驻训的武警青海总队四支队300多名官兵被编成40个救援小组，划分3个任务区域，7时58分就赶到附近居民重灾区、银行、学校、医院等重要部位抢险救灾；组建药品搬运小分队，抢救出大量医疗器械和药品，及时抽调直属大队卫生员组成 8 人医疗救护小组，在支队营院内设立临时医疗站。当天营救出 969 名被埋群众，转移遗体 91 具，治疗受伤群众 1202 名，安全转移群众 2986 人。

16 日凌晨，武警青海总队再次紧急调运 93 顶军用棉帐篷、656 张气垫床、6 台发电机、200 件急救包、920 瓶来苏水、1500 只口罩、600 套一次性防护服、20 副折叠担架、34 个喷雾器、10 台制氧机、80 箱高原药品共 15 车救灾物资运抵玉树结古镇。

截至 4 月 19 日，武警部队共出动 4655 人投入抗震救灾。参战官兵转移受灾群众 4948 人，开设医疗点 105 个，派出医疗分队 81 支，救治受伤群众 1.43 万人，免费发放药品折合人民币 97.7 万元。西宁支队、海东支队在公路、铁路、机场搬运救灾药品 3720 箱，医疗器材 207 组，接转伤员 88 人。武警玉树支队、武警青海总队四支队派出 300 名官兵利用 5 天时间为受灾群众搭建帐篷 5000 余顶。武警青海总队医院及时抽调多名经验丰富的心理问题专家，对受灾群众提供心理服务和进行有针对性的心理干预，定期不定期地对官兵和群众进行心理疏导和巡诊，消除他们的紧张情绪、恢复他们疲惫的身心。

第四节　地方党委、政府组织实施

一、青海省委、省政府组织实施

地震发生后，青海省人民政府启动《青海省自然灾害救治应急预案》Ⅰ级响应，全力以赴投入抗震救灾工作。根据《青海省人民政府突发公共事件总体应急预案》和《青海省地震应急预案》，决定成立青海省玉树抗震救灾指挥部，指挥部设医疗卫生等 10 个组，科学部署，组织实施。

4 月 14 日 11 时，省委书记强卫主持召开十一届省委第九十二次常委会会议，通报玉树地震情况，贯彻落实中共中央总书记胡锦涛和国务院总理温家宝重要指示精神，研究部署抗震救灾工作，成立省委、省政府抗震救灾工作领导小组和省抗震救灾指挥部及玉树现场指挥部，分别由省长骆惠宁和常务副省长徐福顺任指挥长。

16 时 20 分，省委书记强卫，省委常委、组织部部长齐玉等乘飞机抵达玉树灾区现场指挥抗震救灾工作。强卫到玉树州抗震救灾物资发放点，对救灾物资和药品、药械的发放作出指示。随后，又到玉树州人民医院看到伤员们伤情严重，立即向国务院、卫生部前方工作组汇报后研究决定实施以飞机转运为主、汽车运送为辅的转移措施救治伤员。

省委、省政府在巴塘机场设立救治转运中心。空军部队在没有夜航设备的高原机场连续奋战并在机场跑道两边架设起临时夜航灯，开通夜航，使本来只能在白天开放的这一高原机场具备了 24 小时起降大型运输机的能力，为千里大转运救灾物资和伤病员创造了条件。空军部队

4 月 14 日，省委书记强卫（左二）在玉树慰问医务人员

派遣 3 架运输机、3 架直升机，从 15 日早晨至 20 时，飞机飞行 24 架次，转运伤员至西宁、成都、西安、兰州、格尔木地区及部队医院，进行救治。震后 56 小时，转移重伤员 1881 人，1.1 万名伤员得到及时的医疗救治。

15 时 20 分，省长骆惠宁飞抵玉树灾区，立即乘车前往武警玉树支队、州人民医院、州体育场、扎西科赛马场等伤员安置点，了解指挥伤员救治。

18 时，副省长马顺清主持召开会议，通报玉树地震灾区人员伤亡情况，紧急部署组派医疗队赴灾区开展医疗救治工作。

19 日，玉树抗震救灾现场指挥部召开会议，要求帐篷厕所须由专人管理，生活垃圾白天集中、夜间清理。对结古镇集中安置点的各医疗救援队伍，及时调整布局，与玉树州、县、乡医院挂钩，扩大医疗覆盖面，解决看病难问题。确定对转运外地重伤员康复出院后安置问题，由玉树州政府负责。

20 日 18 时，玉树抗震救灾现场指挥部召开会议，强卫对抗震救灾全面转入新阶段的重点工作做了安排部署，要求全面加强防疫工作，在继续抓好伤员救治的同时，重点加强卫生防疫工作，坚决防止灾后传染病发生。全面进行“消杀灭”。重点加强对群众卫生防疫知识的宣传教育，一方面通过基层组织落实防疫措施，另一方面通过流动宣传车、板报、张贴宣传画、发放宣传材料等多种方式加强对群众的宣传教育，让群众听到、学到、用到卫生防疫知识。

22 日 16 时，马顺清主持召开玉树地震灾区转移到省内外伤员出院安置、医疗救治费用支付、伤残人员康复救助、伤员愈后返程补助等专题会议，要求有关部门迅速组织实施，把党和政府制定的惠民好政策落到实处。

27 日，玉树抗震救灾指挥部召开会议，会议要求在做好抗震救灾重点工作的同时切实加强卫生防疫工作，在现有基础上增加 100 名卫生防疫人员，重点抓好鼠疫监测工作。

二、玉树州、县党委和政府组织实施

地震发生后，玉树州委、州政府做出指示，要求州卫生局组织现有人员查看卫生系统受损情况，并利用一切有效方式联系全州医务人员，迅速到岗，成立医疗队，设立医疗救治点，由副州长担任队长，全州卫生系统广大医护人员，恪尽职守、争分夺秒，竭尽全力组织救治伤员，为提高地震伤员生存率、降低死亡率和致残率赢得了宝贵时间，也为全国各地赴玉树灾区医疗救援队的救治打下了坚实的基础。

地震发生后，玉树县委、县政府立即启动应急响应预案，迅速成立了临时指挥部，强化从指挥部到社区的统一指挥，确保了政令畅通、运转高效。把重灾区结古镇划分为19个片区，由县级领导牵头，明确责任，包村包户，组织群众积极开展自救互救，以最大效率搜救生命，从废墟下抢救被压埋人员。发放帐篷、救助粮、“四金”补助，保证了受灾群众有地方住、有饭吃、有干净水喝、有病能医治。县委、县政府把工作重点放在医疗急救和卫生防疫方面，设立两个医疗救治点救治伤员，并在全县范围内组织卫生系统全体干部、党员在危难时刻冲锋在前，舍小家顾大家，义无反顾地投身抗震救灾第一线，全力以赴救治伤员，全体医护人员与家乡人民同呼吸、共命运。面对重症患者越来越多的情况，玉树县卫生系统组织救护车辆投入运送伤员的工作中，及时转移重症伤员，妥善处理遇难人员后事，安抚遇难人员家属。以最优服务妥善安置受灾群众生活，认真开展卫生防疫工作。

第五节　青海省卫生厅组织实施

一、启动Ⅰ级应急响应

地震发生后，8时10分，青海省政协副主席、省卫生厅党组书记陈资全紧急召开党组扩大会议和各处室负责人会议，迅速对抗震救灾医疗救治工作做出部署，立即启动突发公共卫生事件Ⅰ级应急响应。成立以厅长苏宁为组长，各副厅长、驻厅纪检组组长、巡视员、副巡视员为副组长的卫生厅抗震救灾医疗救治领导小组，领导小组下设医疗救治、伤员转运、卫生防疫、卫生监督、物资保障、信息宣传6个组。

12时，省卫生厅派出副厅长李晓东率领的由厅应急办、医政处、疾控处、规财处等处室组成的工作组，紧急赶赴灾区，到达灾区现场后，迅速与玉树州卫生局共同组建医疗救援先遣指挥部，指挥医疗救治工作。15时，省卫生厅副厅长王晓勤带领25名由骨科、胸外、普外、麻醉、急诊、心内、护理等专业人员组成的医疗队携带骨科外伤急救设备和药品飞抵灾区，开

展医疗救治工作。20时，省卫生厅从省级医疗单位抽调325名医务人员，携带急救药品和设备，分乘9辆大巴车连夜出发奔赴灾区，迅速投入医疗救治工作，紧急向玉树灾区运送氧气160瓶，调运全血140袋5.6万毫升、血浆60袋1.2万毫升，安排省、州、市医疗机构预留病床2300张，其中省级医院1500张、西宁市200张、海东地区300张、格尔木市200张、海南州100张，并将省第五人民医院和西宁市第三人民医院作为集中救治后备医院，预留病床500张。省食品药品监督管理局向灾区紧急调拨103个品种、价值140万元的药品和医疗器械。

二、启动伤员转运工作

4月15日，省卫生厅启动玉树灾区伤员转运工作，省、市和部队定点收治医院开始陆续接收从航空、公路转运的灾区伤员。同日，省卫生厅制定《玉树地震灾区高原病防治工作方案》，及时编印《高原病防治知识手册》2.5万册。在玉树巴塘机场组建集中供氧站，向灾区调运抗缺氧药品红景天胶囊300件3.6万瓶，丹参滴丸、21金维他、高原护肤霜等10.5万瓶，紧急调用制氧机64台。派出由中国工程院院士、高原病防治专家吴天一率领的14人高原病防治专家组，青海大学医学院组成以副院长格日力为队长的高原医学救治志愿者服务组，奔赴灾区开展高原病防治，累计开展高原病巡诊45575人次，诊治高原反应104人，及时治疗和低转高原病患者17人，配发单兵增压氧舱30个，有效防止了肺气肿、脑水肿等危重高原病发生，切实降低了高原病发病率。

三、紧急防疫与心理卫生干预

为确保大灾之后无大疫，青海省卫生厅紧急制定了《玉树地震灾区卫生防疫工作方案》《玉树灾区疾病监测方案》《灾区鼠疫防治应急预案》《灾区炭疽防治应急预案》等技术方案，印发《青海省抗震救灾防疫人员工作手册》。

4月16日，省卫生厅派出防疫车3辆、消毒车1辆和10名鼠疫防控专家、16名卫生防疫队员组成的工作队，携带消毒剂4000千克、破伤风疫苗1.5万人份及水质检测设备，深入灾区指导和开展鼠疫防治、灾区消杀灭、疫苗接种、饮用水水质和传染病疫情监测、健康教育工作。

4月17日，省卫生厅厅长苏宁带领心理疏导专家赶赴玉树灾区开展受灾群众心理安抚疏导等工作。成立省卫生厅抗震救灾心理干预领导小组、省级抗震救灾心理干预专家组，组建心理救援队，印发《心理危机干预方案》《玉树地震灾区干部心理援助工作方案》，编印藏汉双语心理自救和互救宣传教材。以青海省第三人民医院为主要力量，在玉树灾区建立心理辅导中心，深入9个受灾乡镇开展心理健康状况基线调查，建立灾区人员心理健康档案，制订心理减压训练计划。编写“提倡心理援助关爱，促进精神家园重建”的短信群发，覆盖玉树州8.6万名电信和移动用户；深入灾区开展心理援助专项活动，完成2418名灾区人民的心理状况评估及心理保健培训，心理减压疏导，抚平创伤，重拾信心。青海大学、青海师范大学、青海民族大学迅速组建心理救援专家小组奔赴玉树灾区开展心理救援工作。通过培训师资、团体训练和个别辅导，对玉树灾区的 4800 名学生和 280 名教师进行心理疏导。

4 月 18 日 9 时，青海省卫生厅召开抗震救灾医疗救治和卫生防疫工作专题会议，会议决定由省卫生厅副厅长颉学辉、省爱卫办主任牛建平赶赴灾区指导灾后卫生防疫工作，并派出由 21 人组成的卫生防疫队，携带消杀灭药品、检验检测、防护设备奔赴灾区开展流行病学、水源状况调查、消毒、疫情监测和健康教育等工作。青海省爱国卫生运动委员会、省卫生厅联合印发《关于切实做好地震灾后卫生防疫工作的紧急通知》，提出灾区饮用水、环境、运输工具、尸体消毒等技术标准。派出由 20 人组成的卫生监督队赴灾区开展食品安全监管、灾区卫生监督和饮用水水质监测等工作。

四、综合医疗卫生工作

4 月 19 日，根据玉树地震灾区医疗救治和卫生防疫工作需要，把 4 月 14 日成立的卫生厅抗震救灾医疗救治领导小组下设医疗救治、伤员转运、卫生防疫、卫生监督、物资保障、信息宣传 6 个组，调整充实为督导检查、医疗救治、卫生防疫、综合协调、物资保障、信息统计、宣传报道、后勤服务、心理危机干预、食品药品监督等 11 个组。

4 月 21 日，青海省卫生厅妇幼卫生保健与社区卫生处积极与卫生部妇社司、联合国儿童基金会联系，紧急协调援助省妇女儿童医院、省妇幼保健院及玉树州 6 个县妇幼保健机构救护车、工作车及医疗卫生设备，为及时抢救地震受伤儿童及灾后孕产妇分娩、妇女保健、儿童保健工作恢复发挥了重要作用。

4 月 24 日，省卫生厅制定《玉树地震灾后重建过渡期医疗技术对口帮扶工作方案》，印发至各支持单位和受援单位。

4 月 25 日，省卫生厅副厅长李晓东主持召开玉树地震灾后重建过渡期医疗卫生技术对口帮扶工作会议，部署对口帮扶工作，由省垣 15 所地方、部队、武警医疗卫生单位与玉树地震灾区州、县、乡（镇）医疗卫生机构结成“一帮一”帮扶对子，建立稳定有效的帮扶关系。帮扶时限从 2010 年 4 月至 2012 年 4 月结束，为期 2 年，各支援单位通过技术服务、巡回医疗、业务培训、技术指导、手术示教、查房带教、病案讨论、建章立制、捐赠设备等多种形式，指导帮助受援单位提高医疗技术水平和卫生服务能力。通过 2 年的对口帮扶，玉树州医院达到三级综合医院标准，县医院达到标准化水平，乡（镇）卫生院达到规范化建设标准。2012 年 11 月至 2014 年 11 月，省卫生厅又组织省内 8 所医院对口帮扶玉树州、县两级 8 所医院，帮扶中针对受援医院的特点和需求，协商确定对口支持的目标、任务、措施等；制订切实可行的对口支持方案，共同制订年度和长期工作规划，帮助建设一批重点学科，培养一批学科带头和技术骨干人才，进一步提高了玉树灾后重建的州、县医院管理和医疗服务水平。

4 月 30 日，根据抗震救灾工作的需要，对厅抗震救灾领导小组及各工作组作补充调整，以厅长苏宁为组长，各副厅长、驻厅纪检组组长、巡视员、各副巡视员为副组长，机关各处（室、局）负责人为成员，下设厅抗震救灾玉树工作组、综合组、物资保障组、医疗救治康复组、心理危机干预组、公共卫生防疫组、食品药品监督组、宣传组、表彰组、干部保健组、督导检查组、后勤服务组共12个工作组。

5月8日，青海省卫生厅成立玉树灾后重建人员高原病医疗专家组，在地震灾区对重建人员进行高原病防治知识培训，指导开展高原病医疗救治工作。

6月5日，青海省卫生厅制定《青海玉树地震灾区临时医疗卫生机构建设方案》，在全国各地、人民解放军、武警部队等多方支持帮助下，采取各种措施加快过渡性医疗卫生基础设施建设，总共搭建活动板房及帐篷2.27万平方米，其中活动板房1万平方米，为有序地开展医疗、卫生防疫、卫生监督和灾后重建工作创造了条件，使灾区人民基本医疗卫生服务和卫生防疫工作转入正常、有序、可持续运转轨道。

第二篇 医疗防疫救援力量

地震发生后，卫生部迅速做出部署，派出北京市、天津市、山西省、甘肃省、陕西省、宁夏回族自治区、新疆维吾尔自治区、四川省、重庆市、云南省、西藏自治区、湖北省、广东省13支省外救援队伍赴玉树地震灾区开展医疗救援和卫生防疫工作。13个省（区、市）医疗防疫队伍以最快的速度奔赴玉树灾区，迅速展开生命大营救。

人民解放军、武警、公安消防部队紧急启动应急反应机制，迅速组建医疗救援队、方舱医院等，调派数千名医疗防疫、卫生监督等方面的专业技术队伍，从四面八方奔赴灾区开展医疗救治和防疫工作。

4月14日晚，青海省卫生厅迅速派出由325人组成的省级抗震救灾医疗队奔赴灾区，于15日中午抵达灾区。青海省人民医院，青海大学附属医院，青海省中医院，青海省第四、第五人民医院，青海省心脑血管病专科医院，青海省妇女儿童医院，青海省交通医院，青海省水电四局西宁中心医院，西宁市第一、第二、第三人民医院，青海省疾病预防控制中心，青海省出入境检验检疫局，海东地区、海南州、海北州、海西州、黄南州、果洛州等地医疗单位，快速组建医疗队伍，携带医疗设备、医药物资第一时间奔赴灾区开展救援工作。

青海省红十字会协调中国红十字“999”医疗救援队、蓝天救援队等多支救援队伍赶赴灾区，开展救援。地震引发港澳台地区和国际社会的广泛关注，台湾联合医院、坜新医院、成大医院20人组成红十字医疗救援队，在西宁市第一人民医院对灾区伤员开展医疗救治工作。

众志成城　抗震救灾

第一章　全国卫生系统医疗救援队伍

第一节　青海省医疗系统救援队伍

一、省直医疗系统救援队伍

（一）青海省人民医院

4 月 14 日 9 时，省人民医院立即启动应急预案，召开抗震救灾工作紧急会议，成立玉树地震抗震救灾工作领导小组，部署抗震救灾医疗救援工作，迅速组建 4 批医疗队。第一批赴玉树医疗队一行 13 人在 2 小时内迅速完成集结、出发，第二批医疗队一行 12 人在 4 小时内完成集结、出发，第三批医疗队及救护车、手术车、药品、物资和生活用品等 6 小时内完成集结、出发，第四批医疗队于当日 20 时出发。各医疗队先后携带药品、物资、生活用品，由院长褚以德、副院长吴新民等带队赶赴灾区投入紧急救援工作中。截至 7 月 30 日，省人民医院先后派出 13 支医疗队，共 118 人次的医务人员赴玉树灾区。其中，包括 43 名胸外、普外、麻醉等专业方面的医生和 44 名护士及 30 名后勤工作人员。同时，医院组织由 25 名医护人员负责从西宁机场和西宁汽车站接收伤员，保证灾区伤病员及时送达指定的医院救治。

（二）青海大学附属医院医疗队

4 月 14 日 9 时，青海大学附属医院立即成立抗震救灾领导小组，部署抗震救灾医疗救治工作。9 时，医院派出两支由医务部、急诊外科、骨科、脑外科、心胸外科、普外科、麻醉科等专业的 24 名医疗专家及护理骨干共 30 人组成的救援医疗队，先后由副院长杜玉雄、崔森带队，携带价值 3.88 万元的药品、医疗器械紧急赶赴玉树州体育场开展医疗救援工作。

（三）青海省中医院

4 月 14 日 10 时，省中医院召开紧急会议，部署医院抗震救灾工作。组建抗震救灾第一批医疗队，由副院长李军茹带队，选派骨伤科、普外科、急诊科、泌尿科、手术室、麻醉科、护理科等骨干人员12名组成的抗震救灾医疗队，携带10多万元的急救药品、医疗手术器械、救援物资等，连夜赶赴地震灾区，参加抗震救灾工作。第一批医疗队到达灾区后，按照省卫生厅指挥部安排该医疗队在巴塘机场设置医疗点，负责伤员急救和转运工作。4月15日，医院再次派出救援车辆携带急救药品、医疗器械、救灾物资增援玉树灾区，之后又迅速组建了第二批、第三批抗震救灾预备医疗队。

（四）青海省第三人民医院

4月14日9时，省第三人民医院立即启动心理危机干预工作预案，以灾后心理危机干预为导向，成立灾后心理危机干预工作领导小组，组建医疗救援队、心理救援队、预备队，编印藏汉双语的心理自救和互救宣传材料，采购各类药品，迅速对医院39名精神科医护人员和招募的15名志愿者进行灾后心理救援培训和演练，预备床位20张。4月17日，医院派出心理科主任医师刘桂兰、副主任医师韩国玲等医务人员赶赴灾区。

（五）青海省第四人民医院

4月14日10时，省第四人民医院迅速成立抗震救灾医疗救治领导小组，紧急部署玉树地震灾区抗震救灾的各项准备工作，并组织成立抗震救援医疗队。院领导陶宝忠带领第一支抗震救援医疗队10名医护人员连夜奔赴灾区，次日凌晨到达玉树灾区，开展医疗救治工作。

（六）青海省第五人民医院

4月14日20时，省第五人民医院抗震救灾医疗队由肿瘤外科主任赵成茂带领14名医疗人员奔赴灾区，根据省抗震救灾指挥部命令，负责救护玉树巴塘机场候机大厅等待转运的地震重伤员。在地震发生的两天内，在医疗物资缺乏的情况下，就地取材，候机大厅三人座椅就是临时病床，衣帽钩成了点滴架，将装有医疗物资的纸箱撕成纸板做夹板用，为伤员做清创缝合、骨折固定等一些最基本的救治，为伤员安全有序转运创造了条件，完成在72小时内把所有伤病员转运出去的任务。

（七）青海省心脑血管病专科医院

4月14日9时，省心脑血管病专科医院立即安排部署抗震救灾工作，成立玉树地震灾区救援人员急性高原病防治领导小组、玉树地震灾区救援人员急性高原病防治专家组、抗震救灾医疗救援工作领导小组，组建由17人组成的专家医疗队，调集止血抗菌、治疗肠胃疾病、感冒类药品、消毒液、盐糖输液及一次性棉签、无菌手套、纱布、输液器、口罩帽子、胶布等卫生材料46箱，价值10.6万元的医疗物资，由副院长刘品发带队于14日14时赶赴灾区，于15日抵达结古镇开展医疗救治工作。

（八）青海省妇女儿童医院

4月14日11时，省妇女儿童医院迅速启动医院突发公共卫生事件应急预案。院党委副书记、院长张慧玲就选派人员组建急救医疗队，对筹集帐篷、药品、食品等救灾物资等工作进行安排部署。成立以外科主任医师王昆为队长，外科、骨科、急救科、内科及后勤人员参加的第一批10人医疗救治应急救援队，于15日20时到达地震灾区开展救治工作。

二、省行业医院医疗救援队伍

（一）青海省红十字医院

4月14日10时，省红十字医院院长张建青立即召开紧急会议，部署抗震救灾工作。当日中午，医院第一批由11人组成的医疗救援队奔赴灾区。随后，医院又紧急派出了包括临床、医技、护理、后勤保障在内的100多人的医疗队携带价值35万元的药品、医用物资和医疗器械连夜赶赴灾区。医院先后向灾区紧急派遣了3批共计125人的救援队。在副院长高春江的带领下承担玉树机场转运伤员及现场救治任务。

（二）青海省交通医院

4月14日20时，省交通医院组织了一支12人的应急医疗队，在副院长李德元的带领下，携带药品、器械、被褥、大衣、食品等物资，连夜奔赴玉树地震灾区实施救援。5月13日至9月中旬，省交通医院按照青海省交通厅的部署，分别在国道214线玛多县、省道308线治多县路段设立医疗救助点，每处医疗救治点配备2名医生、2名护士、1辆救护车，备有常用药品、心电图监护仪、车载呼吸机、制氧机等医疗设备，负责医治和救助参与公路保通的干部职工。医疗点的设置，有效保障了公路保通职工的生命安全。在4个多月里，各医疗救治点累计诊疗公路保通职工及沿线群众1.13万人次，对65名患脑水肿和肺水肿等重症的职工进行初步救治后，及时送往西宁、格尔木等医院治疗。

（三）青海省水电四局西宁中心医院

4月14日13时，省水电四局西宁中心医院根据省卫生厅的安排，召开紧急会议部署抗震救灾工作，成立以院长赵永贵、党委书记杨增胜为组长的抗震救灾应急领导小组。医院积极运作，筹备医疗器械及药品，派出1名有现场抢救经验的医生和2名护士共3人随水电四局抗震救灾队奔赴灾区。16时，接到省卫生厅派出医疗小分队的紧急命令后，选派2名骨干医生、3名护士，成立抗震救灾医疗小分队，随青海省卫生厅医疗抗震救灾队奔赴灾区，参加医疗救治工作。

（四）青海省人口和计划生育委员会

地震发生后，省人口和计划生育委员会按照委党组的安排部署，迅速行动，组织召开会议传达关于抗震救灾会议精神，号召全体党员干部立即行动起来，派出由4人组成的医疗队携带15万元急救药品等医疗物资，于4月14日20时出发，经过长途跋涉抵达玉树灾区，按照抗震救灾指挥部的安排，赴巴塘机场迅速投入医疗救治和伤员转运工作。

三、各州（市）级卫生系统医疗救援队伍

（一）西宁市

地震发生后，西宁市卫生局立即启动Ⅰ级应急响应机制，及时部署医疗救治力量。西宁市

城中区、城西区、城北区、城东区、大通回族土族自治县、湟中县、湟源县各级医院医务人员纷纷报名请愿，积极要求前往灾区参加救援。19时，由各单位科室技术骨干组成了医疗救援分队，分头奔赴玉树灾区。各医疗分队到达地震灾区后，按照抗震救灾指挥部的安排，迅速投入各医疗救治点，开展救治工作。

西宁市第一人民医院选派政治思想好、医德医技精良、身体状况好的10名医护人员，由副院长王朝阳带队出发，并自行配备医疗器械和大量的药品，于19时30分出发，15日中午抵达灾区，积极投入抗震救灾的工作中。

西宁市第二人民医院于17时组成由骨科、胸外科等10名医务人员组成的医疗救援队，在副院长祁永清的带领下奔赴灾区，15日12时抵达玉树州结古镇赛马场，开展医疗救治工作。

西宁市第三人民医院于18时接到西宁市卫生局紧急通知，19时，副院长刁海鑫带领由11名科室技术骨干组成的医疗救援小分队出发，于15日下午抵达重灾区结古镇，迅速投入医疗救治工作中。

（二）海西州

地震发生后，海西州卫生局迅速召开会议，部署玉树抗震救灾工作，州直各医疗卫生单位成立支持灾区抗震救灾组织领导机构，启动相应的工作方案。州人民医院、蒙藏医院抽调10人组成医疗队，由一名格尔木市委常委、副市长带领，于4月15日奔赴灾区；26日，市委常委、统战部部长吴长青率领由6人组成的第二批医疗队赶赴灾区，在灾区结古镇开展医疗救治工作。

（三）海南州

4月14日，根据海南州委、州政府和省卫生厅的安排部署，海南州卫生局迅速成立玉树抗震救灾医疗救援工作领导小组，下设医疗救治组、卫生防疫组、后勤保障组、宣传报道组，并从海南州人民医院、共和县中医院、同德县医院、贵德县医院抽调64名医疗技术人员，组成4支玉树灾区抗震救灾医疗救援队，携带价值57.75万元的医疗物资和流动医院车于15日开赴灾区开展医疗救助。

（四）黄南州

地震发生后，黄南州卫生局党组反应迅速，积极动员各医疗卫生单位，及时组织医疗防疫、卫生监督等救援队伍赶赴玉树地震灾区开展工作。4月15日，黄南州人民医院派出由普外科、骨科、五官科等业务技术骨干组成的医疗队，共17人，携带价值4万余元的药品、设备、器械和生活物资前往灾区，开展医疗救治工作。

（五）果洛州

地震发生后，果洛州卫生局立即召开紧急会议，迅速成立抗震救灾工作领导小组，部署玛沁、甘德、达日、久治、玛多、班玛县等医疗单位组织70余名骨科、外科、护理、后勤保障等人员组成果洛州抗震救灾医疗救援队，携带40余万元医疗救助物资于4月14日赶赴灾区，开展医疗救治工作。

四、省内志愿者医疗救援队伍

地震发生后，共青团青海省委组建的以藏族学生为主的语言翻译、伤员照顾、应急服务等志愿者队伍 900 余人于 4 月 16 日赶赴灾区。这些志愿者胸系红飘带，忙碌在灾区的各个角落。特别是藏汉语翻译志愿者，为受灾群众和救援部队之间搭起了畅通的沟通渠道。来自北京、上海、天津、重庆、四川、河北等省的 26 支志愿者服务队，与团省委衔接，积极开展医疗救助、抢险搜救、藏汉语翻译、卫生防疫、秩序维护、环境整治、机动服务等志愿服务。在后方，团省委在西宁火车站和西宁飞机场设立支援服务站点，派专人负责伤员转运、护理工作。至 4 月底，在灾区和后方参加支援服务的志愿者 4200 人。在西宁市参加志愿服务的队伍有 12 支，达 1700 余人，志愿服务累计达 31 万小时。

青海省卫生职业技术学院召开抗震救灾协调会，组织落实抗震救灾事宜，认真部署，全面动员。在 1 小时内报名人数达百余人。根据灾区实际工作及专业的需要，组建了一支由学院纪委书记武玉清带队、学生处副处长达晓荣任队长，22 名学生组成的抗震救灾大学生志愿者服务队，于 15 日 7 时出发前往灾区开展志愿服务。

青海大学医学院召开紧急会议，及时传达有关抗震救灾工作会议精神，紧急部署抗震救灾各项工作，成立青海大学医学院抗震救灾工作领导小组。15 日，组织高原医学救治队、医疗服务队、志愿服务队等抗震救灾队伍开赴玉树灾区。16 日 12 时，以青海大学副校长、青海大学医学院副院长格日力为队长，由医学博士、医学硕士及 11 名研究生、6 名医学本科生、大学本部 3 名藏族学生组成的“高原医学救治志愿者服务队”和“抗震救灾志愿者医疗服务队”奔赴玉树灾区进行医疗援助活动。由于青海省、市各个医院接受玉树地震灾区来的重伤员数量急剧增加，根据省、市各大医院医疗急救的需要，青海大学医学院积极组织 71 名志愿者分别到青海大学附属医院、省中医院、省红十字医院、西宁市第一人民医院进行志愿服务。17 日，医学院又组织临床医学系 16 名学生赴青海大学附属医院，20 名玉树籍藏族学生分 2 组赴青海大学附属医院和康乐医院进行志愿服务。先后派出志愿者 173 人在青海省、市各级医院开展了为灾区伤员救治提供藏汉语翻译、伤员转运、医疗陪护、心理抚慰等志愿者服务。18 日至 20 日，挑选 4 名教师、16 名学生组成“飞机场外地急救车辆向导志愿者服务队”前往西宁机场进行志愿服务，引导外地急救车辆从机场顺利地向西宁市区各大医院运送伤员，志愿者共引导急救车辆 300 多辆次，运送伤病员 340 人。青海省卫生职业技术学院 4 月 14 日召开抗震救灾协调会，组织落实抗震救灾事宜，认真部署，全面动员。在短短的 1 小时之内报名人数达百余人。根据灾区实际工作及专业的需要，组建了一支由学院纪委书记武玉清带队、学生处副处长达晓荣任队长，22 名学生组成的抗震救灾大学生志愿者服务队，于 15 日 7 时出发前往灾区开展志愿服务。

第二节 支援省（区、市）医疗救援队伍

一、华北、华中、华南地区医疗救援队伍

（一）北京市

4 月 15 日，按照卫生部统一安排，北京市急救中心迅速行动，成立抗震救灾领导小组，连夜集结人员，紧急配置的 400 多万元的近百种药品、器械、物资装车托运。北京市卫生局局长方来英、中心党委书记李巍进行战前动员，号召大家发扬“铁军”精神，全力做好救援工作。14 时，医疗队队长、中心副主任万立东带队出发，赶赴灾区。17 日凌晨，北京急救中心派出由 108 名急救人员、25 辆救护车组建的医疗队到达西宁后立即出发奔赴玉树灾区开展医疗救治工作。其间，在灾区共转运伤员 200 余人次，为十几个村庄近 2000 名受灾群众送药。

同时，北京市卫生局组织由北京大学第一医院、北京大学人民医院、北京大学第三医院、北京积水潭医院、北京朝阳医院、北京儿童医院，包括 6 名重症、呼吸、心内等专业的专家及 60 名临床骨科、普外、脑外、急诊、ICU、感染、肾内、胸外、院感、护理等专业的医护人员组成的医疗卫生救援队，分别在西宁、格尔木及玉树 3 个医疗点开展救援工作。

（二）天津市

地震发生后，天津市委、市政府及市卫生局启动了天津市公共卫生应急事件 I 级响应，市委常委、市教育工委书记苟利军，副市长张俊芳亲临市卫生局坐镇指挥。接到卫生部要求天津市选派专家组赴灾区开展医疗救援的命令后，从市胸科医院、市环湖医院、市天津医院、市第

天津市医疗救护人员精心护理地震中的小伤员

一中心医院、市人民医院、市第三中心医院、市第四中心医院、市儿童医院、市传染病医院、市海河医院、医大总医院、医大二院、泰达国际心血管病医院等13所医疗机构抽调30名副主任医师以上职称的医生和有急诊、重症抢救经验的护理人员组成天津市抗震救灾医疗队，于4月15日启程奔赴灾区，开展医疗救治工作。在14天的抗震救灾工作中，天津医疗队完成抗震救灾工作任务。

（三）山西省

4月14日，山西省卫生厅按照省委、省政府和卫生部的部署成立由11个市、180名涉及急救、骨科、普外等专家及医护人员，106名车辆驾驶员、38名行政及后勤保障人员共324人，63辆救护车、后勤保障车辆组成的山西省抗震救灾医疗卫生队，16日10时到达西宁市。

按照青海省抗震救灾指挥部安排，将队伍一分为三，组成3支医疗救援小分队，3支医疗救援小分队分别安排在西宁市、格尔木市及玉树县参与医疗救治工作。17日7时30分，由山西省大同、阳泉、吕梁、长治、晋城、临汾、运城7个市抽调的骨科、普外科、ICU、呼吸、急救等方面的31名专家、12名护士、20名管理及后勤保障人员、5辆救护车组成的格尔木医疗小分队，由李书凯带队，从西宁出发赴格尔木。17日20时，山西省首批由21人4台车辆组成的赴玉树县医疗救援小分队连夜奔赴玉树灾区。18日16时，由11人5台车组成的第二批医疗救援小分队再次受命前往地震灾区，分别在机场和结古镇设立医疗救治点，积极投身到灾区伤员救治和转运工作中。19日16时，第三批由山西省44名医护人员、16辆救护车和青海省人民医院共同组成的医疗救援队负责从飞机场到省人民医院的伤员转运。在青海省执行医疗救援任务的11个日夜，山西省抗震救援医疗卫生队全体人员全身心地投入救治伤病员的工作中。

（四）湖北省

4月15日，湖北省卫生厅组建首批抗震救灾医疗队，卫生厅医政医管处副处长谢正海任医疗队队长，医疗队由20名骨科医生、40名外科护士、40名司机和7名新闻工作者共108人组成，携带20辆救护车和价值100余万元的药品、器械奔赴灾区开展医疗救治工作。医护人员分别来自同济医院、协和医院和武汉市属共11家医疗单位的业务精英，专业以骨外、胸外、普外、神经外科为主。他们医术精湛，紧急救援经验丰富，其中有33人参加过2008年汶川特大地震的医疗救援工作。湖北省抗震救灾医疗队经过35小时的长途行驶后抵达青海省西宁市。

随后，根据青海省抗震救灾指挥部命令，分成两支医疗小分队，一支进入玉树县结古镇灾区开展工作，另一支在西宁市开展伤员的转运救治工作。4月20日，湖北省卫生厅根据卫生部和中国残联的安排，派出由同济医院、湖北省人民医院、武汉大学中南医院康复专家组成的3人专家小组参加国家康复专家组赴灾区指导伤员的康复治疗工作。

（五）广东省

4月15日，广东省卫生厅根据卫生部要求，组建由骨科、神经外科、普通外科、胸外科、感染科、急诊科、肾内科、儿科、中医科、消化内科、泌尿外科、重症医学科、护理13个专业医疗救治专家组共32人，携带价值90多万元的药械、物资赴灾区开展救援。

按照青海省卫生厅抗震救灾前线指挥部统一部署，医疗救灾专家组被分配到从玉树转运至西宁收治伤员最多、最重的青海省人民医院、青海大学附属医院和青海省妇女儿童医院开展伤员救治工作。

二、西南地区医疗救援队伍

（一）重庆市

4 月 14 日，重庆市卫生局按照卫生部赴青海开展医疗救援工作指令，组成 182 名队员、34 台救援车辆的医疗救援队，由局长助理尹祖海为队长，于 15 日 11 时 30 分乘专列出发，16 日 8 时 30 分抵达西宁市。医疗队专家 24 名，主要由重庆医科大学，重庆市急救中心，重庆市第一、第二、第三、第六、第九人民医院，重庆市肿瘤医院专家组成。按照国家抗震救灾前方指挥部和青海省卫生厅安排，重庆市赴青海抗震救灾医疗救援队于 16 日 15 时从西宁出发，前往青海省海南州人民医院参加地震伤员救治工作。

重庆市医疗救援队奔赴玉树县结古镇

（二）四川省

地震发生后，四川省委、省政府、省卫生厅、省红十字会，甘孜州委、州政府领导高度重视。四川省卫生厅迅速成立青海玉树地震救援领导小组，立即组织救援队赶赴现场开展应急救援工作。

截至 4 月 29 日，四川省先后派出救援队 16 支，主要由四川省人民医院、四川大学华西医院、省疾病预防控制中心、省卫生监督执法总队和成都市、绵阳市、资阳市、德阳市、什邡市、广元市、雅安市、遂宁市、阿坝州、甘孜州及甘孜州石渠、甘孜、德格、色达、康定 5 县，以及四川矿山救护队、四川省预高师医疗救护分队等组成。参加救援的总人数 639 人，其中医护 348 人、疾控 53 人、卫生监督 21 人、后勤 217 人；总车辆 131 台，其中救护车 74 台、救援车 57 台。

（三）云南省

地震发生后，云南省卫生厅党组书记、厅长陈觉民主持召开紧急会议，按照卫生部的指令，迅速抽调省、市、州级 14 家医疗单位 113 名医护和后勤人员、19 辆救护车组成抗震救灾医疗队，由卫生厅副厅长徐和平带队，于 4 月 15 日兵分三路奔赴灾区。云南省第一人民医院 20 人组成的先遣队由卫生厅医政处副处长侯建红、省一院副院长刘玉明带领，于 15 日上午乘飞机经西安转机，分三批到达西宁。在青海省抗震救灾指挥部安排下，连夜奔赴玉树灾区。16 日下午，到达玉树州体育场，投入医疗救治伤员工作。紧接着 4 辆救护车和 9 名队员，于 15 日上午从昆明出发，日夜兼程，赶赴地震灾区。历时 14 天的玉树抗震救灾，是云南卫生救援史上路途最远，跨省最多，中转次数最多，灾区海拔高、气候多变、缺氧、条件最艰苦的一次大救援。

（四）西藏自治区

按照西藏自治区党委、政府和卫生部指示，自治区卫生厅立即组派医疗卫生救援队，赴青海省玉树灾区进行医疗卫生救援。这是西藏历史上首次向西藏自治区以外地区派遣医疗救援队。

4 月 14 日，西藏自治区赴玉树医疗卫生救援队第一分队由昌都地区卫生局副局长霍凯江带队，昌都地区卫生局、昌都地区人民医院、昌都地区藏医院、昌都地区疾病预防控制中心 28 名队员、17 辆救护车组成昌都医疗队，携带价值 5 万元的医疗器械、药品、耗材，于 15 日早晨抵达灾区。

15 日，由自治区人民医院副院长丹增带队，自治区人民医院、当雄县卫生服务中心、曲水县卫生服务中心 23 人组成的第二分队；自治区第二人民医院急诊科主任曲旦带队，自治区第二人民医院、堆龙德庆县卫生服务中心、达孜县卫生服务中心、那曲地区藏医院 24 人组成的第三分队，携带了价值 6.5 万元的急救药品等，调派 12 辆车分别从拉萨出发，赶赴灾区。

29 日，由自治区藏医院急诊科副主任带队，西藏自治区藏医院、林芝地区人民医院、林芝地区林芝县卫生服务中心、林芝地区波密县卫生服务中心、拉萨市墨竹工卡县卫生服务中心、昌都地区八宿县卫生服务中心、山南地区浪卡子县卫生服务中心 24 人组成的第四分队奔赴灾区。由自治区第二人民医院内二科主任王毅带队，自治区第二人民医院、山南地区人民医院、拉萨市人民医院 6 人组成赴青海玉树医疗卫生救援队高原病分队，先后赶往玉树灾区。112 名医疗技术人员高效有序地开展为期 16 天的医疗卫生大救援工作。

三、西北地区医疗救援队伍

（一）陕西省

按照卫生部要求，陕西省卫生厅迅速组建医疗队赶赴青海玉树开展医疗救治工作。4 月 15 日、16 日分 3 批派出 11 支医疗队、249 名医务人员和 51 辆救护车赶赴灾区。4 月 14 日下午 4 时，陕西省人民医院接到省卫生厅通知，立即着手组建一支 20 人救援医疗队。晚 8 时，根据卫生部最新要求，医疗队增至 31 人。1 小时后全队组建完成准备待命出发。4 月 15 日下午 3 时赶赴灾区开展救援工作。医疗队有 22 名医生、7 名护士，将近一半的队员都参加过 2008 年汶川抗震救灾医疗队救援工作。医疗队携带 200 人份的救灾药品上百种及缓解高原反应的特殊药品，配备便携式心电图机、手持血氧仪等救援设备。

（二）甘肃省

地震发生后，按照甘肃省委、省政府和卫生部抗震救灾指示精神，甘肃省卫生厅迅速启动突发事件应急预案，成立甘肃省卫生厅支持青海抗震医疗救援工作领导小组，由厅长刘维忠任组长、其他厅领导担任副组长，全面部署支持青海省抗震救灾医疗救援工作。领导小组下设综合组、督导组、医疗救治组、防疫组、中医组、保障组、宣传组、前线指挥组 8 个组，以确保救援工作有力、有序、有效地开展。震后 2 小时，即组建首支甘肃省抗震救灾医疗救援队，调集各类救灾物资紧急驰援灾区。从甘肃省人民医院、省紧急医疗救援中心、省疾病预防控制中心抽调 67 名专家骨干、17 辆救护车，紧急调集急救药品和急救设备，由甘肃省卫生厅应急办主任孙亚军带队，于 15 日 11 时到达玉树灾区。救援队到达玉树后，按照青海省抗震救灾医疗卫生救援指挥部的统一部署，立即赶赴玉树巴塘机场，接受了机场危重伤员空运后送、伤员紧急救护和机场卫生防疫等任务。之后第二批、第三批、第四批医疗卫生救援队相继赶赴灾区，支援玉树医疗救治、卫生防疫及卫生监督等工作。

甘肃省人民医院、甘肃省紧急医疗救援中心的全体救援人员克服高原缺氧、条件艰苦等困难，对所有伤员按照伤情轻重缓急进行检伤分类，对出血、骨折、内脏损伤的伤员实施止血、包扎、固定、输液、吸氧等救治措施，护送伤员登机，并参加随行救护等工作。

（三）宁夏回族自治区

宁夏回族自治区卫生厅积极响应中共中央、国务院和自治区党委、政府的号召，在卫生部的统一指挥下，成立由厅党组书记、厅长刘天锡任组长，副厅长叶旭和王炜任副组长的宁夏抗震救灾医疗卫生救援指挥机构，设立医疗救治、卫生防疫等 5 个工作组，安排全区有关卫生行政部门和卫生厅直属医疗卫生单位紧急组建 8 个医疗、防疫小分队，自筹抗震救灾应急物资，驰援玉树灾区。根据卫生部驰援玉树救灾指令，派出第一批由 6 名医护人员、2 辆救援车组成的医疗救治组，于 4 月 14 日 19 时 45 分随自治区抗震救灾救援队奔赴灾区。

4 月 15 日，由副厅长王炜担任总指挥，138 名医疗卫生人员、29 辆救援车辆组成的第二批医疗救治和卫生防疫队员开赴玉树灾区。24 日，由卫生厅疾控处副处长蒯文带队，疾病控制、卫生监督等领域共 15 名专业人员组成的第三批医疗卫生防疫救援队奔赴灾区。5 月 10 日，由自治区疾病预防控制中心副主任刘吉祥带队，疾病控制、卫生监督等领域共 11 名专业人员

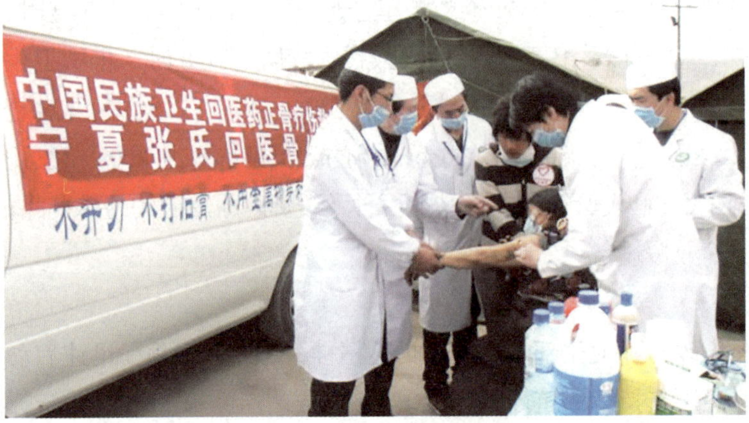

宁夏医疗救援队发挥民族医药特色优势在灾区开展医疗救治工作

组成第四批宁夏医疗卫生防疫救援队奔赴灾区。4 月 14 日至 6 月 4 日，宁夏卫生厅先后派出 4 批 170 人、38 辆车的救援队，在玉树县结古镇连续工作了 52 个日夜。

（四）新疆维吾尔自治区

4 月 15 日，根据卫生部安排部署，新疆维吾尔自治区卫生厅抽调新疆医科大学第一附属医院、自治区人民医院、自治区疾病预防控制中心、克拉玛依市疾病预防控制中心 105 名不同专业的医疗卫生及防疫人员、15 辆救护车组成的新疆抗震救灾医疗队，由副院长汤宝鹏带队赶赴玉树地震灾区开展救援工作。医疗队于 4 月 16 日晚抵达西宁市，参与青海省交通医院、省红十字医院伤员救治。

第三节　社会医疗救援队伍

一、红十字组织救援队伍

地震发生后，青海省红十字会立即启动应对自然灾害应急预案 I 级响应，及时向中国红十字会报告灾情，请求总会及全国红十字系统的支援。成立了青海省红十字会抗震救灾领导小组和青海省红十字会玉树抗震救灾前线指挥部。中国红十字会总会常务副会长王伟、副会长郝林娜亲临灾区一线考察灾情、指导红十字会系统地进行抗震救灾工作，协调救灾物资。紧急动员和组织 200 多支、2000 多人的红十字志愿者队伍，运送发放了 1.5 万余顶帐篷、5.15 万件棉被、5.1 万件衣物、5.46 万余箱（件）方便食品、饮用水、急救药品和 700 余吨其他救灾物资。积极协调和组织中国红十字会“999”医疗救援队、蓝天救援队等多支红十字救援队赶赴玉树灾区开

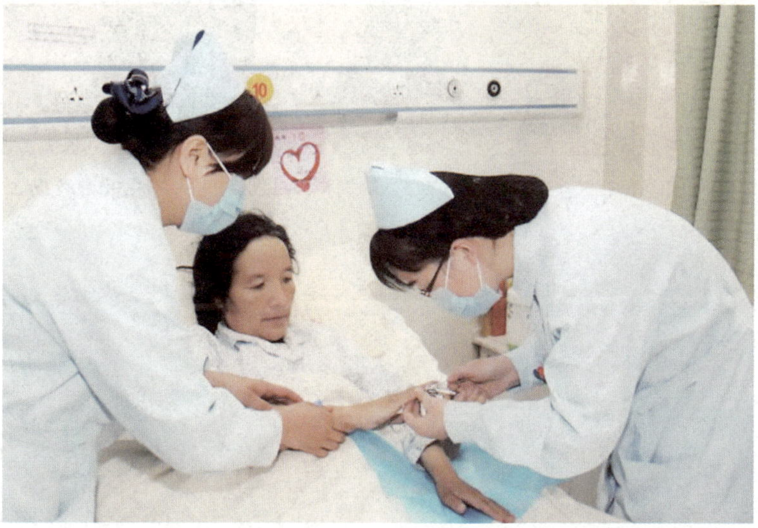

红十字医院医护人员精心护理受伤群众

展紧急救援工作，成功搜救幸存者 110 多人，抢救各类危重伤员 1140 人，紧急调运、安装活动板房 4000 多平方米，搭建标准卫生厕所 100 套，为灾区群众安装制水设备，净化、供给安全饮用水 8 万余吨。

二、台湾、香港医疗救援志愿者

4 月 17 日，台湾联合医院、坜新医院、成大医院 20 人组成台湾红十字医疗救援队，分别赴西宁市第一人民医院和格尔木市医院对震区转来的伤员开展医疗救护工作，向格尔木市卫生局捐赠 20 箱药品，给玉树孤儿院捐赠 18 箱白米。香港红十字会根据玉树灾区医疗救援急需，与青海省红十字会及玉树州红十字会合作，为玉树州人民医院援建 1000 余平方米的板房门诊及病房。5 月 13 日，香港红十字会援建玉树州人民医院的板房门诊及病房正式竣工并交付使用。其间，香港红十字会先后派送以国际及赈灾服务部主管邹秉熙为代表的 6 名具有赈灾及紧急医疗服务经验的灾害救援骨干到玉树灾区一线，开展灾情调查、救灾物资采购分发、灾区临时板房建设等救灾工作。

4 月 20 日，台湾医疗救援队在西宁市第一人民医院开展医疗救助工作

第二章　解放军、武警及公安消防医疗救援队伍

第一节　解放军医疗救援队伍

一、救援队伍方阵序列

地震发生后，在中共中央、国务院、中央军委统一部署下，解放军各大部队迅速组建医疗救援队、救护车队、方舱医院等，调派医疗救援、卫生防疫、卫生监督等方面的专家技术队伍，携带医疗器械、药品等救灾物资，从四面八方奔赴灾区开展医疗救治工作。北京军区、济南军区、兰州军区采取急行军、空降等方式，迅速进入地震重灾区，为“黄金时间”救治伤员赢得了宝贵时间，并在灾区建立方舱医院、远程医疗系统，采取定点和巡回医疗相结合的方式抢救受伤群众，成为地震救援的突击队和主力军。

总后勤部在第一时间从兰州军区兰州总医院、解放军第1医院、解放军第323医院、第四军医大学、解放军第309医院，抽调300名医护人员组成5支医疗队，抽调解放军总医院、军事医学科学院、解放军第302医院的18名专家组成医疗防疫专家组，并从解放军第255医院、解放军第153医院各抽组一个方舱医院，紧急赶赴灾区，展开救治。震后30分钟，解放军启动卫勤保障预案，18支医疗队1209名医疗卫生人员紧急赶赴灾区。解放军总后勤部迅速筹措、紧急调运85个品种，价值6048万元的药品、装备发往灾区。

解放军总参谋部总医院、第三军医大学、第四军医大学西京医院、解放军第1医院、解放军第4医院、解放军第10医院、解放军第25医院、解放军第323医院、兰州军区兰州总医院、西藏军区总医院、解放军第22医院、解放军第536医院、解放军第255医院野战方舱医院、

解放军第153医院野战方舱医院根据国务院、中央军委指示精神，抽调骨外、普外、胸外、儿科、妇产科等科室医务人员分别组成抗震救援医疗队，从各驻地相继出发赶赴灾区，执行抗震救灾医疗防疫任务。

二、野战方舱医院

（一）方舱医院结对援助

震后72小时，由解放军第153医院、解放军第255医院为主组建的最先进的野战方舱医院摩托化梯队先后抵达灾区。方舱医院分别与玉树州人民医院、玉树县人民医院结成帮扶对子，以精湛的医疗技术对伤员进行治疗。解放军第255医院医疗分队和玉树县人民医院合并共建一所中心医院，在诊治伤病员的同时还对玉树县人民医院的医护人员进行培训，帮助其恢复重建，给当地医院留下了“不走的医疗力量”。

（二）济南军区野战方舱医院

玉树地震后，接到军委总部派出野战方舱医院救援玉树灾区的紧急号令，济南军区、济南军区联勤部迅速反应，很快议定抽组以解放军第153医院为主体的217名医护及保障人员，成立由联勤部副部长郎剑钊为组长的抗震救灾指挥组。4月15日13时30分，济南军区野战方舱医院昼夜兼程，仅用了53个小时就安全抵达灾区，成为解放军第一个到达玉树的野战医疗方舱医院。随着12个方舱依次展开，所有医务人员也立即投入救治伤员战斗中。

在地震中，当地医院损失了大量设备，方舱医院的到来有效缓解了这方面的不足，并成为灾区少数能够开展骨科、妇产科、神经外科等手术的医院之一。至6月12日，济南军区野战方舱医院已经开诊2个多月，接诊病人1.1万余人，实施了颅脑、胸腔、剖腹产等手术近千例。方舱医务组主任王珂说：“在救治的早期，主要是地震伤。有各种各样的骨折呀！外伤呀！这个多一些，手术量是比较大的，刚开始的话手术每天都在十几台二十几台以上，我们的医生也特别的辛苦，大家有二十四小时吃住在手术舱里面。累的话就打个地铺休息一下，然后醒了以后有手术的时候随时做手术，特别辛苦。像我们这妇产科的张医生，到这儿以后因为周围的医疗设施基本上已经破坏得差不多了，但是很多孕妇需要接生，而且有的是顺产，有的是剖腹产，他就非常辛苦，每天的时间都是在手术台上度过的。最多的时候一晚上接生三四个。”

9月9日上午，济南军区野战方舱医院撤离灾区，成为抵达灾区最早、坚守时间最长的解放军野战医疗队伍。4个多月里，方舱医院的官兵完成玉树灾区的医疗救援任务。截至9月1日，累计接诊30564人次，收治伤员2468人，开展手术1435例，巡诊35809人次，并且在高海拔地区创造了第一例开颅手术、第一例断臂再植、第一例全脚再植、第一例婴幼儿肛门再造等医疗奇迹。

（三）北京军区野战方舱医院

北京军区的解放军第255医院野战方舱医院经过45个小时的摩托化行进，于4月19日23时30分到达玉树灾区，在玉树州跑马场设立了营地。安装调试后，野战方舱当即投入使用。

医疗分队由156人、42台车辆组成，其携带的野战医疗方舱是解放军最先进的第二代后勤装备。野战方舱由检验、超声、X光等12个要素单元组成，具备检伤分类、急救手术、供应洗消等功能，信息化程度高，设备器材齐全，遇到疑难问题，还能与全军各大医院通过卫星联网，实施远程会诊。快速展开后，昼夜通过伤员达400人、留治伤员200名，能同时进行4台手术，且不受外部电力、水源等条件制约。

方舱配备有制氧舱，每小时制氧6～8000升，不仅可以为急救舱和2个手术舱供氧，还可同时为所有病人供氧。地方政府为了方便少数民族伤病员就医，为方舱医院配属了40名少数民族医护人员作为翻译，以便更好地开展救治工作。

三、军队医院医疗队

（一）解放军总参谋部总医院

4月15日17时左右，解放军总参谋部总医院抗震救灾医疗队由北京南苑机场乘飞机奔赴玉树灾区，当天抵达玉树地震灾区并搭建起“帐篷医院”紧急展开救援。医护人员由医院神经外科、骨科、药剂科、呼吸科、急救部等25个学科的专家组成，90%的专家参加过汶川抗震救灾，具有丰富的救护经验。他们携带了国际最先进的便携式超声诊断仪、全功能心电监护仪、全细胞分析仪等79种206件（套）医疗救护设备，携带包括止血、消炎、镇痛、降压和缓解高原反应的133个品种、价值近15万元的药品。此外，每名医护人员还随身带了一周的生活给养，每人携带一台便携式制氧机。

针对救援人员容易产生高原反应的现实，解放军总参谋部总医院在玉树震区专门开设高原反应门诊，安装了先进吸氧设备和便携式心电监护仪等医疗设备，配备3位经验丰富的专家24小时为参加抗震救灾的人员提供医疗服务。医院还利用部队救灾间隙，派专家到各救灾部队驻地，为官兵讲解预防高原反应基本常识，教授增加肺活量的保健操。4月18日，医院将200盒抗高原反应胶囊和100个便携式制氧机送到了正在玉树参加救援的部队官兵手中，医疗专家还在救援现场指导官兵科学应对高原反应。在进驻结古镇3天内，解放军总参谋部总医院就为抗震部队讲课29次，并为数百名官兵提供了健康咨询。

（二）第三军医大学

第三军医大学于4月16日凌晨5时组织17名高原病医疗专家组成员从重庆启程，前往青海玉树抗震救灾，到5月3日全部队员平安撤收归建，共有32人奔赴灾区。高原病防治专家组成功救治军地高原疾病、高原反应等患者1324人，其中重症高原病患者30余人，制作、发放高原病防治手册及宣传挂图10000册（份），为救援部队和灾区群众巡诊查体5000余人。第三军医大高原病防治医疗专家组被授予“全国抗震救灾英雄集体”荣誉称号。

（三）第四军医大学西京医院

根据军委、总部命令，4月14日晚11时，第四军医大学连夜召开紧急会议，启动应急预案，成立了以校长樊代明、政委戴旭光为总指挥的抗震救灾指挥部。4月15日中午11时30

分，学校为奔赴玉树抗震救灾国家应急救援医疗队 69 名队员送行。4 月 15 日晚到 16 日早晨，医疗救援队分两批抵达玉树机场。在玉树机场，医疗救援队参加会诊和救治来自玉树县结古镇的 52 名伤病员。这批伤员多以骨科伤为主，手、腿、腰椎、骨盆骨折占 90%。救援队由西京医院 60 名普通外科、骨科、神经外科等科室医务人员组成，携带了价值 120 万元的医疗药品、设备器材和 10 台手术车、急救车、保障车，于 16 日中午 11 点 40 分已进入震中玉树县结古镇，14 时组建临时野战医院，迅速展开医疗救护。

（四）唐都医院

按照第四军医大学的统一部署，第四军医大学唐都医院第一时间做好医疗队人员抽调、急救物资准备等工作，随时待命整装出发。4 月 17 日，在接到上级派出医疗队到格尔木救治由玉树灾区转运来的大批重症伤员的通知，唐都医院在最短的时间里抽组了骨科、神经外科、胸腔外科、神经内科、传染病科 5 个科室的 8 名专家，组成抗震救灾专家医疗组，其中 5 名专家参加过汶川抗震救灾。4 月 18 日上午 8 时，专家医疗队一行 13 人赶赴灾区救援。

（五）解放军第 1 医院

4 月 15 日，解放军第 1 医院医疗队到达玉树县隆宝镇。医疗队组成医疗小分队到隆宝镇开展义务巡诊，进村入户开展医疗救治工作。

（六）解放军第 4 医院

地震发生后，解放军第 4 医院迅速抽组急救小分队赶赴灾区一线，同时启动应急救治通道，集中抽调各科室骨干 300 人，腾出 160 张床位，全面做好后送伤员救治工作。4 月 14 日 12 时，第 4 医院高原医疗队出发，经过 16 个小时 830 千米的行程，于 15 日凌晨抵达玉树州体育场，成为第一支到达灾区的部队医疗队。医疗救援队仅用了不到 20 分钟，就搭建起一所拥有 60 个床位的“野战流动医院”。从 4 月 15 日凌晨收治第一位从灾区运送来的藏族伤员开始，累计救治地震伤病员 1.2 万人次。

（七）解放军第 10 医院

解放军第 10 医院医疗救援组由 52 名队员组成，于 4 月 17 日凌晨到达玉树地震灾区展开营救，为灾区群众提供医疗服务和救助，至 4 月 20 日接诊人数 360 余人次，转移 10 余人。

（八）解放军第 25 医院

解放军第 25 医院抗震救灾医疗队由 51 名医务人员、6 台机动车辆组成。4 月 15 日赶赴灾区展开救援，5 月 3 日完成救援任务后回到驻地酒泉。其间，共接诊病人 259 例，收治 112 例，巡诊 3845 人次，并向玉树县隆宝镇卫生院捐赠了价值 24 万余元的医疗设备和办公用品。解放军第 25 医院抗震救灾医疗队回撤后仍有 11 人留守在玉树灾区，开展当地卫生所帮扶重建工作。

（九）解放军第 323 医院

4 月 16 日上午，由解放军第 323 医院抽组的 60 名医护专家组建的医疗分队抵达玉树机场，迅速搭建野战医院开展救援工作。作为机场伴随后送唯一的军队抗震救灾医疗队，解放军第 323 医院抗震救灾医疗队在早期有效的抢救和处置，为后方救治赢得了宝贵的抢救时间。在医疗队承担的所有空运后送任务中，无一例出现误诊和死亡。截至 4 月 19 日，由玉树机场后运的伤病员已经超过 1500 人。

（十）兰州军区兰州总医院

玉树地震发生后，兰州军区兰州总医院迅速派出由 70 名官兵组成的救援分队开赴灾区。截至 4 月 26 日，已接诊伤病员 512 人次，巡诊 1771 人次，抢救危重伤员 86 人次，清创缝合 34 人次，手术 8 台次，防疫消毒 3.2 万平方米，为灾区伤病员免费提供了价值 10 余万元的药品。

（十一）西藏军区总医院

西藏军区总医院紧急抽调高原病中心和高原战创伤中心的 30 名专家和 7 辆救援车组成高原病医疗救援队，深入灾区为各救援队伍和灾区群众开展医疗救助活动。累计巡诊 1.3 万人次，接诊伤病员 1383 人，收治病人 645 人次，举办高原病知识宣讲会 96 场，发放藏汉版《高原病常见防治手册》1730 本、《高原病预防常识》宣传单 1 万份、高原康胶囊 1.25 万人，慰问受灾群众安置点 26 个。

（十二）解放军第 22 医院

解放军第 22 医院抽组的一支由 110 多名医护人员组成的医疗队，于地震发生当夜出发，星夜兼程 30 多个小时，抵达灾区开展救护工作。其中，22 名女护士夜以继日、废寝忘食地冲在抗震救灾第一线，她们的事迹受到媒体和群众的赞扬。

（十三）解放军第 536 医院抗震救灾医疗队

解放军第 536 医院抗震救灾医疗队 4 月 15 日到达灾区，是最早进入灾区的医疗队之一，也是玉树抗震救灾前期规模最大的医疗队之一。截至 4 月 23 日，已收治伤病员 4000 多名。地震发生后，医院迅速成立了包括骨科、外科、内科专家和优秀护理人员在内的 42 人医疗队，携带 5 辆救护车、2 辆手术方舱、1 辆 X 线诊断车和 1 辆仪器保障车，紧急奔赴灾区。经过 15 个小时摩托化强行军，到达受灾群众最集中的结古镇格萨尔广场，就地搭设帐篷，支起医疗设备，开设灾区规模最大的救治医疗点，拥有 100 张床位。医疗队组成一个野战医院，可同时开展 6 台手术。新型 X 光诊断方舱可直接将影像资料传到诊疗电脑上，最快 5 分钟内便可完成过去数个小时才能完成的诊断工作。野战手术方舱由检验、超声、麻醉等数个要素组成，具备检伤分类、急救手术、供应洗消等功能。医疗队根据实际情况，设立了火线抢救、伤病分类、重伤急救、现场手术、物资发放等 8 个小组，以格萨尔广场为中心向结古镇四周辐射，分头展开救援。医疗队还在“帐篷医院”旁边开设了受灾群众安置区，1000 余名受灾群众在这里住进了震后第一个“帐篷之家”。2 台炊事车也在全力保障，每天为灾区群众提供馒头、牛肉粥、开水等简易餐饮服务，近 3000 名受灾群众吃上了热饭菜。

第二节　武警部队医疗救援队伍

震后30分钟，武警青海总队启动卫勤保障预案，派出人员及车辆组成第一批医疗队携带药品器材摩托化赶赴灾区，随后紧急抽调以骨科、脑外科、神经科为主的第二批40人医疗队搭乘专机于4月14日下午进入灾区展开救援。

在抗震救灾中，共有武警总医院、武警青海总队医院、武警甘肃总队医院等17支医疗队、720名医疗卫生人员赶赴灾区，组成10个医疗救护组跟随抢险部队深入一线抢救受伤群众，累计开设医疗点290个，派出医疗小分队305批次，共诊治伤病员1.96万人次，开展手术82例，抢救危重伤员38人，转运重伤员109人，为灾区发放药品价值248.44万元。

第三节　公安消防医疗救援队伍

一、公安民警救援队伍

地震发生后，公安部闻讯即动，抽调专业警力于4月14日当天摩托化开进灾区。14日，公安部从10个省、市抽调170名边防医疗救护人员，携带救援装备和医疗器械药物，以最快速度赶往灾区。

二、消防部队救援队伍

地震发生后，公安部从10个省、市抽调170名消防医疗救护人员，携带救援装备和医疗器械，以最快的速度赶往灾区。公安消防部队向灾区一线调派各类车辆、装备、物资6.9万多台（套），总价值1.5亿多元。

青海省消防总队共投入兵力1020人，连续奋战10个昼夜，救出被埋压群众190人，挖掘遗体208具，疏散被困群众4100人；扑救火灾50起；协调包机12架次，运输车辆155辆次；运输人员3000余人次，运输生活及装备物资158类70余万件210多吨；救治受灾群众1585人，官兵无一人伤亡。地震后，玉树消防支队组成3个小组进行紧急灭火和救援，60分钟内救出被埋压群众38人，解救被困群众145人。同时，总队派出的东线434名官兵长途跋涉830多千米赶赴灾区，西线增援的 2 个支队昼夜行军 23 小时挺进玉树；第二批增援的 68 名官兵搭乘飞机赶往震区。参战官兵利用一切方式科学施救、专业施救、不遗漏一丝生命迹象，不眠不休 3 个昼夜，对学校、医院等人员密集的坍塌建筑发起生命搜救。他们搬运救灾物资 80 多吨，开展医疗救治 80 多人次，捐赠救灾食品、药品价值 20 余万元。

三、青海省消防总队医院救援队伍

4 月 14 日，青海省消防总队医院接到消防总队的命令后，迅速召开紧急会议，立即成立由院长樊新海担任组长的前线医疗组和由政委崔静芳为组长的后方保障组。根据灾害现场救护需要，前线医疗组先后分两批，携带医疗仪器和急救药品、防疫药品等，赶赴灾区。首批 2 名医疗组人员 4 月 14 日 15 时乘飞机到达玉树灾害现场后，立即搭建临时医务所开展医疗救治工作。15 日 5 时，第二批医疗组人员 10 人携带药品、氧气瓶、消毒药品和医疗仪器赶赴灾区。15 日 8 时，由政委崔静芳带领院务处长、助理员经过 24 小时调集，医疗组第一批药品运输车随消防总队车队出发，携带抗缺氧、消炎、外伤、抢救、麻醉、止疼、感冒、消毒、清创缝合等价值 30 万元的灾区急需医药品送往地震灾区。16 日，医疗组第二批药品、物资运输车按照灾区所需，运送保温床垫、保温被、抗生素、抗高原缺氧类等各类药品 65 个品种 15.5 万件，消毒类、包扎类等各类医用耗材类 45 个品种 5604 件及心电图机、B 超机等医疗设备。在灾区期间，青海省消防总队医院重点开展了高原病防治工作。

第三章　卫生防疫救援队伍

第一节　青海省卫生防疫救援队伍

一、省疾病预防控制中心救援队伍

地震发生后，灾区卫生防疫体系几近瘫痪。面对突如其来的灾难，青海省疾病预防控制中心立即组织召开会议，启动应急预案，成立抗震救灾卫生防疫领导小组，组建赴玉树抗震救灾卫生防疫队，由中心副主任邓尔寿任队长，8 名技术骨干组成第一批卫生防疫队，携带消杀灭器械和药品，于 4 月 14 日从西宁出发，连夜驰援玉树灾区。卫生防疫队从灾区居民饮用水水源地监测和饮用水消毒、受灾群众安置点消毒、传染病疫情监测、传染病管理、卫生防病知识宣传教育等几个方面对重点工作做出了具体部署。

在抗震救灾中，省疾病预防控制中心先后派出卫生防疫队 9 批 67 人次，消毒面积近 400 万平方米，完成接种麻腮风疫苗 6559 人次、甲肝疫苗 6647 人次、人用狂犬疫苗应急接种 290 人次，共检测水质 1569 份，疑似传染病样本 20 份，疑似食物中毒样本 20 份，发放藏语、汉语灾后卫生知识等宣传单、宣传画册 5 万余份；走村入户开展健康咨询、专题讲座等，受教育人数达 2100 余人。

二、省出入境检验检疫局救援队伍

4 月 19 日，青海省出入境检验检疫局抗震救灾卫生防疫队第一梯队共 10 人在副队长杨宏、张乃愚带领下，携带 20 套专业设备、1.5 吨消毒剂和 3 辆专业防疫车赶赴玉树灾区开展灾后卫生防疫工作。这支队伍按照国家质检总局统一部署组成，是全国检验检疫系统首支赴灾区执行卫生防疫工作的队伍。5 月 2 日 20 时，第二梯队 9 人抵达玉树灾区执行灾后卫生防疫任务。5

月22日，第三梯队6人由副局长米登发带队抵达玉树灾区，接替第二梯队执行灾区卫生防疫工作任务。

截至6月19日，青海省出入境检验检疫局先后派出4批次41名防疫队员赶赴灾区进行卫生防疫工作，累计完成消毒面积370万平方米，重点消毒处理垃圾堆放点7297个、厕所2114个、医疗救护点522个、食品免费发放点660个、临时办公场所2557个、帐篷希望小学81所、受灾群众安置帐篷4.98万个、藏獒养殖点736处，发放消毒药品178箱，消毒药品累计耗用5870升，发放《鼠疫防控知识宣传单》《炭疽防控知识宣传单》《包虫病防控知识宣传单》《狂犬病防控知识宣传单》等卫生防疫宣传材料约5.7万份册，完成疾病症状监测1.3万人次，进行防疫宣传教育3.1万余人次，打捞、无害化消毒处理后掩埋动物尸体4具，完成指挥部交予的灾区卫生防疫任务。

三、省地方病预防控制所救援队伍

地震发生后，青海省地方病预防控制所迅速作出反应，立即召开会议，部署灾区鼠疫防治工作，成立玉树鼠疫防治工作队，于4月15日赶赴灾区开展工作。在中国疾病预防控制中心指导及省内外各鼠疫防治工作队的配合下，开展旱獭密度调查、灭獭、实验室检验等工作。截至6月20日，该所先后派出27批41人次开展灾区灭獭及鼠疫监测工作。

四、西宁市疾病预防控制中心救援队伍

西宁市卫生局根据省委、省政府和省卫生厅的部署，紧急召开会议，部署玉树抗震救灾医疗救治、卫生防疫工作。西宁市疾病预防控制中心立即启动突发公共卫生事件应急预案，组成2支卫生防疫工作队赴玉树灾区开展卫生防疫工作。

4月15日，西宁市疾病预防控制中心及区县疾病预防控制中心先后派出2支9批卫生防疫队、36人次分别赴巴塘机场和玉树上拉秀乡、下拉秀镇开展卫生防疫工作。卫生防疫工作队在巴塘机场负责运送灾区伤员航班和接运伤员车辆消毒工作。至5月5日，共派出消毒飞机96架次、救护车辆485辆。4月16日至6月4日，卫生防疫队在玉树县上拉秀、下拉秀2个乡镇开展卫生宣传教育、防病知识宣传教育共2131人次，发放各种宣传材料600余份（册），环境消毒场所（居民点、希望帐篷小学、机关单位、寺院僧舍等）37处、帐篷729顶、厕所241个、垃圾集中堆放点和分散堆放点1273个，环境消毒总面积达8.47万平方米，发放消毒药品48瓶，开展适龄儿童预防接种（麻疹、腮腺炎、甲肝）疫苗共789人次。同时，开展食堂、餐饮点、水质监测工作。发放《鼠疫防治》《传染病防治》《外出务工人员健康教育手册》等宣传资料8300余份，接受传染病防控知识及健康咨询3850余人次，指导乡卫生院开展鼠疫、结核等传染病监测工作5次，有效预防了管辖区域内重点传染病的发生和流行。

五、海东地区救援队伍

4 月 24 日，海东地区组建卫生防疫队，按照青海省玉树县地震灾区预防性消毒方案及玉树地震灾区病媒生物监测方案要求，分为水质监测、卫生监督、传染病检测、健康教育、信息联络、后勤保障 6 个组，赴玉树县隆宝镇开展卫生防疫工作。工作组根据各自工作职能开展工作，分别对辖区内的厕所、受灾群众居住点、学校教室、垃圾堆放点、饮用水源等进行彻底消毒，消毒面积约 1800 平方米。对当地 13 个饮用水源点进行水样检测。对所有的饭馆、学校食堂等进行了全面的卫生监督，并组织部队、学校，开展爱国卫生运动，利用镇政府垃圾车，清理灾后垃圾、杂物等共 20 多吨。针对隆宝镇地处偏远、人口分散的实际，走村串户对灾区群众就保护水源、个人卫生、确保饮食饮水安全、预防呼吸道传染病、预防鼠疫等知识开展健康教育宣传工作，宣教 320 人次，发放宣传画（册）1000 多份。加强食品饮水卫生宣传教育工作，确保受灾群众灾后食用卫生食品、喝上干净水。开展传染病监测和甲肝、麻腮风疫苗的接种工作，共接种麻腮风疫苗 1811 人、甲肝疫苗 1870 人。5 月 5 日下午，海东地区卫生局根据青海省卫生厅要求，组成第二批抗震救灾卫生监督队，赴玉树灾区开展卫生监督工作。

六、海西州救援队伍

4 月 19 日，州卫生局召开专门会议，部署玉树地震灾区学生到海西州就学的卫生保障工作。配合教育部门切实做好接收学校食品卫生安全保障工作，加大对学校食堂的监督检查，协助学校做好食堂及食品加工场所、餐饮具消毒、饮用水管理等事宜，确保师生饮食安全；对转来的灾区学生进行健康检查，灾区学生看病就医实行“三免一定点”（免费体检、免费治疗、免费接种疫苗，设立定点医院）。海西州人民医院免费为灾区 105 名师生进行健康体检，并建立了健康档案，州蒙藏医医院设立临时医疗点为灾区师生免费开展医疗服务，并为灾区师生提供了近 2 万元的药品。

州疾病预防控制中心应急救援队由 11 人组成，配备价值 9 万元的防护服、喷雾器等消毒器械和消毒药品，于 15 日出发，16 日到达灾区。格尔木市成立 4 支 29 人的应急救援队，调派应急车辆 2 辆，配备 29 万元消毒药品，乌兰、都兰、天峻等地应急救援准备工作全部就绪，于 16 日出发赶赴灾区开展医疗救援工作。

21 日，海西州卫生局、州疾病预防控制中心、格尔木市疾病预防控制中心 32 名应急队员组成卫生防疫队，分乘 8 辆汽车，携带价值 25 万元的消毒液和防护服、现场快速水质监测、食物中毒监测分析等设备，分别从德令哈市和格尔木市出发，前往灾区开展卫生防疫工作。海西州防疫队主要承担结古镇民主路以北区域和安冲乡地区的疾病监测、水质检测、环境消毒和健康教育等工作。

26 日，海西州又组建由州及各市、县疾病预防控制中心 21 名应急队员组成的鼠防工作队，携带价值 27.8 万元的防护用品及物资、车辆 7 台，到灾区开展灭獭及鼠疫防控工作。海西州卫生局还组织州人民医院内科、检验、放射、心超等科室业务骨干，出动配有数字化 X 线成像系统（DR）、心电图、B 超及生化分析等仪器的健康流动车 1 辆，赴玉树州治多县为海西援建人员进行健康体检和医疗服务。

七、海南州救援队伍

海南州卫生局于 4 月 20 日组建由 38 人组成的卫生防疫队，先后分两批奔赴灾区，根据省卫生厅安排，负责巴塘乡及机场周边消杀灭、水质监测、卫生监督和健康教育等工作。截至 5 月 10 日，消杀面积共约 6.11 万平方米，其中居民生活区 3.29 万平方米、生活帐篷 1.31 万平方米、学校教室 3730 平方米、垃圾场 6875 平方米、狗舍 2432 平方米、畜棚 720 平方米、厕所 481 平方米、寺院 900 平方米。建立健全乡村间疫情报告制度，密切关注村社群体性疫情动态，确保疫情及时发现和处理。调查村民饮用水状况，清理河道垃圾，选择河水、井水取样送检。共发放《灾区防病知识》772 本、《灾后防病要点》675 册、“鼠疫传播流行示意图”232 张、“防止病从口入”等张贴 109 张，口头宣传人数达到 212 人次。

八、海北州救援队伍

4 月 20 日，海北州卫生局组织州第一医院、州藏医院、州疾病预防控制中心、州卫生监督所、州健康教育所共 17 名医务人员组建海北州卫生系统抗震救灾卫生防疫队，由州卫生局副局长王斌武带队，赶赴玉树县哈秀乡开展卫生防疫、传染病监测、卫生监督、健康教育宣传等工作。27 日，由海北州卫生局从门源、祁连、刚察、海晏县疾病预防控制中心抽调 20 名专业技术人员组成鼠疫防控专业队，赴玉树县哈秀乡开展保护性灭獭和鼠疫防控监测工作。5 月 11 日至 7 月 6 日，海北州各级卫生监督部门分 3 次派出 30 人组成的卫生监督队，在玉树县结古镇开展了卫生防疫、食品安全、生活饮用水监测、健康教育宣传等工作。6 月 10 日至 10 月 20 日，海北州卫生系统又先后抽调专业技术人员，分 6 批共派出 31 人次在玉树县哈秀乡继续开展各项救灾工作。

海北州卫生系统共派出专业技术人员 183 人次、车辆 230 辆次，开展卫生防疫，消毒面积达到 200 万平方米，卫生监督检查各类场所 1819 次，处理动物尸体 160 具。开展以灾后防病、鼠疫防控、健康生活方式为重点的健康教育宣传，集中宣传 195 次，入户宣传 1228 户次，共发放各类宣传材料数万份，累计受教育群众 8235 人次。防疫队以乡卫生院、援助医疗队和各村医疗点、食品发放点、寺院为监测点，及时报告法定传染病监测情况。同时，入户进行现场水质检验，通过现场演示的方式开展饮水卫生宣传，手把手告诉群众如何对自家饮用水进行消毒。卫生监督人员对外界捐赠的食品查问来源、检查质量，确保灾区群众得到安全卫生的食品。

九、果洛州救援队伍

地震发生后，果洛州卫生局迅速成立抗震救灾工作领导小组，部署达日、玛多、甘德、久治、玛沁5县卫生系统抽调61名卫生防疫专业技术人员，组成5支防疫队，携带价值77.78万元的医疗器械、药品等救灾物资和5辆救护车，于4月15日至16日先后抵达灾区，按照省、州指挥部的安排，奔赴禅古寺等地区开展卫生防疫工作。

4月28日，果洛州卫生局再次派出26名专业技术人员组成卫生防疫队，负责玉树县结古镇甘达村鼠疫防治工作。其间，卫生防疫队还对联点的玉树县小苏莽乡、村医务人员进行传染病、地方病防治知识培训和技术指导。对该乡在结古镇受灾群众安置点的居室、厕所和周边环境进行了消杀灭。同时，在广大牧民群众中开展倡导健康生活方式、提高自身健康素养的宣传教育活动。截至5月5日，累计消毒面积达2700平方米，发放各类藏语、汉语宣传资料1000多份，调查旱獭密度共计880公顷，灭獭面积达960公顷，堵洞787个，使用氯化苦138千克，灭獭效果显著，通过了省级评估验收，达到预期效果。

十、黄南州救援队伍

4月26日，按照青海省卫生厅安排，黄南州卫生局抽调州、县疾控专业人员34人组成的2支灭獭队和1支鼠疫监测队赴玉树，在结古镇果庆村和仲达乡等受灾群众安置点、人口密集点、救援人员居住地、交通要道和鼠疫疫情重点地区负责开展计划免疫、传染病监测、消杀灭、鼠疫监测、水质监测、健康教育等各项灾区卫生防疫工作。截至6月底，共有9支工作队、119名专业技术人员参加玉树灾后卫生防疫工作。实际灭獭面积1.06万公顷，投药洞数2.39万个，总堵洞数2.69万个，使用氯化苦1378千克，参加灭獭人员1100人次。平均旱獭密度由灭獭前的0.67只/公顷，下降至灭獭后的0.0025只/公顷，灭獭效果显著，通过了省级评估验收，5月30日灭獭工作全部结束。在仲达乡工作期间，建立乡卫生院医务人员、村社干部、村医疫情报告联系机制，并对仲达乡受灾情况进行了全面排查和摸底，安排卫生防疫各项工作。将卫生防疫队分组，对仲达乡政府所在地居民安置点环境、帐篷和学校进行全面消毒，对饮用水源、传染病疫情进行监测和开展医疗卫生服务。

第二节　省外卫生防疫救援队伍

一、中国疾病预防控制中心救援队伍

地震发生后，中国疾病预防控制中心统筹全国鼠疫防控专业力量，全力配合、指导、协助青海省卫生厅做好灾区鼠疫防控各项工作，按照鼠疫防控相关预案、技术方案和工作方案，充分发挥专家作用，科学分析疫情形势，全面做好灾区鼠疫防控工作部署，先后派出中国疾病预

防控制中心传染病所 40 余人赴灾区指导鼠疫防控工作。在青海省抗震救灾指挥部和当地政府的支持下，完善鼠疫监测和实验室检测合作机制，确保各项防控措施落到实处，做到鼠疫疫情监测全覆盖、鼠疫检测项目全覆盖、鼠疫防控宣传教育全覆盖、鼠疫防治专业培训全覆盖，为玉树灾区的鼠疫防治工作提供了有力的保障。

二、各省（区）卫生防疫救援队伍

（一）辽宁省救援队伍

地震发生后，按照卫生部部署，辽宁省卫生厅立即成立抗震救灾指挥部，先后派出沈阳市、大连市、鞍山市和省疾病预防控制中心共 5 批卫生防疫队员 70 人次，在玉树工作 82 天，共走访辖区内受灾群众 1671 户，消毒受灾群众居住帐篷 2735 顶，服务人口 5958 人，查明并消毒水源 125 个、厕所 150 个、垃圾堆放点 104 个。共发现流感样病例 267 例，发热、腹泻、出疹病人 182 人，采集了 153 个水井样品进行检测分析，对 2 个超标的水井进行了消毒处理，发放饮用水消毒片 7.8 万余片，发放健康教育宣传材料和防病手册 7849 份，现场宣传 2034 次。

在“六一”国际儿童节期间，沈阳防疫小分队带着食品和文具等礼物探访和慰问了灾区孤儿院 140 余名儿童，送去辽宁省人民的问候和祝福。在高考期间，又主动承担了玉树州高考临时考点综合职业学校活动板房教室和卫生间的消毒任务。

（二）四川省救援队伍

4 月 20 日，玉树地震救援前方指挥部根据工作需要，确定由四川省卫生防疫救援队负责玉树县结古镇民主路南卫生防疫工作。其间，对玉树县民主路以南的中国农业银行、中国电信、玉树县红旗小学、财政局、草原场、军分区和体育场安置点等地的厕所、垃圾集中堆放点，开展消杀灭工作，并进行健康教育宣传和水样采集送检工作。对灾区 1 ~ 12 岁儿童甲肝疫苗，麻疹、风疹、腮腺炎联合疫苗接种工作进行前期培训、调查摸底和技术指导；对在责任区医疗点就诊的病人进行发热、咳嗽、腹泻等传染症状监测和分析 5.81 万人；对辖区内的食品、饮用水进行监测，共采集监测安置点井水样 35 份，对责任区内的寺庙、学校等地民众进行卫生宣传、咨询共计 14.5 万余人，发放健康宣传资料 5.36 万份。截至 5 月 7 日，累计派出卫生防疫人员 60 名，发放药品 3.8 万人次，消毒面积 63.57 万平方米。

（三）西藏自治区救援队伍

地震发生后，按照西藏自治区党委、政府和卫生部指示，自治区卫生厅于 4 月 19 日组织由西藏自治区疾病预防控制中心、拉萨市疾病预防控制中心、山南地区疾病预防控制中心 27 人组成的卫生防疫救援队奔赴灾区开展卫生防疫工作。在抗震救灾期间，共实施传染病症状监测 2 万人次，开展水质检测检验 36 份，指导帮助牧民处理死亡动物尸体 262 具，处理垃圾 7 吨，重点场所消毒 35 万平方米，口头宣传教育群众 5000 余人次，发放宣传材料 1500 余份，鼠疫疫源地旱獭密度调查 200 公顷。

（四）陕西省救援队伍

4 月 19 日，接到卫生部的通知，陕西省卫生厅抽调陕西省卫生监督所、安康市卫生监督所、商洛市卫生监督所共计 21 名卫生监督员、6 辆卫生监督应急车、3 套食品、水质快速检测设备组成陕西赴玉树抗震救灾卫生监督工作队，由陕西省卫生监督所副所长杨盈周带队，于 21 日上午从西安出发，23 日凌晨到达地震灾区玉树县结古镇，开展卫生监督工作。陕西省赴玉树抗震救灾卫生防疫救援队，以饮用水水质消毒效果监测、定型包装食品、集中供餐点食品卫生监督、受灾群众安置点的传染病防治和宣传培训工作为重点，积极开展水源水质、食品安全、环境卫生灾后监督检查工作和传染病疫情报告等工作。赛马场作为震后最大的安置点，安置人员比较多，环境卫生较差，针对这一情况，工作队及时向青海省抗震救灾指挥部提出合理化建议，通过当地政府、环卫部门以及武警官兵的共同努力设置生活垃圾集中堆放点，合理布局临时厕所，确保安置区内无疫情发生。截至 4 月 29 日，陕西省共派出 2 批工作队，出动卫生人员 270 余人次、救护车 50 辆，在青海省、州、县卫生监督所的配合下，检查安置点 54 个，检查集中供餐点 43 个、医疗救治点 37 个、生活饮用水供应点 89 个、卫生知识宣传点 75 个，采集水样 96 份，发放宣传单 1082 份，张贴宣传画 351 张，悬挂卫生知识条幅 8 条，入户宣传 1475 户 9139 人，集中宣讲 223 人。

（五）甘肃省救援队伍

4 月 20 日，甘肃省疾病预防控制中心连续派出防疫人员参加第一、第二批支援玉树抗震救灾卫生防疫救援队，承担机场伤病员紧急转运和机场大厅、转运车辆、伤员物品消毒防疫等工作，大家团结协作，保质保量地完成了机场卫生防疫和健康教育，确保了机场伤病员转运期间无传染病和突发公共卫生事件发生。

在完成机场卫生防疫工作后，卫生防疫队员又参与了结古镇扎西科赛马场受灾群众集中安置点的卫生防疫工作，队员们坚持每天对 67 个垃圾堆放点、53 个厕所及居民安置点帐篷内外环境进行消毒处理，同时对负责区域内肠道和呼吸道传染病进行主动监测，向群众发放宣传材料。省卫生监督所工作人员到达灾区后，检查饮水及食品安全，宣传卫生知识。

除省级单位外，甘肃省卫生厅还从兰州、定西、庆阳、酒泉、嘉峪关等市抽调卫生、监督、鼠防等专业人员，先后派出 7 批上百人次的队伍，深入地震灾区，为确保灾区人民健康、防止疫病发生做出了努力。

（六）宁夏回族自治区救援队伍

4 月 14 日至 6 月 4 日，宁夏回族自治区卫生厅先后派出 3 批 170 人、38 辆车的卫生防疫救援队，在玉树县结古镇连续工作 52 个日夜。累计采集送检水样 77 份，对 4800 余名群众健康状况进行主动监测，开展疾病症状监测 66 例，应急接种 1555 人份，张贴宣传标语 200 条，在学校开展震后卫生知识宣传 2 次，入户开展健康教育宣传 1.3 万人次，发放宣传材料 3.5 万份，设置临时垃圾点 20 余个，整治环境卫生 1.3 万平方米，并对新寨村 4 个诊所进行卫生防疫知识全员培训，配发 2 台喷雾器和消毒药品及工作服、隔离服，捐赠给当地村卫生室和学校 10 台喷雾器等医用物资。

（七）新疆维吾尔自治区救援队伍

4 月 14 日，按照自治区卫生厅的部署，自治区疾病预防控制中心、克拉玛依市疾病预防控制中心紧急动员购置消杀设备和消毒药品，先后选派业务能力强、防疫经验丰富、身体素质好的防疫人员组成赴玉树卫生防疫救援队。4 月 18 日，首批自治区疾病预防控制中心 7 名队员到达玉树县结古镇当代社区开展环境消毒、健康教育宣传、预防接种、鼠疫自然疫源地旱獭密度监测和灭獭等防疫工作。4 月 18 日至 5 月 26 日，自治区疾病预防控制中心卫生防疫救援队先后派出 5 批 24 名防疫救援队员携带 20 余万元的救灾物资奔赴灾区，开展卫生防疫工作，累计完成消杀面积 2.65 万平方米，以及帐篷 204 顶、厕所 112 座、垃圾 91 堆的消毒工作，发放 5620 份宣传画册，防疫培训 600 余人，对各医疗、防疫队的驻地环境进行了彻底消毒；采集 2 处水井水样送相关部门检查；配合当地卫生防疫部门开展灾后甲肝和麻腮风联合疫苗的强化免疫接种工作，接种各类疫苗共计 1790 人份。与青海海南州灭獭工作队共同在玉树县重点地区和人口聚集地开展灭獭工作，实际灭獭面积 1.76 万公顷，经国家灭獭评估小组的阶段性评估，旱獭平均密度由灭獭前的 0.40 只 / 公顷下降到灭獭后的 0.0083 只 / 公顷。

5 月 26 日至 6 月 13 日，克拉玛依市疾病预防控制中心卫生防疫队与前期到达的自治区卫生防疫队进行了工作交接，负责玉树县扎西大同村 4300 余户 2.3 万余人卫生防疫保障工作。累计接诊各类患者 59 人，完成 40 余个厕所、200 余处垃圾堆放点灭蝇工作，累计消杀 8000 平方米；培训宣传人员 20 余人，张贴常见传染病防治知识宣传画册 100 份，发放宣传单 3000 余张，指导培训当地志愿者常用消杀药品的配比和使用方法 4 次，组织当地消毒面积达 19 万平方米。

三、解放军、武警部队卫生防疫救援队伍

4 月 20 日至 6 月 26 日，根据国家抗震救灾总指挥部的统一部署，解放军总医院、解放军第 302 医院、军事医学科学院 3 支防疫专家组奔赴灾区，指导卫生防疫工作。兰州军区第一、第二防疫队赴灾区开展医疗防疫工作。

武警部队抗震救灾任务由搜救转为清理废墟，支持灾后重建和维护社会稳定，及时将工作重点由应急救治调整到加强卫生防疫上来，增派一支专业防疫队伍，组成两批由 24 人组成的防疫队，加强环境消毒、水源净化、饮食监测、健康教育，先后印发《武警部队抗震救灾卫生防病手册》2 万册，筹措防疫药品 10 多个品种 162.05 万元，购置配发口罩、手套 15 万个（双）；指导修建临时厕所和垃圾场 20 个，对受灾群众安置点、部队集中宿营地和重灾片区开展消毒 804.4 万平方米，组织健康教育 2.1 万人次，抽检饮食饮水 394 次，有效防止了传染病、食物中毒的发生，支援了灾后重建。

第三篇 医疗救治

地震发生后，先后共有55支医疗队投入医疗救治工作。为提高危重伤员抢救成功率，卫生部、青海省委、青海省政府决定将危重伤员通过空运、铁路、公路转运到条件较好的省内外医院救治，先后向省内外51所定点医院转运伤病员3287人。各接收医院从接诊到分诊、转运、检查、入院、手术实行一条龙服务，全力以赴投入伤员救治中。战斗在抗震救灾第一线的医务人员，以高尚的医德和精湛的医术唤起了一个又一个生命的希望，取得了因灾死亡率、致残率、截肢率极低，治愈率和康复率较高的佳绩，创造了世界抗震救灾史上的奇迹。

青海省第三人民医院、青海大学、青海师范大学、青海民族大学、青海省卫生职业技术学院迅速组建心理救援专家小组、志愿者奔赴玉树灾区，对4800名学生和280名教师及部分群众进行心理疏导和医疗志愿服务工作，完成2418名灾区群众的心理状况评估及心理保健培训。

地震发生后，省卫生厅和玉树州灾区各级卫生行政部门及医疗机构采取一系列紧急措施，快速恢复医疗救治功能和医疗防疫服务网络，因地制宜开展医疗救治和卫生防疫等应急工作，逐步恢复完善各种医疗防疫功能，基本满足群众医疗防疫服务需求。

众志成城　抗震救灾

第一章　现场救治

第一节　现场救治形式

一、救治组织工作

面对短期内急剧增加的伤员，青海省卫生厅要求各接收医院动用全部人力、物力，从接诊、转运、入院、手术实行一条龙服务。积极组建省级医疗救治专家组，按照“集中伤员、集中专家、集中资源、集中救治”的原则，将地震伤员集中收治在综合实力强的三级综合医院和部队医院。

卫生部根据医院伤员伤情和医疗队员分布情况，派出最精干的专家队伍组成救治小组，分赴各地区接收医院加强重点地区的医疗救治力量。

青海省卫生厅成立了部省联合医疗救治专家组，并对在西宁实施救援的北京、天津、广东等 9 个省、市的 1056 名医疗队员进行调整，拟订了医疗队分片包干、对口支持的工作方案。

二、现场救治任务

震后 56 小时内，累计转移到省内外的 3287 名重伤员中，直接死于地震的仅 4 人；实施的 1284 例手术中，截肢的仅 19 人。

西藏军区总院、青海省人民医院等 5 家医疗卫生机构紧急抽调高原病专家，迅速赶赴灾区以高原病防治宣讲、高原地区用药知识解析、高原地区有氧救援等相关工作，为灾区救援队完善了高原病医疗保障。

地震发生后，青海省卫生厅根据国务院、卫生部和省委、省政府的部署，组织安排省内医疗队和来自全国 13 个省（自治区、直辖市）及军队、武警、公安消防派出的医疗队赴玉树灾区开展伤员医疗救治工作。

玉树州人民医院、玉树州藏医院、玉树县人民医院、玉树州妇幼保健院及各乡镇卫生院迅速开展自救互救，克服困难，竭尽全力，抢救伤员。来自全国支援省份的各医疗救援队伍及解放军、武警部队医疗队，按照玉树抗震救灾指挥部部署迅速投入伤员现场救治工作中。

为提高危重伤员抢救成功率，协调航空、铁路、公路将危重伤员转运到有条件的医院救治。

三、统一集中转运救治

面对短期内大量伤员转运到省内各指定医院，青海省内各指定医院动用全部力量，全力以赴抢救伤员。各医院对重伤员逐一梳理，分类登记。成立危重伤员救治专家组和联合专家组，建立危重症伤员监测系统，提出“集中伤员、集中专家、集中资源、集中救治”的方法，最大限度地降低死亡率和致残率。在地震伤员的救治过程中，从接诊、分诊、转运、检查、治疗实行“一条龙”服务，医院手术间 24 小时不停运行，省内各指定医院收治的 2276 名重症伤员得到有效治疗。通过实行统一指挥和资源集中调配，多部门协作，保证了医疗救治质量，降低了医疗风险，灾区转运治疗的伤员全部伤愈出院。

第二节　灾区现场救治

一、玉树州现场救治

（一）玉树州卫生局

地震发生后，玉树州卫生局按照州委、州政府指示，迅速组织现有人员了解卫生系统受损情况，并利用一切有效方式联系全州医务人员，迅速到岗抢救伤员。

4 月 14 日 9 时，州卫生局相关人员向州政府汇报受灾情况的同时，向省卫生厅进行情况汇报，并组织现有医务人员分别在州医院、赛马场、玉树县第二完全小学、体育场设立 4 个临时医疗救治点，展开医疗救治工作。在体育场临时医疗救治点组织藏医院职工和病人家属先后搭建起由民政部门提供的救灾帐篷 50 余顶，及时将重症伤员以及药品转移到帐篷内。同时，州卫生局安排州卫生监督所人员向州康达药品配送中心和个体药店、门诊征集药品，先后征集到约 30 万元的药品送到赛马场医疗救治点。州食品药品监督管理局也将征集到的部分药品补充到 4 个医疗救治点。四川省甘孜州卫生救援队作为第一支省外医疗救援队率先到达玉树结古镇，州卫生局根据现场状况，将救援队安排在赛马场临时救治点开展救治工作。

17 时，在体育场临时医疗救治点，州人民医院外科退休医生巴德与省级医疗队在用学校课桌拼凑的临时简易手术台上为一名 38 岁的女伤员实施了双下肢截肢手术。18 时，玉树州政府召开救灾现场临时会议，决定成立医疗保障组，州卫生局按照当时实际情况，下设医疗救治组、卫生防疫组、医药供给组，分别由州卫生局副局长张琨民担任医疗救治组组长、州疾病预防控制中心主任尕玛多杰担任防疫组组长、州食品药品监督管理局局长彭哇才仁担任医药供给组组长。通知各县卫生局立即组织医疗救援队支持重灾区结古镇，受灾严重的称多县开展自救，治多县医疗救援队在隆宝镇开展救治，杂多县、曲麻莱县、囊谦县救援队在赛马场医疗救治点开展救治工作。

（二）玉树州人民医院

地震发生当天，玉树州人民医院组织成立医疗组、护理组、药品器械运送组、配药组、后勤保障组、尸体转移组、120通道组和职工伤亡统计组等10个小组，全面投入抢救伤员和转移住院病人的紧急工作当中。与此同时，从医院废墟中抢挖药品，组织医疗队奔赴赛马场、体育场等地为伤员进行清创、缝合、止血、包扎等医疗工作。

4月25日，玉树州人民医院与济南军区野战方舱医院对接，医院职工与方舱医院团结一致、协同合作，共同开展各项医疗工作。为保证医疗救治的需要，医院积极联系服务商对轻度受损的设备进行维修后再投入使用。同时，积极与相关部门联系争取到省卫生厅、济南军区方舱医院、上海爱克发医疗设备公司等单位的设备援助，确保了医疗救治工作的正常运行。

面对突如其来的地震，玉树州人民医院的医务人员撑起一片生命的“绿荫”。韩慧瑛，玉树人，时任玉树州人民医院院长的她，饱受过敏性紫癜、高血压、心脏病、黄疸型肝炎的折磨，正在省人民医院接受治疗。地震发生半小时后，她放弃治疗，毅然踏上返乡之路。当晚，出现在全院职工面前，组织会诊救治、转运伤员、抢运医药器械、卸载救灾物资、走访受灾职工、设立简易食堂。地震当天，州人民医院疏散患者、家属、职工500多人，无一伤亡。震后3天里，玉树州人民医院先后救治伤病员3400余人，转运重伤员400余人。经过韩慧瑛奔走努力，全院工作短时间内基本恢复常规，与济南军区方舱医院实现对接，医院重建规划得到落实，职工生活趋于正常。6月底，韩慧瑛过敏性紫癜再度复发，于8月23日，抢救无效逝世。

玉树州人民医院外科主任郑从华与前期赶到医院的外科大夫，率先投入伤病员的抢救工作中，清创、缝合、包扎、固定骨折，为伤病员进行医疗急救，全天抢救伤病员100余人。卓玛，玉树州人民医院手术室主管护士，她不顾余震危险，从自己家中搜救出纱布、绷带、消炎药等急救用品为受伤人员进行紧急救助，并与其他救援人员一道将5名危重病人送到最近的玉树县医院进行救治。与其他同事从危楼中抢运出手术器械、药品、纱布等急救用品，连续三天三夜未来得及回家看看，未来得及去寻找失踪的亲人。事后，她才知道有14名亲人在这次地震中遇难。在方舱医院工作期间，参与完成了900多例手术，用自己的实际行动回报群众、回报社会。

（三）玉树州藏医院

地震发生后，玉树州藏医院立即成立了州藏医院抗震救灾应急医疗救助领导小组，组织全院职工开展自救和抢救伤员，在州卫生局的统一安排下，藏医院职工负责体育场医疗点救治工作。随着伤员越来越多地涌向体育场医疗救治点，藏医院的医务人员，充分发挥自身优势，处理伤员伤口，搭建帐篷，在现场发挥了重要的作用。

州藏医院后勤科药剂师陈林昂江，地震将他和邻居的房屋震塌，陈林昂江立即抢挖救人，救出了到玉树打工的四川一家6口人。当接到单位电话后，在赶往体育场的医疗救治点途中，先后从倒塌的废墟中救出汉族、藏族、撒拉族等民族的群众10多人，在单位医疗救治点，他既是药剂师又是救护车驾驶员，因人手不够，他便让爱人松毛当助手，开始往返于受灾最严重的扎西大同村体育场，天黑时，他已经往返数十趟将伤员运送到各医疗救治点。十多天过去了，一直没有离开救护车的陈林昂江和他的爱人松毛，不停地忙碌在抗震救灾的最前线，在兄弟医院的救治工作中充当翻译、导医、义工，有序安置伤员，恪尽职守，无私奉献，为家乡的救灾工作做出最大的努力。

震后第二天，医院组织医务人员在玉树州体育场、赛马场设立了州藏医院医疗救治点。第三天又在玉树州职业技术学校和藏医院原址上设立了2个医疗救治点，组建2个医疗救援队。在其他各大医院的救治点上，安排精通汉藏双语的护士作为伤员和医生的翻译，介绍伤情，为医生准确诊断伤情提供了帮助。在诊疗过程中，看到许多群众因突如其来的灾难，出现情绪很不稳定的状况，藏医院的医生、护士充分发挥自身的专业特点以及藏族群众对医生的尊重和信任，在治疗中对伤员进行心理安抚，有效地减轻了伤者的心理负担。

针对地震中骨折、外伤患者较多的实际情况，玉树州藏医院采取传统的藏医特色外治疗法实施救治，降低了患者的死亡率、致残率和截肢率，发挥了传统藏医药在应急救治中的作用。随着时间推移，地震中各个医疗救治点、受灾群众安置点，医用垃圾、生活垃圾越来越多，成为引发各种传染病的隐患，为防止疾病发生，州藏医院采用了藏医独特的九配黑药艾熏和汤煎藏药辅助疗法，并对各类垃圾进行处理、环境消毒，取得了显著效果，为预防各种传染病的发生做出了应有的贡献。

5月20日至6月20日，州藏医院医疗队到受灾严重的禅古村、禅古寺、隆宝镇、国庆村、让娘寺等地，开展巡回医疗，为当地受灾群众送医送药。

（四）玉树州妇幼保健院

地震发生后，玉树州妇幼保健院按照州卫生局安排，迅速组建21人的医疗队赶赴州体育场进行救援，全身心地投入抗震救灾医疗救治的战斗中，搭建帐篷，积极救治伤员，进行清创、包扎、输液。由于药品短缺，院长冯海峰带队组织人员冒着余震到单位危房中抢运出了大量药品及器械运往州体育场。面对突如其来的灾难，玉树州妇幼保健院值班医生普措文毛、护士蔡风菊紧急将22名患者疏散。在随后的余震中，普措文毛被震下来的砖块砸中腿部，腿部严重骨折。在这次紧急疏散中，除1名患者家属被倒塌的楼梯砸中身亡，其余21名患者及患者家属安全撤出。在震后24小时内紧急救治各类伤员800多人。截至4月17日，共接生4名震后宝宝，为2名流产患者进行医疗救助。在14—18日的5天时间里，玉树州妇幼保健院医疗队24小时不间断地进行伤员救治，共救治伤员达2000多人。

二、玉树县现场救治

地震发生后，玉树县卫生局迅速行动，组织人员了解辖区内医疗卫生机构受损情况，向玉树州抗震救灾指挥部进行情况汇报，疏散住院患者，从废墟中抢救医疗设备和药品，组织现有医务人员奔赴赛马场、玉树县第二完全小学、体育场等建立临时医疗救治点开展伤员救治工作。

在抗震救灾医疗救治中，玉树县人民医院工作人员迅速从危楼中抢挖药品、器械；在临时救治点，伤员不断增加，医院医务工作者对伤员进行伤口包扎、静脉输液等急救工作；协助省人民医院专家组将147名重症伤员护送到巴塘飞机场送往外地治疗。同时，玉树县医院在胜利路区域设立帐篷门诊，并派30余人协助解放军第153医院方舱医院开展医疗救治工作。在震后20天内收治伤病员1.2万余人次，抢救受伤人员2400余人，向省内外转运重症病人147人，发放药品70余万元，搬运救灾药品物资达240余吨。在临时搭建的板房医院中共接诊伤员3.1万人次，其中重症患者347人，救治313人，救治率达90.2%。减免困难患者医药费90多万元，使广大农牧民群众得到了真正的实惠。

其间，涌现出才仁松保、“草原上七朵美丽的格桑花”等先进个人、集体。才仁松保，生前任玉树县卫生局副局长兼妇幼卫生综合医院院长，身患多种疾病。地震发生后，他迅速投入抗震救灾，并组织成立5支应急医疗救援队，紧急接诊病人4300余人次。李克强等中央领导人在灾区视察时，给予他和他的团队“组织有力、行动迅速、救治得当、成效显著”的高度评价。由于劳累过度，本已病重的他多次晕倒在工作岗位上，后被医院诊断为丘脑梗死。2011年，才仁松保又肩负起医院重建的重担，他为医院的重建废寝忘食、昼夜奔波，最终因劳累过度、多病复发，医治无效，于2012年10月25日逝世。

三、隆宝镇中心卫生院现场救治

隆宝镇中心卫生院医务人员从废墟中抢挖药品、医疗器械，不分昼夜投入抗震救灾医疗救治中。对送来的外伤病人紧急救治、缝合包扎伤口，及时将伤员和危重病人送往州医院和县医院，使伤员得到及时有效的转运和救治，体现了“白衣天使”的职责所在。至5月30日，隆宝镇卫生院共接诊5000多人次，健康咨询2000余人次，在6个村、21个社区巡回医疗8700人次，免费发放药品价值25万元（西药21万元，藏药4万元），接生20人次，计划免疫1500人次。

第三节　青海省医疗队现场救治

一、省直医疗队现场救治

（一）青海省人民医院

青海省人民医院首批救援医疗队 13 人，由副院长吴新民带领，在体育场设医疗点，抢救伤员，伤员中 90% 以上都是骨折伤，一些伤情严重的伤员在现场得到有效的救治后被及时转运至省内外指定医院接受治疗。在现场救治条件限制很大的情况下，医护人员用手电筒照明进行手术治疗避免肢体坏死、截肢和肾功能衰竭。脑外科医师根据瞳孔变化、神经定位检查判断病情，使患者得到了最佳治疗。

截至 4 月 21 日，医疗救援队在体育场临时救治点共接诊各类伤病患者 6587 人次，进行手术 509 例、静脉输液 820 例，抢救 25 例重症休克病例，转运玉树灾区伤员 1100 人，发放各种药品 2.29 万人次，发放《灾区防病知识手册》《疫情防治手册》等宣传材料 3000 余份。

自 4 月 22 日起，医疗救援队每日到玉树县扎西大同村、甘达村及扎曲河以西、称多县等地进行医疗巡诊，为灾区群众、救援官兵及救援人员进行疾病及高原病病情筛查、防治工作，详细登记并予以及时诊治。

截至 6 月 20 日，医疗队巡回诊疗的受灾群众及其他救援人员达 1.84 万人次。同时，医疗队发挥高原医学优势，结合灾区重建人员的身体实际状况，因地制宜、因人而异，总结切实可行的高原病防治措施，做好灾后医疗保健工作。

（二）青海大学附属医院

青海大学附属医院医疗队，在体育场设立临时医疗点进行伤员救治工作，在救治点，由于外伤、骨折病人较多，固定器械缺乏，在现场一晚上打了 70 多个夹板。4 月 15 日 16 时 28 分，医疗队在玉树州体育场临时救治点为一位藏族产妇成功实施剖宫产手术。

截至 4 月 30 日，医疗队接诊 6300 余人次，巡诊 1.7 万人，进行骨复位固定、清创缝合等外科治疗 830 余例，处理和转运重症伤员 540 余例，诊治高原反应病人 70 余例，抢救严重急性高原反应、急性心绞痛、重症肺炎、难产等急危病人 12 例，到周边乡村、寺院等巡诊 7000 余人次。

（三）青海省中医院

省中医院医疗队负责巴塘机场等待转运伤员的救治工作。医疗队到达灾区现场后，迅速分组对机场候机楼内外大量滞留的伤病员进行清创缝合、骨折固定、输液、吸氧、导尿、发药、诊治、分类，辨别病情后将危重症、重症和普通伤员分区域安排等候，由医疗队员专程陪护送转到西安、成都、兰州、西宁等指定医院。

医疗队队长李军茹发现一个年纪约 40 岁的男伤员坐在机场大厅的椅子上，浑身是土，面色苍白，病情危重，于是赶紧检查生命体征，发现病人心率 130 次 / 分，血压 80/60mmHg，呼吸短促，属低血容量性休克，救治稍有迟延会有生命危险，立即为他打开静脉通道，静滴抗休克药物，待病情稍有稳定后，在武警战士的协助下将其抬上飞机并派医护人员随行护送转运到指定医院救治。16 日，机场送来一个 10 个月大的小女孩，父母在地震中都不幸遇难，孩子咳嗽、气喘、腹泻、轻度脱水，经检查发现她双肺满布痰鸣音，肠鸣音活跃，诊断为肺炎、肠炎，但医疗队没有准备小儿剂量药品和静脉注射针头。李军茹将成人口服药品分开，按小孩剂量化在勺子里给她喂药。护士长张青霞特意挑选了一个小号静脉套管针给她输液，医务人员都把她当作自己的孩子精心照顾。泌尿科主任胡冀生发现一位藏族妇女骨盆骨折，当时膀胱充盈，病人很痛苦，胡医生马上为她实施留置导尿，缓解她的痛苦。截至 4 月 19 日，先后诊治严重挤压伤、脑外伤、高血压 523 人，导尿 30 人，夹板、石膏固定 77 人，转运伤员 1000 余人。

在现场救治期间，医院还推广中医康复诊疗适宜技术，针对地震灾区中出现的常见病、多发病，如颈椎病、腰肌劳损、腰椎间盘突出、腰椎骨质增生、肩周炎、各种急慢性扭挫伤以及中风偏瘫类疾病等导致的功能障碍，传授简单易操作的康复训练，同时采用比较适用的中医康复诊疗适宜技术，如点、按、揉、弹、撑以及针刺等传统中医方法进行中医特色康复治疗。

（四）青海省第五人民医院

青海省第五人民医院副主任医师赵成茂带领的 14 名医疗救助人员，在玉树巴塘机场候机大厅负责救护等待转运的地震重伤员。机场旁边的草地上，大批的伤病员躺着、坐着，有的胳膊上打着石膏，有的头上缠着绷带，满脸血垢、伤痕累累。地震发生当天，很多医疗物资都没有运到。在连一块纱布都紧缺的情况下，赵成茂他们就地取材，将装有医疗物资的纸箱撕成纸板做夹板用，为伤员做清创缝合、骨折固定等救治工作。在灾区工作期间，医疗队同时还负责援助人员的医疗保健工作，神经内科副主任医师郭桂珍、消化内科护士任俊洁 24 小时提供保健服务，共进行医疗保健服务 2500 多人次。

（五）青海省心脑血管专科医院

青海省心脑血管专科医院组成的急性高原病防治专家组，由副院长刘品发等 17 名专家组成奔赴灾区，负责巴塘机场重伤员的看护及转运工作。在灾区的 5 天里，诊疗伤员 235 人，诊治急性高原反应患者 46 人，抢救治疗急性肺水肿 19 人，对 2 例血气胸患者进行封闭式胸腔引流术，对 4 例多发性肋骨骨折患者进行胸部外固定，救治缺氧性脑病患儿 1 名，静脉输液 110 人次，为 165 名患者及部队指战员发放药品 7 万余元，转运伤员 644 人。其间，医疗队还为玉树州人民医院捐款数万元医疗物资及药品。

（六）青海省妇女儿童医院

省妇女儿童医院先后派出 2 批医疗队奔赴灾区，分别在结古镇赛马场和哈秀乡开展医疗救治和对口帮扶工作。第一批医疗队在结古镇赛马场设立临时医疗救治点，开展医疗救治和危重伤员转运工作。截至 4 月 29 日，共诊治患儿 1293 人，抢救重症病例 23 例，转运伤员 54 人。

第二批医疗队承担哈秀乡卫生院对口帮扶工作，通过业务培训、建章立制、巡回医疗等多种形式，帮助哈秀乡卫生院提高医疗技术水平和卫生服务能力。帮扶期间，下村巡回医疗 6 次，牧民家帐篷出诊 25 人次，共诊治各类病人 3414 人次，抢救危重病人 20 人次，静脉输液 62 人次，接生新生儿 6 人，发放药品 100 余件。帮助卫生院开展胎盘滞留处置，新生儿颅内出血防治等新业务。开展专题讲座 4 次，发放《灾区防病知识手册》500 余份。

二、省内行业医院医疗队现场救治

（一）青海省交通医院

省交通医院医疗队承担玉树巴塘机场伤员分诊、重伤病员的紧急救治和转运任务。候机大厅里，为集结的大批重伤病员，诊断伤情、消炎止痛、清创包扎、夹板固定、静脉输液、护送伤员。医疗队队长李德元是年龄最大的一位，他在安排好各项工作后，跟随直升机护送伤员，不停地往返于玉树和西宁机场之间。每个医护人员，努力以最大精力和最好的技术救治每一名伤员。截至 4 月 20 日，医疗队共接诊转运灾区伤病员 636 人次，为骨折伤员实施夹板固定 17 例，清创包扎 57 例，随飞机转运伤病员 4 架次 76 人，为受伤群众发放药品 272 人次，并为 124 名不适应高原气候的省外救援人员和解放军、武警官兵进行了紧急治疗。

（二）青海省红十字医院

青海红十字医院医疗队会同来自全国各地的医疗队承担巴塘机场的伤员救护和转运工作，医疗队到达现场后立即分为救护组、搬运组、联络组，对所有伤员进行伤情分类和现场急救，将重伤员优先安排上飞机并安排医护人员组成机上医疗组，陪同伤员到达各城市。截至 4 月 25 日，医疗队共包扎、输液、救治伤员 105 人次，转运伤员 2700 余人次。

（三）青海省人口和计划生育委员会

青海省人口和计划生育委员会医疗队承担玉树巴塘机场伤员的救治和转运任务，在玉树巴塘机场开展医疗救援期间，认真仔细检查伤病员，并进行换药、包扎、输液、伤员转运等工作。在接诊中，医疗队遇到一位多处脊柱骨折半截瘫并大小便失禁的重伤员，大家不怕脏不怕累，对伤员进行擦身和导尿处理，并不时地更换敷料，为他提供心理安抚，用爱心和热情为他化解灾难留下的心理阴影。截至 4 月 19 日，医疗队共救治伤病员 143 人次，转运伤病员 322 人次。

三、西宁市医疗队现场救治

（一）西宁市第一人民医院

西宁市第一人民医院医疗队在体育场设立临时医疗救治点，开展医疗救治工作。医疗队队员们认真地诊治每一个伤员，对伤情重的、骨折的、需手术治疗的伤员转往西宁，对伤情较轻的伤员就地进行清创缝合、打石膏等救治工作。对 2 名因灾致腿部受伤的小患者，进行初步处理后及时转往西宁治疗。护理队员们积极参与抢救、输液、包扎、打针、护送病人，脑外科队员们耐心细致地检查和处理脑外伤的病人。截至 4 月 21 日，医疗队共接诊伤员 2470 例，手法复位 9 例，石膏固定 17 例，抢救休克病人 2 例，转运伤员 170 人。

（二）西宁市第二人民医院

西宁市第二人民医院抽调各科室技术骨干组成医疗救援分队，由副院长祁永清带队在赛马场医疗受灾群众安置点开展医疗救治工作。

在医疗救治期间，一名 12 岁的藏族小男孩被废墟压埋 3 小时后救出，右手出现肿胀、疼痛，经诊断为骨筋膜室综合征，需要通过手术立即减压，防止右手伤残，医疗队在搭建的帐篷里借助手电光，为生命垂危的藏族小男孩成功实施手术，术后立即转运至指定医院接受进一步治疗。

截至 5 月 4 日，医疗队员们共诊治灾区伤员近 800 人，转运伤员 52 人次。其中，清创缝合 42 人次，骨折手法复位石膏外固定 16 人次，静脉注射 200 余人次，换药 102 人次，外伤处理 352 人次。

（三）西宁市第三人民医院

西宁市第三人民医院抽调由普外、骨科、心内、麻醉、急诊等科室 14 名医务人员组成医疗队，由院长刁海鑫带队在灾区结古镇体育场，开展救治伤员的工作。灾区的伤员多半是骨折、外伤，医疗队仔细检查救治每一位伤员。截至 4 月 23 日，医疗队共救治伤员 779 名，转运伤员 18 人次。其中，诊治外伤患者 65 人，高原反应 9 人，上呼吸道感染 684 人，挽救危重伤员 3 人。

四、各州（市）医疗队现场救治

（一）海西州

由州人民医院、州蒙藏医医院 10 名医护人员组成海西州医疗队，负责在结古镇开展伤员救治工作。救治期间，医疗队共诊治伤员 300 人次，对伤员进行清创、外伤处理、骨折复位 70 余人次。

（二）海南州

海南州医疗队在赛马场受灾群众安置点开展医疗救治工作。医疗队以健康中国流动医院专用车为平台，利用车上配置的 X 光机、超声机、观片台、全自动生化分析仪以及产科检查床、冰柜、空调和紫外线消毒灯等先进医疗仪器设备，为灾区伤员开展清创缝合、换药、骨科石膏固定、颈部椎体损伤颈脱外固定、拍片、心电图、B 超、检验、手术等医疗救治。

截至 4 月 27 日，医疗队共救治灾区伤员 5428 人次，收住观察病人 239 人次，救治过程中共转诊危重病人 55 人次。

（三）黄南州

黄南州人民医院分别于 4 月 15 日、16 日派出的 2 支医疗队由普外科、骨科、五官科等业务技术骨干组成，共 17 人，在玉树州体育场受灾群众安置点开展医疗救治工作。医疗队在灾区期间，共诊治伤员 123 人次，诊治危重伤员 2 人，进行缝合手术 1 例，向机场运送伤员 1 人，向群众发放药品 3000 余元，发放一次性防护用品 200 余套价值 40 万元，发放食品和生活物品价值3000余元。

同仁县卫生计生局得知玉树地震后，组织3支医疗队，共13人。携带价值2.28万元的药品和器械分别于4月15日、16日、18日奔赴灾区，会同州人民医院医疗队共同在结古镇开展伤员救治工作。医疗队在玉树救援期间，共诊疗及发放药品1100人次，实行清创27人，诊断骨折2人，对13名重病患者进行了转诊，发放药品价值3万余元。

在玉树救灾期间，黄南州人民医院和同仁县卫生系统向灾区先后派出5支医疗救援队，共30人，携带价值约6.26万元的呼吸机、心电监护仪、吸痰器等医疗设备和急救药品；诊治伤员233人次，诊治危重伤员2人，诊断骨折患者2人，实行清创27人次，对13名重症患者进行了转诊，累计发放价值3.3万元的治疗药品。

（四）果洛州

果洛州卫生系统派医疗队在玉树灾区禅古寺、赛马场等地，开展医疗救治工作。在禅古寺为期14天的救援中，医疗队共救治轻重症伤员1747人，其中缝合29人、固定骨折3人，发放药品价值58470元。在赛马场开展医疗救治期间，救治危重病人3人，轻微伤病人1714人次，开展B超检查25人，X光透视检查9人，巡回出诊270人次，转诊危重病人3人，接受咨询人数达500余人次。参与陕西省卫生监督所在玉树县小苏莽乡水质监测2次，并在驻地周边开展巡诊、发放药品及疾病防控宣传等工作。

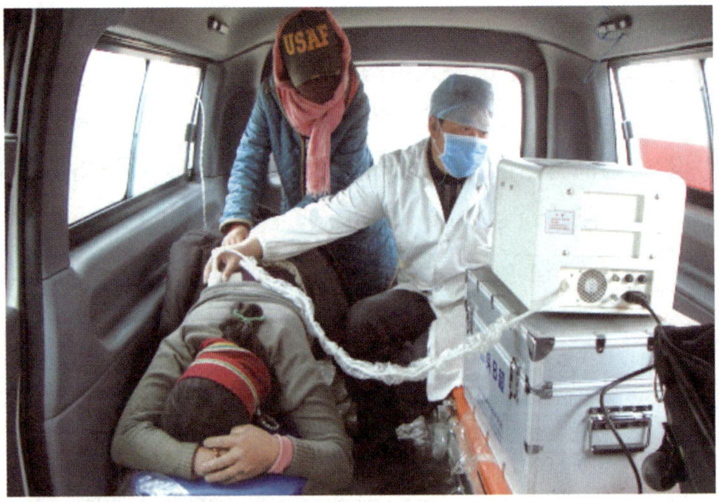

4月15日，果洛州医疗队在急救车内为受伤群众检查

五、省内卫生系统志愿者现场救治

（一）青海大学医学院

青海大学医学院志愿者医疗服务队赴玉树灾区开展医疗救助、心理援助、物资搬运、双语翻译、后勤保障等多项志愿服务。组织10名志愿者到玉树县第三完全小学开展心理疏导，向群众捐助价值4000多元的衣物及生活用品。成立临时党支部，在抗震救灾志愿服务活动中，有9名志愿者递交了火线入党申请书，经院党委研究同意，5名志愿者被吸收为中共预备党员。截至4月25日，共诊治病人1200多人次，巡诊300多人次，帮助其他医疗点救助病人31人次，抢救危重病人25人，往机场送危重患者16人，发放了价值2.7万元的药品。

（二）青海省卫生职业技术学院

由青海省卫生职业技术学院22名学生组成的大学生志愿者医疗队，在玉树州体育场和赛马场2个受灾群众安置点开展志愿服务。一个8个月大的女婴双腿骨折，静静地躺在母亲的身边，母亲身受重伤无法站立，当时的医疗条件有限，志愿者们配合医疗队对女婴的双腿进行固定后转运至西宁治疗。由于通往伤员转运集中点的交通不畅，志愿者们决定："抬也要把母女抬到转运集中点的大巴车上！"最终母女俩在西宁得到了有效的救治。

罗周江才是学院临床医学系的玉树籍同学。地震发生后因为一直没有联系上家人，他心急如焚，人在学校，可他的心早已飞回了巴塘草原。当学院发起招募志愿者的通知后，他最先报名，赶赴灾区参加救援。到玉树的前三天，罗周江才一直跟随志愿者服务队进行医疗救助工作，可到了晚上大家都要睡觉时，他总是一个人偷偷地溜出去，没有人知道他去做什么，后来才知道原来他是孤身去找家人。直到第四天，当医疗队在赛马场巡回医疗时，他才偶然见到母亲，那时的他再也抑制不住眼中的泪水，抱着母亲失声痛哭。母亲找到了，可罗周江才还是在深夜时悄悄离开帐篷，他没有睡意，他要在这关键的时刻帮助家乡的受灾群众搭建帐篷、抢救物资。在整个玉树地震灾区救援期间，这支志愿者服务队共诊治病人2100多人次，其中危重病例200余例、转出病人150余例。

第四节 外地医疗队现场救治

一、华北、华中、华南地区现场救治

（一）北京市

由北京急救中心组织的97名医务人员、25辆急救车和急救设备组成的救援队在灾区开展医疗救治工作，主要承担伤员转运工作，每天派出转运组在玉树结古镇至巴塘机场、西宁机场转运伤员。转运组每天早上7点出发，夜里12点才能回到驻地。部分队员协助当地疾病预防控制部门进行消杀工作，避免传染病疫情的发生与传播，为各项工作的开展创造安全环境。在灾区救援期间，队员们逐一为藏族同胞检查身体、治疗送药、讲解急救常识，最大限度地救助受伤群众。

根据灾区医疗救治需要，北京市卫生局又陆续派出北京大学第一医院、北京大学人民医院、北京大学第三医院、北京大学第六医院、北京回龙观医院、北京积水潭医院、北京协和医院、北京儿童医院、首都医科大学宣武医院、北京朝阳医院相关专业专家前往灾区，开展医疗卫生救援工作。

北京市卫生机构先后派出医务人员182名，共救治伤员3203人，抢救危重伤员252人，急诊手术 50 台，普通手术 295 台次，转运伤员 408 人，心理干预 397 人次，透析 23 人次，巡诊 30 余次，发放药品 1961 人次，培训 857 人次。

（二）天津市

天津市由 10 个学科专家和骨干组成的 30 人医疗队被编入地震伤员集中收治的青海省格尔木市人民医院、海西州第二人民医院、解放军第 22 医院和青海油田格尔木炼油厂职工医院开展医疗救治。

到达格尔木市的第一天，医疗队按照学科专业，对各个医院收治的地震伤员进行了总体评估，提出了重症患者集中管理的工作理念。当日，天津市环湖医院主任孙立军吸着氧气站在手术台上，为一名地震伤员实施了医疗队的第一例手术。

天津市医疗救援队在格尔木市人民医院筹建了第一个 ICU（重症监护室），为后续重症地震伤员的抢救创造了条件。地震后伤员以复合伤为多，很少有单一创伤，天津市医疗队充分考虑到这一点，在实际工作中 10 个学科也充分发挥了在重症抢救中的作用。如医疗队收治了一名臂丛神经牵拉伤的患者，由于患肢肌肉有坏死，造成急性肾功能衰竭，进而血钾高于正常值两倍。医疗队充分利用多学科优势，首先为患者进行血液透析治疗，血钾降低后再由骨科行切开减张术，后收入重症医学科治疗。

天津市第四中心医院杨玉华、第一中心医院王丽君帮助开展了格尔木市第一例无肝素血透，市胸科医院孙大强帮助开展了第一例支气管镜检查，市环湖医院张国斌帮助开展了第一例脑室穿刺置管外引流手术，天津市医院李欣帮助开展了第一例小腿骨折闭合复位单臂外固定术，市医院感染专家组开展了第一个医院感染管理论坛。通过讲课、查房、示教等形式对所在医院进行多学科的技术支援和帮扶，帮助当地医院开展了 10 余项医疗新技术。在 14 天的救治工作中，医疗队累计诊查患者 1651 人次，其中危重症患者 36 人次，开展手术 32 台次，进行会诊 127 次，患者零死亡。

（三）山西省

山西省医疗队由 11 个市 180 名涉及急救、骨科、普外等专业的专家及医护人员，106 名车

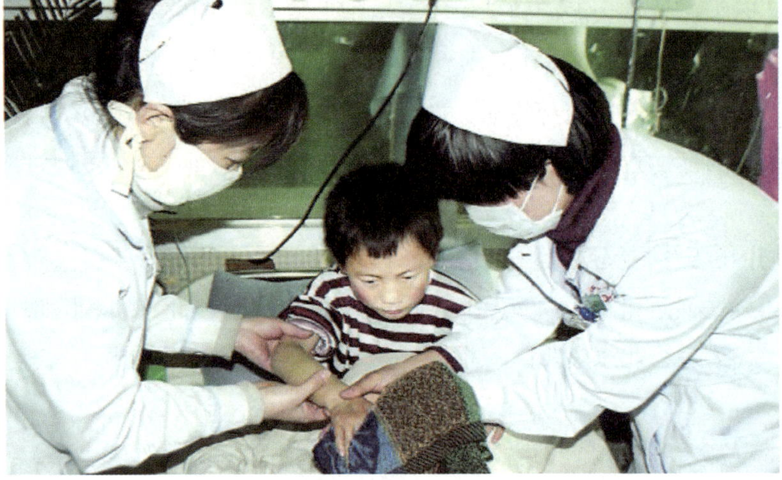

山西省医疗队护理人员在青海省人民医院精心护理灾区伤员

辆驾驶员、38 名行政及后勤保障人员共 324 人，以及 63 辆救护、后勤保障车辆组成。到达西宁市后，分别组成 3 支医疗救援小分队被安排在西宁市、格尔木市及玉树县开展救治工作。

4 月 17 日，山西省首批由 21 人 4 台车辆组成的赴玉树县医疗救援小分队连夜奔赴玉树灾区。在这支队伍出发 20 小时尚未到达灾区的时间里，4 月 18 日 16 时，由 11 人 5 台车组成的第二批医疗救援小分队再次受命抵达玉树县结古镇。按照当地指挥部安排，分别在机场和结古镇设立医疗救治点，积极投身到灾区伤员救治和转运工作中。4 月 18 日，留守在西宁市的医疗卫生队 32 名医生、87 名护士被纳入青海省人民医院急救中心、骨科、呼吸内科、普外科、心内科、神经内科等主要科室，开展伤员救治工作，120 急救人员也纳入省人民医院 120 急救中心，共同承担灾区伤员急救转运工作。

山西省抗震救灾医疗队在玉树机场救援期间，每日对飞机接转诊的伤病员进行检伤分类、监护、救治，最后护送到飞机上，先后接诊灾区重伤病员 537 人，其中飞机转运 56 架次，医护空中转运 100 多人次，转运伤病员 334 人，出动车辆 500 余次，转运伤员 345 人，发放药品及物品 2 万余元。

4 月 17 日，由山西省大同、阳泉、吕梁、长治、晋城、临汾、运城 7 个市抽调的骨科、普外科、ICU、呼吸、急救等方面的 31 名专家、12 名护士、20 名管理及后勤保障人员、5 辆救护车组成的格尔木医疗小分队，赴格尔木参与医疗救治工作。根据当地医疗救援指挥部要求，救护人员被分在 4 所医院开展医疗救治工作。长治市 11 名医护人员主要负责对口支持解放军第 22 医院，大同市、运城市 12 名医护人员主要负责对口支持格尔木市人民医院，晋城市、临汾市 10 名医护人员主要负责对口支持格尔木市石油社区职工医院，阳泉市、吕梁市 10 名医护人员主要负责对口支持海西州第二医院。经熟悉情况后，各医疗救援小分队于 4 月 18 日进入指定医院开展医疗救治工作。

4 月 19 日 16 时，第三批由山西省医护人员和青海省人民医院医护人员共 15 人、16 辆救护车组成的青海—山西抗震救灾联合医疗队出发，赴玉树灾区。11 天时间里，医疗救援队在玉树州体育场临时救治点共救治危重病人 426 人、轻伤病人 1491 人，完成手术 101 例，成功转送伤员 345 人，巡诊诊疗 2134 人。

（四）湖北省

湖北省由 20 名骨科医生、40 名外科护士、40 名司机和 7 名新闻工作者共 108 人携带 20 辆救护车和价值达 100 余万元的药品、器械的医疗队。到达西宁后，分成两支医疗小分队，分别在玉树灾区和西宁市开展伤员的转运救治工作。第一医疗分队由 27 名成员组成，其中领队 1 人、医生 9 人、护士 5 人、司机 12 人，救护车 6 台，赴玉树灾区，主要承担玉树巴塘机场伤员转运的检伤分类和初步诊断工作。特别是 4 月 19 日，有一家四口藏族伤员引人注目，父亲足部受伤，2 名小女孩中，一名 9 岁女孩头部外伤，肋骨骨折，另一名 10 岁女孩肋骨骨折、跟骨骨折，母亲骨盆骨折伤势最重，医疗小组检查后发现该患者还合并有腹部内脏损伤、肋骨骨折可疑，患者血压偏低，随时都有生命危险。医疗小组立即对其进行临时固定、吸氧，建立了两条静脉通道补充代血浆，稳定生命体征，立即转至西宁指定医院进行救治，挽救了一家 4

口人的生命。第二医疗分队分成两组，第一组由 10 名医师、40 名护士分别编入青海省人民医院、青海省藏医院参与转运伤员的医疗救治工作；第二组由 12 辆救护车、22 名急救人员负责西宁机场至各指定医院伤员转运工作。

在玉树抗震救灾期间，医疗队共救治地震伤员 370 余名，转运伤员 46 名，其中危重伤员 10 名。伤员年龄最大的 74 岁，最小的 8 岁。

（五）广东省

广东省医疗队主要负责从玉树转运至西宁的重症伤员的医疗救治工作，分 3 组到收治伤员最多、最重的青海省人民医院、青海大学附属医院和青海省妇女儿童医院开展伤员救治工作。

广东省医疗队员认真分析伤员病情

医疗队务实肯干的精神、忘我的工作作风、精湛的医疗技术、平易近人的态度赢得了卫生部、青海卫生厅、受援医院和广大伤病员及其家属的肯定和赞扬。其间，协助受援单位累计诊治伤员 6985 人次，完成手术 86 台，抢救危重病人 284 人次，治疗操作 488 次，开展新技术 6 项，护理 1923 人次，病例讨论 358 次，开展业务培训 21 次，转运病人 53 人。

二、西南地区现场救治

（一）重庆市

重庆市医疗救援队分别在玉树县、海南州、西宁市开展医疗救治工作。由 27 名队员和 5 台车辆组成的玉树分队，经过 800 多千米的长途跋涉，于 4 月 18 日 13 时 30 分抵达玉树县结古镇，在受灾群众安置点赛马场设立 2 个医疗站，开展伤病员救治和卫生防疫工作。由 16 名队员组成的海南州分队，于 16 日抵达海南州人民医院，帮助当地开展地震伤员救治工作。由 137 名队员和 29 台车辆组成的西宁分队，分别在青海省第五人民医院和西宁市第一人民医院开展伤病员救治工作。截至 4 月 29 日，累计派出救援人员 182 名，车辆 34 台，救治灾区伤病员 2128 人次，其中危重 352 人次，开展手术 173 例，安全转运伤病员 5 人次，卫生消杀面积 2.5 万多平方米。

其间，重庆市卫生局对做好接收地震灾区伤员和救治的准备工作进行部署，全市所有三级甲等医院和相关市级医院积极做好收治灾区伤员的准备工作，成立医疗救治工作领导小组和专家组。制订床位腾空计划，开展药品、器械等物品准备工作，确保救治工作需要，并向玉树灾区捐赠价值 69.89 万元的医疗药品。

（二）四川省

由甘孜州卫生局、红十字会、疾病预防控制中心、人民医院 13 人，石渠县卫生局、疾病预防控制中心、人民医院、藏医院 36 人组成的四川省甘孜州卫生救援队首批救援人员从石渠县赶赴结古镇赛马场受灾群众安置点。第二批援救队甘孜州甘孜、德格 2 县救援人员于 15 日 9 时 30 分到达灾区。

四川省卫生厅组织四川省人民医院、四川大学华西医院、四川省疾病预防控制中心组成的玉树抗震救灾医疗队从成都出发，4 月 16 日 8 时 15 分抵达玉树县结古镇。绵阳市卫生局组织的医疗救援队，于 14 日 22 时从绵阳出发，15 日下午到达玉树县结古镇，开展医疗救治工作。

四川省卫生厅应急办主任杨勇，在地震发生后，凭着长期从事卫生应急工作所特有的敏锐性和使命感，主动请战，迅即召集四川省人民医院、省疾病预防控制中心、川大华西医院等单位医务骨干，组建四川首支省级医疗卫生救援队，并紧急调拨药品、器械、帐篷等救援物资，于 4 月 14 日 16 时奔赴玉树灾区。4 月 16 日 8 时 15 分抵达玉树县结古镇后，迅速与先期到达的甘孜州医疗队、石渠县医疗队取得联系，把他们和刚到的四川医疗队合并成整体进行统一管理，组织起省、地、县三级医疗框架，设立 11 个医疗点开展救治，直到 4 月 23 日紧急医疗救援工作结束后才回到成都。5 月 14 日，杨勇离开玉树，日夜兼程赶往四川省重灾区查看乡镇卫生院受损情况，19 时，当车行至甘孜州德格县马尼干戈乡时，突遭暴雨发生车祸，因公殉职，年仅 46 岁。

截至 4 月 28 日，四川省各救援队累计救治重症伤病员 1023 人次、轻症伤病员 7673 人次，发放药品 32687 人次，巡回诊治发药 8803 人次，开展清创、缝合、固定、换药等小手术 2745 人次，协助转运重症伤病员 471 人，消毒 62.37 万平方米，健康教育 43758 人次。

（三）云南省

云南省从省、市、州级 14 家医疗单位抽调 113 名医护、后勤人员和 19 辆救护车组成的医疗救援队，到达西宁后，在青海省卫生厅抗震救灾指挥部安排下，在玉树体育场、隆宝镇、禅古村医疗点和青海大学附属医院、青海省康乐医院、西宁市第

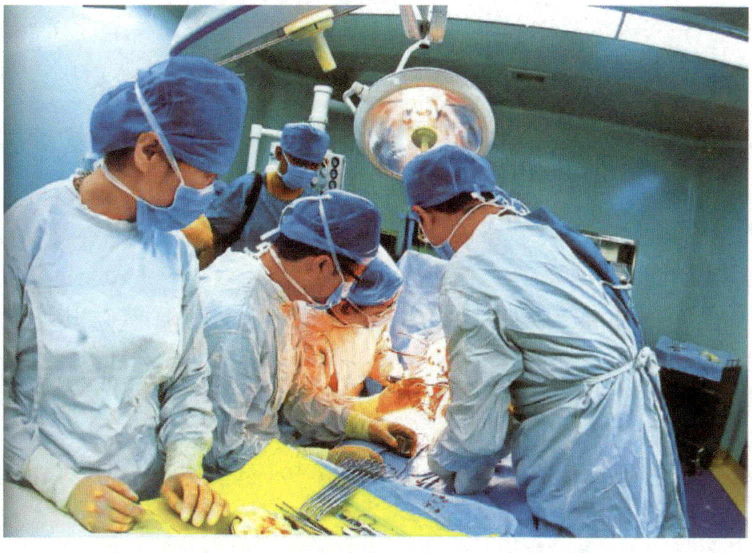

云南省医疗队在灾区现场对伤员进行手术治疗

二人民医院开展伤员救治工作。

在14天的抗震救灾期间，医疗队共救治伤员3122人次，转运重伤员44人次，巡诊335人次，手术21台，心理咨询220人次。医疗队救治的伤员死亡率为零，感染率为零，圆满完成了救治任务。

（四）西藏自治区

西藏自治区先后组织的4批医疗队在玉树赛马场受灾群众安置点，开展医疗救治工作。医疗队统一制定接转诊制度、输液规定等技术方案，设立药械组、医疗组、护理组、后勤保障组，并设有汉藏两种文字提示牌，确保医护质量和物资统筹管理。医疗点病人虽多，但工作区内井然有序。

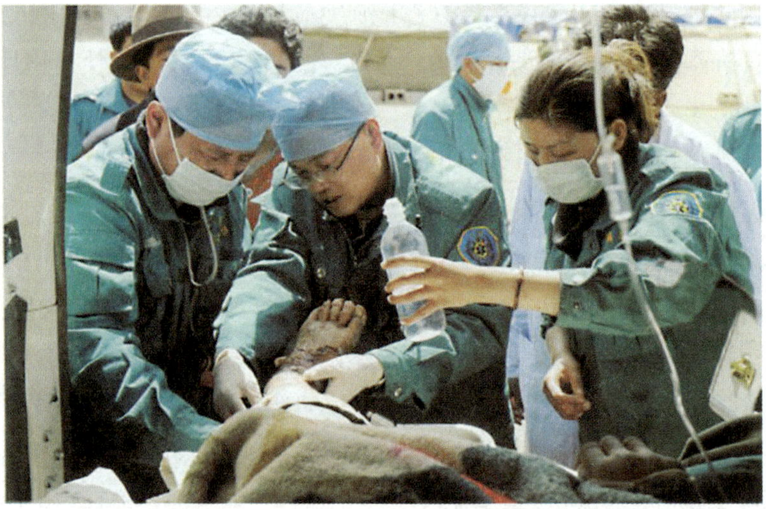

西藏自治区医疗队现场对伤员施行骨折切开固定手术

4月17日，西藏救援队推出巡诊制度，抽调医师、护士配备救护车逐个帐篷巡诊，由医疗点逐步向周边延伸。队员们巡诊期间在距离医疗点1千米处的帐篷内发现一名20多岁的妇女已经昏迷，怀中还抱着一个赤身裸体的婴儿，队员们立即将她抬回医疗点急救，经过两个多小时的抢救，该妇女终于苏醒，脱离生命危险。

4月22日，根据国家抗震救灾总指挥部卫生防疫组要求，西藏赴玉树救援队抽调12名专业人员成立高原医疗队，专门为在玉树灾区救援的外地工作人员提供高原病方面的医疗服务。

截至4月26日，西藏医疗卫生救援队在16天的救治援助中，先后救治伤员9185人次、手术286台次、接生2例、外出巡诊213次、转运危重病人102例、抢救危重病人18例。

三、西北地区现场救治

（一）陕西省

救援期间，陕西省人民医院在青海省红十字医院共接诊伤员315名（重症31名），查房1721人次，疑难病例会诊讨论79人次，参与手术54台，验伤检查493人次，护理417人次，急救转运累计出动救护车67次、医护人员1830人次，共转移伤员899人，其中重症及危重伤员372人，转移伤员人数占西宁收治伤员总数的65%以上（不包括部队医院救治数字）。

（二）甘肃省

甘肃省人民医院、甘肃省紧急医疗救援中心、甘肃省中医院、兰州大学第一医院先后组成医疗救援队，在玉树巴塘机场对所有伤员按照伤情轻重与缓急进行检伤分类，对出血、骨折、内脏损伤的伤员实施止血、包扎、固定、输液、吸氧等救治措施，护送伤员登机，并参加随行救护等工作。4 月 15—19 日，接诊伤病员 4042 名，抢救危重伤员 360 人，救治高原病患者 35 人，组织航空转运伤员 152 架次共 2797 人，航空护送伤员转运 10 余架次，实现了伤员转运“零死亡”“零差错”，完成了空中转运伤员的任务。

甘肃省中医院紧急抽调 21 名医疗骨干力量组成医疗队，在结古镇赛马场设立医疗救治点，开展伤员救治工作。救援队所携带的药品中中药比例达到 68%，其中有 4 种为自制药品，他们在救治伤员中发挥中医药特长，采用中医正骨手法复位、小夹板固定等，起到了良好的作用。

（三）宁夏回族自治区

宁夏回族自治区先后派出 3 批由 159 名医护人员、38 辆救援车组成的医疗队。4 月 14 日，首批医疗救援队 6 名医疗队员，2 辆救护车出发奔赴灾区。4 月 15 日，由 138 名医疗卫生人员、29 辆救援车辆组成的第二批医疗救治和卫生防疫队员开赴玉树灾区。自 4 月 14 日至 6 月 4 日，救援队累计诊治病人 450 多人，巡诊病人 1000 多人次，转运危重病人 12 人，转运严重高原反应的救援人员 3 人，参与救治护理儿童 195 人次，参与手术 25 例，重症监护 8 例，助产护理 15 例。采集送检水样 77 份，对 4800 余名群众健康状况进行主动监测，开展疾病症状监测 66 例，应急接种 1555 人份，张贴自制宣传标语 200 条，开展学校震后卫生知识宣传 2 次，入户开展健康教育宣传约 1.3 万人次，发放宣传材料 3.5 万份。

（四）新疆维吾尔自治区

4 月 15 日，新疆维吾尔自治区人民医院、新疆医科大学第一附属医院 47 名医护人员和 15 辆救护车组成医疗队集结出发，于 16 日抵达西宁。按照青海省卫生厅抗震救灾指挥部安排，医疗队分别在青海省交通医院、青海省红十字医院开展转运伤员的救治工作。

被倒塌的校舍砸伤的 18 岁藏族女孩白马永青，16 日乘飞机转送至青海省红十字医院，当晚成功地进行了小肠挫伤修补术。惊恐虚弱的白马永青醒来第一眼看到的是新疆医科大学第一附属医院护士侯磊。因受到地震影响，抬升病床时，床的轻微晃动让白马永青大哭起来。27 岁的侯磊轻轻将白马永青搂入怀中说：“别害怕，有我在，一切都会过去。”白马永青靠在侯磊的怀中，慢慢恢复了平静。

4 月 19 日凌晨，9 岁的藏族女孩仁青卓玛在地震中被砸伤，造成双腿股骨胫骨骨折，从玉树县转运到青海省红十字医院接受治疗。满脸灰尘的小卓玛，充满恐惧。面对陌生的手术室，更是不知所措，身体不停地颤抖，用藏语呼喊着。面对此情此景，新疆医科大学第一附属医院麻醉科医师阿不力克木等医护人员握着小卓玛的手，使她渐渐安静下来。10 时 30 分，小卓玛的手术成功。

截至 4 月 24 日，医疗队共救治伤员 682 余人次，救治重症伤员 70 例，查房 402 人次，会诊疑难病例 42 例，急会诊 4 例，开展手术 32 台，完成基础护理 126 人次，评估伤员 129 人次，为 7 位伤员开展心理疏导，讲课 9 场次，分别向青海省交通医院、青海省红十字医院捐赠了价值 3.5 万元的医疗设备、12 万元的物资。

第五节　解放军和武警部队医疗队现场救治

一、解放军现场救治

解放军总参谋部总医院、解放军第1医院、解放军第10医院、解放军第25医院、解放军第323医院、第三军医大学、第四军医大学西京医院、兰州军区兰州总医院、解放军第536医院、解放军第22医院等25支医疗队，先后赴灾区开展医疗救治工作。其间，累计接诊3.5万人次，巡诊2.75万人次，手术545人次，收治住院病人3125人次，抢救危重伤员1200多人次。

由于地震造成当地医疗机构严重损毁，中央军委根据灾区实际情况派出北京军区、济南军区两组方舱医院为当地群众提供医疗服务。这两座方舱医院官兵在玉树奋战了近5个月，累计接生新生儿150多名，接诊伤病员5.3万多名，手术2700余台次，抢救危重伤病员近1000例，两座方舱医院被当地各族群众誉为“生命之舟”。

济南军区解放军第153医院野战方舱医院近300名官兵，携带72台装备，在与玉树州人民医院对接后，立即投入抢救伤员的工作中。救援队员以自己过硬的技术，耐心细致地为伤员清洗伤口、缝合、包扎、心理安抚。截至7月30日，济南军区野战方舱医院累计接诊2.49万人次，手术1100台次，住院2283人次，出院516人次。5月6日，玉树州体育场内，随着最后一期医疗板房的交付使用，方舱医院医疗救治步入常态，标志着他们的技术帮带和恢复重建全面展开。方舱医院的医护人员还走村入户，送医送药上门。方舱医院先后组织13支医疗小分队，累计行车1000余千米，为散居山区的420多名藏族群众提供上门服务，给97名伤病群

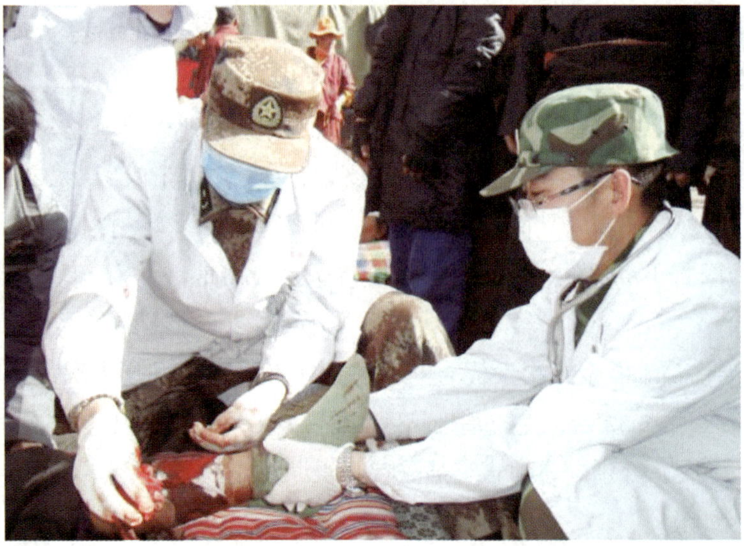

解放军医疗队现场救治伤员

众做了妥善处理，把 21 名伤病情较重的群众接到方舱医院系统治疗。

北京军区解放军第 255 医院野战方舱医院与玉树县医院对接后，累计接诊 1.35 万人次，手术 1175 台次，住院 400 人，出院 391 人次。

解放军第 4 医院副主任医师何敏，在明知自己患有乳腺癌、已经准备住院手术的情况下，置个人生命于不顾，毅然随医疗队赶赴灾区开展紧急医疗援助，连续 10 多天高强度工作，靠服用大量止痛片支撑，抢救难产孕妇，救治灾区伤员。何敏被中共中央、国务院、中央军委授予“全国抗震救灾模范”荣誉称号。索玉梅是解放军第 4 医院的藏族女医生，家中有 4 位亲人在地震中遇难，她强忍着失去亲人的巨大悲痛，毅然坚守在自己的岗位上。43 岁的藏族伤员扎西多位亲人在地震中遇难，自己也肋骨骨折、肺挫裂伤。转运到医院后，扎西拒绝治疗，情绪极不稳定，索玉梅帮扎西擦身子、洗衣服，跟他一起听音乐、做放松操，使扎西的恐惧紧张症状得到了缓解，开始接受治疗。在医院，170 多名重伤员所在的护士站都有索玉梅的手机号码。伤病员们心里难受的时候，总愿意找这个满口康巴乡音的解放军倾诉。

二、武警部队现场救治

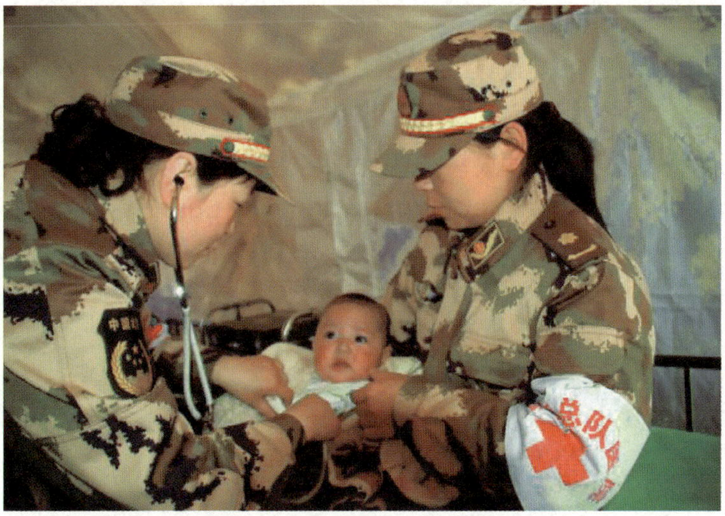

武警青海总队医院医护人员现场诊治震区婴幼儿

武警青海总队医院、武警总医院和武警甘肃总队医院医疗队分别于震后 7 小时、12 小时、24 小时，在体育场、赛马场等受灾群众疏散点开设野战救护所，设立 40 张床位，对受灾群众和救灾官兵实施定点医疗保障。青海总队医院医疗队在震区第一个建立帐篷医院。由于震区电力中断，青海总队医院医疗队积极借助汽车大灯、手电筒和后视镜反射灯光急救伤员，4 月 15 日开展手术 26 例，抢救危重伤员 12 人，诊治灾区受伤群众 257 人。总队医院预留 100 张床位，积极接诊灾区转运重伤员 67 人，开展手术 41 例，投入药品、物资价值 137 万余元。武警部队在灾区开设救护所的同时，抽调医护人员组成 10 个医疗救护组，跟随搜救部队深入一线救治被困群众，震后 24 小时成功抢救伤员 969 人。截至 6 月 26 日，共诊治伤病员 1.96 万人次，开展手术 82 例，抢救危重伤员 38 人，转运重伤员 109 人；开设医疗点 290 个，派出医疗小分队 305 批次，为受灾群众发放药品价值 248.44 万元。

第六节　高原病防治

一、西藏军区总医院防治

西藏军区总医院紧急抽调高山病中心和高原战创伤救治中心的30名专家和7辆救援车组成高原病医疗救援队，深入灾区为各救援队伍和受灾群众开展医疗救助活动，累计巡诊1.3万人次，接诊伤病员1383人次，收治病人645人次，举办高原病知识宣讲96场，发放藏汉版《高原病常见防治手册》1730本、《高原病预防常识》宣传单1万份，发放高原康胶囊1.25万人，慰问受灾群众安置点26个。

二、青海省心脑血管病专科医院防治

针对玉树地震灾区高寒缺氧、气候恶劣的实际，为保障外省医疗救援人员顺利开展工作，有效降低高原病发病率，青海省心脑血管专科医院在玉树巴塘机场组建集中供氧站，向灾区运送氧气160瓶，抗缺氧药品红景天胶囊300件3.6万瓶，丹参滴丸、21金维他、高原护肤霜等10.5万瓶，紧急调用制氧机64台。派出由中国工程院院士、高原病防治专家吴天一率领的14人高原病防治专家组，赴灾区指导开展高原病防治工作。在灾区的6天时间里，先后到17个工作点发放《高原保健手册》1万册，针对玉树地区高海拔的特殊性，为数千名抗震救灾人员宣传高原病防治知识。

三、青海大学医学院防治

以青海大学副校长、青海大学医学院副院长格日力为队长的高原医学救治服务队，为参加抗震救灾救援人员、部队官兵及当地藏族同胞进行高原病诊治。其间，一位部队军官跑来求救，驻地一位战士发生高原病，格日力立即徒步10千米到解放军成都军区某部驻地，对战士进行抢救，经过5个小时的抢救，使原本生命体征几近于无的患脑水肿战

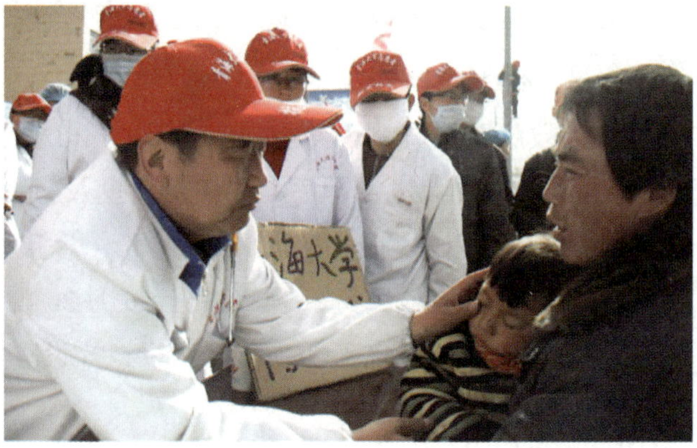

青海大学医学院教授格日力在灾区开展高原病防治

士渐渐苏醒，为进一步治疗赢得了时间和机会。

服务队在短短 9 天的救灾活动中，不分昼夜、连续作战，共诊治患者 1100 人，其中危重患者 22 例，使他们脱离危险。格日力还为来自解放军兰州军区、成都军区、北京 120 急救队等单位的人员进行了 6 场 500 余人次的高原病知识讲座，有效消除了救灾人员对高原病的恐惧心理，增强了自我防护的能力，较好地发挥了团体合作及高学术水平的作用，有力地保障了救灾工作顺利进行。

四、青海省人民医院防治

青海省人民医院医疗队结合灾区重建人员的身体状况，有针对性地对玉树地震灾区重建指挥部重建人员及其他单位重建人员提供了良好的高原病防治服务，根据现场实际情况总结出 10 条防治工作经验，建立高原病防治工作“10 要素”，建立三级医师巡查制度。由于重建人员的工作时间和休息时间不固定，医疗队按照需求适时提供保健服务。利用手提电脑、远程视频、手机彩信，随时与医院保持联系，为高原病患者提供远程会诊服务。巡查氧气瓶制度，每日巡查氧气使用量，保证所有帐篷的氧气瓶氧气充足，对所有接受诊查者建立档案，以利观察和交接，对重建工作人员进行鼓励和告诫相结合的健康宣教工作，并进行知情告知。在抗震救灾期间，未发现高原肺水肿、脑水肿患者。

五、青海省公安消防医院防治

4 月 14—18 日，来自广东、四川、重庆、山东、甘肃、西藏、陕西等省的消防部队部分官兵抵达灾区后，由于灾区高寒缺氧、救援强度大，体力严重透支，出现高原不适，826 人出现高原反应，其中 12 人发生急性肺水肿、112 人出现恶心呕吐、702 人出现头痛胸闷。消防医院医疗救护组积极给予心理适应性教育，抗缺氧、抗疲劳治疗。对官兵进行严格巡诊筛查，先后将高原反应严重和部分高原肺水肿消防官兵 551 人联系飞机转运至低海拔地区进行救治和休整。

消防医院医疗队只有 12 个医疗队员，他们通过 24 小时不间断的服务，为来自全国的 1700 余名消防救援官兵开辟了健康安全通道，确保无一名消防救援官兵因病出现伤亡，并为受灾群众提供了医疗救治服务。

第二章 青海省内医院接收救治

第一节 省内公立医院接收救治

一、青海省人民医院接收救治

根据省抗震救灾指挥部和省卫生厅的指示，省人民医院成立专家治疗组，抽调责任心强、技术水平高的医务人员，全身心地投入收治玉树灾区伤员的工作中。对从玉树灾区转运至医院接受治疗的伤员，医院立即采取了以下救治措施：建立病人详细的资料，按照专病专科专治的原则，对所有收治住院伤员按不同受伤部位、危重程度和医疗指征，分类抢救。在诊治同时将灾区伤员病床实行集中统一管理治疗。由四省联合专家治疗组对每位重症病人共同查房、共同会诊、共同手术。专家组成员实行每天对危重病人巡查，制定了每一位玉树灾区伤员都有一个治疗组和护理单元的治疗方案，建立玉树灾区伤员控感个案信息，密切跟踪伤员伤口变化情况，一旦出现感染，立即采取隔离措施，防止伤员间的伤口交叉感染。实现了在医院转运诊疗的伤员无一例死亡，手术伤员无一例感染。

为保证玉树地震伤员的护理质量，省人民医院护理部成立了玉树地震医疗救治护理专家组，制订了较为全面的伤员护理计划和严格的护理质量考核标准，设计伤员护理评估表和护理记录单。专家组每日根据护理标准对院内治疗的 100 多名重危伤员护理情况进行评价和指导。面对繁重的护理工作，医院护理团队在主管院长的直接安排下，有序地落实各项护理措施，充实护理人员，加强救治重症伤员科室的护理人力资源，以保证患者安全和护理质量。在抗震救灾救治伤员的 2 个月里，对所有伤员进行清洁护理，使全部伤员的皮肤、指甲、头发、胡须整齐清洁，有效地预防了院内感染的发生。承担省外伤员转运途中的护理工作，共安全转运伤员 2 批 120 人。医院还对收治住院的伤员及家属、志愿者、外省医疗队员免费提供早、中、晚三餐 2.72 万人次，为 337 名伤员购置洗漱用品 410 套、衣物 500 余件。

截至 6 月 20 日，在全国各支援省份医疗队的大力协助下，医院接诊伤员累计 631 人，住院伤员 339 人次，收治住院伤员中藏族同胞占 78.3%。其中，危重症 163 人、ICU 重症 60 人，手术 428 例，治愈率达 100%，创造了零感染、零死亡的救治奇迹。

二、青海大学附属医院接收救治

按照省卫生厅安排，青海大学附属医院被定为灾区转运伤员救治医院。为切实做好伤员接收救治工作，在院内床位紧张的情况下，急诊科、普外科、骨科、脑外科、儿科、妇产科等临床科室腾出病床 200 余张，开辟 24 小时绿色通道，为伤员接收救治提供条件。医生、护士、行政、后勤职工都主动加入伤员接收、分诊、陪检和伤员安置工作中。截至 6 月 15 日，累计接收伤员 433 人，收入院 278 人，手术 87 人，康复治疗 45 人。

三、青海省中医院接收救治

按照省卫生厅安排，青海省中医院被指定为玉树灾区伤员转运接收治疗单位。医院召开专题会议研究部署具体工作，及时成立医院领导小组，下设医疗救治组、药品器械组、后勤组、宣传信息组，就组织做好玉树灾区转运伤员分诊、检诊、救治、药品、器械供应、后勤物资保障等各项工作提出要求。根据伤员伤情分别安排在骨伤科、普外科、泌尿外科、急诊科、肺病科、妇科等科室进行诊治。医院还专门成立由院内外相关专家、科室主任、主治医生和责任护士组成的医疗护理组，根据伤员伤情，制订个体化的治疗计划，每日由相关专家巡查，做好每一名伤员病情评估工作。与此同时，视病情需要，医院充分发挥中医药特色优势，采取中医手法复位、小夹板固定、中药外敷内服等相关治疗措施，促进了患者早日康复。

4 月 16 日，灾区伤员转运到医院，护士李世梅和同事们立刻投入紧张的工作。她细心地给伤员从头到脚擦洗全身，并清洁口腔，换上了干净的病号服。随着后续伤员的转入，她主要负责 5 个病房 20 多个伤病员的护理工作。除了照顾好他们的生活起居外，在志愿者协助下与他们进行交流、心理疏导，同时，简单讲解中医和现代医学治疗骨科疾病的方法，告诉他们不用害怕，配合治疗，能够很快康复。在她的努力下，这些藏族伤员情绪慢慢好了些，并逐渐消除了对治疗的恐惧感。

截至 4 月 27 日，在全国各支援省份医疗队大力协助下，医院陆续接受诊治玉树灾区转运伤员 90 人，多数为骨折伤，其中多发性四肢骨折和软组织损伤 24 人、腰椎骨折 16 人、骨盆骨折 7 人、骨挫裂伤 6 人、颅脑外伤 16 人、复合伤 17 人，高原病 4 人，完成手术 25 例。

四、青海省第四人民医院接收救治

青海省第四人民医院作为省卫生厅指定的玉树灾区伤员接收医院，从玉树灾区伤员转运到医院的那一刻，大家一心扑在伤病员的精心救治上，专家组根据伤病员的伤情分类分科，有序地把伤员安排在病房，每天深入病区了解病人救治情况。

同时，医院组成业务技术骨干救治组，对从灾区转入的伤员实行 24 小时医疗护理。救治组针对病情制订医疗护理计划，对重症病例进行专家会诊，对疑难病例进行病历讨论，确保伤病员及时、安全、有效救治。

医院对灾区伤员无微不至的关爱体现在每一个细节。特别是每张病床前，拖鞋、毛巾、牙刷、牙膏、脸盆、碗等生活必需品一应俱全。床头柜上摆上了鲜花，每天都渗透着全院职工的祝福。医院还为患者家属购置了 10 张行军床，以便他们晚上休息。护士们就在病床旁为伤员们洗头，擦拭身体，修剪指甲。医院还组织了 10 余名志愿者，根据不同伤员的情况，对伤员实行了二对一或一对一陪护，志愿者们每天守在他们的身旁，陪他们说话，特别是对孩子们，志愿者们每天给孩子讲故事，开导孩子。

截至 6 月 20 日，经过全国各医疗救援单位的协助和全院医护人员共同努力，医院收治的 12 名灾区伤病员全部治愈出院。

五、青海省第五人民医院接收救治

按照省卫生厅安排，青海省第五人民医院被指定为灾区伤员接收救治定点医院。4 月 15 日，接收玉树灾区转运来的伤员后，医院成立技术骨干治疗专家组，开辟绿色通道，建立地震伤员接诊处置流程，早晚查房，征求灾区患者意见。为方便藏族同胞的诊治，医院集中藏族医务人员和懂藏语的医务人员救治伤员，还在提示牌上添加了藏语提示语。同时，懂藏语的医护人员和大学生志愿者也随时陪同在伤员身边，帮助医生护士翻译。4 月 18 日，重庆医科大学附属第一医院等单位的专家医疗组共 43 人入驻医院，支持医疗救治工作。截至 6 月 20 日，在支援单位的协助下，医院 46 名伤员全部治愈出院。

六、青海省妇女儿童医院接收救治

按照省卫生厅的安排，青海省妇女儿童医院作为接收灾区妇女儿童伤员定点医院，及时成立玉树灾区伤病员救治领导小组、医疗专家组、感染控制组。制订灾区伤员救治应急预案，对伤员集中收治，专家组定时到病房督导检查。加强病房的消毒，在保证病房通风的情况下，每日采用紫外线或空气净化机消毒。组成以科主任为主的救治小组，负责伤员的医疗救治工作，在接收伤员入院仅 8 分钟后，一位藏族妇女顺利生产，母子平安。

医院护理人员积极投入各自的工作中，用真心呵护患儿。马秀红，一名参加工作不到 3 年的护士，孩子刚满 5 个月，从 4 月 15 日科里收治第一例伤病员开始，她连续三天三夜没回家，全身心地投入灾区患儿的救治中。护理部 24 小时值班，及时处理突发事件，职能科室帮助运转病人，维持病房秩序，各病区护理部组织“爱心天使”小组和志愿者一起耐心细致为灾区伤

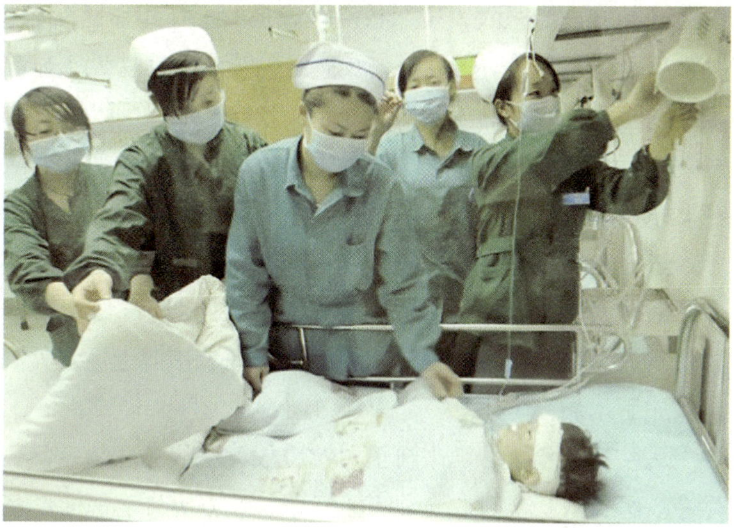

青海省妇女儿童医院医护人员救治地震婴幼儿

病儿童洗头、洗脸、修剪指甲，做好生活护理和心理护理，使他们震后受伤的心灵得以慰藉。

截至 5 月 11 日，医院共收治灾区伤病员 152 例，其中重症 72 例、危重症 41 例，进行清创术、切开减张、骨折内固定、脑室引流、膈疝修补及肌腱吻合手术 40 人次，石膏固定及夹板固定 57 人次，经过全国各支援医疗救援队伍和全院医务人员的精心治疗，入院伤员全部康复出院，并为每一位出院伤病儿童赠送了衣物、玩具、奶粉、健康体检卡等物品。

七、青海省藏医院接收救治

根据青海省卫生厅安排，青海省藏医院立即成立由院内外相关专家、科室主任、主管医生和责任护士组成的地震伤员救治小组。根据伤员伤情，做好每位伤员病情评估工作。医院充分发挥藏医药特色，采取手法复位、夹板固定、藏药外敷内服等相关治疗措施，促进患者康复。经过紧张有序、有条不紊地救治，所有伤员均得到妥善安置和诊治。在医疗救治期间，医院共接收 53 人，其中重症伤员 4 人。53 名伤员中接受手术治疗 37 人。

八、青海省红十字医院接收救治

4 月 15 日，根据省卫生厅安排，青海省红十字医院做好接收伤员的各项准备工作。医院各科室工作人员，从接诊、查体到分配病区紧张有序，保证了伤病员在医院救治无误诊、无差错、无死亡。后勤科室配合一线抢救科室，主动帮助抬运伤员。医院医疗督导组、护理督导组、质量管理组昼夜巡回检查，督查各病区和护理单元工作流程、工作质量。院长张建青邀请北京朝阳医院、上海第五人民医院专家到院支援，进一步加强了医院救治力量。

16 日，随着接收伤员的数量迅速上升，经青海省监狱管理局协调从全省监狱系统调遣的 36 名医务人员到医院。18 日，北京、上海、陕西、新疆等地派遣支持救治灾区伤员的 132 名医务人员先后到医院，投入救治伤病员的工作中。医院根据他们的专业特长安排他们到胸外、脑外、骨科、急诊、普外等伤员病区，开展医疗协助工作。

医院骨科收治的一名伤员，男性，34 岁，由于股动脉受损伤，有血栓形成，面临截肢的危险。医院邀请青海省心血管病医院医生以及来自北京、新疆、陕西的骨科专家进行联合会诊，最后在北京协和医院血管外科专家指导下对该名伤员实施了股动脉远端取血栓、近端取同侧大隐静脉，进行血管搭桥和膝关节修复手术。

藏族女孩格桑梅朵只有 8 岁，右下胫腓骨骨折和股骨骨折，伤情比较严重，要尽快手术。医院购进急需的手术材料，由外籍专家鞠天伟博士运用外固定架和弹力钉新型方法，为梅朵成功实施手术。

医院还收治了 2 名来自玉树抗震救灾一线的部队官兵，由于高原反应，出现肺水肿，危及生命。医务人员及时联合北京、广东、陕西等知名医院与省内医院共 9 人组成专家组，对 2 名部队官兵实施治疗，终于使他们转危为安。同时，医院非常重视住院伤员及其陪护人员的心理疏导和治疗。全院各科室工作人员和 60 多名志愿者接受了精神治疗专家举办的心理危机干预培训，随后深入病区参加了对伤员的心理疏导工作。在人员和车辆紧张的情况下，紧急调集两辆救护车和数名医护人员穿梭在机场和各大医院间转运伤员。

从伤员收住医院以来，各科室组织护理人员坚持每天为灾区伤员进行生活护理。一位藏族阿东奶奶，身边没有一个亲人照顾，她住院的几天全靠志愿者和护士侍候，护士帮她洗头、洗手、剪指甲，扶她上厕所，当她得知自己要转到兰州去继续治疗时，泪流满面地说："这里的护士们太好了。"青海省红十字医院共收治伤员 243 人，其中重症伤员 80 人、危重症伤员 46 人，完成手术 58 人，转运伤员 2200 多人。

九、青海省水电四局西宁中心医院接收救治

青海省水电四局西宁中心医院接收、救治由灾区转运西宁的 18 名伤员。40 岁的回族伤员马云，地震倒塌的房屋造成他双侧多发性肋骨骨折、双侧锁骨骨折，并伴有严重的双侧血气胸。腹腔内液体渗出，对心脏造成极大压力，随时可能因心脏衰竭而死亡。外科医护人员立即开始胸腔封闭式引流，缓解心脏压力，随着鲜血伴随液体从引流管中不断流出，胸腔压力逐步减小，病人生命体征逐渐恢复正常。27 岁的藏族女青年头皮至后颈部被撕裂脱伤，颜面部严重挫伤并出现感染，医院连夜为她做了头皮缝合和颜面部微创手术。

地震给伤员带来的不仅是肉体上的伤痛，而且部分伤员伴有不同程度的心理障碍。伤员多尼才 37 岁，左侧内踝撕脱骨折、多发性软组织挫伤，他的妻子和孩子不幸遇难，巨大的打击使他入院几天始终不言不语、不吃不喝，任凭护理人员如何开导，依然不肯交流，大小便均要人来护理。护理人员为他换洗内衣裤，把饭菜端到床边，喂他吃，细心做好每一次护理，并请来懂藏语的青年志愿者，耐心疏导。通过护理人员不懈地努力，几天后，多尼终于开口说话，配合治疗工作。由于伤员数量不断增多，医院及时成立志愿者服务组，承担起为伤员和陪护人

员的志愿服务工作。在医疗救治期间，医院收治灾区的 18 名伤员中重伤员 10 名，年龄最大的 79 岁，最小的 9 岁，实现了零死亡和零并发症。

十、青海省交通医院接收救治

青海省交通医院组成灾区伤员救治小组和护理小组，与省外医疗队专家共同会诊，制订详细的诊疗方案，保证科学诊断、合理治疗。在医疗救治期间，医院共接收 49 名伤员，实施手术 5 例，骨折牵引治疗 4 例，肋骨骨折固定 6 例，切口换药 2 例，清创缝合 1 例。

十一、西宁市第一人民医院接收救治

4 月 16 日，西宁市第一人民医院紧急抽调部分医护人员及财务科、器械科等行政后勤科室人员，将从灾区转运至医院的 32 名伤病员进行合理安置，分别收住在骨科、脑外科，并由各科室主任组成专家组，对 32 名伤病员进行分诊、查体制订治疗方案。护理部要求对转运来的伤员精心护理，严格执行无菌操作、三查八对制度，确保护理安全。在对伤病员运送、安置、治疗和护理的过程中，10 余名参与医院救治工作的志愿者给予病人以极大的帮助，使伤病员得到及时的救治。曾在藏区工作过、懂藏语的骨科护士何玉梅等主动承担起护理心理疏导工作。外科病房里，一位藏族母亲马尼措在地震时，为了保护自己只有 2 个月大的孩子，造成脾脏破裂，急需手术治疗。襁褓中的孩子已经很久没有吃到母乳，哭闹不停，医生杨生琴为孩子买来奶粉、尿不湿和奶瓶，护士乔慧为孩子擦洗小手和脚丫，孩子得到了母亲般的照顾。

4 月 16 日，由上海东方医院派出由创伤急救、骨科、重症监护等专业人员组成的 4 人专家小组抵达医院，深入病房，对救治的重症伤员一一进行巡诊，仔细查看病情，组织对疑难重症患者会诊。

在台湾红十字医疗救援队、上海东方医院、重庆医科大学附属第一医院医疗救援队的大力

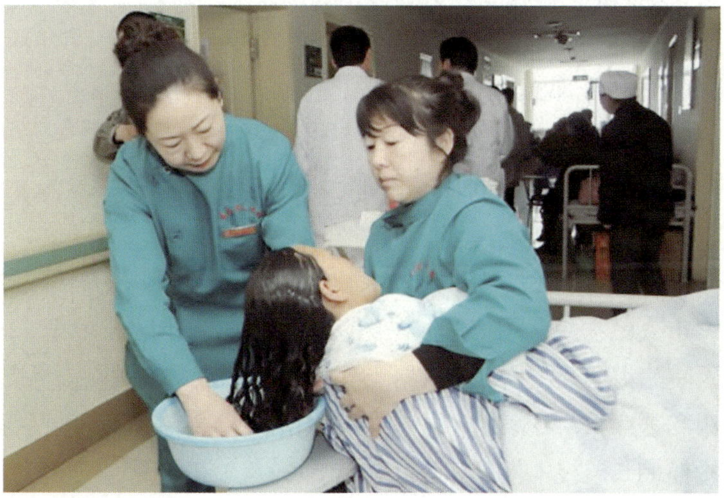

台湾医疗队队员在西宁市第一人民医院对伤员进行护理

帮助下，医院收治的127名伤员全部治愈出院。

十二、西宁市第二人民医院接收救治

4月15日，西宁市第二人民医院接收第一批从灾区转运来的伤员，各临床科室、医疗护理科室、职能科室人员，准备好平板车、轮椅、担架等候在门诊大楼前。伤员到达后，及时将伤员送到各病区，专家们仔细检查，合理分流，紧密配合，进行紧急救治。

医院的藏族护士李才吉从开始接收第一批灾区伤员起，就主动放弃休息，辗转于3个病区之间，为伤员洗脸、洗头、洗脚、喂饭、喂水，帮伤员们更换衣物，为行动不便的伤员做护理，帮他们翻身拍背、接大小便。在伤员救治过程中，她还主动充当起了翻译的角色，解决了灾区伤员同医务工作者之间交流的障碍。她的爱心感动着每一位伤员，一位年迈的藏族老阿妈含着眼泪伸出大拇指，激动地说："谢谢你，谢谢你。"

医院在及时有效救治好伤员的同时，为伤员供应饭菜，改善伙食。还组织成立了医疗救治志愿者队伍，将志愿者进行分组，协助病区的护理人员做好伤员的生活护理工作，并用适当的方式为伤员们做心理疏导。西宁市第二人民医院收治的61名伤员，经过精心治疗全部康复。

十三、西宁市第三人民医院接收救治

西宁市第三人民医院紧急启动应急保障预案，成立了玉树地震伤员救治护理小组，选派10名优秀护理人员承担病区护理工作。

在医院接收救治伤员的日夜里，有许多感人的故事。有一位老阿妈脚上受伤，脚指甲嵌到肉里，普外科护士长冶秀兰就用热毛巾一点一点地擦洗，用指甲刀及刀片细心地把嵌到肉里的指甲修剪好。一位哺乳期女伤员，多发肋骨骨折，不能哺乳，乳房胀得如石头一般，骨科护士长李秀芬用热毛巾为患者按摩，又买来吸奶器，及时解除了这位伤员的病痛。还是这位伤员，因为伤情需要做手术，她担心不满6个月的儿子无人照顾，主任彭梅芳就把这个孩子带回自己家，给他洗澡、换衣服，带他玩，既让孩子的妈妈放心接受手术治疗，又让她术后能够得到休养。

医院共收治灾区伤员56名，其中重症伤病员10名，手术28例。经过精心治疗和护理，56名伤员全部治愈出院。

十四、海西州各医院接收救治

根据省卫生厅的工作要求和州卫生局的安排，为切实做好伤员的接收救治工作，确定格尔木市人民医院、州第二人民医院、驻格尔木市解放军第22医院、青海油田格尔木炼油厂职工医院为海西州玉树地震灾区转运伤员的定点救治医院。各定点医院分别成立了医疗救治领导小组和医疗救治专家组，并按照北京市、天津市、台湾地区等支援医疗专家的专业特点，合理安排他们开展技术指导和医疗救治。

4 月 16 日，在格尔木市各有关部门积极协调配合下，187 名灾区伤员及陪护人员顺利转接至各定点收治医院。其中，州第二人民医院收治 28 人，格尔木市人民医院收治 53 人，解放军第 22 医院收治 74 人，青海油田格尔木炼油厂职工医院收治 27 人，转省级医院 5 人。187 名伤员中危重病人 7 名，重症病人 34 名，外伤病人 83 名。

由于灾区转来的伤病员大多是脑部、腰椎、骨盆等受伤的重症患者，医疗专家和定点医院制定联合查房、对疑难病症进行专家会诊和病例讨论、确定最佳治疗方案的措施，及时开展急诊手术、择期手术，提高了治愈率，保证了医疗质量和医疗安全。在天津卫生应急救治分队的帮助下，格尔木市人民医院及时成立 ICU 重症监护病房。

经过不懈努力，187 名灾区转运伤员，转省级医院 5 人，治愈出院 182 人，累计手术 71 例。

十五、海南州人民医院接收救治

海南州人民医院作为玉树灾区伤员接诊定点医院，对灾区伤员从专家会诊、床位设置、医疗救治、后勤生活保障等方面做了全方位的安排。及时成立专家会诊小组，开通绿色通道，设置 100 张应急床位，抽调治疗设备，利用医院最好的医疗技术，在重庆市抗震救灾卫生救援队专家的支援下，对危重病人进行会诊讨论，制订救治方案，开展医疗救治，确保每个灾区伤员都能得到科学治疗。同时，安排心理医生对病人开展康复和心理疏导工作，鼓励他们树立信心，坚强渡过难关，早日康复。截至 5 月 12 日，州人民医院累计接诊玉树地震灾区伤员 34 人，门诊转诊 6 人、收住 28 人。其中转院 4 人、痊愈出院 24 人，实现了院内救治零死亡。

第二节　省内民营医院接收救治

一、青海省仁济医院接收救治

按照省卫生厅的统一安排，仁济医院迅速启动《青海仁济医院玉树地震救治应急预案》，召开全院职工大会进行安排部署和动员，开辟了急救绿色通道，成立由业务院长组成的 8 人医疗救护队和 12 名专家教授组成的专家组，预留病床 50 张，配备急救医疗设备、安排业务水平高、综合素质强的医护人员承担救治和护理工作。4 月 16 日，接收第一批灾区伤员 10 人，伤员在医院得到及时救治。救援期间，共收治伤员 33 人，其中转院 3 人、治愈康复出院 30 人。

二、青海省康乐医院接收救治

4 月 15 日，根据省卫生厅安排，青海省康乐医院成立地震伤员救治工作领导小组、医疗专家救治工作组、后勤保障工作组、院内感染防控工作组、心理咨询工作组、病人转运工作组，明确分工，责任到人。医院将9楼设为爱心病区，增设病床100张，为接收到院的灾区伤病员进行救治提供条件。

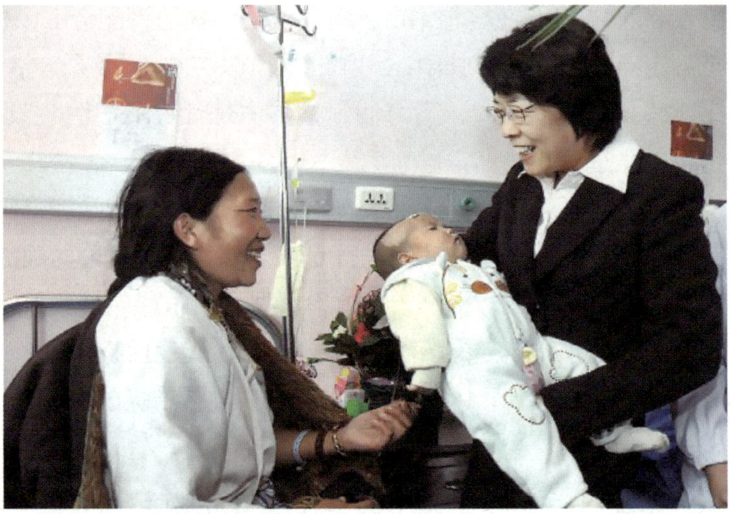
青海省卫生厅厅长苏宁（右一）在省康乐医院看望灾区伤员

医院邀请医疗专家，对疑难病症进行专家会诊和病例讨论，确定最佳治疗方案，及时开展急诊手术，提高治愈率，保证了医疗质量和医疗安全，40名住院患者全部治愈。

第三章　伤员转运与救治

第一节　计划安排

一、协调组织

4 月 14 日，国务院副总理回良玉主持召开会议，对伤员救治等工作做出重要指示。按照国务院指示精神，省委、省政府召开会议，省委书记强卫和省长骆惠宁对伤员救治工作进行详细部署。15 日 2 时，省卫生厅副厅长李晓东、王晓勤在灾区现场召开医疗救治会议，成立医疗救治组、伤员转运组，李晓东负责伤员转运工作。15 日 9 时，李晓东带领省卫生厅卫生法制与监督局工作人员赴玉树机场协调民航总局、救援部队及省内外救援队，有序开展千里大转运工作。

二、民航总局、铁道部安排

鉴于民航转运伤病员难度大、任务重、伤病员较为集中的实际，按照卫生部、青海省政府、西部机场集团公司的部署，青海省卫生厅及时制订出台《玉树地震灾区伤员转运计划》《玉树地震灾区伤员转运方案》，为组织协调工作有序、安全、高效，为民航转运伤员起到了良好的保证作用。

在民航总局的组织下，仅仅开通半年多的玉树巴塘机场此时发挥应急救援生力军的作用，各方集结，军地携手，众志成城，展开了一场艰苦卓绝的生死大营救。

4 月 14 日，铁道部立即做出部署，发布紧急命令，要求各铁路局对救灾物资运输和伤员转运实行急事急办、特事特办。铁道部成立调度指挥中心，24 小时负责处理救灾物资运输和伤员转运事宜。按照青海省政府、卫生部关于转运玉树灾区伤员的要求，青藏铁路公司连夜组织召开各部门负责人会议，安排伤员转运工作，迅速启动伤员转运工作方案，明确成员单位主要职责，做好各项准备工作，开通伤员转运绿色通道，组织了310名志愿者、100名客运人员、11名安全保卫公安人员、37名车辆检车人员、4名车务运转人员、15名疾控人员的伤病员转运工作队伍，开行西宁至西安、西宁至兰州“救”2次、“救”6次专列，输送166名伤病员到省外救治。在转运列车的每节车厢配备2名经过红十字培训合格的列车员和医护人员，配备藏族乘务员，便于交流沟通。

为方便医生和家属护理，运送伤员的卧铺车全部拆除中铺，每个卧铺格内制作了悬挂吊瓶的挂钩，每个座位下配备脸盆、毛巾、香皂和便盆。列车工作人员不间断巡查、亲切探问伤员；餐车根据民族习惯，为中、轻度伤员和工作人员准备食物，满足不同病情伤员的需求，温暖周到的服务赢得伤员的一致赞扬。

三、转移救治伤员计划

地震发生后，卫生部要求地震灾区较多重伤员需尽快转出，通过民航、铁路转运至有条件的医院救治，卫生部先期协调青海省卫生厅在西宁市的各大医院预留床位2000张，并要求相关省份做好床位储备，准备接收重症伤员。通过民航、铁路转运重症伤员共1010名，其中转往陕西省196人、甘肃省346人、西藏自治区昌都地区22人、四川省成都市445人、北京市1人。

在收治伤员的过程中，各接收地省级卫生行政部门积极组建省级医疗救治专家组，为接收伤员的医院提供指导和支持。省外各定点医院抽调最精干的专家队伍组成救治小组，对地震伤员逐一进行“精细化、个体化”的病情评估、会诊和治疗，及时掌握重症伤员病情变化，在治疗伤病的同时即开始早期康复，做到救治与康复同步实施。

千里大转运的玉树重症伤员在省外医院得到了最好的救治、最好的护理。在省外医护人员的精心治疗和护理下，1010名省外救治伤员无一例发生意外，全部治愈，重返家园。

第二节　民航转运伤员

4月15日，大批伤员被护送至玉树机场。省卫生厅伤员转运组合理分配人力资源，协调民航、卫生系统及救援部队三方面的力量，采取非常措施，加大转运工作力度。投入航空转运伤员的有东航空客A319飞机3架、空军伊尔-76飞机3架、直升机3架，并对东航空客A319飞机进行临时拆卸座椅，便于摆放伤员担架。为了便于输液，机务人员还在行李架上安装了金属挂钩。救援飞机到达玉树机场后，立即组织机场各救援医疗队、部队官兵，将伤员抬上飞机。救援飞机起飞后，玉树机场急救站立即将伤员相关信息通知省内外各相关机场急救中心。救援飞

4 月 15 日，各医疗队通过民航转运伤员

机到达省内外相关机场后，各医疗救治医院按照卫生部的安排部署，迅速将伤病员送往指定医院进行救治。

截至 5 月 5 日，玉树机场共转出伤员 2589 人，西宁机场转运伤员 1640 人。在空中转运的过程中未出现一例死亡病例，未造成一例因转运不当所致的伤病员二次损伤病例，创造了国内乃至世界民航应急救援史上的奇迹。

第三节　铁路转运伤员

4 月 24 日 18 时 5 分、20 时 10 分，专列分别到达兰州站和西安站，经过繁忙有序的交接转运，所有伤员顺利转到指定医院治疗，完成伤员转运任务。根据铁道部关于认真做好玉树地震康复伤员运送工作的要求，公司认真安排，以送出伤员时的周到热情接运治愈伤员回青海。发送治愈伤员返乡列车 38 列，转运治愈伤员 332 人、陪护人员 3 人。

4 月 14—24 日，共往西宁、格尔木、兰州、成都、西安等地转运重症伤员 3332 名，其中转运省内伤员 2332 名，创造了伤员医疗救援转运的奇迹。

第四节　省外医院接收救治

一、四川省接收救治

地震发生后，四川省卫生厅所属各接收医院均成立了玉树地震伤员医疗康复技术专家指导组，印发了《四川省卫生厅关于加强青海玉树地震伤员医疗救治工作的通知》，全面组织接收救治伤员。四川大学华西医院和四川省人民医院在短短1天内安排了200张床位，其中包括50张重症监护室床位，300多名医护人员及担架车安排到位，院内还用塑料布搭建起了一个数十平方米的伤员分检区。同时，其他各接收医院也做好了接收伤员的充分准备。灾区伤员送到之后，马上在分检区进行验伤和消毒，防止交叉感染，然后再送入急诊病房，入院接受治疗。4月15日17时，载着36名玉树地震灾区伤员的飞机顺利降落在成都双流国际机场，他们分别被送往指定医院接受治疗。

截至7月20日，四川各接收医院先后接收救治伤员445人，其中收治的高原反应病人56人，开展手术257台，指导制订了52名伤情较重地震伤员的个性化康复方案，接收伤员全部治愈。

二、陕西省接收救治

4月16日，按照卫生部青海抗震救灾前方指挥部安排，玉树机场一架军用运输机载有百余名青海地震灾区伤员转运至西安。陕西省卫生厅迅速与咸阳国际机场衔接，同时，通知西安、咸阳市卫生局做好接收伤员准备工作。西安、咸阳市卫生局派出100余辆救护车和300余名医务人员携带急救设备、药品陆续赶到机场，汉中、榆林市16日将赴青海灾区的医疗救援队也赶到机场。16日1时，转运伤员的飞机抵达咸阳机场后，伤员立即被送往指定各医院进行救治。

陕西省接收救治的灾区危重伤员分别被安排在西安交通大学第一附属医院、第二附属医院，西安市中心医院，解放军第四军医大学西京医院，西安市红会医院，西安市第四医院等各指定医院，经过医护人员的精心救治，194名伤员全部痊愈出院。其中，西京医院接收20名伤员，经过50多天精心治疗和护理，全部康复出院；西安交通大学第二附属医院接收40名伤员，经过优质服务护理和生活照料，全部康复出院。

三、甘肃省接收救治

根据卫生部统一部署，青海玉树灾区部分重症伤员转移到甘肃省条件较好的医院救治。甘肃省卫生厅接到任务后，确定接收伤员的指定医院，预留床位，组成业务素质高、技术精湛的专家组，做好接收和救治伤员的各项准备工作，并派出工作组督导检查。灾区伤员陆续通过飞机、火车等交通工具被转送到甘肃省各指定医院及部队医院接受治疗。

甘肃省接收救治玉树地震危重伤员被安排在甘肃省人民医院、省中医院、兰州大学第一附属医院、省第二人民医院、甘肃中医学院附属医院、兰州军区兰州总医院、解放军第1医院等10家医院。伤员在各接收医院得到了最好的治疗、最好的护理。除了为他们紧急手术、抢救生命、解除伤痛外，还为他们擦洗、理发、喂水、喂饭，进行心理疏导。7月18日，从玉树地震灾区转运至甘肃省救治的346名伤员，历时3个月全部治愈出院。

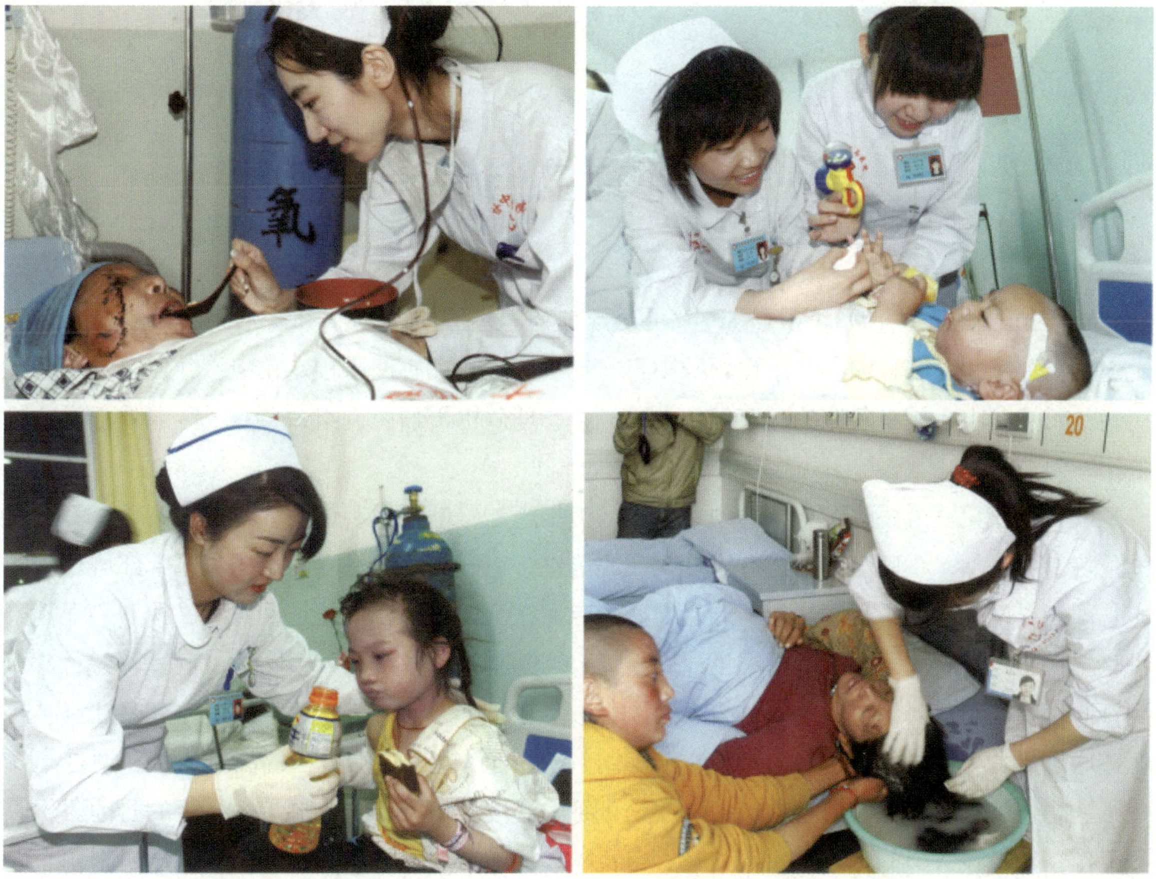

玉树地震伤员在甘肃省各医院得到精心护理

第四章　灾后心理卫生服务

第一节　心理卫生服务工作

4 月 20 日，省卫生厅下发《心理危机干预方案》《玉树地震灾区干部心理援助工作方案》，成立了省卫生厅抗震救灾心理干预领导小组、省级抗震救灾心理干预专家组；并要求受灾地区疾病预防控制中心或有条件的医疗卫生机构成立心理危机干预协调组，负责灾区内外心理危机干预的协调工作。

以青海省第三人民医院为指导中心，邀请美国芝加哥地区伊利诺伊大学教授石琳对第三人民医院专科医师、心理咨询师进行为期 3 天的培训。在玉树地区建立为玉树灾区干部群众服务的心理辅导站，协助省卫生厅组织的心理援助专家在玉树灾区各单位巡回咨询，开展心理健康讲座。在玉树地震灾区的 9 个受灾乡开展干部心理健康状况基线调查，建立干部心理健康档案，制订心理减压训练计划。对县、乡两级医务人员、教师等提供心理保健培训和心理减压疏导，促进心理健康。有 280 名教师和 4800 名学生接受心理辅导，对筛查出的高危人员，通过集体减压、悲伤处理、净化倾诉心理支持、放松训练、心理教育等方式开展形式多样的心理卫生服务工作。对救援人员的干预以团队支持、自我隔离技术、放松技术、自我减压、危机干预、分享报告为主。利用青海省第三人民医院心理咨询热线，为玉树地震灾区干部群众答疑解惑，向玉树州委、州政府及卫生系统干部职工、驻玉树地区武警官兵、当地群众发放《灾后心理自救互救》宣传材料 2 万余册；开展灾后心理援助需求调查，发放并收回心理需求调查表 570 多份；对 1351 名干部和农牧民群众进行常见精神疾病的识别及老年、妇女、青少年沟通与心理保护、心肺复苏、常见躯体疾病保健、灾区危机干预培训，使学员们掌握了沟通技巧和灾后心理减压方法，并对有心理问题的 67 名干部群众进行心理健康咨询和心理减压疏导。

第二节 心理危机干预与康复

地震发生后，大量受灾群众出现恐惧、焦虑、失眠、精神失常、精神恍惚等各种心理创伤症状。消除他们的焦虑，改善他们的睡眠，安抚他们的心理，调整他们的心情，成为灾后心理卫生服务的一项重要工作任务。

卫生部门首先开展紧急救援工作，同时根据过去对自然灾害卫生救援的经验和一些常识，对受灾人员包括救援人员实行紧急心理干预。紧急组织了有关专家到灾区进行心理救援需求评估，灾后第二天就选派了首批两名专家，随后又陆续派出一些专家对不同人群进行心理救援的需求评估。卫生部在西宁市对通晓当地语言的当地心理干预人员进行紧急培训,对受灾的伤员、家属，以及救援人员实施有针对性的心理干预。对于转运伤员，在治疗的同时也给予心理干预，对每一位伤员，尤其是对重症伤员，实施了个体化的治疗方案，包括如何进行心理疏导、心理咨询和安慰。另外，在灾区印发一些必要的健康心理手册，开展心理教育，还安排医疗队伍在现场和当地的人员一起开展心理干预工作。

对内心焦虑、恐惧、沉默不语的伤员，采取陪伴、握手、触摸的方式与伤员建立信任和亲密关系，对不能联系到家人的伤员，通过医院或媒体等渠道联系家人以缓解内心的焦虑不安，对失去亲人后情绪克制、回避的伤员提供安全、安静的环境，进行一对一的交流，鼓励他们表达内心的哀伤和对亲人的哀思；对于内疚自责明显的伤员进行认知辅导；对抑郁较为严重的伤员，随时关注情绪变化，加强陪护，同时请专科医生会诊；对情绪易激动的伤员根据医嘱使用镇静药物，对有愤怒情绪的伤员，让他们表达和发泄，采用心理支持疗法、暗示疗法、松弛疗法及请伤者亲朋好友、心理专家制定个体化的心理治疗、护理方案等干预措施，尽可能帮助解决生活上和经济上的困难。

青海省第三人民医院派出心理科主任医师刘桂兰、副主任医师韩国玲对结古寺的 30 余名僧人进行灾后心理援助的基础知识宣教。同时，对 20 余名受灾儿童进行儿童团体心理辅导，有效地缓解了受灾儿童焦虑。启动中央财政转移支付玉树灾区心理援助项目，对玉树的干部和牧民群众进行了心理援助工作。精神科主治医生李生菊、心理科咨询师马永霞，与公安部心理专家一起，对当地公安干警、消防官兵及其他州县赴玉树参加抗震救援的公安干警进行了为期 1 周的灾后心理健康辅导工作。先后与 7 个单位、11 个工作点、315 名公安干警消防官兵开展心理沟通，进行灾后心理健康知识宣讲、心理健康评估、团体减压活动。在恢复重建期间，心理援助站持续开展工作，编写提倡心理援助关爱、促进精神家园重建的短信群发，并公布省卫生厅驻玉树心理援助工作站和省第三人民医院心理援助热线电话，覆盖全州 8.6 万名电信和移动用户，短信群发当日接到心理咨询电话 100 多人次，均给予了现场解答和疏导。其间，抽调

10余名心理专业技术人员组成技术力量较强的专业团队赴玉树州开展灾后心理援助专项活动。在为期19天的工作中，工作人员深入玉树、囊谦、杂多、称多、曲麻莱及治多等县，为干部开展灾后心理状况评估和心理减压疏导及培训，为医疗机构卫生专业人员、防保医生和乡镇卫生院院长开展心理保健、精神卫生知识培训和心理状况评估，与结古寺、当卡寺、班欠寺和扎西尼姑寺18名高僧座谈，并举办重灾区寺院僧人精神卫生知识培训班，完成2418名人员心理状况评估及心理保健培训和心理减压疏导。

4月19日，省第三人民医院协助卫生部专家组对省内收治伤员的各医院近2000名灾区伤员进行心理评估与治疗工作。心理医生们以逐一与病人谈话方式筛查心理问题，对发现存在心理应激反应明显，有心慌、紧张、害怕、胆小、惊跳反应，以及对声音敏感，不能看有关地震的消息，睡眠不好、做噩梦、梦中惊醒、没有食欲、诉说时哭泣等心理问题的患者，由专家组制定详细的心理干预措施与治疗方案，主要采用晤谈、支持、放松等心理治疗方法。对个别焦虑明显、失眠严重的病人，专家们建议药物治疗，同时对主管医生进行了用药指导。

心理专家还为每位伤员及家属建立了完整的心理评估档案，对收治住院的灾区伤员和群众出现的心理和精神问题进行心理干预。在省、市教育部门的支持下，组织开展了玉树灾区省内转移学生心理援助社会支持项目工作。项目专家组分别对西宁市、黄南州接受玉树灾区学生的中小学594名灾区学生心理状况进行评估，对发现有不同程度心理问题的学生，采用心理减压游戏、单独晤谈等方法进行心理疏导，使他们走出灾难阴影。青海省第三人民医院心理援助工作组累计进行筛查1768人次，重点人群244人，检出率为13.8%，年龄分布从5岁至74岁，其中男性127例、女性117例。

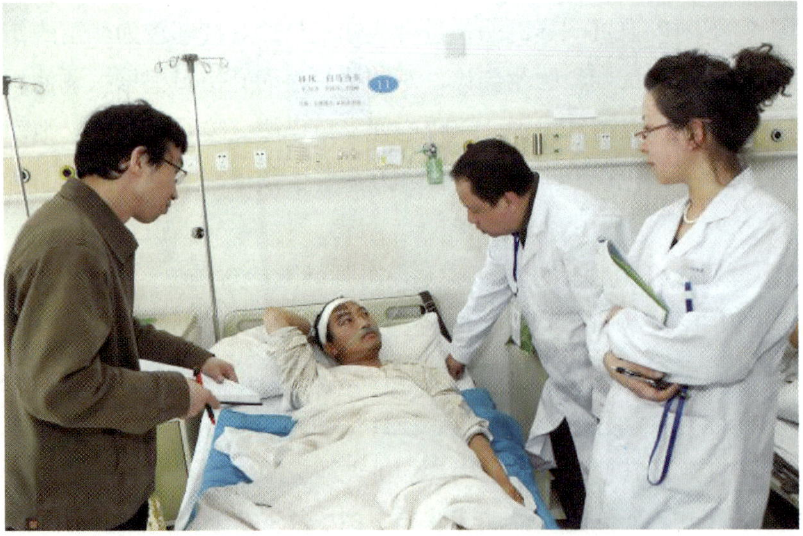

4月28日，心理卫生服务人员为震后救治伤员进行心理疏导

第五章　医疗卫生服务恢复

第一节　医疗卫生机构与设施恢复

地震发生后，为指导临时医疗机构建设工作，尽快恢复灾区基本医疗卫生服务，满足灾区群众和建设人员在重建过渡期的医疗卫生服务需求，省卫生厅制订了《青海玉树地震灾区临时医疗卫生机构建设方案》。卫生部、国家中医药管理局和国家食品药品监督管理局积极协助青海省卫生厅落实省外技术支援，充实临时医疗卫生机构技术力量，尽快恢复医疗卫生服务能力，指导青海省卫生厅做好临时医疗点建设和管理工作。到 2010 年 6 月底，基本完成灾区州、县、乡、村四级临时医疗机构和州、县两级公共卫生临时业务用房建设，配置必需的基本设备，充实医疗卫生技术人员，建立运行管理制度和经费保障制度，恢复医疗卫生服务功能。

省卫生厅结合灾区医疗卫生机构受损情况、居民临时安置点布局和交通条件等因素，合理设置临时医疗卫生机构，就近满足灾区群众服务需要。按照临时医疗卫生机构覆盖人口、服务功能等因素，合理确定建设规模和设备配置标准。结合玉树地震灾区现有军队方舱医院等医疗卫生资源情况，统筹规划临时医疗卫生机构设置。本着安全、环保、节约原则，除门诊、医技、手术、传染病隔离和实验室等主要业务用房利用活动板房外，行政办公、后勤保障以及其他附属设施用房尽量利用帐篷。临时医疗卫生机构建设由青海省卫生厅协调省内有关部门统一组织实施，在玉树州和玉树县所在地结古镇设州级医疗服务中心、州公共卫生服务中心、州藏医院、县级医疗服务中心和县级公共卫生服务中心等 5 个医疗卫生服务点。在州慢性病医院设置 1 个传染病隔离病区，在玉树县结古镇 26 个居民过渡安置点设 26 个医疗卫生服务站，在玉树县城以外受灾的 11 个乡镇及 70 个村设 81 个医疗卫生服务站。共设置 113 个医疗卫生服务点。为应对突发鼠疫等烈性传染病应急需要，设立 5 个鼠疫监测点。

建设内容和标准主要包括活动板房建设、帐篷搭建以及基本诊疗和实验设备配备。基本设备配备标准按照临时医疗机构、临时公共卫生机构、临时医疗卫生服务站、临时村医疗卫生服务点和鼠疫重点监测点等5类机构分别配备。

过渡期医疗卫生机构活动板房、帐篷需求和设备配备具体为：临时州医疗服务中心，基本满足医疗及危重急症病人的抢救、接受州域内其他医疗卫生机构转诊和妇幼保健、血站等基本功能需求。设置床位200张，建筑面积4800平方米，其中活动板房4000平方米、帐篷800平方米。州医疗服务中心建设能够满足功能、流程、管理等方面要求，确保布局合理、功能完善、流程科学，洁污流线清楚，避免交叉感染。传染病门诊和传染病病房单独设置。用于X射线检查、介入治疗、放射治疗等诊疗工作的活动板房，同时采取放射防护措施，满足医疗救治、妇幼保健、血站、急救等工作需要。州公共卫生服务中心，满足全州疾病预防控制的技术管理与指导、卫生监督执法、药品检验等基本功能需求。建筑面积2800平方米，其中活动板房1300平方米、帐篷1200平方米。州藏医院，设置床位100张，建筑面积2500平方米，其中活动板房2000平方米、帐篷500平方米。临时州藏医院建设应满足功能、流程、管理等方面要求，布局合理、功能完善、流程科学。县级医疗服务中心，满足基本医疗及危重急症病人的抢救、接受乡村两级医疗卫生机构的转诊、妇幼保健等基本功能需求。设置床位100张，建筑面积2400平方米，其中活动板房2200平方米、帐篷200平方米。满足基本诊疗、妇幼保健、急救等工作需要。临时县级公共卫生服务中心，满足全县疾病预防控制、卫生监督、药品检验等基本功能需求。建筑面积800平方米，其中活动板房500平方米、帐篷300平方米。医疗卫生服务站，玉树县内居民过渡安置点设置的临时医疗卫生服务站，每个建筑面积200平方米，玉树县以外的11个受灾乡镇设置的临时医疗卫生服务站，每个建筑面积150平方米。临时医疗卫生服务站全部采用帐篷，每个临时医疗卫生服务站设置床位10～15张。卫生服务站满足计划免疫、基本医疗、藏医、预防、康复、保健、健康教育等职能。每个临时医疗卫生服务站另外配备2顶备用帐篷，用于应急隔离传染病病人。村卫生服务点满足常见病、多发病的一般诊治、疫情监测与报告、计划免疫、妇幼保健等基本功能要求。每个建筑面积30平方米左右，利用帐篷解决。过渡期村卫生服务点诊断、治疗、储药和防保功能分开。鼠疫重点监测点，根据鼠疫防控工作需要，合理设置临时鼠疫重点监测点。监测点建设形式可采用板房、帐篷和监测车等多种形式。配置设备，满足开展业务工作需要。

第二节　医疗服务恢复

一、新型农村合作医疗制度恢复

地震发生后，青海省卫生厅采取多项措施建立应急医疗机制，恢复医疗服务功能，实现灾区医疗救治工作全覆盖。加强基本医疗保障制度建设，灾后20天，玉树县已恢复新农合报销制度。全州扩大了基本医疗保障覆盖面，农牧民参合人数达到 26.41 万人，参合率达到 97.85%，比 2009 年提高了 1.75 个百分点，比省政府要求的指标高出 7.85 个百分点。为了方便参合农牧民，解决参合农牧民医药费用报销难的问题，全州各级医疗机构全面实行新农合费用垫付直报制度，直报率达 100%；进一步完善城镇居民医疗保险制度，参保率达到 80%。

二、三级医疗网络服务恢复

灾后全面加强城乡基层医疗服务体系建设，合理配置灾区卫生资源，逐步形成“小病在社区，大病上医院，康复回社区”的就医模式。在农村牧区，全面加强以村卫生室为重点的农村三级医疗卫生服务网络建设。加强村卫生室标准化建设，基本实现了“小病不出村”目标。同时，玉树州各级政府对农村卫生人才队伍建设十分重视。州卫生局联合人事、编制、财政等部门，研究制定了一系列加强农村卫生人才工作的措施，从培养、输送、帮扶、稳定、使用和改革等方面，严格执行青海省对农村卫生人员倾斜的职称、补贴等优惠政策。每年通过公开考试招聘高校毕业生到基层医疗机构工作。毕业生的人事关系由县卫生行政部门管理，工资列入财政预算。加大投入，全力支持农村卫生工作，对乡镇卫生院编制内人员工资按事业单位的标准由财政全额核拨。加大对农村公共卫生的投入，确保乡镇卫生院开展公共卫生所需经费，充分调动了专业技术人才的积极性、主动性和创造性，形成了人尽其才的良好氛围。

玉树灾区县、乡、村三级医疗卫生网络基本恢复，医疗秩序、机构运转正常，灾区医疗服务全覆盖；县级和乡镇卫生院开展了住院治疗，乡镇卫生院开展了以门诊为主的业务；村卫生室有医有药，能开展常见病、多发病的防治。灾区卫生服务能力、服务水平和服务质量明显提升，涌现出了玉树县人民医院业务院长布尼玛等一批最美乡村医生和院长。

三、医疗防疫服务恢复

地震发生后，灾区医疗防疫机构遭受严重损坏，基本处于瘫痪状态。为确保大灾之后无大疫，根据省卫生厅统一部署，玉树州政府及州、县卫生防疫部门在省内外各援助卫生防疫队的支持下，落实综合性防治措施，整合资源，建立省、州、县、乡、村五级联动卫生防疫机制，开展灾后卫生防疫服务工作。开展临时受灾群众安置点污水、污物、厕所、各种垃圾的消杀灭工作，消除传染病隐患。进行传染病监测、突发公共卫生事件应急处置、群体性应急预防接种恢复常规计划免疫、建立鼠疫固定监测点开展监测工作。

卫生监督部门切实加强灾区饮食、饮用水监测和公共场所卫生监督管理，同时，施工单位与当地卫生部门合作，建立有效的疾病监测网络。重点加强对灾后重建工地、学校食堂、餐饮服务的卫生监管工作，建章立制，采取持证上岗、清洁卫生、接受监督等方面的措施，对结古镇各个饮水点周边环境卫生、水源防护措施等进行了检查，确保了灾区饮用水安全。定期对各医疗卫生机构、个体诊所等进行监督检查。

四、基本药物保障制度恢复

地震发生后，根据《关于印发〈青海省贯彻执行国家基本药物制度的实施意见〉的通知》精神，玉树州人民政府切实加强领导、精心组织，成立玉树州基本药物工作委员会，并研究制定出台了《玉树州建立国家基本药物制度实施办法（试行）》。实施基本药物制度之后，基层医疗卫生机构全部配备使用基本药物并且实行药品零差率销售，基层医疗卫生机构将不能通过药品销售获得药品加价收入。州、县政府加大对基层医疗卫生机构的投入支持。省、州各级药品监督部门明确监管职责，进一步加强关键环节的质量监管，特别重视对基本药物经营环节的监管，累计向灾区调拨各类药械价值2223.5万元，监督检查药械5160批次，保障了灾区伤病员医疗用药需要，杜绝了假冒伪劣药品流入灾区。

第三节　计划生育服务恢复

一、再生育政策恢复

地震发生后，青海省人口和计划生育委员立即召开党组会，启动突发事件应急预案Ⅰ级响应，成立以党组书记张进京为组长的抗震救灾工作领导小组，迅速对人口计生系统抗震救灾工作做出全面部署，建立24小时联系制度和向国家人口计生委报告灾情制度，充分利用人口计生系统在宣传教育、技术服务、信息支持方面的资源，动员组织技术服务人员和流动服务车，积极投入抗震救灾工作，选派系统医护人员携带急救药品到灾区开展医疗救助。副主任李卫平带领工作组及救灾物品赶赴灾区，了解核实灾区人口计生系统人员伤亡和财产损失情况，并协助当地人口计生部门做好救援工作。15日，召开紧急会议，要求委各处室、系统各单位及灾区邻近各县级计生服务站流动车积极参与灾区救援工作，并对灾区计划生育伤亡家庭开展全面摸底调查，掌握再生育家庭数量和实际情况。制定《青海省人口计生委关于玉树藏族自治州地震后伤亡家庭再生育建议》，研究跟进灾区流动人口计划生育服务管理工作，提出相应措施，开辟流动人口服务“绿色通道”。

5月11—13日，受国家人口计生委党组书记、主任李斌的委托，副主任王培安及中国人口福利基金会负责人一行在省人口和计划生育委员会相关人员陪同下，先后深入玉树州人口计生委、州计生服务站、玉树县人口计生局、县计生服务站及隆宝镇计生中心服务站临时办公点、玉树县结古镇、下拉秀镇、巴塘乡及隆宝镇居民安置点调查研究，实地查看受灾情况，深入走访慰问人口计生部门干部伤亡家庭和受灾的计划生育家庭，并要求进一步明确相关数据，对独

青海省人口和计划生育委员会副主任张秀萍在灾区看望慰问震后再生育家庭

生子女户、双女户、放弃三孩生育指标等家庭受灾情况进行分类统计，为制定相关政策提供参考。

为尽快让子女伤亡家庭得到精神抚慰，减少痛苦并逐渐恢复家庭原有的完整和功能，省人口计生委第一时间组织人员赴灾区挨门逐户进行调查摸底，详细登记受灾家庭成员及伤亡情况。依据省十一届人大常委会第十八次会议审议通过的《玉树地震灾区有成员伤亡家庭再生育的决定》，及时下发《关于贯彻落实〈玉树地震灾区有成员伤亡家庭再生育的决定〉的实施意见》，制定《玉树地震后伤亡家庭再生育技术服务实施方案》，成立再生育专家组，明确心理疏导、科学生育指导、健康检查和生育力评估、终止现用避孕措施、生育相关疾病治疗、不孕症诊治和实施辅助生殖技术等具体措施。确定符合再生育规定的五类家庭，并提供免费的再生育技术服务。截至 2013 年 10 月 31 日，符合再生育条件的 175 户家庭中，先后有 96 户家庭根据自身实际情况自愿放弃再生育，79 户有再生育意愿的家庭生育健康宝宝 64 名，81% 的再生育家庭实现了生育愿望。

二、计划生育与生殖健康服务恢复

明确“一把手”工程，省、州、县、乡人口计生行政管理部门负责人为再生育工作第一责任人。县建立分片联系制度，乡级计生专干和技术服务人员分片到户，进村入户深入开展调查摸底，详细登记地震中有成员伤亡家庭基本情况，对符合条件并有再生育意愿的 175 户家庭，逐一登记造册、建档。对 6000 多户农牧民计生家庭进行免费孕前优生健康检查，确保享受到国家和青海省政府 1200 多万元的奖励和补助。全方位为灾区群众提供计生优质服务和再生育全程服务，先后组织技术服务队、省级医疗技术专家，深入玉树各县提供妇科、男科、儿科、中医、心理等多学科的技术指导，并与当地协同配合，完善家庭健康档案。对计划怀孕夫妇进行再生育能力综合检查和评估，免费诊治生殖系统疾病；对已怀孕的再生育家庭，专业技术人员每月至少一次跟踪随访；对已生育孩子的家庭，指导婴幼儿保健、科学育儿等；对特殊困难的再生育家庭，人口计生委将其全家接到西宁，在省级医院做相关检查和心理疏导、儿童生长发育测试等。分3批组织玉树部分再生育家庭成员，赴省外自然环境、条件较好的地方进行异地疗养、心理健康疏导和调适，帮助他们再生育。

人口计生部门把提供生殖健康服务和再生育政策落实作为灾后恢复重建和维护灾区社会稳定的特殊任务。加强人员培训，多次专门组织医疗专家上门对玉树州、县、乡计生管理干部和技术服务人员进行再生育政策和计划生育技术服务专题培训班。坚持宣传倡导为先，结合玉树重建，充分利用基层宣传服务阵地、电视广播等新闻媒体，通过制作横幅、标语、展板，发放藏汉文图宣传品，组织专家上门咨询、开展义诊、进村入户面对面讲解等形式，开展主题宣讲活动，向广大灾区群众宣传生殖保健和再生育政策的重大意义，面对面开展政策咨询、心理疏导和健康倡导活动，宣传生殖健康、优生优育等科普知识。抗震救灾期间，先后向玉树灾区派出30余批再生育宣传咨询和42名省级医疗技术专家服务队，投入宣传资金20余万元，组织大型宣传活动20余次，发放文图宣传品10多万份，使再生育政策基本做到了家喻户晓，此项“德政善举”得到灾区群众的真心拥护。

第四节　医疗卫生机构对口支援

青海省卫生厅制订《玉树地震灾后重建过渡期医疗技术对口帮扶工作方案》，印发各支持单位和受援单位。由省卫生厅医政处负责，组织省级、地方、部队和武警医院共12支医疗队，对口帮扶灾区州、县、乡医疗卫生机构，帮扶时限与玉树灾后医疗卫生服务重建过渡期一致，从2010年4月至2012年4月结束，为期2年。由省垣15所地方、部队、武警医疗卫生单位与玉树地震灾区州、县、乡医疗卫生机构结成一帮一帮扶对子，建立稳定有效的帮扶关系。其中，由省人民医院帮扶玉树州人民医院，青海大学附属医院帮扶玉树县人民医院，省藏医院帮扶玉树州藏医院；由省疾病预防控制中心、省妇幼保健院、省卫生监督所帮扶玉树地震灾区州县两级疾病预防控制中心、妇幼保健院和卫生监督所；由省中医院帮扶结古镇卫生院，省心脑血管病专科医院帮扶巴塘乡卫生院，青海省红十字医院帮扶上拉秀乡卫生院，省第五人民医院帮扶下拉秀镇卫生院，省第四人民医院帮扶隆宝镇卫生院，武警青海总队医院帮扶小苏莽乡卫生院，解放军第4医院帮扶仲达乡卫生院，省第三人民医院帮扶安冲乡卫生院，省妇女儿童医院帮扶哈秀乡卫生院。

为做好帮扶工作，省人民医院、青海大学附属医院分别向受援单位派出20～30人的医疗队，省藏医院向受援单位派出10人的医疗队，由1名副院长担任医疗队队长并兼受援单位业务副院长；其他省级医院和部队医院、武警医院，分别向受援单位派出3～5名医务人员，由中级以上职称的医务人员带队并兼任卫生院副院长。省疾病预防控制中心、省地方病预防控制

济南军区野战方舱医院与玉树州藏族自治州人民医院结成帮扶单位

所及各州疾病预防控制中心、省妇幼保健院、省卫生监督所长期组派工作组，深入玉树灾区州、县两级相对应的卫生机构开展对口帮扶期间的各项工作，指导其提高管理水平、提升卫生服务能力。医疗卫生队员专业构成根据灾区医疗卫生工作需要由支持和受援单位商定，做到帮扶工作单位对口、专业对口。

医疗队协助受援单位迅速恢复医疗卫生服务工作，包括恢复建筑、技术服务、巡回医疗、设备支援、人才培养、学科建设等具体内容和相应措施。协助开展基本医疗服务和基本公共卫生业务。建立医疗队队员轮换机制，建立健全帮扶工作绩效评价机制。各支援单位通过技术服务、巡回医疗、业务培训、技术指导、手术示教、查房带教、病案讨论、建章立制、捐赠设备等多种形式，指导帮助受援单位提高医疗技术水平和卫生服务能力。通过两年的对口帮扶，使玉树州医院达到三级综合医院标准，县医院达到标准化水平，乡镇卫生院达到规范化建设标准。2012 年 11 月至 2014 年 11 月，省卫生厅又组织省内 8 所医院对口帮扶玉树州、县两级 8 所医院。帮扶中，针对受援医院的特点和需求，协商确定对口支持的目标、任务、措施等；制订对口支持方案，制订年度和长期工作规划，帮助建设一批重点学科，培养一批学科带头和技术骨干人才，进一步提高了玉树灾后重建的州、县医院管理和医疗服务水平。

第四篇 卫生防疫

地震发生后，青海省卫生厅制定《病媒生物监测与防控方案》，启动《青海省地震灾区卫生防疫应急预案》，紧急调集由省、州、县卫生防疫专家和卫生监督人员组成的22支卫生防疫队伍，按照“早期、科学、依法、规范”的卫生防疫原则，对玉树县结古镇等重点乡（镇）、村和受灾群众临时安置点采取分片包干、责任到人的卫生防疫责任制等措施，对灾区重点环境、受灾群众安置点、公共场所、医疗卫生机构开展了环境消毒、病媒生物监测等工作，确保灾区环境卫生安全。各级卫生监督机构按照统一部署，制订工作计划，加大卫生执法宣传监督力度，向灾区派遣卫生监督员全面开展饮用水卫生、食品监测等各项工作。各级“爱卫”部门运用督导、检查、评比等手段，树立先进典型，推广先进经验，形成“政府主导、部门协作、群众动手”的爱国卫生工作机制。各级政府和卫生行政部门、疾控专业技术人员采取“全覆盖”和“长期化”策略，抓住重点疾病、重点区域、重点环节和重点人群，建立省、州、县、乡（镇）、村五级卫生防疫联动机制，实行传染病疫情零报告、月报告、重点区域巡查和重点疾病定期分析制度，加强疫情监测、消毒灭源、检疫监督、无害化处理畜禽尸体和家畜免疫工作。开展灾后传染病防控、鼠疫防治、实施国家扩大免疫规划工作及多种形式的健康教育活动，确保大灾之后无重大动物疫情和人畜共患传染病的发生。省健康教育所印制藏汉双语的传染病防治、鼠疫防控、高原病防治、心理危机疏导、食品安全等健康教育宣传手册，组织健康教育工作队赴灾区，与参加抗震救灾的各卫生防疫队、武警部队官兵组成健康教育小分队，深入受灾群众临时安置点及相关单位、学校、集中供餐点和全国各地救援队伍、医疗卫生队驻地，利用广播、发放宣传材料、张贴宣传画、举办各类健康教育知识讲座、健康教育万里行等形式宣传灾后卫生防病知识，传授自我防病技能，增强群众卫生防病意识和能力。省卫生防疫部门以及赴玉树各防疫队，动员全社会力量参与环境卫生治理工作，各级政府周密部署、科学处置，全面开展遗体处理、环境消毒、病媒生物控制等工作，组织专业力量加强环境卫生治理工作的督导与技术指导，确保大灾之后无大疫。

众志成城　抗震救灾

第一章　环境卫生管理

第一节　防疫管理与环境消毒

一、消毒方案与措施

4 月 17 日，省爱国卫生运动委员会、省卫生厅发出的《关于切实做好地震灾后卫生防疫工作的紧急通知》，主要从加强组织领导，明确工作责任；大力开展爱国卫生运动，加强宣传教育工作；精心组织，切实做好环境消毒工作；加强卫生监督，保证食品、饮用水卫生安全；加强疫情检测，依法报告传染病疫情；加强信息收集，保障信息畅通 6 个方面实施环境治理。同时按《地震灾区消毒方案》，具体实施以下措施：

饮用水消毒：用 1 ~ 3 毫克 / 升有效氯消毒剂如漂白粉、优氯净或消毒泡腾片消毒作用 30 分钟。

瓜果、蔬菜消毒：用含有效氯 100 ~ 200 毫克 / 升的消毒剂溶液如漂白粉、优氯净或消毒泡腾片浸泡 10 分钟，再用清水洗净。

环境消毒：对发现或挖掘出尸体的地方、粪便外溢的地方进行消毒。用含有效氯 5000 毫克 / 升的消毒剂溶液如漂白粉或优氯净喷洒消毒，用量为 300 ~ 500 毫克 / 立方米。

尸体消毒：动物尸体，一经发现立即深埋或焚烧，并向死亡动物周围喷撒漂白粉。人的尸体，用含有效氯 5000 毫克 / 升的消毒剂溶液如漂白粉或优氯净喷洒消毒，以表面湿润为宜。人的尸体尽快火化。土葬远离水源 50 米以上，棺木在距地面 2 米以下深埋，棺内尸体两侧及底部铺垫厚达 3 ~ 5 厘米漂白粉，棺外底部铺垫厚 3 ~ 5 厘米漂白粉。

运输工具消毒：运输尸体的车辆内表面，用含有效氯 5000 毫克 / 升的消毒剂溶液如漂白粉、优氯净喷洒至表面湿润，作用 60 分钟后用清水冲洗。

手与皮肤消毒：接触尸体后，用 0.5% 碘伏溶液或 0.5% 氯已定乙醇溶液涂擦，作用 1 ~ 3 分钟。

受灾群众安置点消毒：餐（饮）具消毒首选 1% 碳酸钠溶液煮沸消毒 30 分钟，或流通蒸汽消毒 30 分钟。或用含有效氯 500 毫克 / 升消毒剂溶液如 84 消毒液、优氯净或消毒泡腾片浸泡 30 分钟后，再用清水洗净备用。

外环境地面消毒：用含有效氯 1000 ～ 2000 毫克 / 升的消毒剂溶液如漂白粉、优氯净喷洒，消毒作用时间不少于 60 分钟，用量为 300 ～ 500 毫克 / 平方米。

厕所地面消毒：厕所的四壁和地面用含有效氯 2000 毫克 / 升的消毒剂溶液如漂白粉、优氯净喷洒消毒，作用 2 小时。

粪便消毒：受灾群众安置点的粪便集中收集、就地进行消毒。稀便，漂白粉加入量为粪便的 1/5，充分搅匀作用 2 小时。干便，可用 20% 漂白粉乳剂按 1∶1 量或用 2 倍量 10% 的漂白粉乳剂，充分搅匀，作用 2 小时。

垃圾消毒：可燃物质尽量焚烧，喷洒含有效氯 5000 毫克 / 升的消毒剂溶液如漂白粉、优氯净，作用 60 分钟以上。

灭蝇：根据蝇密度情况，适时开展灭蝇工作。重点针对受灾群众安置点的外环境、厕所、垃圾集中点和腐烂尸体。用敌敌畏乳剂，按说明书使用。

二、环境消毒与垃圾、厕所无害化处理

结合灾区实际制订《灾区消毒杀菌工作方案》，贯彻科学消毒、杀虫、灭鼠的理念，对地震灾区 11 个片区进行调查摸底，按受灾群众数量、服务半径、受灾程度等情况，全面展开灾区环境消杀灭、健康教育等工作。动员玉树州、县、乡（镇）、村积极开展环境整治。认真负责本单位的饮水、饮食、环境卫生（重点为垃圾、厕所和粪便等）的日常性卫生管理工作，做到分片包干、责任到人。地震后废墟上的垃圾和粪便等处理任务繁重，各卫生防疫队和卫生监督工作队监督指导环保、城建、卫生、农业、畜牧、民政、公安等多部门协同贯彻“预防为主，

青海省疾病预防控制中心工作人员对灾区现场进行环境消毒

危重优先，分类清理”的原则，做到边消毒、边清理处置，消除疾病传播隐患。对受灾群众临时安置点和救灾人员居住点的所有垃圾，采用专用容器或袋子收集密闭盛装，做到日产日清。对不能清运出现场的垃圾在选定的垃圾填埋点进行焚烧后填埋处理，并做好焚烧现场的消毒工作。规范消杀灭药品的接收、配制和使用，严格索证，保障消杀灭药品、器械的供应。培训消杀灭工作人员，指导规范开展受灾群众安置点环境、帐篷、水源、厕所、垃圾的消毒杀菌。按计划开展灾后居住点的鼠、蝇密度监测和调查。对赛马场、体育场等受灾群众安置点的 5400 余顶帐篷、临时厕所、临时垃圾堆放点、粪便和医疗垃圾进行卫生保洁和消毒工作。收集处理垃圾和粪便，并指定专人每日定时进行消杀灭工作。

各卫生防疫队指导受灾群众在临时居住地搭建简易厕所，简易厕所与河流、水源地、居住点保持一定的卫生防护距离，防止污染河流水源及周边环境。各单位紧密配合爱卫会、卫生部门做好宣传动员和技术指导，确保粪便和垃圾无害化处理。截至 7 月 30 日，消毒灾区厕所 757 处，受灾群众院内帐篷安置点 417 处，各种垃圾存放点 651 处，分布式受灾群众居所 301 处，受灾群众集中安置点 21 处，部队搭建帐篷 5 处，学校集中安置点 11 处，僧侣集中安置点 4 处，施工队安置点 11 处，累计消毒面积 1274 万平方米。

第二节　病媒生物监测与防控

一、监控原则

卫生部、青海省卫生厅要求各防疫队伍实施针对玉树地震制定的《病媒生物监测与防控方案》，组织各级卫生防疫队伍根据当地病媒生物实际发生和活动情况进行监测与控制工作。对病媒生物监测，当病媒生物密度不高或未发生媒介相关疾病时，坚持实施加强环境治理，对滋生地进行有效管理，辅以个人防护和药物杀灭的常规原则；坚持病媒生物监测，当媒介生物密度过高或媒介生物性疾病流行时，以化学防治为主，辅以个人防护和环境治理措施的应急原则。

二、受灾群众安置点、救灾营地等区域定点灭鼠

对垃圾收集点、厕所等重点场所定期投放灭鼠毒饵，对群众反映鼠普遍较多或受灾群众安置点的鼠密度达到灭鼠的参考指标时对整个受灾群众安置点进行相应的灭鼠处理。震灾期间的临时聚居地属于特殊环境，对各种灭鼠方法选择顺序和平时有所不同。

大多用器械灭鼠。如鼠笼、鼠夹、粘鼠板等。注意操作安全，避开儿童。

慎用毒饵。当鼠密度很高，或人群受到鼠源疾病严重威胁时，在严密组织、充分宣传基础

上，使用毒饵灭鼠。如有鼠源疾病发生须灭鼠时，按照特定鼠源疾病的相关要求做好死鼠的收集、处理等工作。

灭鼠坚持用国家准用鼠药，使用高效、安全的抗凝血灭鼠剂。若需当地配制毒饵时，由专业技术人员统一制备。根据鼠情决定毒饵投放量，一般每 10 平方米布放 2 堆，敌鼠钠和杀鼠迷每堆 10 克，氯敌鼠、溴敌隆等 5 克，磷化锌 2 克。晚上放早晨收或用物品掩盖，有消耗处补充毒饵至原量，吃光处加倍补充。敌鼠钠、杀鼠迷连放 5 晚；氯敌鼠、溴敌隆、大隆、杀它仗在第一和第四晚各投 1 次，磷化锌连投 3 晚。

确保人畜安全。不用熟食配制毒饵，更不用饼或方便面等。毒饵必须有警告色，投饵点均有醒目标记。

投饵工作由受过培训的灭鼠员承担。投毒后及时搜寻死鼠，管好禽畜，保藏好食品，照看好儿童。投饵结束应当收集剩饵，焚烧或在适当地点深埋，卫生部门做好中毒急救准备。

在居民没有撤离的村庄，做好环境卫生，柴草远离住房，室内物品保持清洁，保管好粮食、饲料。重点做好村边的灭鼠防鼠，清除杂物，设置投饵带，随时消灭逃窜进村的野鼠。村内灭鼠用捕鼠工具，或使用毒饵。

针对医院、临时救治场所、食堂、受灾群众集聚地、粮库、物资库等重点场所，投放抗凝血灭鼠剂溴敌隆、大隆等毒饵时使用蜡块。对于粮食毒饵，使用毒饵盒或临时毒饵盒。投饵前做好宣传，投饵时做好警示标记，防止儿童和老人误食中毒。

三、临时居住区域蝇、蚤等处理

室外化学防制，用氯氰菊酯、高效氯氰菊酯、溴氰菊酯、马拉硫磷、辛硫磷等有效成分的药剂，使用超低容量或常量喷雾器喷洒。室内化学防制，使用氯氰菊酯、高效氯氰菊酯、溴氰菊酯等药剂进行喷洒处理，还可以使用市售气雾剂。防蝇措施，在住处装上纱门纱窗；在临时居住帐篷或住所周围 5 ～ 10 米范围使用 2.52% 的溴氰菊酯可湿性粉剂 100 倍稀释作滞留喷洒，防止蜱螨侵害。

四、安全注意事项

施药前注意做好宣传工作，防止人畜中毒。避开中午温度较高的时段喷洒药剂。卫生杀虫灭鼠药剂要做到专库、专人管理。卫生杀虫、灭鼠药剂运送、分装及喷洒人员应当做好个人防护。穿长袖衣裤，戴防护帽、眼罩、手套等。工作期间禁止吸烟、饮水、进食。工作结束后进行个人清洗、器械清洗、药剂入库和废弃物的无害化处理。

省疾病预防控制中心卫生防疫队伍通过对蚊虫、鼠、蝇抽样监测结果如下：

蚊虫监测：对 3 个监测点用目测法监测均未发现蚊虫活动。鼠密度监测：对 3 个监测点用盗耳法进行鼠密度监测，共布放诱饵盒 98 个，盗食 5 个，鼠密度为 5.15%，未超过标准。

蝇密度监测：3 个监测点用目测法对厕所和垃圾堆、帐篷内、帐篷外三类环境进行蝇密度监测，密度分别为3.35只／平方米、0.30只／平方米、0.51只／平方米。厕所和垃圾堆密度超过标准（参考灭蝇标准为1只／平方米）。总密度指数为1.39只／平方米。监测显示厕所和垃圾堆密度超过标准，蚊虫密度、鼠密度未见异常。

第三节　疾控卫生防疫知识宣传

4月15日，玉树大地震发生的次日，省疾病控制预防中心网站发布《地震后卫生防疫知识》，对20多个问题做了知识性解答宣传。具体内容如下：

地震后卫生防疫知识（一）

一是地震往往导致灾区的水电供应出现问题，特别是饮水问题比较突出。因为得不到自来水供应，一些灾区群众往往选择平时不喝的类似井水、泉水甚至水库里的积水等饮用。这些未进行杀菌处理的水容易导致人的感染。

二是露天宿营。由于地震后往往伴随着大的天气变化，灾区群众在灾后心态往往也比较紧张，综合作用下，人的免疫能力相对比较差。

三是居住环境比较差。在一些灾区群众集中的避难场所，如果生活垃圾、粪便没有得到及时处理，容易污染水源；同时，也容易滋生苍蝇等，造成细菌传播。

四是人口密度突然加大，人员之间接触频繁，造成传染病迅速在人群之间传播。

五是可能带来的食物污染。灾区地震后往往没有充足的食物供应，一些灾区群众可能取食过期、被水泡过的食物等，这些食物往往已经变质或受到细菌污染；在避险地区如食物保管不当，也容易被苍蝇等污染；餐具消毒不及时，也可能带来污染。

六是积水可能带来蚊虫的滋生。

七是一些动物在地震中死亡，尸体得不到及时处理，腐败后也容易带来污染。特别是现在温度相对较高，雨水又比较充分，需要高度关注。

地震后卫生防疫知识（二）

1. 地震后传染病的预防

地震后应特别注意肠道类传染病、虫媒类传染病（由蚊子、虱子、跳蚤等传播的疾病）、经接触和土壤传播的疾病的预防。因此，地震灾区人员应具备一些基础的预防传染病的常识。

一是平时应注意饮水和饮食的卫生。用净水片或漂白粉消毒生活饮用水；不吃受潮霉变或腐败变质的食品，不喝生水，饭前便后洗手，不吃死亡的禽畜，不用脏水冲洗蔬菜水果。要及时清除生活垃圾，做好生活环境的消毒，处理好排泄物、垃圾。

二是预防疟疾、流行性乙型脑炎、黑热病等虫媒传染病，应采取灭蚊、防蚊和预防接种为主的综合措施。在受灾期间，主要应做好个人防护，避免被蚊虫叮咬，夜间露宿或夜间野外劳动时，暴露的皮肤最好涂抹防蚊油，或者使用驱蚊药。

三是由于地震房屋倒塌、地面裂缝、山体坍塌、江河污染等原因，造成人员外伤，易引起破伤风、钩端螺旋体病和经土壤传播的疾病发生。灾区人民应注意，破损的伤口不要与土壤直接接触。如果条件允许，对各种原因引起皮肤外伤人员，应及时注射破伤风疫苗，对伤口进行清创缝合，给予有效的抗炎对症治疗，病情严重者应立即送往医院救治。

2. 地震后常见流行病及防治方法

第一类是肠道传染疾病，主要是通过粪口传播的肠道传染疾病等。这些疾病是通过摄入了受到污染的水、食物等导致的，比如痢疾、手足口病、甲肝等，灾区群众要注意预防。

防治办法：确保不摄入受污染的食物和水。特别是对饮用水，有条件的地区要向当地有关部门索取饮用水消毒片，消毒后煮沸再饮用。

第二类是呼吸道传染疾病。地震后人员聚集程度高，流动性大，相互之间接触频繁，容易导致麻疹、风疹和感冒等呼吸道感染疾病。特别是麻疹和风疹处于高发期，一定要注意防范。

第三类是急性出血性结膜炎，俗称“红眼病”。地震后人员接触频繁，同时，原有的生活规律被打乱。特别是一些灾区群众为了节省饮水，往往几个人共用一盆洗脸水或共用一条毛巾等，容易引发红眼病的暴发。

防治办法：避免与他人共用毛巾、餐具和洗脸水等。用过的餐具尽量用沸水消毒。

第四类是可能出现的乙脑疫情。每年 6 月到 8 月是部分地区乙脑疫情高发的阶段，这种疾病主要通过蚊虫叮咬传播，主要影响人的中枢系统，致死率高，容易导致痴呆等后遗症，需高度关注。

3. 地震后为何要注意消灭蚊蝇

夏季发生地震后，易出现蚊蝇。而蚊蝇是乙型脑炎、痢疾等传染病的传播者。震区人员要特别注意防蚊蝇，晚上睡觉要防止蚊子叮咬，如果发现发高热、头痛、呕吐、脖子发硬等情况，要及时找医生诊治。在灾区，要大面积喷洒灭蚊蝇药物，既可以利用汽车在街道喷药，也可以用喷雾器在室内喷药，不给蚊蝇留下滋生的场所。

4. 地震后如何预防肠道传染病

保护水源，特别是生活饮用水，免受污染。用漂白粉或漂白粉精片（净水片）消毒生活饮用水。注意饮食卫生。不喝生水，饭前便后洗手，不吃腐败变质或受潮霉变的食品，不吃死亡的禽畜，不用脏水漱口或洗瓜果蔬菜，碗筷应煮沸或用消毒剂消毒，刀、砧板、抹布也应严格消毒，生熟食品应该分开存放，水产品和海鲜食物要煮熟煮透再吃。注意环境卫生，消灭蚊蝇。不随地大小便，粪坑中加药杀蛆，动物尸体要深埋，有条件的可加放生石灰消毒，土层要夯实。要及时消除垃圾、污物，进行环境消毒，管理好粪便、垃圾。

5. 地震后如何预防虫媒传染病

当前正值暑期，是疟疾、黑热病、乙脑等疾病的高发季节，应采取以灭蚊、防蚊和预防接种为主的综合措施，积极预防流行性乙脑、疟疾、黑热病等虫媒传染病。要清扫卫生死角，疏通下水道，喷洒消毒杀虫药水，消除蚊虫滋生地，降低蚊虫密度，切断传播途径。要做好个人防护，避免被蚊虫叮咬，夜间睡觉挂蚊帐，露宿或夜间野外劳动时，暴露的皮肤应涂抹防蚊油，或者使用驱蚊药。

6. 地震后如何预防人畜共患病和自然疫源性疾病

要加强人间和畜间疫情监测，及时与畜牧兽医部门互通信息，以便有效处置首发疫情，严防鼠疫、流行性出血热、炭疽等疾病的发生或流行。

（1）大力开展防鼠、灭鼠和杀虫、灭蚊为主的环境整治活动，降低蚊、虫、鼠等传播媒介的密度；

（2）要管好家禽家畜，猪、狗、鸡应圈养，不让其粪便污染环境及水源，猪、鸡粪发酵后再施用，死禽死畜要消毒后深埋；

（3）管好粪便厕所，禁止随地大小便，病人的粪尿要经石灰或漂白粉消毒后集中处理；

（4）临时居所和救灾帐篷要搭建在地势较高、干燥向阳的地带，在周围挖防鼠沟，要保持一定的坡度，以利于排水和保持地面干燥。床铺应距离地面 67 厘米以上，不要睡地铺，减少人与鼠、蚊等媒介的接触机会；做好鼠疫疫苗、出血热疫苗和有关药物的储备，以便应急使用。

7. 地震后如何预防食源性疾病

（1）灾区不能吃的食品：被水浸泡的食品，除了密封完好的罐头类食品外都不能食用；已死亡的畜禽、水产品；压在地下已腐烂的蔬菜、水果；来源不明的、无明确食品标志的食品；严重发霉（发霉率在 30% 以上）的大米、小麦、玉米、花生等；不能辨认的蘑菇及其他霉变食品；加工后常温下放置 4 小时的熟食等。

（2）要正确加工食品。粮食和食品原料要在干燥、通风处保存，避免受到虫、鼠侵害和受潮发霉，必要时进行晒干；霉变较轻（发霉率低于 30%）的粮食的处理，可采用风扇吹、清水或泥浆水飘浮等方法去除霉粒，然后反复用清水搓洗，或用 5% 石灰水浸泡霉变粮食 24 小时，使霉变率降到 4% 左右再食用。

（3）搞好饮水安全工作。首先，要选择合格的水源并加以保护，首选井水，水井应修井台、井栏、井盖及井周围 30 米内禁设有厕所、猪圈以及其他可能污染地下水的设施，打水应备有专用的取水桶；其次，选没有污染的山泉、小溪和上游水，并划定范围，严禁在此区域内排放粪便、倾倒污水垃圾等；最后，可根据情况选接自来水供水管线、打手压泵小口井等，集中式的饮用水水源取水点必须由专人管护。饮用水要经过澄清、过滤、消毒等处理后方可饮用。

8. 如何把好“病从口入”关

夏秋季节，痢疾、肠炎、肝炎、伤寒等传染病很容易发生和流行。预防肠道传染病的最主要措施，就是搞好水源卫生、食品卫生，管理好垃圾、粪便。

（1）饮用水源要设专人保护，水井要清掏和消毒。饮水时，最好先进行净化、消毒；要创造条件喝开水。

（2）搞好食品卫生很重要。要派专人对救灾食品的储存、运输和分发进行监督；救灾食品、挖掘出的食品应检验合格后再食用。对机关食堂、营业性饮食店要加强检查和监督，督促做好防蝇、餐具消毒等工作。

（3）管好厕所和垃圾。地震后因厕所倒塌，人们大小便无固定地点；垃圾与废墟分不清，蚊蝇滋生严重。所以地震后应有计划地修建简易防蝇厕所，固定地点堆放垃圾，并组织清洁队按时清掏，运到指定地点统一处理。

9. 地震后如何保持良好的卫生习惯

地震灾区的每一位公民，都应力求保持乐观向上的情绪，注意身体健康。要根据气候的变化随时增减衣服，注意防寒保暖，预防感冒、气管炎、流行性感冒等呼吸道传染病，特别是老人和儿童要特别注意防止肺炎。要吃一些咸菜，补充体内因大量出汗而损失的盐分和水分，预防中暑。

10. 地震后饮用水需注意的问题

强烈地震后，城市自来水系统遭到严重破坏，供水中断，城乡水井井壁坍塌，井管断裂或错开、淤沙，地表水受粪便、污水以及腐烂尸体严重污染，供水极为困难，有时不得不饮用河水、塘水、沟水和地下潴积水、游泳池水以及雨水。能否解决群众供水问题是关系震后能否控制大疫的一个关键问题。保证饮用水卫生，首先，选择可直接饮用的瓶装水或密封桶装水；其次，选择经简单消毒后即可饮用的水源。

11. 如何保证在家中饮用安全的水

使用各种办法烧开水，不要饮用变色、有异味的水和融化的冰块。饮用安全的罐头、果汁、蔬菜汁或其他来自罐装食品的液体。游泳池、温泉的水只能用于洗澡、洗手等，不能饮用。

12. 哪些水可以饮用

瓶装水、开水或经过消毒的水。不要使用污染的水洗碗、刷牙、洗菜、洗水果等。如果饮用已经开口的瓶装水，一定要消毒或烧开后饮用。开水 1 分钟就可以杀死绝大多数微生物。如果没有条件烧开水，可以使用专业人员提供的消毒片或含氯制剂进行消毒后饮用。

13. 如何搞好震后饮食卫生，防止食物中毒

（1）派专人对救灾食品的贮存、运输和分发进行卫生监督。救灾食品不得与汽油、杀虫剂、毒鼠剂以及其他毒物一起贮存，不得用同一车辆运输。食品仓库和堆放食品的地点要干燥、通风、清洁。发放食品时要派卫生防疫人员把关，对生霉、腐败、浸水和被污染的食品，以及膨胀、漏气与严重锈蚀的罐头，禁止发放食用。

（2）对挖掘出的食品进行检验和质量鉴定。对从冷冻库内挖出的肉类食品要经卫生检验队检验，明显腐败变质者深埋，轻度腐败者炼工业油；未腐败者经高温处理可供食用。对砸死的牲畜除经兽医人员检验确定可食者外，一律作深埋处理。

（3）恢复工作的食堂、饭店要有防蝇设备，要保证供应的食品清洁卫生，要创造条件对食具作到用后洗净、消毒。饭菜要烧熟煮透，现作现吃。严禁出售腐败变质食物和病死的禽肉、畜肉。饮食服务人员身体要健康，至少无传染病。

（4）加强饮食卫生知识的宣传教育。要求人人不喝未经消毒的生水，不吃腐败变质和不洁食物。

14. 如何储存应急食物

储备 3 天以上的食物；不需要购买脱水食物，可以购买一些罐装食品。将食品储存在干燥、阴凉的地方，最佳保存温度 5℃～16℃。不要将食物乱堆放，以免食物因储存温度较高变质。避免食物与汽油、农药、杀虫剂、颜料等接触。另外，将食物放在密闭的纸箱中，防止鼠类和其他昆虫类叮咬或破坏。主要标注食品的储存时间和有效期，及时更换。

15. 如何使用应急食物

在使用应急食品前，先食用容易变质或需要冷冻的食品；不能食用在室温下放置2小时以上的食物，不要食用任何变质、变味的食物；罐装食品出现漏缝或罐体出现膨胀的食品也不能食用。

16. 如何准备安全的食物

尽量找到可用的烹饪用具，包括刀、叉、纸碟、纸杯和纸碗、开瓶器、铁炉，尽量使用煮熟的食物。

17. 家庭应准备哪些急救用品

在地震前，家庭应准备急救用品，如斧头、铁铲、扫帚、螺丝刀、钳子、铁锤、扳手、绳子、塑料布、塑料袋、厚底鞋、手套、蜡烛、打火机、水果刀、橡胶管、帐篷、毯子或睡袋、手电筒、电池、基本的急救药物、防护眼镜、多用途灭火器、洗漱用品。将这些急救用具装在工具箱或渔具箱以便于携带以及防水。其他急救物品包括：急救手册、剪刀、镊子、温度计、香皂、纸巾、防晒霜、一次性纸杯、安全别针、针线、医用冰袋、夹板等。

18. 应准备哪些急救药品

过氧化氢，用于清洗和消毒伤口；抗生素药膏；个人用的包装好的酒精棉签；阿司匹林及其他药片；处方药及其他需要长期服用的药物；抗腹泻药物；滴眼液；用于外伤包扎的绷带、纱布、医用胶条、医用棉花等。

19. 如何做好临时居住环境的卫生

地震后管好粪便是群众生活中的突出问题。卫生防疫人员要指导居民选择合适地点，利用就便材料，建应急公共厕所，要求做到坑深（1.5米深）、窄口（50厘米宽）、加盖，四周挖排水沟，外围加草帘。建临时垃圾坑及污水坑。要定期喷洒杀虫剂。发动群众建立震区卫生公约，并教育群众自觉遵守。

20. 地震后灭蚊蝇的主要方法有哪些

地面喷药杀灭：对面积较大的居民点、坍塌的建筑物、厕所、粪堆、污水坑、垃圾堆以及挖掘、掩埋尸体现场等处进行喷雾，居民简易防震棚内、外都可喷到。对分散的居民点室内和面积较小、道路窄狭的地点，以及山坡、滩头等机动车辆难以到达的地方，可用手动压缩式喷雾器、静电喷雾器以及小型手提喷雾器。

用烟剂熏杀：对室内、地窖、地下道等空气流动较慢的地方和喷雾器喷洒不到的地方，可用666、敌敌畏、敌百虫、西维因、速灭威等烟剂熏杀蚊蝇，也可用野生植物熏杀。

多种杀虫剂混合使用或交叉使用，以防止蚊蝇产生耐药性、降低杀灭效果。

第二章　食品药品和饮用水卫生监督检测

第一节　食品药品监督检测

青海省卫生监督机构、各级疾病预防控制中心及省外各援助队对灾区食品卫生的安全性进行评估，积极组织专业技术力量及监测设备全面开展食品卫生各项监测，出动执法人员500人次、执法车辆116台次，检查各类食品经营门店、摊点613处，没收过期变质食品75千克，查处违法案件19起，查处违法经营单位43户，销毁不合格食品75千克，有力地保障了灾区食品卫生安全。

按照各集中供餐点、街头餐饮业分布情况，将卫生监督队人员分成5个卫生监督小组，划分监督片区，责任到人，全面帮扶当地卫生监督机构开展工作，每日对各集中供餐点、街头餐饮门店开展卫生监督和指导工作。对集中供餐点进行卫生监督检查，重点监督检查食品原料采购、食品加工环节，严禁采购过期、腐烂、变质的食品原料，逐步恢复索证索票制度。对街头

卫生监督人员对临时安置点的食品安全情况进行监督检查

餐饮门店进行监督检查，除了需达到集中供餐点的基本要求外，还检查餐饮器具清洗消毒及加工场所卫生状况，做到餐饮具严格清洗消毒，加工用具生熟分开，用后清洗消毒。严禁提供凉菜、外购食品，防止食品加工过程中出现交叉污染。在集中安置点张贴卫生知识宣传标语、发放卫生知识宣传册，广泛深入宣传“不喝生水、不吃生肉、不吃变质食品、不乱扔垃圾”等卫生常识，倡导良好生活习惯，防止病从口入。截至 5 月 12 日，出动监督人员 500 人次，共监督检查集中供餐点 170 余次、街头餐饮点 1200 余次，有效保障了灾区群众的餐饮安全。

强化专项监督检查和整治工作，以食品批发、零售经营门店、超市、农贸市场、休闲娱乐场所、休闲度假村为重点区域，以涉及人民群众生命安全和身体健康的粮食、肉类、月饼、奶制品、豆制品、水产品、酒、饮料等为重点品种，以种植养殖单位、食品生产加工单位尤其是食品加工小作坊、食品批发市场、流动食品摊点、小食店、震后帐篷餐饮服务单位尤其是中小餐饮单位、学校和建筑工地食堂及所有药品经营使用单位为重点进行集中整治。随着灾区恢复重建工作的开展，餐饮业（餐馆、学校食堂、工地食堂）数量呈现快速增加的趋势。截至 6 月 4 日，恢复营业 117 家。多数餐饮业（集中供餐点）设在帐篷里，周围为拆迁工地或居民居住点，督促及时清理附近生活垃圾，整改餐饮业普遍存在的无相应卫生设备现象，纠正食品加工厂从业人员住宿一室的情况。增设上、下水设施，增加加工和消毒用具数量，改变当地居民食用风干牛羊肉（易发生肉毒素中毒）的饮食习惯。

青海省质量技术监督管理局、海北州质量技术监督管理局组成的玉树灾区食品安全现场检测小组由玉树州质量技术监督管理局协调配合，深入受灾群众安置点、救灾食品捐赠点、机场货运处等地对 50 个批次的饮用水、方便食品、乳粉等救灾食品的感官质量、标签标识、保质期等指标进行现场安全检测。经过抽检，灾区 95% 以上的救灾食品来自国内大型知名食品企业，食品质量完全合格。

省质量技术监督部门、玉树州食品药品安全委员会成员单位，先后出动执法人员 1700 余人次、车辆 924 台次开展各类食品、药品安全专项整治工作 13 次，查处过期失效药品 73 批次，立案 12 件，涉案金额 1.7 万余元，监督检查涉药单位累计 1820 户次，取缔非法销售中藏药材案件 4 起，确保了抗震救灾及灾后重建期间食品、药品市场安全稳定。

第二节　饮用水监督检测

加强卫生、环境、城建、水利、部门之间的协调，发现问题及时通报，设立了水质监测联动机制，确保饮用水水源安全。省疾病预防控制中心选派的 2 名理化水质检验专业技术人员参加灾区生活饮用水监督检测工作，现场组建省疾病预防控制中心实验室，对灾区开展饮用水及传染病检测工作。

加强安置点、集中式供水点的驻点监督检测，每日对安置点的集中供水、分布式供水进行快检，加强饮用水卫生监督相关知识培训，大力开展“喝开水，不喝生水”卫生知识宣传。按照统一部署，建立起饮用水卫生安全每日监督、监测和水源卫生防护、临时供水措施、饮水消毒、水源地周围环境卫生清理等技术措施。省、州、县疾控人员每日对集中式供水的出厂水、末梢水水质卫生状况快速检测，对每个安置点提供的集中式供水、分布式用水包括浅井水、缸水、桶水都有专人进行饮用水管理，发放消毒药品，进行消毒处理，避免直接饮用。

省、州防疫队分别对隆宝镇等 7 个乡镇的 21 处饮用水水源进行检测。在临时供水点竖立藏汉双语标志牌，并组织人员对供水水源和供水点周边环境卫生进行了清理，各临时供水点供水正常，水样水质符合饮用水标准。截至 2010 年 11 月，对 356 个水源点、616 个点次进行水质检测，理化检测水样 1569 份，细菌检测水样 355 份，水质菌落总数总大肠菌群检验 135 份，获得检测数据 4500 余个，居民点水质全部符合饮用水标准。

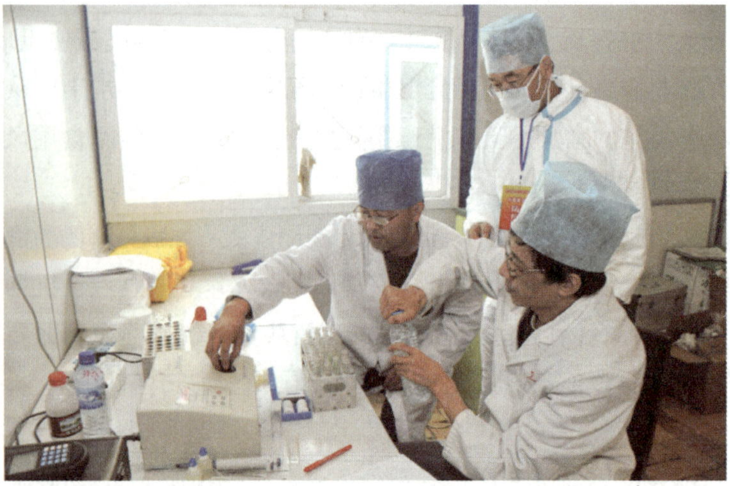

省疾控中心监测人员对采集的水质样本进行检验

卫生防疫人员进行供水卫生水样采集

第三章　传染病防控

第一节　风险评估

一、卫生防疫危险因素评估

地震发生后，灾区群众居住生活环境急剧恶化，存在次生灾害和发生重大传染病疫情的潜在危险性。灾后初期、救灾和灾后重建各阶段风险评估非常重要。卫生部、省政府和省卫生厅及省疾病预防控制中心分别制定、下发了疾病预防控制预案和技术方案，做好风险评估。

集中安置点条件简陋、居住拥挤，危险因素是降雪，气温低，帐篷保暖性差，人员接触频繁等。易发传染病主要有麻疹、流行性腮腺炎和风疹、流感及急性上呼吸道感染、肺结核等。

饮用水安全及粪便管理方面的危险因素是，2.5 万人厕所使用及粪便处理问题未得到有效解决，易致水源污染；赛马场未开展饮用水消毒、其余安置点采用泡腾片消毒、前期发现氨氯超标。易发传染病主要有感染性腹泻及菌痢、甲肝、包虫病等。

疫源动物活动可能改变，人群与疫源动物接触机会增多，危险因素主要是在抗震救灾及人群转移过程中，与携带病原体的旱獭、犬、藏系绵羊等宿主动物，蚤、体虱等媒介昆虫的接触机会增加，易发传染病为鼠疫、狂犬病、包虫病。

医疗卫生机构房屋、药品、乡镇冷链设备被严重破坏，库存疫苗损失严重。易发传染病，主要为因常规免疫接种、艾滋病及肺结核传染病控制项目难以短期全面恢复，相关疾病发生及传播风险增加。

二、重点传染病风险评估

（一）鼠疫

低至中等。2007 年以来，每年均有动物疫情发生，玉树县为动物鼠疫活跃地区，主要宿主为旱獭，一般在 4 月下旬出蛰，5 月增多，灾后可能导致早出蛰，活动范围增大，习性发生改变，增加与人的接触机会，引发感染鼠疫发病和流行。

（二）炭疽

低至中等。2005—2009 年玉树州报告 7 例。地震和救灾可使被炭疽芽孢污染的土壤重新暴露，引发人、畜炭疽病发生。

（三）狂犬病

较低。既往疫情是全省无狂犬病病例报告，不属于流行地区。地震导致流浪犬增多，人、犬混居，被犬咬伤的机会增大，可能导致狂犬病发生。

第二节　传染病疫情监测与防治

一、疫情监测

灾区传染病监测报告系统在中国疾病预防控制中心和省内外防疫队的援助下迅速得到恢复。在各临时医疗点，各受援医院落实传染病症状的监测与报告制度。在灾区传染病网络直报系统遭受严重破坏的情况下，青海省卫生厅疾控局会同国家疾病预防控制中心专家及时制定《玉树地震灾区传染病疫情监测方案》《玉树灾区手机短信传染病疫情报告方法》等，各卫生防疫队负责灾区传染病疫情收集、分析、报告工作，指导灾区对发现的传染病病例转诊治疗、随访管理，对密切接触者采取隔离、健康教育、咨询等干预措施。

在国家疾病预防控制中心的支持下，向灾区各医疗、妇幼、疾病预防控制中心、乡（镇）卫生院配发笔记本电脑及无线上网卡 18 套。对报告责任单位的 20 名信息管理人员及六州防疫队指定信息联络员分 2 期进行网络及手机报告、传染病疫情分析等内容培训。传染病疫情实行每日零报，对确诊的传染病病例负责协调转入传染病帐房隔离治疗、随访管理，对密切接触者采取相应隔离、健康教育、咨询等干预措施。

截至 12 月 31 日，对负责的 22 个片区的群众健康状况进行主动监测，报告乙、丙类传染病 728 例，死亡 1 例（乙肝），无鼠疫、炭疽、狂犬病等传染病病例报告。报告症状监测病例 1859 例。其中，5 岁以下儿童 728 例（占 39.16%）；发热伴呼吸道症状 937 例，占总报告症状病例数的 50.40%；腹泻水样便 530 例，占 28.51%；其他发热性疾病 329 例，占 17.7%；发热伴出疹 51 例，占 2.74%；腹泻血便 1 例，占 0.05%；急性黄疸 1 例，占 0.05%。确诊麻疹 6 例、细菌性痢疾 5 例、流行性腮腺炎 1 例、肺结核 1 例，无咳嗽伴咯血、食物中毒及脑炎或脑膜炎症状病例报告。检验腹泻病人粪便标本 8 份、麻疹标本 14 份、诺如病毒标本 3 份、轮状病毒标本 3 份、腺病毒标本 3 份、食物中毒标本 2 份，其中 1 份检出沙门氏菌。

二、结核病防治

根据省卫生厅要求，省疾病预防控制中心在玉树州及玉树县疾病预防控制中心结核病防治专业工作人员的协助下，对当地居民和外地流动人员中 6 ~ 67 岁的有结核症状者、与涂阳患者密切接触者及原来经治疗的患者进行检查，总计完成胸部 X 光透视可疑患者 197 名，拍胸部 X 光片 63 张，痰涂片检查 127 人份 209 张，查出新发活动性肺结核病人 13 例，涂阳患者 7 例，并对 13 例患者进行指导治疗。

三、动物卫生防疫

青海省动物卫生监督所深入玉树县 6 个乡、3 个镇、42 个行政村，紧急开展灾后动物防疫应急处理。组织所有兽医力量实行分区包干，早晚以免疫接种牲畜炭疽疫苗为主，白天以注射接种狂犬病疫苗和处置动物尸体为主，逐乡、逐村、逐户、逐畜开展人畜共患病炭疽、狂犬病疫苗紧急免疫接种工作。紧急协调调运炭疽疫苗 68 万头份、狂犬病疫苗 8 万头份。共完成各乡（镇）村牛羊免疫 66.85 万头（只）、犬 4.32 万条。收集处理动物尸体牛羊 39825 头（只）、犬 3306 条，防疫消毒面积达 27 万平方米。组织兽医深入灾区各乡镇开展流行病学调查，共入户调查 4502 户，调查犬 5515 条、牛羊 300 多群，未发现狂犬病等动物疫情。

第三节　预防接种

一、开展培训与宣传动员

根据青海省玉树抗震救灾指挥部《关于同意开展玉树地震灾后预防接种工作的通知》和青海省卫生厅《关于全面恢复玉树灾后免疫规划工作的通知》《2010 年青海省麻疹疫苗强化免疫活动实施方案》等文件精神，各卫生防疫队和玉树州疾病预防控制中心、玉树县疾病预防控制中心开展了玉树地震灾区群体性预防接种工作，并配合预防接种工作开展一系列培训教育、宣传动员活动。

省疾病预防控制中心玉树卫生防疫队为预防和控制灾区甲肝、麻疹、风疹和腮腺炎等传染病疫情发生，在国家疾病预防控制中心免疫规划中心指导下先后制定了《玉树地震灾区群体性预防接种工作实施方案》《玉树地震灾区预防接种指南》等相关文件，制作了藏汉文《告灾区居民预防接种通知书》《预防接种常识》等宣传材料，并于 4 月 28 日完成对结古镇、隆宝镇和巴塘乡参加群体性预防接种的各医疗卫生机构、省外防疫工作组和州、县两级疾病预防控制中心共 16 个单位 32 人的培训和宣传动员。

青海藏语广播电视台每日发布玉树地震灾区群体性预防接种信息，青海广播电台出动广播车在结古镇和隆宝镇大街小巷、受灾群众安置点用藏语、汉语循环广播《玉树地震灾区开展群体性预防接种通知》，电信部门发送手机短信告知群体性预防接种相关事宜，在主要街道和受灾群众安置点悬挂藏汉双语横幅，张贴宣传画、宣传单和汉藏文预防接种通知书。

二、督导检查接种点

4 月 29 日，省疾病预防控制中心玉树卫生防疫组 3 人对各接种点进行了督导检查，重点是各接种点部署和接种区域划分、接种人员配置、现场组织和接种流程等。通过督导检查做到接种点部署合理、区域划分清晰、接种人员分工明确。共设固定接种点 6 个、流动接种点 3 个，指定 2 家部队医院为异常反应救治医疗机构。

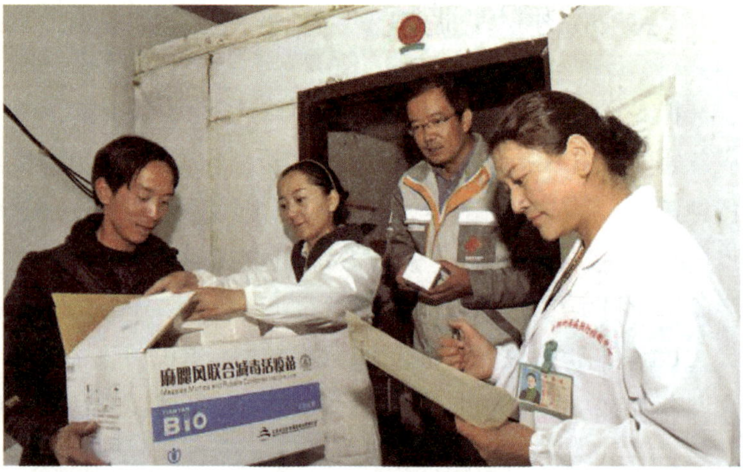

省疾控中心计划免疫所工作人员现场指导玉树州疾控中心免疫规划疫苗管理工作

三、预防接种工作

5 月 1—5 日，在玉树灾区结古镇、隆宝镇和巴塘乡对 1 ～ 12 岁儿童开展甲肝疫苗和麻腮风疫苗群体性预防接种工作。青海省疾病预防控制中心下发甲肝减毒活疫苗 1.2 万人份、麻腮风联合疫苗 12240 人份、注射器 4.8 万具、以及冷藏背包 48 个。

将《玉树地震灾区群体性预防接种工作实施方案》下发到每个接种点，制作《告灾区居民预防接种通知书》2 万张、各类表格 2 万张、预防接种证 1.1 万本，制作预防接种公告牌 20 个、预防接种告知牌 19 个、展架 14 个、安全盒 200 个。同时，免疫规划所工作人员利用从地震废墟中抢救出来的速冻器等物资，冻制冰排 200 余块用于疫苗储藏。制订《玉树地震灾区群体性预防接种疫苗及物资分发计划》，4 月 30 日，疫苗及相关物资按计划全部分发到各接种点，灾区群体性预防接种准备工作全部到位。至 5 月 5 日，累计完成接种甲肝疫苗 6647 人份、麻腮风疫苗 6559 人份、人用狂犬疫苗应急接种 290 人份，累计接种狂犬病疫苗 1037 针次。

8 月 18—19 日，青海省疾病预防控制中心组织专业人员，在玉树州疾病预防控制中心临时安置点安装 15 立方米冷库 1 座，经过调试运转正常，对玉树州疾病预防控制中心原有的冷

西宁市防疫队在灾区开展儿童免疫接种工作

藏运输车的制冷设备进行了维修，添加了冷媒，下发冰箱 4 台、冷藏背包 45 个。玉树州疾病预防控制中心冷链运转基本恢复。

青海省疾病预防控制中心根据《2010 年青海省麻疹疫苗强化免疫活动实施方案》，9 月 11—20 日与全国同步在全省 8 月龄至 6 岁儿童中开展麻疹疫苗强化免疫活动。玉树县也根据方案要求及时开展了全县范围内的麻疹疫苗强化免疫，应种儿童数 7922 人，实种儿童数 7563 人，接种率 95.47%，达到报告接种率大于 95% 的要求。

2010 年，玉树县常规免疫工作在各方面的努力下实施顺利，基础免疫报告接种率如下：BCG（卡介苗）96.82%，OPV（小儿麻痹糖丸）97.37%，DPT（百白破三联）97.36%，含麻疹类疫苗 93.48%，HepB（乙肝）96.65%，乙肝疫苗 24 小时首针及时接种率 65.19%。加强免疫接种报告接种率：OPV（小儿麻痹糖丸）96.35%，DPT（百白破三联）97.36%，DT（百白破二联）接种率 96.30%，含麻疹疫苗 94.34%。A 群流脑疫苗接种率：第一剂 94.10%、第二剂 93.20%，A+C 群：第一剂 92.65% 、第二剂 93.93%，甲肝疫苗 93.09%。2010 年全年共上报 6 次，报告覆盖率 100%，报告完整率 100%。

通过实施麻疹强化免疫活动，灾区群体性预防接种等工作顺利开展，2010 年下半年麻疹发病 1 例，发病率 1.08 / 10 万，与 2009 年同期相比（发病率 3.29 / 10 万）下降 67.17%。无疫苗针对疾病暴发流行，免疫接种率保持在较高水平。

第四节　鼠疫防控

一、风险评估

玉树州是青海省鼠疫危害较为严重的地区之一，全州 6 个县均为鼠疫疫源县，根据以往资料，地震可能造成旱獭生活习性的改变，以及随着抗震救灾重建工作的开展，大量外来务工人员进入疫区，使得玉树地区发生动物鼠疫流行的风险大大增加，并可能波及人间，造成散发甚至暴发人间鼠疫流行的可能。

玉树灾区鼠疫自然疫源地的宿主动物种类较多，人间鼠疫以狩猎旱獭等染疫动物为主要传播途径，以直接接触为感染方式。病例多散在发生，病死率较高。各项卫生防疫保障措施在救灾部队得到严格落实，截至 2012 年 6 月，抗震救灾及灾后重建部队未发生一起疫情。结论是：部队进入鼠疫自然疫源地，普及防护知识，普遍接种疫苗，及时采取一系列防疫保障措施是极其有效的。

二、防疫队伍与负责区域

地震发生后，按照卫生部和青海省卫生厅的部署，由中国疾病预防控制中心传染病所和西藏自治区疾病预防控制中心、新疆维吾尔自治区疾病预防控制中心、甘肃省疾病预防控制中心、青海省地方病预防控制所及各州疾病预防控制中心组成 9 支鼠疫防治工作队奔赴灾区开展鼠疫防治工作，各单位参加此项工作的人员共计 256 人，其中在灾区工作时间最长的有 180 天。由青海省地方病预防控制所具体负责将整个玉树县划分为 5 个片区，由 5 州联合各省（区）支持玉树灾区的鼠疫防治工作队各承担一个片区，负责该地区的鼠疫防治工作，国家疾病预防控制中心传染病所和青海省地方病预防控制所鼠疫防治工作队负责对各项工作的业务指导和对各种检验材料的检测工作。

玉树大地震各单位派出鼠疫防治队人员统计表

表 4-1

单位	派出队员人数（人）	灾区工作 30 天以上人数（人）
中国疾病预防控制中心传染病所	40	15
西藏自治区疾病预防控制中心	6	0
甘肃省疾病预防控制中心	6	0
新疆维吾尔自治区疾病预防控制中心	3	0
青海省地方病预防控制所	41	19
果洛州疾病预防控制中心	26	4
黄南州疾病预防控制中心	34	8
海南州疾病预防控制中心	37	15
海西州疾病预防控制中心	32	4
海北州疾病预防控制中心	31	8
合计	256	73

海南州鼠疫防治工作队负责巴塘机场周围 1 ~ 9 道沟、结古镇至飞机场公路沿线；新疆维吾尔自治区和海西州鼠疫防治工作队负责加吉娘、结古镇和赛马场南山坡和新寨村公路两侧山

坡、上拉秀乡、下拉秀镇政府周围和玉树—囊谦、玉树—杂多公路沿线；黄南州鼠疫防治工作队负责果青沟国家级鼠疫监测点和果青村所属结古镇至治多县公路沿线两侧、仲达乡政府周围和玉树—仲达公路沿线；吉林省和海北州鼠疫防治工作队负责隆宝镇（含哈秀）和隆宝至哈秀公路沿线；西藏自治区和果洛州鼠疫防治工作队负责甘达村所属结古镇至治多县公路沿线、小苏莽乡政府周围和玉树—小苏莽公路沿线。

三、灭獭工作及效果评估

根据《卫生部办公厅〈关于切实做好青海省玉树地震灾区鼠疫防控工作〉的通知》《卫生部应急办公室〈关于提供青海玉树地震灾区鼠疫防控工作有关参考方案〉的函》，于 4 月 28 日至 5 月 19 日在结古、哈秀、巴塘、隆宝等乡镇的重点地区受灾群众安置点、人口密集点、救援人员居住地、交通要道和近几年的鼠疫疫点开展了第一阶段灭獭。5 月 20—28 日，根据前期灭獭工作评估结果，开展第二阶段灭獭工作。至 6 月 20 日，各鼠疫防治工作队在主要的两个阶段灭獭工作中累计灭獭面积 9.52 万公顷，累计堵獭洞 14 万个，累计投药洞数 11 万个，累计投药量 1.82 万千克，累计投入灭獭人员 4285 人次（包括解放军官兵）。

第一阶段灭獭效果评估：海南州灭獭队计划灭獭面积 5000 公顷，实际灭獭面积 5029.5 公顷。在三道沟及结古镇至飞机场公路沿线外扩 1 ~ 3 千米的基础上，杀灭区域延伸至九道沟和巴塘北山。杀灭前平均密度为 0.238 只 / 公顷，最高密度为 0.69 只 / 公顷。5 月 14 日，在杀灭区域内随机抽查 4 条样线，抽查面积 240 公顷，占杀灭面积的 4.77%，灭獭后旱獭密度为 0；海西灭獭队计划灭獭面积 6500 公顷，实际灭獭面积为 8143 公顷。加吉娘灭獭片区主要包括结古镇和赛马场南山坡和新寨村公路两侧山坡。杀灭前平均獭密度为 0.013 只 / 公顷，最高密度为 0.035 只 / 公顷。5 月 14 日，在杀灭区域内随机抽查 4 条样线，抽查面积 210 公顷，占杀灭面积的 2.58%，灭獭后旱獭密度为 0；黄南灭獭队计划灭獭面积 6500 公顷，实际灭獭面积为 7650 公顷。果青沟国家级鼠疫监测点和果青村所属结古镇至治多县公路沿线两侧外扩 1 ~ 3 千米区域，杀灭前平均獭密度为 0.38 只 / 公顷，最高密度为 0.38 只 / 公顷。5 月 14 日，在杀灭区域内随机抽查 2 条样线，抽查面积 200 公顷，占杀灭面积的 2.61%，灭獭后旱獭密度为 0；海北灭獭队计划灭獭面积为 9500 公顷，实际灭獭面积 2.16 万公顷。隆宝镇灭獭片区（含哈秀），以隆宝镇、哈秀乡为中心，外扩 1 ~ 3 千米，和隆宝至哈秀公路沿线长约 15 千米外扩 1 ~ 3 千米的区域内。杀灭前平均獭密度为 0.313 只 / 公顷，最高密度为 2.2 只 / 公顷。5 月 14 日，在杀灭区域内随机抽查 2 条样线，抽查面积 750 公顷，占杀灭面积的 3.48%，灭獭后旱獭平均密度为 0.005 只 / 公顷；果洛灭獭队计划灭獭面积为 5000 公顷，实际灭獭面积为 7930 公顷。甘达村所属结古镇至治多县公路沿线两侧外扩 1 ~ 3 千米区域，杀灭前平均獭密度为 0.021 只 / 公顷，最高密度为 0.05 只 / 公顷。5 月 14 日，在杀灭区域内随机抽查 2 条样线，抽查面积 178 公顷，占杀灭面积的 2.24%，灭獭后旱獭平均密度为 0.011 只 / 公顷。综上所述，经过灭獭的重点地区旱獭密度均低于国家控制标准（0.1 只 / 公顷以下）。灭獭后平均密度为 0.0038 只 / 公顷，比灭獭前（0.43 只 / 公顷）

降低 113 倍，低于国家控制标准 26 倍。

第二阶段灭獭效果评估：依照第二阶段灭獭方案的要求，海南州灭獭工作队与甘肃省鼠防工作队中心转为巴塘政府所在地、所辖地内公路沿线、拟建设地区、历史疫点、人口聚集地等地区外扩 1 ~ 3 千米的范围，实际灭獭面积为 2.06 万公顷。杀灭前平均密度为 0.40 只 / 公顷，最高密度为 0.57 只 / 公顷。5 月 29 日，在杀灭区域内随机抽查 2 条样线，抽查面积 120 公顷，占杀灭面积的 0.6%，灭獭后旱獭密度为 0.0083 只 / 公顷；海北州灭獭工作队工作中心转为安冲乡政府所在地、所辖地内省道 308 沿线、拟建设地区、历史疫点、人口聚集地等地区外扩 1 ~ 3 千米的范围，实际灭獭面积 1.29 万公顷。杀灭前平均獭密度为 0.19 只 / 公顷，最高密度为 0.39 只 / 公顷。5 月 29 日，在杀灭区域内随机抽查 2 条样线，抽查面积 200 公顷，占杀灭面积的 1.6%，灭獭后旱獭平均密度为 0.025 只 / 公顷；海西州灭獭工作队与新疆维吾尔自治区鼠防工作队工作中心转为上拉秀乡和下拉秀镇两政府所在地、所辖地内国道 214 沿线、拟建设地区、历史疫点、人口聚集地等地区外扩 1 ~ 3 千米的范围，实际灭獭面积为 6794 公顷。杀灭前平均獭密度为 0.17 只 / 公顷，最高密度为 0.74 只 / 公顷。5 月 30 日，在杀灭区域内随机抽查 2 条样线，抽查面积 420 公顷，占杀灭面积的 6%，灭獭后旱獭密度为 0.0048 只 / 公顷；黄南州灭獭工作队工作中心转到仲达乡政府所在地、所辖地内公路沿线、拟建设地区、历史疫点、人口聚集地等地区外扩 1 ~ 3 千米的范围，实际灭獭面积 2970 公顷。杀灭前平均獭密度为 0.29 只 / 公顷，最高密度为 0.34 只 / 公顷。5 月 30 日，在杀灭区域内随机抽查 2 条样线，抽查面积 200 公顷，占杀灭面积的 6.7%，灭獭后旱獭密度为 0.005 只 / 公顷；果洛州灭獭工作队与西藏自治区鼠防工作队工作中心转为小苏茂乡政府所在地、所辖地内公路沿线、拟建设地区、历史疫点、人口聚集地等地区外扩 1 ~ 3 千米的范围，实际灭獭面积为 1850 公顷。杀灭前平均獭密度为 0.13 只 / 公顷，最高密度为 0.2 只 / 公顷。5 月 30 日，在杀灭区域内随机抽查 2 条样线，抽查面积 200 公顷，占杀灭面积的 10.8%，灭獭后旱獭平均密度为 0.005 只 / 公顷。第二阶段灭獭地区灭獭后旱獭密度均低于国家控制标准（0.17 只 / 公顷）。灭獭后平均密度为 0.0088 只 / 公顷，比灭獭前（0.22 只 / 公顷）降低 25 倍，低于国家控制标准 11.36 倍。

四、疫情监测与突发疫情处置

根据卫生部和青海省卫生厅下发的《关于印发玉树地震灾区鼠疫防控工作方案的通知》要求，卫生厅组织的 6 支鼠防队分别被安排至玉树县的 7 个乡、2 个镇开展鼠疫监测工作，国家疾病预防控制中心传染病所和青海省地方病预防控制所鼠防工作队负责玉树州境内所有外送材料的检验工作。同时，青海省地方病预防控制所鼠防队负责结古镇的鼠疫监测；海西州鼠防队负责上拉秀乡、下拉秀镇的鼠疫监测工作；海南州鼠防队负责巴塘乡的鼠疫监测工作；海北州负责隆宝镇、哈秀乡、安冲乡的鼠疫监测工作；黄南州鼠防队负责仲达乡的鼠疫监测工作；果洛州鼠防队负责小苏莽乡鼠疫监测工作。

灾区鼠疫疫情报告严格按照《中华人民共和国传染病防治法》相关规定进行。省卫生厅前方指挥部根据灾区实际，利用口头宣传、张贴宣传画等多种途径及时向广大牧民和外来援建人员公布了鼠疫疫情值班电话，以便发现疫情后及时将疫情上报。截至6月20日，共发放宣传材料20多万张，张贴宣传画1000多张，受教育群众15万余人次，举办培训班2期，参加培训的医务人员350名。对小苏莽乡本江村它麻社歪热沟动物疫情进行了彻底有效的处理，防止了动物鼠疫疫情波及人间。

为做好灾区鼠疫防治工作，严防发生人间鼠疫后疫情扩大蔓延，省卫生厅在玉树州慢性病院专门建立了传染病隔离病区，省地方病预防控制所玉树鼠防工作队及各县疾病预防控制中心组建了鼠疫应急处置小组，并配备了鼠疫应急处置物资机动箱，灾区各乡镇卫生院均配备了一定的个人防护装备及消毒药品，做到一旦有疫情立即赶赴现场开展工作，严防疫情扩大蔓延。

4月25日，黄南州疾病预防控制中心鼠疫防治工作队在玉树县仲达乡电达村和尕拉村各发现自毙旱獭1只，青海省地方病预防控制所鼠防工作队立即组织2名专业人员于4月26日6时到现场对两只自毙旱獭进行解剖取材，并于17时50分由专人专车送往省地方病预防控制所和甘肃省疾病预防控制中心进行检测。

5月2日，青海省地方病预防控制所鼠防工作队接到玉树县结古镇禅古村有多条狗死亡的情况报告，立即组织专业人员于22时到达禅古村对不明原因死亡的8条狗尸体进行解剖取材、消毒、深埋，同时对所取材料进行检验。检验结果阴性。截至6月20日，中国疾病预防控制中心和青海省地方病预防控制所玉树地震灾区鼠疫检测实验室共接受和检验自毙旱獭2份，分离到2株鼠疫菌。自毙牧犬8份经过反向间接血凝试验测定鼠疫F1抗原、胶体金纸上色谱方法检测鼠疫菌F1抗原、鼠疫细菌学培养及鼠疫噬菌体试验，检验结果为阴性。

五、建立鼠疫检测实验室

为保证灾区鼠疫防治工作的需要，卫生部决定将中国疾病预防控制中心传染病所的移动P3生物实验室派往玉树灾区，支持青海省地方病预防控制所鼠防工作队开展鼠疫检验监测工作，同时建立活动板式P2实验室。两个实验室的使用为玉树灾区的鼠疫防治工作提供了有力的保障。

第五节　妇幼保健

一、妇幼救援工作

地震发生后，青海省各级妇幼救援队到达灾区后立即开展调查，全面了解受援单位的受灾情况，对灾害损失做了详细评估，对恢复重建工作的重点、难点、急需的工作做有计划有步骤的安排。协助灾区的妇幼保健机构制订详细的州、县两级保健机构重建方案，重点考虑功能改善、科室设备、人员培训、设备配备等，并帮助州妇幼保健院克服多种困难，逐步恢复妇幼卫生监测、“降消”项目等日常工作。帮扶玉树州妇幼保健院的兰州军区兰州总医院撤离后，协助州保健院承担一些日常业务工作，积极创造条件，着力组建产科急救绿色通道，尽力改善妇幼保健质量。为当地群众诊治常见病，共诊疗小儿上呼吸道感染、肺炎、腹泻等患者1000多人次，抢运出医用设备、药品价值20余万元。

省卫生厅妇幼卫生保健与社区卫生处积极与卫生部妇社司、联合国儿童基金会联系，紧急协调援助省妇女儿童医院、省妇幼保健院抢救地震受伤儿童，并到震后废墟挖掘抢救各种医疗器械、医疗设备，同时援助玉树州及6县妇幼保健机构救护车、工作车及医疗卫生设备。其中，援助省妇女儿童医院输液泵10个、微量泵10个、儿童心电监测仪6台、儿童血液透析仪2台、新生儿喉镜和气管插管6套、复苏囊6个、胎心监护仪6台；援助地震灾区新生儿复苏囊8个、多功能产床4台、电动吸引器4台、新生儿喉镜和气管插管4套、婴儿暖箱4台、新生儿辐射抢救台4台、新生儿单衣2000件、新生儿棉衣2000件、儿童营养包36万个、立式空调15台、计算机7台、复印机7台、救护车7辆、工作车2辆。4月21日，救援设备及时到位，对灾后孕产妇分娩、妇女保健、儿童保健工作的恢复发挥了重要作用。

二、卫生部、联合国儿童基金会灾后恢复妇幼卫生项目

6月至8月，联合国儿童基金会驻华代表和项目官员一行5人到玉树现场考察灾后妇幼卫生现状，先后考察玉树州妇幼保健院、玉树县妇幼保健院、玉树县巴塘乡卫生院、新寨村。

10月8日，召开卫生部、联合国儿童基金会玉树灾后恢复妇幼卫生项目启动会议，并于9日聘请国家级专家在西宁举办了玉树州人民医院、玉树州妇幼保健院，以及玉树、称多、囊谦、杂多、治多、曲麻莱6县人民医院和妇幼保健机构产科、儿科、妇幼保健、儿童保健专业人员35人参加的玉树灾后妇幼卫生人员培训班，主要针对地震灾后妇女孕产期保健、产后康复、儿童保健、住院分娩、妇幼卫生信息采集等内容进行系统培训。

在省妇女儿童医院、省妇幼保健院、省红十字医院、青海大学附属医院等相关医院的大力配合下，于2011年5月15日安排玉树州及6县人民医院和妇幼保健机构产科、儿科、妇女保健、儿童保健专业人员进行为期6个月免费临床进修。通过灾后妇幼卫生支持项目的实施，改善了妇幼保健机构基本医疗设备条件，增强了人员培训，为促进和恢复玉树地震灾区孕产妇住院分娩、妇幼保健工作的规范服务打下了基础。

三、青海省妇幼保健院救援工作

青海省妇幼保健院于4月下旬组建工作队到玉树州支持灾区，工作队员帮助受灾单位制订

重建规划和人员培训计划，抢救受灾财产20多万元，协助受灾单位安装并调试B型超声诊断仪1台，向玉树州妇幼保健院捐赠价值4000余元的20余平方米的帐篷1顶、高压消毒锅1个。截至10月底，连续派出6批工作组，诊疗小儿上呼吸道感染、肺炎、手外伤、急性胆囊炎等患者700多人次，用药咨询百余人次，到地处偏远的哈秀乡进行“妇女常见病的防治”知识讲座1次，发放《产后出血的预防》《灾害中儿童健康保护指南》等实用书籍115册，为卫生厅驻玉树前线指挥部、驻玉树海北交警50余人进行了健康体检，为玉树州妇幼保健院恢复正常工作做出了积极贡献。

第四章　爱国卫生运动与健康教育

第一节　爱国卫生运动

地震发生后，青海省各级爱卫会、卫生局充分发挥自身的综合协调作用，推动部门联动，广泛开展爱国卫生运动。玉树县成立了城乡环境综合整治指挥部，开展城乡环境综合整治活动，以清洁家园、清洁水源为主线，采取监督检查、评比、激励等多种方式，促进爱国卫生运动扎实、有力、有序地开展起来。各级爱卫会协调相关部门组成督察组对各地开展工作情况进行检查评比和暗访督察，抓先进，促后进。认真搞好灾区环境卫生，在赛马场、体育场受灾群众临时安置点、医疗救治点等重点区域，组织开展卫生大扫除活动，彻底清除各种垃圾、污水、污物，消除卫生死角死面。州、县工商部门对个体工商户实行门前“三包”制度。开展除“四害”活动，坚持科学消杀，保证安全灭害，确保了灾区无鼠媒、虫媒传染病疫情发生。

广泛开展宣传教育，各级爱卫会及卫生部门采取悬挂标语、印发手册等多种形式，广泛宣传开展爱国卫生运动的重要意义，普及全民健康教育知识，做到了家喻户晓、人人皆知。同时，由团州委负责广泛动员青年志愿者和少先队员，采取分片包干、走帐串户等方式，加强宣传教育，增强全民卫生意识，引导广大群众养成科学、文明、健康的生活习惯，积极投身到活动中来。

第二节　健康教育与卫生新闻宣传

一、编印健康教育宣传资料

省健康教育所发挥专业优势，组织专业人员收集资料，结合青海省地处青藏高原海拔高、缺氧、寒冷等实际情况，先后设计编写、制作藏语、汉语两种文字的《灾后防病要点》宣传折页10万余张；为到地震灾区的全国各地医疗救援队以及医务人员预防鼠疫设计、制作《灾区医务卫生人员预防鼠疫知识要点》折页1万余张，设计、制作《防治病从口入》《搞好环境卫生预防传染病》《保护水源防止污染》《预防呼吸道传染病》《注意个人卫生习惯确保饮食饮水安全》6种宣传画2.4万张。受中国健康教育中心委托，印刷《成人互助共患难人间　真情满家园》《少年英雄克时艰　美好生活现明天》《大灾当前多关爱孩子心灵少伤害》等宣传画、传单6种3万张，设计、制作《预防高原病》宣传折页1万张以及《注意个人卫生预防疾病》《预防鼠疫"三不""三报"》宣传挂图等各种宣传材料紧急运往灾区，及时发放、张贴到灾区各受灾群众临时居住点及安置点，以及相关单位、学校、集中供餐点和全国各地救援队伍、医疗卫生队驻地，为灾后重建外来救助人员预防各种疾病提供了健康指南。

二、开展健康教育活动

4月16日，青海省健康教育所会同中国疾病预防控制中心、省疾病预防控制中心等30余名卫生防疫人员，组成灾区健康教育工作队，在结古镇体育场、赛马场、玉树县第三完全小学及扎西科、当代、下拉秀、上拉秀等受灾群众安置点、救援队伍驻地、临时板房学校、村社，采取现场健康讲解、挂图展示、资料发放等多种形式，开展卫生防疫、饮食饮水安全、传染病预防、高原病防治等健康教育宣传活动。协调北京赴玉树救援120急救中心，共同装备一台健康教育流动宣传车，用藏语、汉语在各居民安置点广泛宣传灾后防病知识要点和传染病预防知识。

4月18日起，省健康教育所协调省内各新闻媒体在青海电视台滚动播出《灾后防病要点》，在青海广播电台藏语频道不间断播放藏语《灾后防病要点》和《地震灾区饮用水卫生指南》。4月20日起，与省广播电台合作，在藏语频道《健康导航》等栏目24小时滚动播出灾后预防疾病健康知识。

5月8日，按照省卫生厅《关于印发玉树地震灾区鼠疫防控工作方案的通知》要求，在灾区举办玉树地震灾区鼠疫防治及灾后健康教育专业人员师资培训班，玉树州人民医院、州妇幼保健院、州疾病预防中心等州属各医疗卫生单位、玉树县所属各医疗卫生单位、2镇7乡医疗卫生人员及解放军第4医院、解放军第153医院方舱医院、解放军第255医院方舱医院、武警青海总队等120余名专业人员接受培训。

活动期间，累计张贴《灾后防病，你我做起》等汉语、藏语张贴画41万余份，发放《高海拔地区急性高原病防治知识》5000张、《灾后心理健康基本知识》手册6000册、《灾后防病要点》手册2.6万册、《地震灾后食品、饮用水、传染病防治手册》7500余份、《灾区医务卫生人员预防鼠疫知识要点》折页1万余张、《地震灾后食品、饮用水、传染病防治知识》折页5.9万份、《青海玉树震后传染病防控宣传册》6.46万余册，开展面对面宣传1000余人，累计受教育人数23.92万人次。

三、健康教育万里行

省健康教育所联合省科协少数民族科普队、省妇联等6家单位的32名人员组成健康教育万里行工作队，在玉树县结古镇居民安置点、玉树州红旗小学、巴塘乡、安冲乡和曲麻莱县、囊谦县、称多县等地，通过举办健康教育大课堂、开展学校健康知识、妇幼保健知识、卫生科普知识宣传等形式，开展健康教育活动。针对当地藏族农牧民文化低等特点，工作队采用“小手牵大手”的健康教育形式，在玉树州红旗小学、玉树县安冲乡寄校、曲麻莱县巴干乡麻秀村小学对3所学校2000余名师生通过举办健康教育大课堂、现场指导，与师生、家长互动等形式，将日常生活技能、学生健康相关知识、地方病防治等简单实用的卫生科普知识传递给了广大师生，使每一个孩子都认识到养成良好卫生习惯对预防疾病的重要性，以此带动家长和邻居，让灾后学校卫生防病工作走出学校，将防病卫生知识带到居民安置点的每个家庭，保证灾区群众都能知晓灾后防病卫生知识。在囊谦县白扎乡尼达村，工作队组织举办健康教育大课堂，将妇幼保健知识、常见传染病防治知识以通俗易懂的语言传授给群众。

健康教育万里行工作队每到一地，针对不同人群，通过组织一次卫生科普知识宣传活动、举办一堂健康教育大课堂等形式，引导广大农牧民群众科学预防灾后传染病、常见病，改变不良的行为和卫生习惯，活动形式多样，内容丰富，受到了当地群众的一致好评。此次活动累计行程3200多千米，发放各种宣传材料2.4万余份，累计受健康教育人数2万余人次。

四、卫生新闻宣传工作

青海省卫生厅成立由副厅长李晓东任组长，省健康教育所所长艾溪涛为副组长，姚晓群、何君、祁泽宏、刘燎原等为成员的新闻宣传工作组赶赴地震灾区，开展新闻采访报道工作。其间，配合卫生部新闻办、新华社、《健康报》、《中国妇女报》、中央电视台、中央广播电台、《青海日报》、《西海都市报》、《西宁晚报》、青海省广播电台等多家新闻媒体，就医疗救治、伤员转运、卫生防疫、卫生监督、食品药品安全监管等工作进行现场采访。深入受灾严重的拉秀乡日麻村、结古镇、隆宝镇等地实地采访报道，以多种形式，从不同角度、不同层次采访报道医疗卫生防疫救援队伍现场开展工作的情况。

抗震救灾期间，省卫生厅新闻宣传工作组先后在《中国妇女报》、青海电视台、《青海日报》刊登（播出）题为《七朵“雪莲花”傲放隆宝镇》《军地携手共防鼠疫》《有了产床，这下可好啦》《决不让防疫在我们片区出纰漏——记黄南州驻玉树县仲达乡卫生防疫队队长万玛加和他的团队》等新闻稿件，配合中央电视台、新华社，拍摄、采访《我要见妈妈》《风雨中，雪莲花依然开放》新闻通稿。截至7月5日，共在报纸上发表新闻稿件25篇、图片29张。同时，在新华网、人民网、青海电视台、青海人民广播电台等新闻媒体发表文字、图片、广播等消息、通讯稿件70余篇，相继发掘和宣传韩慧瑛、才仁松保、布尼玛、卓玛永措等一批在抗震救灾中涌现出的先进个人，四川省汉源县人民医院、四川大学华西医院、四川省人民医院、什邡市红白镇卫生院、映秀镇卫生院等一批先进集体。

第五篇 救援保障

玉树大地震发生后，灾区医疗抢救、卫生防疫成为紧迫的重要任务。各级党委、政府高度重视，千方百计组织做好医疗救援和卫生防疫的医用物资保障、血液保障和卫生应急建设保障，并从政治、后勤、经费、安全方面开展工作，为取得抗震救灾胜利打下坚实基础。省卫生厅积极配合，迅速实施物资保障的相关政策措施，有力、有序、有效地开展各项灾区卫生防疫工作，取得突出的成就，充分体现了卫生医护人员为民、专业、敬业、高效的职业操守和精神境界。省卫生应急指挥系统在抗震救灾中综合、系统、科学应对各种卫生疫情灾害，积极适应、配合国家地震应急救援体制的需要，将玉树突发地震公共卫生事件的危害预防、控制到了最低限度，为保障公众身体健康与生命财产安全，维护正常社会秩序做出了贡献。

众志成城　抗震救灾

第一章　医用物资保障

第一节　医用物资采购与接收捐赠

为确保玉树地震灾区医疗防疫救援工作顺利开展，青海省抗震救灾指挥部安排省卫生厅、省食品药品监督管理局负责药品、急救医疗设备的采购与接收捐赠，以及救灾药品、医疗器械的检查、检验分发工作。同时，成立5个救灾药品、医疗器械监管工作组，分赴玉树灾区、西宁机场、西宁火车站、省红十字会、省民政厅等捐赠药械受赠单位转运站，对全国各地、各渠道运送的救灾用药品、医疗器械进行登记、验收，确保救灾药械质量安全，防止不合格药械流入灾区，全力保障抗震救灾药品和医疗器械的质量安全。

省卫生厅依据玉树抗震救灾医疗救援和卫生防疫抗震救灾医用物资的需求，制订计划，明确责任，确保抗震救灾医用物资的供应。自4月15日至6月21日，青海省卫生厅共采购各类抗震救灾医疗物资总价值2657.61万元，接收捐赠医疗物资总价值2971.68万元。截至2012年12月，所有医用物资全部配发至灾区各相关单位。

青海省卫生厅药械采购统计表

表5-1

采购时间	采购单位	医疗设备		医疗器械	药品	卫生材料	总价值
		名称	（台/套/个）	（包/把/箱）	（箱/件/瓶/支）	（箱/个/支/片/盒）	（万元）
4月15日	青海富康医药有限公司	—	—	6	29520	14976	48.91
4月15日	青海省医药有限公司	—	—	—	200	—	—

续表 5-1

采购时间	采购单位	医疗设备		医疗器械	药品	卫生材料	总价值
		名称	（台/套/个）	（包/把/箱）	（箱/件/瓶/支）	（箱/个/支/片/盒）	（万元）
4月15日	卫生部代采	—	—	50	2000	—	
4月16日	卫生部代采	保健制氧机	200	—	—	—	
4月19日	卫生部代采	数字呼吸机	20	—	—	—	
		床旁血滤机	28	—	—	—	2271.29
		床旁X光机	20	—	—	—	
		心电监护仪	50	—	—	—	
		输液泵	200	—	—	—	
4月19日	青海省中西药业有限公司	—	—	52	152074	17656	126.26
6月21日	省卫生厅	—	—	868	—	—	324.44
合计			518	976	183794	32632	2770.90

青海省卫生厅接收捐赠物资统计表

表 5-2

时间	单位	设备		器械	药品	卫生材料	其他	总价值
		名称	（台/套/个）	（台/包/箱）	（箱/件/瓶/支）	（箱/个/支/片/盒）	（件）	（万元）
4月15日	西安爱润科技发展有限公司	—	—	—	—	6000	—	2.28
4月15日	四川大学华西医院	监护仪	20	207	—	2722	64	750
		呼吸机	26	—	—	—	—	—
		湿化器	3	—	—	—	—	—
		输液泵	15	—	—	—	—	—
		注射泵	20	—	—	—	—	—
4月17日	四川大学华西口腔医院	洁牙机	1	833	—	2304	—	—
		立式牙钻机	2	—	—	—	—	—
		高速手机	50	—	—	—	—	—
		空压机	4	—	—	—	—	—
		牙科X光机	2	—	—	—	—	—

续表 5-2

时间	单位	设备		器械	药品	卫生材料	其他	总价值
		名称	（台/套/个）	（台/包/箱）	（箱/件/瓶/支）	（箱/个/支/片/盒）	（件）	（万元）
4月17日	四川大学华西口腔医院	便携涡轮机	4	—	—	—	—	—
		超声波洁牙机	6	—	—	—	—	—
4月17日	四川大学华西口腔医院	真空灭菌器	4	—	—	—	—	—
		光固化机	6	—	—	—	—	—
		高频电刀	2	—	—	—	—	—
		牙科综合治疗机	6	—	—	—	—	—
4月17日	石药集团石家庄有限责任公司	—	—	—	105	—	—	50.06
4月17日	青海信友卫生实业有限责任公司	—	—	—	—	8000	—	36.60
4月17日	江苏恒瑞医药股份有限公司	—	—	—	170	—	—	52.26
4月18日	新疆医科大学第一附属医院	—	—	—	4629	23287	—	88.69
4月19日	四川大学华西第二医院	呼吸机	10	10	15136	2	1620	—
		监护仪	10	—	—	—	—	203.6
4月19日	四川大学华西第四医院	心电图仪	2	—	—	20	—	—
		发电机	5	—	—	—	—	—
		监护仪	5	—	—	—	—	—
		全自动血细胞分析仪	1	1060	18930	—	—	50.62
4月19日	金宝肾护理产品（上海）有限公司	—	—	—	—	168	—	—
4月19日	欧姆龙中国有限公司	—	—	1300	—	—	—	27.80
4月20日	辽阳桂龙洗消剂有限公司	—	—	—	—	15.36（吨）	—	21.60
4月22日	哈药集团制药总厂	—	—	—	68210	—	—	55.56
4月22日	上海医疗器械	—	—	2	—	—	—	—

续表 5-2

时间	单位	设备		器械	药品	卫生材料	其他	总价值
		名称	（台/套/个）	（台/包/箱）	（箱/件/瓶/支）	（箱/个/支/片/盒）	（件）	（万元）
4月23日	北京今日鸿青海康博商贸公司	—	—	—	—	30	—	2.87
4月23日	云南急救中心	—	—	—	324	343	5	2.70
4月23日	兰州七言志教育科技有限公司	—	—	—	—	—	200	—
4月23日	成都华高	—	—	—	30	—		30.00
4月24日	北京福麟佰成医药科技发展有限公司	—	—	—	7	—	—	—
4月24日	郑志新（个人）	—	—	—	—	—	19	3420
4月25日	江苏爱特福84股份有限公司	—	—	—	—	1458	—	55.84
4月25日	云南省医疗队	—	—	—	1082	2553	—	—
4月25日	湖北省医疗队	—	—	—	797	2702	17	—
4月25日	山西省医疗队	—	—	—	36160	182470	2777	—
4月26日	江铃汽车集团公司	全顺救护车	8	—	—	—	—	214.87
4月26日	中外合资南京万福金安生物技术有限公司	—	—	—	—	75	—	5.07
4月26日	安徽济仁药业有限公司	—	—	—	1467	—	—	999.40
4月29日	厦门味食府食品有限公司	—	—	—	—	—	843	—
5月2日	北京福田汽车公司	救护车	2	—	—	—	—	33.00
5月3日	太阳石（唐山）药业有限公司	—	—	—	215	—	—	—
5月4日	上海宋庆龄基金会	救护车	4	—	—	—	—	37.20
5月4日	长春吉大小天鹅有限公司	—	—	25	—	—	—	23.50
5月10日	南通医疗器械有限公司	手术床	10	—	—	—	—	5.20
5月10日	天津达仁堂药业有限公司	—	—	—	20	—	—	—

续表 5-2

时间	单位	设备		器械	药品	卫生材料	其他	总价值
		名称	（台/套/个）	（台/包/箱）	（箱/件/瓶/支）	（箱/个/支/片/盒）	（件）	（万元）
5月11日	北京时珍堂医院	—	—	—	4780	—	—	10.03
5月12日	桂林优利特电子销售有限公司	电解质分析仪	1	—	—	—	—	—
5月12日	桂林优利特电子销售有限公司	生化分析仪	1	—	—	—	—	—
		生化分析仪底柜	1	—	—	—	—	—
		生化仪附件仪器液路箱	1	—	—	—	—	—
		生化分析仪附件	1	—	—	—	—	—
		联想计算机	2	—	—	—	—	—
		惠普打印机	1	—	—	—	—	—
		酶标分析仪	1	—	—	—	—	—
		自动酶标洗板机	1	—	—	—	—	—
		壁挂式全科诊断系统	2	—	—	—	—	—
		多参数病人监护仪	2	—	—	—	—	—
		细胞分析仪	1	—	—	—	—	—
		尿液分析仪	1	—	—	—	—	—
5月14日	青岛海尔特种电器有限公司	疫苗保存箱	5	—	—	—	—	51.05
		血液保存箱	5	—	—	—	—	
		冷链监控智能温度记录仪	15	—	—	—	—	
5月14日	青岛紫竹医药有限公司	—	—	—	—	300	—	1.05
合计			269	3437	152062	249066	5545	6230.85

北京市药监局根据青海省药监局提供的当地急需药品及医疗器械目录，积极组织北京市企业奉献爱心。北京双鹤药业股份有限公司、北京同仁堂科技发展股份有限公司、北京太洋药业有限公司、北京中北博建科贸有限公司捐助抗生素、抗感冒药、大输液、纱布等药品和医疗设备共计800余件，总价值220余万元，通过北京市民政局紧急送往灾区。

4 月 15 日，青海久美藏药药业有限公司董事长久美彭措，在公司及下属医院抽调 11 名医护人员组成救灾小组，奔赴灾区开展救援工作。截至 4 月 30 日，救灾医疗小分队除救治伤病员外，还为玉树灾区捐赠价值 290 万元的物资、药品及现金。16 日，省政协举行青海晨菲制药有限公司通过青海省政协向玉树灾区捐赠药品仪式。省政协主席白玛代表青海省政协接收青海晨菲制药有限公司捐赠的价值达 170 万元的药品。

5 月 4 日，青海省政协得知玉树灾区一线药品短缺的情况后，当即组织筹集价值 261 万元的药品。省政协副秘书长、农工民主党青海省委主委张周平带队，火速将药品送往玉树灾区，以缓解药品短缺之急。

6 月 3 日，山西省中远威药业向青海玉树地震灾后重建捐赠价值 1500 万元高原病防治药品仪式在西宁举行。

玉树州赤古藏源贸易公司经理郑从辛将 30 万元的救灾物资分发给扎西大同村的受灾村民。

第二节　医用药械配送与监督检查

一、青海省食品药品监督管理局药械配送与监督检查

4 月 14 日，省食品药品监督管理局制定了“保证质量、特事特办、急事急办、保障救灾”的工作措施，在保证质量的前提下，一律特事特办、优先处理、快速筛查检验。加强对捐赠药械的监督抽检，重点开展对捐赠药械的分类、整理工作，掌握详细数据资料，确保救灾药品及药械的质量安全。对省内外捐赠灾区药品、医疗器械共计 152 个品种，价值近 180 万元，分 3 批紧急运往玉树地震灾区。15 日，海南州食品药品监督管理局调运 133 个品种价值 12.4 万元的救灾药品和医疗器械物资紧急运往玉树灾区。

抗震救灾期间，先后派出 5 批工作组赴玉树灾区指导和支持玉树州局开展救灾用药品、医疗器械安全监管工作。抽调省及州、地、市相关部门组成质量保障工作组，分别在西宁机场、西宁火车站、汽车站等转运部门和省红十字会、省民政厅、慈善总会等捐助点设立质量监督检查点，开展捐赠药械质量监督检查工作。前线工作组会同玉树州食品药品监督管理局对全国各地、各渠道运送的救灾用药品、医疗器械进行登记验收，确保救灾药械质量安全。全省食品药品监管系统（不含玉树州），累计登记检查捐赠药品和医疗器械 402 个品种 6000 余批次。

二、玉树州食品药品监督管理局药械配送与监督检查

地震发生后，玉树州食品药品监督管理局立即组织新绿洲玉树配送中心、玉树州医药公司

等企业，冒着危险从废墟中抢出止血绷带、手术钳、纱布、输液器等多种急救药品立即送到玉树州人民医院、体育场和赛马场急救点。同时，接收结古大药房、广仁堂大药房、雪域大药房捐赠的12万元急救药品和医疗器械，全部发放到各个救援医疗队，为抢救伤员赢得了宝贵的时间，并及时向青海省食品药品监督管理局汇报，请求紧急支持调拨急救药械。抗震救灾期间，先后收到各类捐赠药品和医疗器械价值约2325万元，累计发放给各医疗救助点药品和医疗器械价值约2317万元；监督检查药械5901批次，利用快检车近红外方法快检筛查药品475批次。查处近期失效药品68个品种、不合格口罩1批次，并全部予以登记依法销毁。

为提高玉树地区药品从业人员的法规意识和管理水平，顺利实施新一轮GSP认证和换证工作，玉树州食品药品监督管理局委托各县分局在全州五县县城举办6期药品从业人员培训班，集中培训全州50余家药品经营企业、110余家医疗机构和255名乡村药品协管员、信息员，共有培训380余人。

第二章　血液保障

第一节　血液供应

一、青海省血液中心血液采供

青海省血液中心根据省卫生厅工作部署，立即启动《青海省血液中心采供血应急预案》，及时与玉树州血站取得联系，按照玉树血站需送血要求，当即选派业务骨干，携带 A 型 40 袋、B 型 70 袋、O 型 70 袋、AB 型 20 袋血液搭乘航班飞抵玉树灾区。

中心为保障灾区用血需求，安排专业人员到青海师范大学等高校、机关单位进行血液采集，检验科、成分室、供血室等相关科室放弃休息，连夜加班加点对当日采集的 360 袋血液的血型、血色素、转氨酶、乙肝表面抗原、丙肝抗体、梅毒、艾滋病病毒抗体 7 项进行两次检测，对可疑阳性标本进行第三次检测，确保了血液质量。中心在抗震救灾期间没有发生过因输血感染传染病引起的医疗纠纷和安全质量事故。

4 月 17 日至 19 日，中心组织人员上街进行无偿献血宣传、免费化验血型以及献血预约登记工作，累计预约登记无偿献血者共计 1818 人；并对玉树中心血站需购置的急需物品清单，按要求对所需物品进行采购。19 日 23 时，接到青海省格尔木市血站紧急要求中心调动 B 型机采血小板 3 人份用于抢救灾区受挤压出血伤员的电话后，中心即组织相关科室人员，并通知自愿无偿捐献血小板的献血者到中心进行健康筛查，连夜进行 5 个小时接待工作，截至 20 日 5 时全部采集完毕。由 3 名工作人员驾驶中心送血车携带 B 型机采血小板 4 人份的治疗量以及红细胞悬液 70U 到格尔木援助，当晚 23 时安全抵达格尔木血站。截至 7 月 26 日，血液中心共向西宁各大医院发送血液 328.78 万毫升。

二、果洛州中心血站血液采供

地震发生后，大量伤员需要进行外伤急救，在抢救过程中需要大量的血液。果洛州中心血站在第一时间启动采供血应急预案，全站党员和职工全力以赴保障灾区医疗用血供应。共出动采血车20辆次，献血点共接待89名无偿献血者，献血量2.52万毫升。由于血液的特殊性、时效性，对血液的检测、储存、运输、调剂等都有严格的管理，果洛州中心血站未收到血液调剂的相关指令。为确保宝贵的血液资源不至于浪费，一是采取多种形式宣传解释，感谢广大干部、农牧民群众对玉树灾区救治工作的支持，号召他们在用血需要的情况下，再举善行。二是采取电话预约登记和街头预约登记等形式向预约献血者承诺，一旦灾区需要，将立即组织预约献血者参与献血，共接待预约献血者62人。三是坚持献血车天天出车，让职工深入群众，面对面做好解释及预约登记工作。

按照果洛州委、州政府和州卫生局统一部署，7月27日，果洛州中心血站派出工作人员1名及急救送血车1辆，组成了以果洛州中心血站、果洛州疾病预防控制中心为主的果洛州卫生系统赴玉树救灾防疫工作队，帮助当地进行为期60天的灾后医疗防疫工作。

三、北京市血液中心采供

北京市红十字血液中心迅速调配1000单位血液（包括O型悬浮红细胞500单位、AB型新鲜冰冻血浆500单位），紧急装箱后于4月15日11时30分空运至地震灾区。

第二节　血液安全管理

青海省卫生厅在救治地震伤员的过程中，认真落实相关法规和卫生部指示，从始至终做好血液采集、储存、调剂和供应的安全管理工作，坚持严格的质量管理，坚持规范的流程管理，坚持优质的采供血服务，有效地保证了血液质量的各项指标正常。中心对实验室质量体系进行了整体的重新规划和构建。实验室依据血站质量方针，围绕“安全血液”的总体质量目标，强化实验室建设，保证了血液检测结果的准确可靠及临床用血的安全。

抗震救灾期间，严格按照《血站实验室质量管理规范》，严把献血者健康体检和咨询关，从源头上确保血源质量。检验科对采集的每一份血液标本的血型、血色素、转氨酶、乙肝表面抗原、丙肝抗体、梅毒、艾滋病病毒抗体等7项进行两次检测，对可疑阳性标本进行第三次检测，确保了血液质量。建立健全传染病疫情管理和实时上报制度，实行专人专管，中心在抗震救灾期间没有发生过因输血感染传染病引起的医疗纠纷和安全质量事故。为各级医院解决疑难血型鉴定及疑难配型80人次，开展人员、环境检测，对采血大厅、采血车、机采室、血库冰箱环境进行抽检共计6批次，合格率100%，发放宣传资料1200余份，确保了输血安全。

第三章　卫生应急建设保障

第一节　动员支持机制

一、应急动员机制

地震发生时，各级医疗卫生系统都有相应的应急响应机制和应急预案。2003 年 8 月，青海省实施《〈突发公共卫生事件应急条例〉办法》；2003 年 9 月，省人民政府办公厅印发《青海省突发公共卫生事件应急预案的通知》；2006 年 3 月，省政府办公厅印发《青海省人民政府突发公共事件总体应急预案》。地震发生后几十分钟、几个小时之内，各级医疗卫生系统迅即启动应急预案，应急处置突发公共卫生事件的能力大幅提高，迅速调动资源和力量形成了一线救援行动和实际能力。

玉树强烈地震，震中距人口密集城镇近，破坏力强。抢救地震伤员，是卫生系统的第一任务。玉树是条件艰苦、环境恶劣、传染病多发地区，为确保大灾之后无大疫，国家、青海省、玉树州、玉树县迅速成立了相应的卫生防疫组，启动了自然灾害卫生应急Ⅰ级响应，紧急调动卫生防疫力量，上下联动，确保各方卫生救援力量形成合力，全力做好地震灾区卫生防疫工作。重点做好转出伤员的救治工作，加强对重症伤员医疗救治工作的指导。按照“四集中”（集中伤员、集中专家、集中资源、集中救治）原则，努力提高治愈率和康复率，最大限度地降低死亡率和致残率，实现了“大灾之后无大疫”的目标，为玉树的抗震救灾和灾后重建提供了卫生保障。

玉树地震卫生应急指挥具有迅速启动Ⅰ级响应，建立和完善军、警、地一体化工作机制，实现准确信息指导下的精确指挥 3 个特点。地震发生后，在中共中央、国务院、卫生部和青海省委、省政府的坚强领导和统一指挥下，各级抗震救灾指挥机构立即发挥组织决策部署指挥领导作用。青海省卫生厅党组迅速成立抗震救灾领导小组，组建抗震救灾医疗卫生防疫队伍，全力投入抗震救灾工作，党组书记、厅长及党组成员亲赴灾区指挥抗震救灾领导救援工作。省玉树抗震救灾指挥部医疗卫生防疫组统一组织、协调、指导各个方面的救援机构和救援队伍，建立联防联控工作机制，发挥团队一体协作作用，形成整体医疗防疫合力，体现高效科学减灾防灾的原则和要求。

以保障人民生命健康为本，组织尽快恢复灾区基本医疗卫生服务秩序，解决灾区居民就医和卫生保障问题。同时，启动医疗卫生机构恢复重建工作。在做好医疗救治和卫生防疫物资与经费保障的同时，开展医疗卫生系统灾害损失调查，研究制订灾后恢复重建规划工作方案，启动恢复重建工作。

二、发挥思想政治工作优势

玉树抗震救灾医疗卫生防疫工作，加强党的领导，发挥党组织的战斗堡垒作用，在救援一线建立了10个临时党支部，增强了27支队伍800多名党员的凝聚力和战胜地震灾害的信心，关键时刻把党员干部职工团结起来，广泛发动群众，形成社会力量，提供保障供应水平，解决伤员和受灾群众痛苦，凝聚人心，增强信心，给灾区群众以希望和安慰。各医疗防疫部门和单位的党员领导干部深入地震一线，奋力抗震救灾，树立了良好形象，为灾区群众所称颂，成为群众的主心骨、贴心人，党组织的战斗堡垒作用得到了集中体现。

面对玉树大地震突如其来的灾害，参加救援防疫的广大医务工作者临危受命、舍生忘死、恪守职责、无私奉献，为玉树灾区抗震救灾胜利建立重要功绩。玉树州卫生局党支部成员率工作人员火速赶往城区、镇（街）各医疗卫生单位实地查看了解灾情，并就如何做好灾后医疗救治和加强灾后安全防范等工作提出了具体要求，扎实做好应对工作；立即把局机关全体人员及卫生系统所有医务人员召集到一起，成立玉树州抗震救灾医疗救助临时分队，全力以赴做好抗震救灾各项工作，并对医疗救治、卫生防疫等工作进行了安排部署，在通信中断的情况下，派出机关工作人员指导各医疗单位有序组织转移患者，确保了医院住院患者的生命安全；积极做好物资储备，为解决灾区群众医疗救治，满足灾区群众急诊、急救的需要，先后动员人员，冒着生命危险从各医疗点抢出上百套病床被套、床单、棉絮、垫絮等物资备用；想方设法从各种渠道筹集药品，共筹集药品、消毒剂、日用品等200余种、360余台（件）。玉树州人民医院、玉树州藏医院、玉树州妇幼保健院、玉树八一医院等广大医护人员知恩、感恩，用热情的服务回报社会。除了开展正常的医疗工作外，还要为数万名援建职工送医送药，提供医疗保障服务。省内外卫生防疫队伍在极端艰苦的条件下，与受灾群众同呼吸、共命运，有饭一起吃，有水一起喝。在一些偏僻村庄，卫生防疫人员身背着防疫药械，翻山越岭，长途跋涉，进村入户，采取一切有效措施做好卫生防疫工作，确保大灾之后无大疫。

青海省卫生厅厅属各单位党组织立即行动，迅速掀起向灾区人民奉献爱心的高潮，共收到2049名党员自愿交纳的特殊党费共计34.8万元，其中个人交纳1000元以上党费的党员有25人。抗震救灾一线有89名入党积极分子和表现突出的医务人员火线入党，彰显了共产党员的先进性和先锋模范作用。青海省人口和计划生育委员会，向玉树州、玉树县人口计划生育委员会先期拨付 20 万元，向省红十字会捐款 3 万元，向重灾区的部分县、乡（镇）捐助 2.5 万元，全委干部职工捐款 1.86 万元，交纳特殊党费 3.4 万元。全省医疗系统很快形成了以救援地震灾区为中心的突击性工作大格局。一线医疗队日夜拼搏救援地震伤病人员，全省医疗卫生系统都动员起来，心往灾区想、劲往灾区用，形成了巨大的凝聚力和战斗力，为做好后勤保障提供了坚实的政治思想基础。

第二节　卫生防疫工作文件

应急救援期间，卫生部、青海省卫生厅制定下发一系列规范性文件，为抗震救灾卫生防疫提供了工作指导、法规依据和制度规范要求。

玉树地震医疗卫生防疫有关制度规范性文件一览表

表 5-3

序号	时间	发文单位	文件名称	文号
1	2010 年 4 月 15 日	省玉树抗震救灾指挥部	关于切实做好玉树抗震救灾工作中科学施救减少次生事故的通知	青震指〔2010〕24 号
2	2010 年 4 月 15 日	省玉树抗震救灾指挥部	关于做好地震灾区垃圾处理和厕所设置工作的紧急通知	青震指〔2010〕38 号
3	2010 年 4 月 16 日	省食品药品安全委员会	关于全力做好抗震救灾期间食品药品安全监管工作的紧急通知	青卫食协〔2010〕10 号
4	2010 年 4 月 16 日	省卫生厅	关于做好玉树抗震救灾伤员救治和转运工作的通知	青卫电〔2010〕21 号
5	2010 年 4 月 16 日	卫生部办公厅	关于做好青海玉树地震灾区食品安全和饮用水卫生安全工作的通知	卫发明电〔2010〕27 号
6	2010 年 4 月 17 日	卫生部办公厅	关于做好青海玉树县地震转送伤员医疗救治信息报送工作的通知	卫发明电〔2010〕28 号
7	2010 年 4 月 17 日	卫生部办公厅	关于进一步加强青海玉树县地震灾区卫生防疫工作的通知	卫发明电〔2010〕30 号
8	2010 年 4 月 17 日	省卫生厅	关于做好玉树县地震转送伤员伤检分类和非择期手术伤员手术治疗的紧急通知	青卫电〔2010〕23 号
9	2010 年 4 月 18 日	省卫生厅	关于进一步做好玉树地震伤员医疗救治工作的通知	青卫电〔2010〕24 号
10	2010 年 4 月 18 日	省卫生厅	关于加强地震伤员收治医院感染控制管理工作的通知	青卫电〔2010〕27 号
11	2010 年 4 月 19 日	卫生部办公厅 中国残联办公厅	关于做好青海玉树县地震伤员早期康复工作的通知	卫发明电〔2010〕31 号

续表 5-3

序号	时间	发文单位	文件名称	文号
12	2010 年 4 月 19 日	卫生部办公厅	关于进一步有序做好青海省玉树地震灾区医疗卫生救援工作的通知	卫发明电〔2010〕33 号
13	2010 年 4 月 19 日	省卫生厅	关于举办心理疏导培训班的通知	青卫电〔2010〕28 号
14	2010 年 4 月 19 日	省卫生厅	关于加强省外援助医疗服务和管理的通知	青卫电〔2010〕29 号
15	2010 年 4 月 19 日	省卫生厅	关于倡议广大党员自愿多交纳党费用于支援抗震救灾工作的通知	青直机党〔2010〕1 号
16	2010 年 4 月 20 日	省卫生厅	关于组建赴玉树地震灾区卫生防疫队的通知	青卫电〔2010〕31 号
17	2010 年 4 月 20 日	省卫生厅	关于成立玉树地震灾区伤员医疗救治专家组的通知	青卫电〔2010〕33 号
18	2010 年 4 月 20 日	省卫生厅	关于进一步做好地震伤员有关诊疗工作的通知	青卫电〔2010〕34 号
19	2010 年 4 月 20 日	省卫生厅党组	关于加强对抗震救灾资金物资监管的通知	青卫党〔2010〕24 号
20	2010 年 4 月 22 日	卫生部办公厅	关于做好青海玉树县地震伤员医疗救治信息发布工作的通知	卫发明电〔2010〕42 号
21	2010 年 4 月 22 日	省玉树抗震救灾指挥部	关于印发赴省内外就医地震伤员伤愈返程安置工作意见的通知	青震指〔2010〕60 号
22	2010 年 4 月 23 日	卫生部办公厅	关于成立青海玉树地震高原病医疗专家组的通知	卫发明电〔2010〕23
23	2010 年 4 月 23 日	卫生部办公厅	关于切实做好青海省玉树地震灾区鼠疫防控工作的通知	卫办应急函〔2010〕309 号
24	2010 年 4 月 23 日	省卫生厅	关于做好玉树地震伤员伤愈出院返程工作的通知	青卫电〔2010〕39 号
25	2010 年 4 月 24 日	省卫生厅	关于加强玉树地震灾区卫生防疫工作的通知	青卫电〔2010〕36 号
26	2010 年 4 月 24 日	省卫生厅	关于组织鼠疫防控专业队伍赴玉树地震灾区开展灭獭工作的通知	青卫电〔2010〕37 号
27	2010 年 4 月 26 日	省卫生厅	关于加强玉树地震灾区狂犬病防控工作的通知	
28	2010 年 5 月 22 日	省玉树地震灾后重建现场指挥部	关于进一步加强玉树地震灾区危险化学品安全管理的通知	青震重指〔2010〕14 号

第三节　应对处置措施

一、卫生防疫措施

省卫生厅紧急制订下发《玉树地震灾区卫生防疫工作方案》《玉树灾区疾病监测方案》《灾区鼠疫防治应急预案》《灾区炭疽防治应急预案》等技术方案，印发《青海省抗震救灾防疫人员工作手册》。全面落实卫生防疫目标任务，加强军地合作，对 19 个责任区实施分片包干，落实责任、落实措施、落实保障，指导帮助灾区卫生部门尽快实现防疫工作“四个全覆盖”（监测报告、环境消杀、饮食饮水卫生、健康教育工作全覆盖），加快动物尸体无害化处理，加大灾区人畜牧共患病和重大动物疫病的防控工作力度，确保大灾之后无大疫。22 支防疫队先后进入玉树灾区，构建省、州、县、乡（镇）、村五级联动卫生防疫机制，快速实行传染病疫情零报告、月报告制度和重点区域巡查制度，建立灾区重点疾病定期分析机制。对结古镇及以外的 8 个乡镇、村和受灾群众临时安置点实行分片包干，先后有 1028 名卫生防疫人员参加灾区卫生防疫工作。

二、急性高原病防治措施

鉴于玉树为海拔高地区，平均海拔 4000 米，救援人员初进高原工作强度大，为急性高原病的高发人群。为维护青海玉树地震灾区救援人员身体健康和生命安全，保障抗震救灾救援和医疗救治工作顺利进行，青海省卫生厅制订实施《救灾过渡期救援人员急性高原病防治方案》。对救援队派出前准备、高原作业时急性高原病预防措施、建立救援人员定时工作及轮换制度、建立急性高原病低转制度等做出具体规定。

三、灾区鼠疫防控措施

卫生部和青海省卫生厅根据玉树州鼠疫防治工作形势和灾后防控的需要，下发《关于印发玉树地震灾区鼠疫防控工作方案的通知》和 9 个鼠疫防控性文件（《玉树地震灾区鼠疫监测工作实施细则》《玉树灾区鼠疫标本的监测方案》《玉树地震灾区灭獭工作实施细则》《玉树地震灾区鼠疫防治健康教育宣传实施细则》《玉树地震灾区培训工作实施细则》《鼠疫防治知识健康宣传要点》《灾区医务人员鼠疫防治知识要点》《玉树地震灾区鼠疫防治知识培训手册》《玉树地震灾区人间鼠疫疫情应对准备和应急处置预案》），对玉树灾后鼠疫防治工作的总目标、具体目标、工作任务，主要包括动物鼠疫监测和人间鼠疫监测、健康教育、医务人员培训、预防性灭獭、动物间和人间鼠疫疫情处置、组织实施、考核评估、信息报告、工作时间安排等具体工作提出了重点要求和量化指标。

四、食品卫生监督监测保障措施

对食品卫生实施全过程监督监测，采取针对性、综合性保障措施。主要做法有：提高认识，周密筹划，制订预案；重视食品卫生安全教育；搞好帐篷食堂和餐厅内外环境卫生；加强饮食卫生监督监测与管理等。通过这些做法，未发生任何食源性疾病，圆满完成食品卫生安全保障任务。

五、卫生防病工作措施

重点落实了重视饮用水卫生监督、加强食品卫生安全监管、环境消毒与除臭、控制病媒生物的滋生、严防医源性感染、大力开展健康教育 6 项措施。这些措施主动有效，发挥了重要作用。

六、技术安全工作措施

在玉树大地震医疗防疫中，救援医疗队伍尊重科学、技术精湛，形成并推广了有效的治疗、防疫方案及技术方法，创造了许多高原应急救治伤病员的奇迹和卫生防疫工作的经验，积累了许多应急救援的好措施：重视医疗卫生制度及规范，防止医疗事故，做好医疗卫生人员自身安全防护；以航空运输为主，建立转移运送地震伤员立体“生命线”保障，与死神争抢时间；建立预警机制，预防余震灾害，防止意外事故，预防传染病、心理疾病等发生；加强医疗设备、设施以及药品、用品管理，正确操作、保养、使用，防止意外损失和责任事故；安全用电、用火，注意人员饮食安全；经常性地进行安技、安防教育和严格进行检查督查，广泛开展讲文明、讲卫生、树新风爱国卫生运动等。

后 记

根据青海省人民政府关于编纂《玉树大地震救灾重建志》的有关文件精神，2011 年 4 月 14 日，青海省卫生和计划生育委员会（原省卫生厅）成立《医疗防疫志》编纂委员会，编纂办公室设在青海省健康教育所。编纂委员会高度重视编纂工作，多措并举抓落实，上下联动促进度，聘请、抽调、充实修志人员，配备相应办公设备，督促落实各参编单位供稿及联络员 65 名，并从编纂志书的指导思想、资料收集、报送要求以及资料长编的撰写、大事记编写要点、行文规范等方面进行培训。

鉴于玉树州卫生局重建任务重、人手少，难以提供详细资料的实际困难，2012 年 5 月 23 日，青海省健康教育所办公室主任祁泽宏、许红星、肖剑敏、刘占山 4 人组成调研组赴玉树开展资料收集整理、资料长编撰写工作。调研采取查阅各类资料与考证鉴别、座谈讨论与典型人物采访、全面调查了解与拾遗补阙、现场采访与当场编写相结合等多种形式，从更深层次上挖掘内涵，抓住重点补充所缺入志资料，并深入州人民医院、藏医院、疾病预防控制中心、食品药品监督管理局、卫生监督所、妇幼保健院和玉树县卫生局、玉树县医院、称多县卫生局、玉树县隆宝镇及省对口支援单位，采访玉树地震当事人、知情人、见证人了解核实资料，征求被采访人意见和建议。调研走访摘录文字卡片 55 篇，电子文本资料下载卡片 12 篇，口碑资料采访卡片 9 篇，实际采访各类知情人、当事人 26 人次，共查阅各类资料 21 万多字，填写、打印“三卡”129 张；在此基础上，编写出相关资料长编 6 万多字。

7 月 17 日，《玉树大地震救灾重建志》专家组成员齐家璐（秦皇岛市地方志办公室原主任）、陶利辉（四川省地方志办公室省志处处长）到修志办公室指导，帮助修改篇目。7 月 18—20 日，全志委办公室召开专志篇目研讨会，对目录进行审定。共有 51 个参与救援的单位报送了“三卡”、资料长编和初稿，有 13 个省市报送了抗震救灾救援情况资料。共收集整理各类资料 90 多万字。在编写过程中，进一步加强与供稿人员的沟通交流，对发现的问题及时向供稿人员进行反馈，督促其进行资料再收集、再梳理、再充实、再完善，从而为顺利进入资料长编、初稿撰写创造条件。

省卫生和计划生育委员会领导、省健康教育所相关负责人都是玉树大地震医疗防疫工作的组织者和亲历者，积极提供资料、审定内容，对相关内容的编写发挥了重要作用。2013 年 3 月完成初稿并分别送全志委办公室专家审阅修改。依据全志委办公室印发的《玉树大地震救灾重建志》各分卷篇目大纲，对《医疗防疫志》中与其他专志篇目交叉重复的地方进行了删繁就简，力争突出本志特色。5 月 25 日，省卫生厅组织编写人员到四川省学习《汶川特大地震救灾重建志·医疗防疫志》编纂经验，四川省卫生厅非常重视，组织有关人员专门就篇目设计、内容交叉重复等问题进行了指导，并提供了相关资料。经反复、多方征求意见和多次修改、补充后，2014 年 12 月完成复审。2015 年 6 月，报请全志委办公室终审定稿。

吴黎、李颖承担前期资料收集工作，艾溪涛、祁泽宏、刘占山、许红星、徐微微、肖剑敏、张旭东承担了编写工作。在整个编纂过程中，《玉树大地震救灾重建志》编委会专家组、工作协调组、省地方志编纂委员会办公室予以热情而具体的指导。各市（州）、县卫生计生委（局），委属各单位、委机关各处（室、局）以及省档案馆、图书馆、出入境检验检疫局、食品药品监督管理局、省军区、武警青海总队、青藏铁路公司、青海机场有限责任公司、青海省动物卫生监督所等相关部门在资料收集、报送、修改方面给予了大力支持。在此，表示衷心的感谢！

《医疗防疫志》的编写是一项创造性的工作，编者既坚持存真求实、严谨治学的科学态度，又坚持与时俱进的创新精神，在编纂体例、篇目设置、记述方式等方面做了一些新的探索。虽然省卫生计生委对该志稿涉及的所有资料、内容作了全面系统的收集，切实负起全部责任，但由于知识水平和编纂能力有限，难免会有错漏之处，敬请读者批评指正。

《玉树大地震救灾重建志（卷四）医疗防疫志》编纂委员会

2020 年 11 月

社会赈灾志

众志成城　抗震救灾

概　述

众志成城　抗震救灾

玉树大地震发生后，中共中央、国务院果断决策部署，动员全国力量抗震救灾，紧急派出救援队伍，迅速组织大量物资，科学组织灾后重建。中共青海省委、青海省人民政府领导亲赴一线、靠前指挥，部署抢险救灾工作。面对巨大灾难，玉树州委、州政府带领全州各族人民，以昂扬的革命意志和必胜的战斗激情，奋勇挑战体力极限、精神极限和生存极限，展开了一场迄今为止人类在高原高寒地区规模最大、成效最显著的救援行动。全国各地纷纷伸出援助之手，截至灾后 86 天，向玉树捐赠款物达 106.57 亿元。在中共中央、国务院和全国人民的巨大关怀和全力支持下，玉树地震灾区各族人民顽强拼搏、艰苦奋战，在最短的时间里取得紧急救援全面胜利和正常秩序迅速恢复、拆危清墟加紧实施、灾后重建积极推进的抗震救灾工作阶段性重大胜利。在玉树这个高海拔、低气温，全年真正适合工程建设有效时间只有 4 个月左右的地区，战胜了重重困难，并最终赢得救援行动和重建家园的成功，撑起一片生命的绿荫。

一

时空间距隔不断中共中央、国务院和中央军委领导与玉树人民心相连。正在国外访问的中共中央总书记、国家主席、中央军委主席胡锦涛提前回国。他表示，在这一困难时刻，他需要尽快赶回国内，同全国人民在一起，投入抗震救灾工作。胡锦涛回国后立即主持召开政治局常委会会议，全面部署玉树抗震救灾工作。18 日中午，胡锦涛飞抵玉树视察灾情，看望慰问受灾群众和救援人员，了解救灾工作的突出困难，指导解决瓶颈问题。他视察率先复课的玉树州孤儿学校时，在板房教室的黑板上用粉笔写下“新校园，会有的！新家园，会有的！”12 个大字。中共中央政治局常委、国务院总理温家宝先后于 4 月 15 日、5 月 1 日两次赴玉树灾区考察灾情，慰问干部群众，指导抗震救灾工作。中共中央政治局常委、全国人大常委会委员长吴邦国，中共中央政治局常委、全国政协主席贾庆林，中共中央政治局常委李长春，中共中央政治局常委、书记处书记、国家副主席习近平，中共中央政治局常委、国务院副总理李克强，中共中央政治局常委、中央纪律检查委员会书记贺国强等中央领导人，情牵玉树震区，心系灾区人民，或亲临一线指挥救灾，或以其他各种形式动员各方面力量投入抗震救灾战斗。

灾情就是命令。中共中央发出最高指令，誓与“黄金 72 小时”争分夺秒，全力解救处于灾难中的玉树人民。4 月 14 日，国务院成立抗震救灾总指挥部，中共中央政治局委员、国务院副总理回良玉任总指挥。震后 40 分钟，启动国家救灾应急响应，几小时内将救灾应急响应由Ⅳ级提升为Ⅰ级。国务院抗震救灾总指挥部紧急从天津、沈阳、郑州、武汉、西安 5 个中央救灾物资储备库调拨 5000 顶棉帐篷、5 万件棉大衣、5 万床棉被运往玉树灾区。从全国各地组织调运大批帐篷、棉衣、棉被、食品、饮用水、药品等救灾物资，建立临时帐篷社区，集中安置群众，把物资及时、有序发放到受灾群众手中。救援中，总共有 18.82 万人领到生活困难补助，20.65 万人领取了救灾口粮，19.31 万人领取了转移安置补助，累计发放各类补助资金 1.88 亿元。积极开展群众心理抚慰工作和形式多样的群众性活动，鼓励受灾群众走出灾难的阴影，摆脱伤痛的折磨，构筑精神家园。灾区没有出现传染病暴发和食物中毒等突发性公共卫生事件。

青海省委、省政府和各地各部门，贯彻中共中央、国务院及国务院玉树抗震救灾总指挥部各项指示，科学、依法、统一、有序、有力、有效地组织赈灾工作，以受灾群众安置和生活救助为核心，围绕转移安置受灾群众、保障受灾群众基本生活、维护灾区社会稳定的中心任务积极开展工作。省委、省政府在第一时间启动抗震救灾 I 级响应预案，成立抗震救灾领导小组，向全省发出全力以赴抗震救灾的号召。省委书记强卫、省长骆惠宁和有关省级领导于地震发生当天下午到达灾区现场，实地察看灾情，组织指挥抗震救灾工作，紧急组织调运大批帐篷、棉被、棉衣、食品、饮用水等救灾物资。4 月 14 日上午 11 时，青海省将储备的 1000 顶救灾帐篷和所有棉被全部发放到灾区，在州体育场搭建起第一批救灾帐篷，安置受灾群众。同时，从玉树州其他县紧急调运 500 顶帐篷。紧急转移安置受灾群众 6.8 万户、22.3 万人；紧急调运救灾物资 25 大类、97 个品种、5 万多吨。确立“区分对象、确定标准、制定政策、安抚受灾群众”的工作思路，制定颁布困难群众生活补助、转移安置补助、“三孤”（孤儿、孤老、孤残）人员生活补助、遇难人员抚慰金发放管理办法和伤愈人员返程安置、遇难人员遗体处理、流动受灾群众返乡救助和“四金”发放实施细则等 9 项政策规定。至 8 月 27 日，玉树灾区共接收帐篷 78412 顶，折叠床 19911 张；发到受灾群众手中成品粮 29.2 万千克，衣物 143374 件（套），瓶装水 160945 件，食品 3158 吨；用于救治伤病员的药品 838 吨，用于灾区一线抢险救灾的成品油 344 吨，其他救灾物资 1513 吨；共计发放受灾群众生活补助、死亡人员抚慰金、受灾群众紧急转移补助、“三孤”人员补助 2.67 亿元。

玉树州委、州政府立即启动地震应急 I 级响应，组织干部群众开展自救。同时，调动公安、武警、民兵接受应急指挥部统一指挥，抢修与各县的通信及道路交通，安排公安、武警加强金融、卫生等要害部门的值勤。由玉树州财政直接下拨给玉树县 200 万元，囊谦县 100 万元，其他各县 60 万元，用于抗震救灾经费。省内各州（地、市）迅速参与救援活动。西宁市拨付 100 万元资金，价值 50 万元的棉被、帐篷等支援灾区；海东行署首期捐助 130 万元；海西蒙古族藏族自治州划拨 520 万元紧急救援资金；海北藏族自治州首批援助价值 20 万元物资抗震救灾；海南藏族自治州启动保障道路交通安全的应急预案，确保运送救灾物资车辆安全和国道 214 线海南段道路的畅通；黄南藏族自治州援助 20 万元救灾资金、价值 3 万元应急食品；果洛藏族自治州成立救援队赶赴玉树地震灾区。

党和政府高度关注民生问题，采取有力措施，努力保障受灾群众生活和身心健康，及时恢复地震灾区生活基本条件和社会秩序。4 月 14 日地震当晚 8 时，全面恢复机场通信，次日凌晨 5 时开始恢复玉树县通信，震后 24 小时内基本修复损毁道路，48 小时内基本解决通电问题。

震后第二天，金融和邮政秩序开始恢复。震后第五天，基本实现受灾群众有帐篷住、有饭吃、有干净水喝、有病能医治、御寒有棉衣的“五有”目标。震后第六天，从西宁组织大的商业企业到灾区设点营业。地震发生 7 天之内，灾区社会管理全面转入有序常态。震后 10 天内各校高中班陆续复课，37 天内灾区所有学校全部复课，灾区高考、中考顺利进行。

二

“地震无情、人间有爱，情系玉树、大爱无疆”。面对突如其来的地震灾害，在中共中央、国务院的亲切关怀和全国人民的大力支持下，青海省委、省政府带领全省人民展开了青海地区有史以来规模最大的社会赈灾捐赠活动。在省内，号召全省各级机关、企事业单位、社会组织和社会各界，积极捐款捐物，为灾区奉献爱心，帮助受灾群众渡过难关；在省外，中央各部委、国家机关，31 个兄弟省（直辖市、自治区）和港澳台同胞、海外侨胞纷纷伸出援助之手，及时组织资金、物资、人力、设备支援灾区，一些企业、慈善人士、志愿者从四面八方会集玉树抗震救灾，充分展示了中华民族乐善好施、救灾济困的传统美德和崇高境界，完美彰显了强大的中国力量、民族凝聚力和社会主义制度的优越性。

胡锦涛、江泽民、吴邦国、温家宝、贾庆林、李长春、习近平、李克强、贺国强等带头捐款，用深情关怀激励灾区各族干部群众团结一心、迎难而上，奋力夺取抗震救灾斗争胜利。截至 4 月 26 日，中央和国家机关各部门、各单位组织开展送温暖、献爱心捐助活动，捐款 8.2 亿元。在青海省委机关、省政府办公厅抗震救灾捐助点，省委常委仁青加、沈何、吉狄马加、多杰热旦和副省长邓本太、王令浚、高云龙、张光荣、马顺清、张建民带头捐款。身在抗震救灾第一线的强卫、骆惠宁委托他人代为捐款。省委办公厅、省政府办公厅、省纪委办公厅、省委组织部、省委宣传部、省委统战部、省委政法委、省委政研室、省直机关工委等单位的干部职工捐款 26.85 万元。曾在青海担任过重要领导工作的赵乐际、黄静波、田成平、杨传堂、宋秀岩等采取不同的方式和渠道开展捐赠活动。

灾难面前，共产党员是群众的主心骨和贴心人。一言一行，寄托着群众的厚望；一举一动，代表着党和政府的形象。全力搜救被困群众，努力救治受伤人员，妥善安排群众生活，迅速修复基础设施，确保社会和谐稳定，时时刻刻都有广大党员的身影。与此同时，共产党员交纳特殊党费，截至 2011 年 9 月底，中共青海省委组织部共收到省内外广大共产党员个人捐赠党费 10577.85 万元。

三

“一方有难、八方支援”。全国31个省、自治区、直辖市和新疆生产建设兵团主要领导高度关注，在玉树发生地震后纷纷给青海发出慰问电，启动应急预案，组织开展捐款捐物活动。全国各地从城市到乡村、从部队到厂矿、从机关到基层、从街道到学校，各条战线都在为抗震救灾做贡献，中华大地上处处涌动着全民族同心同德、团结战斗的激情。青海周边省区更是一马当先，派出各种救援力量，帮助玉树抢险救灾。地震当天中午，距玉树70多千米的四川省石渠县马上行动，由县领导带队，组织救援队赶往玉树灾区。在短短的几天里，来自全国各地的一支支救援队、医疗队、志愿者驰援玉树；一批批帐篷、板房、食品、药品运往玉树。截至4月30日，全国31个省、自治区、直辖市和新疆生产建设兵团捐款捐物44.1亿元。香港特别行政区政府立即启动捐赠程序，拨付港币13450万元。香港特别行政区香港友好协进会、香港东华三院董事局、国际慈善组织救世军港澳军区、香港红十字会等社会组织，通过各种途径，组织帐篷、棉被、衣物、食品、药品、器皿等救灾物资运往灾区，紧急支援玉树抗震救灾。澳门特区政府拨款1亿元支持玉树地震灾区救灾工作。全国政协常委何鸿燊，向玉树地震灾区捐赠500万港元。台湾亲民党主席宋楚瑜、国民党荣誉主席连战等致电慰问。台湾海峡交流基金会致函海峡两岸关系协会，对青海玉树地震深表关切和慰问。台湾同胞零星捐款2173.1万元。

人民军队爱人民。解放军、武警部队和公安干警，从机关到基层、从将军到士兵，慷慨解囊，争献爱心。在滇、黔抗旱一线和执行上海世博会任务的南京军区、广州军区、成都军区和空军、二炮、武警部队官兵，公安干警组织“爱心献灾区”捐款活动。在亚丁湾、索马里海域执行护航任务的海军官兵，通过多种方式踊跃捐款。在利比里亚、刚果（金）、黎巴嫩和苏丹等国执行维和任务的北京军区、济南军区等单位的官兵，及时将捐款汇到原单位。军事科学院、国防大学、国防科学技术大学等单位专门设立捐赠点，便利教职员工和学员随时捐款。驻外武官、援外专家和军事留学生也以不同方式捐款。特别是奋战在抗震救灾一线的官兵，在全力抢救人民群众生命财产的同时，积极参加捐款，为灾区群众奉献一片真情。解放军和武警部队官兵、公安干警累计捐款3.61亿元。

四

各人民团体、社会组织、企业积极行动。共青团中央、共青团青海省委、青年志愿者协会，各省、自治区、直辖市团组织、青年志愿者组织积极联络、协调、部署，来自北京、重庆、四川、陕西等29支志愿者队伍，在西宁、玉树参与到抗震救灾志愿服务工作中，志愿服务累计18.5万多小时，转运物资2500余吨，医疗陪护、语言翻译志愿服务1万余人次。青海省内外、境外自发的志愿者，特别是灾区的2000多名志愿者和义工，通过与工会、共青团、妇联等人民团体以及红十字会、慈善会等社会组织联系，参加募集救灾款物、双语翻译、医疗救治、伤员救护、心理卫生咨询、心理抚慰、抢险救灾、物资转运、物资分发等赈灾服务，成为玉树地震灾害发生后赈灾的一支重要力量。中央企业、省属企业、民营及外资企业再一次成为赈灾生力军。自4月16日中国红十字基金会收到第一家中央企业——中国南车集团公司内部员工的170万元募集捐款后，各企业慷慨解囊，捐助活跃，截至4月18日下午6时，共收到捐款4.52亿元。

全国各族人民情系玉树，感同身受，纷纷解囊捐款。在祖国大地随处可见人头攒动、排队捐款的动人场面。4月19日，青海电视台联合湖南电视台成功举办抗震救灾大型晚会“永不放弃　向生命致意”，募集善款和救灾物资，传递青海感恩心声，引起强烈反响。4月20日，中央电视台为玉树举行“情系玉树　大爱无疆”大型赈灾晚会，募集捐款21.75亿元，成为中国救灾历史上一次性捐款最多的大型募捐活动。

五

天下华人一家亲。地震发生后，在海外侨胞中掀起一股捐赠热潮。日本国爱媛县华侨华人联合会换届大会将为玉树灾区义捐作为会议议题之一，各理事踊跃捐款。西班牙瑞安华侨华人经济贸易总会、巴西温州同乡联谊会、全非洲中国和平统一促进会、中国侨联南非青年委员会、中国旅美科技协会，等等，他们有的捐助外币，有的捐助人民币，有的直接购买物资捐助。

爱心无国界。4月14日，在美国纽约联合国总部，法、英、俄、美4个安理会常任理事国，10个安理会非常任理事国代表，以及20个国家代表，在安理会就中东问题举行公开辩论会正式发言之前，就玉树地震向中国政府和人民表示慰问。第64届联合国大会第八十三次全体会议开幕前，全体与会代表为玉树地震遇难者起立默哀一分钟。联合国儿童基金香港委员会向玉树地震灾区捐赠港币，联合国世界粮食计划署（WFP）援助救援物资，新西兰驻华使馆为玉树灾区捐款，美国驻华大使馆通过中国红十字会总会向玉树地震灾区捐款。巴基斯坦伊斯兰共和国派出 2 架专机开展救援活动。白俄罗斯共和国、刚果（布）共和国驻华大使馆等向灾区捐款。联合国开发计划署实施援助玉树地震灾区灾后早期恢复与重建项目。与此同时，外国企业、团体及个人的援助源源不断，如法国家乐福集团公司、德国西门子（中国）公司、ABB（中国）公司、荷兰华人经济技术中心、苏格兰皇家银行、韩国国际抗饥饿基金会、新加坡慈援组织、新加坡新一中友好协会、泰国公主诗琳通等。日本红十字会在日本国内开展支援玉树地震灾害专项募捐。

六

玉树大地震发生后，中央政府与各省（直辖市、自治区）地方政府的援助资金迅速到位，全国各地的捐款源源不断地涌向各个募集机构和慈善组织。中央及青海省财政共安排抗震救灾应急阶段资金 15.03 亿元（不含灾后重建资金）。其中，中央财政安排 13.75 亿元，青海省财政安排 1.28 亿元。全国接收捐赠款物 106.57 亿元（资金 98.11 亿元，物资折款 8.46 亿元）。其中，境内捐赠 102.85 亿元，港澳台地区捐赠 2.73 亿元，国际组织和海外华侨等国外捐赠 0.99 亿元。捐赠资金，用于灾区群众临时救助等方面 15.5 亿元，用于灾后恢复重建的规划内项目资金 85.51 亿元。其中，民政 30.76 亿元，红十字会 23.33 亿元，慈善 25.2 亿元，财政 6.22 亿元。

为确保救灾款物真正用于灾区，国务院抗震救灾总指挥部颁发《青海玉树地震抗震救灾捐赠资金使用管理监督办法》。中央纪律检查委员会要求各级纪检监察机关和广大纪检监察干部迅速行动起来，积极投身抗震救灾，配合有关方面做好抗震救灾资金、物资的接收、管理、分发以及监督检查工作。民政部召集各相关社会组织和公募基金会负责人，落实国务院玉树地震救灾捐赠资金监管的要求。国家审计署制定玉树地震抗震救灾资金物资跟踪审计工作方案。全国各级审计机关成立救灾款物跟踪审计协调指导小组，派出审计组对玉树地震抗震救灾资金物资的总体规模、来源渠道以及拨付、使用、管理情况进行跟踪审计。

依据国务院抗震救灾总指挥部《青海玉树地震抗震救灾捐赠资金使用管理监督办法》，青海省形成政府相关部门监管、纪检监察监督、审计监督的监管体系，有效落实监管工作。青海玉树抗震救灾指挥部出台《玉树地震救灾物资发放管理办法》，召开省、州、县抗震救灾资金物资监督检查领导小组联席会议，提出健全组织机构、完善制度、公开透明、监督检查、社会监督的要求。中共青海省纪委、青海省监察厅向相关各派驻纪检组，发出加强对抗震救灾资金物资监管的通知，对有关事项做出安排。青海省玉树抗震救灾指挥部相继出台《青海玉树地震抗震救灾捐赠资金使用管理监督办法》，印发《关于全面加强捐款捐物审计监察监督的通知》《关于全面加强捐款捐物审计监察监督的紧急通知》等文件，为监督管理提供政策依据和制度保障。青海省审计厅制定《抗震救灾款物跟踪审计工作方案》。省民政厅、省财政厅等联合下发《青海玉树地震抗震救灾捐赠资金管理使用实施办法》。省纪委省监察厅发出《加强对抗震救灾资金物资监管的通知》。省财政厅约法三章。省民政厅制定9项政策规定。西宁海关及时跟踪监审。省质监局采取6项服务措施。

玉树州委、州政府提出严明工作纪律、切实加强对抗震救灾物资的管理要求。玉树州纪检监察机关及时跟进，全程监督。玉树州审计局成立抗震救灾捐赠款物审计工作领导小组，抽调业务骨干成立玉树现场审计组，对玉树地震灾区救灾物资和“五金”发放跟踪审计。全省各地积极配合，全力支援，并大力营造媒体监督、群众监督、社会监督的良好氛围，搭建新闻媒体、移动通信、政府网站公开信息披露平台，确保赈灾款物使用充分、管理规范、监督有力、公开透明，为“促进廉洁救灾、阳光救灾和有序救灾，为国家和人民交一个放心账、明白账”奠定了基础。

在中共中央、国务院的坚强领导，全国人民的巨大关怀、全力支持和国际力量的大力支援下，青海各族儿女化悲痛为力量，化哀伤为坚强，不屈服、不放弃、不退缩、不言败，经过艰苦卓绝的不懈奋斗，成功开展了一次迄今为止人类历史上在高原高寒地区规模最大、成效显著的救援活动，在最短的时间里夺取了抗震救灾的重大胜利，创造了抗震救灾史上的玉树速度、玉树奇迹。全省上下众志成城、顽强拼搏、尊重科学、敢于胜利，形成和展示了大爱同心、坚韧不拔、挑战极限、感恩奋进的玉树抗震救灾精神，这是长期以来青海各族人民不屈不挠与自然灾害斗争实践的集中反映，是青海各族人民团结和睦、守望相助美好品格的充分彰显，是青海各族人民追求发展进步强烈愿望的生动写照。

第一篇 国家及省外赈灾

2010年4月14日7时49分，青海省玉树藏族自治州玉树县发生里氏7.1级强烈地震，造成大量房屋倒塌和重大人员伤亡。面对这场巨大灾难，在玉树各族人民奋起自救的同时，举国上下，紧急行动，各族同胞，纷纷援手。中央和国家机关各部门、各单位迅速行动，在全力组织抗震救灾的同时，积极开展向玉树地震灾区送温暖、献爱心捐助活动。

4月25日，党和国家领导人胡锦涛、江泽民、吴邦国、温家宝、贾庆林、李长春、习近平、李克强、贺国强等带头捐款，用深情关怀激励灾区各族干部群众团结一心、迎难而上，奋力夺取抗震救灾斗争胜利。截至4月26日，中央和国家机关各部门、各单位共捐款8.2亿多元。

全国各省、自治区、直辖市、新疆生产建设兵团，在玉树发生地震后纷纷启动应急预案，组织开展捐款捐物活动，筹集了大量资金和物资。

众志成城　抗震救灾

第一章　中直国家机关赈灾

第一节　中共中央部委办赈灾

一、中纪委通知安排及拨款

4 月 17 日，中共中央纪律检查委员会下发《关于严明纪律保证青海玉树抗震救灾工作顺利进行的通知》。当日，中纪委向玉树灾区纪检监察系统下拨救灾资金 500 万元。

二、中组部组织动员及捐款拨款

4 月 14 日，中共中央组织部发出《关于迅速组织各级党组织和广大党员干部投入抗震救灾工作的通知》和《关于动员各级党组织和党员干部切实做好抗震救灾有关工作的通知》。各有关地方党委组织部门从代本级党委管理的党费中拨出一定数量资金用于抗震救灾工作。全国各级党组织和广大共产党员把支援抗震救灾作为当前的重要任务，积极为灾区送温暖、献爱心。正在西宁出席部分省、自治区、直辖市推进落实《深化干部人事制度改革规划纲要》座谈会的中组部副部长李智勇，当即决定调整原定会议日程，保证青海省委组织部集中精力做好抗震救灾工作。与会的中组部和省、自治区、直辖市党委组织部的 23 人捐款 2.45 万元。这笔捐款成为青海省委组织部收到的第一笔捐款。

4 月 15 日，中组部给青海省玉树州下拨代中央管理党费 200 万元，用于修缮受损的基层党员教育设施。16 日，中组部机关党员干部向青海灾区奉献爱心，捐款 44.8 万元。20 日，中组部又增拨 300 万元代中央管理党费用于帮助受灾地区党员解决生活困难。

三、中宣部宣传动员及拨款

4 月 16 日，中共中央政治局委员、中央书记处书记、中央宣传部部长刘云山就做好抗震救灾宣传报道做出重要指示，号召宣传思想战线的工作者要不畏艰难，深入灾区，积极发挥团结动员、凝聚力量的作用，为抗震救灾提供强有力的思想保证和舆论支持。中宣部紧急拨款 300 万元，支援青海省的抗震救灾宣传工作。

四、中央统战部组织捐款活动

4 月 15 日，全国政协副主席、中共中央统战部部长杜青林给青海省委统战部打电话了解灾情，动员和指导全国各级统一战线组织为青海省灾区捐款捐物，支援玉树抗震救灾。中央统战部发电报慰问青海省玉树灾区，向地震中遇难者表示哀悼，向遇难者亲属表示慰问，向奋战在抗震救灾第一线的干部群众、人民解放军和武警指战员以及统一战线成员表示问候，要求青海省委统战部充分调动统一战线各方面力量，全力以赴地投入抗震救灾工作，使受灾群众感受到党和国家的关怀和温暖。同时，紧急筹划并通过港澳爱国人士捐助募集 200 万元支援抗震救灾。17 日，该笔款委托青海省委统战部捐赠给青海省红十字会。

截至 5 月 13 日，中央统战部和云南、陕西、贵州、甘肃、四川、西藏等省区统战部门，以及民建中央、中华职业教育社、全国侨联、中华思源基金会等机构，通过青海省委统战部捐款捐物 719 万元。

五、中央政法委发出通知

4 月 18 日，中共中央政法委员会发出通知，要求各级政法机关认真贯彻落实中央政治局常委会会议精神，有力有序有效地开展抗震救灾工作，维护灾区社会大局稳定；灾区政法机关和赶赴灾区的公安民警、武警官兵要在当地党委、政府的统一领导下，尽最大努力抢救伤员生命、医治群众病痛，尽最大努力为受灾群众提供食品、药品和衣服、帐篷，加强对他们精神上的安慰鼓励，千方百计地做好救济和安置工作；各级政法机关要积极开展捐款捐物等送温暖、献爱心活动，支持抗震救灾工作，帮助受灾群众。

六、中央文明办捐赠图书

5 月 30 日，在“六一”国际儿童节来临之际，中央精神文明委员会办公室委托青海省文明办，向玉树州红旗小学赠送由中央宣传部、中央文明办、教育部、团中央、全国妇联联合出版的图书《中华是我家——全国优秀童谣评选获奖作品集》近 300 册。

第二节　全国人大机关赈灾

4 月 19 日，全国人民代表大会常务委员会在北京人民大会堂举行“全国人大机关干部职工心系青海玉树灾区人民”捐款活动。全国人大常委会副委员长乌云其木格、韩启德、华建敏、李建国、司马义·铁力瓦尔地，全国人大机关干部职工及离退休人员 2000 多人到活动现场捐款。不能到场的常委会领导和干部职工也委托捐款。活动现场共收到捐款 57.96 万元，由青海省人民代表大会常务委员会办公厅接收并转入省财政厅抗震救灾专户。

第三节　国家部委赈灾

一、外交部赈灾

4 月 16 日，中国人民对外友好协会、四川省人民对外友好协会分别给青海省人民对外友好协会发来慰问电，向青海人民特别是灾区群众表示深切同情和亲切慰问，并通过青海省人民对外友好协会向灾区捐款 5 万元和 1 万元。

4 月 18 日，外交部发言人姜瑜在北京就外国向中国提供抗震救灾援助回答记者提问。姜瑜指出中国青海玉树发生地震后，国际社会对中国抗震救灾工作高度关注并纷纷表示慰问，一些国家和组织还向中方表达了援助的意愿，这充分体现了国际社会对中国人民的友好情谊。中国政府对此表示欢迎和衷心感谢，并已公布接收捐赠账户信息。

为表达对青海玉树地震遇难同胞的深切哀悼，21 日，在全国举行哀悼活动的同时，中国驻外使领馆、中国常驻联合国代表团，全部降半旗，悼念在青海玉树地震中遇难的同胞。同时，有 148 个国家、34 个国际和地区组织通过多种方式就玉树地震灾害向中国政府和人民表示慰问。

5 月 13 日，外交部通知青海省外事办公室（以下简称“省外办”），配合省民政厅做好巴基斯坦国给玉树灾区捐赠 200 顶帐篷的交接工作。

7 月 6 日，中国友好和平发展基金会为青海玉树灾区捐款 6.77 万元。

二、国家发展改革委赈灾

玉树地区发生地震当天，国家发展改革委先后3次接到青海省发展和改革委员会的灾情报告，迅速启动紧急预案，成立支援玉树灾区抗震救灾领导机构。因青海省的紧急申请，国家发展改革委向玉树灾区下达抗震救灾中央预算内资金5000万元，由青海省发展和改革委员会负责安排用于抗震救灾。国家发展改革委迅速协调国家电网公司和中石油集团为灾区提供应急发电设备和紧急调运成品油。14日19时，国家电网公司组织的7辆应急发电车、18台小型发电设备、部分照明器材和186人的抢险队伍启程赶赴灾区；中石油集团从西宁紧急增运成品油156吨，15日又从格尔木增运120吨。16日，国家发展改革委根据民政部会同有关部门提供的需救助人数，按照每人每天0.5千克救济粮（成品粮）、发放3个月的标准核定，紧急给青海省下达玉树抗震救灾粮计划，从现有中央储备粮库存中无偿划拨储备粮4600吨（其中面粉3680吨、大米920吨），由青海省负责组织救灾粮出库、加工和调运，并免费发放给救助对象。同时，由中央财政按小麦50元/吨、大米70元/吨标准给予补贴，用于弥补救灾用中央储备粮的出库、加工、调运等相关支出。

三、教育部赈灾

4月14日当天，教育部党组即在直属机关组织开展以“为了灾区的孩子”为主题的捐款活动，部机关、在京直属单位及干部职工踊跃捐款。至16日，共募集资金1000万元，主要用于灾区学校的恢复重建。截至5月7日，教育部分两批向青海玉树灾区捐赠价值51.78万元的教学用品。其中，包括4月22日捐赠的100套教具内物品（国旗、三角板、量角器、圆规、粉笔等），500个书包内物品（饭盒、水杯、铅笔盒、HB铅笔、作业本等），20000册《玉树，我们与你们在一起——献给地震灾后的孩子们》图书以及4个教具箱等价值14万元的教学用品；4月25日，捐赠了总价值37.78万元的2000个学生生活学习包（书包、作业本、毛巾、牙刷等）。

4月21日，清华大学向灾区捐款30万元用于灾区开展医疗救治服务和灾区家庭财产受损、亲人遇难学生的困难补助。

4月26日，中央民族大学捐款100万元，东北师范大学捐赠中小学教师心理健康教育和中小学心理健康教育图书2000册，价值2.6万元。

5月14日、17日，留日博士团捐赠30万日元，折合人民币2.20万元，由青海省教育厅于捐款当天转缴青海省财政；西藏自治区教育厅、内蒙古锡林郭勒盟教育局，在本地倡议开展为灾区捐款活动。

5月25日、27日，北京大学深圳研究院捐款61.1万元。以上捐款由青海省教育厅分别于捐款当天上缴青海省财政厅玉树州抗震救灾捐赠资金专户，图书送交玉树州教育局。四川省考试院及北京大学、北京交通大学、中央财经大学、天津大学、华东师范大学、河海大学、湖南大学、华南理工大学、西南财经大学、陕西理工学院、陕西国际商贸学院、西藏民族学院、河南大学、中央广播电视大学、天津广播电视大学等院校发起募捐活动，纷纷为玉树同胞奉献爱心。

四、科技部赈灾

4 月 14 日，科技部组织开展全国科技系统干部职工向玉树灾区献爱心捐款活动　　（青海省科技厅　提供）

4 月 14 日，科技部组织全国科技系统干部职工开展向玉树灾区献爱心捐款活动，中国科学院向灾区捐款、捐物 100 余万元，中国科学院电子所向灾区捐赠 50 台太阳能光伏发电设备，中国科学院深圳先进技术研究院联合企业捐赠价值 75 万元的医疗设备，中国科学院半导体所提供 200 套 LED 照明灯运往灾区。截至 5 月 6 日，向灾区捐款 234.13 万元，捐物价值 1000 余万元。与此同时，江西、上海、浙江、河北、吉林、内蒙古、江苏等省（自治区、直辖市）科技厅（委）也纷纷发来慰问信，表示要与灾区人民携手并肩，为玉树灾后重建家园发挥科技优势。5 月 24 日，中国科协和青海省科协向玉树灾区捐赠东风日产越野车 2 辆、清华同方笔记本电脑 3 台及抗震救灾科普资料。

五、工业和信息化部赈灾

4 月 15 日，工业和信息化部直属机关党委组织部机关各司局、在京直属单位干部职工向玉树灾区捐款 117.36 万元。协调世界方便面协会和今麦郎食品有限公司向灾区捐助方便面 10 万份。17 日，又协调各地 40 多家医药企业向灾区捐赠现金和医疗物资价值 3000 多万元。

工业和信息化部积极协调调集安排抗震救灾设备、用品货源，以满足灾区基础设施保障和生产恢复要求。15 日，根据卫生部提出的要求，将上、下肢骨科夹板各 1000 副，手术包 50 个和 500 副担架运抵灾区；16 日，500 副担架、100 个手术包运抵灾区；21 日，50 台监护仪、20 台呼吸机、28 台血滤机、200 台输液泵、16 台高频床旁储能式移动 X 光机全部运抵灾区。28 日，紧急协调陕西、四川、江苏等 7 家生产学生课桌椅、写字板的企业，做好灾区万名学生复课设备保障工作。29 日，协调落实高压氧舱等氧疗设备和配套附属设备货源，并及时将可供货企业名单传送至青海省玉树抗震救灾指挥部。抗震救灾期间，工业和信息化部协调中联重科集团、柳工集团、山推股份公司抽调挖掘机、汽车起重机、装载机、平板车、推土机、压路机等工程机械赶赴灾区。

六、国家民委赈灾

4 月 15 日，国家民委召开会议，向灾区发出慰问电，并组织全委系统干部职工开展捐助灾区活动。根据灾区实际需要，做好赴灾区志愿者组织工作准备和委属院校来自灾区师生员工的思想工作，确保学校的正常教学、生活秩序，维护灾区民族团结和社会稳定，加强与青海省相关部门联系，及时了解情况，配合有关部门做好抗震救灾工作。

七、民政部组织管理与赈灾

（一）组织部署

4 月 14 日 12 时，民政部依据《救灾应急工作规程》，成立抗震救灾应急指挥部，李学举任指挥长，罗平飞任副指挥长，成员包括办公厅、政策法规司、救灾司、社会福利和慈善事业促进司、社会事务司、规划财务司、国际合作司、人事司（社会工作司）、驻部监察部、驻部审计局、机关服务中心等司局主要负责人。应急指挥部下设立救灾捐赠办公室，由综合协调、统计调配、资金接收、物资接收 4 个小组组成。

同日晚，按照国务委员马凯主持召开的紧急会议精神，民政部针对灾害损失和灾区需求情况，对是否开展救灾捐赠工作进行研判。当即牵头成立国务院抗震救灾指挥部群众生活组，向国务院报告玉树地震抗震救灾捐赠工作的意见和建议：

（1）不呼吁国际社会进行援助，对于国外主动捐赠的，表示欢迎并予以接收。同时，根据前方指挥部的要求，捐赠以资金为主，且集中捐赠活动原则上于 5 月上旬结束。主要考虑到中央及地方救灾储备库存储物资以及现有的医疗、救援力量已基本能够满足救灾需要。（2）考虑到当时的救灾需求及对重建需求的预评估，决定不发动全国性的救灾捐赠活动，由各省（自治区、直辖市）民政厅（局）视情决定开展救灾捐赠。开展救灾捐赠限定于各级民政部门及其下设的捐赠接收机构和红十字会、慈善会，以适当控制救灾捐赠的规模。（3）依照相关规定，中国红十字会总会、中华慈善总会、中国扶贫基金会、中国老龄事业发展基金会、中国宋庆龄基金会、中国光华科技基金会、中国残疾人福利基金会、中国人口福利基金会、中国青少年发展基金会、中国儿童少年基金会、中国绿化基金会、中国教育发展基金会、中华环境保护基金会、中国妇女发展基金会、中国医药卫生事业发展基金会等 15 个有救灾宗旨的社会组织和公募基金会，可开展救灾捐赠，其他社会组织不得开展救灾募捐，已接收救灾捐赠的，要将所募捐款转交上述机构。（4）各地民政部门及其下设捐赠接收机构所募资金逐级汇缴到民政部—中央财政汇缴专户，各级红十字会、慈善会所募资金逐级汇缴到中国红十字会总会、中华慈善总会，由民政部按照国务院的要求，协调两个总会和其他基金会将所募资金统筹用于灾区抗震救灾和恢复重建。(5)认真做好救灾捐赠款物的统计和信息反馈。此次对各地所募捐款的统计采取“以缴代统”方式，各级民政部门及其下设的捐赠接收机构、各级红十字会、各地慈善会每3日将所募捐款逐级向上汇缴，不单独进行捐赠统计，以实际到账为准；中国红十字会总会、中华慈善总会和其他基金会于每日12时前向民政部报送捐款接收和使用最新情况。各捐赠接收机构要定期向社会公布捐赠款物接收和使用情况。民政部将会同有关部门对各接收机构救灾捐赠管理情况进行监督检查。

4月15日上午，民政部部长李学举召集会议，贯彻落实国务院抗震救灾总指挥部会议精神，研究部署青海玉树地震抗震救灾和受灾群众生活安排工作措施。会议强调，要进一步规范救灾捐赠款物接收管理，完善统计和信息公开制度，加强监督检查，确保管理好、使用好救灾捐赠款物，指导抗震救灾捐赠活动。

4月17日，民政部下发《关于做好玉树“4·14”地震抗震救灾捐赠工作的通知》，要求各省(自治区、直辖市)民政厅(局)视情决定开展救灾捐赠活动。开展接收救灾捐赠的限定于各级民政部门及其下设的捐赠接收机构、各级红十字会、各地慈善会，集中捐赠活动原则上5月上旬结束。

4月20日，民政部发出紧急通知，要求青海省民政厅切实做好玉树地震灾区救灾款物管理使用工作。通知要求，灾区各级民政部门要高度重视救灾捐赠款物的管理使用工作，加强组织协调，提高捐赠款物的使用效益。各级民政部门接收的救灾捐赠款物要重点用于灾区群众紧急安置和农牧民住房恢复重建。要建立捐赠款物统计制度，及时统计汇总捐赠款物接收和使用情况，做到账目清楚、数据准确，避免重复统计和漏报、错报。要做好捐款使用的信息反馈和社会公示工作，密切跟踪资金的拨付使用过程，给捐赠者和广大人民群众交一份放心账、明白账。通知强调，要建立健全救灾款物管理制度，特别要制定和执行筹集、分配、拨付、发放、使用等管理办法，促进救灾款物管理严格规范、运行简便有效，保证救灾款物真正用于灾区、用于受灾群众。要建立部门监管协调配合机制，会同纪检监察、财政、审计等部门，重点防止和查处不认真履行职责、造成救灾款物滞拨滞留、随意分配、优亲厚友、贪污私分、挤占挪用等问题，确保各项救灾款物使用安全、合规、有效。要建立健全信息公开制度，把公开透明贯穿于救灾款物管理使用的全过程。要严格执行纪律，对抗震救灾款物使用管理中存在的违法违规行为，一经查出，从严从重处理。

4月22日，国务院新闻办公室举行青海玉树地震抗震救灾工作进展第九场新闻发布会，民政部新闻发言人、救灾司副司长庞陈敏介绍地震灾区救灾工作进展情况并回答记者提问，明确捐赠活动募集到的所有资金，通过民政部、中国红十字会总会、中华慈善总会和经民政部认可的15个基金会，以及社会各界直接捐赠给青海灾区等渠道，投放到灾区使用。对于定向捐赠部分，按照捐赠人的意愿落实项目；对于非定向捐赠，全部统筹用于灾后重建。灾后重建的重点是灾区民房、学校、医院、社会福利和公共设施的恢复重建。中国红十字会总会、中华慈善总会及其他基金会和有关社会组织应依法并按照本会章程开展救灾工作。基金会和社会组织募集到的善款，在民政部的指导下，由这些机构直接投放到灾区使用，并按照灾后重建规划来具体组织实施。

4 月 30 日，根据国务院抗震救灾总指挥部颁布的《青海玉树地震抗震救灾捐赠资金使用管理监督办法》，民政部明确玉树抗震救灾捐赠资金将按照恢复重建规划统筹安排使用，重点用于玉树灾区民生项目重建。安排使用顺序为：农牧民倒损住房重建，学校、医院、社会福利等公共服务设施及设备配套，对特困群众、“两孤一残”人员等特殊群体安置，其他民生类项目的恢复重建。根据《青海玉树地震抗震救灾捐赠资金使用管理监督办法》《青海玉树地震抗震救灾捐赠资金管理使用实施办法》，8 月和 12 月，民政部分两次下拨青海省玉树地震抗震救灾捐赠资金 27.9963 亿元。2011 年 12 月，下拨民政部本级当年接收的青海玉树地震救灾捐赠资金 711 万元。

（二）募捐活动

4 月 15 日 9 时，民政部机关干部职工自发向灾区捐款。中直、中央各部门和单位纷纷自发通过民政部向灾区捐款，各企事业单位、个人通过转账汇款、现场捐赠等方式奉献的爱心源源不断涌来。在部机关捐款仪式上，李学举等部领导带头进行捐款。活动当天，民政部直属机关党员干部职工共为地震灾区捐款 29.48 万元。面对社会高涨的捐赠热情，民政部遵循《救灾捐赠工作规程》适时调整各小组人员，做好善款接收和统计、票据打印和邮寄、政策咨询等工作，加强与银行、邮局的沟通和信息共享，确保每一笔善款都能快速到达灾区。

4 月 16 日，在民政部举行的捐款仪式上，李学举等部领导带头捐款　（民政部　提供）

4 月 18 日晚，为应对在中宣部、民政部、国家广电总局、中国红十字会总会、中华慈善总会联合主办、中央电视台具体承办的“情系玉树　大爱无疆”大型募捐活动特别节目晚会上公众咨询直线上升的可能，民政部提前开通 400 部捐赠热线电话，安排工作人员 24 小时值班守候，向公众提供相关咨询服务。紧急协调中国电信北京公司提供支援，将 40081-12349 电话并入中国电信 118114 号码百事通，由其专业接线员负责接听和提供咨询服务，民政部为接线员提供政策答复口径及相关培训。19 日上午，中国电信北京公司开通 50 人坐席接听电话，活动当晚增加到 200 人坐席接听电话。同时，民政部又协调中国电信北京公司通过集团公司由中国电信浙江、湖北等公司提供活动当晚的热线电话接听服务，20 日活动当晚中国电信集团公司为 40081-12349 提供 1000 个坐席，接听电话 9.41 万人次。在活动现场，民政部协调中国工

4 月 20 日，民政部协调宁夏民政厅为玉树灾区捐赠火炉

（青海省民政厅　李书海　提供）

商银行精选 60 余名业务熟练的银行职员现场清点接收捐款，然后由工商银行直接存入民政部捐赠专户。为时 3 个半小时的大型募捐晚会，共接收捐款 21.75 亿元，其中各级民政部门和经批准可以开展募捐活动的社会组织共接收捐款 11.25 亿元。

4 月 19 日，为解决灾区群众御寒问题，民政部迅速协调陕西、甘肃、宁夏等省（自治区）民政厅捐赠 3000 台火炉。20 日，再次协调陕西省民政厅解决 1000 台火炉，至此，加上商务部安排的 3000 台火炉，共向灾区调拨 7000 台火炉。30 日，香港赛马会为青海玉树地震灾区捐款 1630.56 万港元仪式在民政部举行。罗平飞会见专程到北京出席捐款仪式的香港赛马会主席陈祖泽一行，对香港赛马会多年来关注内地慈善事业发展、积极参与玉树灾后重建的义举表示赞赏和感谢。救灾司副司长庞陈敏、部港澳台办公室副主任柴梅参加会见。

5 月 27 日下午，副部长窦玉沛在民政部会见文莱达鲁萨兰国驻华大使张慈祥一行，并接收该国政府向青海玉树地震灾区的捐款共计 450 万余元。

截至 2011 年 12 月 31 日，民政部—中央财政汇缴专户共接收玉树地震社会捐赠资金 28.07 亿元（含各级民政部门汇缴）。

八、司法部赈灾

地震发生后，司法部研究部署司法行政系统抗震救灾工作，给青海省司法厅紧急下拨 100 万元救灾专款，并派出工作组前往灾区了解情况，指导司法行政系统抗震救灾工作。

九、人力资源社会保障部赈灾

玉树地震发生后，人力资源社会保障部干部职工心系灾区，主动捐款捐物，共向灾区捐款161.03万元。4月21—22日，人力资源社会保障部抗震救灾工作领导小组组长、副部长胡晓义一行赶赴青海，代表部党组亲切慰问灾区人力资源社会保障系统的干部职工，就玉树抗震救灾和灾后重建工作进行了深入调研。要求青海省人力资源和社会保障厅围绕抗震救灾这个中心，帮助灾区人力资源社会保障系统干部职工早日恢复生活工作秩序；在灾后重建工作中，实施更有针对性、更有效的政策措施；继续以就业和社会保障为中心，统筹做好人事人才、收入分配、劳动关系、监察仲裁等各项工作，做到抗震救灾重建和人力资源社会保障工作两不误、两促进。

十、环境保护部赈灾

4月16日，环境保护部向青海玉树灾区捐赠便携式多种气体分析仪、便携式气相色谱仪、应急检测箱（水、空气）、便携式多功能水质检测仪、便携式有毒有害气体快速测定仪、便携式大气采样器、便携式色质联用分析仪、发光细菌毒性检测仪等环境应急设备19台（个），帐篷、发电机、防寒服、应急救援包等救灾物资240套（个）。18日，环保部直属机关党委通过青海省委组织部，向玉树地震灾区转交特殊党费10万元用于灾区抗震救灾工作。19日，第一批价值570多万元的环境应急救灾物资运抵灾区。20日20时30分，环境保护部紧急支援玉树灾区价值120万元的第二批、第三批环境应急仪器设备运抵西宁。该三批应急救灾物资包括便携式大气采样器、便携式有毒有害气体快速测定仪、重金属快速测定仪、便携式余氯测试仪、酶底物质检测总大肠类大肠菌群、电热恒温培养箱、发光细菌毒性检测等监测仪器以及个人防护装备、棉帐篷、羽绒裤、保暖睡袋、全球定位系统（GPS）等物资设备。21日，上述设备被送往灾区，开展环境应急监测。

十一、铁道部赈灾

4月16日，铁道部领导赶赴西宁，对铁路抗震救灾工作做出重要部署，提出明确要求。中铁青藏铁路西格二线关角隧道工程指挥部由71人组成的救援突击队于同日到达灾区，迅速投入校园搜救工作，并为玉树州金巴慈善救助会转移书籍1.4万多册和价值437万元的物品。

十二、水利部赈灾

4月28日，水利部长江水利委员会副主任马建华在西宁市代表长江流域水利职工，向玉树灾区捐款363万元。

十三、商务部赈灾

4月15日，商务部紧急组织15家餐饮企业和20家商贸企业前往灾区，为当地受灾群众无偿供应稀饭和日常生活必需品，帮助玉树灾区恢复商业贸易活动。至16日，商务部向青海省捐助储备牛羊肉600吨。20日，商务部援助玉树灾区的价值90万元的3000台取暖炉及50套活动板房商店、35顶帐篷商店、6辆流动售货车等急需物资运抵西宁，并于当日运往玉树灾区。到21日，青海、四川、西藏3省（自治区）的16家餐饮企业，自备车辆和原材料在灾区办起"粥棚"，提供热食2.8万人次。23日，商务部组织支援的第二批24辆流动售货车从重庆出发，25日到达西宁，满载蔬菜、锅灶等生活物资于26日一早前往灾区。

4月20日，商务部第一批援助物资运抵西宁移交青海省
（青海省商务厅　提供）

4月28日，在玉树结古镇赛马场受灾群众安置点，受灾群众在北京华联流动超市选购物品

26日，第107届广交会向青海玉树灾区捐款147.04万元。其中，中国对外贸易中心捐助100万元，广交会二期各交易团、商协会工作人员捐助22.16万元，中国对外贸易中心干部职工捐助24.88万元。28日，商务部紧急调配玉树地震灾区的50间活动板房商店在结古镇全部开业，加上此前的47家帐篷商店、30辆流动售货车，以及140多家商户采取搭建帐篷、设临时摊点等方式开始营业，结古镇实现商业网点全覆盖。销售的商品从食品、日化、日用百货、鞋帽、蔬菜等商品扩充到肉食品、小型家电、服装等生活用品。美容美发、餐饮、汽车修理、报废车辆回收、喷绘广告等行业也逐渐开始营业。

十四、文化部赈灾

文化部系统广大干部职工发扬“一方有难，八方支援”的精神，从部长到普通干部职工都踊跃捐款，大力支援玉树灾区的抗震救灾工作。截至4月20日，文化部机关各司局广大干部捐款29万余元。在文化部的号召下，部直系统干部职工、离退休干部纷纷奉献爱心，共募集捐款1476万元。其中，国家文物局机关及直属单位捐款66万余元，中国对外文化集团公司捐款200万元，文化部恭王府管理中心捐款200万元，中国东方演艺集团公司捐款150万元，故宫博物院捐款100万元，中国艺术研究院捐款100余万元，中国文化传媒集团公司捐款60万元，国家图书馆捐款65万余元，国家博物馆捐款51万余元；国家京剧院捐款23万余元，并与梅兰芳大剧院一起将《曙色紫禁城》义演收入10万元捐献给玉树灾区；中央民族乐团义演捐款25万余元，中国动漫集团公司捐款50万元，文化部管理的108家社团组织捐款110万元。

截至5月6日，文化部机关及直属单位共为玉树灾区捐款2511.13万元。著名画家、学者范曾致电文化部，捐款1000万元。文化部系统捐款通过民政部门转往玉树灾区。

十五、卫生部赈灾

卫生部—联合国儿基会支援玉树抗震救灾，援助青海省妇女儿童医院输液泵10个、微量泵10个、儿童心电监护仪6台、儿童血液透析仪2台、新生儿喉镜和气管插管6套、复苏囊6个、胎心监护仪6台；援助地震灾区新生儿复苏囊8个、多功能产床4台、电动吸引器4台、新生儿喉镜和气管插管4套、婴儿暖箱4台、新生儿辐射抢救台4台、新生儿单衣2000件、新生儿棉衣2000件、儿童营养包36万个、立式空调15台、计算机7台、打印机7台、复印机7台，救护车7辆、工作车2辆。

十六、国家人口和计划生育委员会赈灾

4月16日，国家人口和计划生育委员会（以下简称“国家人口计生委”）、中国人口福利基金会通过青海省人口计生委向玉树灾区首批捐款100万元，用于支援灾区家庭、妇女儿童等抗震救灾，并发来慰问信。省人口计生委按照要求迅速用其中的50万元购买食品、药品、生活用品和妇女卫生用品，于21日8时运抵灾区。

十七、中国人民银行总行赈灾

4月17日，中国人民银行总行办公厅主任金琦代表总行在人行西宁中心支行向玉树灾区捐款500万元，并拨给玉树州中心支行100万元抗震救灾专项资金。

十八、审计署赈灾

4月16日，审计署下发《关于向青海玉树地震灾区捐款的紧急通知》，号召各地审计机关和广大审计干部积极踊跃为灾区捐款。署机关从行政经费中挤出120万元支援灾区抗震救灾；从兰州特派员办事处紧急调拨一辆吉普车给青海省玉树州审计局，供救灾审计专用；组织北京、天津、上海、江苏、浙江、广东、四川7省（直辖市）审计机关从行政经费中各挤出20万～30万元，计190万元捐给青海省审计厅，作为玉树灾区审计机关保障抗震救灾和审计工作所需经费。

署机关广大干部职工也纷纷伸出援助之手，全署包括署领导在内的1354名职工，捐款29.35万元，于21日全部汇缴到民政部—中央财政汇缴专户。刘家义在赴玉树地震灾区部署相关审计工作、慰问审计机关干部职工时，以个人名义向审计机关遇难者家属捐款1万元，在署机关捐款活动中又再次捐出5000元。

十九、海关总署赈灾

4月20日，海关总署机关开展向青海玉树地震灾区捐款活动。海关总署机关150余人参加现场捐款仪式，现场募集捐款13.8万元。至21日下午，海关总署机关捐款超过20万元。至23日，海关系统共捐款450万元。

5月1日，杭州海关捐赠的9726件衣物、鞋帽、文具等抗震救灾物资运抵西宁，西宁海关按照物资接收职责分工及时转交青海省红十字会。7—8日，广州海关捐赠的410台电视机，拉萨海关捐赠的800双童鞋、200件童衣，天津海关捐赠的1000件棉衣、2000套儿童套装陆续运抵西宁。12日和13日，长沙、深圳海关捐赠的2.5万条毛巾运抵西宁。西宁海关在做好物资出入库登记的基础上，将这几批物资中的服装、毛巾转交青海省红十字会。

6月24日，海关总署将从深圳、天津、宁波、杭州等10个直属海关统一调集的6.3万余件物资捐赠给青海省红十字会、青海省残疾人联合会支援玉树地震灾区。

二十、国家工商总局赈灾

玉树大地震发生后，国家工商总局党组迅速作出部署。总局党组书记、局长周伯华要求工商系统干部职工要认真贯彻落实胡锦涛、温家宝重要批示，全力以赴投入抗震救灾工作，切实维护好灾区市场秩序和社会稳定。4月14日上午，周伯华给青海省工商局负责人打电话，详细询问灾区基本情况、玉树县工商干部职工伤亡和生活情况。16日，国家工商总局向青海工商行政管理系统发慰问电，并拨付资金80万元，用于支持青海省工商系统抗震救灾工作。

二十一、国家质检总局赈灾

6月17日，国家质检总局印发《青海玉树地震抗震救灾捐赠资金使用管理监督办法》，要求专款专用，专账管理、专人负责；统一规划，突出重点，合理安排，有序使用。

二十二、国家广电总局赈灾

4月14日，国家广电总局专门召开紧急会议，专题研究向青海玉树地震灾区提供紧急援助事宜。15日，国家广电总局向青海省玉树地震灾区提供价值200万元的援助物资，包括4部调频发射机、5部无线电视发射机、500台直播卫星接收机、500台电视机、10台柴油发电机和30套扩音喇叭。18日，国家广电总局又运抵玉树收音机3万台、仰角天线500套、电视机1000台、卫星接收机及天线2套，总价值约400万元。国家广电总局的大力支持，为尽快恢复玉树地区广播电视有效覆盖和玉树州广播电视节目应急播出提供了可靠保障。

4月27日，施工人员在玉树县格萨尔广场开始安装大屏幕电视，以尽快让灾区群众了解到抗震救灾最新信息

（《西海都市报》 祁国彪 摄）

玉树地震后，玉树电视台原有摄录编播系统全部损毁，州电视台自办节目停播。国家广电总局援助1套价值近60万元的设备。该套设备集拍摄新闻、制作节目、数字播出于一体，玉树电视台自办节目制作和播出质量大为提高。20日系统启用，玉树电视台自办节目恢复播出。同时，国家广电总局统一调度，格尔木916台以3部大功率发射机向玉树州定向转播中央人民广播电台第一套节目、青海人民广播电台新闻综合节目和青海人民广播电台藏语节目，提高全州各县广播覆盖面，并成功恢复模拟无线电视发射，灾区干部群众能够通过无线接收到3套电视节目。

二十三、国家新闻出版总署赈灾

4月14日，国家新闻出版总署启动应急工作机制，首批灾区急需的10万册抗震救灾知识读本等出版物紧急启程运往灾区。17日，国家新闻出版总署发出《关于做好青海玉树地震灾区抗震救灾工作的紧急通知》，人民出版社、中国大百科全书出版社等8家中央级出版社向青海玉树地震灾区捐赠救灾专款、物资及出版物计300万元。

二十四、国家体育总局赈灾

4月16日，国家体育总局、中国奥委会向玉树灾区捐款100万元，并发来慰问信。5月1日，“大爱无疆赈灾体育彩票”在深圳首发。3日，由总教练黄玉斌率领的包括7名现役奥运冠军以及3名退役名将在内的国家体操队在香港伊丽莎白体育馆举行慈善表演，门票价格100～320港元，为青海玉树地震灾区和中国运动员教育基金募款。国家羽毛球队也在福建晋江举行赈灾义赛。

二十五、国家统计局赈灾

4月14日，国家统计局致电慰问灾区群众，对统计调查系统抗震救灾做出部署，紧急拨付抗震救灾和统计工作专项资金100万元，并组织机关干部职工积极捐款。5月13日，国家统计局局长马建堂及天津市统计局、天津调查总队一行7人，赴玉树灾区检查指导灾后恢复重建统计工作，看望和慰问玉树州统计系统干部职工，并向玉树地震灾区统计调查系统捐款1000万元。

二十六、国家林业局赈灾

国家林业局拨付200万元用于抗震救灾，并决定灾后重建中林业建设资金向玉树灾区倾斜。4月16日，国家林业局委派驻西安森林资源监督专员办事处工作人员抵达玉树地震灾区，向玉树州林业局全体干部职工及家属转达国家林业局党组和局长对全州林业战线干部职工及家属的亲切慰问。

二十七、中国地震局赈灾

玉树地震发生后，中国地震局启动Ⅰ级地震应急响应，及时派出地震现场应急工作队，并下达派遣国家地震灾害紧急救援队的命令，启动西北地震应急救援协作工作机制，命令青海、西藏、甘肃、陕西、宁夏等地的地震灾害紧急救援队和地震现场应急工作队立即赶赴灾区，开展抢险救援行动。

二十八、中国气象局赈灾

中国气象局启动重大气象保障Ⅰ级应急响应，拨款资金100万元，并从甘肃调拨一批帐篷紧急运往震区。第一批救灾物资和移动气象台于4月15日7时抵达震区并投入使用。

二十九、国家邮政局赈灾

国家邮政局为玉树邮政拨款50万元用于抗震救灾。4月19日，国家邮政局局长马军胜到玉树地震灾区慰问邮政职工，指导邮政业抗震救灾工作，并带去国家邮政局的10万元捐款。

三十、国家文物局赈灾

玉树有4处全国重点文物保护单位、20处省级文物保护单位和4处县级文物保护单位、233处文物点。7.1级强烈地震给玉树地区造成巨大的人员伤亡和经济损失，同时，众多承载着优秀民族传统文化的文化遗产也遭到前所未有的破坏。4月18日，国家文物局成立抗震救灾领导小组，20日，分别划拨70万元、8万元用于青海省文物局、玉树州文管所救灾前期工作经费。同日，国家文物局副局长董保华率慰问工作组抵达西宁。在西宁期间，专程探望在地震灾害中受重伤的玉树州文管所职工巴桑卓玛，并给她送去慰问金5000元。

三十一、国务院扶贫办公室赈灾

4月14日，国务院扶贫办公室接到青海省扶贫办关于玉树发生强烈地震的报告后，紧急动员协调各方力量为玉树地震灾区募集抗震救灾款物，至17日18时，募集到救灾资金和物资价值共计2145.2万元。其中，资金1608万元，各类急需物资价值537.2万元。23日，国务院扶贫办公室和青海省扶贫开发局灾情调查和恢复重建工作组抵达玉树灾区慰问受灾群众，开展灾情调查工作。当天，国务院扶贫办公室主任范小建召开有关司长和单位负责人紧急会议，研究部署并广泛动员各方面力量援助青海省抗震救灾，并向玉树地震灾区广大受灾群众发出慰问电，表达对灾区各族群众的问候以及对受灾损失情况的关注。经国务院扶贫办公室协调，中国扶贫基金会紧急从四川德阳调拨200顶帐篷，15日启程运往玉树地震灾区；集中力量募捐500万元，其中300万元用于救济受灾的1.5万户贫困家庭，200万元用于建设10栋板式教室，解决灾区学生的上学问题。中国扶贫开发协会捐资200万元，用于地震灾区贫困农牧民恢复生产，重建家园，并在北京举办捐赠仪式，收到捐赠款物价值915.2万元。

中国扶贫开发协会针对禅古村劳动力富余、人均耕地少、石料资源丰富的实际，主动捐赠项目和设备，专项支持禅古村的产业发展。捐赠项目及设备启动仪式于8月10日上午在玉树州玉树县结古镇禅古村草原上举行。

截至5月3日，全国扶贫系统所属社团组织，捐赠款物折合人民币1.23亿元，其中中国扶贫基金会为玉树地震灾区捐赠1亿元。救灾物资和资金陆续送往玉树地震灾区。

第四节　全国政协机关赈灾

4月16日，中国人民政治协商会议（以下简称“全国政协”）副秘书长、机关党委书记主持召开基层党组织负责人会议，部署机关党员向地震灾区献爱心，交纳特殊党费活动。全国政协机关紧急行动，广大机关干部群众踊跃捐款捐物，以实际行动支援灾区。至21日，全国政协机关811名党员交纳特殊党费20.06万元，党外242名干部职工捐款1.997万元，机关书画协会捐款1万元，津西钢铁集团通过全国政协办公厅向灾区捐款100万元。以上款项总计123.06万元，于2010年5月汇入青海省政协办公厅捐款接收账号，用于灾后重建工作。此外，人民政协报社的团员青年捐款4050元，通过社会捐助方式捐给灾区。

2010年11月，全国政协书画界委员及知名画家自愿捐赠书画作品共31幅，并由陕西省彬县煤炭有限责任公司出资200万元收藏,全国政协办公厅联络局书画室完成相关工作。11月，经全国政协机关领导决定,此款项以全国政协办公厅名义汇入青海省政协办公厅捐款接收账号，捐赠给青海玉树定向用于灾区人民重建家园。5月、11月，全国政协办公厅分两次给青海省政协办公厅汇入捐款共计323.06万元。

第五节　各民主党派赈灾

一、中国国民党革命委员会赈灾

4月16日上午，中国国民党革命委员会机关紧急召开部门负责人会议，研究部署抗震救灾工作，并号召机关全体人员立即行动起来，积极投身到抗震救灾和帮助灾区人民重建家园的实际行动中。截至当天16时，民革中央机关募集捐款11.05万元（含团结报社、团结出版社），汇至民革青海省委捐款账户。28日，民革中央画院、北京中山书画社在民革中央机关举办“支援玉树抗震救灾公益笔会”。公益笔会收到捐赠和现场创作书画作品85幅，筹款13万元。民革中央将笔会书画作品和捐款通过民革青海省委转交给玉树灾区，用于支援灾区学校建设和慰问奋战在抗震救灾第一线的干部群众。

在民革中央倡导、组织下，全国各级民革组织及党员自愿为青海玉树灾区捐款。民革中央收到的各地捐款有：4 月 16 日，民革四川省委捐款 5400 元；19 日，新疆金城住房置业担保有限责任公司捐款 1 万元，浙江长征职业技术学院捐款 20 万元，民革新疆区委捐款 5600 元，民革湖北省天门市委梁爱平捐款 1000 元；22 日，民革黑龙江省委捐款 2 万元，民革四川省委机关省直支部捐款 7.22 万元，民革四川省内江市委捐款 9670 元，民革辽宁省委捐款 5000 元，民革四川省自贡市委捐款 4920 元，民革四川省遂宁市委捐款 1.5 万元；23 日，民革广西壮族自治区委员会捐款 1.74 万元，河南洛阳民革党员杨双民捐款 9100 元，民革四川省攀枝花市委捐款 1.17 万元，民革山东省委主委会及部分党员捐款 5550 元；24 日，民革甘肃省委捐款 5 万元；26 日，民革四川省泸州市委捐款 4120 元，民革河北省委捐款 1 万元，民革四川省委省直党员捐款 4400 元；28 日，民革四川省绵竹市委捐款 5300 元；30 日，民革四川省广元市委捐款 680 元，民革广西区委捐款 7740 元，民革四川省绵竹市委捐款 3410 元，民革四川省达州市委捐款 12970 元，民革宁夏自治区委捐款 4100 元，宁夏功达建筑公司民革党员汪国利捐款 2 万元，民革安徽省委捐款 7050 元，民革江西省委机关工会捐款 13.53 万元。

4 月 24 日，民革甘肃省委主委郭层城带领甘肃民革工作人员，将价值 25 万元的两卡车棉被、方便面等物资和 5 万元现金，通过民革青海省委捐赠玉树地震灾区。救灾物资捐赠仪式在民革青海省委机关举行，青海省政协副主席、民革青海省委主委马志伟代表青海民革向甘肃民革赠送锦旗，对甘肃民革向玉树灾区的援助表示感谢。

4 月 27 日，北京市政协副秘书长、民革北京市委副主委于雪鹰，北京市政协委员、民革北京市委委员、北京宝旺集团公司董事长陈定旺等，将价值 45 万元的 3 车棉被、大米等物资送抵西宁，通过民革青海省委运送给青海玉树地震灾区。当日与民革青海省委、青海省民政厅举行物资移交仪式。

5 月 4 日，民革中央画院捐款 3 万元；6 日，民革四川省凉山州委捐款 1.086 万元；7 日，民革广西钦州市委捐款 6430 元；11 日，郭永业等 12 位台湾同胞捐款 2.6 万元；12 日，民革安徽省委捐款 1800 元，民革四川省委省直党员捐款 580 元；13 日，北京中山伟帮文化传播捐款 10 万元；14 日，民革四川省雅安市委捐款 1.16 万元；17 日，民革四川省成都市委捐款 3.287 万元，民革四川省内江市委捐款 300 元；18 日，民革四川省乐山市委捐款 6840 元；19 日，民革四川省乐山市委捐款 1080 元，民革江西省委机关工会捐款 7.037 万元；21 日，民革湖北省

4 月 27 日，民革北京市委捐赠玉树地震灾区的救灾物资运抵西宁　（青海省委统战部　提供）

委捐款 2400 元；25 日，民革海南省委捐款 40950 元，民革吉林省委捐款 5 万元；28 日，民革广东省委捐款 19.99 万元。全国各级民革组织及党员自愿为青海玉树灾区捐款合计 136.03 万元。

二、中国民主同盟会赈灾

（一）民盟中央机关干部职工捐款

4 月 15 日，中国民主同盟会中央机关组织全体干部职工为地震灾区群众捐款。全国人大常委会副委员长、民盟中央主席蒋树声，全国政协副主席、民盟中央第一副主席张梅颖，常务副主席张宝文，副主席李重庵、索丽生带头捐款。民盟中央机关、群言杂志社、群言出版社和机关服务中心全体干部职工，以及机关离退休人员纷纷解囊，筹集善款 1.8 万余元。

（二）民盟中央组织捐赠

4 月 16 日，民盟中央下发《关于成立民盟中央抗震救灾工作领导小组的通知》，蒋树声任组长，张梅颖、张宝文任副组长，李重庵、索丽生为领导小组成员，李重庵兼领导小组办公室主任。领导小组办公室下设联络组、项目组、宣传组、捐款管理组 4 个工作小组。民盟中央向全盟发出倡议书，号召广大盟员和机关干部，为帮助雪域高原的受灾同胞早日重建美好家园奉献绵薄之力，积极为灾区捐款捐物献爱心，并公布接收捐款账号、单位、开户行、联系电话、联系人等信息。20 日 20 点，由中宣部、民政部、国家广电总局、中国红十字会总会、中华慈善总会联合主办的“情系玉树　大爱无疆”抗震救灾大型募捐活动在北京举行。盟员范曾、屠洪刚、顾欣、刘维维、王蓉蓉、谭孝曾、李谷一等参加募捐活动。

截至 4 月 30 日，民盟中央募捐账户收到各地民盟组织捐款 100 余万元。7 月 20 日，中国民主同盟中央委员会通过青海省教育工委、青海省教育厅向玉树地震灾区捐款 200 万元。

民盟盟员、著名城市雕塑艺术家黄剑认为，灾后人们需要钱财物资重建物理意义上的家园，同时也需要精神上的鼓舞和支持来建设心灵家园。为此，他特地创作大型雕塑《玉树花开》。雕塑整体形象为三江（长江、黄河、澜沧江）从三座山峰上奔流而下，山上五十六朵格桑花盛开。上刻胡锦涛看望孤儿学校的题词：“新校园，会有的！新家园，会有的！”整座雕塑耗资数百万元，均由黄剑自费承担，并无偿捐赠给玉树孤儿学校。5 月 29 日上午，大型雕塑《玉树花开》赠送仪式在北京房山大石窝镇《玉树花开》雕塑创作基地举行。李重庵出席活动并致辞，民盟中央组织部部长陈幼平、民盟北京市委副主委刘玉芳等出席，玉树州孤儿学校校长尼玛仁增以及 20 名地震灾区的孤儿应邀参加活动。雕塑于 6 月 1 日在玉树孤儿学校落成。

民盟中央、温州医学院附属眼视光医院（国家重点实验室）积极与温州慈善总会、华富基金会及蜘蛛王鞋业集团有限公司等企业联系，为青海玉树捐助 956 万元，以帮助灾后重建医院，开展“明眸工程”，实施白内障复明手术，普及眼保健常识。6 月 9 日下午，“携手同行　抗震救灾　民盟在行动”暨“爱心温州　善行天下　明眸工程青海行”启动仪式在西宁举行。蒋树声、李重庵和青海省委常委、省委统战部部长多杰热旦，省人大常委会副主任马福海、王令浚等领导出席，省政协副主席、民盟青海省委主委鲍义志主持启动仪式。李重庵代表全盟盟员向青海省三江源民族中学捐赠200万元；温州慈善总会等机构和企业共向“明眸工程”捐赠善款956.5万元，用于购置眼科设备，培训眼科医护人员，以及在青海开展防盲治盲工作。其中，浙江省温州慈善总会系统、中国森马集团、浙江省乐清市慈善总会、浙江省永嘉县慈善总会、金帝鞋业有限公司、蜘蛛王集团分别向青海“明眸工程”捐赠309.5万元、300万元、179.5万元、80万元、57.5万元、30万元。民盟盟员、浙江慈溪育才学校董事长沈宏邦免费安置玉树灾区高中班1个，减免学生3年学费、食宿费268万元；民盟盟员、中国航天朝阳电源有限公司总裁王刚向青海少数民族学生捐赠笔记本电脑200台。启动仪式现场为青海地震灾区募集到善款、物资价值1500余万元。

（三）各级民盟组织和盟员捐赠

4月16日，民盟浙江省委在网站上转发民盟中央抗震救灾工作倡议书，并专门召开为玉树献爱心工作动员会议。省委机关干部现场捐款1.04万元，民盟浙江大学委员会湖滨校区总支捐款1800元，民盟浙江歌舞剧院支部捐款4000元，民盟浙江大学委员会玉泉校区总支捐款6000元。民盟江苏省委通过网站向全省各级盟组织和盟员发出捐款倡议，至26日，民盟省委爱心账户收到捐款90330元。民盟上海市委以“特别盟费”的形式号召广大盟员踊跃参与抗震救灾捐款，募捐现场筹得善款7万多元，通过民盟中央定向支援青海灾区。

4月20日，民盟长春市委向全市盟员发出《民盟长春市委关于向青海玉树地震灾区捐款的倡议书》，各总支、直属支部开展向青海玉树地震灾区捐助活动。至21日，共捐款13.5万余元。民盟北京市委响应民盟中央倡议，全市盟员积极行动起来，人人献出一点爱，捐款13万余元。

吉林、重庆、新疆、陕西、广西、湖南、江西、湖北、四川、山东、安徽、辽宁等民盟组织及时组织广大盟员捐款捐物，吉林省74岁的老盟员鲍音忍着病痛，在儿子陪同下到捐款现场捐款100元；安徽省90岁高龄的老盟员唐述英让家人将捐款1500元送到民盟省委机关；沈阳市老盟员高惠文刚做完心脏搭桥手术，行动不便，让老伴将捐款送到民盟市委机关。

民盟中山大学北校区总支盟员、中山大学附属第一医院急诊科副主任李玉杰，主动与总支沟通，积极向医院请缨，获得批准到一线救灾。4月15日晚，他随广东医疗队到达青海西宁，

6月9日，在“携手同行 抗震救灾 民盟在行动”暨“爱心温州 善行天下 明眸工程青海行”启动仪式上，慈溪育才学校董事长沈宏邦（左一）与玉树州教育局签订协议书

（青海省委统战部 提供）

被安排到青海大学附属医院重症监护室，参与对重伤员的救治。民盟河南电力第二支部委员、四川抗震救灾模范刘磊得知地震消息后，立即组织 10 余人的抗震救灾小组，为灾区群众送来棉衣、棉被、药品、手电筒等价值 370 万元的赈灾物资。19 日中午，救灾组及赈灾物资一同抵达西宁。经民盟青海省委与省红十字会协调，20 日一早，刘磊一行前往玉树，将急需物资直接送往灾区。

三、中国民主建国会赈灾

4 月 16 日，中国民主建国会中央、民建青海省委、中华思源工程扶贫基金会将价值 124 万元的救灾物资火速运往玉树灾区。20 日，民建中央向民建各省（自治区、直辖市）委员会下发《关于做好抗震救灾捐款工作的通知》，要求各省级组织高度重视，协助党和政府做好抗震救灾工作，号召各省级组织发扬“一方有难，八方支援”的优良传统，迅速行动起来，动员广大会员特别是企业界会员、机关干部积极捐款，帮助灾区渡过难关、重建家园。民建广西区委、新疆区委、宁夏区委、吉林省委、广东省委、四川省委等各地组织以不同形式表达对灾区人民的支持和慰问。民建广西区委发动全区会员捐款 60 万元，民建陕西省委捐款 1802 万元，民建广东省委捐款 1417 万元，民建天津市委捐款 1037 万元。民建中央及各地民建地方组织累计捐款 6194 万元。

4 月 16 日，青海省副省长，民建青海省主委高云龙在中华思源工程扶贫基金会向青海玉树地震灾区捐赠物资仪式上捐款　　（青海省委统战部　提供）

民建甘肃省各级组织向玉树地震灾区伸出援助之手，5 月 8 日，全国政协常委、民建甘肃省委主委宁崇瑞代表民建甘肃省委、兰州市委及其机关干部、部分支部成员及会员企业百盛集团公司为青海玉树灾区捐款 13.69 万元。全国各省（自治区、直辖市）民建组织向青海玉树灾区捐款捐物 2.145 亿元。

全国各省（自治区）直辖市民建组织向青海玉树灾区捐款情况表

表 1-1　　单位：万元

序号	组织名称	捐款金额	物资折价
1	民建中央机关	6.58	
2	中华思源工程扶贫基金会		121.67
3	民建北京市委	343.00	

续表 1-1

序号	组织名称	捐款金额	物资折价
4	民建天津市委	1037.41	
5	民建河北省委	976.27	
6	民建山西省委	15.42	
7	民建内蒙古区委	75.16	
8	民建辽宁省委	374.05	
9	民建吉林省委	21.89	
10	民建黑龙江省委	57.05	
11	民建上海市委	150.00	
12	民建江苏省委	472.74	44.06
13	民建浙江省委	263.63	106.00
14	民建安徽省委	171.02	
15	民建福建省委	10019.31	
16	民建江西省委	294.40	
17	民建山东省委	423.00	
18	民建河南省委	170.00	
19	民建湖北省委	20.71	
20	民建湖南省委	170.00	
21	民建广东省委	2380.96	50.00
22	民建广西区委	84.52	
23	民建海南省委	68.00	
24	民建重庆市委	26.00	
25	民建四川省委	157.23	25.07
26	民建贵州省委	3.00	
27	民建陕西省委	1802.10	
28	民建甘肃省委	50.51	
29	民建宁夏区委	98.60	
30	民建新疆区委	3.10	
31	青海华实科技集团	1000.00	
32	青海西旺实业（集团）有限公司	111.00	54.00
33	青海国鑫铝业股份有限公司	80.00	
34	青海杰森集团	51.90	
35	珠峰虫草药业有限公司	10.00	60.00
36	民建会员现场捐款	3.79	
合计		20992.35	460.80

四、中国民主促进会赈灾

8 月 16—21 日，中国民主促进会中央主办、首都师范大学承办的 2010 年校长暑期培训班在京开班。青海玉树地震灾区 15 名中小学校长与全国各地共 50 名校长参加培训。全国人大常委会副委员长、民进中央主席严隽琪出席并致辞。

五、中国农工民主党赈灾

4 月 14 日下午，中国农工民主党中央通过农工党青海省委向青海玉树地震灾区捐款 50 万元。

4 月 21 日下午，农工党中央机关举行向青海玉树地震遇难同胞默哀仪式暨为青海玉树地震灾区献爱心捐款活动。桑国卫、陈宗兴，全国人大常委会原副委员长、农工党中央主席蒋正华，全国政协原副主席、农工党中央常务副主席李蒙，农工党中央原常务副主席方荣欣，农工党中央副主席汪纪戎、刘晓峰，原副主席姚峻、章师明、田光涛、宋金升等率先垂范、带头捐款。农工党中央机关全体工作人员、直属事业单位职工以及农工党中央书画院部分艺术家纷纷捐款，共募集善款 3.26 万元。各级农工党组织和农工党党员捐赠。至 4 月 16 日 11 时，农工党广西区委等 6 个省级农工党组织给农工党青海省委发去慰问电，农工党广西区委捐款 1 万元。至 17 日，农工党各级组织共筹集资金 78 万余元，各种急救药品等物资价值 264 万余元。

4 月 17 日 22 时，杨凌岱鹰生物医药集团股份公司和陕西岱鹰医药有限公司通过农工党青海省委向玉树灾区捐赠价值 19.2 万元的“陕西岱鹰急救止血散”，并派专人护送药品到青海西宁。全国政协委员、农工党青海省委主委张周平代表农工党青海省委接收捐赠。18 日，农工党四川省委和直属中药研究所总支、日本亚洲医师学会、石家庄以岭药业联合向玉树灾区捐赠价值 36 万元的药品，张周平代表农工党青海省委在西宁接收捐赠。捐赠仪式结束后，农工党四川省直属中药研究所总支主委、四川省中医药科学院信息所副所长王筎研究员，农工党四川省委社会服务委员会处长汪治泉，日本亚洲医师学会联络官李永乐，四川省中医药外事办主任袁志等到青海省妇女儿童医院看望救治中的灾区孤儿，李永乐给灾区孤儿赠送从日本带来的儿童玩具，并考察

4 月 18 日，农工党四川省委和直属中药研究所总支、日本亚洲医师学会、石家庄以岭药业联合向玉树灾区捐赠价值 36 万元的药品　　（青海省委统战部　提供）

医院，了解医院在医疗救护方面急需器材情况。

4 月 19 日下午，甘肃农工党省委举行捐款仪式。在场农工党员纷纷捐款，共募集善款 10.19 万元。其中，农工党员、兰州苏格兰皇家俱乐部总经理王广海带头捐出 3 天（4 月 16 日至 4 月 18 日）的全部营业额共 7 万元。同时，他还通过网络、电话等广泛联系身边的朋友捐款捐物，奉献爱心，募集到上海市慈善基金会蔡惠英捐赠的价值 3 万元的救灾物资。同日，农工党吉林省委举行支援玉树地震灾区捐款仪式，来自农工党吉林省委、农工党长春市委机关的工作人员以及部分支部负责人 20 余人参加捐赠，现场捐款近 9000 元。20 日上午，杨玲梅受浙江奥默医药技术有限公司委托，通过农工党青海省委，在青海西宁向玉树灾区捐赠价值 30 万元的抗氧保健品——携氧，张周平代表农工党青海省委接受捐赠。23 日上午，农工党江苏省委机关举行为玉树灾区募捐活动。江苏省政协副秘书长、农工党江苏省委副主委肖渡、省委副主委兼秘书长张大钧参加募捐活动，现场捐款近万元。农工党黑龙江省委机关组织全体干部职工开展向青海玉树地震灾区捐款献爱心活动，在省委驻会副主委刘长青的带领下，省委机关干部职工捐款 2500 元，省直综合二支部捐款 2500 元，省药检所支部捐款 500 元，累计捐款 5500 元。28 日下午，农工党包头市委组织献爱心捐款活动，全市 231 名党员参加捐款活动，捐款 3.3 万元。至 30 日，农工党包头市委各总支、支部及广大党员捐款 6.18 万元。

截至 30 日 16 时，农工党内蒙古区委、农工党云南省委等 17 个省级农工党组织给灾区发来慰问电，农工党广西区委、甘肃省委、宁夏区委、贵州省委、云南省委、陕西省委、湖北省委、天津市委、江苏省委、四川省委以及陕西省安康市委、汉中市委、宝鸡市委，四川省攀枝花市委、绵阳市委，江苏省无锡市委等 16 个各级农工党组织为灾区捐款捐物 173.2 万元。洛阳市政协副主席、农工党洛阳市委主委雷雪芹捐款 1000 余元，广大党员纷纷捐款。至 5 月 1 日，农工党洛阳市委筹集善款 10380 元，通过农工党河南省委统一汇往玉树灾区。农工党重庆市荣昌县委积极组织开展捐赠活动，县政协副主席、农工党县委主委刘治中率先捐款 500 元，并号召全体农工党员以实际行动表达对灾区人民的关爱之情。至 5 月 10 日，农工党荣昌县委筹集善款 1.46 万元，其中农工党县委捐款 500 元、农业支部捐款 3650 元、科技支部捐款 3100 元、昌元医卫支部捐款 1700 元、人民医卫支部捐款 1400 元、畜科院支部捐款 1200 元、永荣支部捐款 850 元，农工党员谭顺明捐款 1000 元、周建中捐款 800 元、胡阳捐款 400 元。

六、中国致公党赈灾

4 月 19 日，中国致公党（以下简称“致公党”）中央在北京举行仪式，向青海玉树地震灾区捐款捐物。致公党中央通过中共中央统战部向灾区捐款 10 万元，致公党北京市委捐款 5 万元，致公党中央社会发展与服务委员会副主任、悦康药业集团有限公司总裁于圣臣向灾区捐赠价值 506.4 万元的急救药品。

七、九三学社赈灾

4 月 15 日，九三学社中央委员会致信慰问九三学社青海省委员会和奋战在抗震救灾一线的广大社员，向在地震灾害中不幸遇难的同胞表示沉痛哀悼，动员全体社员发挥九三学社优势，采取各种方式向灾区伸援手、献爱心、送温暖。九三学社中央领导和全体机关工作人员积极奉献爱心，主席韩启德，副主席贺铿、邵鸿、赖明带头捐款，正在全国政协出席抗震救灾专题学习会的九三学社中央原常务副主席陈抗甫，得知消息后立即赶到机关捐款。当日，九三学社中央机关共收到捐款 2.64 万元。

4 月 16 日，得知九三学社青海省委慰问团携带 12 吨救灾物资赴灾区一线支援后，九三学社中央主席韩启德打电话询问抗震救灾情况，并勉励九三学社青海省委，在这一特殊时期充分发扬九三学社的优良传统，全力以赴做好抗震救灾工作，提早谋划，积极为灾区重建建言献策，贡献力量。当日，参与玉树一线救灾的九三学社社员分别来自青海、天津、北京、河北、黑龙江、江苏、陕西 7 省，共 30 余人。

九三学社江西省委直接向玉树县第一民族中学捐款 6.14 万元，九三学社北京市委捐助玉树州孤儿学校 4 万元，九三学社成都市委通过九三学社西宁市委捐款 5.02 万元。5 月 21 日，九三学社陕西省委捐款 2.26 万元，九三学社广西壮族自治区委捐款 11750 万元。28 日，九三学社贵州省委捐款 3 万元。7 月 5 日，北京九三王选关怀基金会捐款 30470 万元。

九三学社黑龙江省直属支社社员杜保国得知玉树发生大地震的消息后，立即赶到社省委，捐款 1000 元。省直老社员、67 岁的张为民体弱多病，不能亲自捐款，委托老伴把 500 元钱送到社省委。社员姜总祥在外地出差，闻知青海发生地震后，委托家人到社省委捐款 1 万元。九三学社江苏省委机关干部和离退休老社员捐款 1.112 万元。九三学社南昌市委机关干部、工作人员、各基层组织代表 30 余人捐款 2.475 万元，通过南昌市慈善总会转交灾区。建筑系统支社 95 岁的老社员万国强，在自身生活并不宽裕的情况下，打电话到社南昌市委，捐款 500 元。九三学社义乌市委捐款 1 万元，九三学社湛江市社员捐款 6420 元，九三学社宜宾市委捐款 5000 元，九三学社成都市社员捐款 5.02 万元，九三学社酒泉市敦煌研究院支社孙志军等 17 名社员捐款 2350 元。

第二章　解放军及武警部队赈灾

第一节　中央军委、四总部、各大单位赈灾

玉树大地震发生后，解放军总参谋部、解放军总政治部立即向全军和武警部队下发开展抗震救灾工作的紧急通知，要求抗震救灾部队以坚强的领导、坚定的决心、坚决的行动，全力以赴支援地方打赢抗震救灾这场硬仗。解放军总后勤部紧急启动应急机制，火速调集帐篷和快速筹措85个品种、价值6048.6万元的药品、装备以及食品等大量救灾物资发往灾区，解放军总装备部迅速为救灾部队补充2万余套专业救援装备器材和工具运往灾区，并从各地紧急抽调装备保障专家奔赴灾区。

总政治部专门下发通知，要求全军和武警部队迅速开展为玉树地震灾区捐款活动，帮助各族群众解决实际困难。4月15—16日，从中央军委、四总部到基层组织，从将军到普通士兵，从离退休老干部到职工家属纷纷捐款、捐物，表达对灾区人民的深厚情谊。短短两天时间，全军捐款3557万余元。在亚丁湾、索马里海域执行护航任务的海军官兵，通过多种方式踊跃捐款。在滇、黔抗旱一线和执行上海世博会任务的二炮官兵，组织“爱心献灾区”捐款活动。21日，二炮领导将机关和全体官兵向玉树地震灾区捐赠的1000万元送到西宁，用于援建一所完全小学。其间，解放军四总部和抗震救灾各

4月20日，中国海军第五批护航编队“微山湖”舰官兵在亚丁湾为青海玉树地震灾区祈福，向遇难同胞表示深切哀悼

部队，为玉树灾区 64 所学校、12 个医院、9 个敬老院、73 个乡村和受灾群众安置点、52 个寺院、45 个机关及事业单位和灾区群众，捐赠液晶卫星电视 600 套和 25 平方米 LED 大屏幕电视 2 个。

4 月 28 日，中央军委在玉树将全军和武警官兵捐赠的 3.35 亿元捐款捐赠给灾区群众。5 月 4 日，中央军委捐赠玉树灾区的 190 套 0.8 千瓦发电机组、100 套 1.5 千瓦发电机组、2500 盏应急照明灯等一批急需的供电、照明救灾物资送到受灾群众手中。

玉树大地震发生后，兰州军区紧急召开常委会，研究部署抗震救灾行动。4 月 14 日 17 时，从距灾区较近的某综合仓库，紧急抽调高原野战炊事车 14 台及大批棉衣、棉被和救灾帐篷运送灾区。这 14 台炊事车抵达灾区后，每餐可提供 3000 人的主副食保障。17 日，兰州军区向玉树灾区捐款 500 万元，捐赠帐篷 100 顶、取暖炉 200 个、床板 2000 张、棉被 600 床、棉大衣 650 件、棉衣裤 800 套、压缩干粮 3000 千克、单兵食品 7200 餐份。

4 月 23 日，兰州军区、青海省军区在寄宿制学校玉树县第一民族中学举行“帐篷学校”捐赠仪式。兰州军区共筹措桌椅 850 套、床板 330 张、被褥 330 套、书包和学习用具 500 套、电视机 2 台。青海省军区帮助学校搭建帐篷大教室 30 间。

4 月 14 日，成都军区空军急调的助航灯光车运抵玉树机场　（新华社　刘华　摄）

4 月 18 日，兰州军区某部汽车团车队在运输救灾物资途中　（新华社　李翔　摄）

5 月 8 日，玉树州体育场济南军区野战方舱医院门诊部门口，群众排队等候看病

（《西海都市报》　何耀军　摄）

5 月 17 日，兰州军区联勤某分部官兵为玉树地震灾区结古镇甘达村村民送来医药和粮油，讲解医疗卫生常识，为村民进行免费身体检查，受到灾区群众欢迎

（新华社　杨继涛　摄）

4 月 25 日，兰州军区空军全体指战员为玉树地震灾区捐款 200 万元，捐赠棉衣被、食品等救灾物资价值 110 万元。5 月 1 日，兰州军区邱少云生前所在部队十连奉命在灾区抗震救灾，圆满完成对任务区内 1.47 万户的 41250 间房屋搜索救助任务，为受灾群众卸载并发放方便面、矿泉水、衣物、折叠床、面粉、燃煤等物资总计 800 余吨。邱少云生前所在部队再次为下拉秀镇中心寄宿制小学捐赠帐篷、被褥床单、课桌、黑板等一批救灾物资和教学用具。

在滇、黔抗旱一线和执行上海世博会任务的南京军区、广州军区、成都军区组织“爱心献灾区”捐款活动。在利比里亚、刚果（金）、黎巴嫩和苏丹等国执行维和任务的北京军区、济南军区等单位官兵，及时将捐款汇到原单位。

8 月 1 日，济南军区联勤部向玉树州人民医院捐赠呼吸机、麻醉机、心电监护仪、生化分析仪、尿液分析仪、柜式灭菌器、消毒柜等总价值 100 万元的医疗设备。捐赠仪式在玉树灾区济南军区解放军第 153 医院野战方舱医院举行，玉树州人民医院向联勤部敬赠“无私援助技术设备，军地共建和谐医院”的锦旗，表达医护人员和灾区人民的感谢之情。

解放军军事科学院、解放军国防大学、解放军国防科学技术大学等单位专门设立捐赠点，便利教职员工和学员随时捐款。驻外武官、援外专家和军事院校留学生也以不同方式捐款。特别是奋战在抗震救灾一线的官兵，在全力抢救人民群众生命财产的同时，积极参加捐款活动，为灾区群众奉献一片真情。解放军重庆通信学院教员刘晓刚陪同 66 岁的母亲郭孝珍，4 月下旬和 5 月 4 日两次到玉树，用郭孝珍积攒的养老金和刘晓刚的工资积蓄，先后给玉树州孤儿学校的 186 个藏汉孤儿和玉树县结古镇的 163 名孤儿每人发放生活费 100 元。这对并不富裕的母子，为玉树灾区捐款 5 万多元。5 月 4 日，母子二人带着认领的一名在地震中失去双亲的藏族孩子返回重庆。

第二节　武警部队赈灾

玉树大地震发生后，驻玉树武警部队 600 名官兵迅速投入抗震救灾。4 月 14 日 7 时 55 分，武警部队作战指挥中心启动 I 级应急响应机制，几小时内下达 3 个紧急通知和发出 2 个部队开赴灾区的命令。武警青海省总队 3200 名官兵携带救灾物资和药品，从西宁和格尔木两路并进，向灾区摩托化开进，火速赶赴灾区。武警水电指挥部立即

4 月 17 日，武警某部官兵帮助群众从废墟中挖出粮食

启动应急预案，命令驻灾区部队迅速组成专业化应急救援队伍，并从青海、江西、福建、北京等地抽调20台大型设备、5台高原救护车和130名官兵，组成3支专业应急救援队伍，连夜赶往玉树。

4月17日，武警部队将官兵捐赠的800万元捐款，委托青海省总队送到青海省政府。20日，武警总部文化站依据灾区地处偏僻、信息闭塞、通信不畅的实际，迅速定购收音机980台、卫星接收器70台、电视机70台送往灾区。

第三节　公安现役部队赈灾

一、公安边防部队赈灾

玉树大地震发生后，公安部边防管理局向灾区捐款1.11万元，同时捐赠价值36.87万元的生活和医疗用品。至4月22日，公安边防部队累计捐款280万余元。26日，公安边防部队医疗队在地震灾区完成医疗抢险任务撤离时，将价值36万余元的帐篷、水、食品和医疗药品全部捐给灾区。

二、公安消防部队赈灾

4月15日，内蒙古消防总队机关率先行动，举行捐款仪式，机关官兵为灾区捐款1.48万元，全区消防部队官兵共捐款29.54万元，各单位捐款全部交付当地红十字会。

4月16日，西藏总队机关组织捐赠活动，全区消防部队累计捐款28.79万元。16日，西藏消防总队将捐款全部汇交到自治区民政厅。天津消防总队官兵为青海玉树地震灾区捐款25万余元；湖北消防总队机关捐款2.6万余元。

4月19日，上海消防总队开展向青海玉树地震灾区捐款活动，总队机关全体官兵及合同制文员共捐助爱心款4万余元。海南省消防总队机关举行向青海地震灾区献爱心捐款仪式，当日上午全省消防部队单位和个人捐款31.87万元；山东消防总队机关组织全体干部为地震灾区捐款3.3万元，潍坊消防支队捐款5.12万元，德州消防支队官兵捐款1万余元。

4月20日，福建消防总队下发《关于开展向玉树地震灾区捐款的通知》，全省各级消防官兵迅速行动起来，福州支队捐款49990元，宁德支队捐款2万多元。

4月21日，新疆消防总队机关举行哀悼青海玉树地震遇难同胞活动暨向灾区捐款仪式，总队机关、直属队共捐款2.21万元。吉林消防总队机关、教导大队全体官兵捐款1万多元，总队医院组织官兵为灾区捐款的动人场面，鼓舞带动协作科室地方医护人员捐款6600元，白山支队官兵捐款33850元，四平支队机关捐款1万余元，松原支队官兵捐款1万余元。

4月22日，贵州消防总队举行捐款仪式，总队机关官兵捐款3.9万余元；重庆消防总队全体官兵向灾区捐款3.32万元；河北消防总队机关和唐山、廊坊、保定、沧州消防支队官兵为玉树灾区捐款10万余元。

4月23日，江苏消防总队将104.3万元捐款通过省慈善总会捐赠给玉树灾区人民。

至4月26日，江西省消防官兵累计捐款38.95万元；安徽省消防总队官兵向地震灾区群众捐款近百万元、棉被衣物百余件、无偿献血近3万毫升；山西消防总队现役消防官兵、合同制消防员、文职人员捐款23.65万元。

4月27日，广东消防总队、支队各级党委号召全体官兵慷慨解囊，总队机关、各支队级单位将捐款汇至总队财务部门，共计140.04万元。江门支队官兵在地震发生后先期捐款2.75万元，交给江门慈善总会汇往灾区，当总队党委号召全体官兵积极为灾区捐款时，江门支队官兵再次捐献5.2万元。

至4月30日，甘肃消防部队官兵、合同制消防员、文职雇员及离退休老干部通过各种形式，踊跃为玉树灾区人民捐款近46万元。

四川消防部队在迅速组建地震救援队赶赴灾区、投入抢险救灾的同时，全省各级消防部队开展向玉树灾区感恩捐款活动，6000多名消防官兵慷慨解囊。5月1日，全省消防部队筹集的首批捐款48万余元汇往玉树灾区。

三、公安警卫部队赈灾

4月21日，湖北警卫局党委向局机关及警卫部队全体官兵发出“向玉树地震灾区人民捐款”的倡议，127名官兵捐款1.602万元。所有捐款上交湖北省公安厅机关党委转交灾区。

第三章　人民团体、社会组织与企业赈灾

第一节　人民团体赈灾

一、中华全国总工会赈灾

（一）全国总工会组织捐赠

4 月 19 日上午，中华全国总工会（以下简称“全总”）书记处领导带头捐款，全总机关及各直属单位的干部职工纷纷解囊，向灾区捐款献爱心，共计捐款 66.9 万元。至 20 日，全总及各级工会向灾区拨款、捐款 2230 万元。5 月 19 日，全总下拨的 110 万元困难职工救助资金在玉树灾区发放到位。

（二）各级工会组织和会员捐赠

灾情发生后，全总和各兄弟省（直辖市、自治区、兵团）工会纷纷致电青海省总工会，向受灾企业和职工表示慰问。青海省总工会各部门与全总有关部门和周边兄弟地区总工会取得联系，介绍玉树受灾情况，联系落实救灾资金和急需物资，得到各地积极响应。中国金融工会向灾区捐款 30 万元，交通工会组织中直机关职工捐款 20 万元。

至 18 日，全总和部分全国产业工会，部分省（自治区、直辖市）总工会，部分省辖市总工会向灾区拨款、捐款 1500 万元；中国扶贫基金会收到各级各类工会向青海玉树灾区认捐资金及物资价值 1800 余万元。

二、中国共产主义青年团赈灾

（一）团中央组织捐赠

4 月 15 日，中国共产主义青年团中央迅速部署，紧急动员全团投身玉树抗震救灾工作。下发《关于组织动员团员青年积极投身青海玉树抗震救灾工作的紧急通知》，通过各种渠道、竭尽所能倡议募集抗震救灾资金。同时，为共青团青海省委拨付抗震救灾专项工作经费 300 万元。其中，100 万元划拨共青团玉树州委用于抗震救灾，10.05 万元用于购买抗震救灾物资，189.95 万元用于玉树灾后重建基层团组织建设。5 月 22 日，共青团中央向青海玉树地震灾区捐赠 3500 万元。全国各级团组织、团员青年、少先队员共募集救灾款 8131 万元和救灾物资价值近 7000 万元，大力支援玉树抗震救灾。6 月 13 日，以全国青联副主席、香港资源控股有限公司主席黄英豪为团长的全国青联港区委员青海探望慰问代表团，为玉树地震灾区捐款 200 万元，用于希望小学援建项目，青海省委常委、省总工会主席穆东升出席在青海省少年儿童活动中心举行的捐赠仪式并致辞，共青团青海省委有关领导和 200 名玉树灾区学生参加仪式。捐赠仪式上，全国青联港区代表团还赠送玉树灾区学生文具套装 200 套。

（二）各级团组织和团员捐赠支援玉树

自 4 月 15 日团中央发出紧急通知至 20 日，全国各级团组织募集救灾款 1560 万元，募集饮用水、方便食品、药品、医疗设备、活动板房、帐篷、被褥以及发电机、强光灯等救灾物资价值约 1750 万元；1060 万元救灾款和价值约 1200 万元的救灾物资先期到达灾区。

三、中华全国妇女联合会赈灾

4 月 14 日下午，中华全国妇女联合会（以下简称“全国妇联”）、国务院妇女儿童工作委员会、中国儿童少年基金会、四川省妇联等纷纷给青海省妇女联合会打来电话，表示亲切关怀和慰问。青海省委原副书记、省长，全国妇联党组书记、副主席、书记处第一书记宋秀岩分别给强卫、骆惠宁打电话，询问玉树灾情。15 日，全国妇联向青海省妇联发出慰问信，代表全国广大妇女和妇联干部向受灾群众特别是妇女儿童表示诚挚慰问，并紧急筹集 100 万元救灾慰问金。宋秀岩以“青海高原人民的女儿”署名给青海省委、省政府发去慰问信，并为玉树灾区捐款 2 万元。16 日、20 日，全国妇联分别下发《关于充分发挥妇联组织的优势动员组织广大妇女积极投身抗震救灾工作的紧急通知》《关于认真贯彻落实中央关于进一步做好抗震救灾和支援地震灾区有关工作重要部署的紧急通知》，要求青海省各级妇联组织，动员组织妇女积极投身抗震救灾第一线各项工作；非地震灾区妇联组织，筹集支持抗震救灾资金和物资，开展支援抗震救灾工作。

至 4 月 20 日，全国妇联累计筹集 662 万元资金和物资发往青海。全国妇联收到 16 个省、自治区、直辖市妇联以及香港妇女协会组织的捐款 217.2 万元，救灾物资价值 152.1 万元。

中国妇女发展基金会将原定 4 月下旬举办的颁奖晚会改为赈灾晚会，并多方募集资金、物

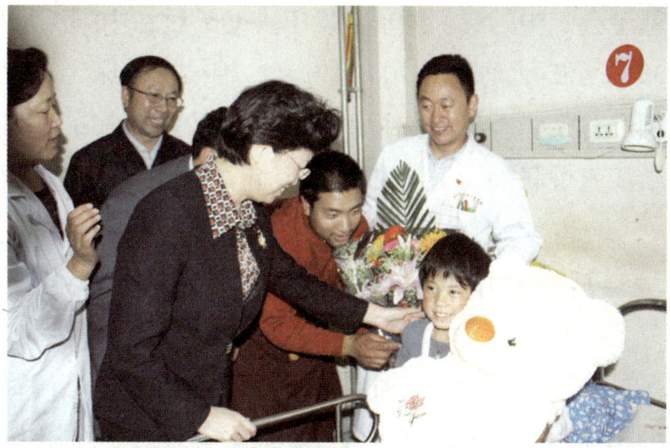

5月26日，全国妇联党组书记、副主席、书记处第一书记宋秀岩（前排左二）代表全国妇联和国务院妇女儿童工作委员会到医院看望在地震中受伤的灾区儿童

（青海省妇联　提供）

资及援助项目，全力支持玉树灾区，为青海省1.4万多名孤儿购买12种重大疾病公益保险，给予2000名儿童每人500元生活补助。中国儿童少年基金会将募集到的来自13个省、价值960.76万元的儿童营养包、奶粉、手电筒、服装等救灾物资通过快递发给青海省妇联，委托青海省妇联转送灾区。中国妇女发展基金会援助36万元的公益项目，用于为灾区学生购买学习用品，同时募集价值438万元的大衣、口罩、金嗓子喉宝、卫生巾等救灾物资运往灾区。国务院妇女儿童工作委员会（以下简称“国务院妇儿工委”）办公室协调“国际计划”中国办公室，捐赠价值50万元奶粉、睡袋、卫生用品、手电筒、保温杯等物资，并投资150万元建设4所儿童友好家园；捐赠价值120万元的6辆母亲健康快车支持玉树灾区。全国妇联儿童部捐赠价值8万元的儿童保暖内衣及羽绒服。全国妇联培训中心将募集到的价值100万元的衣物和价值300万元的净水器送往灾区。《中国妇女》《婚姻与家庭》杂志社发来慰问信，杂志社全体人员及退休人员捐款2.767万元。同时，全国妇联还积极与广州等地企业联系，及时将募集到的棉衣被、妇女用品、食品等救灾物资运抵西宁。受全国妇联委托，由中国科学院心理研究所副所长、青海玉树地震科技救灾工作小组副组长张建新带队，危机干预中心副主任史占彪、危机干预中心培训部部长祝卓宏及在汶川特大地震期间开展过心理援助的博士黄飞一行29日赴玉树地震灾区开展工作。

5月26—27日，宋秀岩一行到青海省看望慰问受灾妇女儿童和妇联干部。在玉树，宋秀岩代表全国妇联和国务院妇儿工委，向灾区赠送支持玉树妇女儿童恢复重建项目资金2000万元，为全省孤儿购买重大疾病公益保险72.185万元，支持玉树儿童玫琳凯生活补助资金100万元，支持玉树6个县价值120万元“母亲健康快车”6辆，支持4个儿童友好家园项目资金150万元，给玉树州、县妇联工作经费各10万元及慰问金等。

5月29日至6月1日，全国妇联邀请青海省13名抗震救灾好儿童代表，与来自新疆的民族团结小使者代表，以及北京的各民族儿童代表，共同参加由全国妇联主办的“在祖国的蓝天下幸福成长——各族儿童欢庆‘六一’主题活动”，共庆“六一”国际儿童节。全国妇联自玉树地震灾情发生后，为灾区募集资金和物资以及项目价值4600余万元。

四、中华全国归国华侨联合会赈灾

中华全国归国华侨联合会发动广大侨胞进行捐款活动。青海省侨联向中国侨联经济文化基金会、中国深圳狮子会发出求助函后，中国深圳狮子会会长郑小爱给玉树州孤儿院捐助价值30万元的活动板房700平方米、棉被100床、棉大衣100件和药品。甘肃省侨联捐助2万元，通过甘肃省委统战部捐助给玉树州委统战部；湖南、辽宁、云南、河北等省侨联捐助5万元，浙江省侨联捐助玉树灾区2010年高考学生助学款87万元。

五、中国残疾人联合会赈灾

4月15日上午，中国残疾人联合会（以下简称“中国残联”）和中国残疾人福利基金会先期捐款100万元。陕西省残联捐款12万元、四川省残联捐赠价值20万元的辅助器具支援灾区。

4月21日上午，中国残疾人辅助器具资源中心负责人与青海省残联党组书记、理事长肖建军分别代表中国残联、青海省残联向青海省人民医院、青海大学附属医院、省中医院、西宁市第一人民医院、省武警医院5家医院现场捐赠价值20余万元的轮椅、腋拐、坐厕椅等辅助器具。同时，组织力量向青海省海南藏族自治州、格尔木市等省内其他17家收治玉树地震灾区伤员的医院配送相关辅助器具。

5月13日，在“全国助残日”期间，中国残联康复部、中国残疾人辅助器具资源中心有关负责人赴玉树灾区捐赠价值100万元的辅助器具、流动服务车和轮椅等。

六、中华全国工商业联合会赈灾

（一）中华全国工商业联合会捐赠

4月14日，中华全国工商业联合会及时与青海省工商联联系，了解受灾情况，同时拨付首批救灾款1000万元用于救灾。18日，全国工商联发出通知，要求各级工商联组织和广大非公有制经济人士紧急行动起来，迅速向玉树灾区人民伸出援助之手，积极参加抗震救灾工作；建议广大有捐赠意愿的非公有制经济人士和民营企业，以捐赠资金为主；各级工商联组织要积极为有捐赠意愿的非公有制经济人士和民营企业做好捐赠服务工作。上海、广西、河南、山东、四川、安徽、甘肃、黑龙江等地的工商联组织，直接或通过青海省工商联向玉树灾区捐款捐物。

2011年7月，中国光彩会、北京工商联光彩会办公室给玉树灾区捐赠光彩事业项目资金604万元。其中，200万元用于三江源民族中学建设，404万元用于玉树州两家幼儿园建设。

（二）各级工商联组织和会员捐赠

4月16日，工商联会员单位广西中恒集团向玉树灾区捐赠的价值100万元的药品、200万元的功能水，甘肃奇正药业捐款280万元以及50万元的外用急救药品启程送往玉树灾区。全国工商联副主席、哈尔滨翔鹰集团股份有限公司董事长刘迎霞，率全国工商联扶贫与社会服务部一行12人，携带翔鹰集团筹集的首批25吨灾区急需物资抵达玉树县地震灾区，捐赠给玉树灾区。苏宁电器总公司向灾区捐款300万元；台湾旺旺集团、台湾顶新集团文教基金会等企业通过驻西宁公司分别捐款100万元；河北省政协常委、香港北方船务有限公司董事长高彦明主动联系青海省光彩会，向灾区捐款 100 万元。中华见义勇为基金会理事单位——天狮集团在捐赠价值 500 万元物资和 100 万元善款的基础上，副总裁白萍承诺在玉树筹建一所天狮博爱学校；浙江加利利通信科技股份有限公司董事长李捷也承诺援建一所希望小学。香港佛光会理事邓永明与助理林子丰一行，在江西省光彩基金会秘书长黄良松的陪同下到西宁市，向玉树灾区捐赠价值 17.5 万元的 1000 床棉被。香港愍生讲堂监院悟藏法师、董事邱惠南，香港计算机专家潘志坚，香港愍生讲堂陈玉芬、阮倩玲一行在江西省光彩基金会秘书长黄良松的陪同下到西宁，向玉树灾区捐赠价值 35 万元的 2000 床棉被。

4 月 20 日，在“情系玉树 大爱无疆——抗震救灾大型募捐活动特别节目”中，全国工商联会员企业及广大民营企业慷慨解囊，倾情奉献，共计捐款 10.1 亿元。21 日，广西梧州中恒制药集团救援物资车队经过五天五夜的长途跋涉，将价值 500 万元的救灾物资送达灾区。至 22 日，全国各级工商联组织和广大非公有制经济人士向玉树地震灾区捐款捐物合计 97721.52 万元和 200 万港元。截至 28 日，全国非公有制经济人士及其企业，累计向玉树灾区捐款捐物近 11 亿元。

第二节　社会组织赈灾

一、中国红十字会总会募捐

4 月 16 日上午，中国红十字会党组书记、常务副会长王伟主持中国红十字会驻会领导工作例会，要求中国红十字基金会和有关省级红十字会积极行动起来，配合总会一起开展社会募捐，接受社会捐赠款物，参与有关工作。19 日上午，王伟主持召开驻会领导工作例会，决定

4 月 15 日，中国红十字会副会长郝琳娜带领总会救灾工作组紧急从北京抵达玉树县结古镇

（百度　提供）

4 月 21 日，中国红十字会工作人员在清点捐赠资金

（百度　提供）

与中宣部、国家广电总局、民政部共同主办“情系玉树　大爱无疆——抗震救灾大型募捐活动特别节目”，20 日 20 时由中央电视台现场直播。

截至 2010 年年底，中国红十字基金会共收到捐赠款 14987.39 万元、捐赠药品价值 261.48 万元、捐赠车辆价值 132.32 万元，合计 15381.19 万元。

二、中华慈善总会募捐

4 月 14 日，中国慈善总会接收到第一笔由企业捐赠的救灾款——北京现代汽车有限公司定向捐款 100 万元，立即购置 300 顶优质军用棉帐篷，连夜发往玉树地震灾区。

4 月 15 日，中华慈善总会通过青海省慈善总会拨付抗震救灾捐款 100 万元。大连万达集团通过中华慈善总会向玉树地震灾区捐款 1000 万元，后来大连万达集团支援玉树的捐款增至 1 亿元。威海众和康复材料有限公司通过中华慈善总会捐赠价值 30 万元的医用高分子夹板。慈善家陈光标、江苏黄埔再生资源利用有限公司、博宥投资管理集团有限公司、内蒙古鄂尔多斯永隆有限公司，为支援灾区紧急救援，联合捐赠价值超过 3000 万元的救灾物品，其中包括机械设备、发电机、帐篷、棉大衣、水、药品等急需物资。

同日，中华慈善总会召开会议，研究玉树地震募捐工作，并正式启动抗震救灾应急机制。18 日，中华慈善总会决定拨付给玉树地震定向资助项目款 457.8 万元。

4 月 19 日、23 日、26 日，中华慈善总会又专题研究部署青海玉树救灾捐赠及后续工作。21 日，总会发出通知：总会启动的救灾捐赠应急机制，继续延长一段时间，要求各级慈善机构按通知要求认真组织好社会捐赠工作；各地慈善机构接收的捐款应统一上缴到省、自治区、直辖市和计划单列城市一级慈善机构，经汇总后按民政部通知要求，集中上缴到中华慈善总会实施统一管理。

至 8 月 6 日，全国各地慈善会筹募并汇入中华慈善总会账户的玉树地震捐款合计

4 月 15 日，中华慈善总会捐赠玉树灾区的被子、毛毯等救灾物资装车起运
（青海省慈善总会　提供）

207929.07 万元。8 月 10 日，中华慈善总会将 23 亿元玉树地震灾后重建社会捐赠资金拨付青海省慈善总会指定账户。

中华慈善总会、青海省慈善总会社会捐赠资金收入、使用、结余情况表

表 1-2　　　　　　　　　　　　　　　　　　　　　　　　　　　　　　单位：万元

<table>
<tr><th colspan="2"></th><th>中华慈善总会</th><th>青海省慈善总会</th><th>合计</th><th>总计</th></tr>
<tr><td rowspan="3">捐赠资金收入</td><td>2010</td><td>239500.00</td><td>12718.89</td><td>252218.89</td><td rowspan="3">296320.54</td></tr>
<tr><td>2011</td><td>21457.80</td><td>21689.37</td><td>43147.17</td></tr>
<tr><td>2012</td><td>50.00</td><td>904.48</td><td>954.48</td></tr>
<tr><td colspan="2">接收捐赠物资折价</td><td>8590.55</td><td></td><td></td><td>8590.55</td></tr>
<tr><td rowspan="3">捐赠资金支出</td><td>已拨对接项目资金</td><td colspan="2">142151.60</td><td>142151.60</td><td rowspan="3">148713.84</td></tr>
<tr><td>已拨定向资金</td><td>3647.03</td><td>2637.50</td><td>6284.53</td></tr>
<tr><td>本单位支出</td><td></td><td>277.71</td><td>277.71</td></tr>
<tr><td colspan="2">发放物资折价</td><td colspan="3">8590.55</td><td>8590.55</td></tr>
<tr><td colspan="2">捐赠资金结余</td><td colspan="3">126858.06</td><td>126858.06</td></tr>
<tr><td colspan="2">未拨对接项目资金</td><td colspan="3">98800.40</td><td>98800.40</td></tr>
</table>

截至 8 月 12 日，中华慈善总会共接收玉树地震抗震救灾社会捐赠资金 26.72 亿元。其中，中华慈善总会本级接收 5.82 亿元，各地慈善会汇缴 20.9 亿元。

三、宗教团体捐款

玉树地震发生后，全国宗教团体和宗教界人士迅速开展赈灾活动。截至 6 月 1 日，捐款捐物达 9451.97 万元。

（一）佛教界募集捐赠

4 月 14 日，河北省佛教协会向玉树地震灾区捐款 20 万元，并捐赠 100 顶帐篷运往灾区；普陀山佛教协会捐款 200 万元，深圳弘法寺募集善款 260 万余元；四川省甘孜州石渠县色须寺组织 500 名僧人，装运价值 120 多万元的捐赠物资，在赤巴活佛带领下前往灾区救援。石渠县帮尼寺僧人装运帐篷等捐赠物资前往灾区救援。石渠县色秀寺捐献 500 顶帐篷和价值 30 余万元的救灾物资。

15 日，中国佛教协会发出倡议书，呼吁全国各省（直辖市、自治区）佛协组织和佛教弟子向灾区捐款捐物。16 日上午，中国佛教协会在北京灵光寺为玉树地震灾区举行祈福回向法会，现场募集善款 233 万元。同日，中国佛教协会副会长、第十一世班禅额尔德尼・确吉杰布向玉树灾区捐赠 10 万元善款。

17 日，中国佛教协会西藏分会发出倡议书，号召西藏藏传佛教弟子奉献爱心。当日在各法会现场募集 75.16 万元。其中，大昭寺募集 59.17 万元，扎什伦布寺募集 8.94 万元，哲蚌寺募集 7.05 万元。

19 日，香港佛教联合会、观宗寺、香海正觉莲社、荃湾西方寺、佛教教徒麦绍棠向玉树地震受灾群众捐港币各 50 万元。该款经中央政府驻港联络办赈灾专户转送灾区。24 日 15 时，香港佛教联合会为受灾群众及死难者举行祈福超度法会。

5 月 4 日，果洛州玛沁县龙什加寺美籍华人扎西尖参向玉树灾区捐款 30 万元，捐赠救灾物资折价 10 万元。

5 月 14 日上午，第十一世班禅额尔德尼·确吉杰布在结古寺举行超度祈福法会；下午，查看灾情，慰问受灾群众，看望救灾第一线的人民解放军和武警官兵。

（二）伊斯兰教界募集捐赠

4 月 19 日，邢台市伊斯兰教协会联合今麦郎有限公司，向玉树灾区捐赠 1200 箱清真方便面，并专程运往灾区。

4 月 23 日，是穆斯林群众“主麻日”。永靖县伊斯兰教协会在刘家峡镇举行“情系灾区，奉献爱心”捐款仪式，现场捐款 4000 多元。西安市穆斯林企业商会将棉被等价值 30 万元的救灾物资运抵西宁。济南清真大寺为玉树灾区举行捐款活动，约 300 名穆斯林群众参加，捐款 4 万余元。桂林市伊斯兰教协会组织 200 多名穆斯林群众，在桂林清真古寺举行“情系玉树，大爱无疆”募捐活动，现场捐款 3.47 万元。

5 月 7 日，三亚市伊斯兰教协会在西宁市举行捐赠仪式，将多方募集善款 30.76 万元捐赠给玉树灾区，全国政协常委、青海省政协副主席、青海省伊斯兰教协会会长马长庆接受捐赠并讲话。

（三）道教界祈福捐赠

4 月 16 日上午，辽宁省辽阳市道教界在观音阁举行为玉树灾区祈福法会，70 多名群众冒雨参加，现场捐款 8050 元。

4 月 17 日上午，中国道教协会在北京市白云观举行为玉树灾区祈福解厄大法会暨捐款仪式，中国道教协会副会长张继禹主法拈香，诵经祈福。国家宗教事务局一司副司长王哲一、道教处处长赵燕华等出席，协会教职员工、北京市白云观全体道众及首都道教界信众 100 余人参加并捐款，现场募捐 1.93 万元。

同日，江苏省如皋市道教界在灵威观举行第一届道教音乐演奏会。演奏会前，教职人员和信教群众向玉树灾区捐款，现场捐赠 5000 余元。

中国道教协会会长任法融出资 15 万元，西安市八仙宫捐赠 5 万元，为玉树地震灾区购置 20 万元棉衣棉被。4 月 20 日，任法融委托陕西省道教协会副会长兼秘书长胡诚林等将救灾物资从西安运至西宁，并转交给青海省红十字会。

4 月 22 日，山东省济南市道教蓬莱院举行为玉树地震受灾同胞祈福·超荐法会，现场捐款 6480.50 元，转交济南市红十字会。24 日，上海市道教协会通过上海市慈善基金会向玉树灾区捐款 10 万元。

4 月 28 日，恰逢农历三月十五，甘肃省道教协会、兰州市道教协会和兰州市白云观联合举行为玉树灾区祈祷法会和书画义卖活动，5000 余人参加，部分书画爱好者自愿参加义卖活动，筹集善款 1.5 万元。

4 月 28—29 日，北京市道教协会召开第二次代表会议，向玉树灾区捐款 10 万元。

为玉树灾区举行祈福法会和捐款的还有青海省道教协会，辽宁省大连市、丹东市、铁岭市道教界，江苏省苏州市、淮安市、句容市道教界，广东省道教协会、广州市圆玄道观，湖南省道教协会、长沙市道教协会、南岳大庙道教管理组织，江西省龙虎山道教协会、嗣汉开师府，宁夏回族自治区道教协会，湖北省武当山道教学院，福建省道教协会、泉州市泉港区道教协会等。

四、基金会捐赠

民政部救灾司统计显示，截至 4 月 30 日 12 时，全国共接收青海玉树地震救灾捐赠款物 38.9 亿元（捐款 32.73 亿元，物资折款 6.17 亿元）。其中，民政部接收捐款 14.55 亿元，中国红十字会总会接收 8.68 亿元（含物资折款 1.58 亿元），中华慈善总会接收 6.21 亿元，青海省直接接收 7.49 亿元（含直接接收物资折款 4.41 亿元，不含有关省、区、市政府从财政支出的援助资金），其他经批准可以开展救灾捐赠活动的 13 个基金会接收 1.97 亿元（含物资折款 0.18 亿元）。向灾区拨付使用款物 5.93 亿元，主要用于应急期间受灾群众临时生活救助。

4 月 28 日，"蓝天春蕾项目"启动仪式在玉树藏族自治州举行
（青海省妇联　提供）

截至 6 月 9 日 12 时，全国共接收青海玉树地震救灾捐赠款物 75.29 亿元（捐款 67.99 亿元，物资折款 7.3 亿元）。其中，民政部接收捐款 22.2 亿元（含地方民政部门汇缴），中国红十字会总会接收款物 15.2 亿元（含地方红十字会汇缴），中华慈善总会接收款物 16.57 亿元（含地方慈善会汇缴），青海省直接接收款物 18.97 亿元（含非灾区省、区、市财政援助资金 3.53 亿元），其他基金会接收款物 2.35 亿元。

（一）中国儿童少年基金会救助捐赠

中国儿童少年基金会发起"紧急救助玉树震区儿童公益行动"。同时，多方联系，积极筹措资金，组织救灾物资，帮助地震灾区受伤儿童渡过难关。争取到世界儿童基金会价值 200 万元的 1 万袋"蜜儿餐"捐赠给灾区儿童。

4 月 28 日，世界儿童基金会派中国区项目总监林春雷一行 3 人从北京专程赴西宁，在青海省妇联干部陪同下前往省妇女儿童医院、省红十字医院、省第二人民医院看望慰问接受救治的玉树灾区儿童，为每位儿童配发营养餐，并带去儿童喜爱的小食品。

5 月 25 日上午，中华少年儿童慈善救助基金会名誉会长、中国关心下一代工作委员会主任顾秀莲一行携学习、生活用品等物资，前往华罗庚实验学校西宁分校，看望慰问玉树灾区在该校学习生活的孩子们，提前为孩子们庆祝“六一”儿童节。

（二）中国教育发展基金会捐款

4 月 22 日，中国教育发展基金会捐款 33.6 万元，当日汇入青海省财政厅玉树抗震救灾捐赠资金专户。5 月 5 日，中国教育发展基金会再次捐款 67 万元，5 月 7 日汇入青海省财政厅玉树抗震救灾捐赠资金专户。9 月 9 日,中国教育发展基金会通过青海省慈善总会捐款 1090 万元，主要用于灾区学生服装被褥补助、医疗保险和教师生活、工作补贴等。

（三）中华思源工程扶贫基金会募集捐赠

4 月 14 日，中华思源工程扶贫基金会用拨款的形式向玉树地震灾区捐款 60 万元，用于购买灾后急需物品。16 日，民建青海省委在西宁市新宁广场举行民建中央、中华思源工程扶贫基金会向玉树灾区捐赠救灾仪式，为灾区募集赈灾款 113.17 万元和价值 124 万元的赈灾物资。省人民政府副省长、民建青海省委主委高云龙，中华思源工程扶贫基金会副秘书长陶鸣出席捐赠仪式。民建青海省常委、西旺集团董事长池立群通过青海红十字会向玉树灾区捐款 100 万元。民建中央、民建青海省委、中华思源工程扶贫基金会将食品、发电机、救急药品等救灾物资火速运往玉树灾区。截至 8 月 15 日，中华思源工程扶贫基金会共捐款捐物 121.67 万元。

4 月 16 日，民建中央、中华思源工程扶贫基金会、民建青海省委赴玉树地震灾区救援队举行出征仪式

（青海省委统战部　提供）

（四）中国青少年发展基金会募集捐助

中国青少年发展基金会推出“希望工程紧急救灾劝募行动”，动员社会力量为灾区学校搭建板房教室，援建抗震希望小学（学校）。

4月14日，青海青基会在全国青基会系统发出《支援青海玉树抗震救灾倡议书》，得到中国青基会和部分省（市）青基会的关注和大力支持。中国青基会、各兄弟省（市）青基会和社会各界爱心人士以多种形式向灾区表达爱心。中国青基会在筹集100万元首批援助款基础上，向每个受灾学生资助1000元，并面向社会筹资。随后，青海青基会收到北京青基会抗震救灾捐款100万元、云南青基会20万元、上海青基会10万元、甘肃青基会5万元。内蒙古、河北、西藏、广东、河南等省（自治区）青基会和山西阳泉团市委致电慰问并表示捐款、捐物。全国红军小学建设工程理事会、全国红军小学建设工程办公室致慰问函向共青团青海省委、青海青基会表示慰问。青海青基会动员长期保持捐助联系的企业、团体、个人等捐赠214.9万元；省外爱心企业及省内各机关、事业、企业团组织、青联委员、团员个人捐款199.3万元；其他零星个人捐款19.8万元。青海青基会紧急购买价值115.68万元的救灾帐篷、食品、棉被、棉衣、药品运往灾区，并安排47.48万元援建板房希望学校。17日，由中国青基会承建的玉树孤儿板房希望小学建成5间、300多平方米板房教室，200余名师生搬进板房教室上课，成为灾区第一批住进板房的人群。至20日，中国青基会向玉树地震灾区捐款4490万元。其中，拨款1133万元，正在执行中学生资助类751万元，建设希望小学类金额1758万元，其他848万元。

5月27日，中国青基会通报，由中国青基会援建青海玉树“抗震希望小学（学校）”任务基本完成，截至当日共援建抗震希望小学（学校）15所，搭建板房19933.9平方米，使用社会捐款970.68万元。6月20日，板房全面投入使用，2万余名学生入住学习和生活。之后，中国青基会推出“为了玉树的高考学子——希望工程圆梦行动”，动员社会各界为每名考入大学的玉树学生一次性捐助4000元；对玉树灾区家庭经济困难的中小学生采取一次性结对资助，资助标准每人1000元。

（五）中国残疾人福利发展基金会赈灾救助活动

4月15日，中国残疾人福利发展基金会发出关爱救助青海玉树地震灾区残疾人倡议书，呼吁海内外各界踊跃捐赠资金和物资，伸出援助之手，奉献一片爱心，救助灾区残疾人兄弟姐妹重建家园。中国残联和中国残疾人福利发展基金会先期向灾区捐赠100万元救灾资金，用于救助地震灾区残疾人。5月5日，中国残疾人福利发展基金会发布公告称，截至当日，中国残疾人福利基金会接收社会各界捐赠抗震救灾资金97.36万元。

5月15日，中国残疾人福利发展基金会举办“集善工程·关注帮扶农村贫困残疾人大型图片展暨第20次全国助残日主题活动”，为青海玉树灾区残疾人和西南旱区特教学校募捐。国家一级美术师、北京书画院常务副院长杨建臣为玉树灾区因灾致残人士捐赠创作的书画作品《和谐家园》与《自强不息　厚德载物》。汶川地震中致残的“芭蕾女孩”李月现场签售新书《我心永舞》，北科轮椅乐团团长朱华签售山川主编的《大爱不倒》，义卖收入全部捐赠给玉树灾区的残疾人。上海仁爱医院、红蜻蜓集团等单位现场捐赠800万元款物。

10 月 28 日，富士康科技集团通过中国残疾人福利基金会，向青海省残疾人福利基金会捐款 100 万元，为玉树州 10 个乡（镇）残疾人康复站购置专业康复器材，以满足“4·14”地震灾区伤残人员康复需求，就近就便为基层残疾人群提供日常性、长期性、规范化康复训练。

（六）中国光华科技发展基金会救援捐助

4 月 14 日，共青团中央所属的中国光华科技发展基金会联合有关方面发起“温暖玉树·紧急救援行动”，广泛动员社会各界为灾区捐款捐物。截至 16 日，中国光华科技发展基金会接收社会各界捐款 130 万元，接收社会各界捐赠的饮用水、方便食品、防寒衣物、药品等价值 790 多万元。捐款按有关规定汇缴指定账户，救灾物资转运灾区。

（七）中国扶贫基金会捐助活动

4 月 15 日，中国扶贫基金会紧急从德阳调拨 200 顶帐篷，运往玉树地震灾区。经国务院扶贫办协调，中国扶贫基金会募捐 500 万元。其中，300 万元用于救济受灾的 1.5 万户贫困家庭，200 万元用于建设 10 所板式教学楼，解决灾区学生上学问题。同时，从广东调运一批净水设备，并动员会员企业开展捐款活动。中国扶贫开发协会捐资 200 万元。截至 18 日，中国扶贫基金会收到向青海玉树灾区认捐资金及物资 1800 余万元，并在玉树灾区建立吸氧站，为救援人员等提供免费吸氧服务。

5 月 5 日，国务院扶贫办公室所属的中国扶贫基金会为玉树藏族自治州孤儿学校捐赠书包、文具盒、橡皮泥等学习用具

（《青海日报》　何汀　摄）

5 月 3 日，国务院扶贫办与青海省政府在玉树举行“关于支持玉树灾后恢复重建工作框架协议签字仪式”，国务院扶贫办所属的中国扶贫基金会先期向玉树地震灾区捐赠 1 亿元。国务院扶贫办党组书记、主任范小建在签字仪式上说，这笔资金的使用要尊重捐款人的意愿，用到最需要和最困难的地方，为灾后重建发挥最大的效益。5 日，玉树州孤儿学校 229 名学生每人领到一份由中国扶贫基金会动员社会力量捐购的爱心包裹。每个价值 100 元的爱心包裹内都有书包、文具盒、橡皮泥等学习用具。

8 月 10 日，在抗震救灾阶段捐赠款物 915 万元的基础上，中国扶贫开发协会再次投入 700 万元资金，捐赠年产 60 万立方米沙石料生产线一条以及装载机 2 台、挖掘机 1 台、破锤机 1 台、载重自卸车 7 辆，培训贫困劳力特种驾驶员 32 名，援建禅古村组建运输队和石料厂扩建项目，专项支持禅古村产业发展。

（八）中国医药卫生事业发展基金会援助

玉树大地震发生当天，中国医药卫生事业发展基金会召开紧急会议，研究援助青海地震灾区事宜，决定立即购置急需物资支援灾区，并连夜将价值100万元的矿泉水、方便面、棉大衣、棉被等救灾物资送往灾区。

5月19日，中华少年儿童慈善救助基金会工作人员接送地震灾区孤儿去北京
（青海省民政厅 李书海 提供）

（九）其他基金会、协会捐赠救助

除民政部确定的15个接受玉树抗震救灾捐赠的基金会、协会以外，还有一些基金会、协会自发开展捐款捐物活动，支援玉树灾区。

（1）**中华少年儿童慈善救助基金会**。5月19日，中华少年儿童慈善救助基金会联合共青团青海省委、省青少年发展基金会安排100名孤儿和困难家庭儿童实施成长救助计划。

（2）**中国初级卫生保健基金会**。6月3日，中国初级卫生保健基金会通过农工党青海省委向玉树灾区捐赠价值1000万元的高原卫生保障用药品。

（3）**中国人寿慈善基金会**。中国人寿慈善基金会理事会决定全面承担玉树地震孤儿成长至18岁的基本生活保障。阳光保险决定向赴玉树支援抗震救灾的志愿者赠送意外保险1400万元。

（4）**北京成龙慈善基金会**。4月18日，北京成龙慈善基金会通过青海省政协向玉树地震灾区捐赠爱心款300万元，于荣光捐助保暖内衣200件。25日下午，北京成龙慈善基金会捐赠的800件食品分别送到在西宁市、海南州和青海民族大学就学的灾区学生手中。

（5）**香港陈廷骅基金会**。6月3日上午，香港陈廷骅基金会向玉树灾区捐赠4000万港元签约仪式在青海胜利宾馆举行。签约仪式上，香港陈廷骅基金会与青海省政协、省教育厅、省财政厅签订《香港陈廷骅基金会重建青海省玉树藏族自治州寄宿制民族中学捐赠协议书》，与省政协、省民政厅、省财政厅签订《香港陈廷骅基金会紧急救助青海省玉树县地震受灾群众捐赠协议书》。两个《协议书》确定捐赠款项用途：3700万港元定向用于玉树寄宿制民族中学重建；300万港元定向用于受灾群众紧急救助。其中，15万港元捐赠给相古寺受灾僧侣，20万港元捐赠给结古寺受灾僧侣，20万港元捐赠给禅古寺受灾僧侣，245万港元用于因地震致残、致孤未成年人和50岁以上的老人。受香港陈廷骅基金会委托，青海省政协对捐赠资金和实施项目就近代行监管。

（6）**中国红十字基金会“玉米爱心基金”**。2011年春节前夕的1月24日，中国红十字基金会“玉米爱心基金”向玉树地震受灾群众捐赠价值100万元的御冬物资，并于小年之前，将4600床毛毯和棉被发往玉树灾区。

（7）**中国注册税务师协会**。2011年11月，受中国注册税务师协会委托，青海省注册税务师协会负责落实由尤尼泰税务师事务所捐助给玉树地震灾区孤儿和贫困学生60万元爱心善款的各项事宜。青海省注册税务师协会代表中国注册税务师协会与结古镇镇长臧拉、玉树州国税局签订资助协议。这笔爱心善款按照每人每年4000元的补助标准（即一学期补助2000元，每月补助500元），用3年时间捐助尚未受到各方资助的50名正在就读中学的孤儿和贫困学生完成学业。

（8）**李连杰壹基金会**。4月25日，青海省妇联驻玉树工作组与李连杰壹基金会驻玉树工作站经理杨立生取得联系，就灾区妇女、儿童急需物品进行沟通。杨立生当即表示为灾区妇女儿童捐助毛毯3000条、牛奶200箱、妇女卫生巾400箱、睡袋200条。下午，省妇联驻玉树工作组组织“母亲健康快车”将首批壹基金会捐助物资送到灾区妇女儿童手中。

（9）**中国友好和平发展基金会**。5月1日，中国友好和平发展基金会通过青海省外事办公室向玉树灾区捐款5万元。

第三节　企业赈灾

一、国有企业赈灾

4月15日，青藏铁路公司党政工团联合发出《关于开展为玉树地震灾区捐款献爱心活动的通知》。公司捐款50万元，捐赠价值近200万元的6人座高压氧舱和制氧机等设备。该公司干部职工捐款214.89万元；6401名党员多交党费84.4万元，其中313名党员多交党费千元以上。公司先进性示范党员称号获得者、藏族青年职工宗巴，向所在单位拉萨办事处（拉萨站）捐款后，又带领家人向西藏自治区红十字会捐献糌粑200千克。西宁客运段84岁高龄的老党员段芝全，在家人搀扶下到段党委多交党费1000元。北京现代汽车有限公司将价值100万元的帐篷，通过中华慈善总会运往玉树。

4月16日，中国红十字基金会收到中国南车集团公司内部员工170万元捐款，他们成为第一家向中国红十字基金会捐款的中央企业；国家开发银行青海省分行向玉树灾区捐助70顶帐篷和价值2万元的食品，115名员工向玉树灾区捐款5万元。中国铝业股份有限公司青海分公司向玉树灾区捐赠价值10万元的方便面、矿泉水、棉衣等物资，直接送到结古镇，发放给受灾群众。中国移动通信集团公司青海有限公司向全体职工发出为玉树灾区捐款倡议，2000余名职工捐款35万元，344名党员多交党费12万元，90多岁老党员邢林碧多交党费1000元。中国联合网络通信有限公司青海省分公司同青海省红十字会、西宁市民政局联合在西宁市中心广场举办支援玉树灾区募捐活动，捐款21.65万元，其中该公司员工捐款7.95万元。中国中信集团公司捐款600万元，中国长江三峡集团公司捐款500万元，中国铁路建筑股份有限公司捐款500万元，国家电网公司捐赠价值500万元的修复玉树电网物资材料，中国五矿集团公司捐款200万元，中国铝业股份有限公司捐赠250万元。国家开发银行向玉树灾区捐款100万元。中国人民保险集团副总裁贾海茂代表中国人民保险集团向玉树灾区捐赠500万元。其中，现金400万元，帐篷、棉被等物资折合人民币100万元。中国石油青海油田分公司43个单位20680名职工向玉树灾区捐款301.5万元，公司捐赠价值243万元的救灾物资；中国东方航空公司、西部机场集团在玉树州结古镇为灾区各捐赠200万元，副省长张光荣参加捐赠仪式；中国长安汽车集团公司销售公司向灾区派出支援小分队，送去价值10万元的救灾物资。云南红塔集团有限公司向玉树灾区捐赠200万元。

4月17日，中国移动通信集团公司青海有限公司捐赠的救灾物资抵达玉树　　（《青海日报》4月28日7版）

4月17日，中国太平洋保险集团、中国人民银行分别向玉树灾区捐款500万元。

4月18日，东风汽车公司在西宁举行向玉树灾区捐赠仪式，东风商用车公司、东风日产乘用车公司、神龙汽车有限公司、东风本田汽车有限公司等单位捐赠730.44万元救灾款物。其中，救灾物资折合人民币450万元，现金280.44万元。

4月19日，中国银行总行向玉树灾区捐款500万元，中国银行青海省分行捐赠50万元。中国民航局首都机场集团公司向玉树灾区捐款1000万元。中国航空集团公司向玉树灾区捐赠100万元特殊党费。中国电信股份有限公司青海分公司2489名员工向玉树灾区捐款44.07万元。中国建设银行青海分行捐赠875万元（其中物资折合人民币25万元）。中国银行青海分行捐款600万元。中国铝业公司捐款500万元。黄河上游水电开发有限责任公司捐赠500万元（其中物资折合人民币300万元），公司职工捐款85万元。中国华电集团公司青海大通华电公司捐款300万元。中国华能集团公司捐款300万元。新兴铸管集团公司捐赠价值300万元物资。中国水利水电第四工程局捐款200万元。青海省电力公司捐款100万元，10859名职工捐款286.63万元，职工郑小凤捐款1万元。黄河上游水电铝业再生资源公司捐款20万元。青海机场有限公司职工捐款15万元。中国民用航空西北地区管理局青海分局捐款5万元。中国铁路总公司捐款500万元。

4月20日，四川省宜宾五粮液集团有限公司向玉树灾区捐赠罐头、帐篷、棉被、棉服等价值1500万元物资，组织37辆货车运抵灾区。中国石油天然气集团公司捐款1000万元；中国石油销售总公司捐款500万元；东风汽车股份有限公司捐赠价值730万元的物资。

4 月 21 日，中国烟草总公司向玉树灾区捐款 1000 万元，中国烟草总公司青海省分公司向玉树灾区捐款 500 万元。此日前后，中国工商银行及其员工向玉树灾区捐款 1128.4 万元，该行青海省分行捐赠棉被、食品等价值 50 万元的救灾物资送往灾区，近千名在岗和离退休党员多交党费 149920 元。

4 月 22 日，中国烟草总公司贵州省分公司向玉树灾区捐款 100 万元，中国银联股份有限公司向玉树灾区捐款 300 万元。

4 月 25 日，中国东方航空股份公司向玉树灾区捐款 500 万元。

4 月 29 日，香港华润（集团）有限公司为玉树灾区捐款 500 万元；中国铁建二十一局集团第四工程有限公司组织职工向玉树灾区捐款 5.25 万元，公司捐赠 100 顶帐篷、500 床棉被、2 台发电机以及矿泉水、方便面、手电筒等价值 40 万元的物资。

青藏铁路公司各单位向玉树灾区捐款情况表

表 1-3　　单位：万元

单位名称	捐款	单位名称	捐款
拉萨办事处（拉萨站）	4.10	西宁工务机械段	3.76
那曲站	0.61	青藏公安局	1.71
西宁车务段	6.93	西宁公安处	5.02
西宁站	2.65	格尔木公安处	4.53
西宁客运段	18.50	拉萨公安处	3.03
西宁工务段	11.22	德令哈车务段	2.67
西宁电务段	9.70	格尔木工务段	12.23
西宁供电段	0.42	格尔木车务段	4.85
公司机关	16.54	西宁车辆段	13.40
西宁物资采购供应段	1	西宁机务段	11.20
疾病预防控制所	0.79	哈木铁路有限公司	0.73
辅业资产管理中心	52.80	中铁五局等单位	26.51
合计	214.9		

5 月 6 日，中国国家电网集团公司向玉树灾区捐款 876 万元。该公司在此之前已先后两次捐款 300 万元、200 万元。28 日，中国石油化工集团公司青海西宁石油分公司将 100 套校服作为节日礼物，送给在西宁华罗庚实验小学就读的玉树灾区孩子。

6 月 11 日，中国第一汽车集团公司在青海省会议中心举行捐赠仪式，向玉树地震灾区捐款 2220 万元。中国航天科技集团公司在青海省会议中心举行捐赠仪式，向玉树地震灾区捐款 700 万元。

7 月 19 日，中国南方电网有限责任公司党组成员、副总经理张晓东等专程到西宁，向青海省委组织部移交该公司 76590 名党员为玉树灾区爱心捐赠——1029 万元抗震救灾党费。

7 月 23 日，民生人寿保险有限公司在省会议中心举行向玉树灾区捐赠救护车辆仪式，捐赠金杯救护车 12 辆，价值 92.04 万元。中国人民保险集团股份有限公司建立 24 小时值班制度和零报告制度，并向灾区捐赠资金 400 万元和价值 100 万元的物资。中国太平洋保险（集团）股份有限公司从四川调运帐篷、棉被等抗震救灾物资支援灾区，并向地震灾区捐款 500 万元。中国平安保险（集团）股份有限公司通过中国青少年发展基金会向地震灾区捐赠 500 万元，协助重建和修缮灾区学校。四川、甘肃等保险机构员工向玉树灾区捐款和捐物价值共 627 万元。

8 月 16 日，山东泰安伟业钢铁公司、中国建设银行泰安银行人员赴玉树县上拉秀乡中心寄宿小学、查荣小学、上日玛小学，送去书包、文具盒、铅笔、书籍等学习用品，并资助 30 名贫困孩子每人 300 元学费。

10 月底，中水集团远洋股份有限公司承建玉树重建居民住房项目。该公司玉树现场指挥部党委、工会、团委开展“捐助一张床、玉树献爱心”活动，指挥部机关各部门、各工区干部职工踊跃捐款，募集资金 211260 元，采购 1000 张床发放到入住新居困难群众家中。

二、民营企业赈灾

玉树发生地震后，江苏伟业建设集团有限公司当日开展援助活动，组织职工募捐，捐款 18.29 万元。从西宁、兰州、西安等地，组织 3000 件大衣、3000 条棉被、500 顶帐篷、21 套发电机以及药品、食品等价值 250 万元的救灾物资，组织 15 辆运送车辆，在公司董事长王伟明带领下，于 15 日下午运往灾区。

4 月 15 日，兰州巍雅斯名表眼镜有限公司向玉树灾区捐款 10 万元。地震发生后，内蒙古伊利实业集团股份有限公司安排玉树地区销售机构，将仅存的近万盒伊利牛奶送到相关部门负责人手中。同时，该公司还从西宁等地紧急调配，将 5 万盒牛奶送往灾区。

4 月 16 日，临沂新程金锣肉制品集团有限公司向玉树灾区捐助 2000 箱火腿肠，唐山惠达陶瓷（集团）股份有限公司通过中国红十字基金会向玉树灾区捐款 50 万元，广西梧州中恒集团股份有限公司向玉树灾区捐赠价值 100 万元的药品、200 万元的功能水，甘肃奇正实业集团有限公司向玉树灾区捐款 280 万元、捐赠价值 50 万元的药品。雅致集成房屋股份有限公司向玉树灾区捐赠 18 栋 90 间活动板房。

4 月 17 日，哈尔滨翔鹰集团股份有限公司向玉树灾区捐赠 70 吨，价值 5000 万元的药品、帐篷、羽绒服、睡袋等救灾物资。

4 月 19 日，西宁金座房地产开发公司向玉树灾区捐款 100 万元。

4 月 20 日，生活家巴洛克地

4 月 25 日，天狮集团向玉树灾区捐助 100 万元现金和价值 500 万元的救灾物资 （《青海日报》4 月 29 日 8 版）

板公司向灾区捐款 50 万元；甘肃建新实业集团有限责任公司向玉树灾区捐赠价值 60 万元的矿泉水，并组建车队运抵灾区。

4 月 25 日，湖北东风渝安车辆有限公司向玉树州公安机关捐赠 10 辆价值 350 万元的警用车辆，以及价值 2.3 万余元的生活物资。天狮集团有限公司通过中华见义勇为基金会捐款 100 万元、捐物折价 500 万元。天狮集团副总裁白萍于 25 日赴西宁，举行捐赠仪式。同日，奇瑞汽车股份有限公司通过青海省慈善总会，向玉树灾区捐赠威麟 X53.0L 大型越野车 10 辆、瑞虎 1.8L 越野车 30 辆，加上其他捐赠物资，价值 600 余万元。

4 月 29 日，在上海举行的“祈福玉树·情满浦江——唐卡艺术慈善夜”拍卖晚会上，中国红十字会博爱大使陈红、男中音歌唱家廖昌永、电影表演艺术家秦怡、学者钱文忠等表演节目，20 幅精美唐卡、艺术家捐赠的书画作品和私人珍藏艺术品拍卖，龙华寺照诚方丈和海宝设计者巫永坚等现场作画，晚会拍卖到账善款近 150 万元，交中国红十字基金会定向用于玉树重建过程中的非物质文化遗产保护。华泰汽车集团有限公司向玉树灾区捐赠 20 辆价值 280 万元的“特拉卡”越野车，公司总裁刘志刚出席在西宁举行的捐赠仪式，车辆于 5 月 11 日运抵灾区。

6 月 9 日，北京英特达系统技术有限公司（体育彩票销售终端机供应商）向玉树体彩中心捐赠销售终端机 8 台价值 16 万元。富士康科技集团通过中国残疾人福利基金会向玉树残疾人康复站捐款 100 万元，捐赠仪式于 10 月 28 日在西宁举行，省委常委、省总工会主席苏宁，富士康科技集团党委书记刘忠先，中国残疾人福利基金会副秘书长沈伟俊，青海省残联党组书记，理事长肖建军等出席，并为富士康玉树残疾人康复站授牌。百度公司通过中华慈善总会向灾区捐款 1000 万元用于修建灾区学校。

三、外资企业赈灾

4 月 16 日，联合利华（中国）有限公司捐赠价值 30 万元物资，委托海北州教育局运往灾区。中国肯德基向玉树灾区捐款 200 万元、捐物折价 50 万元，首批物资 4 月 17 日凌晨 3 时运抵灾区。

4 月 19 日，安利（中国）日用品有限公司通过中华慈善总会向玉树灾区捐款 200 万元，款项由商务部统筹调配，用于提供采暖炉、帐篷商店等。

4 月 20 日，完美（中国）日用品有限公司总裁胡瑞连代表公司在中央电视台举办的“情系玉树　大爱无疆——抗震救灾大型募捐活动”中，向玉树灾区捐款 1000 万元。

4 月 21 日，壳牌中国集团主席林浩光一行专程到西宁为玉树灾区捐款 100 万元。

5 月 5 日，西门子股份公司通过青海省红十字会向灾区捐赠用于急救的移动式 X 光系统，捐赠款物价值 130 万元。

5 月 20 日，三星（中国）投资有限公司通过青海省红十字会捐款 1000 万元，向灾区交警捐赠价值 20 万元的发电机等物资。

第四章　外省、市、区（兵团）赈灾

第一节　各直辖市赈灾

一、北京市赈灾

4 月 14 日 14 时 30 分，中共中央政治局委员、北京市委书记刘淇主持召开中共北京市委常委会会议，研究援助玉树灾区事宜。会议确定，组织 15 人医疗小分队紧急赴灾区一线救援，筹集 1 万顶帐篷、10 万套棉衣棉被运送灾区，向青海省提供 1000 万元紧急救灾款项。市民政局迅速召开紧急会议，研究援助方案，成立救灾工作领导小组。16 日，市民政局下发《关于做好青海玉树抗震救灾接受捐赠工作的紧急通知》。19 日，市民政局又向民政系统及红十字会、慈善协会等组织下发《关于支援青海玉树地震灾区募捐活动的补充通知》，对玉树抗震救灾接受捐赠活动相关事宜进行规范和统一。市接受救灾捐赠事务管理中心启动救灾捐赠应急预案，开展接受救灾捐赠工作，并通过北京市捐赠网及“96156”社区服务热线，向社会公布接受捐赠热线电话、账户等信息。首都慈善公益组织联合会向社会发出倡议，呼吁在京企业、企业家和社会各界人士迅速行动起来向玉树灾区捐款捐物。抗震救灾期间，北京市向玉树灾区捐助款物 4.87 亿元。其中，首都慈善公益组织联合会、民政部门接收捐款 2.75 亿元，社会其他部门接收捐款 1.72 亿元，市政府拨付

7 月，北京市慈善协会捐助的灾区群众购畜款在结古镇卡果村发放到牧民手中　　（青海省慈善总会　提供）

4月18日，北京市民政局在西宁向青海省民政厅移交支援玉树抗震救灾捐赠物资
（北京市民政局　提供）

救灾援助资金1000万元，捐物折价3000万元。

4月14日中午，市总工会党组召开党组会议，研究部署为玉树灾区筹款工作，决定由北京市总工会、北京市温暖基金会、北京交通台、劳动午报社共同发起“温暖玉树——北京职工在行动”募捐活动，并下发《关于向青海地震灾区捐款的通知》，号召各级工会积极动员所属企业、职工向灾区捐款。各单位迅速响应，截至5月25日，有900余家企业组织职工逾10万人参与捐款，收到捐款2636余万元。北京市总工会、北京市温暖基金会向灾区捐款100万元。共青团北京市委员会、北京青少年发展基金会、北京市志愿者联合会迅速募集100万元善款，通过青海省青少年发展基金会拨付灾区。市红十字会紧急向青海省红十字会拨付救灾款50万元，调拨价值100万元的46顶帐篷、160床棉被、50箱“84水质净化药片”等物资，通过铁路运往灾区，同时开通“999”募捐电话，接受社会捐赠。石景山区委、区政府通过青海省民政厅向灾区捐赠100万元。石景山区慈善协会筹集慈善资金50万元捐赠灾区。

4月15日，市妇联向玉树灾区发出慰问信，北京妇女儿童发展基金会向灾区捐款60万元，并捐赠价值100万元的三元奶粉。北京住总集团有限责任公司向玉树灾区发出慰问信，并通过青海省红十字会捐款50万元。同日，北京青神园林工程有限公司董事长石春鸿通过北京市接受救灾捐赠事务管理中心向灾区捐款5万元。16日，北京美疆基金会向灾区捐款20万元。

4月19日，北京妇女儿童发展基金会启动主题为“为了我们的姐妹和孩子·献出我们的爱”的救助互助基金募捐活动，收到社会各界捐款156.59万元和价值100万元的救灾物资。北京大学汇丰商学院师生向玉树灾区学生捐款162万元。市科学技术委员会通过青海省科技厅，向灾区捐款8500元，并捐赠1000个手电筒价值1万余元。延庆县黄柏寺僧人自发向灾区捐款2万元。延庆县殡葬职工安连旺将刚刚获得的1万元先进个人奖金捐给灾区。北京北内集团总公司离休干部、老党员刘克武，家有99岁高龄岳母和患有老年痴呆症老伴，全家靠他4000元离休工资生活，在家庭生活并不宽裕的情况下，他凑齐1万元，作为捐给灾区的特殊党费交给党组织。

6月10日，北京市政府向玉树州乡级以上67所寄宿制学校捐赠67辆学校生活用车。

9月26日，北京市文联“爱心献玉树”书画作品捐赠交接仪式暨“首都·青海”书画家交流笔会在西宁市银龙宾馆举行。会上，向玉树捐赠爱心书画作品100幅。

二、天津市赈灾

玉树大地震发生后，天津市红十字会响应中国红十字会紧急呼吁，立即启动应急反应机制，向全市红十字会系统发出《关于支援青海省玉树地震灾区开展募捐工作的紧急通知》。

4月15日，天津市委、市政府向青海省委、省政府发慰问电，并支援灾区1000万元。市委、市人大、市政府、市政协以及市各级机关、事业单位干部职工捐款378万元。天津市文学艺术界联合会、南开区委、南开区政府联合举办“天津市百名公仆艺术家创作百幅书画精品募集百万善款捐助玉树灾区”活动，中国文联副主席、天津市文联主席冯骥才题“大爱无疆”书法作品。南开区宏达热力公司总经理胡玉林向玉树地震灾区捐款100万元，驻西青区武警总队天津一支队一中队官兵自发为玉树灾区捐款4000余元。一位衣着简朴，自称“甄心”的老人来到武清区民政局，向玉树灾区捐1100元钱。她只说，让玉树人民知道，武清人民在惦记着他们。天津海滨新区塘沽胡家园街头道沟村孙斗兰等古稀老人，亲手缝制200床新棉被，捐往灾区。按照市委、市政府指示，市民政局启用市级救灾物资，向玉树灾区紧急运送棉被1万床，价值100万元。

4月16日，市民政局、红十字会和慈善总会分别向社会公布玉树地震捐赠热线、账户和捐赠地点，方便接受社会各界款物捐赠。市总工会开展“抗震救灾·我们在行动”募捐活动，市总工会机关及直属单位543名干部职工捐款6.38万元。

4月18日，市民政局捐赠价值10万元的棉被。河北区职工艺术团联合河北区总工会、区红十字会等单位组织为玉树地震灾区举行赈灾义演，为灾区募集善款近万元。

4月20日，市民政局下发《关于做好玉树“4·14”地震抗震救灾捐赠工作的通知》，明

4月15日，天津市级机关开展向青海灾区捐款活动。图为市委机关捐款现场

（天津市民政厅　提供）

4月15日，天津医疗队赴灾区实施伤员救治，同时开展向青海灾区捐款活动。图为捐款现场

（人民网　提供）

确此次救灾捐赠接收限于各级民政部门及其下设捐赠接收机构、各级红十字会、各级慈善协会。除系统之间对口援助外，其他机构不得开展救灾募捐，已接收捐赠的，转交上述单位；各捐赠接收部门规范接收程序，定期向社会公布捐赠款物接收和使用情况，接收款物统一开具“天津市公益事业捐赠统一收据”，款物坚持登记造册，专人、专户管理，确保资金安全。

同日，市红十字会向玉树灾区拨付 50 万元救援款，并筹集一批包括 1667 箱 500 毫升 10% 葡萄糖注射液、300 箱复方丹参滴丸、200 箱藿香正气滴丸在内的灾区急需抗高原缺氧和治疗急（慢）性疾病药品，以及 28 套太阳能应急灯等价值 550 万余元的首批救灾物资。当晚，在中央电视台“情系玉树　大爱无疆”抗震救灾大型募捐活动中，市红十字会向玉树灾区捐款 210 万元，市滨海新区捐赠 3000 万元，市慈善总会代表民政和慈善系统捐赠 800 万元，天津荣程联合钢铁集团有限公司捐赠 2000 万元，华北集团有限公司捐赠 500 万元，天津钢管集团股份有限公司捐赠 500 万元，天津钢厂捐赠 500 万元，天津市房地产开发经营集团公司捐赠 500 万元，天津医药集团有限公司捐赠 1000 万元（上述资金直接汇缴央视账户，未纳入天津市捐赠资金统计）。

4 月 22 日上午，市红十字会起运第二批价值 150 万元的药品、医疗器械、棉被、保暖衣等救灾物资，由奥凯航空公司免费提供货运飞机，于 12 时 46 分运达西宁曹家堡机场。同日，第二批天津青年抗震救灾医疗抢险服务队 21 名队员，由共青团天津市委书记刘道刚带领抵达西宁。天津各界青少年为灾区捐赠款物 160 余万元，其中共青团天津市委和市青少年基金会筹措 100 万元。天津市政公路管理局等单位向青海交通部门捐款 100 万元，机械设备 12 台。

天津医疗队自 15 日赴灾区实施伤员救治工作，28 日返津，历时 13 天。在玉树期间累计诊查患者 1518 人次，其中危重症患者 36 人次，开展手术 32 台，会诊 126 次；并向同在灾区救治伤员任务的海西州格尔木市卫生局，捐赠包括药品、医疗器械、个人防护用品、消杀灭物品在内价值 57.6 万元的医疗物资。

5 月 13 日，市民政局向市政府报送《关于汇缴抗震救灾捐赠资金的请示》。按照民政部归口汇缴要求，捐赠资金上缴民政部。

市审计局依据《中华人民共和国审计法》和审计署《关于做好青海省玉树地震抗震救灾资金和物资跟踪审计的通知》，自 2010 年 4 月 28 日至 2010 年 7 月 9 日，分阶段对市民政局 2010 年青海玉树地震救灾资金和物资的接收、管理、使用情况进行跟踪审计，并延伸审计宝坻区民政局和宁河县民政局（慈善协会）。审计评价：截至 2010 年 7 月 9 日，市民政局累计接收社会捐赠资金 2577.66 万元（含移交或区县上交等），其中市本级 1037.48 万元，资金支出 2577.66 万元，无资金结存。市民政部门认真履行工作职责，严格执行有关规定，接收、拨付审批手续完整，内部制约机制健全，出具使用天津市公益事业捐赠统一收据及时规范，按照相关规定对捐赠资金进行登记，建立专项资金明细账，自觉接受社会各界监督。

8 月 6 日，天津市慈善总会汇入中华慈善总会玉树地震捐款 3273.93 万元。在玉树抗震救灾期间，天津市为灾区捐款 5851.59 万元。

三、上海市赈灾

4 月 14 日玉树地震发生后，上海市委、市政府迅速启动应急援助响应预案，当晚即向青海省委、省政府发慰问电并捐款 1000 万元。市委、市政府办公厅下发《关于本市做好支援青海玉树地震灾区和抗震救灾捐赠有关工作的紧急通知》，要求各部门和单位动员干部职工向玉树地震灾区捐款，抗震救灾捐赠工作由市民政局负责统一协调，市红十字会和市慈善基金会开展接收捐款，其他部门已接收捐赠的，转交市红十字会和市慈善基金会。同日，市妇联发出慰问信并向灾区捐款 20 万元。同日下午，市红十字会召开紧急会议，确定紧急救援方案，决定立即向玉树灾区捐款 100 万元，并连夜组织、紧急调集救灾物资，联系机场、货运公司会内职工和备灾救灾中心员工，全力组织救灾物资整理、打包、装车。15 日凌晨 4 时，3000 条棉被、400 件生活应急包、120 顶价值 200 万元的棉帐篷以及棉衣、压缩饼干等物资，运经浦东国际机场；8 时，运载第一批救灾物资的飞机紧急飞往灾区。捐赠活动期间，共青团上海市委捐款 20 万元，市总工会捐款 20 万元，及时汇往灾区。

4 月 18 日，市民政局请示市政府同意，确定 4 月下旬至 5 月上旬，在全市开展向玉树灾区捐款活动。20 日，市民政局发出紧急通知，要求社会各界有捐赠意愿的，建议以捐赠资金为主，重点满足灾区重建和受灾群众长期安置需要。已接收的捐赠物资，有关部门和单位应按照有关规定及时运往灾区。

4 月 20 日，市委、市人大、市政府、市政协机关组织捐赠活动。市委、市人大、市政府、市政协领导带头捐款。次日，市委、市政府相关部门及单位组织捐款。在中央电视台玉树地震赈灾晚会上，上海市多家企业向玉树灾区捐款 1.35 亿元。截至 5 月 26 日，市民政局、市红十字会、市慈善基金会接收捐款 2.57 亿元。24 日，市佛教协会、市伊斯兰教协会、市道教协会、市基督教协会、市天主教协会，通过市慈善基金会捐款 100 万元，用于援助青海玉树地震灾区。

5 月 1 日，市红十字会向玉树灾区再次发送价值 260 万元的救灾物资，该批物资包括 1650

4 月 17 日至 28 日，62 岁的志愿者、上海退休老党员朱乐年连续 11 天在受灾严重、海拔最高的玉树县隆宝镇搬运救灾物资，并协助当地群众清理垃圾、维护秩序

（《青海日报》　晓刚　摄）

条棉被、10 万个口罩、55 箱抗生素、435 箱抗感冒药、140 箱奶粉和 10 箱成人睡袋等，通过浦东机场、上海铁路局北郊站分别运往灾区。市红十字会分 3 批向玉树灾区发送救灾物资，价值 406.14 万元。同日，上海国际港务（集团）股份有限公司捐款 255.6 万余元。10 日，上海奥图环卫设备有限公司通过青海省环境保护厅，向玉树灾区捐赠价值 9 万余元的 200 个生活垃圾收集桶（JL–003 型 240 升）。

4 月 29 日，由在沪藏族媒体人格桑卓玛发起，中国红十字基金会、上海广播电视台艺术人文频道、福建七匹狼实业股份有限公司联合主办，并得到著名学者钱文忠等知名人士支持的“祈福玉树 · 情满浦江——唐卡艺术慈善夜”拍卖晚宴在上海举行，20 幅精美唐卡和沪上艺术家捐赠书画作品和私人珍藏艺术品在晚会上拍卖，龙华寺照诚方丈等现场作画。晚会拍卖到账善款 150 万元，交中国红十字基金会定向用于玉树重建过程中的非物质文化遗产保护。

玉树抗震救灾期间，上海市共为玉树灾区捐款 31377.79 万元。其中，市民政局接收捐款 6062.19 万元，市慈善基金会接受捐款 7938.9 万元，各级红十字会接收捐款 17376.7 万元。

2010 年上海市民政系统玉树“4 · 14”地震集中捐赠活动捐赠款接收情况表

表 1–4　　　　单位：万元

序号	单位	实际接收捐款总数
1	市民政局接收点	2600.46
2	徐汇区民政局	461.30
3	长宁区民政局	171.31
4	杨浦区民政局	216.15
5	闵行区民政局	52.41
6	宝山区民政局	42.21
7	嘉定区民政局	608.95
8	浦东新区民政局	1110.64
9	松江区民政局	242.69
10	奉贤区民政局	394.53
11	青浦区民政局	161.55
合计		6062.20

四、重庆市赈灾

4 月 14 日晚，重庆市委、市政府向青海省委、省政府发慰问电并向青海省捐赠救灾资金 300 万元。

4 月 15 日，市政府应急管理办公室、市民政局紧急组织协调价值 250 万元的救灾物资空运青海，成为救灾物资空运到达灾区最早省市之一。市红十字会通过青海红十字会首批划拨支援青海玉树抗灾救灾款 10 万元。市妇联通过市红十字会向灾区捐款 11.8 万元。共青团重庆市委为玉树灾区捐款 20 万元，并组建由 20 名专业志愿者组成应急医疗服务队携带价值 2 万余元的药品，价值 1 万余元的帐篷、睡袋等物资于 16 日抵达西宁转赴灾区。

4 月 16 日，市商业委员会为赴玉树灾区医疗队紧急调运价值 10 万元生活物资。市民政局、市商业委员会、市经济信息委员会、重庆民航监管局、重庆机场集团，紧急组织 10005 床救灾棉被、6080 件棉大衣、160 台发电机、1042 盏应急灯、500 件儿童羽绒服等救灾物资（价值 250 万元），当天 19 时起运玉树地震灾区。市科学技术委员会紧急组织 35 台价值近 100 万元的重庆市自主研发的急救医疗设备，发往玉树；同时，派出 2 名技术专家赴灾区调试设备，确保最大限度发挥设备作用。市财政局及时落实专项经费用于抗震救灾医疗救援；铁路部门特事特办，开通青海专列运送玉树抗震救灾物资；市经济信息委员会迅速组织协调市各大国有、民营企业各尽所能，以多种形式支援灾区。宗申集团向灾区捐赠发电机 100 台，鑫源摩托公司组织员工携 8 辆越野摩托、4 辆汽车、2 台发电机，17 日到达玉树灾区协助救援。庆铃公司组织职工连夜加班，生产 30 辆优质商用车，昼夜兼程紧急发往玉树灾区支援抗震救灾。隆鑫工业公司及时调整生产计划，推迟其他客户交货时间，迅速组织生产市政府紧急采购的 160 台发电机，并让利约 15 万元。为保障消防官兵、救灾物资尽快抵达灾区，重庆民航监管局、国航重庆公司、四川航空公司等单位，至 17 日共执行抗震救灾专用运输 7 班次，执行定期航班 3 班次，运送救援人员 382 人次，应急救援装备 16.755 吨，专用救灾物资 57.497 吨。

4 月 18 日，市民政局向玉树灾区捐赠大衣 5630 件、棉被 1 万床、应急灯 900 盏、儿童服装 500 件，价值约 20 万元。22 日，市科技委向玉树灾区捐赠电磁治疗器 10 台、超声诊断仪 3 台和多功能外伤清洗机 1 台等医疗设备，价值 20.7 万元。18—21 日，市民政局、市人社局、市总工会组成慰问组，对已核实的江津区、巴南区、忠县 12 位遇难人员家属进行走访慰问，每人发放抚慰金 1.3 万元。

4 月 25 日，市质量监督局捐款 10 万元。重庆渝安赛车运动俱乐部、东风渝安车辆有限公司向玉树州公安系统，赠送价值 60 万元的 10 辆警用微型面包车。6 月 2 日，市委组织部门

4 月 16 日，重庆市运往玉树地震灾区的救灾物资在江北机场装机待运

（《西海都市报》　魏中元　摄）

从省（区、市）管党费中捐赠 40 万元支援玉树灾区抗震救灾和恢复重建。截至 8 月 6 日，重庆市慈善总会汇入中华慈善总会玉树地震捐款 9080.13 万元。重庆市累计为玉树抗震救灾捐款 9876.63 万元。

第二节　各自治区赈灾

一、内蒙古自治区赈灾

4 月 14 日，区红十字会决定首先从“博爱一日捐”募捐款中拿出 20 万元支援地震灾区开展紧急救援。区红十字会向全区红十字会系统发出通知，安排部署募捐工作。同时，在各大媒体发出募捐呼吁，公布捐款方式。

4 月 15 日，区妇联向青海省妇联发慰问电，向灾区捐款 18.22 万元。16 日，区财政局遵照自治区安排向玉树灾区捐款 1000 万元。17 日上午 9 时，区红十字会举行支援玉树抗震救灾首场捐款仪式，老牛基金会等机构和企业向玉树地震灾区捐款 8146.29 万元，捐物折价 312 万元；区工商管理局捐款 20 万元，区科学技术厅捐款 10 万元。

4 月 14 日，玉树发生地震后，内蒙古自治区红十字会“博爱一日捐”行动捐款现场　　（360 搜索　提供）

4 月 19 日，区民政厅向各盟市民政局下发《关于做好玉树“4·14”地震抗震救灾捐赠工作的通知》，要求各级民政部门迅速行动起来，积极组织开展本地区向玉树地震灾区捐赠活动。活动期间，各级民政部门、各级红十字部门、各级慈善会系统和部分大企业，将捐款直接上交民政部、中国红十字总会、中华慈善总会等国家接收机构，部分区直机关和条管单位直接将捐款汇至青海对口单位和国家部委。各级民政部门接收捐款 1164.81

4 月 27 日，由鄂尔多斯市政府办公厅发起，鄂尔多斯市红十字会、鄂尔多斯市慈善总会组织的鄂尔多斯市各界向青海省玉树地震灾区捐款现场　　（百度　提供）

万元，各级慈善总会接收捐款 1598.06 万元，各级红十字部门接收捐款 5499.86 万元，各级党委、政府及有关部门和企业直接捐赠到地震灾区 6195 万元，捐物折款 675.83 万元。呼和浩特市委、市政府捐赠价值 50 万元的牛奶；伊利集团捐赠价值 80 万元的牛奶、奶粉；包头郊区吉泰铝业捐赠价值 55 万元的钢管；鄂尔多斯市东胜区珂维璐集团捐赠价值 200 万元的电脑、饮料矿泉水等。慈善家陈光标、江苏黄埔再生资源利用有限公司、博宥投资管理集团有限公司、内蒙古鄂尔多斯永隆有限公司，向玉树灾区联合捐赠机械设备、发电机、帐篷、棉大衣、药品等急需物资，价值超过 3000 万元。21 日，区总工会向青海省总工会发慰问信，向玉树地震遇难者家属和灾区职工表示慰问，并捐款 10 万元。25 日，内蒙古自治区佛教协会、呼和浩特市佛教协会、呼和浩特市大昭寺、席力图召寺、乃莫其召寺等机构和寺院的负责人、僧人，在呼和浩特市大昭寺为青海玉树地震灾区举行捐款仪式，活动募集的 650 万元善款，通过省红十字会转往玉树灾区。

5 月 4 日，包头市商业银行向接纳 120 名玉树灾区学生的西宁市城中区华罗庚实验学校捐款 20 万元，用于孩子们学习和生活。

玉树抗震救灾期间，内蒙古自治区各界向地震灾区捐赠款物 15133.56 万元，其中捐款 14457.73 万元、捐物折款 675.83 万元。各级民政部门、红十字会、慈善会在捐赠中，及时向捐赠款物单位和个人出具收据，登记造册，并及时通过媒体予以公示，接受社会监督，整个捐赠活动公开、透明，未发现克扣、挤占、挪用和贪污救灾款物及损失浪费等违规、违纪问题。

二、广西壮族自治区赈灾

4 月 14 日，广西红十字会向社会发出募捐倡议，紧急动员全区各级红十字会全体干部职工、红十字会员、志愿者，全力投入募捐救援工作。

4 月 15 日，区总工会向玉树地震灾区汇去 15 万元抗震救灾慰问金，同时发慰问信。广西中恒集团向青海玉树灾区捐赠价值 100 万元的药品等。

4 月 18 日，自治区人民政府转发《国务院抗震救灾指挥部关于进一步有序做好支援地震灾区有关工作的通知》并提出贯彻意见，建议以捐赠资金为主，捐赠资金由各级民政部门或红十字会、慈善总会的工作机构接收，并统一由区民政厅、广西红十字会、广西慈善总会通过国务院抗震救灾总指挥部指定途径拨往灾区，用于抗震救灾和灾后重建。

4 月 19 日，自治区红十字会救援队到达灾区，当日发放价值 5000 多元的药品，200 余名受灾群众接受义诊。救援队在玉树期间，诊治各类患者 500 多人次，发放药品价值 3 万余元，捐赠食品价值 2 万余元。

4 月 20 日，区民政厅启动支援玉树地震抗震救灾捐赠工作，公布广西社会捐赠接收工作站和广西慈善总会接收捐赠账号。柳州市慈善会启动突发性灾害应急捐赠预案，通过新闻媒体向全市发出向玉树地震灾区紧急募捐倡议书。21 日，全国哀悼日当天，自治区党委、政府领导带头到广西红十字会捐款。22 日，自治区党委、自治区人大常委会、自治区政府、自治区政协办公厅及各直属单位干部职工，通过区红十字会向玉树地震灾区捐款 25.86 万元。同日，

4 月 19 日下午，南宁市民族东小学举行以“玉树小伙伴——我们的牵挂”为主题的募捐活动

（广西壮族自治区民政厅　提供）

4 月 23 日，广西红十字会紧急募集的价值 524 万元的抗震救灾物资由南宁启程前往玉树地震灾区

（《西海都市报》4 月 25 日 12 版）

柳州市政协在京都宾馆举行“情系玉树·柳州市政协书画摄影联谊会作品义卖活动”，广西汽贸园、柳州南城百货等单位配合，政协书画摄影联谊会会员们从自己多年创作中选出 70 多幅精品义拍义卖，来自民营企业界 20 多名市政协委员参与竞拍认购，联谊会会员、众鑫建筑公司董事长陈连弟以 4.1 万元全场最高价竞购摄影精品《雪岭晨曦》，活动募集 22.3 万元。义卖所得款项全部通过柳州市慈善会捐给玉树地震灾区。留美桂林人士葛卫东、张亚平、葛徵，看到中央电视台“情系玉树　大爱无疆”抗震救灾大型募捐活动，当晚打电话给家人，委托家人向玉树灾区捐款 2000 元。

4 月 23 日，桂林市伊斯兰教协会组织市区清真寺、伊斯兰饭店、市回族敬老院等 200 多名人员，在桂林清真古寺举行“情系玉树　大爱无疆”募捐活动，募捐善款 34733 元。24 日上午，自治区原党委书记、广西红十字会名誉会长赵富林，向玉树地震灾区捐款 2010 元。25 日，广西质量监督局通过青海省质量监督局，向玉树灾区捐款 30 万元。

广西壮族自治区社会各界向玉树灾区捐款捐物，截至 5 月 31 日，全区捐赠款物 10022.37 万元。其中，红十字会系统募集 5001.02 万元（救灾资金 4271.33 万元，物资折价 729.69 万元），广西社会捐助接收工作站募集 2051.91 万元，慈善总会系统募集 2649.44 万元，社会各界捐款 320 万元。募集资金按渠道汇缴相关部门，物资运往玉树灾区。

2010 年 7 月，自治区审计厅对自治区红十字会本级青海玉树地震抗震救灾资金物资筹集、拨付、使用、管理情况进行审计。审计评价：自治区红十字会本级按照《青海玉树地震抗震救灾捐赠资金使用管理监督办法》《关于做好玉树“4·14”地震抗震救灾捐赠工作的通知》等规定要求，认真做好捐赠款物接收管理工作，做到了专账管理、专人负责，捐赠资金使用符合玉树地震抗震救灾捐赠资金使用管理要求。

三、西藏自治区赈灾

地震发生后，中共西藏自治区委员会、西藏自治区人民政府立即给青海省委、青海省人民

4 月 15 日，参加中共西藏自治区委员会工作会议的代表向玉树灾区捐款　　（西藏自治区民政厅　提供）

4 月 16 日，西藏自治区支援玉树抗震救灾物资车队整装待发　　（西藏自治区民政厅　提供）

政府发慰问电，向地震灾区捐款 100 万元。社会各界和各族群众向玉树灾区捐款捐物，截至 5 月 20 日，自治区接收捐赠款物 6118.76 万元。其中，区民政系统接收捐赠资金 4315.92 万元，物资 741.97 吨折款 846.3 万元；区红十字会接受捐赠款物价值 452 万元；企业向灾区捐赠款物价值 504.54 万元。

4 月 14 日，西藏红十字会立即启动应急预案，召开玉树地震灾区救灾情况通报会，向社会通报物资、资金募捐点，公布募捐账号和联系方式，呼吁全社会积极参与救灾募捐活动。

4 月 15 日，参加自治区党委工作会议的全体代表，在张庆黎、白玛赤林带动下，开展向玉树灾区捐赠活动，捐款 34.51 万元。昌都地区民政局向玉树灾区紧急调运 100 顶帐篷、200 千克饼干、200 件方便面、1 吨大米、1 吨面粉、300 件矿泉水等救灾物资。同日，拉萨市民扎西次仁代表全家到区民政厅捐赠办公室向玉树灾区捐款 3 万元，是西藏开展向玉树地震灾区捐赠活动以来收到第一笔个人捐款，也是个人数额最大捐款。

4 月 16 日，自治区政府向玉树地震灾区捐赠 100 吨矿泉水。武警西藏消防总队机关组织捐赠活动，向灾区捐款 28.79 万元。17 日凌晨，由 13 辆运输车组成的社会捐赠物资运送车队，在区民政厅救灾处副处长索朗扎巴带领下，行程 72 小时抵达玉树县结古镇，向灾区运送糌粑、砖茶、药品、口服液等 345.6 吨社会捐赠物资，价值 520 万元。区红十字会向玉树灾区运送糌粑、砖茶、盐巴、酥油、矿泉水、方便面、食用油、藏药、衣物等物资 185 吨。自治区党委、区人大常委会、区政府、区政协、区纪律检查委员会机关干部职工和离退休人员捐款 51.65 万元；自治区民政厅系统向灾区捐款 33450 元；自治区政法系统捐款 53.12 万元；自治区交通系统捐赠 31.11 万元；自治区地勘系统 3000 余名干部职工捐款 24.68 万元；自治区卫生厅向全区卫生干部职工发出《募捐赈灾倡议书》，募集捐款 68.11 万元。自治区红十字会阜康医院紧急医疗队在灾区捐款 46 万元，捐助物资价值 55 万元。

4 月 18 日，自治区党委召开专题会议，部署救援工作。区党委办公厅、区政府办公厅下发《关

4 月 24 日，拉萨市离退休老干部向玉树灾区捐款
（西藏自治区民政厅　提供）

于向青海地震灾区群众开展捐款活动的紧急通知》，要求各地认真做好社会赈灾组织发动工作，扎实开展社会捐赠活动，确保社会稳定。

4 月 19 日，自治区民政厅党组紧急召开专题会议，决定成立“西藏自治区民政厅青海玉树地震社会捐赠工作领导小组”。领导小组设接收捐赠办公室，分设综合信息报道组、接收捐赠资金组、接收捐赠物资组；并通过西藏电视台、《西藏日报》等媒体发布公告，公布办公地址、接收捐赠账户、账号、开户行、募捐热线电话、联系人、联系电话等。同日，区民政厅、西藏慈善总会下发《关于在全区动员社会力量对青海玉树地震灾害开展慈善募捐活动的实施方案》，明确募捐宣传、募捐方式、款物管理等。同日上午，自治区红十字会再次筹集 15 吨糌粑及砖茶、盐等物资运往玉树灾区。

4 月 20 日，自治区总工会印发《自治区总工会开展抗震救灾捐赠活动的通知》，总工会机关干部职工捐款 11.9 万元；自治区残联机关干部职工捐款 2.582 万元；工商联机关干部职工捐款 3.86 万元；中国佛协西藏分会捐款 81.58 万元；佛协那曲地区分会捐款 61 万元。拉萨市、日喀则地区、山南地区、林芝地区、昌都地区、那曲地区、阿里地区分别成立由民政局、宣传部、财政局、纪律检查委员会、审计局、红十字会等相关部门负责人为成员的社会赈灾领导小组，组织和发动本地（市）抗震救灾捐赠工作。重庆歌乐山 92 级西藏班学生捐款 6000 元，西藏堆龙德庆县东嘎镇桑木村群众捐款 5.24 万元。自治区科技厅向玉树灾区捐赠太阳能应急电源 200 套，价值 8.4 万元。自治区宣传、广播电影电视系统全体干部职工为玉树灾区捐款 23.59 万元。

同日，自治区教育厅下发关于开展抗震救灾捐赠活动通知，部署全区教育系统“向玉树地震受灾地区紧急捐款”活动。截至 5 月 5 日，教育系统捐款 50.1 万元。其中，农牧学院捐款 32.24 万元，教育厅机关捐款 16.2 万元，中小学校捐款 1.66 万元。

4 月 21 日，武警西藏边防总队共向玉树灾区捐款 57.87 万元。

4 月 25 日，区民政厅、拉萨市民政局、西藏慈善总会在《拉萨晚报》刊登《我区民政部门提醒广大市民，爱心捐赠要走正规渠道》文章，提醒市民不要轻信骗人短信和不法网站，以免上当受骗，再次公布区民政厅接收捐赠办公室、拉萨市民政局、西藏慈善总会和西藏红十字会接收捐赠账户、账号、联系地址、电话等信息。同日上午，拉萨市举行“情系地震灾区义演”

4 月 22 日，西藏民营企业向玉树地震灾区捐款　　（西藏自治区民政厅　提供）

活动，现场募集捐款 2.46 万元。截至 5 月 10 日，拉萨等各地（市）接收捐款 3172.43 万元。

4 月 26 日，自治区纪委、监察厅、审计厅、财政厅、民政厅、卫生厅联合下发《关于成立自治区抗震救灾捐赠资金物资监督检查领导小组的通知》。西藏自治区抗震救灾捐赠资金物资监督检查领导小组，由自治区纪律检查委员会副书记、监察厅厅长任组长，自治区审计厅厅长任副组长，区监察厅、区民政厅、区财政厅、区卫生厅、区红十字会分管副厅（会）长为成员。领导小组下设办公室，办公室设在自治区纪律检查委员会。各地（市）、县相应成立领导机构，负责本地抗震救灾捐赠资金物资监督检查工作。同日，拉萨市民宗角鲁康到自治区民政厅向玉树灾区捐款 11110 元。自治区交通厅退休干部罗布桑培，交纳特殊党费 5000 元。西藏自治区红十字会阜康医院救援队队长王斌给灾区刚出生婴儿玉康卓玛捐款 5000 元，并承诺今后每月给玉康卓玛寄 600 元生活费，一直到 18 岁。

4 月 27 日，自治区抗震救灾捐赠资金物资监督检查领导小组召开第一次会议，领导小组办公室发《关于救灾资金物资专项监督检查的实施意见》，就专项监督检查的目标、范围和内容等进行了详细规定。同时还要求各成员单位要切实加强组织领导，确保专项监督检查工作取得实效。

5 月 4 日，自治区监察厅、民政厅向自治区政府报《关于向玉树地震灾区捐赠款物工作情况的报告》。10 日，由自治区纪律检查委员会、监察厅牵头，会同自治区纠正不正之风办公室、审计厅、财政厅、民政厅、卫生厅、红十字会等部门组织监督检查组，对自治区民政厅、红十字会等部门和单位抗震救灾捐赠资金物资筹集、汇缴、分发等情况进行监督检查，同时深入拉萨、山南、日喀则等地（市）和部分县进行延伸检查。检查显示，捐赠接收部门和单位在捐赠款物募集、划拨和管理中，适时向社会进行公示，保持较高透明度。捐赠资金账目清楚，手续完备，未发现随意支配资金物资、弄虚作假、挤占挪用和贪污私分的问题。

4 月 28 日和 5 月 10 日，经过全面审计，自治区审计厅分别向自治区纪律检查委员会和审计署提交《西藏自治区审计厅关于对全区有关玉树救灾资金物资的审计报告》和《西藏自治区审计厅关于对玉树救灾资金物资第二次审计情况的报告》。审计报告认为，接收捐赠款物的部门、单位在接收捐赠款物时，基本做到手续完备、专人负责，接收每一笔捐款，当面清点，开具收据。救灾捐赠款物拨付使用，由自治区人民政府专题或常务会议统一研究方案（意见），民政部门具体组织实施。定向捐赠款物能够按照捐赠者意愿使用，非定向捐款，全部上缴民政部。捐赠资金物资接收、分配、拨付及时向社会公布，自觉接受社会监督。在审计中，未发现随意分配、弄虚作假、挤占挪用、贪污私分等问题，民政部门、慈善总会在筹集捐赠资金过程中，没有提取管理费。截至 5 月 10 日，全区企业向玉树灾区捐赠款物价值 504.54 万元。其中，捐款 119.62 万元，捐物折价 384.92 万元。西藏宏发建筑工程有限公司捐款 36.09 万元；西藏宏盛房地产开发有限公司捐款 25.5 万元；西藏诺迪康药业通过青海省红十字会向玉树灾区捐赠价值 100 万元的抗缺氧药“诺迪康胶囊”。

截至 5 月 20 日，自治区民政系统接收向玉树灾区捐款 4315.92 万元，物资 742.97 吨、折款 846.3 万元。其中，自治区民政厅接收 1143.48 万元，物资 414.97 吨、折款 614.79 万元；拉萨市民政局接收 625.94 万元，物资 290 吨、折款 165.5 万元；那曲地区民政局接收 668.17 万元，昌都地区民政局接收 487.86 万元，物资 12 吨、折款 18 万元；山南地区民政局接收 395.50 万元；日喀则地区民政局接收 598.47 万元，物资 26 吨、折款 48 万元；林芝地区民政局接收 312.14 万元；阿里地区民政局接收 84.36 万元。全区企业向玉树灾区捐赠款物价值 504.54 万元。其中，捐款 119.62 万元，捐物折价 384.92 万元。

5 月 23 日，自治区民政厅在《西藏日报》向社会公示青海玉树地震抗震救灾捐赠资金、物资接收、使用情况。在接收期间，自治区民政厅在西藏电视台西藏新闻联播中发布接收捐款数额公告 5 期，安排和接受各种媒体采访 16 次，采编《西藏民政信息快报》22 期，并及时呈报自治区党委、人民政府。

2010 年西藏自治区民政厅玉树“4 · 14”大地震接收社会捐赠一览表

表 1-5　　单位：元

序号	单位	金额	序号	单位	金额
1	区党委工作会议秘书处	345071	11	区建设厅	51840
2	区地勘局	68450	12	区政府办公厅	39670
3	区药监局	10100	13	西藏日报社	73150
4	区食品药品检验所	7600	14	区老干局	9100
5	区林业局	25695	15	区宣传部	24430
6	区藏医院	92205	16	区交通运输厅	653306.99
7	区人民医院	105240	17	区旅游局	16100
8	区工商行政管理局	39150	18	区司法厅	255270.5
9	区人民检察院	29085.2	19	区国资委	429244
10	区人口计生委	15940	20	区人力资源社会保障厅	31730

续表 1-5

序号	单位	金额	序号	单位	金额
21	区农牧厅	100056	55	区粮食直属系统	50190
22	区人民防空办公室	8500	56	区教育厅	162800
23	区残联	25820	57	区外事办	21000
24	区党委政法委	22750	58	区安全生产监督局	9700
25	区工商联	38615	59	区编译局	21530
26	区国土资源厅	30650	60	人保财险西藏分公司	20000
27	区民宗委	23500	61	区体育局	5000
28	区人大	55500	62	区水利厅	167385
29	区统计局	29450	63	区政协	298800
30	区工业和信息化厅	15000	64	区扶贫办	37050
31	区纪律检查委员会	27760	65	区科协系统	14020
32	区农科院	132810	66	区民政厅	33150
33	区科技厅	39880	67	区财政厅	91521
34	区公安厅	125520	68	区林业厅	16050
35	西藏警卫局	41710	69	区党委政研室	6800
36	区环境保护厅	20100	70	区地勘局第五地质队	36850
37	西藏边防总队	578664.8	71	区税务局	74165
38	区总工会	119050	72	区建设银行	10990
39	区体育局	63310	73	区政府驻上海办事处	7000
40	西藏通信管理局	16250	74	区文联	6700
41	区烟草公司	60270	75	区妇联	28900
42	区审计厅	22150	76	区电力公司	652141
43	西藏第六地质大队	31150	77	武警西藏消防总队	287945
44	区调队	17770	78	西藏农牧学院	322405.2
45	西勘集团	15200	79	中国佛协西藏分会	815798
46	区地热队	23645.3	80	专用通信局	5250
47	区安全厅	172050	81	拉萨市三高	3915.4
48	区档案局	37090	82	区物资公司	5140
49	区文联	29050	83	地勘局实验室	15290
50	区直工委	10409	84	地调院	6050
51	区党委办公厅	81240	85	地质二队	31700
52	区公安厅反恐特侦队	99907.7	86	西藏警官专科学校	53754.3
53	区文化厅	199502	87	山南驻老干部服务站	87810
54	区商务厅	34600	88	堆龙德庆县东嘎村委	53870

续表 1-5

序号	单位	金额	序号	单位	金额
89	乃东县昌珠镇政府	40829	111	拉萨市城关区地毯厂	20000
90	昌都驻拉萨办事处	92010	112	舒心商贸有限公司	60000
91	区外运公司	6720	113	西藏圣州工贸有限公司	5000
92	区盐业公司	26524	114	珠穆朗玛集团	26250
93	区包装公司	6200	115	蕃隆餐饮	6905
94	新华社西藏分社	24100	116	西藏宏发建筑工程有限公司	360902.2
95	日喀则驻拉萨办事处	129470	117	西藏宏盛房地产开发有限公司	255000
96	那曲地区民宗局佛教协会	610000	118	堆龙东嘎镇南嘎村委会	19801
97	西藏旅游总公司	23893.1	119	西藏天卓餐饮娱乐有限公司	8751
98	西藏贡嘉建设有限公司	5000	120	西藏川泰建筑工程有限公司	11500
99	城关区市政公司	500000	121	宗角禄康老年晨练点	11110
100	西藏阜康医药发展有限公司	450000	122	西藏天地绿色饮品发展有限公司	14781
101	天缘台球俱乐部	5000	123	曲水县菜巴拉中心校	5034.2
102	旅游爱心车队	10473	124	西藏金珠集团有限公司本部	9150
103	金樽俱乐部	5830	125	扎西德勒国际旅游有限公司	11900
104	驻拉萨尼泊尔侨民代表	31031	126	重庆歌乐山 92 级西藏班（第四批）	6000
105	宗教新村老干部活动中心	10100	127	阿里高争水泥厂	14760
106	城关区哈达集团建筑公司	10000	128	西藏堆龙德庆县东嘎镇桑木村	52418
107	西藏雅起公司	20000	129	拉萨小清真寺	20000
108	西藏天仁矿业有限公司	30000	130	西藏天地工程建设有限公司	60420
109	西藏晶鑫矿业有限公司	30000	131	西藏百益商贸有限公司	15855
110	西藏时代置业房地产开发有限公司	50000	132	天杵乐队	44005

2010 年西藏自治区民政厅玉树“4 · 14”大地震接收个人捐赠一览表

表 1-6　　单位：元

序号	个人	金额	序号	个人	金额
1	扎西次仁	30000	10	王杰等	1100
2	闵国俊	3000	11	格珍	3000
3	李素花	1000	12	索朗德吉	1000
4	格桑次旺	1000	13	尕扎肖	10000
5	木萨	1000	14	玉珍	1000
6	卓嘎	1000	15	多吉	1000
7	白多	1000	16	才旺达	1000
8	黄超	1800	17	桑罗	1000
9	达娃罗布	1000			

四、宁夏回族自治区赈灾

玉树大地震发生后，宁夏回族自治区党委、政府号召全区干部群众向玉树灾区捐款捐物。4 月 15 日 16 时，青海省财政厅接收宁夏财政捐赠款 200 万元。区民政厅得知玉树地震灾区急需火炉消息后，紧急采购 2000 套火炉派专人送抵玉树灾区。

区红十字会紧急呼吁全区社会各界立即行动起来，捐款捐物，支援玉树灾区。全区各级红十字会通过银行、邮局、手机短信、现场捐赠等多种途径和方式接收社会捐赠款物 1776.91 万元，其中接收捐款 1720.75 万元，接收捐赠物资折价 56.16 万元。区红十字会接受玉树捐款按照中国红十字会总会要求，全部汇缴中国红十字会总会用于玉树灾区灾后恢复重建，接受社会捐赠物资分三批转交青海省红十字会用于玉树紧急救援。区委组织部从区管党费中向玉树灾区捐赠 8 万元，支援玉树灾区抗震救灾和恢复重建。自治区妇女联合会向玉树灾区发慰问信，捐款 3 万元，并向全区各级妇联组织发紧急通知和倡议书，要求动员和组织广大妇女采取多种形式参与抗震救灾工作。自治区总工会向青海省总工会发慰问电，并捐款 10 万元。总工会机关及下属事业单位干部职工自发为灾区捐款 4 万元。银川市总工会向玉树灾区捐款 3 万元。

4 月 16 日，自治区环保厅组织厅机关全体人员和事业单位副处级以上干部带头向灾区群众捐款捐物，当日捐款 4.3 万元，并将价值 10 万余元的救灾物资派专人由银川送往灾区，17 日上午抵达西宁。该批救灾物资包括棉被 200 床、棉大衣 200 件、帐篷 10 顶、牛奶 100 件、矿泉水 188 件、方便面 200 箱、防寒服 200 件、方便食品 200 件。中卫市先后向玉树灾区捐赠新鲜蔬菜 100 吨。

4 月 21 日，宁夏道教协会在中卫市龙宫庙举行为玉树地震灾区祈福捐款活动，现场发出向青海玉树地震灾区捐款倡议。市内宫观信众和现场群众捐款，81 岁高龄的道长王至仙尽管行动不便，还是坚持到现场捐款。

5 月 27 日，自治区民政厅副厅长王凤刚、区慈善总会副会长魏达江一行，专程到西宁向

4 月 18 日，宁夏民政厅工作人员到灾区为受灾群众发放取暖火炉
（青海省民政厅　李书海　提供）

青海省政府转交宁夏社会各界对玉树地震灾区2900万元捐款，并向青海省委、省政府转交宁夏回族自治区党委、政府致玉树地震灾区慰问信。青海省副省长张光荣代表青海省委、青海省政府接收捐款和慰问信，并向慰问团转交青海省委、青海省政府致宁夏回族自治区党委、政府和社会各界感谢信。

在玉树抗震救灾期间，宁夏社会各界向玉树灾区捐赠款物4940.3万元。

五、新疆维吾尔自治区赈灾

4月14日，自治区红十字会获悉青海省玉树州玉树县发生7.1级地震灾害，立即向青海省红十字会援助2万元救灾款并发慰问信；在自治区有关主流媒体播放和刊登为灾区募捐倡议，向社会公布募捐救灾账户和咨询电话专线；通知各地（州、市）红十字会组织开展募捐活动；动员机关全体干部职工为灾区捐款，做好接受社会各界为灾区捐赠款物各项准备工作。

4月15日，自治区人民政府向玉树灾区捐款500万元。17日，自治区科学技术厅向玉树灾区捐赠光伏发电设备1064套、保暖内衣200件，价值23万元；自治区慈善总会向玉树灾区捐款21.5万元，捐赠物资折价5.3万余元；自治区教育厅向玉树灾区捐款10万元。自治区各级红十字会募集捐款2974.74万元，上交中国红十字会总会，用于玉树灾后重建。

4月21日早，新疆和田县巴格其镇宁波新村村民聚集到村委会，为玉树灾区捐款。低保户买买提尼亚孜·艾斯吐拉从自己低保金中拿出100元捐给玉树灾区，老人的孙子阿不都克尤木·艾则孜也把身上零花钱捐出。福海县牧民阿布杜热哈曼·阿热依别骑马赶到县委为灾区捐款。

在得知玉树地震后，新疆阿克苏地区温宿平安客运汽车有限责任公司董事长艾海提·托合孙，带领一支由13名维吾尔、柯尔克孜等民族组成的救援队，从所在地温宿县出发，经过八天八夜，于4月27日早晨赶到玉树。29日，在一辆大卡车上挂起写有汉语、藏语两种文字的“新疆爱心抓饭免费提供”横幅，中午12时许，救援队在玉树州政府门口左侧人行道上给灾区群众供应新疆抓饭。几天来他们先后为550多名灾区群众免费提供中午饭和晚饭，同时给灾区

4月29日，新疆救援队在玉树州政府门口给过往受灾群众供应新疆抓饭
（玉树州地方志办公室　提供）

捐赠价值 58 万元的物资。来自新疆的 4 家个体工商户和企业免费为灾区群众提供就餐。在乌鲁木齐客运段北京车队三组值乘的 T70 次列车上，列车党支部利用简易捐款箱开展向玉树地震灾区捐款活动。列车到达终点站前，列车党支部收到列车员、旅客捐款 2288.7 元。

玉树抗震救灾期间，新疆社会各界为玉树灾区捐款捐物 3592.78 万元。

第三节　各省及新疆生产建设兵团赈灾

一、河北省赈灾

4 月 14 日，河北省委、省政府紧急召开专题会议，研究部署支援玉树抗震救灾工作，要求有关部门加强和青海方面联系，密切关注玉树灾情，制订具体支援方案。省民政厅立即召开机关厅领导、各处室负责人参加的专题会议，决定成立由厅长古怀璞任组长的河北省民政厅支援玉树抗震救灾工作领导小组，全省民政系统进入救灾Ⅳ级应急响应状态，厅机关实行 24 小时值班制度，确保通信畅通，救灾处加强各方联络，及时收集玉树地震灾情信息，救灾捐赠中心集结装备、物资，随时待命，向社会公布捐赠账号，接收群众捐赠。石药集团通过河北省卫生厅和红十字总会，向玉树灾区捐助价值 50 万元的药品。

4 月 15 日，省委、省政府向青海省委、省政府发慰问电，并捐款 500 万元用于抢险救灾；19 日再次捐款 500 万元。张家口市捐款 30 万元，唐山市发慰问电并捐款 350 万元，石家庄市捐款 200 万元，邯郸市捐款 100 万元，支援灾区抗震救灾。15 日，曾经参加南方抗冰雪灾害和汶川大地震救灾的河北唐山“宋志永农民爱心小分队”，在当地向玉树灾区捐款 1.3 万元后赶赴玉树地震灾区抢险救灾。15 时，河北保定新能源企业英利集团，仅用一天时间赶制出价值 40 余万元的 50 套太阳能路灯和 200 支太阳能手电，运往玉树地震灾区。同日 21 时，秦皇岛市傲森尔装具服装有限公司 300 顶军用棉帐篷装车，连夜运往玉树地震灾区。

4 月 19 日，省民政厅向各市、县民政部门转发民政部《关于做好玉树“4·14”地震抗震救灾捐赠工作的通知》，决定于 4 月 19 日至 5 月 10 日，在全省开展支援青海省玉树地震灾区的捐赠活动。各市、县民政部门启动救灾捐赠机制，实行 24 小时值班制度，向社会公布捐赠账号、捐赠站点、捐赠渠道。同日，河北省总工会对口支援青海省总工会 50 万元。石家庄市唐山路南区 5263 名党员捐款 24 万余元。河北新奥集团捐款 200 万元。卓达房地产集团有限责任公司捐款 44.05 万元，总裁杨卓舒个人捐款 200 万元。石药集团在首批捐助价值 50 万元的药品基础上，再捐款 50 万元。河北省保险行业协会捐款 40 万余元，邢台市佛教界捐款 3 万元，唐山市宗教界捐款 2 万元。

4 月 20 日，以岭医药集团通过省红十字会向玉树地震灾区捐赠价值 200 万元的连花清瘟胶囊并立即运往地震灾区。在中央电视台举行“情系玉树　大爱无疆——抗震救灾大型募捐活动特别节目”上，河北新奥集团继4月19日捐赠200万应急资金后再次捐款500万元；冀中能源集团有限责任公司、河北钢铁集团有限责任公司、开滦（集团）有限责任公司和新奥慈善基金会各捐款300万元。

4月20日，河北以岭医药集团向青海玉树地震灾区捐赠价值200万元的药品　　（河北省民政厅　提供）

4月21日，省民政厅、省纪律检查委员会驻省民政厅纪检组发《关于加强支援青海玉树地震灾区捐赠款物监管工作的通知》，要求各市、县民政部门加强组织领导，加大对赈灾款物的监管力度，确保捐赠款物安全运行。全省财政、审计、监察部门密切配合，对支援玉树地震救灾资金物资做到全方位、全过程监督。同日，华药集团了解到灾区急需抗菌类药品，调拨一批“华北”牌注射用青霉素，价值100万元，借助药品配送网络送往灾区。

河北省红十字会截至4月21日接收款物统计表

表1-7　　单位：万元

地区（系统）	当天捐款数	累计捐款数	捐物价值	累计捐物价值
石家庄	5.50	30.79		
张家口	6.15	19.72		
承德	1.50	17.20		
唐山	34.68	124.88		
秦皇岛	8.39	20.56		
廊坊	9.17	12.81		
保定	10.13	19.61		
衡水	1.11	2.34		
沧州	1.42	9.59		
邢台	0.53	9.56	捐物 0.61	
邯郸	5.00	7.11		
基金会	0.89	5.21		
省红十字会	32.09	186.18	药品 100.00	药品 350.00
合计	116.56	465.56	100.61	350.00

4月22日，74岁老人东宝珍把自己4年以来一直积攒的1410元稿费全部捐给灾区。石家庄市身患白血病的10岁儿童刘磊，在无法凑齐移植干细胞手术费用情况下，和妈妈一起到省

红十字会，向玉树灾区捐款100元。石家庄市就读于北京清华附中学生杨卓桥和他4岁妹妹杨子仪，各将5万元压岁钱捐给灾区。被石家庄市群众誉为“雷锋的哥”的贾德利向党组织交纳特殊党费2000元，“雷锋车队”其他8名党员交纳特殊党费450元。同时，“雷锋车队”每名队员拿出一天营业额3338.5元，捐给玉树灾区。廊坊市91岁原八路军战士杨敏，将自己两年稿费1200元钱捐给玉树灾区。对口援建四川省平武县的河北省干部职工，在省对口援建前线指挥部组织下，205人向玉树灾区捐款3.56万元。

4月23日，由唐山市为玉树州民族中学免费援建的首批1000平方米板房教室正式完工。青海省政协主席白玛出席高中三年级复课仪式。

4月24日，张家口市在文化广场举办“众志成城 大爱无疆——万人签名支援玉树赈灾募捐”活动，募集善款2.01万元。张家口日报社晚报《星期8》报刊进行“公益卖报·心系玉树”为灾区募捐活动，报社拿出1万份报纸义卖，获得资金1.4万元捐给灾区。126名曾经在青海生活、学习和工作过的河北籍“青海人”举行募捐晚会，为玉树灾区捐款5.6万元。25日上午，省红十字会联合桥西糖烟酒公司，在石家庄博物馆广场举行“心系玉树·大爱无疆”义演义卖活动，公司100多名员工参加现场捐献活动，筹集资金2.61万元。26日，河北远洋运输股份有限公司董事长高彦明，通过青海省委统战部、青海省光彩事业促进会，向玉树灾区捐款100万元。

5月23日，在2010年中国国际体育用品博览会上，盐山县体育用品行业协会向玉树地震灾区捐赠价值120万元篮球架、乒乓球台、体操垫、跳箱、路径健身器材等体育用品。27日，该协会派代表至西宁移交捐赠物品。

截至6月7日，全省接收向玉树地震灾区捐款15807.5万元。其中，政府机关支援1700万元，在中央电视台慈善晚会捐赠1960万元，省总工会支援50万元，各级慈善机构接收1581.1万元，红十字会系统接收2335.9万元，省救灾捐赠中心及各市民政系统接收8180.5万元。团省委募集救灾资金57.99万元，其中对口支援青海团省委30万元，其余汇缴团中央，未包含在上述统计数字中。

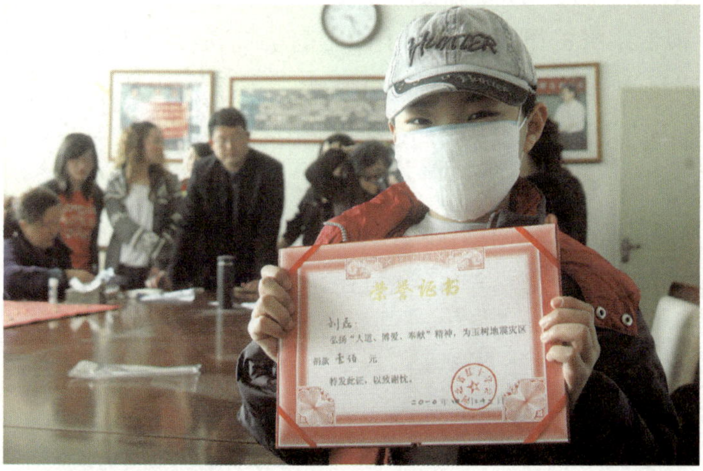

4月22日，10岁的白血病儿童刘磊在河北省红十字会为玉树灾区捐款100元　　（河北省民政厅　提供）

10月25日，省审计厅发布《河北省支援玉树地震救灾资金物资跟踪审计结果公告》（2010年第3号公告），向社会公布支援玉树地震救灾资金物资以及来源、上缴和使用情况。审计结论：经过三个多月跟踪审计，未发现重大违规违纪问题。全省募集救灾款物17547.56万元。其中，财政部门1685万元，民政部门7529.2万元，红十字会3108.06万元，慈善会4989.43万元，其他单位和部门235.87万元。以上资金除邯郸市红十字会依法留存6.9万元外，其余全部汇往中央和灾区。

二、山西省赈灾

玉树地震发生后，山西省红十字会立即启动抗震救灾应急预案，并通过新闻媒体向社会发出救援玉树地震灾区募捐呼吁，公布捐款账号及捐赠方式，开通募捐电话并安排工作人员24小时值班，动员社会各界向灾区提供援助，指导各级红十字会开展向玉树灾区募捐工作。同时，紧急拨付10万元救灾款汇往青海省红十字会，调拨90顶棉帐篷，通过铁路运输发往玉树灾区。

4月20日，山西振东集团董事长李安平向玉树灾区捐赠价值508万元药品　（360网　提供）

4月18日，山西省交通厅发出捐款倡议。厅级机关和厅属单位干部职工捐款，一些出差在外人员打电话委托同事代为捐款，5天内捐款158万多元。20日，省总工会机关全体干部职工举行为玉树灾区群众捐款仪式，省人大常委会副主任、省总工会主席郭海亮出席并捐款，省总工会捐款50万元，各市总工会捐款85万元，各县级及其他工会组织捐款138万元。省检验检疫局全体干部职工捐款63590元。振东制药有限公司捐赠价值508万元的药品。华北制药股份有限公司销售分公司捐赠药品价值100万元。吕梁市离石区高家沟村农民冯候完、冯中平，用农用车装载价值8000元的特产烤馍片、矿泉水及15千克苹果，行车1000多千米到西宁，并通过青海省救灾物资储备中心将上述物资转交玉树灾区受灾群众。

4月23日，省红十字会和山西电视台经济资讯频道，在山西工商学院联合举办“我们在一起·为玉树加油”大型募捐活动，现场为玉树地震灾区募集善款21万余元。山西中远威药业生物制药有限公司向玉树地震灾区捐赠价值1500万元的防治高原病药品，捐赠仪式于6月3日在西宁市青海宾馆举行。

截至6月30日，省红十字会系统接受社会各界向玉树地震灾区捐赠款物价值4666万余元，其中捐款3772万余元、捐赠物资价值894万余元。截至8月6日，省慈善会筹募汇入中华慈善总会3372.73万元。

三、辽宁省赈灾

辽宁省是国家确定对口支援青海的省份。4月14日玉树发生地震当天，辽宁省即向玉树灾区捐款 5500 万元。省民政厅按照民政部要求，紧急协调铁路部门落实车皮，组织人员装运物资，当日将 3 车皮、2 万床棉被发往玉树。

4 月 15 日，省委、省政府决定紧急组织社会各界向玉树地震灾区捐赠款物；派出由 27 人组成的医疗专家救护队，携带价值 50 万元的药品和医疗器械奔赴玉树救灾；向青海地震灾区捐赠 2 万床棉被、1 万件棉大衣，价值 300 万元。省民政厅承担物资装运任务，仅用半天时间完成物资采购，救灾处、减灾中心、救灾中心工作人员全体参加，落实公路、铁路运输和货物装运各项工作。厅机关紧急动员 30 多名干部到货运站台参加装运，连续奋战 4 个多小时，晚 8 时装满 5 车皮物资发往青海。同日，省红十字会立即启动应急预案，紧急调拨价值 20 万元的救灾物资（家庭救灾箱，内装有棉被、毛毯、毛巾、牙刷、药皂等日常用品）运往灾区。同时，向社会各界发出为青海玉树地震灾区募捐紧急呼吁，公布捐款方式、捐赠账号、开通两部 24 小时咨询电话。召开处长紧急会议，确定各部门募捐职责分工及会内新闻发言人；确定分别在和平区太原北街 2 号门口和和平区砂阳路 278 号门口设置两个募捐点，方便市民前来捐款。19 时，李克强在沈阳实地察看辽宁支援玉树灾区抗震救灾物资组织和抢运工作，对辽宁省支援玉树灾区工作给予充分肯定。

大连市委、市政府紧急向玉树地震灾区捐款 300 万元，大连市慈善总会、红十字会募集社会捐款 400 万元，大连市民政局紧急筹措 1900 顶帐篷、2 万套棉被褥、2 万套棉衣裤、近万床毛毯运往玉树灾区。盘锦市是玉树县对口支援地区，市委、市政府拨出专款 200 万元，用于支援玉树县抗震救灾工作。沈阳市总工会发出《做好向玉树地震灾区捐款工作的通知》，沈阳市职工爱心慈善基金会动员全市各级工会和职工向玉树灾区踊跃捐款，沈阳税务集团工会、沈阳机床集团工会、沈阳兴隆大家庭工会和沈阳市数名全国劳模带头捐款，全市各级工会和职工为玉树灾区捐款 446.3 万元。辽阳市阳山观音阁道观为玉树灾区举办捐款祈福法会，70 多名道教人士和信教群众冒雨参加，现场捐款 8050 元。大连、丹东、铁岭等地道教界人士和信教群众也分别举办赈灾祈福法会和捐款活动。

4 月 18 日，省工会系统为玉树灾区捐款 280 万元。其中，省总工会捐款 50 万元，沈阳市

4 月 14 日，辽宁省民政厅厅长徐铁南接受记者采访谈玉树抗震救灾物资抢运工作
（辽宁省民政厅　提供）

4 月 20 日，辽宁省慈善总会向转移就读于沈阳翔宇中学的 30 名玉树学生捐赠 6 万元助学金　　（辽宁省民政厅　提供）

总工会通过沈阳市职工爱心慈善基金会捐款 30 万元，大连市总工会捐款 200 万元。

4 月 19 日，省民政厅通过辽宁电视台，公布接受社会各界向青海玉树地震灾区捐款账号。省、市、县各级民政部门和慈善会都在新闻媒体公示捐款接收账号。辽宁教育基金会向玉树灾区捐款 3.42 万元。20 日，省民政厅和省慈善总会向就读沈阳翔宇中学的 30 名玉树灾区藏族学生，每人发放 2000 元救助金，合计 6 万元。营口市委、市政府向就读该市第四中学的 36 名玉树灾区藏族学生，每人发放 2000 ~ 5000 元救助金，合计 8.1 万元。

4 月 22 日，省委、省人大、省政府、省政协及省直机关分别举行向玉树灾区捐款活动。沈阳药科大学红十字会及青海籍学生举行为玉树地震遇难同胞祈福捐助活动，募集善款 1.34 万元。

截至 4 月 22 日，省委、省政府及各部门、各地市为玉树地震灾区捐款捐物 7241 万元（捐款 6821 万元，捐物价值 420 万元）。其中，省委、省政府捐赠 5500 万元；沈阳市捐款 300 万元；大连市捐款 300 万元，捐物价值 400 万元；盘锦市捐款 200 万元；葫芦岛市捐款 200 万元；营口市捐款 50 万元；省红十字会捐款 244 万元，捐物价值 20 万元；省慈善总会捐款 27 万元。

4 月 24 日，大连市总工会常务副主席陈风荣一行 4 人，前往青海省慰问灾区人民并捐款。青海省委常委、省总工会主席穆东升代表玉树灾区人民，接受 200 万元救灾资金和慰问信。26 日，辽宁曙光汽车集团有限公司（丹东黄海特种专用公司）捐赠巡回医疗车 1 辆，价值 100 万元。

截至 4 月 28 日，省红十字会接受捐款 4089.42 万元，组织志愿者参与募捐服务约 200 人次，接听电话 1500 多次，开具捐款票据 1000 多张，公布网上募捐信息 2000 余条。

5 月 2 日，盘锦市质量监督局向玉树州质量监督局捐赠抗震救灾用车辆 1 辆。9 日，省科学技术厅向玉树地震灾区捐赠帐篷 50 顶、照明设备 34 箱、柴油发电机 10 台，价值 17.3 万元。

截至 7 月 12 日，全省各级民政部门和慈善会接收捐款 1.06 亿元。

11 月 4 日，玉树已进入寒冷冬季。沈阳市职工爱心慈善基金会通过青海省总工会，向玉树州困难职工捐助棉服 500 件、棉鞋 500 双，价值 20 万元，并捐赠救助金 50 万元。

四、吉林省赈灾

4 月 15 日，吉林省委、省政府向玉树灾区捐赠救灾款 800 万元。省慈善总会接受向玉树灾区捐款 44 万元。省妇女联合会向玉树灾区捐赠价值 12 万元的羽绒服及药品，并动员组织全省妇女支援玉树抗震救灾。同时，与吉林市苏宁环球公司联合，向玉树灾区捐赠棉被 1 万床。

4 月 26 日，吉林省捐赠的金龙鱼食用油和大米等救灾物资运往灾区

（青海省慈善总会　提供）

4 月 17 日，长春市委、市政府向玉树灾区捐赠 200 万元。

4 月 24 日，省科学技术厅通过青海省科学技术厅，向玉树地震灾区捐赠药品 1.8 万盒（袋），价值 20.085 万元。

截至 8 月 6 日，吉林省慈善总会汇入中华慈善总会账户中玉树救灾捐款 4845.75 万元。

在玉树抗震救灾期间，吉林社会各界向玉树灾区捐款 6777.79 万元。

五、黑龙江省赈灾

4 月 15 日，黑龙江省委、省政府向玉树灾区发出慰问电，并捐赠 500 万元救灾资金。省民政厅党组立即召开专题会议，成立支援玉树地震灾区协调小组，紧急研究制订支援方案。省慈善总会成立资金接收、宣传联络、数据统计 3 个工作组，设立现场捐赠、邮局汇款、银行转账 3 种捐赠方式；设立捐赠咨询热线，向社会公布接收捐赠的账户、账号和热线电话，在省电视台 24 小时不间断滚动播出，并通知各地市慈善组织及时开展募集活动，所有工作人员放弃午休和节假日，加班加点为捐款人提供各项服务。省社会捐赠中心全体人员，24 小时值班守候，做好捐赠款物的接收、登记、造册、入账等各项工作。省红十字会启动应急预案，制定《关于为玉树地震灾区募捐款物接收分发使用的有关规定》，向社会各界发出倡议，向全省各级红十字会发出募捐通知，并通过报纸、电台、电视台等媒体公布募捐账号和捐赠热线。省公安厅、省地震局快速反应，做好救援准备。大庆市华峻房地产公司通过大庆市慈善会向玉树灾区捐赠 50 万元。

4 月 16 日下午，省委、省政府主要领导吉炳轩、栗战书带头捐赠，一些离退休老干部通过多种方式参与捐赠，省直机关 136 个部门和单位 14.47 万人捐款 853.92 万元。省质量技术监督局通过青海省质量技术监督局向玉树灾区捐款 5 万元。19—21 日，省武警总队 1 万余名官兵，为玉树灾区捐款 96.23 万元；空军 93163 部队号召全体官兵、学员为玉树灾区捐款，筹得善款 42.65 万元。81 岁哈尔滨市海城街社区居民李毓美，老伴早年过世，每月工资只有 600 多

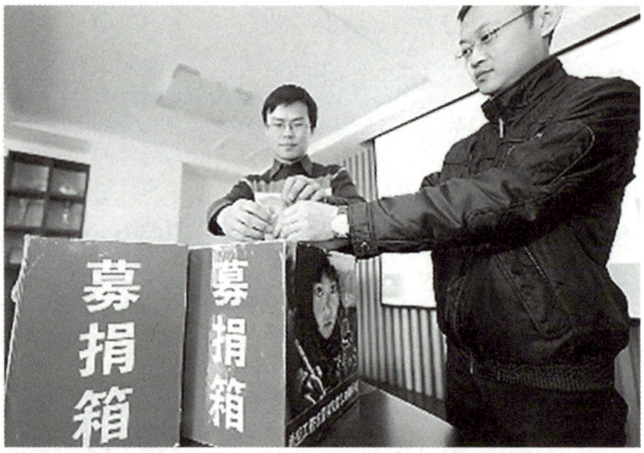

4 月 20 日，黑龙江省青少年发展基金会启动希望工程紧急救灾劝募行动。图为向玉树灾区捐款现场
（新华社发）

元钱。得知玉树灾情后，他立即将自己积攒的 1000 元钱送到社区，捐给玉树灾区。哈尔滨市小学生刘士峰因为上学没时间捐款，特意写了一份委托书，委托他爸爸到省慈善总会把自己积攒的 500 元钱捐给玉树灾区，并说“我希望这份爱心可以给青海的受灾人民搭一顶帐篷，或者可以救助一位小朋友，让他能像我一样快乐地学习”。哈尔滨市年近 90 岁的吴葵垣，从电视上看到玉树灾区人民生活困难，不顾年事已高，组织姐妹们亲手缝制 40 床 2.5 千克重的新棉被，捐给玉树灾区。大庆眼科医院组织全体医护人员捐款，为玉树灾区小朋友购买 100 箱奶粉。共青团嘉荫县委组织全县希望小学开展“龙江玉树儿童心手相牵”公益活动，5 所希望小学 1150 名师生向玉树灾区人民捐款 1.185 万元。

4 月 18 日，哈尔滨翔鹰集团股份有限公司董事长刘迎霞携翔鹰集团首批救灾物资，乘军机抵达玉树灾区。之后，该集团企业工会组织捐赠价值 5000 万元的药品、帐篷、羽绒服、睡袋和食品等物资。

4 月 20 日，省妇女联合会发出倡议，呼吁全省妇女为玉树灾区捐款。23 日，省直属机关工作委员会下发《关于启动“一日捐”活动并开展向青海省玉树地震灾区捐款的通知》。省农村信用社联合社及广大职工为玉树灾区捐款 53.5 万元，永泰房地产集团有限公司、中国工商银行黑龙江省分行，分别通过省慈善总会向玉树灾区捐款 100 万元。

4 月 25 日，省红十字会、哈尔滨市红十字会联合省电视台新闻夜航栏目共同举办以“情系玉树　大爱无疆”为主题的大型赈灾募捐活动，活动现场接受多家机关、企业捐款 430 余万元，市民当日捐款 1.6 万余元。

截至 7 月 9 日，省慈善总会接收捐款 7133.18 万元。其中，省本级捐款 853.92 万元，机关事业单位及职工捐款 270.28 万元，企业及职工捐款 561.06 万元，社会团体捐款 7.22 万元，个人捐款 14.52 万元，地市级捐款 5426.18 万元。截至 7 月 19 日，省红十字会接收捐款 1572.41 万元，接收物资折价 172.157 万元；省青少年发展基金会接收款物 241 万元，其中资金 208 万元、物资价值 33 万元。

六、江苏省赈灾

玉树发生地震当天，江苏省委、省政府启动紧急救援方案，组织开展支援玉树抗震救灾各项工作。省委、省政府捐赠 1000 万元，省民政厅捐赠 50 万元，南京市政府捐赠 200 万元。省红十字会立即通过媒体紧急呼吁社会各界向玉树灾区奉献爱心，要求全省各级红十字会投入支援灾区救灾行动中。同时紧急调拨10万元救灾资金和价值28万元的200顶帐篷，于15日发往玉树灾区。江苏伟业建设集团董事长王伟明获悉玉树地震，连夜筹集大衣、被子、方便面、牛奶、发电机、食品和药品等救灾物资，组织22人救援队赶往灾区。

4月15日，省妇女联合会向灾区发慰问信，并捐款10万元；江苏儿童少年扶贫基金会通过中国扶贫基金会，向灾区捐款20万元，用于实施援助地震中失去亲人的儿童项目；镇江市妇女联合会捐款2.3万元，并联合无锡市恒泽堂女性用品公司捐款5万元，帮助灾区10名贫困妇女。

4月16—18日，江苏中聿实业有限公司捐赠100箱价值10万元的板蓝根免洗抗菌洗手液；在如皋市第一届道教音乐演奏会开幕现场，参加演奏会教职人员和信教群众筹集善款5000余元；省民政厅捐赠30吨食品；无锡市光彩事业促进会为玉树灾区筹集救灾捐款10万元；江苏富士达有限公司为玉树灾区捐款10万元。19日，江苏省总工会向青海省总工会发慰问电，并电汇30万元，支援青海省总工会组织抗震救灾；江苏鹰游纺机公司董事长张国良向玉树灾区捐赠1万条毛毯，价值150万元；在青海省海西州乌兰县经商的江苏南通籍党员高绍华，得知玉树发生地震灾害后，到乌兰县委组织部，自愿交纳特殊党费1万元；省科学技术厅向玉树灾区捐款20万元。

5月3日起，陆续有更多单位、团体、个人向玉树灾区捐赠款物。省科学技术厅联合中国科学院江苏龙梦科技有限公司，向玉树灾区捐赠102台龙芯电脑，在省电信公司和教育部门支持下，利用现代计算机和网络宽带通信技术，在玉树州民族中学与西宁市虎台中学之间、玉树县第一完全小学与西宁市古城台小学之间，开通网络远程教学直播课堂，使两地中小学生实时、同步收听收看同一位老师同一课堂教学内容。省政协通过青海省政协办公厅向玉树灾区捐款15万元。常州市武进区潘家小学捐款9124.52元。淮安南峰房地产公司捐款100万元。《扬州日报》向市民和学校学生发出捐赠图书倡议，在玉树建立“爱心图书室”。南京市六合区委组织部通过青海省委组织部，向玉树灾区捐赠60万元抗震救灾党费。江苏可一实业有限公司向玉树灾区捐赠137744册教材辅助资料，价值175.79万元。江苏先声药业有限公司委托江苏省慈善总会，向玉树地震灾区捐赠100万元救灾款和价值200万元的药品，并联合江苏省慈善总会、青海省慈善总会资助13.5万元，发起“玉树儿童世博行”活动，组织玉树孩子参观上海世博会，游览南京红山森林动物园、南京中山陵风景区、南京海底世界等景点。该公司还动员50名员工，

4月19日，基督教江苏路堂为玉树地震灾区捐款

（百度　提供）

通过“一对一”帮扶活动，为 50 名玉树孤儿学校学生提供资助，标准为每人每年 1100 元，直至完成学业。江苏黄埔再生资源利用有限公司、博宥投资管理集团有限公司、内蒙古鄂尔多斯永隆有限公司开展联合行动，捐赠价值超过 3000 万元的救灾物品，其中包括机械设备、发电机、帐篷、棉大衣、药品等急需物资，通过中华慈善总会、青海慈善总会运往玉树灾区。

截至 8 月 6 日，江苏省慈善总会、常州慈善会、南通慈善会、东台慈善会、靖江慈善会和吴中区慈善基金会，汇入中华慈善总会账户向玉树捐款 9168.28 万元。

玉树抗震救灾期间，江苏省社会各界向玉树灾区捐助救灾款 10446.28 万元。

七、浙江省赈灾

4 月 14 日，浙江省政府向玉树灾区捐款 1000 万元，宁波市政府捐款 300 万元。省红十字会启动应急预案，成立浙江省红十字会支援玉树抗震救灾办公室，并发出募捐呼吁。各级民政部门、慈善机构通过报纸、电视和网站发布捐赠账号，设立捐赠点，接收社会各界捐赠款物。

4 月 20 日，浙江省委书记赵洪祝带头向玉树灾区捐款。
（文汇报　白林淼　摄）

4 月 15 日下午，杭州联华华商集团紧急采购面包、方便面各 5 吨，饼干 10 吨，火腿肠 10 吨，价值近 70 万元，次日包机空运至西宁。湖州市妇联捐款 10 万元。

4 月 18 日，省民政厅、省直机关工委举行省直机关干部职工向玉树地震灾区捐款仪式，省委、省政府领导带头捐款。省民政厅捐赠食品 30 吨。金华市红十字会捐物折价 315 万元。省总工会捐款 100 万元。

在中宣部、民政部、广电总局、中国红十字会总会联合主办“情系玉树　大爱无疆——抗震救灾大型募捐活动特别节目”中，浙江省 10 家企业在晚会现场向玉树灾区捐款 1850 万元。浙江奥默医药技术有限公司向玉树灾区捐赠 30 万元抗氧保健品——携氧。宁波得力集团有限公司向玉树灾区捐赠 1000 套写字板（包括笔、板擦）。义乌侨商会通过青海省外事办公室，向玉树灾区捐赠 2 万元，副会长林月明个人捐款 5000 元。金华冠华水晶有限公司向玉树灾区捐款 5 万元，总经理陈洪莲及全体员工捐款 5 万元。杭州名师文化传播有限公司捐款 10 万元。浙江师范大学附属中学捐赠 8.4 万元。宁海县慈善会捐赠白板及白板笔 1000 套，价值 40 万元。浙江慈溪育才学校承诺安置玉树 1 个高中班，并与省教育厅签订承担 3 年学费、住宿费和生活费协议书。

4月18日，浙江省省级机关干部职工向玉树地震灾区捐款现场

（浙江省民政厅　提供）

浙江电台交通之声、《钱江晚报》、浙江省慈善总会联合主办爱心课桌椅捐赠活动，并于29日在省教育厅举行捐赠仪式。活动募集善款300多万元，主办单位为玉树灾区学生定做2.1万套课桌椅。浙江电台、《钱江日报》向玉树灾区捐款315万元。

截至5月20日，全省民政部门接收捐款2000万元，慈善总会系统接收捐款1.3亿余元，红十字会系统接收捐款1亿余元。

6月9日，由民主同盟中央牵头组织的“携手同行·抗震救灾·民盟在行动”暨“爱心温州·善行天下·明眸工程青海行”活动启动仪式在西宁举行。温州医学院附属眼视光医院在玉树灾区开展“明眸工程”，实施白内障复明手术，普及眼保健常识。

22日，浙江永康众泰分公司向玉树灾区捐赠30辆总价值180万元的众泰5008型越野汽车。

7月10日，浙江省侨联与青海省委统战部、青海省侨联及青海省慈善总会商定，由浙江省侨联出资87.15万元资助玉树灾区参加高考的应届学生。

截至8月6日，浙江省慈善总会、杭州市慈善会、宁波市慈善会汇入中华慈善总会账户15262.24万元。玉树抗震救灾期间，浙江省社会各界向玉树灾区捐助救灾款28562.24万元。

八、安徽省赈灾

安徽社会各界鼎力支援青海玉树灾区抗震救灾，截至7月9日，捐款捐物折价19384.19万元。

14日，省委、省政府向玉树灾区捐赠500万元救灾资金。省民政厅在机关组织抗震救灾捐赠活动，募捐22万余元。省直机关捐款数额在10万元以上的单位有23个。其中，省烟草专卖局、省中烟工业公司分别捐款300万元，省外经建设集团有限公司4000名援外人员捐款100万元，省广电局、省卫生厅、省司法厅、团省委、省体育局、省财政厅、省总工会等单位，捐款数额均在15万元以上。15日，省红十字会捐款50万元，团省委捐款20万元。省妇女联合会发慰问信并捐款10万元，并与省儿童少年基金会联合发起“紧急救助——向玉树灾区儿童献爱心”公益行动。蚌埠市妇女联合会捐款1万元。芜湖市妇女联合会募集价值18万元的毛衣、服装等，捐给玉树灾区。安庆市华茂集团退休老职工吴玉仁、刘冬秀夫妇向玉树灾区捐献善款 4000 元。叶集试验区安徽大团结食用油有限公司救援队由副总经理王庆龙带队，携带 220 箱食用油价值 78320 元，以及 23560 元现金，赶赴玉树灾区救灾。

4 月 15 日，安徽新华学院青年志愿者协会举办“牵手格桑花 · 情系玉树州”大型募捐活动。

4 月 16 日，安徽水利水电职业技术学院图书馆读者协会举行为玉树灾区献爱心义卖活动，师生们踊跃购买过期刊物。

4 月 17 日，省政府办公厅专门发文要求各地各部门以实际行动支援青海省玉树灾区抗震救灾。省红十字会在新闻媒体公布募捐方式，紧急呼吁社会各界捐款捐物。省民政厅转发《民政部关于做好玉树“4 · 14”地震抗震救灾捐赠工作的通知》。同日晚，召开省发展改革委、省民政厅、省旅游局、省政府应急办公室负责人联席会，研究贯彻国务院抗震救灾总指挥部和民政部有关通知精神，做好支援灾区捐赠等相关工作。同日，在蚌埠参加世界刘氏联谊总会年会的海内外刘氏宗亲自发为玉树灾区捐款，现场募集善款 46.39 万元，倡议发起者怀远县刘兆水、刘兆本、刘兆刚、刘兆安四兄弟带头捐款 4.4 万元。

4 月 18 日，由安徽省红十字会、安徽国际汽车城大地汽摩配市场、安徽市场报社、908 安徽交广汽车俱乐部、合肥电视台车旋风、安徽第一生活资讯 FM105.5、AM603 等主办，安徽车迷网、安徽电视台公共频道车视界、合肥电视台财经频道、安徽交通广播 FM90.8、安徽旅游广播 FM106.5、安徽财贸职业学院电子商务系协办的“博爱在江淮　真情系玉树”赈灾义演活动，在安徽国际汽车城大地汽摩配市场广场举办，募集善款共计 6.15 万元。安徽省胡氏宗亲第二次联谊会现场为玉树灾区捐款 1.6 万元。安徽残疾人论坛发起捐款活动，合肥市 200 多位残疾人向玉树灾区捐款 1.4 万多元。庐江县退伍老兵谭振美交纳特殊党费 2000 元。巢湖市 19757 名党员自愿多交纳党费 155.8 万元。蚌埠市各级党组织和党员干部捐款 223.09 万元。庐江县驻宁波党总支流动党员夏登好交纳特殊党费 1.2 万元。天长市看守所在押人员为玉树灾区捐款 5030 元。合肥市骆岗街道院塘社区 4 岁张雨鹤向玉树灾区捐款 300 元。颍州区宗教界

小朋友将爱心款投入募捐箱
（安徽省民政厅　提供）

通过举办多种形式募捐活动，募得善款9600元。淮南市基督教界为玉树灾区举行祷告祈福活动，现场收到信教群众捐款2.66万元。九华山佛教协会举行全山祈福法会，向玉树灾区募集捐款230万余元。省道教协会捐款5000元。在潜山县三祖寺举行祈福法会和书画赈灾义卖活动时，来自合肥的书法家、画家在法会现场作画义卖，筹集捐款10余万元。

4月20日，在上海世博园来自安徽巢湖市的书法家周新生将“情系玉树大爱永恒”的书法作品赠送给青海馆
（青海日报　毛翠香　摄）

19日，省武警总队机关官兵组织为玉树灾区捐款活动，300多名官兵捐款36.8万余元。刚下部队回来的干事王晓进放下行李赶到捐款现场，正在机关办事的转业干部谢中会也加入捐款队伍。20个支队也同时开展捐款活动。全总队捐款80余万元。同日，省书画院联合省红十字会、安徽电视台、江淮晨报社，在合肥大剧院举办“情系玉树·爱心义卖”捐助活动，省内20余位著名书画家捐赠书画，各界人士认购作品，拍卖24幅书画作品，募集资金383.5万元。日立建机集团向玉树捐赠挖掘机2台，价值200万元，当晚由“抢”字头火车运往西宁市转运玉树灾区。

21日，省民政厅、省直机关工委、省红十字会、省慈善协会联合下发《关于省直单位开展向玉树地震灾区捐赠活动的通知》，要求各部门、各单位认真做好动员部署工作。22日，省民政厅、省红十字会、省慈善协会联合下发《关于做好向玉树地震灾区捐赠工作的通知》，明确规定，对有捐赠意愿的单位和个人，可以通过民政、红十字会、慈善协会3个渠道指定账户汇缴捐赠款物，并由省民政厅、省红十字会、省慈善协会分别汇缴民政部—中央财政汇缴专户或中国红十字总会和中华慈善总会，统筹用于灾区抗震救灾和恢复重建。淮南市民营企业首批向玉树灾区捐款仪式在洞山宾馆礼堂举行，全市74家民营企业和工商联机关参加捐赠，筹得善款160余万元。安徽国元集团通过省红十字会向玉树灾区捐款300万元。安徽济人药业通过中华中医药学会向玉树灾区捐赠价值1000万元的药品。安徽迎驾集团向玉树灾区捐款100万元。安徽曙光化工集团向玉树灾区捐款60万元。古井集团将古井贡酒年份原浆26年开启窖藏第一坛美酒义拍所得210.8万元，转交青海省格桑花教育救助会理事长洪波，用于玉树灾后重建。

22日，省军区机关组织向玉树灾区捐款活动，现场捐款10多万元。省体育彩票中心向玉树灾区捐款10万元。

25日，六安市委宣传部、市民政局、市广电局、皖西日报社、市慈善协会与安徽振兴集团在国际光彩大市场门前举行“玉树不倒·青海常青——六安市大型赈灾义卖及社会各界现场捐赠活动”，募集善款126.7万元。安徽济人药业通过中华中医药学会，向玉树灾区捐赠价值1000万元的药品。省政协通过青海省政协办公厅向玉树灾区捐款100万元。

26日，省纪委、省对口支援抗震救灾款物监督检查工作领导小组发出《关于认真做好青

4月21日，淮南市在洞山宾馆礼堂举行民营企业向玉树地震灾区捐款活动
（安徽省民政厅　提供）

海玉树抗震救灾捐赠款物接收管理等情况监督检查的通知》，要求各地各有关部门建立并实行严格工作责任制，确保抗震救灾捐赠工作规范有序进行，所有捐赠款物有效用于灾区恢复重建和受灾群众生活安置。同日，省审计厅发出通知，组织对玉树地震发生以来，各级政府安排财政性资金物资和民政部门、慈善协会、红十字会，以及各类基金会接收资金物资支出（拨付）和结存情况进行跟踪审计。

4月28日，省红十字会将社会各界捐赠价值200万元的牛奶、食品、应急灯具等物资，通过铁路发往西宁。

5月5日，马鞍山市花山区沙塘街道30多名残疾人向玉树灾区捐款1300多元。民进会员、安徽省社会科学院大协调学研究中心主任、研究员赵营波，将自己的研究成果“运用大协调学统筹抗震救灾和相关研究”和“运用大协调学编制可持续高效益的综合发展规划”，提供给玉树灾区，希望能对玉树抗震救灾和灾后重建有所帮助。

5月18日，省外事办通过青海省外事办，向玉树州外侨办捐赠5万元现金用于购置办公用品，为6名孤儿或特困家庭学龄儿童每人每年资助600～800元学杂费和生活补贴直至高中毕业。

合肥明教寺、滁州琅琊寺、安庆迎江寺等多座寺庙举行佛事活动为灾区群众祈福消灾。截至6月2日，省宗教界为玉树灾区捐款900余万元。

6月10日，在2010中国·青海绿色经济投资贸易洽谈会上，安徽省代表团向玉树灾区捐款捐物4600多万元。同日，巢湖市在向玉树灾区捐款50万元的基础上，再次捐赠1300万元。

经省审计厅审计，截至7月9日，安徽省筹集抗震救灾捐赠资金17408.24万元。其中，财政性资金投入700万元，社会捐赠16708.24万元。社会捐赠资金中，民政部门接收5594.92万元，红十字会接收4004.37万元，慈善协会接收5810.13万元，团委、工会、妇联等单位接收1298.82万元。汇缴民政部5157.08万元，汇缴中国红十字会1894.66万元，汇缴中华慈善总会5512.82万元，上缴共青团中央352.82万元，上缴中国青少年发展基金会58.98万元，上缴中华社会救助基金会5万元，直接拨付灾区4400.49万元，募捐活动费用等支出26.39万元。安徽省筹集的玉树抗震救灾捐款，全部汇缴至中央对口单位或直接拨付灾区，无结存。审计中未发现挤占挪用救灾捐赠资金等违纪违规问题。

7 月 31 日，安徽省教育工会系统 39 所高校、附院工会向玉树灾区捐款 261.52 万元。2011 年 4 月，中国教育工会安徽省委员会再次向玉树灾区捐赠 200 万元。

截至 8 月 6 日，安徽省慈善总会汇入中华慈善总会账户 5512.82 万元。

九、福建省赈灾

4 月 14 日晚，福建省委、省政府向青海省委、省政府发慰问电，并捐款 500 万元。同日，省红十字会通过电视、报纸、网络、广播等新闻媒体，向全社会发出为玉树地震灾区募捐紧急呼吁，公布捐款账号。福州、厦门、漳州、泉州、三明、莆田、南平、龙岩、宁德等市红十字会开展捐助活动。

4 月 15 日，省民政厅、省慈善总会分别通过电视、报纸、网络、广播等新闻媒体发出捐赠倡议书，向社会公布接收捐款账号、账户、联系人、捐赠热线，开始接收社会捐赠，并紧急筹措面包、饼干、方便面、火腿肠等即食食品 30 吨，价值 170 万元。同日，省红十字会下发《福建省红十字会关于组织开展为青海玉树地震灾区募捐和接受捐赠工作的通知》。厦门市红十字会向青海省红十字会汇出救灾款 20 万元。之后又分 3 批调拨毛毯 192 件、睡袋 232 个、价值 7.62 万元的 20 箱新癀片和厦门向阳坊食品有限公司捐赠的价值 2.38 万元的 80 箱馅饼，以及价值 111 万余元的 1000 床棉被、1719 顶帐篷、3225 个睡袋等救灾物资运往灾区。省妇联发出慰问信，向灾区捐款 10 万元。省质量技术监督局捐赠慰问金 55 万元。省总工会向青海省总工会发出慰问电，并通过青海省总工会向玉树县总工会捐款 100 万元。同时，省总工会机关和省直属事业单位干部职工、离退休老同志踊跃捐款 31005 元。宣传文化系统捐赠 1000 万元，其中福建省广播影视集团 400 万元、福建日报报业集团 400 万元、新华印刷发行集团 200 万元。省委文明办组织全省各省级文明单位为玉树灾区捐款 1000 多万元。龙岩市红十字会与龙岩海德馨汽车有限公司联合开展“为青海玉树地震灾区捐款活动”，募集善款 12251 元。

4 月 16 日起，省委、省人大、省政府、省政协办公厅纷纷举行为青海玉树地震灾区捐款活动。当天省委办公厅捐款 6 万元，省人大常委会机关干部个人共捐款 4.94 万元。正祥集团派员到省慈善总会向青海地震灾区捐款 100 万元。残疾职工占 60% 的福利企业福建鸿博印刷股份有限公司派员到省慈善总会捐款接收点捐款 60 万元。同日上午，由全国人大代表、闽南佛学院院长、南普陀慈善会会长圣辉大和尚和南普陀寺方丈则悟大和尚发起，闽南佛学院、南普陀寺、南普陀慈善会在南普陀寺举行为玉树灾区捐款祈福息灾法会，南普陀寺捐献 50 万元，南普陀慈善会捐献 10 万元，闽南佛学院捐献 5 万元，虎溪岩寺捐献 5 万元，圣辉大和尚捐献 1 万元。南普陀寺还在大殿前设置捐款箱，游客、香客为灾区捐款 37140 元。

4 月 17 日，莆田市红十字会组织近百名志愿者在步行街、凤凰山为灾区同胞募捐，募得善款 2.2 万元。

4 月 19 日，莆田市四大班子领导及全体机关干部共 2000 多人参加援助地震灾区捐款活动，共募集善款 15.34 万元。福州市举行“情牵玉树·抗震救灾”捐款活动，市委四大班子领导带

4 月 19 日，福州市红十字会为玉树地震灾区募捐活动现场
（福建省民政厅　提供）

头捐款，共募集善款近 10 万元。福州市鼓楼区联合福州软件园举办“情系青海玉树募捐晚会”，全区社会各界捐款 180 多万元。

同日，由省红十字会、省工商联、省光彩事业促进会、三盛地产集团联合举办的“捍卫·爱——与玉树同在”三盛地产集团赈灾玉树捐赠仪式在福州同心楼举行，省委统战部副部长、省工商联党组书记、省光彩事业促进会副会长张剑珍，省红十字会常务副会长黄毅敏，三盛地产集团总经理程璇出席仪式，总经理程璇代表三盛地产集团向玉树灾区捐款 100 万元。在第十二届中国（晋江）国际鞋业博览会（简称“晋江鞋博会”）开幕之际，鞋博会开幕式现场设多个捐款箱。晋江市领导、各乡镇（街道）和部分机关干部成为第一批捐款者，现场捐款 3.345 万元。上午 10 时，远在千里之外满载晋江企业捐赠价值 100 万元的面包等食品的车队，从甘肃白银市委、市政府门前广场出发赶往玉树灾区；盼盼食品（晋江）集团公司向震区捐款 100 万元。香港上市公司安踏体育在晋江向地震灾区捐赠 200 万元和价值 300 万元的物资。在香港上市的恒安集团向震区捐款 500 万元。福建省百创生物工程公司捐赠价值 108 万元的药品。漳州市溢鹏木业有限公司、龙海市成兴实业有限公司通过漳州市红十字会向青海玉树地震灾区捐赠 40 吨大米。南孚电池有限公司和南平铝业有限公司各捐款 10 万元，源光亚明电器有限公司捐款 6.68 万元，长富乳品有限公司捐款 43690 元，象屿房地产开发有限公司捐款 3 万元。

4 月 20 日，在中央电视台举办的“情系玉树　大爱无疆”抗震救灾大型募捐晚会上，福建福耀集团总裁曹晖代表集团董事长曹德旺父子，以个人名义捐款 1 亿元；兴业银行捐款 1500 万元；福建宣传文化系统捐款 1000 万元；福建省文明单位集体捐款 1000 万元；厦门建发有限公司捐款 500 万元；福建圣农农业有限公司捐款 500 万元；福建恒安集团捐款 500 万元；厦门港务控股集团捐款 500 万元；福建南平市红十字会捐赠物资价值 108 万元；华北制药股份有限公司福建销售分公司捐赠药品价值 100 万元。

4 月 21 日，共青团福建省委机关及直属单位广大干部职工捐款 1.273 万元，团省委机关集

4月20日，福建省南平市政府接收福建省百创生物工程公司为玉树灾区捐赠价值108万元的药品

（福建省民政厅　提供）

体捐款1万元，各界青年、共青团员、少先队员向地震灾区捐款200万元。省红十字会全体机关干部职工捐款3570.5元。

4月22日，中共福建省委宣传部、省民政厅、省文化厅、省红十字会、省慈善总会、省工商联、福建日报报业集团、福建省广播影视集团、海峡出版发行集团等部门在福州联合举办“情暖玉树　大爱海西”——福建省支援青海玉树抗震救灾特别晚会。在晚会现场，福建正祥集团、福建冠海海运有限公司各捐赠100万元，省投资开发集团有限公司捐款50万元，福州市民林秋景个人捐款20万元，福建三钢（集团）有限责任公司捐款10万元，厦门钨业股份有限公司10万元，省质量监督局捐款10万元，省科学技术厅捐款20万元。同日，厦门爱乐乐团捐款1.755万元。同日，漳州市红十字会将价值20万元的40吨大米运送灾区。诺亚金樽文化传播有限公司通过厦门市红十字会向灾区捐款27.44万元。

4月24日，特步（香港）国际有限公司捐赠100万元港元。25日，厦门搜朋娱乐有限公司为玉树地震灾区募集救灾款5万元，厦门福隆体育产业发展有限公司艾美酒店募集2.22万元。26日，福建南威软件工程发展有限公司全体员工捐款2万多元。

4月19—25日，省红十字会、省广电影视集团综合频道《爱心帮帮团》栏目组、永辉超市联合在福州、厦门、泉州、南平、三明5个地市13家永辉超市门店举办“凝聚爱心·守望玉树”义卖活动，募款15万元。永辉超市捐款6.77万元，永辉超市员工捐款1.28万元。

4月26日，厦门娱乐、网吧行业协会组织会员为玉树灾区捐款，共募集资金44.32万元。

4月27日，泉州东南医院捐款10万元，南平市第一医院为灾区捐款3万元，市人民医院捐款1.938万元。同日，中国建设银行福建省分行全体员工向青海玉树地震灾区捐款131.78万元，福建格力空调销售有限公司捐款32.26万元，兴业全球基金管理有限公司捐款10万元，福建省百创生物工程公司捐赠100箱价值108万元的百创抗菌涂洗剂。厦门群鑫机械工业有限公司捐款100万元，全体员工捐款4.56万元。其中，公司董事长林汉松个人捐款50万元，公司爱

4月22日，厦门市总工会、厦门市红十字会、厦门广电集团联合主办的“地震无情 同胞有爱”赈灾晚会现场

（福建省民政厅 提供）

心基金会捐款10万元，下属企业艾威公司捐款7万元，公司党支部捐款3万元。

5月7日，泉州市泉港区道教协会举行恭祝妈祖圣诞郭圣王巡安暨赈灾祈福大法会，法会现场向玉树灾区捐款1.93万元。玉树抗震救灾期间，福建省道教协会捐款16.82万元。其中，福清市石竹山道院5万元，泉州市道协11.82万元。南平市宗教界捐款7.27万元。

5月8日，三明市红十字会与三明金尊大酒店、金三元大酒店共同发起“我们在一起”——为玉树地震灾区捐款义演活动，来自两家酒店的200多名员工参加，活动共筹集善款1.82万元，董事长朱丽琼个人捐款1万元。

5月12日，三明市红十字会与团市委、市地震局、三明同城义工联盟举办“防灾减灾、玉树灾后重建家园”晚会，同时举行义卖和募捐，募款1.53万元。厦门市沥阳手袋有限公司董事长杨滨为向玉树灾区学生赠送价值250万元的书包。网龙网络有限公司通过福建省青少年发展基金会向玉树灾区捐款80万元。

5月31日，冠捷电子（福建）有限公司通过福州市红十字会给灾区捐赠100万元。

玉树抗震救灾期间，全省接收救灾捐款29795.29万元。其中，民政部门接收2643万元，省慈善总会接收12009万元，省红十字会接收14046.29万元，厦门慈善会接收1097万元。

十、江西省赈灾

4月14日，江西省委、省政府向青海省委、省政府发慰问电，并捐赠资金200万元。14日20时，省民政厅从省救灾物资储备库调集1万床价值150万元的救灾棉被，连夜紧急装车发往西宁。

4月15日，省民政厅成立玉树抗震救灾捐赠工作领导小组，全面负责全省抗震救灾捐赠职责。领导小组下设办公室，办公室设在厅救灾处，负责抗震救灾捐赠日常事务。省民政厅通过电视、报纸、网络向全省发出为玉树灾区捐赠倡议，开通捐赠接收电话，公布捐赠接收账户，呼吁社会各界捐款捐物。从17日起，陆续下发《做好玉树“4·14”地震抗震救灾捐赠工作的通知》《关于做好玉树“4·14”地震抗震救灾捐赠资金汇缴工作的通知》和《关于认真做好玉树“4·14”地震抗震救灾捐赠资金款物公示工作的通知》等文件，指导全省做好救灾捐赠工作。省慈善总会向社会各界发出倡议，并公布捐赠账户与电话，实行人员24小时值班制度，与省里各大媒体沟通，加大宣传力度，动员社会各界捐款。省红十字会紧急启动应急预案，通过新闻媒体发出倡议书，公布捐赠账号，呼吁社会各界积极行动起来，为灾区民众奉献爱心，全省各级红十字会发放宣传材料1万多份，动员会员、志愿者3000多人，发布新闻稿件200多篇。16日，共青团江西省委召开书记会，部署团员青年积极支持青海玉树抗震救灾。九江市要求全市各大媒体大造声势，对捐赠10万元以上单位和个人作专题报道。新余市委、市政府及时召集市民政局、市慈善总会、市红十字会研究部署玉树地震赈灾工作。吉安市委、市政府专门下发通知，要求做好捐赠管理工作。

省委、省人大常委会、省政府、省政协机关干部职工捐赠资金30余万元。省政协办公厅通过青海省政协办公厅向玉树灾区捐款20万元，省政协办公厅工作人员捐款3.55万元。江西日报社捐款13万元，省质量监督局捐款10万元，省粮食局捐款16万元，省发展和改革委员会捐款16万元，省公安厅捐款26万元，省地方税务局捐款75万元，省林业厅捐款15万元，省文化厅捐款22万元，省公路局捐款10万元，省科学技术厅捐款10万元。省妇女联合会发慰问电，并向玉树灾区捐款5万元。省直机关工委书记陈永华和省红十字会机关党委副书记陈建平等，专程前往青海省红十字会，委托青海省红十字会将省直机关党员干部837万元捐赠款转交玉树灾区。民革江西省委会通过民革青海省委会向玉树灾区捐款6万元。省军区司令部官兵捐款30万元。驻赣武警水电二总队捐款80万元。景德镇市委、市政府开展向玉树灾区捐赠活动，现场捐款80万元。南昌市委、市人大、市政府、市政协开展捐款活动，500多名机关干部职工捐款6.6万元。新余市举行向玉树灾区捐赠仪式，市委、市人大、市政府、市政协机关干部职工参加捐赠活动，现场捐款4.44万元。鹰潭市委、市政府动员社会各界支援玉树灾区，全市民政慈善系统接收捐款96万元。吉安市委、市政府等市直机关干部举行捐款活动，现场捐款16万元。抚州市举行捐款仪式，市委、市人大、市政府、市政协领导及工作人员捐款，现场捐款21万元。赣州市举行捐赠仪式，市委、市人大、市政府、市政协领导及机关干部职工向玉树灾区捐款，现场捐款101万元。宜春市委、市政府动员社会各界支援玉树灾区，全市收到捐款376.4万元。上饶市民政慈善系统接收捐款175万元。九江市委、市人大、市政府、市政协向灾区捐款13.95万元。萍乡市民政慈善系统接收捐款500万元。

中国储备粮管理总公司江西分公司捐款12万元，省农村信用联社捐款50万元。省出版集团捐款500万元。方大特钢科技股份有限公司捐款300万元。江钨控股集团捐赠物资价值20万元，捐款100万元。省建材集团公司捐款50万元。宜春市红十字会、市房地产管理局、市房地产业协会共同举办房地产企业向玉树灾区捐款仪式，38家房地产企业现场捐款34.3万元。省人民医院捐款13万元。萍钢实业股份有限公司捐款152.5万元。省投资集团公司捐款29万元。江中集团捐赠价值122万元的药品。江铃集团捐赠8辆全顺救护车，价值240万元。共青团江西省委募捐资金160万元，物资折价10万元。南昌市海力建设集团在建筑工地开展募捐活动，集团员工和200多名农民工为玉树灾区捐款6.37万元。九江庐山铁佛寺妙乐大师通过中央电视台赈灾专题晚会向灾区捐款100万元。九江市宗教界募集资金150万元。九江市工商联募集资金211万元。景德镇市文联、景德镇书画院捐款20万元。

4月14日，江西省消防总队紧急调拨1000套救援服、腰带、头盔、救援鞋等，送往青海玉树地震灾区。图为工作人员在南昌昌北国际机场装运救援物资

（《西海都市报》2010年4月15日12版）

4月17日，南昌慈善义工协会高校联合分会携手华东交通大学、江西师范大学、江西制造学院45名志愿者，在八一广场组织开展义卖报纸捐助玉树灾区活动。省慈善总会开展“赣援抗震”爱心活动，200余人捐款4.6万元。赣州市信丰县曾庆香妻子杨素兰，将5000元见义勇为先进个人奖金，通过县红十字会捐给玉树灾区。在景德镇市文联、景德镇书画院联合举行向地震灾区献爱心创作笔会暨捐赠活动上，中国工艺美术大师王锡良、唐自强、何叔水，中国陶瓷艺术大师熊汉中、陆如、戚培才、陆军等12人现场创作瓷品义卖，还有25名陶瓷艺术家捐赠自己心爱作品现场义卖，所得善款52万元全部捐给玉树灾区。中国工艺美术大师黄卖九捐款2万元。景德镇市古窑民俗博览风景区及其下属企业600多名职工向玉树灾区捐款，众多游客也捐款，古窑景区还捐出当天全部门票收入。鹰潭市余江县实验初中举行“为玉树灾区捐款”活动，400多名师生捐款2.2万元。上饶市93岁高龄离休老红军姚树兰向玉树灾区捐款2万元，受她影响，上饶军分区干休所离退休人员捐款5.86万元。24日，新余市青年志愿者组织“众志成城·援助玉树”赈灾募捐活动，一位82岁高龄老人拿出自己珍藏几十年的邮册义卖，所得2300元全部捐出；新余籍书画家陈伯程，拿出自己所作国画《观沧海》义卖，所得7000元全部捐出。抚州市金巢经济开发区钟岭街道办事处举行主题为“弘扬五四精神·情系玉树灾区”赈灾募捐文艺会演，街道办事处机关干部和下属单位、村（社区）及学校代表捐款，收到捐款4.93万元。吉安市启动“爱行2010——爱心包裹”捐助灾区、贫困地区孩子大型公益活动，爱心包裹中含有毛毯、羽绒服、热水袋等价值1000元的物品，捐赠爱心包裹2958个。30日，江西宜春市宜丰县芳溪镇芳溪村农民胡建启给民革青海省委写信说：我和4个孩子决定，每年向玉树孤儿学校捐款4140元，连续捐6年。5月9日，萍乡市《萍乡日报》举行系列“义卖报纸·献爱玉树”爱心活动，义卖义演晚会中接收捐款4300元。

截至8月6日，江西省慈善总会汇入中华慈善总会账户的玉树地震捐款共计5197.82万元。截至11月7日，全省接收捐赠资金和物资折价8143.81万元。其中，各级民政与慈善系统募集资金5561.96万元，各级红十字会系统募集资金2435.55万元，物资折价146.3万元。

十一、山东省赈灾

玉树地震发生后，山东省委、省政府立即给青海省委、省政府发慰问电，并通过省财政厅向玉树灾区先后捐款 300 万元、500 万元。省红十字会向社会紧急发布《为青海省玉树县地震灾区救灾募捐呼吁书》，并从救灾资金中向玉树灾区划拨 50 万元，调拨价值 20 万元的 2000 床棉被运往玉树灾区。滨州市红十字会将价值 20 多万元的 2000 床棉被运送玉树灾区。济南市、青岛市、烟台市、滨州市等红十字会通过新闻媒体向社会各界发布募捐呼吁，安排专人 24 小时值班，开通 24 小时募捐热线，在公共场所设立募捐点，发动志愿者走上街头开展募捐活动。

4 月 15 日，省民政厅协调济南、青岛、临沂等市民政局，联系大型食品企业加班加点组织生产，紧急采购 5 吨面包、5 吨方便面、10 吨火腿肠、10 吨饼干等应急食品，并协调山东航空公司调配运力，首批物资在当晚 15 时从济南、青岛机场紧急空运至西宁机场。副厅长杨丽丽搭乘满载救灾物资的飞机抵达西宁机场，向青海省民政厅移交物资。省妇女联合会向玉树灾区发慰问信，并捐款 10 万元。省科学技术厅向玉树灾区捐赠药品 90 件，价值 14.36 万元。省红十字会再次调拨价值 33 万元的棉衣发往玉树灾区。

4 月 16 日，济宁市金宇商贸公司 400 多名员工自发组织向玉树灾区捐款活动，员工在捐款箱前排起长队，一些过往行人也加入捐款队伍中，短短半个小时，捐款 7.07 万元。鲁抗医药集团向玉树灾区捐赠价值 103 万元的抗感染药品。济南重汽创业汽车贸易有限公司（军品部）全体员工向玉树军分区抗震一线部队捐赠车辆器材 2425 件。威海众和康复材料有限公司得知玉树灾区很多群众因房屋倒塌而骨折的消息后，立即通过中华慈善总会捐赠价值 30 万元的医用高分子夹板。省红十字会联合山东省书画学会、济南市美术家协会和书法家协会为支援玉树灾区，在山东艺术设计学院举行“情系玉树——书画名家赈灾捐赠大型现场笔会”，省、市著名书画家 150 余人参加活动，捐赠作品 134 幅。济南市道教蓬莱院举行为玉树地震受灾同胞祈福超荐法会，参加法会的道教界人士向玉树灾区捐款 6480.50 元。东卓信网络科技有限公司和山东中天信业投资有限公司向玉树灾区捐赠御寒棉服 8835 件，价值 309.2 万元。山东单信网络科技有限公司通过青海慈善总会，为玉树受灾群众专门定制 6215 件羽绒棉衣，价值 217.5 万

4 月 25 日，山东省济南市慈善总会通过青海省慈善总会向玉树灾区捐赠救灾物资　　（青海省慈善总会　提供）

5月24日，山东五征集团向玉树地震灾区捐赠10辆工程自卸车
（青海省慈善总会　提供）

元。山东五征集团向玉树灾区捐赠工程自卸车10辆，价值96万元。

4月18日，省民政厅下发通知，部署支援玉树地震灾区救灾捐赠工作，公布省救灾捐赠办公室、省红十字会、省慈善总会办公地址、接收捐款账号、开户银行、募捐热线电话、联系人、联系电话等信息，并在山东电视台、《大众日报》等新闻媒体发布。

山东福田雷沃重工公司向玉树灾区捐赠30台价值45万元的轮式拖拉机。7月3日，交接仪式在玉树县结古镇举行。山东省暨济南市穆斯林群众、驻济南穆斯林留学生约300人在济南清真寺为玉树灾区举行祈祷活动并捐款4万余元。日照农民赵龙海，在玉树灾区拉运物资、清理废墟，并把自家1辆农用车和价值2万元的救灾物资捐给玉树灾区。

玉树抗震救灾期间，全省接收抗震救灾捐赠款物25099.11万元。其中，财政性资金800万元，民政部门接收捐赠资金4137.13万元，红十字会接收捐赠9291.44万元，慈善会接收捐赠10787.05万元，其他捐赠83.49万元。省审计厅成立玉树地震抗震救灾资金物资审计工作领导小组，分3个阶段进行跟踪审计，分别出具阶段性审计意见，最后出具审计报告。省审计厅出具审计报告认为，截至7月9日，全省绝大部分捐赠资金已按要求结算列支完毕或汇缴至国家对口主管部门。审计未发现贪污挪用、徇私舞弊等重大违纪违规问题。

十二、河南省赈灾

玉树大地震发生后，河南省委、省政府向玉树灾区发出慰问函并捐款800万元。4月15日，河南省妇联发慰问信，并向灾区捐赠价值40.1万元的方便面、太空棉被、衬衣等救灾物资。省委、省人大常委会、省政府、省政协机关干部职工开展捐款活动，省四大班子领导带头捐款。省直工委退休干部田会云生病住院，他反复叮咛女儿将捐款送到单位。参加过抗日战争、解放战争，85岁高龄的省质量技术监督局离休干部李长俊冒雨到单位捐款。有58年党龄的省发展和改革委员会培训中心离休干部杜宝珊捐款2000元，并赋诗一首："同胞罹难，理当赈援，敬奉绵薄，寸心乃安。"省直机关132个单位党员干部职工捐款1752.9万元。

4 月 17 日，省民政厅印发《关于组织开展向青海省玉树地震灾区捐赠的通知》，要求具有救灾宗旨的公募基金会和民间组织，根据《救灾捐赠管理办法》依法开展募捐活动。同时，通过各新闻媒体向社会各界公布省民政厅救灾捐赠账户、账号以及热线电话。省红十字会启动自然灾害和突发事件总体应急预案，要求全省红十字系统立即进入救灾募捐紧急状态，通过各种媒体发布抗震救灾募捐呼吁书，公布募捐热线电话和捐赠账户，设专人 24 小时值班接收社会各界捐赠。省直工委发《关于充分发挥机关党组织战斗堡垒作用和党员先锋模范作用切实做好支援抗震救灾有关工作的通知》。

4 月 28 日，来自河南的蔬菜种植户为玉树县结古镇经营户提供新鲜蔬菜，及时供应灾后市场

（《西海都市报》　祁国彪　摄）

4 月 19 日，民盟河南电力基层组织一行 10 人将一批棉衣、棉被、药品、手电筒等赈灾物资，送往玉树灾区。

5 月 3 日，河南省虞城县政协通过青海省政协办公厅向玉树灾区捐款 3.09 万元。5 日，20 世纪 60 年代初在青海生活两年的孤儿陈琳，在生活并不宽裕的情况下，向玉树灾区捐款 5600 元。

截至 8 月 6 日，省慈善总会、濮阳市慈善会、郑州市慈善会汇入中华慈善总会账户 7543.01 万元。截至 12 月 30 日，省民政厅救灾捐赠账户收到捐赠款 8741 万元。省红十字会系统募集抗震救灾款物 4837.69 万元。

在玉树抗震救灾期间，河南社会各界向玉树灾区捐赠款物价值 21921.7 万元。

十三、湖北省赈灾

4 月 14 日，湖北省委、省政府向青海省委、省政府发慰问电，向灾区捐赠救灾款 500 万元、被服 1 万套。同日，在救灾物资调运现场，省民政厅党组书记、厅长谢松保通过新闻媒体号召全省民政系统和社会各界开展向玉树灾区捐赠活动。省民政厅制订赈灾工作方案，成立组织领导机构，设立综合协调、救灾捐赠和物资调运等工作小组，随即启动救灾物资紧急调动预案。省红十字会于当日下午汇出首批救灾捐款 10 万元，并通过电视、电台、报纸等新闻媒体向社会各界发出支援玉树灾区倡议。

4 月 15 日，共青团湖北省委、省青少年发展基金会联合开展“情系玉树地震灾区 · 希望工程救灾助学紧急劝募行动”，号召全省团员青年以及社会各界爱心人士向青海地震灾区捐款。省青年联合会副主席、黄梅五祖寺方丈释见忍大师率先响应，通过共青团湖北省委向青海地震灾区捐赠 500 个总价值 10 万元的睡袋。武汉市新洲区阳逻街道鄂发置业有限公司党委书记陶宏国，是位热心慈善事业人士，曾为公益事业捐款上百万元。他得知青海省玉树州发生地震的消息后，立即通过“12371”党员咨询服务电话联系到青海省委组织部，一次性交纳特殊党费10万元。

4月21日，湖北宜昌市特殊教育学校师生举行悼念活动，哀悼青海玉树地震遇难同胞。图为聋哑班孩子们在为玉树地震灾区捐款　　　　（新华社　郝同前　摄）

4月16日，湖北省交通运输局干部职工为玉树灾区捐款
（百度　提供）

从4月18日开始，社会各界陆续向玉树灾区捐款。生活家巴洛克地板公司捐款50万元，东风汽车公司捐赠款物730万元。荆州市外事侨务局发电报给青海省外事办公室，委托其将市外事侨务局干部职工捐赠5000元转交给灾区。20日，在由中宣部、民政部、国家广电总局、中国红十字会主办，中央电视台承办的“情系玉树　大爱无疆——抗震救灾大型募捐活动特别节目”现场，湖北省东风汽车公司、黄鹤楼科技园有限责任公司、劲牌有限公司、武钢集团公司、湖北稻花香酒业公司、武汉凯迪控股有限公司6家大型企业为玉树灾区捐款5000余万元。省委组织部、省委宣传部向玉树灾区捐款9.8万元。省委组织部划拨省管党费50万元。21日上午9时10分，在省老干部局举行向玉树地震灾区遇难同胞哀悼活动。随后，百名离退休老干部排队到捐赠箱前为玉树灾区捐款2万多元。武汉市台北路学校、一元路小学等中小学校都举行为玉树地震遇难同胞哀悼和捐款活动。至22日15时，武汉大学东湖分校捐款13.56万元。湖北武当山道教学院为玉树灾区举行“武当道教学院荐拔玉树地震遇难同胞暨祈福消灾法会”。湖北襄樊市教育局程浩捐款500元。省政协通过青海省政协办公厅向玉树灾区捐款8万元。

截至5月11日，省民政厅共接收到社会各界捐赠资金5680.78万元，捐赠物资睡袋500床、童棉装250件。全省红十字系统募集并上交中华红十字总会救灾资金3182.96万元，募集并发往灾区物资价值1046.43万元。8月6日，省慈善总会、蕲春市慈善会汇入中华慈善总会账户玉树赈灾款10097.97万元。省民政厅通过门户网站公布捐赠款物接收、使用情况，各级捐赠接收机构及时汇总统计并定期通过媒体向社会公布捐赠款物接收和使用信息，财政、监察、审计等相关部门对救灾捐赠款物监督管理。

在玉树抗震救灾期间，湖北省社会各界向玉树灾区捐赠款物价值18961.71万元。

十四、湖南省赈灾

4月14日，湖南省红十字会组织由12名红十字会工作人员和志愿者组成紧急制水救援队赶赴灾区。15日，省委、省政府向玉树灾区捐款500万元。16日，长沙市南雅中学艺术中心组织“抗震救灾·情系玉树”捐款活动,全校6000多名学生和400多名教职员工捐款20.03万元。同日，湖南省浙江商会为玉树灾区举行捐赠仪式，筹集善款50万元。

4月17日，省委召开专题会议决定，根据青海玉树灾区高寒缺氧实际情况，按照帮其所需原则，从省内组织100万元御寒物资和食品，尽快送往灾区；按照中央部署，统一归口，有序做好省内捐款捐物等活动；有关部门和医疗单位做好充分准备，主动承接部分灾区伤员救治工作，并选调若干心理咨询医师准备派往灾区。共青团湖南省委、省青少年发展基金会倡议各级团组织行动起来,组织动员广大团员青年为抗震救灾奉献爱心。省青少年发展基金会通过《湖南日报》等媒体向全省各级团组织和社会各界发出捐款倡议。长沙市委、市政府向灾区发慰问电，并动员全市人民为灾区募捐。

4月16—18日，省青少年发展基金会与长沙市一中在黄兴路步行街中央广场举行公益演出募捐活动,涟源钢铁集团有限公司捐赠20万元,长沙天之道保健连锁有限公司捐赠5万多元。截至21日16时，省青少年发展基金会募集捐款100多万元。省委、省政府再次捐款100万元，并委托省民政厅购买300吨大米支援灾区。同日，装有7车皮大米，由湖南梦洁家纺股份有限公司捐赠的1万床羊毛毯和2000床儿童御寒被等赈灾物资列车从长沙火车北站开出。省委常委、常务副省长于来山到火车北站，察看大米等救灾物资装运情况。省妇女联合会向玉树灾区发慰问信，并捐款10万元。隆回县七江乡中心学校综合治理专职干事、建华少儿活动中心青少年志愿辅导员欧阳锡兴，购买《好孩子最喜爱的故事》《益智故事》等书籍30余册，连同2010年自己订阅的《辅导员》等10多种报纸杂志，一起寄往共青团玉树县委。

4月19日，长沙市委机关干部组织为玉树灾区募捐活动，友阿集团现场捐款100万元，湖南恒东房地产公司捐款50万元。长沙市人大常委会主任、市慈善基金会会长余合泉将募集的400万元善款转交青海玉树抗震救灾指挥部。全洲药业集团捐赠价值10万元的消炎药品60箱，并通过航空运输发往玉树灾区。长沙市青少年发展基金会收到绿之韵集团捐赠的30万元款物。省纪律检查委员会、省监察厅机关和省委巡视机构干部职工向玉树灾区捐款54520元。省委党校、省行政学院师生向玉树灾区捐款12万余元。湖南卫视派出150人团队，经过3天准备与青海卫视一同赶制大型赈灾晚会，众多企业到场为玉树灾区捐款，涟源钢铁集团有限公司再次捐款80万元。

4月20日，宗教界人士在长沙发起向玉树灾区捐款活动，省宗教事务局、省佛教协会、省伊斯兰教协会、省天主教爱国运动委员会和天主教教务委员会、省基督教“三自”爱国运动委员会和基督教协会、长沙市道教协会、长沙麓山寺、南岳大庙道教组、长沙谷山宝宁寺等捐款61.08万元。其中，全国人大代表、中国佛教协会副会长、省佛教协会会长圣辉捐款1万元。

省商务厅干部职工捐款68450元。省民政厅干部职工捐款3.33万元。21日，省高级人民法院机关干警捐款6万元，全省法院第四期预备法官培训班300余名学员捐款2.3万元。省人民检察院500多名干警、离退休人员捐款8万余元。湖南对外经济贸易职业学院7000余名师生捐款近10万元。长沙商贸旅游职业技术学院7000余名师生捐款5万元。华菱集团总部近百名员工捐款6万余元，华菱集团捐款360余万元。

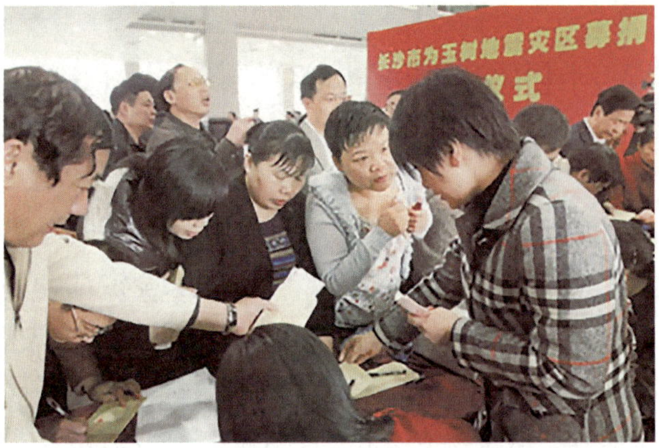

4月19日，长沙市举行为玉树地震灾区募捐活动
（湖南省民政厅　提供）

4月21日，衡阳市蒸湘实验小学组织1000多名小学生开展“给灾区小朋友买文具”“我捐零花钱”“我捐压岁钱”活动。湖南师大附中博才实验中学1100名师生捐款7.144万元。湖南中科恒源科技股份公司员工捐款18万元。省农业发展银行机关89名员工及部分离退休人员捐款2.93万元。省农信社捐款50万元，其中机关员工捐款3.68万元。招商银行长沙分行员工捐款20万元。中国人寿湖南省分公司近5000名员工捐款34.2万元。人保财险湖南省分公司机关员工捐款2.92万元，其中江命友等43位离退休老干部捐款6500元。娄底至新化高速公路建设开发公司员工捐款1.76万元。老百姓大药房连锁有限公司通过省红十字会向玉树灾区捐赠价值100万元的外伤和常备用药品，同时在全国400多家门店开展“1毛钱爱心善款”活动。4月21日至5月5日，在各门店每一笔销售中提取1毛钱捐给灾区。

4月23日，省科学技术协会及二级单位干部职工向玉树灾区捐款14560元。

截至7月31日，省民政厅接收捐赠资金3572万元，接收捐赠物资价值580万元，于7月和8月分两次将捐款汇入青海省慈善总会账户，物资发往玉树灾区。省红十字系统接收捐赠款物价值4396.7万元，捐款上缴中国红十字会总会，物资发往玉树灾区。

玉树抗震救灾期间，湖南社会各界向玉树灾区捐赠款物价值13487.7万元。

十五、广东省赈灾

4月14日，广东省民政厅将紧急筹集的饼干、方便面等30吨食品空运到地震灾区。省福利彩票发行中心向玉树灾区捐款100万元。省慈善总会向社会各界发出开展救灾社会捐助活动的倡议书。省红十字会响应中国红十字会总会号召，通过媒体和网站向社会各界发出紧急救灾呼吁，同时紧急筹集100万元救灾款，捐赠30吨食品。省妇女联合会给玉树灾区发慰问信，并捐款40万元。深圳市民政局、市慈善会在深圳市电视台《第一现场》栏目播发向青海省玉树地震灾区捐款倡议。截至16时，青海省财政厅接收广东省财政部门捐款1000万元、深圳市300万元、东莞市200万元、肇庆市100万元。

4 月 15 日，深圳市委、市人大常委会、市政府、市政协机关干部职工向玉树灾区捐款 22.8 万元。深圳市民政局、市慈善会在市民中心举行向玉树灾区捐赠款物仪式。在仪式上，市委、市政府通过青海驻深圳办事处，向灾区捐赠 300 万元救灾资金和价值 240 万元的帐篷、棉被、折叠床等救灾物资。下午，市捐助中心将该批救灾物资通过火车运往西宁。15—27 日，深圳市民政局和市慈善会组织“深圳企业积极承担社会责任・捐款支援青海玉树抗震救灾”活动，深圳富士康科技集团和比亚迪汽车有限公司分别向灾区捐款 3000 万元和 2000 万元。

4 月 16 日，共青团深圳市委向玉树灾区捐款 50 万元。广州白云山和记黄埔中药有限公司通过省红十字会，向玉树灾区捐赠价值 1.5 万元的“白云山”板蓝根颗粒和“白云山”口炎清颗粒两种抗病毒药品。广州博纳泽医药有限公司捐赠价值 208 万余元的药品。东坑劳教所内近千名劳教学员捐款 1.36 万元，干警捐款 2.6 万元。

4 月 17 日晚，深圳市民政局联合市慈善会、广电集团、弘法寺等，在深圳中心城广场举行“紧急驰援・深圳有爱”——青海玉树地震灾区赈灾大型义演活动，观众捐款和义卖 5.8 万元，企业捐款 950 万元、捐物折价 350 万元。截至 18 日中午，全省社会各界捐款 6500 多万元，捐物折价 600 多万元。

4 月 19 日，由深圳市慈善会、深圳广电集团主办，广电集团都市频道和深圳中心城广场承办的“紧急驰援・鹏城有爱”救援玉树灾区深圳赈灾义演大型直播活动在市中心城广场举行，比亚迪汽车有限公司、深圳中航集团、中国烟草深圳分公司等 20 多家企业捐款。赈灾义演募集善款 3600 余万元、物资折价 350 多万元。佛山电器照明股份有限公司捐款 100 万元。共青团广州市委、市青年联合会、广东狮子会组织 20 余人的医疗志愿队，由共青团广州市委副书记童慧带队，携带 150 间活动板房、150 台发电机、150 顶帐篷和一批药品、食品等价值 300 万元的物资，赶往玉树灾区救援。截至 19 日，全省各级红十字会为玉树灾区募集款物 24147.88 万元。其中，资金 22126.02 万元，物资价值 2021.86 万元。深圳市红十字会捐赠物资价值 399.66 万元；广州市红十字会捐赠物资价值 613.89 万元；珠海市红十字会捐赠药品、食品价值 122 万余元。

5 月 5 日，汕头市存心慈善会会长蔡木通等一行 6 人，携 160 万元的物资抵达西宁，通过青海省慈善总会捐往玉树灾区。玉树地震发生后，存心慈善会在汕头发起“青海玉树抗震救灾捐款”活动和“心系玉树・爱聚青海”烛光追思活动，募集善款 101.93 万元。有着 71 年党龄、90 多岁高龄的原广东广播电视大学首任专职副校长吴修一与夫人龚硕蕙一道，将多年积蓄的 20 万元捐给玉树孤儿学校。中国科学院系统研究所和微电

4 月 22 日，来自广东的志愿者为灾区高三学生进行心理辅导　　（西海都市报　孔祥瑞　摄）

子所组成“宽带无线应急救援队”赶赴灾区开展无线宽带服务。7日，中国科学院深圳先进技术研究院联合深圳强华科技有限公司，捐赠价值75万元的多功能健康检查床和监护仪等医疗设备。

截至7月9日，广东省民政系统（含慈善会）接受玉树地震抗震救灾款物6.28亿元。截至8月6日，省慈善总会、深圳市慈善会、广州市慈善会、湛江市慈善会、省妇女儿童基金会汇入中华慈善总会账户6.13亿元。各级各类支援玉树抗震救灾捐赠款物接收单位安排专人负责，每天以报表形式向政府报告社会捐赠款物情况，对捐赠款物核实、登记、造册，及时将捐赠款物汇缴民政部门统一管理。在民政慈善会系统，慈善会负责汇总管理捐赠资金，捐助中心负责汇总管理捐赠物资，各级民政部门通过网络、报纸等媒体，定期向社会公布捐赠款物数据，增加捐赠活动透明度，自觉接受社会监督，方便市民了解捐赠资金和物资接收、使用情况，主动配合审计部门对捐赠款物审计，及时向纪检监察部门报告救灾捐赠款物接收和使用管理情况。

十六、海南省赈灾

4月14日，海南省委、省政府致电青海省委、青海省政府表示慰问，并捐赠300万元支援玉树灾区抗震救灾。省委、省政府专门召开支援青海玉树抗震救灾动员大会，动员全省社会各界积极参与“情系玉树　大爱无疆——抗震救灾大型募捐活动特别节目”捐赠活动。省民政厅向各市、县（自治县）民政局及各相关救灾捐赠接收机构，发出《关于支援青海玉树抗震救灾的通知》。省红十字会向青海省红十字会拨付2万元，同时通过海南广播电台、电视台、《海南日报》《海口晚报》、省人民政府网等16家新闻媒体发出呼吁，公布捐赠账户和报道募捐情况。

4月15日至5月10日，支援玉树灾区捐款活动在全省开展。省委、省人大、省政府、省政协主要领导带头捐款，其他省级领导干部和离退休老干部也分别参加捐款或委托其他人员捐款。省委办公厅收到特殊党费和捐款3.4万余元；省人大常委会机关干部职工捐款5.6万余元；省政府办公厅系统捐款8.1万余元；省政协机关捐款2.5万余元。省纪律检查委员会、省监察厅机关干部职工200余人捐款4.3万余元。全省公安系统募集捐款55万元。省农垦总局机关干部职工捐款6.5万元，垦区各下属农场及公司捐款200多万元。省总工会通过青海省总工会捐款30万元。省妇女联合会捐款20万元。省华侨联合会捐款5万元。武警海南总队官兵捐款11.4万余元。

海航集团、昌炜集团分别通过省红十字会捐款100万元、20万元。海航集团海口地区近200名员工捐款9.8万余元。一位在玉树当过兵的退伍军人到省红十字会捐款300元。省农村信用社紧急向玉树灾区农村信用社捐款10万元。省12家医药企业捐赠药品价值近400万元，并通过陆路运往玉树。海南西海岸高尔夫管理有限公司举办“抗震救灾·情暖人间”高尔夫球义赛，募集捐款4万余元。英利集团捐赠价值40余万元的太阳能照明设备，包括50套太阳能路灯和200支太阳能手电。海南奥林匹克花园有限公司董事长冯川建捐款50万元，是海南省捐款数额最多的个人。海航集团捐物折价72万元，集团员工捐款42.9万元。全省旅游企业捐款48.1万元。澄迈县党政机关、企事业单位干部职工及社会各界群众捐款26万多元。海南南光瑞佳房地产开发有限公司捐款7000元，公司职工捐款3000元。海南红石滩房地产开发公司捐款10万元，公司员工捐款1万余元。省科学技术厅向玉树灾区捐赠注射用胸腺五肽3件，价值59.4万元。在中央电视台“情系玉树　大爱无疆——抗震救灾大型募捐活动特别节目”晚会直播现场，海南椰岛（集团）股份有限公司捐款500万元；海南农垦职工捐款224万多元；三亚市委、市政府和椰树集团各认捐200万元；省住房和城乡建设厅、中信泰富万宁公司、三亚华盛天涯水泥有限公司、海南海钢集团有限公司各认捐100万元；海南日报报业集团、华闻传媒投资集团有限公司、海南矿业联合有限公司各认捐60万元；海南电网公司认捐52万元；三亚凤凰岛发展有限公司、海峡股份、三亚南国奥林匹克花园有限公司、中国移动通信集团海南有限公司各认捐50万元。省国有资产管理委员会捐款806.60万元。其中，所属企业捐款803.74万元，机关人员捐款2.86万元。共青团海南省委捐款35万元，捐物折价20万元。省青年联合会捐款8.6万元，省青年企业家协会捐款5万元。省总工会、省妇联各捐款30万元。省文联、省慈善总会联合主办，海南日报报业集团、海南广播电视总台协办“玉树：爱心集结号——海南文艺界支援玉树抗震救灾大型义捐活动”，募集善款75.21万元。三亚市各界穆斯林群众暨伊斯兰教协会捐款30余万元，于5月7日转往玉树灾区。

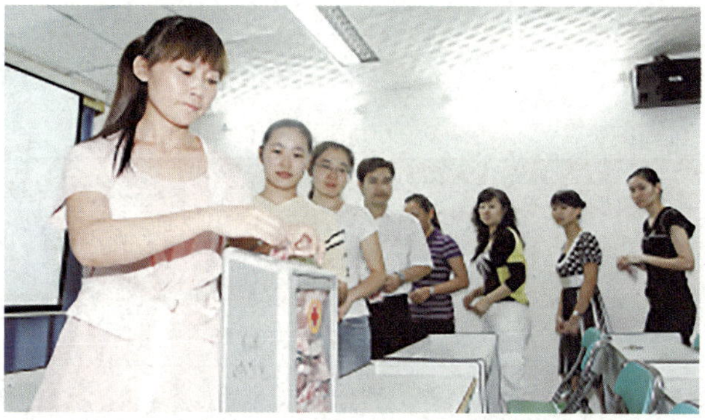

4月15日，海南省海口市美舍学校全体师生为玉树灾区捐款　　（海南省民政厅　提供）

海南省各有关单位接收玉树地震社会捐款情况表

表1-8　　单位：万元

单位	累计接收捐款额（实际到账）	已汇缴上级部门	已划拨特殊党费	已汇往玉树（青海）灾区	工作经费支出	备注
省民政厅	2509.36	2422.19	68.20	18.96	—	含各市县民政局汇缴部分
省红十字会	1805.22	1771.74	—	1.20	21.48	活动结束
省慈善总会	558	558				活动结束
团省委青少年基金会	653.69	649.69	—	4（给来琼玉树学生发生活补助）	—	活动结束
省总工会	32.34		—	32.34	—	捐款划拨给青海省总工会，活动结束
合计	5558.61	5401.62	68.20	56.5	21.48	

海南省各市县民政局接收捐款情况表

表 1–9　　　　　　　　　　　　　　　　　　　　　　　　单位：万元

市县	累计接收实际到账金额		已累计上交省厅账户金额	备注（说明定向款用途）
	定向款	非定向款		
海口市		363.15	363.15	活动已结束
三亚市		166.50	166.50	活动已结束
五指山市		7.16	7.16	活动已结束
琼海市		118.68	118.68	活动已结束
儋州市		102.34	102.34	活动已结束
文昌市	2	98.10	100.10	救助玉树地震灾区孤儿（活动已结束）
万宁市		103.87	103.87	活动已结束
东方市		27.17	27.17	活动已结束
定安县		170.67	170.67	活动已结束
屯昌县		37.98	37.98	活动已结束
澄迈县		60.10	60.10	活动已结束
临高县	0.33	43.31	43.64	灾区广播电视系统专用（结束）
白沙县		26.90	26.90	活动已结束
昌江县		23.86	23.86	活动已结束
乐东县		27.05	27.05	活动已结束
陵水县		73.48	73.48	活动已结束
保亭县		13.95	13.95	活动已结束
琼中县		2.69	2.69	活动已结束
合计	2.33	1466.96	1469.29	

截至 7 月 26 日，海南社会各界向玉树地震灾区捐赠救灾资金 5558.6 万元。

各级民政、红十字会、慈善总会等部门，执行国务院抗震救灾指挥部关于玉树地震抗震救灾资金管理使用有关规定，专款专用，救灾款物及时汇缴上级有关部门和拨付玉树灾区。在接受审计、纪检监察监督中没有发现违法违纪现象。具体使用情况：省民政厅汇缴民政部 2422.19 万元，汇往青海省民政厅 18.96 万元；省红十字会汇往青海省红十字会 12 万元，汇缴中国红十字会 1771.74 万元，工作经费支出 21.48 万元；省慈善总会将 557.997 万元捐款全部汇缴中华慈善总会；省青少年希望基金会汇缴团中央 60 万元，汇缴中国青少年发展基金会 589.69 万元，给 20 名赴琼进行心理康复治疗的玉树地震灾区学生发放补助 4 万元；省总工会捐款 32.342 万元全部汇往青海省总工会。

十七、四川省赈灾

4 月 14 日，四川省委、省政府快速启动应急预案，向玉树灾区捐款 2000 万元，捐赠棉被 1 万条、帐篷 4000 顶。省政协通过青海省政协办公厅向玉树灾区捐款 79.14 万元。成都市委、市政府向青海省财政厅捐助资金 100 万元。省妇女联合会向玉树灾区发慰问信并捐款 10 万元。彭州市妇女联合会捐款 8000 元。省人民友好协会捐款 1 万元。雅安市红十字会组织志愿者装运价值 71 万元的 435 顶救援帐篷和棉被、棉衣共 4 车救灾物资，于 14 日晚 10 时启程赶赴玉树灾区。省民政厅主动与青海省民政厅联系，将四川“5·12”汶川特大地震抗震救灾工作经验，尤其在保障受灾群众基本生活以及灾后恢复重建方面经验、做法提供给青海省民政部门。四川省石渠县色须寺、帮尼寺派出 1000 余名僧人，带着从当地专门定做的 300 多顶帐篷以及食品等救灾物资，在寺院活佛亲自带领下，昼夜兼程到灾区救援。

4 月 15 日，省红十字会向青海省红十字会发慰问信，资助救灾资金 50 万元，转定向捐款 160 万元。人民银行成都分行先后组织石渠县农村信用联社、人民银行炉霍县支行、甘孜中心支行和分行机关有关人员，向灾区运送食品、棉被、取暖器等 4 批救援物资，价值 6.75 万元。其中，石渠县农村信用联社运送救援物资，于 15 日凌晨 4 点到达人民银行玉树中心支行。人民银行成都分行职工捐款 50 万元。人民银行成都分行为人民银行玉树中心支行援建活动板房 2003 平方米，价值 119.3 万元。广元市捐赠棉被 5000 床、帐篷 2000 顶、棉衣 5000 件、方便面 2000 件、电热毯 420 床和价值 10 万元的药品。绵阳市民政局捐物折价 200 万元。

4 月 16 日，四川教育基金会捐款 20 万元，青川县红十字会捐款 200 万元。截至 16 日 12 时，全省调运帐篷 18567 顶、棉被 37260 床，捐赠救灾资金 3230.75 万元，捐赠粮油食品等物资折款 3247.7 万元。同日下午，北川县工商联在安昌镇举行“向青海玉树地震灾区捐款活动”，44 户民营企业代表和部分个体工商户捐款 11.532 万元。四川省宜宾市五粮液集团有限公司采购灾区急缺物资，调配车辆、人员，将价值 1500 万元的物资送往玉树灾区。四川汇融地产有限公司捐款 7185 元，汇融集团全体员工捐款 2.12 万元，龙旺置业有限公司捐款 7190.5 元。

同日，绵阳市工商联（总商会）在富乐山九洲国际大酒店，举行“民企携手·绵阳感恩”

4 月 16 日，四川省绵阳市工商联（总商会）举行民营企业支援玉树抗震救灾捐款仪式

（四川省民政厅　提供）

赈灾捐赠活动，来自绵阳车市四川艾潇、绵阳新川西物、绵阳高新丰田、绵阳建宏、绵阳安顺达汽车5家汽车销售服务商等企业参加，接受35家企业、商会组织以及部分企业职工捐赠款物1219.89万元。其中，捐款187.89万元，捐物价值1032万元。绵阳丰谷酒业集团组织15辆大货车，装载1000万元药品、衣物等救灾物资赶赴玉树灾区。

4月15日、17日，阿坝藏族羌族自治州红十字会分别派出救援队，运送食品、帐篷、被褥、防寒衣物等价值60余万元救灾物资到达灾区，并驻灾区开展抗震救灾工作。

4月17日，省红十字会下发文件，要求全省红十字会系统开展募捐活动。省慈善总会召开会议，启动应急预案，向社会各界发出《关于联合开展援助青海地震灾区受灾群众捐款活动的倡议书》，号召全省社会各界以感恩之心向玉树灾区提供援助，设立现场捐赠接收点，公布接收捐赠账号、开户银行和捐赠热线电话，开通网上捐赠平台和外汇捐款账户。

同日，省红十字会在省委机关大院组织为玉树灾区募捐仪式，刘奇葆、蒋巨峰等领导及省级机关工作人员参加，活动募集捐款400余万元。省红十字会向甘孜州划拨120万元资金，调运接受捐赠价值210万元的物资，玉树地震受伤转移人员，治疗费及家属补贴53万元。省红十字会资助1768名到成都市都江堰八一聚源中学就读的玉树州民族中学学生费用3143万元。省委组织部从省管党费中捐赠100万元支援玉树灾区。省司法厅机关及直属单位捐款348660元，其中司法厅机关（含司法鉴定协会）30890元、厅直律师事务所236960元、厅直司法鉴定所65550元、厅直公证处15260元。监狱局机关及直属单位捐款12.6万元，其中局机关34580元、直属单位9.14万元。劳教局机关及直属单位捐款20110元，其中局机关5540元、直属单位14570元。

4月19日，省政协机关干部职工捐款63260元。

4月20日14时，省卫生厅184名干部职工捐款26180元。省工商局捐款10万元，共青团四川省委捐款10万元，省审计厅向灾区审计机关捐款20万元，四川考试院通过省考试管理中心捐款15万元，省技术质量监督局捐款5万元，阿坝州技术质量监督局捐款2万元。全省各级工会捐款110万元。汶川特大地震重灾区德阳市、广元市和绵阳市各级工会又分别捐款31.93万元、5.5万元和5.52万元；遂宁、内江、乐山、达州等市总工会分别捐款5万元；资阳市总工会捐款12460元。

同日，全省民营企业和各级工商联为玉树灾区捐款7562.48万元，捐赠物资价值1333万元。其中，四川蓝光集团等3家企业共捐款3000万元；新希望集团、四川科创集团、四川大陆集团、四川远成集团、成都红旗连锁各捐款100万元；四川金广集团和成都康弘药业分别捐款550万元和183万元；四川豪吉集团、四川欣通用集团、四川通安达集团、成都园丁房产公司、成都黄风湿医院等企业单位捐款。

4月23日，绵阳市工商联温州商会捐赠30万元物资，通过市红十字会运往玉树灾区。同日，四川省浙江商会常务副会长单位——四川利森建材集团举办“情系玉树·爱洒高原”玉树地震募捐活动，各分（子）公司利森集团什邡分公司、成都分公司、广安利森、达州利森、达州建材、罗江利森、会东利森、福泉利森、森恒新材、什邡新材、泰和能源、广安能源、全新

4 月 23 日，成都市湖州商会成立暨玉树地震赈灾晚会共筹集善款 379 万元
（四川省民政厅　提供）

4 月 25 日，玉树县副县长白玛求吉向五粮液集团公司赠送“情系玉树　大爱无疆”锦旗
（四川省民政厅　提供）

能源利森科开、什邡汽修等公司员工捐款，红邦、凯盛、力博、泰安、中磊、十四化建、化兴监理、江苏新宏、矿山开采承包商、运输承包商等参加利森建设协作单位员工也捐款。这次活动，四川利森建材集团募捐资金 16 万余元。四川省浙江商会会员向玉树灾区捐款 320 万余元。成都市湖州商会开展向玉树灾区捐赠活动，会长、成都博瑞房地产开发有限公司董事长杭亚平分别以个人和公司名义捐款 50 万元和 200 万元，副会长、四川创新家具有限公司总经理周云捐款 10 万元，各会员企业捐款，筹集善款 379 万元。

4 月 25 日，绵竹市红十字会再次捐款 100 万元，省残疾人联合会捐赠价值 20 万元的辅助器具。省友好合作交流中心捐款 1 万元。

同日，五粮液集团公司向玉树县结古希望小学捐赠仪式在五粮液公司怡心园举行，该公司捐赠 2500 万元用于玉树县结古希望小学建设。29 日，成都神钢集团将总价值 211.5 万元的 1 台挖掘机和 3 台装载机送交青海省交通厅，支援玉树灾后交通重建。

4 月 25 日、5 月 1 日，俄罗斯紧急救援部援赠青海玉树灾区空运 2 架次救灾应急物资。5 月 8 日，美国援赠青海玉树灾区 2 套净水设备，3 架包机均在成都双流国际机场着陆。省民政厅肩负起这 3 批物资的接收工作，并在接收物资当天就安排车辆将全部救灾物资运往玉树灾区。

截至 8 月 6 日，四川省慈善总会汇入中华慈善总会账户 3089.22 万元。

玉树抗震救灾期间，四川各地各界向玉树灾区捐助款物 3.7 亿元。

十八、贵州省赈灾

玉树大地震发生后，贵州省委、省政府向玉树灾区捐赠 500 万元，省级党政机关及直属单位干部职工捐赠资金 121.59 万元，9 个市（州、地）和其他社会捐赠资金 513.43 万元，省慈善总会接受社会各界捐款 741.81 万元。

4 月 20 日，贵州可吉立贸易公司通过省慈善总会向玉树灾区捐款 14.4 万元

（贵州省民政厅　提供）

5 月 11 日，省民政厅明确各级民政部门是救灾捐赠归口管理部门，要求各地在救灾捐赠工作中，不得在捐赠资金中列支管理费用。省监察厅、省审计厅对救灾捐赠款物管理使用监督检查，建立部门监管协调机制，要求各接收捐赠单位尽快将结余捐赠资金汇往灾区。各接收捐赠单位完善统计和信息公开制度，增强救灾捐赠工作透明度。

截至 8 月 6 日，贵州在全省大范围遭受特大旱灾极端困难情况下，全省红十字会接受社会各界捐助玉树地震救灾款 1238.94 万元。其中，各地红十字会募集上交 964.81 万元，接受个人捐赠 245.84 万元，企事业单位捐赠 28.29 万元。

4 月 19 日，在贵州省黔东南州民政局、慈善总会和凯里市民政局设置的社会捐赠点上，少数民族同胞向玉树灾区捐款

（贵州省民政厅　提供）

玉树抗震救灾期间，贵州全省向玉树地震灾区捐赠资金 3115.77 万元。

十九、云南省赈灾

从 4 月 14 日起，云南省民政厅组织支援玉树抗震救灾捐赠活动，活动期间接收社会各界捐赠资金 1031.71 万元。其中，省委、省政府 600 万元，省委统战部、云南省光彩事业促进会 100 万元，云南省接收救灾捐赠办公室接受社会各界捐款 331.71 万元。

5 月 31 日，云南柏联集团向玉树旅游部门捐赠汽车仪式在西宁举行　　（百度　提供）

省妇联向玉树灾区发慰问信，并捐款 5 万元。省总工会捐款 20 万元。红塔集团有限公司捐款 200 万。4 月 23 日，云南白药公司向青海玉树地震灾区捐赠急救物资仪式在云南省红十字会举行，公司总经理尹品耀，云南省红十字会秘书长魏忠民等出席捐赠仪式。云南白药专项捐赠的急救物资包括云南白药急救包 1500 个、云南白药胶囊 300 瓶、云南白药创可贴 1257 盒、云南白药膏 14710 盒、泰邦创可贴 1440 盒、泰邦伤痛快贴 3.672 万盒，价值 135.5 万元，均为云南白药公司独家生产伤科产品。25 日，昆明市技术质量监督局通过青海省质量技术监督局，向玉树灾区捐款 1.06 万元。5 月 31 日，青海省旅游局举行云南柏联集团向玉树地震灾区旅游部门捐赠仪式。青海省旅游局、云南柏联集团、省抗震救灾资金物资监督监察领导小组办公室有关负责人，玉树州及所属六县旅游局代表和省旅游局部分干部参加仪式。云南柏联集团向玉树州、玉树县、囊谦县和称多县旅游局捐赠 4 辆越野车，向玉树州及各县旅游局捐赠电脑、打印机、传真机等办公设备，总价值 100 万元。

6 月 2 日，省委组织部从省管党费中向玉树灾区捐赠 10 万元。8 月 6 日，云南省慈善总会汇入中华慈善总会玉树地震捐款 11.85 万元。

省民政厅采取措施，确保捐赠资金安全，资金接收、管理、使用每个环节公开透明。同时，加强对捐赠款物管理，认真做好登记造册和汇总工作，做到数量清楚、使用去向明确；及时向社会公布捐赠款物接收、使用情况，加强对州市民政部门捐助活动指导工作；及时转发国务院抗震救灾总指挥部及民政部相关文件，按规定及时足额汇缴捐赠资金。

二十、陕西省赈灾

4 月 14 日，陕西省委、省政府向玉树灾区发慰问信，并捐款 1000 万元。成立陕西省抗震救灾指挥部，省救灾募捐办公室、省红十字会、省慈善总会负责所有社会捐赠资金和捐赠物资管理，全省 10 个区（市）和杨凌示范区对各自辖区内捐赠活动统一管理。省民政厅、省慈善总会通过新闻媒体发布支援玉树灾区捐赠公告，向社会公布募捐联系电话和联系方式。省红十字会启动应急预案，在各大媒体向全省发出募捐公告，并在西安市设立 4 个募捐点，当日接受捐款 10 万元。

同日，省民政厅、省慈善总会分别举行集中捐赠仪式，省委、省人大常委会、省政府、省政协领导以及省直机关干部和离退休人员向玉树灾区捐款，现场收到捐款 20.24 万元。省民政厅组织厅机关和直属单位全体干部职工捐款 30 万元，并紧急采购 1000 台钢板取暖炉和 4000 节烟囱。渭南市民政局接到省民政厅紧急采购取暖炉通知后，局长田继东率工作组采购，18 时联系到厂家后，立即组织当地村民 40 人、武警中队官兵 20 人、消防中队官兵 15 人，当晚 21 时冒雨装车。15 日凌晨 5 点，第一批 600 台取暖炉发往玉树灾区。

4 月 16 日，省总工会向青海省总工会发慰问信，并向玉树灾区捐赠 30 万元救灾资金。省妇联发出致玉树灾区慰问信，并捐款 10 万元。西安市政府捐赠棉被 5000 床、棉衣 3000 套、彩布 5 吨、帐篷 79 顶，价值 100 万元。省电力公司捐款 100 万元，中国水利水电第三工程有限公司捐款 50 万元，西安旭晟文化图书有限公司捐款 5 万元。省残疾人联合会捐款 12 万元。榆林市神木县永兴镇刘山梁村农民李文宽捐款 10 万元。

4 月 19 日，省国有资产管理委员会举行国有企业向玉树灾区捐赠仪式，延长集团、煤化集团、有色集团、投资集团等 20 家国有企业向玉树地震灾区捐款，现场捐款 3960 万元。省委统战部、省工商业联合会组织民营企业向玉树地震灾区捐款 1800 万元。

4 月 20 日中午，省血液中心 3 名工作人员，将价值 90 万元的血液采集成套设备运抵海西州格尔木市。受中国道教协会会长任法融委托，陕西省道教协会副会长兼秘书长胡诚林、陕西省道教协会办公室主任孙善银等 7 人组成赈灾物资运送小组，于 20 日从西安出发，将价值 20 余万元的棉衣、棉被等救灾物资运往玉树灾区。

4 月 23 日，陕西省政协民族宗教委员会、西安市穆斯林企业商会，向玉树灾区捐赠价值 30 万元的物资。省教育工会向玉树地震灾区捐款 5 万元，用于慰问灾区受伤教师，并协调西安工业大学从师生捐款中划拨 5 万元，通过青海省教科文卫工会，购置 10 台联想牌便携式计

4 月 20 日，陕西省佛教界慈善组织与西安市大唐芙蓉园员工捐赠的救灾物资启程送往灾区

（青海省慈善总会　提供）

4 月 21 日，陕西省慈善协会向玉树灾区捐赠价值 75 万元的救灾物资

（青海省慈善总会 提供）

算机捐赠给玉树州职业技术学校。省红十字会机关和直属单位 28 名工作人员捐款 4120 元。

省红十字会募集资金 2250 万元。截至 8 月 6 日，陕西省慈善总会筹募汇入中华慈善总会账户 700.43 万元。玉树抗震救灾期间，陕西省向青海玉树灾区捐款 10320.75 万元。

二十一、甘肃省赈灾

4 月 14 日，甘肃省政府向玉树灾区捐赠 200 万元，兰州市政府捐赠 100 万元。省红十字会向青海省红十字会援助救灾款 50 万元，紧急筹措第一批价值 90 万元的 600 顶帐篷派专人连夜行程近千公里运往灾区。同时，省红十字会向社会各界发出紧急募捐呼吁，在兰州市区公共场所设立 7 个募捐点，开通 24 小时募捐热线。全省各级红十字会也通过当地媒体发布募捐倡议，接收社会各界捐款捐物，200 余名志愿者参与募捐活动。省总工会向玉树灾区发慰问信，捐款 30 万元，并号召全省各级工会和广大职工援助玉树抗震救灾。兰州、白银、金昌等大企业相对集中地方的工会响应号召，向玉树灾区募集近 80 万元救灾款物。

4 月 15 日，甘南州向玉树灾区捐款 80 万元，武威市凉州区民政局捐物折价 130 万元，省审计厅援助 10 顶帐篷，甘肃民族学院捐款 14.30 万元，省工商局捐款 10 万元，甘肃高校招生办公室通过省考试管理中心捐款 10 万元，省华侨联合会捐款 2 万元。甘肃奇正药业捐款 280 万元，捐赠价值 50 万元外用急救药品，并派人送往玉树灾区。甘肃建新集团及董事局主席刘建民向玉树灾区捐赠价值 60 万元的优质矿泉水。省环保厅捐赠帐篷 3 顶及其他救灾物资，于同日 19 时运抵西宁。省工业和信息化委员会得知玉树灾区缺乏帐篷，便迅速组织相关企业昼夜生产，于 16 日将价值 25 万元的 125 顶帐篷连夜送往灾区。甘肃统战系统向玉树灾区捐赠 24 吨，价值近 30 万元的矿泉水、方便面、火腿肠等食品，17 日 21 时 30 分，组织 3 辆载货车运往灾区。

4 月 18 日，省工业和信息化委员会组织煤电集团，向玉树灾区捐赠 2000 吨块煤。省科学技术厅党组成员、省知识产权局局长朱晓力一行到西宁，向青海省科学技术厅移交为玉树灾区捐赠的照明物资，包括 5 千瓦汽油发电机组 10 台、LED 照明灯 468 个、12 伏应急灯 100 盏、节能灯头100个、节能灯100个，价值10万元。19日下午，省政协机关组织全体干部职工开展为玉树灾区献爱心活动，捐款20万元，通过青海省政协办公厅捐往灾区。21日，由省总工会副主席马方带队，将全省工会系统捐款86.7万元和价值61.35万元的捐赠物资送往灾区。临夏回族自治州永靖县伊斯兰教协会组织“情系灾区·奉献爱心”捐款活动，募集捐款4000多元。28日恰逢农历三月十五，甘肃省道协、兰州市道协和兰州白云观联合为玉树灾区举行祈祷法会和书画义卖活动，省、市道教协会职员和信众5000多人参加活动，兰州市部分书画爱好者也自愿参加义卖活动，活动筹集善款1.5万多元。省红十字会调拨价值230.65万元的帐篷、棉被、药品、食品等救灾物资，运往玉树灾区，并向收治玉树伤员的省直医疗单位捐赠价值104.48万元的药品。

5月6日，国务院外事办通过青海省政府外事办向玉树灾区捐款1.19万元。7日，省委统战部、省工商业联合会和省光彩事业促进会赶赴西宁，向玉树地震灾区捐赠120万元救灾善款。13日，省技术质量监督局副局长张矛一行将甘肃技术质量监督系统干部职工捐赠给玉树地震灾区价值10万元的电脑、复印机、打印机等办公耗材，送到青海省技术质量监督局。

截至8月6日，省慈善总会汇到中华慈善总会账户中玉树地震捐款594.04万元。省红十字会接受捐款1143.93万元，全部上交中国红十字会统筹安排，捐赠物资全部运往灾区或用于玉树转诊伤员医疗救治。

玉树抗震救灾期间，甘肃省共接受社会各界向玉树灾区捐款2950.17万元。

二十二、新疆生产建设兵团赈灾

4月14日下午，新疆生产建设兵团红十字会紧急召开执委会会议，传达兵团领导批示，并决定向青海玉树地震灾区先期捐款20万元用于灾害救助。兵团红十字会财务部门迅速将20万元捐款紧急拨付青海省红十字会。同时，兵团红十字会发出《关于组织开展对青海省玉树藏

4月16日，新疆生产建设兵团交通局向青海交通系统捐赠装载机（360网 提供）

族自治州玉树县地震灾区救助工作的通知》，并通过媒体向社会发出救灾募捐呼吁，公布兵团红十字会捐款账号。

4月15日，新疆生产建设兵团妇女联合会向玉树灾区发慰问信，并捐款3万元。新疆生产建设兵团总工会捐款5万元。

4月27日，兵团建工集团机关在全体干部、员工中开展向灾区“送温暖、献爱心”捐款活动。下午，集团党委书记、董事长雷毅带头，集团领导及机关各部门干部、员工参加捐款仪式，全体干部、员工情系玉树，关爱灾区，纷纷伸出援助之手，向灾区人民献上一片爱心。

6月9日，新疆生产建设兵团审计局公布兵团筹集玉树地震抗震救灾资金、物资审计结果。结果表明，全兵团抗震救灾捐赠款项管理情况总体良好。筹集的救灾资金能做到专户管理、专款专用，审计未发现挤占挪用、贪污私分、损失浪费和延压、克扣等违纪违规情况；接收、拨付救灾款项程序规范。截至5月31日12时，兵团累计向玉树灾区捐款1144.82万元，汇缴1143.48万元，账户结余1.34万元。其中，兵团慈善总会接收941.34万元，红十字会接收173.23万元，青少年发展基金会接收30.25万元。

截至7月8日，兵团红十字会接受捐款183.88万元。其中，单位捐款169.24万元，个人捐款14.64万元。截至8月6日，兵团慈善总会汇入中华慈善总会账户1113.67万元。

玉树抗震救灾期间，新疆生产建设兵团共收到社会各界为青海玉树地震灾区救灾捐款1297.55万元。

第五章　港澳台同胞、海外侨胞、国际社会组织捐赠

第一节　港澳台同胞、海外侨胞捐赠

一、香港同胞捐赠

4 月 14 日，香港红十字会拨 20 万港元，紧急支援玉树救灾行动。当日，香港友好协进会和澳门中华联谊会，通过中华海外联谊会，向玉树地震灾区捐赠 400 万港元。

4 月 16 日，香港东华三院董事局捐赠 300 万港元、香港新家园协会捐赠 500 万港元、香港工联会向灾区捐款 50 万港元，通过中央人民政府驻香港联络办公室，赈济玉树地震受灾群众。香港四川发展基金会有限公司四川代表处捐赠价值 1 万元的面粉、方便面等。香港正大集团董事长谢柄及夫人郑翔玲向玉树地震灾区捐赠 100 万港元。同时，谢柄、郑翔玲夫妇发动亲朋好友捐赠 100 万港元，发动其子女捐赠 30 万港元。

4 月 17 日，香港红十字会再拨 50 万港元支援玉树灾区；香港红十字会救援队一行 5 人携带价值 20 多万元的帐篷、棉被、衣物、食品等救灾物资抵达灾区，并在结古镇率先搭建起受灾群众生活板房，安置受灾同胞。

4 月 18 日，青海省青年联合会常委、香港江源集团有限公司董事兼总经理吴汉忠捐赠玉树灾区 74 件价值 25 万元的救灾药品运抵西宁。中午，成龙慈善基金会向玉树灾区捐款捐赠物资仪式在西宁机场举行，捐赠仪式后，成龙一行 6 人前往玉树地震灾区。

4 月 19 日，香港特别行政区政府接纳赈灾基金咨询委员会建议，从赈灾基金中批出 450 万港元拨给爱德基金会。23 日，决定并经香港立法会批准捐赠 1 亿港元，另外决定给香港有关基金会等拨付 3000 万港元。

4 月 20 日，国际慈善组织救世军港澳军区向玉树灾区捐赠价值 3 万元的炒面、药品及棉衣等。同日晚，在北京举办的“情系玉树 大爱无疆”大型募捐活动中，中央人民政府驻香港联络办公室将香港各界捐款 4243 万港元带到现场，转达香港同胞对灾区人民的情谊。全国政协委员张永珍、青海省政协委员孙德薇、中国生物制药有限公司副董事长郑翔玲等，通过中央人民政府驻香港联络办公室向灾区各捐款 100 万港元。香港凤凰出版传媒集团捐款 1000 万港元。

4 月 21 日，香港演艺界发起“情系玉树关爱行动”大型赈灾义演。

4 月 26 日晚，来自香港和海峡两岸数百名演艺界人士在香港红磡体育馆进行长达 5 小时义演，现场筹款 3506 万港元。

4 月 30 日，香港赛马会向青海玉树地震灾区捐款 1630.56 万港元仪式在民政部举行。罗平飞会见专程到京出席捐款仪式的香港赛马会主席陈祖泽一行，对香港赛马会多年来关注内地慈善事业发展、积极参与玉树灾后重建的义举表示赞赏和感谢。救灾司副司长庞陈敏、部港澳台办公室副主任柴梅参加会见。

5 月 6 日，香港方树福堂基金会通过中央人民政府驻香港联络办公室向玉树地震灾区捐款 5036.64 元。14 日，香港印刷业商会通过中央人民政府驻香港联络办公室向玉树地震灾区捐款 60 万港元。18 日，香港佛光会理事邓永明与助理林子丰一行到西宁市，向玉树灾区捐赠 1000 床价值 17.5 万元的棉被。

6 月 3 日上午，香港陈廷骅基金会向玉树灾区捐款签约仪式在青海胜利宾馆举行。香港仁爱堂、同龄同心慈善基金捐赠 250 万港元。13 日，全国青联香港特别行政区委员青海探望慰问团爱心捐赠仪式在青海省少年儿童活动中心举行，全国青联副主席、香港资源控股有限公司主席黄英豪捐款 200 万元，该团还为玉树灾区学生赠送 200 套文具套装。22 日，香港慜生讲堂监院悟藏法师、董事邱惠南、香港计算机专家潘志坚、香港慜生讲堂陈玉芬和阮倩玲一行在西宁向玉树灾区捐赠 2000 床价值 35 万元的棉被。广东番禺昌华制衣有限公司向玉树灾区捐赠价值 100 万元的羽绒衣 2000 件、裤子 4000 件。

7 月 9 日，香港教联会路德会捐赠 138.02 万港元，于 7 月 13 日转往青海省财政厅玉树州抗震救灾捐赠资金专户。

8 月下旬，国际慈善组织救世军港澳军区再次向玉树灾区捐赠 4 万张折叠行军床。

二、澳门同胞捐赠

4 月 19 日，澳门特别行政区政府拨款 1 亿元支持青海玉树地震灾区救灾工作。澳门特别行政区政府行政长官崔世安代表特区政府和全体澳门市民向青海同胞致以深切慰问。澳门红十字会紧急拨款 30 万澳门元为受灾群众购买食物和御寒衣物，并为灾区募捐 275 万澳门元。澳门中华海外联谊会及热心朋友向玉树地震灾区捐款 200 万港元。22 日，澳门仁协之友联谊会向中央人民政府驻澳门联络办公室送交 122.35 万澳门元善款，用于援助玉树地震灾区。

4 月 22 日，澳门万国控股集团、ASL 澳大利亚上市公司，向玉树捐赠棉被 20 条、矿泉水

200 箱、药品 1 箱、方便面 220 件、火腿肠 50 件、饼干 130 箱，总价值 2.8 万元。全国政协常委何鸿燊向玉树地震灾区捐赠 500 万港元。

三、台湾同胞捐赠

4 月 14 日下午，台湾海峡交流基金会致函海峡两岸关系协会，对青海玉树地震深表关切和慰问。亲民党主席宋楚瑜、国民党荣誉主席连战、台湾中华两岸文教经贸交流协会理事长何金裕、台湾云林县虎尾镇镇长林文彬和崛头里里长李万寿等致电慰问。16 日，台湾新同盟会彰化县员林地区北京参访团 34 名团员自发向地震灾区捐款 1 万元。台资企业康师傅（西安）饮品有限公司西宁分公司向玉树地震灾区捐赠矿泉水 1 万件，价值 14.7 万元。台湾旺旺集团向玉树地震灾区捐款 100 万元，并捐赠食品、牛奶、饮料等 12 个品种共 2773 件，价值 24.75 万元，于 4 月 16 日运抵玉树县结古镇禅古村。23 日，台湾海峡交流基金会向玉树地震灾区捐款 100 万美元。24 日，统一企业食品有限公司向玉树地震灾区捐赠方便面、豆奶等，价值 50 万元。艺人徐若瑄捐助棉被 1000 件、饼干 1 吨、矿泉水 1.5 吨、棉衣 700 件。

26 日，台湾红十字医疗救援队向救治玉树地震伤员的西宁市第一人民医院捐赠 13 箱药品，总价值 100 多万元新台币。台湾两岸和平发展基金会向玉树地震灾区捐款 313 万元和 5000 件羽绒服。5 月 11 日，台湾台北青海同乡会向玉树灾区捐赠 2.5 万元。该会理事长郭永业发出倡议书，呼吁台湾同胞向玉树灾区伸出援助之手。民政部于 2012 年 12 月向青海省民政厅转拨台湾同胞捐款 2173.1 万元。

2011 年 10 月 28 日，富士康科技集团通过中国残疾人福利基金会，向青海省残疾人福利基金会捐款 100 万元捐赠仪式在西宁举行。

四、海外侨胞捐赠

4 月 14 日，西班牙瑞安华侨华人经济贸易总会向玉树灾区捐款 60150 欧元。旅荷兰华侨总会捐款 2 万欧元，荷兰温州同乡会捐款 16550 欧元，荷兰青田同乡会捐款 1.5 万欧元，荷兰华人总会捐款 2 万欧元，德国文成华侨华人联谊会捐款 4.1 万欧元。英国的平措旺阶先后向玉树灾区捐赠 1000 条毛毯、价值 11 万元的藏药。

4 月 15 日，日本爱媛县华侨华人联合会在召开换届大会时，将为玉树灾区义捐作为会议议题之一，各理事踊跃捐款共捐赠 15.8 万日元。19 日，加拿大温哥华亚历山大学校向玉树地震灾区捐赠 96.04 万元。20 日，加拿大浙江商会徐侃为玉树地震灾区捐款 1 万元。21 日，加拿大浙江商会徐勤为玉树地震灾区捐款 1 万元，90 岁高龄的马来西亚归侨林文康，向玉树灾区捐款 1.1 万元。23 日，加拿大浙江商会邵青山为玉树地震灾区捐款 5000 元。26 日，巴西温州同乡联谊会向玉树地震灾区捐款 59 万元。名誉会长张伟、会长李海飚、常务副会长李海鹏等到中国驻圣保罗总领事馆进行捐赠。

5月6日，日本爱媛县华侨华人向玉树地震灾区捐款2700.78元。14日、17日，留日博士团先后两次向玉树地震灾区捐款共计30万日元，转青海省财政厅玉树州抗震救灾捐赠资金专户。

5月14日、5月19日和8月9日，南非侨胞分3次共捐玉树救灾款214.23万元，由中国驻约翰内斯堡总领馆转往青海省外事办公室。捐赠单位有全非洲中国和平统一促进会、南部非洲中原总商会、中国侨联南非青年委员会、香港城管理委员会、张小凡等机构和个人。

11月5日，中国旅美科技协会向玉树地震灾区捐赠9.99万元。12月29日，美国北卡罗来纳华人联谊会向玉树地震灾区捐赠33050元。

澳大利亚侨资企业华夏董氏兄弟商贸集团有限公司向玉树灾区捐赠1000万元。澳大利亚侨资企业四川汇融集团向玉树灾区捐赠5万元。甘德县辖龙什加寺美籍华人扎西尖参向玉树地震灾区捐赠款物价值40万元。其中，捐款30万元，捐物折合10万元。

4月20日，国侨办举行“侨爱工程　情暖玉树”海外侨胞支援震区捐赠仪式。国务院侨办主任李海峰代表地震灾区接受海外侨胞捐款3010万元　　（百度　提供）

4月30日，海外华侨发起“情爱玉树”捐赠活动。非洲乌干达青田同乡会向青海玉树地震灾区捐赠仪式在青田县政府大楼举行　　（百度　提供）

第二节　国际社会援助

一、国际性组织慰问援助

4月14日，在美国纽约联合国总部，法国、英国、俄罗斯和美国4个安理会常任理事国，奥地利、波黑、巴西、日本、加蓬、尼日利亚、黎巴嫩和乌干达等10个安理会非常任理事国代表，以及阿根廷、博茨瓦纳、约旦、埃及、叙利亚、古巴、马来西亚、巴基斯坦、尼加拉瓜、斯里兰卡、肯尼亚、突尼斯和委内瑞拉等约 20 个国家代表，在安理会中东问题公开辩论会上正式发言之前，就玉树地震向中国政府和人民表示慰问。第六十四届联合国大会第八十三次全体会议开幕前，全体与会代表为玉树地震遇难者起立默哀一分钟。

4 月 26 日，满载联合国儿童基金会捐赠救灾物资的 3 辆大卡车驶入玉树县结古镇，该批救灾物资包括 150 个帐篷教室及 2000 条毛毯。帐篷教室每个面积为 72 平方米，可以容纳 50 名学生上课。联合国儿童基金会还捐赠 7 辆救护车、2 辆工作车等物资，总价值 50 万美元。联合国儿童基金香港委员会向玉树地震灾区捐 100 万港元。

5 月 14 日，联合国世界粮食计划署（WFP）援助玉树地震灾区 230 吨“福临门”食用油和 50 吨青稞面粉。6 月 13 日，联合国开发计划署援助玉树地震灾区灾后早期恢复与重建项目总投资 150 万美元。

二、外国政府慰问援助

一些外国领导人及国际和地区组织负责人就玉树地震灾害向中国政府和人民表示慰问。来函来电的外国领导人有：巴勒斯坦国总统、民族权力机构主席阿巴斯，马来西亚总理纳吉布，不丹首相吉格梅 · 廷莱，日本众议院议长横路孝弘，贝宁总统亚伊，坦桑尼亚联合共和国桑给巴尔总统卡鲁姆，喀麦隆总统比亚，布隆迪参议长鲁菲基里，奥地利总统菲舍尔，波兰总统、众议院议长科莫罗夫斯基，拉脱维亚总统扎特莱尔斯，克罗地亚议长贝比奇，哈萨克斯坦议会上院议长托卡耶夫，联合国难民事务高级专员古特雷斯，阿拉伯国家联盟秘书长穆萨。俄罗斯、巴西、印度等国领导人和政府以不同方式向中国表示慰问。索马里、密克罗尼西亚等国也通过不同方式向中方表示慰问。18 日，非洲贝宁国贝宁中国文化中心向青海省文化和新闻出版厅发来慰问信，就玉树地区发生强烈地震表示慰问，并向灾区捐款 710 美元。19 日，新西兰驻华使馆为玉树灾区捐款 200 万元。美国驻华大使馆通过中国红十字会总会向玉树地震灾区捐款 10 万美元。

4 月 21 日，外交部发言人姜瑜在答记者问时表示，截至 21 日 17 时，已有 148 个国家、34 个国际和地区组织通过多种方式向中国政府和人民表示慰问，日本、韩国、法国、美国、挪威、泰国、新西兰等国家通过相关渠道向中方提供总计 395.5 万美元援款和捐款。一些国家外交部长、地方政府官员和驻华大使向中共青海省委书记强卫、青海省人民政府省长骆惠宁致函、致电表示慰问。24 日起，按照俄罗斯总统的命令，俄罗斯紧急情况部向中国运送总重量约 40 吨的帐篷、棉被、柴油发电机与食物等人道主义救援物资。25 日 9 时，伊尔 −76 运输机在成都降落，俄罗斯向中国青海玉树地震灾区提供的首批救援物资运抵成都双流机场。

5 月 5 日 15 时，俄罗斯援助青海玉树地震灾区的 10 台麻醉呼吸机、7 台高频电刀仪、10 台手术电力吸取机、若干无菌纱布和一次性注射器等医疗设备，经青海出入境检验检疫局在玉树灾区进行现场快速验放后，交付玉树州人民医院使用。6 日，纳米比亚、几内亚比绍、几内亚、尼日尔、坦桑尼亚 5 国驻澳门名誉领事到外交部驻澳门特区特派员公署，向玉树地震灾区捐赠24万港元。巴基斯坦派出2架专机，从伊斯兰堡分2批向玉树地震灾区援助300顶帐篷和2000条毛毯，总价值4.15万美元。首批物资于5月23日运抵西宁。27日下午，文莱达鲁萨兰国驻华大使张慈祥向民政部转交该国政府向青海玉树地震灾区的捐款共计450万余元，并就捐款的使用和两国在民政领域的交流与合作交换意见。

6月13日，日本政府援助玉树灾区物资交接仪式在西宁举行，日本驻华使馆经济部公使片山和之、商务部国际司参赞张克宁、青海省人民政府副秘书长王定邦等参加交接仪式。援助项目为通过日本财团法人JICS提供价值1亿日元医疗设备和药品，其中包括移动式冲水厕所20套、太阳能淋浴器20台、血透机4台、血滤机5台及一批相关药品。

7月5日，白俄罗斯共和国驻华特命全权大使阿纳托利·托吉克向青海省人民政府省长骆惠宁致信，就玉树地区发生强烈地震表示慰问。白俄罗斯共和国捐赠100万美元。

8月12日，苏格兰皇家银行捐赠暨“天使阳光基金——爱心接力玉树行”活动仪式在中国红十字基金会举行。中国红十字基金会副秘书长黑德昆、苏格兰皇家银行北京分行行长万茂佳，以及北京军区总医院、二炮总医院、武警总医院志愿医疗队专家代表出席。苏格兰皇家银行向中国红十字基金会捐赠50万元，用于对玉树灾区先天性心脏病儿童筛查及治疗资助。

三、外国企业、团体及个人捐款捐物

法国家乐福向玉树地震灾区捐赠200万元。西门子（中国）公司向玉树地震灾区捐赠1台价值60万元的X光机。ABB（中国）公司向玉树地震灾区捐赠260万元，拟建一所小学。荷兰华人经济技术中心向玉树地震灾区捐赠5000欧元。

4月17日，韩国国际抗饥饿基金会向玉树地震灾区捐赠棉被、褥子、矿泉水、方便面，价值4万元。新加坡慈援组织向玉树灾区捐赠大衣600件、药品77箱、方便面1300箱、饼干112箱、书包1800个，还有价值20万元的八宝粥。19日，泰国公主诗琳通向玉树地震灾区捐款10万元，并对灾区人民表示慰问。玉树地震发生后，日本红十字会在日本国内开展支援玉树地震灾害专项募捐，共接收日本国内民众捐款折合人民币达2000余万元。21日，来自肯尼亚的婉吉亚于向玉树灾区捐款4050元。23日，越南党政干部考察团向玉树捐救灾款1500元。26日，日本经济发展中心与日本东崎向玉树地震灾区捐赠1万元。29日，日本经济发展中心秘日本东畸向玉树地震灾区捐赠6304元。5月19日，日本市民横井一之、李智基向玉树地震灾区捐赠3000元。

6月26日，日本红十字会国际部副部长粉川直树一行2人到西宁，与青海省红十字会协商援助事宜。30日，新加坡新中友好协会向玉树地震灾区捐赠19.49万元。8月3日，日本国滨田市民通过山阴合同银行捐玉树救灾款21.51万日元。9日，日本滨田市长宇津徹男捐玉树救灾款16970元。19日，意大利亚洲团结协会向玉树地震灾区捐赠价值达300多万元的生活用品。澳大利亚红十字会就玉树地震致慰问函并捐赠25万澳大利亚元。法国欧亚发展协会向玉树地震灾区捐赠1万元。

第二篇
省内赈灾

“地震无情，人间有爱，大爱无疆”。玉树大地震发生后，在省委、省政府坚强领导下，青海各地各部门和563万各族群众同心同德，齐心协力，在全力组织抗震救灾的同时，积极开展向玉树地震灾区送温暖、献爱心捐助活动。强卫、骆惠宁、王建军、仁青加等省党政领导带头捐款。玉树灾区群众奋力自救互救，各州（市、地）、驻军部队、各大企业捐赠物资不断运往灾区，全省党政军群万众一心，社会各界众志成城，将赈灾各项措施迅速、有效地落实到受灾群众衣、食、住、行、医、安（全）、（保）健、娱等各个方面，形成了并肩携手、共克时艰的强大合力，为在最短的时间里夺取救灾重建重大胜利，创造抗震救灾史上的玉树速度、玉树奇迹奠定了坚实基础。

众志成城　抗震救灾

第一章　省委、省政府赈灾

第一节　省委机关赈灾

一、省委办公厅赈灾

4 月 16 日，中共青海省委办公厅发出《关于全力做好抗震救灾期间各项工作的通知》，提出全力投入抗震救灾工作，确保工作正常运转，维护社会稳定，开展捐助活动，建立 24 小时值班制度，保持政令、信息畅通，并先后拨出 30 余万元为抗震救灾工作提供有力的后勤保障。青海省委原书记田成平给省委、省政府发来慰问信，并向灾区捐款 1 万元。下午，在省直属机关工作委员会组织省委各部门开展的“省委机关干部与玉树地震灾区心连心”抗震救灾募捐仪式上，省委领导、厅机关全体干部职工及离退休人员 705 人捐款 74220 元。省委办公厅直属机关委员会发出《关于倡议广大党员自愿多缴纳党费用于支援抗震救灾工作的通知》，全厅 439 名共产党员多交纳党费 28.28 万元。

二、省委组织部赈灾

4 月 15 日，省委组织部机关干部职工参加省委机关党员干部职工向玉树地震灾区捐款活动，在短短一个小时内，多交纳党费 9.5 万元；至 19 日，多交纳党费 98650 元。在上海市委党校学习的青海省第十六期州厅级领导干部进修班 34 名学员为玉树地震灾区捐款 1.02 万元。93 岁高龄的离休干部、老红军、青海省原省长黄静波，向玉树地震灾区捐款 1 万元。91 岁高龄的省委老领导、老红军、老党员马万里，时刻关注着灾情变化，委托工作人员代他多交纳 1 万元党费。17 日，青海省赴山东等省市培训学习的少数民族县处级领导干部培训班和组工干部培训班全体学员，分别为地震灾区捐款 1.1 万元和 3700 元。20 日，63 岁的玉树州扶贫办公室

4月16日，青海日报社离休老编辑安奉孝（左二）把1万元积蓄捐给灾区
（《青海日报》2010年4月17日8版）

退休干部彭毛，专程赶到省委组织部交纳特殊党费2000元。84岁高龄的青海省老干部局老干部服务所离休干部刘永福，毅然取消外出旅游计划，一次性交纳1万元特殊党费。居住在青海省驻太原干休所的88岁离休干部白华相来到干休所党支部，代表他本人和3个儿女分别捐出1950元、60元、58元和55元，共计捐款2123元。老人特意解释了捐款数目的寓意："'1950元'代表我1950年到玉树工作；'60元'代表我的大女儿随我到玉树至今已60年；'58元'和'55元'分别代表我的儿子和二女儿在玉树出生至今58年和55年。"老人言词中流露出对青海玉树的浓浓思念。

4月21日，贵州省委组织部和南京六合区委组织部，分别给青海省委组织部发来慰问信，转来10万元省管党费和60万元抗震救灾资金。截至当天，青海省委组织部收到全国组织系统划拨党费653.2万元，省外1596名党员多交纳党费72.51万元，省内广大党员多交纳党费912.34万元，共计1638.05万元。

在北京住院的乌兰县柯柯镇赛纳村党支部书记仲万云从自己的治疗费中挤出2000元捐给灾区；在乌兰县经商创业的江苏南通籍党员高绍华，到乌兰县委组织部，自愿多交纳党费1万元；香日德镇鑫运公司党支部书记、经理马金鑫向灾区义务派出7辆抗震救灾专用客车，还自愿多交纳党费1万元；都兰县宗加镇哈西哇村普通党员温国忠一次性拿出5000元交给党组织；远在杭州的青海中鑫矿业都兰热水钼矿普查项目部经理王柏松，主动与都兰县委组织部联系，交纳10万元特殊党费；海西州民族语言办公室党员扎西，在妻子无工作、家庭条件不宽裕的情况下，凑了5000元作为特殊党费支援灾区；60岁的黄南州河南县赛尔龙乡尕庆村卸任村党支部书记、全国劳模索南赶着100只羊，带着600元现金到乡上，雇车把羊送往灾区；同仁县年都乎乡尕沙日村80岁的老党员曲毛太，家中缺少劳动力，生活困难，家庭日常开销主要靠最低生活保障，地震后的第二天一大早，她就来到村党支部，向党组织交党费50元；兴海县温泉乡长水村党支部书记普洛加在向党组织交纳5000元党费后，组织30名党员群众组建"玉树抗震救灾214国道支援队"，从自己家中搬来桌椅、暖瓶、茶杯和大衣、毛毯、药品等，在214国道旁设立开水供应、医疗救助服务点，24小时为抗震救灾的过往车辆和人员提供服务；有着20年党龄的非公有制企业主湟源县振兴建筑公司经理刘生录，玉树地震后赶到县委组织部交纳10万元特殊党费。

4月21日上午，在青海出差的中国人寿保险股份有限公司西藏自治区分公司党委书记、总经理戴宪恒匆匆赶到青海省委组织部，把1万元党费交到组织部工作人员手中，转身就走。省委组织部工作人员拉住他，给他开具党费收据。北京北内集团总公司离休干部、85岁老党员刘克武，家中99岁高龄的岳母和患有老年痴呆症的老伴全靠他4000元的离休工资生活，23

日上午，他通过青海省委组织部自愿多交纳抗震救灾党费 1 万元。居住在上海市的原青海省物资交易中心离休干部洪耀光，交纳 5 万元特殊党费用于抗震救灾。西藏自治区交通厅退休干部罗布山培，到自治区党委组织部交纳 5000 元党费，并委托工作人员向青海省委组织部转交一封信。热心慈善事业，累计捐款上百万元的湖北省武汉市新洲区阳逻街道鄂发置业有限公司党委书记陶宏国，一次性多交纳党费 10 万元。青海省老干部局积极组织开展捐助活动，至 25 日，离退休老干部、机关干部职工、老干部大学和活动中心各文艺社团共捐款 28.78 万元，其中党员自愿多交纳党费 23 万多元。

7 月 19 日，中国南方电网有限责任公司党组成员、副总经理张晓东专程到青海，将公司 76590 名党员给玉树地震灾区的 1029 万元抗震救灾党费移交给青海省委组织部。

截至 2011 年 9 月底，省委组织部共收到省内外各级党组织和党员个人捐赠的党费 11165.3 万元。其中，全国各级组织系统拨付抗震救灾党费 556.55 万元，省外党员自愿交纳抗震救灾党费 7593.44 万元，省内各级党组织拨入抗震救灾党费 30.90 万元，省内党员自愿多交纳抗震救灾党费 2984.41 万元。

三、省委宣传部赈灾

（一）宣传报道

4 月 14 日上午，省委宣传部迅速启动新闻报道应急机制，成立抗震救灾宣传协调领导小组。省委宣传部、省委对外宣传办公室、省政府新闻办公室联合组成青海省抗震救灾应急新闻中心，成立玉树、西宁 2 个工作小组，在地震发生后 4 小时即召开首次新闻发布会，向省内外媒体权威发布地震灾情，以及省委、省政府部署和救援工作最新进展。省委宣传部成立媒体服务中心，为 600 余名中外记者提供 24 小时服务。17—18 日，省委宣传部先后召开中央驻青海媒体和省垣新闻单位负责人专门会议，青海省各媒体立即成立抗震救灾报道领导小组，全力以赴投入抗震救灾宣传工作。各媒体刊发特刊、消息、通讯，通过电话连线、电视直播、新闻特写等发布有关抗震救灾报道上万条，为抗震救灾工作顺利进行提供了强有力的舆论支持。

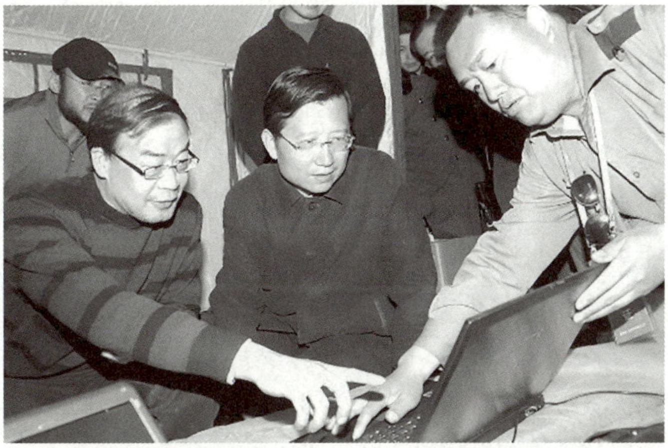

4 月 19 日晚，强卫（前排中）在《青海日报》抗震救灾报道组看望慰问一线记者　　（《青海日报》　晓刚　摄）

青海日报社成立前方报道组，赶赴灾区采访抗震救灾的最新进展。从 4 月 15 日起推出特刊《众志成城　抗震救灾》23 期，刊发文字稿件 168 篇、图片 28 张。《把温暖和希望送到灾区去——青海玉树地震第一天抗震救援侧记》等来自一线、

4月15日，青海省委宣传部、新华通讯社青海分社、青海日报社、青海省文化和新闻出版厅主办，省博物馆承办的《见证》——“4·14”玉树抗震救灾大型新闻图片和实物展在省博物馆展出

（《青海日报》　晓刚　摄）

4月19日，省委常委、宣传部部长吉狄马加（前右一）看望慰问青海玉树大型赈灾晚会“永不放弃·向生命致意”演职人员　　（青海省委宣传部　提供）

鼓舞人心、稳定人心的报道，全面及时展现了全省人民抢险救灾的精神面貌。

青海人民广播电台及时整合资源，新闻综合、经济、交通音乐3个频道并机直播，《情系玉树灾区》《众志成城，情系玉树》特别节目滚动播出抗震救灾工作最新消息。藏语频道24小时播出，节目量达到18小时。在推出的《来自玉树地震灾区的报道》特别节目中翻译报道抗震救灾消息260多条（次）。录制玉树灾区藏语歌曲《众志成城》，连续滚动播出。汉藏语特别节目中反复播放温家宝讲话录音，为鼓舞人心、激励斗志起到巨大的宣传作用。

4月14日上午，青海电视台迅即派出记者分批次赶赴地震灾区，开展抗震救灾报道。当晚22时20分，成功推出青海电视台历史上第一次严格意义上的新闻直播，时长45分钟。此后，全天24小时并机直播，并滚动播出救灾字幕。同时开通青海电视台玉树抗震救灾新闻报道电话热线，全天候现场直播来自玉树的消息。藏语卫视及时编译播报中央电视台和青海电视台玉树抗震救灾最新报道，滚动播报抗震救灾的动态信息文字，日均译制量达50条以上，时长近120分钟。制作抗震救灾主题诗歌朗诵和音乐纪录片《玉树，全国人民和你们在一起——玉树加油！》。《青海藏语新闻》自“4·14”后增加近一个小时的抗震救灾特别节目。

《西海都市报》立体式全方位为广大读者报道玉树灾区的最新信息。开设《立即行动起来全力抗震救灾》《直击抗震救灾现场》《身边的感动》等栏目。打破常规，以前所未有的厚重和密集的超信息量报道玉树抗震救灾工作。

4月14日上午10时，《西宁晚报》编委会派出第一批次5名记者赶赴玉树灾区一线进行抗震救灾宣传报道，推出特刊《聚焦玉树大地震》19个版面，刊发稿件124篇、图片45张；《玉树大救援》7个版面，刊发文字稿件50篇、图片18张。以超大的信息量，把在玉树灾区所见所闻、政府救助情况以最快速度传递给读者。

青海新闻网采用图文实时滚动发布、视频播报、Flash动画演示等多种网上表现形态，实现了所有抗震救灾新闻报道和权威信息通过互联网第一时间权威发布。及时与全国主要网络媒体联系，形成中央重点新闻网站、国内主要门户网站、各省重点新闻网站共58家加入的“关注玉树地震”网络媒体报道联盟，使互联网成为玉树地震这一重大突发事件最重要的信息传播平台之一。

西宁电视台、《西海农民报》、《青海法制报》、《青海青年报》、《青海科技报》等省内媒体也纷纷推出特刊，及时报道抗震救灾最新消息，向全国、全世界展示青海干部群众在中共中央和省委、省政府领导下不惧艰难、全力以赴抢险救灾的精神面貌。

（二）组织募捐

4月15日，省委宣传部机关干部职工参加省委机关党员干部捐款活动，共捐款15.24万元。5月3日上午，吉狄马加专程到玉树州民族中学，看望和慰问广大师生，代表省委宣传部向学校捐赠电视教学设备20台。

4月19日晚，省委宣传部、省民政厅携青海卫视、湖南卫视、湖南经视、凤凰网联合在青海电视台演播大厅举办“永不放弃向生命致意”大型赈灾晚会，募集善款物资价值9.02亿元，其中善款6.79亿元、物资价值2.23亿元。

四、省委统战部赈灾

4月14日玉树地震后不到半小时，省委统战部向玉树州委统战部、玉树县委统战部发出慰问电，给玉树州委统战部和玉树县委统战部各拨付救灾慰问款10万元用于救急。14时30分，省委统战部紧急召集各民主党派、工商联、民族宗教界等省垣统战系统成员召开灾情通报会。会议现场，各民主党派、工商联、民族宗教界人士及部机关干部捐款8万余元，成为省内第一批自发捐助玉树灾区的救灾款。到16时，省委统战部、各民主党派省委、省工商联机关干部职工募集捐款27.58万元。15日，省委统战部副部长武玉嶂和省民族事务委员会主任普日哇带

4月16日，省委统战部副部长武玉嶂（前排中）、省民族事务委员会主任普日哇（前排左一）在玉树灾区慰问受灾群众

（青海省委统战部　提供）

4 月 19 日，青海卫视“永不放弃　向生命致意”大型赈灾晚会现场　　（青海省委宣传部　提供）

领省统战、民族宗教工作组携 20 万元现金奔赴玉树灾区，给每个寺院送去 2 万元慰问金和生活必需品，给地震中亲属遇难的统战、民族宗教干部每人送去 2000 元慰问金和慰问品。曾在玉树工作多年的省委统战部原副部长、退休老干部李生芳赶到部机关，将 1 万元捐款亲手交到即将赶赴玉树灾区开展工作的武玉嶂手中。农工党青海省委紧急筹集价值 200 万元的药品，通过省红十字会捐向灾区。部机关 84 名党员（含部分离退休老党员），交纳特殊党费 4.06 万元。16 日，受多杰热旦委托，武玉嶂带领有关负责人到玉树州职业技术学校实地查看了解灾情和受灾师生安置情况，送去 5000 元慰问金、8 吨生活物资，并转交中华职业教育社给玉树州职业技术学校全体师生的慰问信。

4 月 19 日，省党外知识分子联谊会组织会员开展捐赠活动，筹措方便面、矿泉水等方便食品送往灾区。截至 19 日，该会捐助物资价值 437 万元、现金 62.17 万元。常务理事周卫军组织所在集团员工，为灾区人民捐赠物资 300 万元；常务理事马虎成在玉树地震当天就将个人捐款 5000 元送到省委统战部。

截至 5 月 20 日，全省统战系统累计捐款 8724.03 万元，捐物价值 5210.48 万元，合计 1.39 亿余元。其中，省委统战部机关捐款捐物价值 14.67 万元；各民主党派省委捐款捐物价值 2017.62 万元；省工商联组织捐款捐物价值 9270.16 万元；民族宗教界捐款捐物价值 1080.45 万元，其中穆斯林群众捐款捐物价值 434 万元；各地统战部门干部职工捐款 25.31 万元；省党外知识分子联谊会、省侨联、省台联捐款捐物价值 562.04 万元。在向灾区捐款捐物的同时，统战系统派出抢险队、医疗队、慰问队赴灾区一线开展工作。

5 月 21 日下午，省委统战部组织召开省垣统战系统抗震救灾工作会议，就统一战线下步开展抗震救灾及支援重建工作做出具体安排。有关部门和单位积极与兄弟省区衔接，争取重建资金，达成意向性捐款 4130 万元（其中 2000 万港元），捐物 150 万元。抗震救灾期间，省委统战部下发《关于做好境外藏胞申请回国赴玉树震区捐款、奔丧报批工作的通知》，规范接受境外藏胞捐款和报批回国申请等工作；紧急下发《关于大力弘扬抗震救灾中各民族团结互助无私奉献的大爱精神进一步推动民族团结进步创建活动的通知》；协调青海民族大学抽调 179 名懂汉语和康巴语的大学生志愿者，到省内外 17 家医院为灾区藏族伤员服务。省藏区工作领导小组下发《关于严防达赖集团利用玉树地震破坏藏区稳定的通知》，有针对性地加强抗震救灾期间藏区稳定工作。

至 5 月 28 日，中央统战部、民建中央、中华职业教育社、全国侨联、中华思源基金会，云南、

4 月 14 日，省委统战部就抗震救灾工作做出安排。图为省垣统战系统为灾区捐赠仪式
（省委统战部　提供）

陕西、贵州、甘肃、四川、西藏等省区统战系统通过青海省委统战部捐款捐物价值 719 万元。

地震中，在玉树定居和滞留的国外藏胞有 2 人遇难，3 人重伤，5 户房屋全部倒塌，18 户房屋成为危房。省、州统战部门及时派工作人员了解藏胞伤亡情况，进行慰问安抚。省委统战部下拨工作经费 5 万元，向每个遇难藏胞、受伤藏胞、受灾藏胞分别发放 2000 元、1500 元、1000 元抚慰金，以及一些药品和食品。与此同时，针对境外藏胞回国奔丧的迫切要求，在审批程序不变的基础上，坚持“个案处理”的原则，尽可能满足其奔丧愿望，热忱接待。截至 8 月 26 日，全省登记接待回国藏胞 144 人。省委统战部积极满足一些藏胞提出为灾区捐资捐款的意愿，严格按照中央和省委有关精神做好境外藏胞捐赠救灾款物的接受和发放工作。英国藏胞负责人平措旺阶先后向玉树灾区捐赠毛毯 1000 条和价值 11 万元的藏药，并达成为玉树州藏医院培训人才的长期投资意向。

五、省纪委（监察厅）赈灾

4 月 15 日上午，省纪律检查委员会向灾区人民和奋战在抗震救灾一线的救援者发出慰问信，给受灾严重的玉树州纪委和玉树县纪委捐助 20 万元。同日，省纪委机关党委和机关工会发出通知和倡议，为灾区群众开展爱心捐款活动，当天捐款 2.17 万元。18 日，省纪委向灾区捐赠发电机 1 台、照明设施 1 套、打印机 1 台及价值 1 万元的方便面、矿泉水等物资。

六、省委政法委赈灾

5 月 10—12 日，省委政法委副书记高煜带领省委政法委慰问组到玉树地震灾区看望慰问政法系统干部职工，并向玉树州、县两级党委政法委送去办公用品和慰问金。

省高级人民法院拨款20万元采购帐篷、御寒衣物、饮用水、食物、药品、发电照明设备等灾区急需物资运往灾区。省检察院购置帐篷、毛毯、大衣、方便面、矿泉水、药品等救灾物资紧急运往灾区，15日又采购运送价值40万元的救灾物资。

七、省直机关工委赈灾

4月14日，省直机关工委下发《关于立即行动起来积极支援玉树灾区的紧急通知》，要求各单位党组织迅速行动起来，组织开展捐款捐物献爱心活动，并从委管党费中给玉树州先期下拨30万元，支援灾区抗震救灾。至22日，省直机关各单位个人捐款923.15万元；至5月4日，省直机关党员多交纳党费579.47万元，其中有76个单位的1457名党员自愿多交纳党费在1000元以上。5月，省直机关工委组织开展向玉树灾区干部捐赠生活用品活动，省直机关85个单位捐赠价值100多万元的生活用品。6月12日晚，省直机关工委紧急购置的5000面4号国旗及5000根2.5米旗杆送达玉树地震灾区。

省直机关离退休党员干部情系灾区，纷纷伸出援助之手。居住在河北石家庄的秦殿勇、王德、涂占魁、李佩曾等7位离休老同志都年事已高，患有各种疾病，他们在家人的搀扶下到捐助现场各捐款1000元。居住在四川成都干休所的省人大常委会原副主任王恩科捐款1000元。居住在陕西西安干休所的老红军余光坐着轮椅捐款2000元。离休老干部王正修交纳特殊党费1000元。省委统战部原副部长韩宏向部机关党委交纳特殊党费1000元，并全力支持其子女于14日当天乘机到灾区投入抗震救灾工作。居住在北京的商贸老干部服务所离休干部杨景福，委托工作人员捐款1000元。省老干部活动中心退休干部田清河、轻纺老干部服务所退休干部虞明坤各捐款1000元。省法制办退休党员钱元华为灾区捐款2000元。居住在西安干休一所的李悦勤是离休老干部陈云峰的遗属，在多交1000元党费后，以家庭的名义再次捐出1万元。曾在玉树工作多年的时任青海省交通厅副厅长莫重明将自己一个月5715元的工资作为党费捐给灾区。

第二节　省政府各组成部门赈灾

一、省政府办公厅赈灾

4月14日，省政府办公厅紧急组织19人和11台车辆，由高华带队赶赴灾区，协助省政府领导实施救援。15日，组织干部职工捐款1.16万元，用所捐款项购买灾区急需物品，当天紧急送往灾区。

二、教育部门赈灾

4月14日，省教育厅向全省教育系统发出支援玉树抗震救灾、捐款捐物倡议书。15日零时20分，省教育厅采购的帐篷、药品、食品、棉衣、棉被等第一批救灾物资连夜运往灾区。15日中午，第二批救灾物资运往灾区，两批救灾物资价值60余万元。至当日18时，全省教育系统捐赠款物423.8万多元。同日，省教育厅组织教材出版发行部门紧急增印教材21526套，并督促以最短的时间运往灾区，为灾区学生复课提供保障。青海各高校纷纷开展为玉树灾区捐款活动，至16日12时，高等院校教职工捐款61万元。其中，青海大学本级教职工捐款10.651万元，青海民族大学35.87万元，青海师范大学7.07万元，青海卫生职业技术学院5.5万元，其他院校1.909万元。全部捐款汇到玉树州抗震救灾账户及省红十字会。18日，省教育厅紧急调配1000套课桌凳、75块（套）黑板、1000个书包、100盒粉笔、1000支铅笔、6000本作业本、693件棉衣、100面国旗、4套帐篷等教学设备物资，用6辆专车运往玉树灾区。18日，与省内各地、各校协商玉树灾区学生异地接收方案，确定省内转移安置6200名。与此同时，省教育厅制订震后学校过渡安置方案，计划在玉树建设包括高中、初中、小学、学前教育和中等职业学校在内的22个过渡教学点。25日，地震重灾区玉树县5020名学生复课。30日，玉树全州共192所中小学校，除重灾区结古镇1所幼儿园暂未复课外，全部复课。

4月20日，青海省委书记强卫（前排右一）和省教育厅厅长、省委教育工委书记王予波（前排左一）在玉树红旗小学同该校教师一起搬运建教室用的板材

（《西海都市报》　刘端强　摄）

4月25日，地震重灾区玉树县5020名学生分别在板房、帐篷教室复课　　（《青海日报》　刘端强　摄）

至2010年年底，省教育厅累计接受捐赠款物折合3239.68万元。其中，接受捐赠款项2821.92万元，包括接受教育厅系统干部职工个人捐款44.77万元、特殊党费16.396万元、特殊团费8.27万元，接受外单位个人捐款13.17万元，接受外单位、组织捐款16360080元。截至2011年2

4 月 19 日中午，首批来自玉树州则热福利院的 15 名孤儿在西宁市西凉驿国际旅行社、中华少年儿童慈善基金会、“青海抗震学子在行动”的志愿者的关怀和帮助下准备前往北京就读

（《青海日报》4 月 21 日 10 版）

月 21 日，国内外及社会各界认捐认建教育项目 19 个，资金 23521 万元，到位资金 13947 万元。

接受的外单位个人捐款有：湖北襄樊市教育局程浩个人捐款 500 元，徐宏个人捐款 500 元，靳明泽个人捐款 1000 元，林资鑫、黄光诚个人捐款 6000 元，日本横井一之、李智基个人捐款 3000 元，广东省惠州市青海老乡个人捐款 9.34 万元，重工职校退休教师吴开墉个人捐款 1000 元。

接受的外单位、组织捐款有：中国人民大学青海同乡会捐款 2.63 万元，北京美疆基金会捐款 20 万元，四川教育基金会捐款 20 万元，辽宁教育基金会捐款 3.42 万元，西安旭晟文化图书有限公司捐款 5 万元，西藏自治区教育厅捐款 30 万元，中央民族大学捐款 100 万元，中国教育发展基金会捐款 33.6 万元，杭州名师文化传播有限公司捐款 10 万元，新疆教育厅捐款 10 万元，甘肃民族学院捐款 14.3 万元，浙江电台、《钱江日报》捐款 315 万元，浙江师范大学附属中学捐赠 8.42 万元，中国教育发展基金会捐款 67 万元，常州市武进区潘家小学捐款 9124.52 元，留日博士团捐赠 30 万日元（折合人民币 2.20 万元），江苏省淮安南峰房地产公司捐款 100 万元，北京大学深圳研究院捐款 61.1 万元，香港仁爱堂、同龄同心慈善基金捐赠 250 万港元（折合人民币 218.65 万元），香港教联会路德会捐赠 138.02 万港元（折合人民币 119.88 万元），中国民主同盟中央委员会、中国教育工会安徽省委员会分别捐赠 200 万元和 261.52 万元，中国教育发展基金会通过省慈善总会捐款 1090 万元（主要用于学生服装被褥补助、医疗保险、教师生活、工作补贴等），中国旅美科协捐款 9.99 万元，美国北卡罗来纳华人联谊会捐款 5000 美元（折合人民币 3.3 万元），四川考试院、甘肃高校招生办通过青海省考试管理中心分别捐款 15 万元、10 万元。

截至 2010 年 7 月 31 日，省教育厅接受捐赠物资折价 417.76 万元。接受的捐赠物资有：教育部捐赠学生书包 2000 个（内装图书、作业本、文具盒、笔、橡皮擦、牙刷牙膏、创可贴等）、教具箱4个以及教师学习生活包1000个（内装备课本、笔记本、牙刷牙膏、毛巾等），价值64.37万元；东北师范大学捐赠中小学教师心理健康教育和中小学心理健康教育图书2000册，价值2.6万元；宁波市宁海县慈善总会捐赠白板及白板笔1000套，价值40万元；杭州名师文化传播有限公司捐赠267件皮衣,价值10万元；河北省盐山县体育用品行业协会捐赠体育器材，价值120万元；江苏可一实业有限公司捐赠13.77万册教辅材料，价值175.79万元；陕西省教育工会及西安工业大学工会捐赠笔记本电脑10台，价值5万元；北京市政府为玉树地震灾区捐赠67辆学生生活用车，用以解决玉树州乡级以上67所寄宿制学校3.5万名师生日常生活用品和冬季取暖燃料运输问题。

三、科技部门赈灾

4月14日，青海省新能源集团公司连夜派出由技术人员组成的抗震救灾小组，携带太阳能光伏电站配件赶赴灾区，协助保障玉树州50余座太阳能光伏电站顺利发电。连夜组织生产100套、价值5万元的太阳能户用电源，于次日发往灾区。4月15日，省科技厅紧急筹集价值2万余元的矿泉水、方便食品等赈灾物资运往灾区。

省科技厅党组紧急呼吁厅系统干部职工奉献爱心，积极捐款。至4月16日，收到捐款7.85万元。同日，副厅长李华与中国科学院无线宽带救援队有关人员赶赴玉树灾区开展无线宽带服务，为灾区抗震救灾提供及时有效科技服务。

4月20日，副厅长邢小方带领由省科技厅、青海大学附属医院等单位组成的抗震救灾远程诊疗科技服务工作组，携带远程诊疗相关设备和食品、药品、发电机、帐篷等急需救援物资赶赴玉树灾区，利用科技部100万元抗震救灾专项经费，建立省、州、县医院远程诊疗平台。

4月21日，省科技厅厅长解源利用远程医疗视频系统与专家交流

（青海省科技厅　提供）

4 月 21 日，省科技厅支持的灾区网络远程教学直播课堂正式开通
（青海省科技厅 提供）

21 日，经过省科技信息技术研究所和省测试计算中心技术人员的紧张调试和安装，抗震救灾远程诊疗系统成功开通，青海大学附属医院与玉树州人民医院、玉树县人民医院搭建起远程诊疗平台，灾区医疗诊断手段得到提升。省科技厅联合中国科学院江苏龙梦科技有限公司，向玉树地区捐赠龙芯电脑 102 台，建起两间网络电脑示范教室，利用现代计算机和网络宽带通信技术，在玉树州民族中学与西宁市虎台中学之间，玉树县第一完全小学与西宁市古城台小学之间，开通网络远程教学直播课堂，使西宁、玉树地区的中小学生实时同步听取同一位教师的同一课堂教学内容。

4 月 22 日，省科技厅系统党员交纳特殊党费 5.62 万元。28 日，省科技厅向玉树灾区捐款 1.736 万元。

5 月 9 日，组织省农林科学院、省畜牧兽医科学院等单位的相关农牧业专家，携带《抗震救灾应急实用技术手册》500 册和北青 3 号、北青 6 号青稞，青薯 9 号马铃薯新品种以及化肥等农牧业生产资料，赴玉树县结古镇代格村指导农牧民开展农作物播种。至 14 日，实施播种面积 120 多亩，当地农业生产率先恢复。5 月下旬，省科技厅组织相关专业 7 名技术人员，带着燕麦、豌豆种子，四轮拖拉机、翻转犁等农机具，以及二胺、尿素、发电机等 30 余吨物资，赴玉树县开展牧草播种示范工作。5 月 24 日，中国科协、青海省科协向玉树灾区捐赠东风日产越野车 2 辆、清华同方笔记本电脑 3 台及抗震救灾科普资料。省科技厅支援玉树抗震救灾捐赠资金共计 157.7 万元。

四、省经委（省国资委）系统赈灾

4 月 15 日，省经委（省国资委）积极筹备棉帐篷 8 顶、床垫 50 个、软床垫 30 个、棉大衣 50 件、棉被 50 件、矿泉水 100 件（24 瓶 / 件）、方便面 80 箱（12 包 / 箱）、火腿肠 1000 根、榨菜 100 袋运往灾区。15—21 日，协同有关单位和制药企业紧急向灾区运送心脑欣、红景天等抗缺氧药品和抗生素类药品以及担架、手术衣、石膏绷带、氧气袋等。16 日，省经委

（省国资委）组织省内外企业为玉树灾区捐款捐物，至当日 14 时，省投资集团、青海盐湖集团、西宁特钢、西部矿业、中国中信集团、建行青海省分行、中行青海省分行、中国铝业公司、国家电网公司等 120 多家省内外企业及异地商会参加募捐，募集捐款现金 1.5 亿多元，捐赠救灾物资价值 3100 多万元。

省经委系统干部职工响应号召迅速为玉树县灾区捐助矿泉水、方便面等食品价值 3 万元，于 18 日运达灾区。同日，省国资委组织采购 10 万元的食品物资，安排车辆送往玉树，支援在玉树地震中受到重大人员伤亡和较大资产损失的青海水利水电集团有限公司玉树电力公司和青海省运输集团有限公司玉树汽车站，为企业送去温暖。截至 19 日，省经委（省国资委）系统捐款 43.73 万元。其中，“两委”及委属单位 10.8 万元，省路桥集团 13.5 万元，青海大通华电公司 8.28 万元，省汽车运输集团 7.4 万元，青海制药集团 3.43 万元，青海省新型建材工贸公司 3200 元。30 日，省政府国有资产监督管理委员会捐款 201.5 万元。

五、民族宗教部门赈灾

4 月 16 日开始，玉树地震灾区部分伤员转移到外省医院进行救治。省民族宗教事务委员会 17 日和 21 日先后选派和抽调 9 名掌握藏语、汉语的机关干部及 12 名青海民族大学、青海师范大学的志愿者组成工作组，分赴兰州、西安、成都、昌都等地，协助当地政府和医疗机构做好住院伤员管理服务和协调治愈伤员返回青海等工作。4 月 16—19 日，全省民族宗教界代表人士和少数民族企业家、农牧民捐款捐物 1104.61 万元。省民族宗教事务委员会支援玉树灾区抗震救灾捐赠资金共计 276.87 万元。

六、公安部门赈灾

玉树大地震发生后，省公安厅立即成立“4·14”抗震救援指挥部，迅速启动应急预案，紧急从厅物资储备库调配近百万元的物资，运往玉树灾区。15 日 14 时许，省公安厅组织的 4 辆满载着帐篷、棉衣、毛毯、全自动方位探灯、发电机等设备和物资的大卡车抵达结古镇。16 日上午，省消防总队及时将公安部消防局直接划拨和从甘肃、湖北、四川、江西等消防总队调拨的救援物资紧急发往救灾前线。下午，由公安部配送的第二批救灾物资安全运到灾区。省公安厅采购的第三批以生活用品为主的物资从西宁起运。省公安厅支援玉树地震灾区抗震救灾捐赠资金 100 万元。

七、民政部门赈灾

（一）赈灾组织管理

4 月 14 日玉树地区发生地震后，省民政厅接到地震灾情紧急信息，并迅速向民政部上报初步灾情急件。8 时 30 分，省民政厅根据《青海省自然灾害救助应急预案》规定，立即启动自然灾害应急救助预案并实施Ⅰ级响应，成立由更阳担任组长，副厅长马俊德、郭莲玉、景占荣、孙林为副组长的抗震救灾工作领导小组。领导小组下设物资调运、宣传协调、应急预案实施和捐赠物资接收 4 个组。其中，捐赠物资接收组负责救灾捐赠款物的接收、管理和发放工作；由马俊德牵头，规划财务处、救灾处、慈善总会承办。

4 月 15 日，省民政厅通过新闻媒体、省政府及民政厅门户网站、手机短信平台、市内电子屏幕等渠道，向社会公布捐赠账户和联络方式，开通捐赠热线，并在厅机关、省慈善总会、省救灾物资储备中心和西宁火车站、飞机场设立 5 个捐赠款物接收点。

同日，省民政厅成立救灾捐赠物资接收工作组，陈有珍总负责，下设曹家堡飞机场捐赠物资接收组和西宁火车站捐赠物资接收组，具体承担省内外救灾捐赠物资接收调动工作。16 日，省民政厅成立抗震救灾捐赠接待组和捐赠物资统计组，具体承担省内外抗震救灾捐赠人员接待和捐赠物资统计工作。

4 月 17 日，经省玉树抗震救灾指挥部同意，省民政厅印发《青海省玉树抗震救灾捐赠物资管理办法》。《办法》规定，捐赠物资接收后，由玉树州抗震救灾指挥部根据受灾群众需求，遵循“先急后缓，突出重点”的原则，统筹安排，合理使用；捐赠物资实行收发“实名制”，物资收发单以及存档记录应当由负责人签字；捐赠物资接收、分配、发放情况及时汇总，定期向社会公示。

6 月 13 日，省民政厅制定《玉树抗震救灾接收捐赠物资库存管理办法》。办法适用于省民政厅捐赠物资接收站和玉树州、县民政局接收捐赠物资存放救灾物资储备库。规定捐赠物资接收站按管理权限分为省级直管和州、县分管两类，其中省级直管捐赠物资接收站由民政厅直接管理；玉树州、县捐赠物资接收站（点）由州、县民政局管理。接收捐赠食品、药品和棉絮制品，应当符合国家质检部门规定质量标准，质检部门检测合格后，方可接收。捐赠物资实行封闭式管理，专库储存、专人负责、专账管理。做好捐赠物资安全防范工作，严禁将易燃、易爆、易腐蚀性物品放入仓库，非救灾、捐赠物品一律不得擅自入库。捐赠物资调拨和分配，根据省民政厅和州、县抗震救灾指挥部指令进行调拨和分配，不得擅自动用，否则追究相关部门和人员的责任。

9 月 27 日，省民政厅会同省发展改革委、省监察厅、省财政厅、省审计厅、省红十字会、省慈善总会制定印发《青海省玉树地震抗震救灾社会捐赠资金管理使用实施细则》。文件指出，玉树地震抗震救灾社会捐赠资金是指民政部、中国红十字会总会、中华慈善总会和 13 个全国性基金会等捐赠接收机构，收到并拨付给青海省的青海玉树地震捐赠资金和省财政厅及省直部门、省民政厅、省红十字总会、省慈善总会等部门收到的社会捐赠资金。捐赠资金管理基本原则：统筹安排，尊重意愿，专账管理，专项使用，公开透明，厉行节约，强化监管，注重实效。文件就捐赠资金使用范围、资金管理、资金拨付程序、资金监督、资金信息反馈做明确规定。

（二）捐赠款物接收

4 月 14 日下午，省民政厅机关党委向各党总支、党支部发出《关于开展向玉树地震灾区

4月17日下午，青海省民政厅举行社会组织向玉树地震灾区捐赠仪式，共接受捐赠款物473万元，其中捐款196万元、捐物折价277万元　（青海省民政厅　李书海　提供）

捐赠活动的紧急通知》，号召厅系统广大干部职工积极向玉树地震灾区捐款。15日上午，民政厅600多名党员干部职工、离退休干部和军队离退休人员为玉树灾区捐款232450元，党员多交纳党费12.34万元。

地震发生后，省民政厅在省救灾物资捐赠接收中心、西宁火车站、曹家堡机场设立3个捐赠物资接收组，在省慈善总会、厅机关设立捐赠资金接收组，接受社会各界捐赠。在规划财务处专门成立接收捐赠物资统计组，指定专人归口统计，每日定时编报统计结果，网上公示最新捐款明细台账，及时邮寄捐款发票等工作。截至17日16时，省民政系统、省慈善总会接收各类捐赠款物14167.91万元。其中，接收捐款10473.79万元，接收物资折价3694.12万元。

4月19日，省救灾物资捐赠接收中心（省救灾物资储备中心）接收香港中大实业有限公司捐赠的25包、5000件总价值130万元的羊毛衫。22日，接收香港应善良福利基金会捐赠的13箱、1056件价值5280元的毛衣。23日，接收俄罗斯紧急救灾部捐赠帕米尔－10冬季帐篷100顶、帕米尔－30冬季帐篷30顶、80千瓦便携式发电机2台、被子2000床、肉罐头18720桶，价值1443.884万卢布。

5月14日，省民政厅负责接收巴基斯坦援助帐篷200顶。24日，省民政厅接收宝钢集团公司向玉树地震灾区500万元捐款，并签订捐赠项目协议书，援建称多县宝钢儿童福利院。民政部社会福利和慈善事业促进司副司长陆颖、宝钢集团总经理助理王力、中国康复器具协会副会长兼秘书长蔡卫义等参加捐赠仪式。27日，省民政厅接收宁夏社会各界对玉树地震灾区2900万元捐款。张光荣及宁夏回族自治区民政厅副厅长王凤刚、区慈善总会副会长魏达江一行参加捐款仪式。

截至8月6日，省民政厅接收捐赠款物10.26亿元。其中，捐款5.8亿元，捐物折价4.46亿元。省慈善总会接收捐赠款物19207万元。其中，捐款1.01亿元，捐物折价9107万元。

“4·14”玉树大地震青海省民政厅接收捐赠物资明细一览表

表2-1

捐赠单位（地区）	单位性质			物资名称	单位	数量	备注
	行政事业	企业	民间组织				
北京友成企业扶贫基金会			√	药品	箱	609	
省广电局接转国家广电局	√			收音机	件	181	
上海复星集团		√		药品	吨	8.71	
成龙基金会			√	衣物、毛毯、水、食品	吨	3	
重庆市人民政府	√			棉被	件	73	
上海红十字会			√	手机、救灾物资	件	70	
北京				帐篷	件	48	
中国人民保险公司（北京）		√		帐篷、帐篷支杆、棉被	件	478	
大新华物流、海航西安宝商集团		√		棉被、方便面、帐篷、饮料	件	1134	
青海省广电局	√			收音机及电池	件	70	4814台
武汉				牛奶	箱	1380	
深圳				大衣、裤子、LED手电筒	件	189	
西安				服装、八宝粥	件	108	
北京				棉被、奶粉、床垫、应急灯、气泵	件	420	
海航集团北京行政中心		√		棉被、手套、卫生巾、纸等	件	1260	

（三）款物调拨使用

4月15日，省民政厅筹资186.87万元，通过省政府采购办，紧急采购一批抗震救灾物资，其中大米175吨（74万元）、挂面175吨（63万元）、方便面7900箱（32.04万元）、火腿肠540件（2.61万元）、矿泉水1654件（3.37万元）、饼干390件（4.03万元）、榨菜600件（6.82万元）、儿童服装70套（1万元）。该批物资于15—16日陆续运往玉树地震灾区。厅救灾物资储备中心副主任杨伟，不顾疾病，主动请缨，押运第一批50辆满载救灾物资货车，于15日18时抵达灾区。

4月21日，省民政厅接收并向玉树灾区转运民政部调拨救灾帐篷37658顶，棉被褥78596套，棉衣55731件，方便面、饮用水1170吨，折叠床3199个，移动厕所932个。

4 月 23 日，青海省民政厅工作人员在地震灾区搬运救灾物资

（青海省民政厅　李书海　提供）

截至 4 月 26 日 16 时，省民政厅向灾区调运各类食品 2532.41 吨，瓶装水 156761 件，帐篷 6516 顶，活动板房 272 件，被子 16.06 万床，衣物 12.55 万件，小型救援工具 897 套，大型救援设备 36 台，药品及常用医疗器械 731.98 吨，折叠床 1.99 万床（张），简易厕所 500 个，其他救援物资 1512 吨。27 日，省民政厅协调驻青海部队组织官兵 600 多名、运输车辆 250 多台，分赴火车站、飞机场和省救灾物资储备中心，紧急抢运救灾物资。

玉树县是玉树地震重灾区，当地民政部门设施损毁严重，救济粮接收困难。为及时将救济粮发放给受灾群众，省民政厅于 4 月 24 日、6 月 23 日、7 月 2 日，协调省粮食局分 3 批将救济粮分乡镇调拨至玉树县。3 批救济粮共计有面粉 2440 吨、大米 2750 吨、青稞 983.2 吨、食用油 181.08 吨。

6 月 29 日，向省政府呈报《关于民政系统接收捐赠资金援建玉树灾后重建项目方案的请示》。《请示》指出，玉树强地震发生以来，全国民政系统募集善款共计 28.69 亿元。包括民政部收到捐赠资金 23 亿元，其中定向资金 2.16 亿元、非定向资金 20.84 亿元；省民政厅收到捐赠资金 39.46 亿元，其中定向资金 33.77 万元、非定向资金 5.69 亿元。经与省发展改革委、省教育厅、省卫生厅等部门衔接，按照国务院抗震救灾总指挥部发布的《青海玉树地震抗震救灾捐赠资金使用管理监督办法》，民政系统接收社会捐赠资金中优先安排重灾区民生，确定受灾群众倒房重建、教育、卫生社会福利等 11 类项目，投资估算约为 28.69 亿余元。其中，受灾群众倒房重建方面安排 10.65 亿元，教育方面安排 4.185 亿元，卫生方面安排 1.35 亿元，社会福利方面安排 47780 万元，特困群众及“两孤一残”人员生活救助方面安排 15040 万元，防灾减灾方面安排 40080 万元，残疾人综合服务设施方面安排 2880 万元，宣传文化设施方面安排 6973 万元，广电影视设施方面安排 8301.44 万元，就业和社会保障服务设施 3371 万元，其他方面 641.62 万元。以上意见呈报民政部，以争取民政部尽快支付捐赠资金。

8 月 12 日，省民政厅向省政府上报并通过媒体公布玉树救灾捐赠款物接收、管理和使用情况。截至 8 月 6 日，全省接收捐赠款物合计 26.7 亿元，其中接收资金 18.51 亿元、接收捐赠物资折价 8.19 亿元。省民政厅接收捐赠款物 10.26 亿元，其中捐款 5.8 亿元、捐物折价 4.46 亿元。省红十字会接收捐赠款物 4.89 亿元，其中捐款 2.44 亿元、捐物折价 2.45 亿元。省慈善总会接收捐赠款物 19207 万元，其中捐款 1.01 亿元、捐物折价 9107 万元。省财政厅接收捐款 8.23 亿元。玉树州财政局接收捐款 1.035 亿元，省级其他单位接收捐物折价 3754.41 万元。全省调拨捐赠款物 7.30 亿元。其中，拨款 6621 万元，调拨捐物折价 6.64 亿元。

9 月 1 日，省民政厅在西宁举行向玉树地震灾区调运过冬救灾棉帐篷仪式，向玉树灾区调运 5000 顶过冬棉帐篷。9 月底前，该批事关灾区群众基本生活御寒帐篷运送到位，安全有序地发放到群众手中。6 日，省民政厅通知厅救灾物资储备中心，向玉树州调运 20 平方米救灾棉帐篷 3 万顶。截至 10 月 7 日，玉树州接收省民政厅调拨过冬棉帐篷 40223 顶，发放 37023 顶。其中，玉树县接收 29725 顶，发放 27025 顶；称多县接收 6350 顶，发放 6350 顶；囊谦县接收 1016 顶，发放 1016 顶；杂多县接收 1500 顶，发放 1000 顶；治多县接收 1500 顶，发放 1500 顶；曲麻莱县接收 132 顶，发放 132 顶。根据省民政厅安排，玉树州当年第三季度口粮基本调运到位并开始发放，全州调拨口粮 10389.28 吨，食用菜籽油 233.09 万吨，困难群众生活第二批补助资金陆续发放。

9 月 3 日，经与省发展改革委协商，将北京市总工会、北京市温暖基金会定向捐赠 2665.93 万元，中华全国总工会定向捐赠 1198.7 万元，列入玉树州及所辖县职工综合服务中心建设项目，纳入《玉树地震恢复重建总项目册》。

玉树地震后，省级物资储备库及玉树周边地区救灾物资紧急调往玉树灾区，有力支援灾区，同时，救灾也造成各地救灾物资储备库储备的救灾物资严重不足，抗震救灾难以及时有效应对突发性自然灾害。9 月 30 日，省民政厅协调省财政厅采购 12 平方米棉帐篷 8850 顶、棉衣裤 2.2 万套、棉被褥 2.2 万套、发电机 100 台、雨衣 9600 件、毛毡 2.31 万条等价值 3516.4 万元的救灾物资，及时补足各地救灾物资储备应急库存，为有效应对各类灾害奠定了坚实的物资基础。

11 月 8 日，省民政厅下达青海省教育发展基金会《关于拨付玉树抗震救灾定向捐赠资金的通知》，通知交通银行青海省分行受交通银行总行委托，定向捐赠 170 万元资金用于玉树灾后教育事业发展有关事宜。9 日，省民政厅下达玉树州灾后重建社会捐赠资金管理中心《关于拨付玉树地震灾后重建 2010 年已开工项目捐赠资金的通知》，安排拨付民政部接收捐赠资金，用于玉树地震灾后重建 2010 年已开工项目投资额的 30%，计 3100 万元。17 日，省民政厅下达玉树州民政局、玉树县民政局、称多县民政局、黄南州儿童福利院、互助县社会福利院《关于拨付玉树抗震救灾孤儿救助捐赠资金的通知》，安排拨付玉树灾区定向用于孤儿生活救助捐赠资金 59.64 万元，用于孤儿生活救助费用。19 日，省民政厅下达玉树州灾后重建社会捐赠资金管理中心《关于拨付玉树县第一民族中学捐赠项目后续工程款的通知》，安排拨付民政部接收国家电网捐款资金 2306 万元，用于玉树县第一民族中学项目第二批工程款。玉树县第一民族中学项目总投资 9462 万元，民政部捐赠资金认捐 5812 万元，国家电网认捐 1650 万元，共计 16924 万元。

2010 年青海省民政厅下达玉树地区发放主要救灾物资情况表

表 2-2

地区	救灾帐篷（顶）									口粮（吨）		食用油（吨）		被褥（万套）		衣物（万件）		火炉（台）	
	小计			12 平方米棉帐篷			20 平方米棉帐篷												
	入库	出库	库存	入库	出库	库存	入库	出库	库存	下拨	发放	下拨	发放	下拨	发放	下拨	发放	实发人数	实发数量
玉树州合计	85242	84023	1219	44135	42376	1759	45498	41618	3880	21112.927	19355.499	940.182	864.341	20.9725	20.9425	21.35	19.32	7734	7734
州本级							4381	500	3881										
玉树县	60174	60174		29564	29564		30620	30620		12519.524	11403.561	444.617	405.439	17.1	17.1	16	16	7734	7734
称多县	13737	13737		7387	7387		6350	6350		3489.893	3489.893	220.991	220.991	0.0561	0.0561	0.0481	0.0481		
囊谦县	4159	3859	300	3143	2843	300	1016	1016		2068.35	1563.79	128.336	95.9962	1.5	1.5	1.7	1.7		

八、司法部门赈灾

玉树大地震发生后，省司法厅党委安排监狱管理局中心医院（省红十字医院）紧急抽调医护人员组成抗震救灾医疗队赴灾区救治伤病员，14 日上午至 15 日晚，共派出 122 名医护人员奔赴灾区开展救援工作。同时，派出抗震救灾工作组，向灾区送去价值近 50 万元的救灾物资；举办灾后心理危机干预培训班，邀请卫生部心理危机干预专家作辅导讲座，抽调 15 名民警作为灾后心理危机干预工作志愿者参与西宁市各医院收治伤员灾后心理干预工作。4 月 30 日，组织法律服务团 8 名律师、公证员前往玉树，为玉树地震灾区党委、政府和受灾群众开展无偿法律服务。省司法系统支援玉树地震灾区抗震救灾，省监狱局捐赠资金 151.62 万元，省法官协会捐赠资金 136.23 万元，省警官职业技术学院捐赠资金 3.89 万元。

九、财政部门赈灾

4 月 15 日凌晨，省政府采购中心组织紧急采购 17.5 万千克大米、17.5 万千克挂面，总价 139.43 万元。下午，省财政厅机关党委组织开展向玉树地震灾区捐款捐物活动，全厅干部职工心系灾区，情系灾区，捐赠现金 64550 元。在了解到灾区急需食品后，财政厅立即组织人员购买价值 2 万元的即食食品，派专人送往玉树地震灾区。19 日，全厅中共党员开展捐款活动，厅机关 204 名党员和入党积极分子交纳抗震救灾党费 102850 元。5 月 5 日，省财政厅在结古镇举行慰问玉树州、县财政局干部职工仪式，省财政厅副厅长韩德福将价值 6.3 万元的慰问品分发给玉树州、县两级财政干部职工。

至 4 月 22 日 15 时，省财政厅接收省内外有关单位和个人捐赠款 1018.93 万元。其中，省内外有关单位捐款 1011.42 万元，个人捐款 7.51 万元。至 23 日 18 时 30 分，青海省共募集抗震救灾资金 7.096 亿元。其中，通过省财政专户募集 3.8 亿元，通过省民政专户募集 1.7 亿元，通过省红十字会专户募集 8000 万元，通过省慈善总会专户募集 3300 万元，通过玉树州财政专户募集 4660 万元。全省抗震救灾资金累计支出 30760 万元。

青海省玉树抗震救灾捐赠资金情况表

表 2-3　　单位：万元

部门	捐赠资金情况								
	小计	省级政府	省外机关	省外企事业单位及社团	省内机关	省内企事业单位及社团	部队	个人	境外
1. 省财政部门	32083.01	21700.00	3120.50	5027.62	—	739.67	1200.00	295.22	—
2. 省民政部门	50089.27	3800.00	1079.03	6805.79	1170.43	1414.18	34918.78	901.06	—

续表 2-3

部门	捐赠资金情况								
	小计	省级政府	省外机关	省外企事业单位及社团	省内机关	省内企事业单位及社团	部队	个人	境外
其中，已缴入财政专户	42001.37	—	—	—	—	—	—	—	—
3. 省红十字会	8145.62	500.00	2997.72	2111.95	584.23	1377.54	—	554.15	20.03
其中，已缴入财政专户	8000.00	—	—	—	—	—	—	—	—
4. 省慈善总会	3707.96	—	—	2566.96	—	1028.00	—	113.00	—
其中，已缴入财政专户	2000.00	—	—	—	—	—	—	—	—
5. 玉树州财政部门	6596.56	—	3310.77	925.07	1600.71	586.43	—	173.58	—
其中，已缴入财政专户	6568.72	—	—	—	—	—	—	—	—
6. 省直部门	10857.36	—	—	—	6980.55	3876.81	—	—	—
其中，已缴入财政专户	9655.00	—	—	—	—	—	—	—	—
合计	111479.78	26000.00	10508.02	17437.39	10335.92	9022.63	36118.78	2037.01	20.03
其中，已缴入财政专户	100308.10	—	—	—	—	—	—	—	—

青海省省直部门各单位支援玉树抗震救灾捐赠资金情况统计表

表 2-4　　单位：万元

单位名称	捐赠总额	已缴入省财政专户额	未缴省财政专户额
1. 省总工会	1530.64	1530.64	0
2. 省经委	5.73	5.73	0
3. 省水利厅	96.11	96.11	0
4. 省公安厅	100.00	100.00	0
5. 省住房城乡建设厅	502.56	502.56	0
6. 省安全生产监督管理局	10.00	10.00	0
7. 省旅游局	68.11	68.11	0
8. 省扶贫开发局	10.70	10.7	0
9. 省文联	21.51	21.51	0
10. 省科技厅	157.70	157.7	0
11. 省警官职业技术学院	3.89	3.89	0

续表 2-4

单位名称	捐赠总额	已缴入省财政专户额	未缴省财政专户额
12. 青海日报社	7.14	7.14	0
13. 省测绘局	10.00	10.00	0
14. 省地税局	40.72	40.72	0
15. 省地震局	2.02	2.02	0
16. 省法官协会	136.23	136.23	0
17. 省供销合作社	13.87	13.87	0
18. 省教育厅	291.14	291.14	0
19. 省考试管理中心	25.00	25.00	0
20. 省粮食局	25.38	25.38	0
21. 省林业局	5.96	5.96	0
22. 省民族宗教事务委员会	276.87	276.87	0
23. 省人大常委会办公厅	57.96	57.96	0
24. 省人民对外友好协会	7.00	7.00	0
25. 省商务厅	2.31	2.31	0
26. 省环境保护厅	4.29	0	4.29
27. 省社会科学院	2.12	2.12	0
28. 省妇联	216.40	216.40	0
29. 省外事办	12.52	12.52	0
30. 省质量技术监督局	64.72	64.72	0
31. 青海师范大学	29.73	29.73	0
32. 省政府办公厅	182.96	182.96	0
33. 省委统战部	542.49	542.49	0
34. 省委宣传部机关工会	0.53	0.53	0
35. 省委党校	14.14	14.14	0
36. 民盟青海省委	5.24	5.24	0
37. 民和县卫生局	164.53	164.53	0
38. 省交通厅	216.00	216.00	0
39. 团省委	1093.00	0	1093.00
40. 省国资委	3876.81	3876.81	0
41. 省政法委	35.00	0	35.00

续表 2-4

单位名称	捐赠总额	已缴入省财政专户额	未缴省财政专户额
42. 省国土资源厅	271.10	271.10	0
43. 省监狱局	151.62	81.62	70.00
44. 省残疾人联合会	26.07	26.00	0.07
45. 青海省广播电视局	1.50	1.50	0
46. 省人力资源社会保障厅	110.00	110.00	0
47. 省政协办公厅	175.27	175.27	0
48. 省纪检委	15.39	15.39	0
49. 省卫生厅	40.95	40.95	0
50. 省人民医院	13.85	13.85	0
51. 省法院	50.00	50.00	0
52. 青海民族大学	38.88	38.88	0
53. 省农牧厅	48.70	48.70	0
54. 省工商局	45.00	45.00	0
合计	10857.36	9655.00	1202.36

截至 5 月 20 日，青海省共收到各类救灾资金 20.94 亿元。其中，财政部下拨 7.75 亿元，省财政救灾捐赠资金专户收到和汇缴省红十字会、省慈善总会、省民政厅等部门和地区捐赠资金 13.19 亿元。省财政通过垫支安排 15.62 亿元；玉树州、县财政安排 2518.90 万元。按照省抗震救灾指挥部关于应急救援资金保障采取先支出后结算的总体要求，省财政累计下达资金 23.63 亿元，省级各部门垫支 2.77 亿元。截至同日，采购中心按照“特事特办、急事急办”的原则，加班加点，在完成日常采购工作的前提下，圆满完成 13 批救灾物资紧急采购计划，计划金额 5.58 亿元，实施采购 4.90 亿元。完成紧急采购项目 31 次，完成采购额 4.82 亿元。

十、人力资源和社会保障部门赈灾

4 月 19 日，省职工医疗保险管理局组织财务、信息等工作人员抵达玉树，在灾区建立两个医疗保险经办工作站，协助玉树州和玉树县医疗保险经办机构重新建账，做好地震伤亡人员医疗保险支付和救灾期间的医疗保险管理服务工作。21 日，玉树灾区医疗保险经办业务正式恢复。

5 月初，省人力资源社会保障厅的工作人员精心挑选出 3500 余个就业岗位赶赴玉树，服务上门，送岗到家。这些就业岗位是全省 7 个州（地、市）通过提供就业岗位、互通就业信息、提供免费技能培训等方式收集到的，适合灾区农牧民就近就业。同时，积极开发卫生防疫、环境治理、物资搬运、交通协管、伤员看护、治安维护等公益性岗位，鼓励企业吸纳灾区农牧民就业。其间，省人力资源社会保障厅先后研究制定《关于支持玉树地震灾后重建就业和社会保险政策实施意见》，编制《玉树灾区人力资源社会保障基础设施建设规划》，拟订《玉树灾后重建职业技能培训和就业援助工作方案》，服务帮助灾后重建。省人力资源社会保障厅支援玉树地震抗震救灾捐赠资金 110 万元。

十一、国土资源部门赈灾

4 月 14 日，省国土资源厅紧急启动应急预案，成立抗震救灾领导小组和玉树、西宁两个应急指挥部，紧急向玉树州国土局下拨地质灾害防治专项资金 50 万元。由副厅长宋建国带领的 15 人组成的专业地质灾害监测队伍，带着第一批救援物资奔赴灾区。连夜安排工作人员加班、加点，制作 3 幅玉树震区、40 幅结古镇地区震前及震后图、快鸟影像图、高精度卫星遥感影像图和 270 余幅 1∶500 大比例尺震前结古镇地籍图，派专人乘飞机送往灾区；向全系统发出《关于为玉树州地震灾区捐款的通知》，并向省内 7 个州（地、市）国土资源局，全国 28 个省（自治区、直辖市）国土资源工会发出抗震救灾倡议书。

4 月 15 日上午 11 时，省国土资源厅党委举行国土资源系统为玉树地震灾区捐款仪式，现场收到来自国土资源系统各单位捐款 12.5 万元，干部、职工个人捐款 2 万余元。同日下午，刘山青率领 8 辆指挥保障车、17 辆运输车装载 1500 箱方便面、762 箱压缩干粮、罐头和 300 箱火腿肠、10 吨纯净水、30 顶帐篷、400 套棉衣棉被，以及 2 台挖掘机、5 台发电机组等救灾物资赴玉树地震灾区。打井找水分队在结古镇区原水源地上游紧急勘查，选定临时采用地下水点位，并分别于 16 日和 17 日，从海西蒙古族藏族自治州（以下简称“海西州”）和西宁野外施工场地，抽调专业打井队伍和 3 台大型打井钻机，赶赴玉树灾区。至 21 日，省国土资源厅抽调专业技术人员组成 8 个工作小组，对玉树开展地质灾害调查，对结古镇周边所有初步判断适宜居住的受灾群众临时安置点，进行地质灾害调查和环境地质评估，排查地震隐患 50 多处。26 日，省国土资源厅及环境地质勘查局又增派 4 批队伍，加强玉树灾区地质灾害应急排险和

4 月 17 日，青海省国土资源厅厅长刘山青（左一）与国土资源部专家在地震现场查看受灾影像图
（《青海日报》 康维海 摄）

灾后重建地质勘查及找水打井工作力度。

至5月31日，省国土资源系统捐款捐物497.7万元、物资100吨；省内外23家单位和近万名干部职工向灾区献爱心，累计为玉树灾区捐款334.24万元。省测绘局启动紧急预案，向省玉树抗震救灾指挥部、省政府应急办、省住房城乡建设厅等最急需用图的单位和部门，提供价值约100万元的灾区震前、震后影像图及行政区划图等最新测绘成果。

十二、环境保护部门赈灾

4月14日，省环境保护厅召开会议，成立以赵浩明为组长的防范和应对地震灾害次生环境污染事件应急工作领导小组，启动突发环境事件应急预案，组建环境应急监测组、辐射环境安全组、综合协调组、专家组。当日19时，抽调6名环境监测骨干组成玉树抗震救灾环境应急监测小组，随同环境应急监测车连夜赶赴灾区，开展水源地水质监测等环境应急工作。在初步调查玉树县城地下水水质后得出结论：结古镇地下水饮用水源地处于安全状态。

4月25日，省环境保护厅按照省玉树抗震救灾指挥部要求，紧急采购5000把扫帚、5000个塑料垃圾收集袋和100辆手推垃圾车空运至玉树灾区，灾区环卫工具极度缺乏的状况得到缓解，对尽快改善灾区环境卫生现状起到积极作用。截至27日，灾区共有10台垃圾清运车、3台洒水车、3台吸粪车投入使用，基本做到垃圾日产日清。同时，环境保护部、省环境保护厅前方工作组编制散发玉树地震灾区饮用水安全保障技术指南、固体废物安全处置技术指南、生活垃圾处理常识等宣传手册2万余册，宣传普及生态环保常识，引导群众做好环境安全防范。省环境保护厅组织厅系统在职及离退休干部职工260多人为灾区群众捐款4.29万元，随捐赠物资一起送到灾区群众手中。

十三、住房和城乡建设部门赈灾

4月14日，省住房城乡建设厅抗震救灾领导小组向全省住房和城乡建设系统发出开展向玉树灾区捐款活动的通知，号召踊跃捐款。15日上午，省住房城乡建设厅机关开展向灾区捐款活动，机关各处（室）、站、办、中心150余人向灾区捐款3.64万元。厅机关56位离退休老干部捐款8010元，并以“青海省住房和城乡建设厅离退休党支部”的名义，将捐款交纳青海省红十字会。至29日，厅系统431名党员自愿多交纳党费108781元。

至4月22日14时，全省建设系统各行政和企事业单位向灾区捐助款物3124.46万元。其中，捐款2300.11万元，捐赠各类救灾物资价值824.35万元。中国铁道总公司捐款500万元，金座房地产开发公司捐款100万元，江苏伟业集团捐款70万元、捐物价值180万元。江苏省住房和城乡建设厅向灾区捐款20万元，并号召江苏驻青海20多家企业向灾区捐款捐物。另外，省住房城乡建设厅捐助矿泉水、八宝粥等价值5.3万元。

青海省住房和城乡建设厅接收省内外建设系统行政、企业、事业单位向玉树灾区捐赠款物情况表

表 2–5　　单位：万元

单位名称	金额	单位名称	金额
青海省住房和城乡建设厅机关职工	4.10	厅机关车队职工	0.07
青海建筑工程总承包公司	2.00	达华集团青海分公司（职工）	0.20
青海建筑工程总承包公司（职工）	0.62	青海华鑫岩土工程勘察技术有限公司	0.20
青海建筑职业技术学院（含学生）	5.22	浙江中明建设有限公司青海分公司	0.20
青海建筑职业技术学院建筑设计室	0.20	陕西蓝宇建设工程有限公司	0.10
青海威华监理公司	0.41	湖北新南洋建设工程有限公司青海分公司	0.30
青海光辉建设工程监理有限公司	0.20	青海营建工程造价咨询有限公司	0.50
青海绿蕊园林工程有限公司	0.50	青海盛业房地产开发有限公司	3.00
青海住房建设发展集团有限公司（职工）	0.07	重庆三峡建设工程总公司青海分公司	0.10
青海建设工程公司（职工）	0.45	青海省中房集团银川房地产开发有限责任公司	20.00
青海建设工程公司	0.05	江苏省江建集团有限公司青海分公司	2.50
格尔木兆丰建设工程有限公司（总经理卓友）	1.00	福建省京闽工程顾问有限公司西宁分公司	0.20
中房集团西宁房地产工程建设监理有限责任公司	0.50	青海光辉建设工程监理有限公司	0.20
青海省规划设计研究院（职工）	0.89	西宁鹏鹞污水处理有限公司	0.50
青海省规划设计研究院	1.00	中房集团西宁建筑工程设计有限公司	1.00
青海省建筑勘察设计研究院有限公司（职工）	2.78	青海省地矿建筑勘察设计院	1.00
青海省建筑勘察设计研究院有限公司	10.00	西宁青大高原土木工程实验测试中心	0.20
青海泰丰建筑工程有限责任公司	1.00	西宁市政建设集团有限公司（职工）	0.78
青海三新房地产开发有限公司	0.03	青海二建建筑工程有限公司	0.50
青海达美装饰工程有限公司	0.20	青海二建建筑工程有限公司（职工）	0.27
西宁中兴电力勘察设计有限公司	0.20	青海永通建设工程有限公司	1.00
西宁中兴电力勘察设计有限公司（职工）	0.10	西宁城市建设设计院	2.60
青海瑞通工程造价咨询有限公司	0.10	青海省富达建筑有限责任公司	0.20
青海建业建筑有限责任公司	0.10	北京华安兆海消防安全工程有限公司青海分公司	0.50
青海禹兴水利水电设计有限公司（职工）	0.11	西宁方达工程造价咨询有限公司	0.30
青海禹兴水利水电设计有限公司	0.50	青海东亚工程建设管理咨询有限公司	0.48
青海耐克力节能材料有限公司	0.12	青海东亚工程建设管理咨询有限公司	0.30
青海光明房地产开发有限公司	0.35	陕西省中业交通建筑工程有限公司青海分公司	1.00
青海博道公路桥梁总承包有限公司刘云凯项目部	0.18	浙江中明建设有限公司青海分公司佳豪广场项目部	0.10

续表 2-5

单位名称	金额	单位名称	金额
青海博道公路桥梁总承包有限公司刘庆项目部	0.08	山东省城乡建设勘察院青海分院	0.30
青海博道公路桥梁总承包有限公司赵海青项目部	0.10	青海聚盈建筑工程有限公司	1.00
青海博道公路桥梁总承包有限责任公司	0.50	青海新盛电力建筑安装有限公司	0.50
青海博道公路桥梁总承包有限责任公司（职工）	0.57	青海东信房地产有限责任公司	0.05
青海博道公路桥梁总承包有限公司邢其政项目部	0.15	西宁金松房地产开发有限公司	5.00
青海春辉建筑工程有限公司	0.20	扬州市第五建筑安装工程有限公司青海分公司	50.00
青海华栋建筑工程有限公司	5.00	海北藏族自治州建设工程招标中心	0.10
青海安大工程建设监理有限公司	0.50	西宁众一物业管理有限公司	0.52
青海安大工程建设监理有限公司（职工）	0.54	大通县城建建设工程质量检测中心	0.10
青海金龙电力工程有限公司	3.00	中国第四冶金建设公司青海分公司	0.77
青海金龙电力工程有限公司（职工）	1.00	甘肃第四建设集团有限责任公司	0.50
青海省地矿房地产开发有限公司	1.00	四川省房地产业协会	2.00
青海省汇源水土保持科技开发有限公司	1.00	中国化学工程第十三建设有限公司	1.58
青海青尚建筑设计有限公司	0.13	海北州建设工程勘察设计咨询中心	0.10
青海省土木建筑设计院有限公司（职工）	0.44	海北州建设工程检测试验中心	0.20
青海立信工程建设监理有限责任公司	0.30	青海华德集团	4.66
九冶建设有限公司	1.00	黄南州建工企业管理站	0.10
西宁定康市政工程有限公司	5.00	海西建设监理有限责任公司	0.21
青海鼎泰房地产开发有限公司（员工、业主）	0.88	青海铭鑫实业有限责任公司	2.47
青海东亚建筑设计有限责任公司（职工）	0.15	青海百鑫工程监理咨询有限公司	1.54
青海省建工工程有限公司	1.00	温州建设集团公司青海分公司	1.00
青海省建筑业协会秘书处（职工）	0.10	青海金坤房地产开发有限公司	3.00
青海一建建筑工程有限责任公司（职工）	1.07	汕头市潮阳第二建筑总公司西宁分公司	0.25
青海一建建筑工程有限责任公司	1.00	青海博联工程造价咨询有限责任公司	0.10
节能办下属企业	16.07	青海紫恒房地产开发有限公司	10.00
青海茂祥房地产开发有限公司	0.54	青海隆中景房地产开发有限责任公司	0.30
宁夏同心水利工程综合开发公司	0.10	青海万兴实业有限公司	2.00
广东国信工程监理有限公司	1.00	青海兴青工程监理咨询有限公司	0.10
中国土木工程学会建筑市场与招标投标研究分会	0.97	浙江新世纪消防工程有限公司西宁分公司	0.20
西宁九海房地产开发有限公司	0.50	西宁千丰工程监理有限公司	0.41
湖北楚雄建筑工程有限公司青海分公司	0.30	广东新宏成建筑工程有限公司	0.10

续表 2–5

单位名称	金额	单位名称	金额
青海万伦房地产开发有限公司	1.00	青海金太新能源工程技术有限公司（职工）	0.12
西宁市城中区第二建筑安装工程公司	1.00	西宁三鑫房地产公司	0.15
青海星辰房地产开发有限公司	1.00	青海智诚工程勘测设计有限公司	0.60
青海星辰房地产开发有限公司（职工）	0.55	青海恒业安装工程有限公司	0.50
青海省建设监理协会（职工）	0.03	西宁中恒电力安装工程有限公司	0.09
中国二十二冶集团有限公司	20.00	中铁五局（集团）有限公司西宁综合调度楼项目经理部	0.30
中国二十二冶集团有限公司（职工）	0.56	青海省建筑节能与墙体材料革新协会	1.00
陕西省建筑设计研究院有限公司（职工）	0.21	中天建设集团有限公司青海分公司	50.00
青海建安岩土工程勘察技术有限公司	0.20	青海三河消防工程有限公司	0.18
西宁鹏泰水泥制品有限责任公司	1.00	西宁银龙铁道工程有限公司	0.50
青海龙田实业发展有限责任公司	0.20	青海金衡建设造价咨询有限公司	0.30
青海丽光安装有限责任公司	0.15	四川省华昌建筑工程有限公司青海分公司	0.30
青海三和园建筑安装有限公司	4.00	青海同创置业有限公司	0.50
青海宏业建设工程有限公司	0.20	浙江海天建设集团有限公司青海分公司	1.00
青海三江源置业投资有限公司	1.30	青海金慧建筑有限责任公司	0.50
青海天路交通工程建设有限责任公司	1.07	四川省华昌建筑工程有限公司青海分公司	0.20
青海岩土工程勘察院	3.00	青海城西建设工程有限公司	0.56
青海省工达公司（职工）	0.33	中国第四冶金建设公司青海分公司	5.05
青海省建设工程勘察设计咨询中心（职工）	0.14	青海省宝通水利水电有限公司	0.05
青海省明大建设安装有限公司	0.20	西宁艺海装饰工程有限公司	0.15
青海德盛房地产开发有限公司（职工）	0.24	浙江联达工程项目管理有限公司西宁分公司	0.20
青海工程监理有限公司	0.50	西宁范鑫房地产开发有限公司	3.08
青海工程监理有限公司（职工）	0.81	北京市第二建筑工程有限责任公司青海分公司	2.18
青海国安工程监理有限公司	0.35	四川华夏军安建设有限公司青海分公司	0.20
青海恒鑫工程建设监理公司	0.50	青海中一房地产有限公司	1.00
青海恒鑫工程建设监理公司（职工）	0.36	陕西中机岩土工程有限责任公司西宁分公司	0.20
青海宏景工程监理有限公司	0.50	重庆市渝万建设集团有限公司	2.00
青海新大地房地产开发有限公司	5.00	山东华铭工程有限公司青海分公司	0.10
陕西设计院西宁办	0.50	福建省惠建发建设工程有限公司青海分公司	5.00
青海紫薇房地产开发有限公司	1.00	甘肃六建第二工程公司西宁分公司	5.00
青海紫薇房地产开发有限公司（职工）	0.27	青海宁鑫房地产开发有限公司	1.00
青海兴业房地产开发公司	1.43	二十三冶建设集团黄河水电铝型材工程项目部	2.79
西宁安居房地产开发有限公司	0.20	青海东润房地产开发有限公司	0.50
四川省兆仑建筑有限公司海西分公司	0.20	中国化学工程第二建设有限公司青海工程项目部	0.50

续表 2-5

单位名称	金额	单位名称	金额
果洛州工程建设监理公司	0.10	洛阳军龙岩土加固工程有限公司	0.60
北京政泰隆工程监理咨询有限公司	2.00	上海中谊教卫绿化景观工程有限公司西宁分公司	0.50
十一冶建设有限责任公司青海项目部	1.00	青海泰通房地产开发有限公司	0.10
中化二建集团青海盐湖工程项目部	1.00	江苏邗建集团有限公司青海分公司	0.10
青海铠信水电开发有限公司	0.10	青海三立路桥工程有限公司	0.20
宁波市政工程建设集团股份有限公司	0.20	青海永祥劳务中心	0.30
西安市第二市政工程公司	0.30	青海锦峰房地产开发有限责任公司	1.00
中国化学工程第六建设有限公司	0.50	青海融合建筑勘察设计有限公司	0.50
青海省华侨装饰设计工程有限公司	0.20	青海中麒电力建筑安装有限公司	0.06
青海博道公路桥梁工程总承包公司胡玉贤项目部	0.10	青海宏星房地产开发有限公司	0.30
云南科达装饰设计工程有限公司	0.50	青海鼎盛房地产开发有限公司	2.00
青海万方实业有限公司	2.32	青海启通实业有限公司	0.05
青海城垣工程监理公司	0.20	青海省广厦建筑工程有限公司	4.00
北京方圆工程监理公司西宁分公司	0.20	青海搏兴新型建材有限公司	0.40
东方建设集团有限公司青海分公司	2.29	青海宏厦建设工程有限公司	1.00
西宁丰东房地产开发公司	0.20	西宁中恒电力安装工程有限公司（宋海勋夏克）	4.14
青海润宇劳务公司（吴峰宇）	0.10	西宁华程机电设备有限公司	0.10
青海三和房地产开发有限责任公司	6.00	青海华德集团	0.30
青海青建工贸股份合作公司（职工）	0.55	青海西建建设工程质量检测有限公司	0.10
青海光正房地产开发有限公司	1.00	青海宏安安装有限公司	0.50
青海汇通物业管理有限责任公司（职工）	1.41	西安飞机工业装饰装修工程股份有限公司西宁分公司	0.20
青海建设安装工程有限公司（职工）	1.67	深圳市富银消防工程有限公司青海分公司	0.30
广汇建设集团青海分公司	1.00	天津滨海国际监理咨询有限公司青海分公司	0.15
青海四建建筑工程有限责任公司	0.50	青海春蕾铁道工程有限公司	0.30
青海四建建筑工程有限责任公司（职工）	0.19	青海省鹏程城建有限责任公司	1.00
青海利普工程有限责任公司	2.37	青海阳光电力实业发展有限公司	0.31
青海上上电力设计咨询有限公司	2.48	深圳市艺涛装饰设计工程有限公司	2.00
青海省中房银川公司（职工）	0.85	青海东泽建设工程有限公司	2.84
青海城乡建筑工程有限责任公司（职工 7 人）	0.30	甘肃省华邦建筑安装工程有限公司	1.00
甘肃省赛福特消防科技有限公司	1.00	青海保信建设工程造价咨询有限公司	0.45
深圳晶宫设计装饰有限公司（戚勇辉 1 人）	0.20	青海天河石油建筑设计有限责任公司	0.30
青海深青建筑装饰工程有限公司（职工 12 人）	0.26	青海深青建筑装饰工程有限公司	0.10
青海五联工程造价咨询公司	0.20	民和县科衡建设工程检测有限公司	0.10

续表 2-5

单位名称	金额	单位名称	金额
常熟市第一分公司	0.20	西北民航机场建设监理咨询有限责任公司	0.10
西宁全盛房地产开发有限公司	0.10	中国有色金属工业第六冶金建设公司	1.00
青海建筑职业技术学院检测中心	0.20	西宁方程电力安装工程有限公司	1.00
青海省龙海房地产开发有限公司	0.36	青海宁和工程有限公司	0.40
青海省维多利房地产开发有限公司	0.10	青海三和园建筑安装有限公司（职工）	0.64
青海宇翔消防工程有限公司	0.10	青海三和园建筑安装有限公司（职工）	0.02
青海省祥达建设工程有限公司	0.38	歌山建设集团有限公司西宁分公司	1.00
青海汇丽恒邦装饰装潢有限责任公司	0.10	青海天特电力实业有限公司	0.50
青海互助建衡检测公司	0.10	四川省仪陇新鸿建筑有限责任公司	0.10
青海安大建设监理有限公司（蒋鑫）	1.00	青海中旗工程造价咨询有限公司	0.20
西宁东环装饰装潢有限公司	0.10	西宁程辉工程造价咨询有限公司	0.20
西宁东环装饰装潢有限公司（职工）	0.10	青海宏远爆破工程有限公司	0.20
江苏江都二建工程有限公司西宁分公司	1.00	青海长宁电气安装有限公司	0.20
青海力源电力材料检测有限公司	0.10	深圳市深装总装饰工程工业有限公司青海分公司	0.50
青海兆峰工程设备有限公司（职工）	0.09	青海宏星建设工程有限公司	2.00
青海工达建筑总承包公司（职工）	0.05	青海国瑞物业管理有限公司（职工）	0.38
青海华亿建筑工程质量检测有限公司	0.30	青海置地投资有限公司	0.20
青海华亿建筑工程质量检测有限公司（职工）	0.16	西宁元隆电力建设有限公司	0.10
青海鼎泰房地产开发有限公司	10.00	青海宏星水利水电工程有限公司	2.00
青海晶威混凝土有限公司	0.79	上海嘉城	0.50
青海海湖水泥制品有限公司	1.00	青海新宏业房地产	0.10
青海海湖水泥制品有限公司（职工）	0.29	广厦重庆第一建筑公司	1.00
青海春发秀品混凝土有限公司	2.00	江苏一建	2.00
青海巨龙建材有限公司	0.20	中远监理	0.30
西宁珠峰特种建材厂	0.10	鑫诚监理公司	0.31
青海宏信混凝土有限公司	0.50	甘肃兴隆消防公司	0.10
西宁升平混凝土构建有限公司	1.00	佳乐工程造价公司	0.10
西宁祥隆混凝土销售有限公司	1.00	陕西潼关金属	1.00
青海祥隆混凝土销售有限公司（职工）	0.22	徐州飞虹网架	0.20
青海马斯顿产品砼有限公司	1.00	江苏三兴建工集团	1.00
青海马斯顿产品砼有限公司（职工）	0.57	中化十四建	0.50
青海青达建筑安装有限责任公司	0.20	金厦分公司	0.20
青海飞云建工有限责任公司（取回单）	3.00	甘肃第九建筑西宁分公司	0.10
青海泰盛房地产开发公司（取回单）	3.00	山东方明建设集团	0.50
青海金叶园林景观建设有限公司	0.30	陕六建西宁分公司	0.22

续表 2-5

单位名称	金额	单位名称	金额
青海省庄和房地产开发有限公司	1.00	贵州三建青海分公司	0.60
青海省庄和房地产开发有限公司（职工）	0.21	浙江森峰建筑公司	0.10
青海万伦房地产开发有限公司	0.46	万兴实业员工	0.24
西宁银城房地产开发有限责任公司	0.86	山东一建	0.05
青海瑞昇建筑有限公司	4.28	鲁星伟	1.00
江苏华红建筑工程有限公司青海分公司	1.00	青海三立咨询公司	0.20
海西州龙腾实业有限公司	0.50	江苏中盛青海分公司	2.00
甘肃蓝野建设监理有限公司	1.00	青海鑫安造价	0.10
二十二冶有限责任公司（张金辉汇款）	0.47	江苏钟兴消防公司	1.00
浙江昆仑建设集团股份有限公司青海分公司	1.00	青海威龙钢结构工程	0.50
海南州工程建设监理站	0.20	盐城天虹青海公司	0.20
北京创意博能源科技有限公司	3.00	甘肃国力路桥平安	0.30
湖南省建筑工程集团总公司	0.30	浙江裕众青海分公司	0.65
山东三龙智能技术有限公司	1.00	浙江新东阳建设集团	1.01
陕西方圆建工集团有限公司	0.50	湖北殷祖古建园林	0.10
达华集团青海分公司	0.20	成都大邑一建	0.97
青海广宇建设工程有限责任公司	0.20	青海铁建工程质量检测有限公司	0.50
青海省建筑建材科学研究院	1.085	包头北雷监理公司	0.18
青海省国宏工程咨询监理有限公司	0.60	青海广源电气安装有限责任公司	0.20
北京城建集团有限责任公司青海分公司	0.50	青海西部建业有限责任公司（职工）	0.35
果洛州时代建设工程勘察设计咨询中心	0.10	浙江省建工集团有限责任公司青海分公司	10.00
果洛州工程招标公司	0.10	青海友邦特种工程有限责任公司	0.49
福建泰宁金湖建设有限责任公司格尔木分公司	0.30	甘肃省建筑工程总公司青海油田西宁工程项目部	1.00
格尔木广厦工程建设监理有限公司	0.20	河南恒星建筑安装有限公司西宁分公司	0.10
江苏中阳建设集团有限公司	1.00	中厦建设集团有限公司青海分公司	2.60
西宁申宁房地产开发有限公司	0.50	中厦建设集团有限公司青海分公司（职工）	10.12
浙江江南工程管理股份有限公司	0.50	西宁博森房地产评估有限责任公司	0.20
中冶天工建设有限公司青海精铝工程项目部	0.50	青海方洲安装工程有限公司	1.28
甘肃铁道综合工程勘察院有限公司	0.20	青海建辉房地产开发有限公司	1.23
青海省中山建设工程公司	0.50	甘肃亚太消防工程有限公司	5.00
青海江海质量检测有限公司	0.10	甘肃地质工程有限责任公司	0.50
青海吉安检测有限公司	0.10	江西卓茵园林景观工程有限公司	0.50
青海鸿祥建设工程有限公司	1.20	浙江横店建筑工程有限公司青海分公司	5.29
青海金龙电力工程有限公司（职工）	0.84	中十冶集团有限公司青海分公司	10.60
青海嘉保园林工程建设有限公司	0.20	青海鼎鑫工程有限公司	0.25

续表 2-5

单位名称	金额	单位名称	金额
青海路路通房地产开发有限公司	0.10	青海明峰地基基础工程施工有限公司	0.87
青海一建胡玉贤项目部	0.10	青海天工劳务有限公司	0.10
青海石岩建筑安装有限公司	1.00	兰州金建工程建设监理公司格尔木项目部	0.50
青海石岩建筑安装有限公司（职工）	0.17	浙江海纳建设有限公司西宁分公司	3.00
湟中县星宇检测中心	0.30	未知单位名	4.00
青海万成新型建材厂	2.00	汕头市政西宁文苑路湟水河桥项目部	3.00
青海联邦新型建材有限公司	0.50	浙江华厦建设集团有限公司西宁分公司	0.30
西宁振鑫装饰公司	0.50	甘肃省山丹县建筑工程总公司	0.30
西宁市斯威腾保温材料厂	0.06	浙江省建工集团有限责任公司青海分公司	52.73
西宁市朝阳建筑工程有限责任公司	1.50	不明单位捐款总合计	51.97
青海大正工程监理有限公司	0.12	沈文明	0.30
青海大正工程监理有限公司（职工）	0.38	中国散装水泥推广发展协会	0.17
青海省土木建筑实业有限责任公司	1.50	青海建筑职业技术学院	0.27
青海百川检测有限公司	0.10	陕西第六建筑公司	0.50
青海广汇房地产开发有限公司西宁分公司	10.00	广厦建设集团有限责任公司	0.58
青海永盛机械化施工有限责任公司	1.00	不明单位捐款总合计调整	0.21
青海永盛机械化施工有限责任公司（职工）	0.34	杜邦中国集团有限公司	20.00
山西建筑工程（集团）总公司青海黄河水电再生铝业项目部	2.82	青海华峰电力安装工程有限公司	0.30
西宁禾呈绿化种植有限公司	0.50	青海盐湖工业集团股份有限公司	80.00
青海省电气技术开发公司	0.31	甘肃第三建筑工程公司	0.05
青海丽水莲城房地产有限公司	1.00	浙江通达建设集团	0.20
青海恒德建筑装饰公司	0.45	甘肃省建筑装饰工程公司	0.20
青海易居房地产开发公司	0.50	兰州敬业装饰工程公司青海分公司	0.05
青海天泰工程建设有限公司	0.50	青海迪生安装有限公司	0.37
青海威隆机械化工程有限公司（职工）	1.14	不明单位捐款	0.23
重庆恒通建设（集团）有限公司	1.00	不明单位捐款	0.50
重庆恒通建设（集团）有限公司（职工）	0.49		

十四、交通部门赈灾

省交通系统各单位、广大干部职工心系玉树地震灾区，踊跃捐款。截至 4 月 20 日 18 时，6626 名干部职工向灾区捐款 65.79 万元，省公路科研勘测设计院等 8 家单位捐款 33 万元，交通系统累计捐款 98.79 万元；向灾区捐送帐篷、棉被、简易床、火炉、煤炭、方便面、矿泉水、蔬菜、水果等救灾物资，价值 69.86 万余元。

青海省交通厅党员自愿交纳党费基本情况表

表 2-6　　　　单位：万元

单位	单位捐款	个人捐款	其中，交纳 1000 元人数（人）
青海省高等级公路管理局	4.01	1.00	10
青海省公路局	2.22	0.90	9
青海省交通厅机关党委	8.32	3.72	24
青海省公路建设管理局	1.97	0.60	5
青海省交通医院	0.90	0.30	3
青海省交通工程监理公司	0.60	0.34	3
青海省收费公路管理处	0.87	0.30	3
青海省交通技术职业学院	1.90	0.30	3
青海省公路运输管理局	1.37	—	—
青海省公路建设工程总公司	2.28	1.85	14
青海省交通征费稽查局	1.35	0.20	2
青海省公路勘察设计院	4.02	1.77	14
合计	29.81	11.28	90

十五、水利部门赈灾

4 月 14 日上午，省水利厅机关党委、团工委发出向玉树地震灾区开展爱心捐助倡议。省水利厅原副厅长何福兴拿出养老金 1.1 万元捐给灾区。两天时间，全厅干部职工交纳特殊党费和捐款 23.86 万元。截至 5 月 5 日，省水利厅共接受省外各类善款 642.86 万元。

4 月 16—17 日，由西宁、海东各县 13 支水利应急抢险队携带 500 多万元的救灾物资在玉树集结。截至 30 日，省水利厅积极协调省发展改革委、省财政厅安排落实抗震救灾资金 1500 万元，组织 9 批次、12 辆各类载重汽车运送各类物资 72.1 吨，组织落实全省水利系统各类救灾物资价值 520.27 万元。

十六、农牧部门赈灾

4 月 14 日，省农牧厅启动青海省农牧业重大自然灾害突发事件应急预案Ⅱ级响应，紧急组织一次性疫病防护服 1000 套、永久性疫病防护服 300 套、消毒剂 3 吨、喷雾器 300 台、雨靴 100 双、手套 1000 双、口罩 1000 个、帐篷 2 顶、应急灯 30 盏运往地震灾区。截至 17 时，省农牧厅系统 2073 名干部职工捐款 31.46 万元。同日，省农牧厅连夜组织动员 5 家省级农牧业产业化龙头企业向灾区捐赠面粉、清油、方便面、牛羊肉等价值 55.3 万元的食品和饲料。其中，新鲜牛肉 8 吨，面粉 10 吨，方便面 1000 箱，牛羊肉熟制品 1.5 吨，菜籽油 4 吨，蚕豆休闲食品 282 件，可口可乐饮料及熬茶 2.5 吨，饲料 20 吨，15 日凌晨 6 时启程运往玉树灾区。同时，紧急筹集 100 万元资金用于抗震救灾。紧急组织第三批价值 162 万元的救灾物资（毛毯 1000 条、毛衣 3000 件、毛裤 3000 条、新鲜液态牛奶 3000 件、奶粉 250 袋），运往玉树灾区。连夜组织 97 顶帐篷、120 个睡袋、120 个气垫床和 8 吨汽油对口支援玉树农牧系统。16 日，省农牧系统各级党组织和共产党员以交纳特殊党费的方式表达支援灾区的心愿，767 名党员自愿交纳特殊党费 22.79 万元。17 日，又组织馒头 1120 件、牛奶 300 箱、矿泉水 214 箱、糕点 86 箱，总价值 10 万元的生活物资紧急运往玉树灾区，并向称多县农牧系统捐助帐篷 30 顶、生物质炉 100 台。同时，组织专业人员制订生态畜牧业建设规划和损坏日光节能温室重建规划，加大种子、棚膜、化肥调运力度，从厅属单位及乐都、湟中等地组织 10 余名技术人员深入灾区田间地头，现场指导开展备耕春播生产，帮助灾区尽快恢复生产。19—24 日，省农牧厅收到社会各界捐款 48.7 万元。在省农牧厅的积极协调下，7 月 3 日，山东福田雷沃重工公司向玉树灾区捐赠价值 45 万元的 30 台轮式拖拉机。9 月 25 日，省农牧厅组织慰问工作组，由厅长曹宏带队专程赶赴玉树州，慰问玉树州及所属 6 个县农牧系统广大干部职工，发放棉帐篷、棉被、毛毯、毛衣、毛裤等价值 161.45 万元的物资和慰问金 26.46 万元。

十七、商务部门赈灾

4 月 14 日，省商务厅组织首批救灾物资方便面 803 箱、矿泉水 300 件、饼干 103 箱共 6.5 吨，成品油 240 吨运往灾区。15 日，省商务厅机关党委发出向玉树地震灾区捐款的通知，全体离退休老同志积极响应，踊跃捐款。原副厅长关庆国、离休干部马占熬分别委托老伴、子女捐款 300 元、500 元。曾在玉树州工作多年的原副厅长王新宇打来电话，捐款 300 元。

同日，省商务厅组织向灾区发送 20 吨矿泉水、127 个扩音喇叭和价值 4 万元的牛奶、可乐等饮品。西宁市北川煤业公司将 100 吨机制煤砖紧急送往灾区，同时连夜准备袋装大煤 300 吨。省级 11 户重点流通企业储备米、面、油 2500 吨，肉类 1290 吨，矿泉水 150 吨，方便面 18.5 吨，牛羊肉、边销茶储备和中石油青海公司汽（柴）油货源充足。省物流园区办公室加紧组织车辆

4 月 18 日，根据省商务厅安排，青海西北骄天然营养食品有限公司为灾区群众赶制牛羊肉熟食品
（青海省商务厅　提供）

以备运送物资。

4 月 16 日上午，省商务厅决定组织西宁市、德令哈市流通骨干配送企业赴灾区筹建商业服务网点，采取在帐篷内设置商品零售服务点和改装小型面包车、货车装载物资的办法，在灾区开展流动销售服务。同时，召开青海百货有限责任公司、华联超市、宁食集团、惠客家超市等骨干流通企业会议，及时摸清各企业方便面、矿泉水、榨菜、火腿肠、饼干等六大类商品库存数量。组织筹措矿泉水、方便面等生活必需品 260 吨，车辆 25 台。

4 月 16 日晚，省商务厅联系省餐饮协会，协调组织省内 9 户餐饮企业赴灾区开展“粥棚献爱心”活动，各企业连夜筹集所需器具及物资赶赴灾区；由商务部支援的第二批 24 辆流动售货车到达西宁。至 17 日上午 10 时，各企业筹集生活物资 400 吨，省商务厅协调解决运输车辆 40 台，下午载货赶赴灾区。同日，紧急从青海华联超市、大百集团、青海宁食集团、青百超市、惠客家超市等企业调配矿泉水、饼干、火腿肠、榨菜、炉具等灾区急需物资 600 吨装车集结。18 日早 6 时，装载该批物资的青藏兵站部 70 辆运输车启程前往灾区。同日，新西兰使馆经过省商务厅协调，为玉树灾区捐款 200 万元。先期到达的裕泰食品有限公司开始供应牛肉汤、稀饭、炒菜、米饭、菜汤等。随后，省商务厅与省政府采购办等相关部门会商，制订采购方案，增加对灾区调运营养价值高的食品物资，指定由青海西北骄天然营养食品有限公司承担向灾区赶制 5 吨牛羊肉熟食品的任务。

4 月 20 日，青海物流采购联合会组织运送第六批 15 车矿泉水、方便面等救灾物资抵达玉树。截至 4 月 21 日，该会共组织发运应急食品 1307.63 吨。其中，方便面 121.05 吨，矿泉水 914.65 吨，火腿肠 83.28 吨，榨菜 39.84 吨，饼干 148.81 吨。发运火炉 6873 个，保温杯 5000 个，电热水壶 500 个。

4 月 16 日之后，15 户商贸流通企业携带物品进驻灾区，11 个省商务系统抗震救灾商品销售服务点开始营业。至 21 日，结古镇有便利灾区群众和救援队伍日常生活需求的商业零售网点 60 多家。省商务厅组织的 50 间活动板房、35 顶帐篷和商务部支援的第一批 6 辆流动售货车等商品流通设施运抵灾区，于次日起陆续投入使用。结古镇商品零售总额超过 20 万元。牛肉价格从 3 天前的每千克 30 元降到每千克 22 元，与灾前价格持平。

截至 4 月 21 日，省商务厅机关 26 名离退休人员捐款 5000 元。全厅共产党员自愿多交纳党费 4.79 万元支援玉树抗震救灾，其中交纳 1000 元以上的党员 26 人，多交纳的党费汇入省委组织部党费专用账户。省内和四川、西藏 14 家餐饮、肉食品企业，在结古镇体育场、赛马场等灾区群众安置场所设置商务爱心粥屋 7 处，无偿为灾区群众、救援队伍提供餐饮服务。23 日上午 9 时，用真空袋包装的 5 吨牛羊肉熟食品运往灾区。

4 月 26 日，省商务厅组织青海百货有限责任公司、宁食集团、大十字百货、王府井超市、华联超市、荣盛商贸公司等 12 户企业连夜装载生活日用品集中前往灾区。至此，灾区市场由应急转入常态经营。

4 月 20—26 日，上海世界博览会青海馆应各省（区）市展馆和广大参观者要求，在青海馆设置玉树地震灾区募捐箱，为玉树地震灾区募集捐款 10 万余元。

十八、文化部门赈灾

玉树大地震发生后，省文化和新闻出版厅迅速向厅直系统党员干部发出倡议书，要求积极行动起来，踊跃捐款。4 月 15 日，厅机关开展爱心捐助活动，现场捐款 15810 元。至 17 时，厅直系统干部职工捐款 16.1 万元。至 20 日，厅系统中共党员共交纳特殊党费 9.4 万元。

4 月 17 日上午，西海都市报社联合省红十字会在西宁体育馆北广场举办“玉树我们和你在一起”大型义演义卖献血募捐公益活动。活动现场募集款物价值 525.60 万元。同日，青海新华发行集团公司先期组织初中各年级课本各 100 套，由救灾物资运输机送往玉树灾区。

4 月 18 日，西海都市报社在省城中心广场、新宁广场、义乌商贸城和惠客家超市门前举行报纸义卖活动，义卖所得款项全部捐给玉树灾区。

至 4 月 21 日 12 时，文化出版系统干部职工捐款 21 万元；全省各级文化市场管理部门捐款 5 万余元，西宁市网吧协会捐款 1.35 万元；营业性演出经纪机构青海旗帜庆典礼仪服务有限公司、青海省纵横文化艺术发展有限公司、青海文化传播中心等公司积极捐款捐物，并配合相关部门，在西门体育馆等地举办募捐义演活动，募集各界爱心人士及企业捐款捐物 500 多万元；省工艺美术保护管理办公室干部职工和部分离退休老同志捐款 3260 元；省民族民间艺术品工艺美术协会收到西宁地区的行业协会常务理事单位、企业和协会理事爱心捐款 3500 元。香港义工黄福荣在玉树地震中舍身救人而捐躯，青海省雕塑家张维宁创作高 1 米、主题为“英雄形象与高原同在，英雄精神与三江源永存”的黄福荣仿铜胸像雕塑作品两件，无偿捐献给黄福荣做过义工的玉树孤儿院和黄福荣在港亲属。在中央文化管理干部学院参加青海省基层文化管理干部培训班的 47 名学员，自发组织捐款 7300 元，通过青海省文化和新闻出版厅送交省民政厅救灾机构。青海人民（民族）出版社干部、职工个人捐款 4.21 万元，中共党员交纳特殊党费 1.235 万元。

青海人民出版社紧急行动，抓紧时间赶印教材支援灾区。至 19 日，已赶印汉语教材 39 种、64670 册，藏语教材 9 种、16520 册。青海人民出版社向灾区学校捐赠价值 28 万余元的教辅读

4 月 21 日，《西海都市报》募集的首批 540 万元款物转交省红十字会
（《西海都市报》 祁国彪 摄）

物 45150 册。20 日，青海新华发行集团公司抽调 2 辆运输车辆，派专人将小学、高中各年级课本各 30 套紧急运往灾区。21 日，又组织人员将高中各年级的课本各 300 套运往灾区。青海新华印刷厂等印刷企业印制的 89 种、18.225 万册新教材由青海新华发行集团公司分 2 批送到玉树灾区学校。截至 5 月 1 日，青海新华发行集团公司向玉树灾区运送中小学课本 22650 套、19.21 万册，价值 86.9 万余元。青海人民（民族）出版社所属各编辑部集中编辑出版抗震救灾特刊和地震知识等通俗读物，4 月下旬，以汉语、藏语文对照的形式编辑出版《地震常识》《抗震重建中气象灾害防御应急指南》等科普读物。中国心理学家协会与青海省社会科学界联合会联合编写的《震后心理救援常识》(两种，分别适用于受灾者及其亲友或志愿者），由青海民族出版社完成藏语翻译后，分别印制 2.2 万册和 4000 册，于 4 月 25 日送交青海省社科联，并迅速运往玉树地震灾区。首批免费读物《地震常识》(藏语）2800 册，于 26 日迅速运往玉树地震灾区。《玉树地震灾区防雷避险手册》(汉语、藏语）于 5 月 1 日出版 1 万册，第二天由青海省气象局全部运往玉树地震灾区。

十九、卫生部门赈灾

4 月 14 日，省食品药品监督管理局组织捐赠价值 140 万元的急救药品、医疗器械和大量食品，连夜送往玉树灾区。15 日，省卫生厅制定《玉树地震灾区高原病防治工作方案》，及时编印高原病防治知识手册 2.5 万册，向灾区运送氧气 160 瓶、抗缺氧药品红景天胶囊 3.6 万瓶。同时，由中国工程院院士、首席高原病防治专家吴天一率领的省级高原病防治专家医疗队 14 人，赴灾区指导开展高原病防治工作。

4 月 18 日，中国工程院院士、青海省卫生厅高原病防治专家医疗队队长吴天一（中）为抢险人员讲解高原病防治知识，进行健康咨询　　　　（《青海日报》　晓刚　摄）

4 月 16 日，省食品药品监督管理局再次组织捐赠价值 23 万余元的急救药品、医疗器械运往玉树灾区。该局成立 5 个救灾药品、医疗器械监管工作组，分赴玉树灾区、西宁机场、西宁火车站、省红十字会、省民政厅等药械受赠单位或转运站，对全国各地、各渠道援赠的救灾用药品、医疗器械进行登记、验收，确保救灾药械质量安全，防止不合格药械流入灾区，全力保障抗震救灾药品和医疗器械质量安全。

4 月 15 日、20 日，青海红十字医院医护人员为灾区捐款 8.71 万元，302 名党员交纳特殊党费 11.122 万元。省卫生系统干部职工纷纷向灾区人民奉献爱心，至 21 日 12 时，捐款 87.95 万元。省卫生厅党组响应省委组织部关于广大党员自愿多交纳党费用于支援抗震救灾工作的倡议，动员各级党组织和共产党员以交纳特殊党费的方式向灾区捐款、捐物，2049 名党员自愿交纳特殊党费 34.8 万元。省中医院向全院职工发出为灾区人民捐款、支援受难同胞的倡议，全院职工捐款 11.119 万元；21 日，医院全体党员交纳特殊党费 4.596 万元。

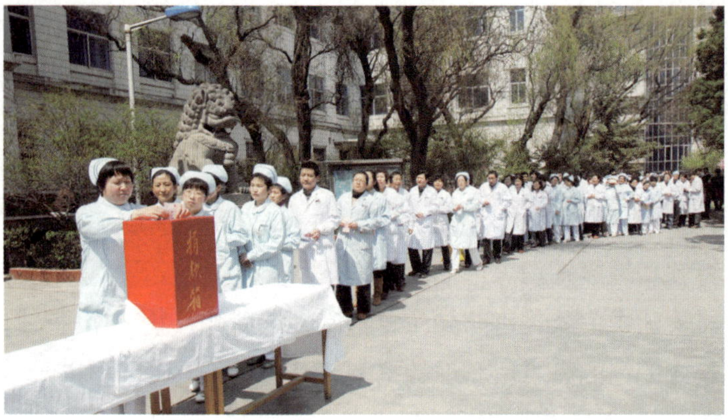

4 月 15 日，青海省人民医院医护人员踊跃为玉树地震灾区捐款　　（青海省卫生厅　提供）

沈阳药科大学红十字会携该校青海籍学生举行为青海玉树地震遇难同胞祈福捐助活动，募集善款 1.35 万元。6 月 3 日，中国初级卫生保健基金会通过农工党青海省委向玉树灾区捐赠价值 1000 万元的高原卫生保障用药品。

青海省卫生系统玉树抗震救灾捐款捐物统计表

表 2-7　　单位：万元

单位	特殊党费	个人捐款	药品器材	垫付医疗费	其他	合计
省卫生厅机关、厅直属单位	34.80	44.96	—	576.00	—	655.76
康乐医院	—	4.16	10.00	—	0.95	15.11
黄南州卫生系统	4.33	9.58	—	—	0.64	14.55
青海大学医学院	—	0.78	—	—	—	0.78
海北州卫生系统	1	4.50	90.00	—	—	95.5
果洛州卫生局	5.52	8.34		—	—	13.86
西宁市卫生局	0.73	—	—	—	—	0.73
市一医院	2.44	6.30	—	—	—	8.74
市二医院	1.94	7.35	衣物 600 件			9.29
市三医院	0.76	2.99	—	—	—	3.75
市卫生监督所	0.24	0.30	—	—	—	0.54
市疾控中心	0.37	0.94	—	—	—	1.31
市妇保院	0.32	0.69	—	—	—	1.01
市中医院	0.24	0.75	—	—	—	0.99
市口腔医院	0.09	0.25	—	—	—	0.34
城东区	0.06	2.50	—	—	—	2.56
城中区	1.02	0.17	—	—	—	1.19
城西区	0.50	0.16	—	—	—	0.66
城北区	0.64	3.31	食用油、餐具、酱油等 0.40 万元			4.35
大通县	1.52	13.00	—	—	—	14.52
湟中县	3.42	5.00	—	—	—	8.42

续表 2-7

单位	特殊党费	个人捐款	药品器材	垫付医疗费	其他	合计
湟源县	1.20	5.13	—	—	—	6.33
卫生局	0.10	0.18	—	—	—	0.28
海东疾控	0.06	0.11	—	—	—	0.17
海东血站	0.03	0.16	—	—	—	0.19
海东医院	1.14	1.72	—	—	—	2.86
平安县	0.98	3.61	—	—	—	4.59
乐都县	1.31	9.61	—	—	—	10.92
民和县	1.85	6.10	—	—	—	7.95
互助县	1.80	10.67	—	—	—	12.47
循化县	0.57	2.00	—	—	—	2.57
化隆县	1.70	9.62	—	—	—	11.32
	0.88	—	—	—	—	0.88
	7.83	15.47	蒙、藏药品 3.43 万元，卫生材料 0.34 万元			27.07
省交通医院	0.90	4.69	团费 0.08 万元			5.67
省仁济医院	—	1.33	药品 29.85 万元			31.18
省水电四局职工医院	0.82	3.38	衣物、被褥等 331 件			4.2
省药监局	—	2.42	药品 180 万元、食品 9 万元			191.42

二十、人口计生部门赈灾

5 月 5 日，省人口计生委在西宁市城西区玉树新村开展“祝福玉树　真情服务”活动，请心理咨询专家为藏族群众进行心理疏导和健康检查。图为工作人员发放生活用品和有关家庭健康、心理健康的简明读物

（《青海日报》2010 年 5 月 11 日 3 版）

4 月 14 日上午 9 时，省人口和计划生育委员会（以下简称“省人口计生委”）党组书记、主任张进京主持召开党组会，研究部署抗震救灾工作，决定立即启动突发事件应急预案，紧急划拨 30 万元应急资金。15 日上午，省人口计生委开展为灾区献爱心捐款活动，向灾区捐款 3 万元，全委干部职工和离退休老干部现场捐款 1.651 万元。中午 12 时，省人口计生委紧急筹措的第一批救灾物资运往灾区。16 日，省人口计生委筹措 1.5 万元购买灾区最缺少的食品、药品及帐篷送往灾区；向灾区联点帮扶村玉树县结古镇红卫村党支部捐赠救灾款 5000 元；机关全体中共党员交纳特殊党费 3.13 万元。

二十一、审计部门赈灾

玉树大地震后，省审计厅向全厅干部职工发出为灾区捐款捐物和献血的倡议。4 月 16 日下午，厅机关举行支援玉树灾区捐款仪式，不到 1 小时，现场收到捐款 3 万多元。同时，为保证玉树抗震救灾期间省委、省政府有关抗震救灾部署的各项任务能够在各级审计部门得到及时传达、落实，从 16 日起实行 24 小时值班制度。21 日，审计厅号召党员自愿多交纳党费，支援玉树抗震救灾。至 22 日，全厅 15 个支部 118 名党员交纳抗震救灾特殊党费 2.425 万元。

二十二、外事部门赈灾

4 月 15 日凌晨 5 时，省外事办两岸交流处处长张国钧带领西宁旺旺食品有限公司捐赠的价值 24.75 万元的救灾物资运往灾区，将物资移交给受灾严重的结古镇禅古村。省外事办干部职工捐款 1.87 万元、捐助棉衣被 100 余件支援灾区；中共党员交纳特殊党费 2.21 万元。其间，省外事办公室组织协调海内外社会各界为地震灾区捐款捐物。截至 4 月 21 日 20 时，所捐款物折合人民币 10211.47 万元、日元 20.8 万元、港币 21513 万元、澳门元 305 万元。其中，省外事办机关捐款 3.7 万元，省外事办离退休干部及归侨侨眷捐款 0.17 万元。

至 5 月 1 日，省外事办接收救灾捐赠资金 18 笔，合计 25.15 万余元；接收救灾捐赠物资（西宁旺旺食品有限公司捐赠食品）1 笔折款 24.75 万元（转交结古镇禅古村）。接收的资金有省外办全体干部职工捐款 1.7 万元，四川省友好合作交流中心捐款 1 万元，中国友好和平发展基金会捐款 5 万元，湖北省荆州市外事局捐款 5000 元，加拿大浙江商会徐勤个人捐款 1 万元，加拿大浙江商会徐侃个人捐款 1 万元，越南党政干部考察团捐款 1500 元，省外办离退休职工捐款 1700 元，浙江金华冠华水晶有限公司捐款 5 万元，浙江义乌侨商会捐款 2.5 万元，加拿大浙江商会邵青山捐款 5000 元，日本财团法人自治体国际化协会北京事务所捐款 1 万元，四川汇融地产有限公司捐款 7185 元，四川龙旺置业有限公司捐款 7190.5 元，四川汇融置业有限公司捐款 7185 元，成都汇融实业集团有限公司捐款 7185 元，汇融集团全体员工捐款 2.13 万元，日本经济发展中心日本东崎捐款 6304 元。

至 5 月 28 日 15 时，省外事办实际到账和接收捐赠款物 399 万元（捐款 374.25 万元，物资折款 24.75 万元）。其中指定定向用途捐款 8 笔 151.31 万余元。包括西班牙瑞安华人华侨经贸总会捐款 49.77 万元，四川汇融地产有限公司捐款 7185 元，四川龙旺置业有限公司捐款 7190.5 元，四川汇融置业有限公司捐款 7185 元，成都汇融实业集团有限公司捐款 7185 元，汇融集团全体员工捐款 2.13 万元，香港方树福堂基金会捐款 5036.64 元，加拿大温哥华亚历山大学院捐款 96.04 万元。

省外事办直接接收的款物及时入账核算，建立台账，按规定时限上报捐赠资金、物资统计数据，对捐款单位和个人，及时开具由省财政厅统一印制的捐款统一收据，并严格实行专户管理，按规定时限上交省财政厅玉树抗震救灾捐赠资金专户；对所接收的物资，派专人全部运送至玉树灾区。

二十三、工商部门赈灾

4 月 14 日 8 时 15 分，省工商局紧急启动应急预案，党组书记、局长鲍玉璋紧急召集会议，成立抗震救灾工作领导小组，鲍玉璋任组长。领导小组下设办公室，迅速组建慰问救灾指导组，筹措帐篷、棉被、食品及药品等救灾物资运往灾区。与此同时，省工商局、省个体私营经济协会（以下简称“个私协会”）立即向各州（地、市）工商局和个私协会发出支援玉树抗震救灾紧急通知，并向全省广大个体工商户、私营企业发出捐赠倡议书。全省各州（地、市）工商局和个私协会干部职工及全省私营企业、个体工商户迅速行动起来，向地震灾区捐款捐物。16 日，省工商局组织西宁地区 100 多户个体经营者和 32 户私营企业举行捐款捐物仪式，现场募捐到现金 39.94 万元、救灾物资价值 481.6 万元。至 22 日，全省各级工商局、个私协会、个体工商户、私营企业捐款捐物 2482 万元。其中，捐款 916 万元，捐赠物资价值 1566 万元。省工商局机关党员为玉树灾区交纳特殊党费 4.84 万元。

4 月 26 日，省工商局出台免收年检费、免交审计报告、免交资产负债表和损益表的“三免”措施，帮助地震灾区企业恢复和发展生产、经营；成立维护市场秩序的“特遣队”赶赴灾区，帮助灾区恢复市场交易，维护市场交易秩序。鼓励动员灾区个体工商户采取多种方式开展经营活动，并在条件相对成熟的胜利路和民主路确定 3 处应急市场。5 月 3 日，省工商局推出放宽经营场所限制、放宽注册资本到位期限、放宽经营范围核定方式、做好受灾企业变更登记等 15 条具体措施，支持玉树灾区各类市场主体恢复生产经营和加快发展。至 5 月 25 日，灾区恢复经营各类摊点、门店 850 户，其中有 451 户经营户分别进入应急市场开展经营活动。至 5 月 28 日，省、州工商局分 4 次将 2616 顶帐篷分发给玉树灾区个体工商户，为个体工商户的基本生活和建设应急市场提供保障。领到帐篷的工商户占全部灾区个体工商户的 9 成。

二十四、质监部门赈灾

至 4 月 20 日，青海省质量技术监督局（以下简称“省质监局”）机关为玉树地震灾区捐助帐篷、睡袋、煤气灶和米、面、油、矿泉水、汽油、方便面等救灾物资，折合 20 余万元；局系统干部职工捐款 22 万元；局直属机关共产党员响应省委组织部、省直工委的倡议，自愿多交纳党费 2.22 万元。截至 25 日，省质监局收到省外捐赠资金 63.06 万元，其中福建省质监局捐款 10 万元、四川省质监局 5 万元、广西壮族自治区质监局 30 万元、重庆市质监局 10 万元、昆明市质监局 1.06 万元、四川阿坝州质监局 2 万元、黑龙江省质监局 5 万元；收到国家特种设备局委托甘肃特种设备检查检验研究院（以下简称“特检院”）捐赠的价值 7.4 万元的紧急救援设备，于 20 日运往玉树灾区。此外，收到系统内单位救助资金 6.66 万元，合计收到省内外捐赠资金

69.72万元。按照省财政厅《关于加强玉树抗震救灾捐赠资金管理办法》的有关规定，省内外捐赠资金69.72万元分别于21日、25日全部转入省财政抗震救灾专户；省局系统干部职工捐款22万元于16日交省红十字会；特殊党费2.22万元于19日交省委组织部。

二十五、银监部门赈灾

4月14日7时52分，青海银监局党委书记、局长冷云竹接到玉树银监分局副局长任青才仁关于玉树发生大地震的报告，立即向中国银监会报告灾情并迅速召开局党委会议，启动青海银行业应急预案。受青海银监局党委委派，海南银监分局局长周青康紧急采购应急物资迅速赶往灾区。青海银监局干部职工累计捐款18.2万元。

4月15日，青海银监局机关员工向玉树灾区银监分局捐款
（《青海日报》5月7日6版）

二十六、体育部门赈灾

5月1日，由青海省体育局主办，省体育彩票管理中心承办的“青海体彩为玉树灾区筹集百万元公益金活动”在全省范围内正式启动。活动以财政部、国家体育总局批准发行的“大爱无疆”赈灾主题套票和专门为玉树抗震救灾而提前发行的“青海风情”即开型体育彩票为载体，采取以户外销售为主带动全省各网点销售的形式，在西宁市西门体育馆北广场、中心广场、新宁广场及全省各体彩投注站、体彩即开型零售网点开展。“五一”期间，募集到公益金12万元。至5月31日活动结束，筹集到专项公益金100万元。

二十七、扶贫开发部门赈灾

省扶贫开发局向玉树州抗震救灾指挥部发出慰问电，捐款50万元用于开展抗震救灾工作；组织局机关及所属单位干部职工向玉树灾区捐款3.52万元。4月16日，紧急从西宁市、海南州等地采购10吨糌粑、酥油、曲拉等价值15.5万元的救灾物资，于当日运往地震灾区。在省扶贫开发局的积极协调和争取下，至17日18时，国务院扶贫办紧急动员协调各方力量，为玉树地震灾区募集到救灾资金和物资2145.2万元。其中，资金1608万元，各类急需物资价值537.2万元。24日上午，动员全省扶贫开发系统，再次组织价值70万元、70吨的抗震救灾物

4月24日，全省扶贫开发系统第二批支援玉树抗震救灾物资运抵灾区。青海省扶贫开发局局长、党组书记罗松达哇（左一）向玉树灾区捐赠救灾物资

（青海省扶贫开发局　提供）

资运抵地震灾区。这批物资主要是糌粑、酥油、曲拉、大茯茶、奶粉等急需食品。至5月10日，全省扶贫开发系统向灾区捐赠款物价值138.57万元。与此同时，省扶贫开发局向对口帮扶玉树地区的中央国家机关、辽宁省以及全国扶贫系统和省内扶贫龙头企业发函，请求支援抗震救灾工作。经积极协调争取，落实各方捐赠玉树灾区抗震救灾款物折合9731.65万元。

二十八、粮食部门赈灾

4月16日，省粮食局第一批粮油运抵灾区。至20日，共向灾区运送大米358吨、面粉93吨、食用油216吨，加上原有库存，玉树省级储备库存有青稞5000吨、大米358吨、面粉1143吨、食用油216吨。按玉树灾区每人每天成品粮供应标准计算，现存大米、面粉可保证10万人108天的供应，青稞可满足10万人108天的供应，食用油可保证10万人72天的供应。粮食部门随时可从临近省级储备库中调运粮油。

二十九、中央驻青海单位赈灾

（一）青海省气象局赈灾

玉树大地震发生后，青海省气象局召开紧急会议，启动应急响应程序，派出地震灾区救援组赴震区，调查了解受灾情况，并准备帐篷、发电机、应急移动气象台、移动通信设备及药品等物资，开展气象救援工作。同时做好震区气象预报服务工作，及时、准确发布气象信息，为救灾提供快速、及时、准确、有效的气象保障服务。14日9时，省气象局副局长张国胜带领抗震救援组启程赶赴玉树灾区，19时到达地震重灾区。15日7时20分，经过日夜兼程，移动气象台到达玉树，20分钟后，工作人员架起设备，连通与中国气象局的视频，并与中国气象局进行视频连线，建立通报玉树灾区最新灾情、天气会商和重要资料传输的快速通道。同时，省气象局组织的 20 顶帐篷、2 台发电机、移动通信设备及药品、食品等第一批抗震救灾物资也一并运达灾区。

（二）青海省地震局赈灾

省地震局紧急部署灾情应急处置工作，迅速向地震灾害紧急救援队通报震情，为地震灾害紧急救援队奔赴灾区进行救援提供通信支持，工作人员紧急调试好各项系统、评估软件，随时跟踪测算灾区损失，为上级部门指挥决策提供依据。

（三）青海省通信管理局赈灾

地震发生后，省通信管理局于 4 月 14 日 9 时 45 分召开紧急会议，成立抗震救灾通信保障领导小组，带领电信运营企业通信抢险队伍紧急赶赴灾区，组织协调各通信部门尽全力保障通信畅通。

（四）西宁海关赈灾

4 月 14 日，西宁海关启动公共突发事件应急预案，组织开展抗震救灾工作。15 日，西宁海关主动与成都海关联系，了解其对境外抗震救灾援助物资进境通关快速验放、有效监管的做法，并抽调业务骨干成立抗震救灾应急工作小分队，应对空运进口物资可能飞抵西宁或玉树的不同情况，准备多套应急预案，做好监管通关准备工作。23 日，青海出入境检验检疫局机关 47 名党员交纳抗震救灾特殊党费 25450 元。

（五）青海省烟草专卖局、青海省中烟工业公司赈灾

4 月 14 日，省烟草专卖局、省中烟工业公司分别捐出 300 万元，用于震区灾后重建。

第二章　省人大、政协及省内各民主党派赈灾

第一节　省人大赈灾

4 月 15 日上午，省人大党组召开扩大会议，进一步研究部署玉树抗震救灾工作，同时向灾区捐款 10 万元。

在省人大办公厅组织的向玉树灾区捐款活动中，在西宁的省人大常委会副主任刘晓、郭汝琢、昂毛带头捐款，在外地出差的省人大领导纷纷打来电话，委托工作人员代为捐款，省人大机关干部和离退休老干部 221 人捐款 11.6 万余元。15 时，省人大组织价值 7 万元的方便面、饼干、矿泉水等救援物资送往灾区。随后又两次向灾区运送价值 5 万元的救灾物资，并向玉树州、玉树县人大常委会机关和玉树州红旗小学赠送慰问金 33 万元。

4 月 18 日，组织机关全体党员交纳抗震救灾党费 129750 元，及时上交省委组织部；群众捐款 5600 元，及时送交省红十字会。省人大常委会机关干部职工和离退休老干部共向灾区捐款 25.017 万元。

4 月 18 日，省人大常委会副主任马福海（站立左一）代表省人大常委会向玉树州人大常委会捐款
（青海省人大办公室　提供）

4 月 19 日、23 日，省人大常委会分别向玉树州人大、玉树县人大和玉树州各级人大代表发出慰问信。

在青海的全国人大代表、省人大代表向全省各级人大代表发出倡议：肩负起人大代表的历史使命，与灾区人民风雨同舟、众志成城、共渡难关，奋力夺取玉树抗震救灾的全面胜利。

至 4 月 22 日 15 时，省人大常委会办公厅收到省内外各类捐款 57.96 万元。

第二节　省政协赈灾

4 月 14 日，省政协办公厅将价值近 5 万元的御寒棉衣、被褥及其他生活必需品等救灾物资，送往玉树灾区。同时，向全省各级政协组织、广大政协委员和政协工作者发出《积极向玉树地震灾区开展募捐活动的紧急呼吁》和《立刻行动起来，为玉树抗震救灾做贡献》的倡议书。

同日，省政协常委、民营企业家、青海健翔集团董事长南雪迅召开公司董事会议，研究抗震救灾相关事宜，并迅速在公司中开展捐款捐物活动。当日 17 时，南雪迅带领装载着价值 3.5 万元的 20 顶帐篷以及方便面、面包、矿泉水等救灾物资的汽车，奔赴玉树灾区。省政协委员、民营企业家、江苏伟业集团董事长王伟明，捐赠价值 250 万元的灾区急需的发电机设施、御寒棉衣、被褥及其他生活必需品。省政协委员、青海久美藏药药业有限公司董事长久美彭措召开公司紧急会议，在公司及下属医院抽调 11 名医护人员组成救灾小组，于 15 日凌晨 4 点急赴灾区开展救援工作；公司为玉树灾区捐赠现金和物资、药品价值共计 290 万元。省政协委员、青海汇吉实业集团有限责任公司董事长周卫军在地震发生后迅速召开董事会，研究布置支援玉树灾区有关工作，出资 300 万元购置灾区急需物资，并带领公司员工前往甘肃、陕西等地的帐篷厂、棉被厂等生产厂家协调采购高质量救灾物资，集团员工为受灾群众捐出御寒衣物、被褥 150 件，现金 6550 元。

4 月 15 日，省政协机关举行向玉树地震灾区捐助仪式，省政协副主席马长庆（前一）等领导和机关全体人员及部分离退休人员积极捐款
（青海省政协办公室　提供）

4 月 15 日，省政协机关

4 月 16 日，省政协委员向玉树灾区捐款活动现场　　　　（青海省政协办公厅　提供）

工作人员向灾区捐款 5.6 万元。16 日，省政协主席白玛提前结束休假返回青海，与副主席陈资全、仁青安杰、李忠保、马志伟在省政协办公厅及省卫生厅、省司法厅负责人陪同下，前往省第一人民医院、省第五人民医院、省妇女儿童医院、省藏医院、省红十字医院看望慰问来自玉树地震灾区的伤病员和医护工作者。当天，在西宁东关清真大寺 4 万余人参加的穆斯林“主麻日”聚礼仪式结束前组织捐赠活动，当场筹得各类捐款近 500 万元，救灾物资折价 10 万元。所捐救灾物资，于 17 日运往灾区。

4 月 16 日上午，省政协机关在西宁举行省政协委员捐款仪式。至 11 时，收到部分省政协委员个人捐款 15.22 万元。其中，省政协副主席西纳·洛桑旦贝坚赞捐款 1 万元，省政协委员马海龙捐款 5 万元，省政协委员陈光明捐款 2 万元，省政协委员马青、张德树、朱春玲各捐款 1 万元。下午，在西宁东关清真大寺穆斯林“主麻日”聚礼结束前的支援玉树抗震救灾捐赠活动中，省政协委员、企业家马文忠认捐修建 100 户受灾群众住房，价值逾 100 万元。同日下午，白玛出席捐赠仪式，代表省政协接受青海晨菲制药有限公司捐赠价值 170 万元的药品。

4 月 17 日，省政协组织广大政协委员开展给灾区群众捐款捐物活动，号召全省各级政协组织和广大政协委员支援灾区群众抗震救灾。在外省学习考察的省政协副主席韩玉贵，提前结束考察行程返回青海，于 17 日上午到青海省第一人民医院和青海省妇女儿童医院，看望玉树地震中受伤的人员，给他们送去慰问品。

4 月 18 日，省政协在西宁曹家堡机场举行成龙慈善基金会向玉树地震灾区捐款捐物仪式。白玛、陈资全代表省政协接受成龙基金会向玉树地震灾区捐赠的 300 万元爱心款，以及于荣光捐助的 200 件保暖内衣，徐若瑄捐助的 1000 件棉被、1 吨饼干、1.5 吨矿泉水、700 件棉衣。捐赠仪式结束后，中国香港著名演员成龙及基金会的部分成员乘飞机赴玉树地震灾区。

4 月 21 日，韩玉贵到海南州看望玉树地震受伤人员，慰问重庆市援助灾区医疗救援队和海南州医院医务人员；李忠保赴格尔木市，代表省政协看望慰问从玉树地震灾区运送至该市救治的伤员。

省政协机关党员踊跃交纳特殊党费。白玛带头多交纳党费 1 万元，全国政协文史和学习委员会副主任桑结加多交纳党费 3000 元，省政协原主席韩应选，省政协副主席赵启中、陈资全、李忠保，原副主席寻兴才分别多交纳党费 2000 元。无党派人士、省政协原副主席蒲文成也专程到机关再次捐款 1000 元。至 22 日，省政协机关党员多交纳党费 83350 元。在得知省妇女儿童医院接治未成年伤病人员较多，急需会藏语和汉语志愿者的情况后，省政协机关党委当即组织机关会的党员、干部组成志愿者服务队，前往省妇女儿童医院开展翻译沟通、孤儿护理、协助救护伤员等工作。

4 月 23 日上午，省政协举行陕西省政协暨西安市穆斯林企业商会向玉树灾区捐赠物资仪式。马长庆代表省政协接受陕西省政协民族宗教委副主任、西安市穆斯林企业商会会长沙鹏程向玉树灾区捐赠的价值 30 万元的物资。

4 月 26 日，香港全国政协委员张永珍、青海省政协委员孙德薇、中国生物制药有限公司副董事长郑翔玲等，通过中联办向玉树灾区捐款各 100 万港元。至 27 日，青海省政协收到港澳委员捐款近 250 万元。其中，澳门籍省政协委员何厚铿捐款 100 万元，香港籍省政协委员曾伟捐款 100 万元、所属公司员工捐款 1.9 万元，香港籍省政协委员方方、麦乐嫦、钟良基分别捐款 30 万元、20 万港元、1 万元。省政协委员霍庆华以青海庆华矿冶煤化集团有限公司名义捐款 1450 万元，省政协委员周卫军任董事长的民营企业汇吉集团捐款 300 万元，省政协委员韩兴旺捐款 115 万元、捐赠物资价值 20 万元。

至 4 月 26 日，省政协机关共有 50 人次到省妇女儿童医院开展志愿者服务工作。至 30 日，全省各级政协组织、广大政协委员和政协工作者共向灾区捐款 1120 余万元，捐赠物资价值 510 余万元；兄弟省（市、自治区）政协和香港、澳门及省内外企业、团体、民间组织和个人

4 月 23 日，省政协副主席马长庆（前排右一）接受陕西省政协暨西安市穆斯林企业商会向玉树灾区捐赠的价值 30 万元的物资

（青海省政协办公厅　提供）

通过省政协向灾区捐款 1174 万余元，捐赠物资价值 235 万余元。

5 月 4 日，省政协组织筹集价值 261 万元的药品，委托省政协副秘书长、农工民主党青海省委主委张周平带队，将该批药品送往玉树灾区。4 日至 5 日，受省委、省政府的委托，陈资全率领由省政协办公厅、省卫生厅、省民宗委负责人组成的慰问组赴兰州市，先后到甘肃省人民医院、解放军第 1 医院、兰州大学第二附属医院、兰州军区兰州总医院、甘肃省中医院看望慰问玉树地震转移伤员和医护人员，向收治伤员的 10 家医院送去慰问金各 10 万元，并给医院和甘肃省卫生厅、兰州军区联勤部赠送抗震救灾纪念牌匾。4 日至 7 日，赵启中受省委、省政府的委托，率领省政协办公厅、省卫生厅、省民宗委的有关负责人赴西安市，先后到西安交通大学第一附属医院、西安红十字会医院、西安交通大学第二附属医院、西安市中心医院、西安市第四人民医院和第四医科大学西京医院看望参与救治工作的医护人员和部分灾区伤员，为 6 家医院送去抗震救灾纪念牌匾和慰问金。

5 月 23 日，在北京 2010 中国国际体育用品博览会上，河北省盐山县体育用品行业协会向玉树地震灾区捐赠价值 120 万元的篮球架、乒乓球台、体操垫、跳箱、路径健身器材等体育用品。

5 月 25 日下午，受成龙基金会委托，省政协在西宁举行成龙慈善基金会向玉树灾区受灾学生捐赠食品仪式。韩玉贵和海南州政协、青海民族大学、西宁市教育局以及受捐学校有关负责人、部分学生代表参加捐赠仪式。成龙慈善基金会捐赠的 800 件食品，分别送给在西宁市、海南州和青海民族大学就读的灾区学生。

5 月 27 日，盐山县体育用品行业协会派代表专程到西宁交接捐赠物品。李忠保出席在北京的捐赠仪式和西宁的交接仪式并讲话。

6 月 3 日上午，山西中远威药业向玉树捐赠价值 1500 万元的高原病防治药品仪式在西宁举行。陈资全和山西省政协副主席李潭生，山西省政协办公厅、山西省民政厅、山西省民委和山西省运城市政协相关领导和青海省有关部门负责人出席捐赠仪式。香港陈廷骅基金会向玉树灾区捐赠 4000 万港元签约仪式在胜利宾馆举行。青海省政协主席白玛，省人民政府副省长高云龙，省政协副主席陈资全、马志伟出席仪式。香港陈廷骅基金会与省政协、省教育厅、省财政厅签订《香港陈廷骅基金会重建青海省玉树藏族自治州寄宿制民族中学捐赠协议书》，与省政协、省民政厅、省财政厅签订《香港陈廷骅基金会紧急救助青海省玉树县地震受灾群众捐赠协议书》。这两个协议书确定的捐赠款项用途是：3700 万港元定向用于玉树寄宿制民族中学重建；300 万港元定向用于受灾群众的紧急救助。其中，15 万港元捐赠给相古寺受灾僧侣，20 万港元捐赠给结古寺受灾僧侣，20 万港元捐赠给禅古寺受灾僧侣，245 万港元用于因地震致残、致孤的未成年人和 50 岁以上的老人。受香港陈廷骅基金会委托，青海省政协对捐赠资金和实施项目就近代行监管。

截至 6 月 18 日，全省各级政协组织、广大政协委员和政协工作者向灾区共捐款 4782.71 万元，捐赠物资价值 1916.66 万元；兄弟省、市、区政协和香港、澳门及省内外企业、团体、民间组织和个人通过省政协向灾区捐款 1213.23 万元，捐赠物资价值 258.3 万元。

第三节　各民主党派省委赈灾

一、中国国民党革命委员会青海省委赈灾

4 月 14 日下午，中国国民党革命委员会青海省委机关干部参加省垣统战系统的捐款活动，现场捐款 3700 元。15 日上午，民革青海省委机关召开紧急会议，按照省政协副主席、民革青海省委主委马志伟的要求，成立民革青海省委会抗震救灾领导小组，马志伟任组长，秘书长马宁任办公室主任。会议要求民革各级组织和全体党员要紧急行动起来，想方设法，采取多种形式向玉树灾区捐款捐物。会后，民革青海省委立即向中共玉树州委、州人民政府发出慰问信；向全体民革党员和所联系人士发起“伸出双手，奉献爱心，送上一份真情”的倡议，号召全体党员团结起来，行动起来，向玉树州地震灾区捐款，与灾区同胞共渡难关；向民革中央汇报灾区情况，希望得到全国各地民革组织和党员的支持。当天民革青海省委收到捐款 1.155 万元。16 日下午，民革青海省委机关全体人员进行第二次捐款。

省人大常委会副秘书长、民革青海省委副主任委员刘同德带队连夜将价值约 6 万元的救灾物资打包装车。17 日上午 7 时启程，将救灾物资送往灾区。

4 月 24 日，民革甘肃省委主委郭层城带队，将两车棉被、方便面等价值 25 万元的物资和 5 万元现金，通过民革青海省委运送给玉树地震灾区。在民革青海省委机关举行的救灾物资捐赠仪式上，马志伟代表青海民革接受捐赠并向甘肃民革赠送锦旗，对甘肃民革向玉树灾区的援助表示感谢。

民革青海省各级组织纷纷向灾区捐款。4 月 14—26 日，民革青海省委省属各支部捐款 39180 元。

全国各级民革组织及党员为青海玉树灾区捐款情况表

表 2–8　　　　单位：万元

捐款单位	捐款	捐款单位	捐款
民革中央	11.05	郭永业等 12 位台湾同胞	2.60
民革四川省委会	0.54	民革安徽省委员会	0.89
新疆金城住房置业担保有限责任公司	1.00	民革四川省委员会省直党员	0.06
浙江长征职业技术学院	20.00	北京中山伟帮文化传播	10.00
民革新疆区委会	0.56	民革四川省雅安市委员会	1.16
民革湖北省天门市委员会梁爱平	0.10	民革四川省成都市委员会	3.28

续表 2-8

捐款单位	捐款	捐款单位	捐款
民革黑龙江省委员会	2.00	民革四川省内江市委员会	1.00
民革四川省委机关省直支部	7.22	民革四川省乐山市委员会	0.79
民革辽宁省委员会	0.50	民革江西省委会机关工会	20.57
民革四川省自贡市委会	0.49	民革湖北省委会	0.24
民革四川省遂宁市委员会	1.50	民革海南省委会	4.10
民革广西壮族自治区委员会	2.51	民革吉林省委会	5.00
河南洛阳民革党员杨双民	0.91	民革广东省委会	19.99
民革四川省攀枝花市委会	1.17	民革广西钦州市委员会	0.64
民革山东省委主委会及部分党员	0.56	民革四川省绵竹市委员会	0.87
民革甘肃省委员会	5.00	民革四川省达州市委会	1.30
民革四川省泸州市委员会	0.41	民革宁夏区委会	0.41
民革河北省委员会	1.00	宁夏功达建筑公司民革党员汪国利	2.00
民革四川省委员会省直党员	0.44	民革四川省凉山州委员会	1.09
民革四川省广元市委会	0.07	民革中央画院	3.00

4 月 27 日上午，青海民革捐助和所筹集的 54.636 万元现金和价值 75 万元的物资一起移交至青海省民政厅，并在民政厅会议室举行款物移交仪式。

同日，北京市政协副秘书长、民革北京市委副主委于雪鹰，北京市政协委员、民革北京市委委员、北京宝旺集团公司董事长陈定旺等，将 3 车棉被、大米等价值 45 万元的物资送抵西宁，通过民革青海省委运送给地震灾区。

4 月 28 日，民革青海省委收到江西省宜春市宜丰县芳溪镇芳溪村普通农民胡建启的来信和善款。胡建启在信中说：“自玉树发生地震以来，我们一直关心着灾区群众，当在电视上看到香港阿福舍生忘死救孩子的景象，他那种真诚无私、大爱无疆的高尚精神，深深地打动了我和四个孩子的心。我家不富裕，但我们想让灾区的藏族孤儿能继续上学。因此，我们决定每年向玉树孤儿学校捐款 4140 元，连续捐 6 年。”民革青

6 月 29 日，在玉树灾区举行的香港陈廷骅基金会捐助仪式现场

（青海省委统战部　提供）

海省委按照胡建启及其 4 个孩子的心愿，将第一笔 4140 元善款转给玉树灾区。

6 月 29 日，香港陈廷骅基金会捐助玉树地震受灾群众仪式在玉树县结古镇举行。地震发生后，王松龄、王杰（上海捷斯丹股权股份有限公司、青海银路投资有限公司董事长，青海省商会副会长）积极牵线搭桥，民革青海省委努力沟通、多方联系，促成香港陈廷骅基金会向玉树灾区捐款 4000 万港元，并于 6 月 3 日在西宁签订捐赠协议。仪式上，向受助群众代表和结古寺、禅古寺、相古寺的寺院代表发放爱心专项捐助款 300 万港元。

二、中国民主同盟青海省委赈灾

4 月 14 日，中国民主同盟青海省委员会向全省民盟各基层组织发出通知，号召盟员积极向灾区捐款捐物。民盟省委机关职工捐款 1650 元，民盟文华学校向省红十字会捐款 5000 元。同时，向中共玉树州委、州政府发出慰问电。至 15 日中午，省民盟组织和个人筹集、捐助资金和物资价值 20 余万元。当日，民盟乐都支部为灾区捐款 6300 元；14 时，西宁博奥房地产开发有限公司董事长、民盟青海省委科技经济工作委员会副主任张文郡，带领 5 名志愿者和由 6 辆车组成的车队，携价值近 30 万元的救灾物资从西宁出发前往震区。这批物资包括矿泉水 26400 瓶、方便面 2000 多箱、棉被 1000 多条、帐篷 20 多顶，以及灾区急需的柴油、汽油等。

4 月 16 日，民盟青海省委机关工作人员购买近 7 吨矿泉水、鲜奶、方便面、面包、午餐肉等食品。17 日晨 6 时 30 分，该批物资随省垣统战系统抗震救灾车队出发。至 28 日，青海省民盟组织、协调和个人捐助资金和物资 416 万余元。其中，物资价值 398 万元，现金 18.68 万元。至 6 月 29 日，经民盟青海省委协调联系的救灾资金和物资总价值近 3000 万元（包括雕塑《玉树花开》）。青海省民盟组织、个人捐助资金和物资 76.13 万元。其中，现金 48 万余元，物资价值 28 万元。民盟青海省委机关及基层盟员交纳的特殊盟费，于 21 日、23 日分别汇往省财政抗震救灾专户 4.726 万元、5100 元。

4 月 15 日，民盟青海省委科技经济工作委员会副主任、西宁博奥房地产开发有限公司董事长张文郡（前排右二）带领公司员工筹集 6 车救灾物资运往玉树

（青海省委统战部　提供）

4 月 18 日 14 时 30 分，民盟青海省委举行向玉树地震灾区捐款仪式，数十名在西宁的盟省委常委、省垣各民盟直属支部、总支盟员及民盟西宁市委代表参加，现场收到盟员自愿交纳特殊盟费捐款 4.11 万元。80 多岁的老盟员刘曼云行动不便，特意嘱托她儿子前来捐款。至 28 日，民盟青海省各基层组织和盟员，以现金、物资形式向民盟省委、所在单位、红十字会和玉树灾区捐款捐物总计 42.24 万元，其中盟员交纳特殊盟费 58860 元。

4 月 19 日，民盟河南电力第二支部委员、河南红五月公益联盟总协调刘磊（四川抗震救灾模范、河南省首届优秀志愿者、原河南山地救援队队长）率 10 余人的抗震救灾小组，携棉衣、棉被、药品、手电筒等赈灾物资于中午抵达西宁，20 日一早赶往玉树灾区。

5 月 5 日上午，青海金大地现代农业发展有限公司董事长、盟员景耀武为灾区捐款 10 万元。

民盟青海省委各基层组织、盟员通过民盟省委、盟员所在单位、红十字会或直接向玉树灾区捐款统计表

表 2-9　　单位：万元

基层组织名称、捐款个人姓名	特殊盟费	其他捐款（不包括特殊盟费）
盟省委机关一支部	0.85	3.40
盟省委机关二支部	0.09	0.68
民盟西宁市委	1.93	6.49
民盟格尔木市委、德令哈总支	0.75	2.34
民盟青海省委各支部	1.76	4.50
互助支部	0.21	—
民和支部	0.64	—
乐都支部	0.66	—
盟省委机关工会人员捐款	0.08	—
盟省委机关工作人员参加省垣统战系统捐款	0.17	—
民盟文化培训学校	0.50	—
盟省委	10.00（现金 2.00，物资价值 8.00）	—
张文郡	—	30.00（现金 10.00，物资价值 20.00）
景耀武	—	10.00
总计	17.64	57.41

6 月 1 日，城市雕塑艺术家、民盟盟员黄剑将大型雕塑作品《玉树花开》捐赠给玉树孤儿学校，捐赠剪彩仪式在玉树县结古镇举行。

6 月 9 日下午，“携手同行　抗震救灾　民盟在行动”暨“爱心温州　善行天下　明眸工程青海行”启动仪式在西宁举行。“明眸工程”是由民盟中央牵头协调，在温州各爱心机构和爱心人士的支持下，由温州医学院附属眼视光医院具体实施，旨在帮助中西部贫困地区眼病患

11 月 29 日，民盟盟员、中国航天朝阳电源有限公司总裁王刚（二排左六）、鲍义志（二排左五）、民盟省委专职副主任委员程苏（二排左三）在三江源民族中学出席捐赠仪式

（青海省委统战部　提供）

者重见光明，提高中西部贫困地区医疗机构眼视光诊疗水平的医疗扶贫活动。该医院把参与玉树灾后重建与“明眸工程”结合起来，积极与温州慈善总会等机构和企业联系，共募集善款 956 万元，在青海开展“明眸工程”，施行白内障复明手术，普及眼保健常识。“明眸工程青海行”标志着“爱心温州　善行天下”活动走进青海，走进玉树灾区。

三、中国民主建国会青海省委赈灾

4 月 14 日，青海省副省长、中国民主建国会青海省委（以下简称“民建青海省委或民建省委”）主任委员高云龙对支援玉树抗震救灾做出“迅速反应、主动作为、高效工作、保证安全”的指示，民建青海省委在省垣各民主党派中率先成立抗震救灾救援队并发动广大会员及会员企业为灾区人民捐款捐物，协调和接受全国各地民建组织向玉树灾区捐款捐物。当日 9 时，西旺公司董事长、民建青海省委常委池立群通过红十字会向玉树地震灾区捐款 100 万元。此后，又捐赠物资价值 54 万元。民建会员、中国工商理事会常务理事、女企业家协会常务理事、青海杰森集团董事长冯全忠立即联系彩钢房厂家到玉树盖建彩钢房（价值 40 万元），次日又召集公司员工在西宁地区筹集馍馍 11 箱、蒸煮好的禽蛋 50 箱（价值 2.19 万元），通过省红十字会运输救灾物资专用车辆送往灾区。民建会员、中华全国厨具商会理事、青海新概念厨房设备有限公司总经理蔺永祥组织筹集可同时供应 4000 多人就餐，每日可应急解决 2 万多人吃饭问题的一批应急炊事设备、燃料、厨房操作器具、餐具等设备和物资，捐赠给灾区。

4月15日上午，民建平安（县）支部开展支援玉树灾区抗震救灾捐款活动，现场捐款4200元；民建西宁市委向各支部发出捐款倡议，市委领导带头捐款，会员纷纷奉献爱心，16日17时，收到29名会员捐款1.69万元。其中，城北区支部主任蒋全捐款1万元，企业家会员赵本平、金生辉各捐款1000元。

4月16日，民建青海省委在西宁市新宁广场举行民建中央、中华思源工程扶贫基金会向玉树灾区捐赠仪式。高云龙、中华思源工程扶贫基金会副秘书长陶鸣出席捐赠仪式。活动为灾区募集赈灾款113.17万元和价值124万元的赈灾物资，随即将价值124万元的食品、发电机、救急药品等救灾物资运往玉树灾区。

4月至16日18时，民建青海省委收到捐款捐物共计240.16万元，并先后组织2批救援队伍、13名救援队员，将总价值183万元的灾区急需的矿泉水、方便面、发电机、帐篷、棉被、折叠床、米、面、油和救急药品等救灾物资送到玉树受灾群众手中。

民建会员、青海乐平心理卫生咨询中心主任祁乐平先后组织3批理论知识扎实、业务素质过硬、现场干预能力强的心理咨询救援队伍，赶赴玉树，对受灾群众和救援人员进行具体的心理指导和帮助最大限度地减少他们的心理创伤。同时，在西宁邀请心理咨询专家举办心理援助讲座，进行心理危机干预培训，到海南州、西宁市为玉树灾区来的学生和教师进行团体心理疏导和个案咨询。

至4月20日，青海民建会员向玉树灾区捐款167.24万元，捐救灾物资价值126万元。

民建会员企业青海华实科技集团所属青海互助青稞酒有限公司，筹措价值54万元的救灾物资，连夜兼程赶赴玉树。同时，集团员工捐款11万多元。4月22日，通过民建中央、中华思源工程扶贫基金会向灾区捐款1000万元。青海珠峰虫草药业有限公司董事长、民建会员王辉向玉树灾区捐赠价值60万元的急需药品，并以个人名义捐款10万元。民建会员企业青海国鑫铝业股份有限公司为灾区捐款80万元，青海杰森集团捐款51.9万元。

4月22日，民建青海会员企业青海互助青稞酒有限公司通过民建中央、中华思源工程扶贫基金会向玉树灾区捐款1000万元

（青海省委统战部　提供）

4月16日，民建中央、中华思源工程扶贫基金会、民建青海省委组成救援队携救灾物资从西宁出发赴玉树灾区。图为救援队员装载救灾物资

（青海省委统战部　提供）

4月20—23日，民建会员学校、民办寄宿制三源公学，通过向西宁市政府、市教育局申请，免费接收灾区学生27名。三源公学玉树州囊谦籍高一学生久美巴丁、尕玛代吉和更乔曲吉作为志愿者分别到红十字医院、交通医院和第三人民医院担任志愿者救助伤员。

民建会员、青海省正平公路桥梁工程公司总经理金生辉全力组织公司人员投入抗震救灾。公司驻玉树巴塘机场项目部169名员工和37台机械设备组成的抗震救灾保通救援队和抢险救援队，赶赴结古镇途中发现玉树机场公路部分路段因水库震裂和山体滑坡造成道路堵塞，立即动用全部机械抢修道路，同时组织140余人奔赴对岸的村庄抢救受灾群众。上午11时左右打通机场至玉树州的单幅通道，确保灾区生命线的畅通。公司驻巴塘机场公路B标项目部收留当地17名受灾藏族同胞，为他们搭建帐篷，提供食宿，并派专人为其搜寻家庭物资，挽回部分经济损失。同时，公司及时向全体员工发出募捐倡议书，募集捐款16.81万元。

四、中国农工民主党青海省委赈灾

4月15日，中国农工民主党青海省委员会（以下简称“农工党青海省委”）向各省（市、自治区）农工党省级组织发出支持青海省玉树地震灾区抗震救灾函，告知“灾区帐篷、棉被、医疗物资、食物及饮用水处于匮乏状态，急需救援”和联系方法，希望全国各省级农工党组织积极支持和支援农工党青海省委的抗震救灾工作。同时，向全省各级农工党组织、广大农工党员发出支援玉树抗震救灾倡议书，号召医药卫生界的党员积极报名参加所在单位组织的赴灾区医疗队。农工党青海省委副主委、省妇女儿童医院副院长王昆，农工党青海省委常委、省第五人民医院肿瘤科主任赵成茂，农工党员、省心脑血管病专科医院副院长刘品发，农工党青海省人民医院支委会主委、省人民医院神经内科副主任马越，农工党员、省人民医院神经内科副主任医师冶玉虎，农工党员、省人民医院护士宋玉梅，农工党员、西宁市第一人民医院骨科副主任医师李二虎，农工党员、西宁市第二人民医院普外科主治医师孙建海，农工党员、西宁市第三人民医院外科护士长火秋萤主动请战，报名参加所在单位组织的医疗队，赶赴灾区第一线抗震救灾。当日农工党青海省委紧急筹集价值200万元的药品，通过省红十字会捐给灾区群众；省委会机关干部职工捐款1250元。17日上午，农工党青海省委筹集价值7万元的救灾物资，随省垣统战系统救灾物资车队运往玉树灾区。

农工党青海省委机关支委会、德令哈市支委会、格尔木市支委会以及省交通支委会组织党员为灾区群众捐款。至4月16日11时，全省农工党员捐款12.07万元。青海省经济界别中的农工党员陈光明、赵恕、时洪光和董岩等企业家，通过省红十字会向玉树灾区分别捐款3万元、5000元、5000元、1000元。

4月16日上午，在省政协进行的捐款活动中，张周平以省政协副秘书长和省政协委员的身份，先后两次捐款共1000元；农工党员、企业家陈光明捐款2万元；农工党员企业总经理时洪光捐款2000元；农工党员张莉捐款200元。同日上午，农工党青海省委机关干部职工以交特殊党费的形式，向玉树灾区第二次捐款6600元。截至6月20日，全省农工党员捐款13万元，交纳特殊党费4.5万元；农工党中央捐款50万元，全国各级农工党组织捐款102.5万元，合计170万元。

5月4日，政协青海省委员会、农工党青海省委向灾区捐赠总价值261万元的药品、生活用品，并及时送达灾区各医疗队。

至7月底，全国各级农工党组织、党员和部分企业向玉树地震灾区捐赠药品、物资价值1465.4万元。由农工党青海省委接收的有：4月17日，陕西杨凌岱鹰生物医药集团股份公司捐赠价值19.2万元的药品；4月18日，农工党四川省委和省直中药所总支、日本亚洲医师学会、石家庄以岭药业捐赠价值36万元的药品；4月20日，浙江奥默医药技术有限公司捐赠价值30万元的药品；4月17—29日，陆续由广西、甘肃、湖北、宁夏、贵州、云南、天津、江苏、无锡、绵阳、攀枝花、汉中、宝鸡、安康等16个省（市）农工党组织捐赠价值173.2万元的药品、物资；6月3日，中国初级卫生保健基金会捐赠价值1000万元的药品。以上药品、物资除6月3日接

5月4日，省政协副秘书长张周平（右三）赴玉树地震灾区捐赠价值261万元的药品及物资

（青海省委统战部　提供）

6月3日，省政协副主席陈资全（前排左三）、副秘书长张周平（前排左二）接收中国初级卫生保健基金会向地震灾区捐赠的高原卫生保障用药品

（青海省委统战部　提供）

收的其中一部分运往格尔木市、德令哈市及西宁市等地外，绝大部分运往玉树地震灾区。

五、九三学社青海省委赈灾

4月14日上午，九三学社青海省委员会（以下简称“九三学社青海省委”）召集机关办公会议，成立以九三学社青海省委主任委员杜德志为组长的青海九三学社抗震救灾领导小组，并立即向所属各级组织和广大社员发出倡议。下午，九三学社社员、青海通信服务公司总经理邓晓辉率本单位员工一行35人昼夜兼程赶赴灾区，抢修通信设施；九三学社社员、西宁市兴华房地产开发有限公司董事长马仁杰带着4台挖掘机和现金率员工火速赶往灾区。

同日下午，九三学社西宁市委收到社员捐款8000元。社友李雪莲一直积极申请加入九三学社，听到捐款的消息后，带着1000元钱到市委会，要求以九三学社社员名义向灾区捐款。社市委全体社员在各自单位和通过不同渠道捐款2.8万元。

4月15日，青海交通、医疗、地震、气象、通信、水电等行业近20名九三社员投入抗震救灾中。同日，九三学社德令哈支社组织社员开展捐款活动，筹集善款4300元。同时，社员还以不同形式参加本单位捐款4750元。

4月16日中午，九三学社青海省委和西宁市委联合组成援助玉树灾区救援队，用捐款紧急购买价值10万余元的食品、蔬菜、水果等，范增成带队奔赴灾区，昼夜兼程800多千米，于17日下午将12吨蔬菜水果运送到结古镇新寨九年一贯制学校和玉树县第二民族中学。

九三学社格尔木支社举行玉树地震灾区爱心捐助活动，至4月16日上午，捐款1950元。当日16时30分，在中共格尔木市委统战部组织的募捐活动中，支社主委张亚邦将这笔捐款投进捐款箱。至5月30日，格尔木支社社员以单位成员、政协委员、人大代表等身份或以爱心慈善捐助的形式累计向灾区捐款4.506万元。格尔木支社支委委员、格尔木昆宝钾肥有限公司董事长张元民携公司全体员工先后累计捐款3.31万元。

九三学社省委接受社基层组织捐款情况：4月15日，社西宁市委捐款5450元，省直综合委员会（一支社）捐款3700元，省直综合委员会（二支社）捐款1200元，省直综合委员会（三

4 月 16 日上午，九三学社青海省委组织社员紧急赴西宁海湖路批发市场采购玉树灾区生活急需用品
（青海省委统战部　提供）

支社）捐款 1.21 万元，社海东地区委员会捐款 2450 元，社高原生物研究所委员会捐款 900 元，农林支社捐款 2610 元，省人民医院支社捐款 1900 元，青海大学支社、青海师范大学支社、体育支社各捐款 1000 元，省水电设计院支社捐款 750 元，省妇女儿童医院支社捐款 920 元，水利化工支社捐款 250 元，省药品检验所支社捐款 700 元，省气象局支社捐款 550 元，地学一支社捐款 800 元；16 日，社省疾控中心小组捐款 700 元，社青海民族大学委员会捐款 2200 元。至 16 日上午，九三学社青海省委收到捐款 12 万元。社省委副主委、地质勘探专家邓吉牛个人捐款 2 万元；社员、青海科力英语培训学校校长曹磊脚扭伤在家养病，听到消息后脚缠纱布、一瘸一拐地把 1000 元捐款送到社省委；社员刘桂香购买价值 500 元的药品和救灾物资，送交社省委；社省委委员、西宁市兴华房地产开发有限公司董事长马仁杰捐款 3.5 万元；社员、西拓交通工程咨询有限公司董事长闫醒春捐款 1 万元。19 日，青海医学院支社捐款 600 元，省红十字医院支社捐款 1600 元，社省委捐款 1050 元，省直机关支社捐款 2 万元，文化支社、地震局支社各捐款 500 元，地学二支社捐款 2200 元，社牧医小组捐款 1400 元，德令哈支社捐款 8350 元，省卫生职业技术学院支社捐款 3450 元，海南州支社捐款 4 万元。

截至 5 月 18 日，全省九三学社各基层组织、社员及机关干部捐款 98430 元，社省委、社西宁市委收到其他省、市九三学社捐款 11.45 万元。通过社青海省委向玉树地震灾区捐款的省、市社委会有：5 月 21 日，九三学社陕西省委捐款 2.26 万元，九三学社广西自治区委捐款 11750 元；5 月 28 日，九三学社贵州省委捐款 3 万元；7 月 5 日，北京九三王选关怀基金会捐款 30470 元。

第三章　省军区、武警青海省总队及驻军部队赈灾

第一节　省军区赈灾

4 月 14 日 7 时 49 分，青海省军区迅速启动应急指挥机制，出动部队 1258 人、民兵预备役人员 1426 人驰援灾区。玉树军分区、玉树县人民武装部、结古兵站在自救的同时，投入 400 余人抢救群众。青海陆军预备役步兵旅先期出动 30 人的医疗救治分队，在副政委马文贤带领下，于 15 日 17 时赶赴灾区，立即展开医疗救治工作。15 日凌晨，68710 部队抽调 100 多名官兵，依据当地政府统一规划，在玉树县赛马场为受灾群众搭建棉帐篷，至 17 日 17 时，搭建帐篷 600 多顶，安置群众 2000 多人。4 月 15 日，省军区广大官兵、退休干部和职工家属为灾区捐款 150 万元。定居北京的省委原常委、省军区原司令员兰仲杰少将为玉树灾区捐款 1 万元，让身边的子女转交给灾区，同时制作一批在汶川大地震中鼓舞灾区人民战胜灾害、重建家园的《在一起》歌曲光盘，委托青海省委宣传部领导转交灾区群众。4 月 15—16 日，省军区机关及所属部队先后举行向玉树地震灾区捐赠仪式，全体官兵、离退休干部、职工及家属踊跃捐款捐物，共计捐款 501912 元。

19 日，省军区向玉树灾区学校捐赠课桌椅 200 套，价值 5.2 万元。21 日，省军区组织慰问组，对玉树县 2 个镇、1 个乡、18 个村的 591 名“三孤”（孤儿、孤老、孤残）人员进行慰问，发放大米 28 吨、面粉 28 吨、清油 560 桶、帐篷 2 顶、床铺 12 张和现金 10 万元；为 289 名“三孤”人员检查身体，医治 35 名伤病员，发放药品 358 盒（袋）。同日，93 岁高龄的老红军、省军区原副司令员周龙，向玉树地震灾区捐款 1 万元。23 日，省军区为玉树县第一民族中学搭建

4 月 15 日，青海省军区机关捐赠衣物、被褥等地震灾区急需物资　（青海省军区　提供）

帐篷大教室 30 间，与兰州军区一起为玉树县第一民族中学捐赠"帐篷学校"，第二天全校 830 名学生搬入新教室上课。24 日，省军区为玉树县第三完全小学搭建 20 顶帐篷教室，协调驻青海部队捐赠 500 套课桌椅。

4—5 月，果洛军分区在玛多县组建应急医疗救助站为过往的志愿者、群众及执行救灾任务的官兵免费发放应急药品，提供简易食品、饮用水及医用氧气，并积极为初上高原的人员进行医学常识辅导，消除他们的恐惧心理。

截至 6 月 17 日，省军区突出重点、扶贫帮困，尽力安抚受灾群众生活，稳定人心，动员官兵为灾区捐款 150 万元，先后看望"三孤"人员和寺院僧侣 550 名，赠送慰问金 20 余万元，搭建帐篷 1918 顶、板房 220 间，转移安置群众 1300 多户，建立临时供水点 13 个，提供大米、面粉、食用油各 30 多吨以及部分棉被、衣物和行军床等急需物资，先后转运救灾物资 4070 吨。

第二节　青海省武警总队赈灾

4 月 14 日 7 时 53 分，武警青海省总队迅速启动处置重大自然灾害应急预案。震后 8 分钟，武警玉树州支队官兵就从营区奔向临近居民重灾区和学校、银行、医院等重要目标展开救援行动，把 1000 多名群众转移到营区。8 时 10 分，武警青海省总队集结救灾兵力和医疗救护人员 2100 多人，由西宁、格尔木两个方向从陆路、空中紧急驰援玉树灾区。陆路部队翻越 7 座雪山，风雪兼程 827 千米，当天 19 时到达重灾区结古镇。由于灾区食物相对紧张，再加上缺乏炊具，部分群众吃饭困难。15 日凌晨起，支队利用战士们从震塌的营房里挖出的 7 口口径约 1.2 米的大锅烹制饭菜，为过往的群众免费供应饭菜。16 日凌晨，总队紧急调运到灾区帐篷 200 顶、充气床垫 500 张、发电机 6 台、急救包 200 个。震后前三天，总队在灾区开设 7 个受灾群众就餐点，就餐人数 6 万多人（次）。先后搭建帐篷、简易板房 1652 顶（间）。至 5 月 27 日，官兵累计搜救出幸存群众 1191 人，转移受灾群众 5527 人，运送物资 15239 吨，归整可利用建筑材料 11187 立方米，挖出、移交现金和贵重物品价值 9000 多万元，挖掘和转移藏传佛教文物 554 件。

4 月 15 日，武警青海省总队机关发起向灾区群众“送温暖、献爱心”捐款捐物活动。至 21 日，总队官兵为玉树灾区群众捐款 42 万多元，捐献棉衣棉被 1860 件（套）。总队抗震救灾任务部队主动与灾区两个行政村结成帮扶对子，先后捐款 1.2 万元，捐赠帐篷 7 顶、衣被 230 件、矿泉水 310 箱、面粉 2500 千克、桌椅板凳 50 张（条）、学习用具 120（件）套、医疗器械 100 件和价值 2 万余元的常用药品。29 日，在玉树地震灾区抢险救灾的武警青海省总队第一支队决定，长期资助玉树县结古镇甘达村的 3 名孤儿和 1 名孤寡老人。3 名藏族孤儿才仁闹本、白玛拉永、扎西多杰由支队长安大钧、副支队长石风华、政治处主任刘良贵资助他们一直读完高中。同时由支队照顾年逾八旬的孤寡老人麦措。5 月 5 日，武警青海省总队第四支队政委张华、支队长屈明刚、政治处主任石强决定共同资助地震中父亲受伤、母亲遇难，就读于深圳市开放职业技术学校的玉树县禅古村藏族姑娘尕松拉毛，直到她完成学业。接过张华递来的 5000 元钱时，尕松拉毛热泪盈眶。

截至 5 月 16 日，武警青海省总队组织官兵为灾区捐款 100 万元，捐赠衣物 4850 余件（套），搭建帐篷 1571 顶，免费发放价值 105.7 万余元药品，救助受伤群众 16630 人，慰问受伤住院群众 362 人次，每天免费为 3000 余名群众和地方救援人员及时提供伙食保障。

武警青海省总队官兵有组织、有计划、有步骤地对地震重灾区结古镇甘达村开展帮扶，签订长期援建工作协议。至 6 月 18 日，40 多名党员干部与甘达村“三孤”人员结成帮扶对子，为该村 12 名孤儿、23 名孤寡老人、19 名孤残人员捐款 3 万余元。官兵为甘达村小学搭建起 6 个帐篷教室和 8 个学生帐篷宿舍，捐赠课桌椅、书包、学生用具 120 套和电脑 5 台，并派出 10 多名官兵担任校外辅导员，配合学校开展教学工作。

第三节　青海驻军部队赈灾

一、驻青海 96351 部队赈灾

4 月 14 日，96351 部队第一梯队千里驰援，赶赴灾区。15 日抵达灾区。16 日，解放军第 536 医院在玉树灾区搭建起野战医院，连夜展开手术，收容救治伤员；在后方，第 536 医院运用远程会诊系统与一线专家医疗队一起救治重症伤员，对 55 名危重伤病员进行诊治。同时，派出 800 多名官兵轮流值守青海西宁、玉树机场，抢运装卸社会救灾物资。

16 日，96351 部队司令员李启胜少将代表部队，在西宁向灾区捐献棉衣 4600 套、棉被

4 月 16 日，96351 部队向玉树灾区捐赠 600 万元和大量救灾物资
（青海省军区　提供）

1400 床、棉帐篷 150 顶、米面 20 吨、矿泉水 20 吨，并将广大官兵捐献的 600 万元通过青海省政府转赠地震灾区。18 日，部队在结古镇格萨尔广场建起综合救援服务中心，集受灾群众安置、医疗救护、饮食供应、文化宣传功能于一体，搭建帐篷 100 余顶，安置受灾群众 2280 人。至 19 日，部队派遣抗震救灾官兵 1200 余人，投入大型装备车辆 180 余台，输送粮食、医疗器材、帐篷、棉衣棉被等大量救灾物资，救治伤员 1000 多名，为 2800 名受灾群众提供就餐。玉树州孤儿学校震后损毁严重，273 名学生无法上学，部队投入 350 万元，紧急从兰州调运板房建筑材料，组织部队昼夜施工，建成 135 间 3070 平方米板房学校，并派出 6 名校外辅导员、8 名炊事员带炊事车进驻学校为师生服务。

震后玉树县巴塘乡草原寄宿学校 1200 多名学生失去学习、住宿场所。4 月 22 日，96351 部队集中人力物力，为该校搭建起 115 顶帐篷、240 平方米板房，捐赠价值 5.2 万元的课桌椅 200 套、学习用具 700 套，使受灾学生很快重返课堂。96351 部队某分队与巴塘乡草原寄宿学校建立共建关系，在积极帮助学校复课的同时，组织全体官兵为家庭受灾严重、生活困难的同学捐款。

二、驻青海 62201 部队赈灾

玉树地震发生后，62201 部队机关和所属部队密切关注震区灾情，严阵以待。4 月 14 日 17 时 30 分，首批由 12 辆运输车、30 多名官兵组成的救援分队，载着 300 多名武警官兵以及抢险救援设备，从格尔木火速出征。同时，部队迅速完成武警救灾部队 110 余吨油料发放任务。该部某仓库 100 余名官兵，连夜在省民政厅物资储备仓库执行紧急装载 5000 余顶帐篷、1 万余件棉衣等抗震救灾物资任务。20 时 40 分，由该部某汽车团 30 余名官兵、12 辆运输车组成的第二批救援分队从格尔木出发，星夜驰援灾区一线。23 时 40 分，该部所属解放军第 22 医院由内科、外科、骨科和医技等医疗专业的 110 名技术骨干和专家组成的应急医疗队，携带 400 余件医疗器材和 110 余种各类急救药品，配备包括救护车、野战手术车、X 线诊断车等医疗装备，紧急赶赴玉树地震灾区开展救援工作。

至 4 月 21 日，共出动 792 名官兵、328 台车辆，装载本部救灾物资 197 吨，承运救灾物资 3329 吨，油料保障 19.3 万千克。抢险救灾期间，共紧急调运油料装备 10 余台（次），保障各种油料 690 吨。部队组织全体官兵向灾区人民捐款奉献爱心。部队长翟振发、政委贾新华等带头捐款。至 4 月 17 日，该部队共为灾区捐款 117.78 万元。

5 月 25 日，该部援建的“帐篷学校”在玉树县隆宝镇举行开学仪式。玉树地震发生后，处在海拔 4200 米的隆宝镇中心寄宿学校校舍倒塌、开裂，800 多名学生无法上学。该部官兵为学校紧急搭建 50 顶帐篷，从西宁筹措价值 25 万元的 800 套课桌椅、书包、文具、笔记本和大米、面粉、牛羊肉、酥油、蔬菜等食品，于 25 日晨运抵隆宝镇，建成玉树灾区海拔最高、规模最大，能够容纳 874 名学生、19 个班级、39 名教职员工的寄宿“帐篷学校”。

三、驻青海 68060 部队赈灾

4 月 14 日，隶属 68060 部队的解放军第 4 医院医疗队 31 人、6 辆车，随省军区 68710 部队出发到达灾区后，迅速在结古镇开设、运作可同时接纳 60 人的“野战流动医院”，成为第一支到达玉树灾区的部队野战医院。17 时，兰州军区从距灾区较近的某综合仓库紧急抽调高原野战炊事车 14 台及大批棉衣、棉被和救灾帐篷。由 68060 部队所属 68062 部队和 68063 部队紧急出动 50 多台运输车运往灾区一线。4 月 16—19 日，68060 部队组织部队开展向青海玉树地震灾区捐款活动，共有 2225 人参加捐款，累计捐款 17.03 万元。特别是 31 名赴刚果（金）执行维和医疗任务的官兵和 568 名在一线参加抗震救灾任务的官兵，得知向灾区捐款的信息后，积极打电话让其他人代捐。

4 月 26 日，该部队在结古镇开设应急兵站，使用野战面包加工方舱，批量加工新鲜面包和具有当地特色的牛肉馅藏包，使救灾人员和灾区群众吃上了香喷喷、热腾腾的包子。野战面包加工方舱，每小时可加工重 160 克的多种口味面包 750 个。这种现代化饮食装备的投入使用，改善灾区群众的生活。抗震救灾期间，应急兵站先后设立救助灾区群众供餐点 13 个，加工新鲜面包 2.1 万个、馒头 3.26 万个、藏包 9000 多个。

截至 6 月 18 日，该部队官兵为灾区捐款 17.5 万元。为灾区群众捐赠帐篷 222 顶、取暖炉 200 个、床板 2000 块、折叠床 17 张，筹措捐赠各类生活物资 812 件（套）、粮油 8 吨，解决了 80 余户受灾群众的生活急需。应急兵站 40 名炊事员、5 台炊事车连续 6 天开设 5 个热食供应点，为受灾群众提供热食近 10 万人份；与玉树县甘达村结成帮扶对子，为该村 247 户受灾群众送去粮食 7 吨，支援该村卫生所上班用帐篷 2 顶、折叠床 3 张、被褥 3 套，捐赠价值 3 万余元的药品，帮助村卫生所培训医生；68062 部队某分队党支部向甘达村党支部捐赠国旗和党旗各 100 面，桌椅 40 套，米、面各 100 袋。68060 部队 10 次派遣医疗、物资小分队深入结古镇甘达村等重灾区，看望“三孤”人员，走访 28 户受灾群众家庭，送去基本生活物资和慰问金；组织人员帮助驻地百姓清扫街道，修筑、加固防洪设施；为玉树县第二完小捐赠价值 2.6 万余元的课桌椅 100 套；为玉树县甘达村第一希望小学捐赠 40 套课桌椅和部分教学、学习用具以及 1.5 千瓦发电机 1 台、汽油 230 千克，帮助该校铺设照明线路，90 余名学生按时复课。所属解放军第 4 医院、解放军第 10 医院和解放军第 25 医院 3 支医疗分队，先后分别与安冲乡卫生院、小苏莽乡卫生院、隆宝镇卫生院结成帮扶对子，为灾区捐赠30余万元的药品和设备；先后30余次深入结古寺、禅古寺、当卡寺和牧区，为寺院僧人和牧区群众义诊3820余人次，发放价值34万余元的药品、5000余份卫生教育资料。

有着近60年光荣历史的解放军第4医院由骨科、脑外、胸外、普外、妇产科及后勤保障等39名专家骨干组成抗震救灾医疗队到达灾区后，给距结古镇130千米、在地震中受损严重的玉树县安冲乡卫生院送去2顶帐篷、2个采暖炉、1台发电机组、5张床和被褥，以及价值5万多元的急救药品和医疗器材，派出医疗骨干义务上门服务，开展岗位培训，提供现场指导，并与安冲乡签订3年帮扶协议。3年内，医院每年投入20万元，为乡卫生院购置医疗器械和药品，乡卫生院的7名医生轮流到解放军第4医院接受专业培训,医院3名医生长驻乡卫生院帮助工作。

四、其他驻青海部队赈灾

4月17日，驻青藏铁路公司军事代表办事处（以下简称“军代处”）机关组织42名干部、战士和职工开展“情系灾区，捐献爱心”捐款活动，捐款1.5万余元。囊谦籍地震受灾群众、贫困学生白玛求措一家被解放军抢险救灾部队转移至西宁的解放军第4医院救治，生活拮据，困难重重。5月11日，军代处召开党委常委会，研究制订帮扶白玛求措一家的实施方案。当天下午，政治部的人员带着慰问品到解放军第4医院，看望白玛求措的母亲吉尕，送去3000元钱和部分生活物资。5月25日，白玛求措的母亲吉尕治愈出院，军代处协调办理出院手续，6月8日下午，军代处将白玛求措一家接到军代处，组织全体干部、战士、职工和军交大厦员工，举行“青铁军代处与白玛求措一家‘亲情牵手’捐款仪式”，现场为他们捐款3000余元，用于当前生活急需。6月10日，政治部主任带两名干事，乘长途汽车护送白玛求措母女回到玉树，当地政府对她们作出妥善安置。

至4月20日，93987部队全体官兵为支援抗震救灾捐款3.02万元。5月28日，93987部队举办以“走进军营，共度‘六一’”为主题的爱国主义教育活动，为来自玉树灾区的38名儿童介绍部队的光荣历史，讲解战机的基本知识，表演“高空五项”“勇敢攀越”“齐头并进”“信任背摔”“合力冲击”等心智拓展训练项目,让孩子们进一步懂得珍惜生命、感恩社会和报效祖国。

第四节　青海公安现役部队赈灾

一、青海公安边防总队赈灾

4月15日，青海公安边防总队组织全体官兵向玉树灾区捐款3867.2元。20日，通过省军区向灾区学校捐赠价值2.6万元的桌椅100套。

二、青海公安消防总队赈灾

4月14日9时37分，青海省公安消防总队海南州消防支队召集11名人员和1辆抢险救援车，组成抗震救援小分队从共和县出发，当日20时59分到达玉树县结古镇抢救被困人员，救援小分队为受灾群众捐赠食品、饮用水、药品等价值1000余元。支队全体官兵先后向灾区捐款2.86万元，衣物7件。在玉树参加救灾抢险工作的支队长卫传淮带头向灾区捐款1500元，救灾一线的22名官兵共捐款6500元。

4月15日，黄南州消防支队举行为玉树灾区捐款仪式，全体官兵捐款1万余元。海北州消防支队向玉树地震灾区捐款近万元。格尔木市消防大队全体官兵举行为玉树灾区人民捐款仪式，捐款1.61万元。西宁市消防支队举行“向玉树州地震灾区‘送温暖、献爱心’捐款”活动，为灾区捐款55780元。

4月16日，海西州消防支队举行“向玉树州地震灾区捐款仪式”，机关干部战士及各大、中队留守官兵125人参加，捐款25160元。省消防总队机关举行捐款仪式，机关在家干部、直属中队官兵和自发赶来的退休老干部73人为地震灾区捐款27430元；总队医院全体消防官兵举行仪式捐款10140元。在昆明消防指挥学校深造的青海省消防学员捐款3000余元。

4月17日，海东地区消防支队233名官兵捐款34570元；总队教导大队举行向玉树受灾群众“送温暖，献爱心”捐款活动，捐款万余元。

4月19日上午，果洛州支队全体官兵捐款1.3万元。

4月21日20时，抗震救灾募捐特别节目“情系玉树　大爱无疆——抗震救灾大型募捐活动特别节目”在中央电视台演播大厅举行。省消防总队政治部派专人通过拨打募捐热线电话，代表全省消防官兵为灾区人民送上全省消防官兵最诚挚的祝福和问候，并向灾区捐款28.71万元。

三、青海省警卫局赈灾

5月4日，青海省警卫局党委副书记张康军，代表局党委和全局官兵向玉树州公安局捐款2万元。7日上午，青海省警卫局全体官兵，在局机关楼前举行交纳特殊党费、为玉树灾区捐款活动。局领导带头交纳特殊党费并捐款，全局80名官兵捐款1.5万元，59名党员交纳特殊党费3.31万元。

第四章　全省性团体组织及企业赈灾

第一节　省级人民团体赈灾

一、省级工会系统赈灾

（一）省总工会赈灾

4 月 14 日，省总工会迅速与玉树州总工会取得联系，了解受灾情况，及时向中华全国总工会进行反馈。立即抽调人员，由副主席常伟宁、付东明带队，携现金 10 万元和价值约 20 万元的方便食品、棉衣、棉被等救灾物资，与省总工会康复医院医疗小分队，前往灾区开展应急救援工作。同时向各州（地、市）总工会（办事处）、省级各产业工会、省总各直属工会发出紧急通知，号召组织职工捐款捐物，开展支援灾区。

4 月 16 日，省总工会向灾区捐款 10 万元，捐物资价值近 15 万元；机关干部职工和离退休老干部自发捐款 32970 元，机关 144 名党员交纳支援玉树灾区抗震救灾、恢复重建特殊党费 37770 元。16—17 日，常伟宁、付东明深入玉树州客运集团公司、玉树州肉食品集团总公司、四川省遂宁市金发建筑公司玉树项目部、玉树县城关环卫公司、县保安公司，了解企业受灾情况，安抚受伤职工，开展对灾区非公有制企业职工和省内外农民工的救助工作。17 日下午，玉树州困难职工帮扶中心在省总工会玉树地震灾区临时办公点重新挂牌，闻讯赶来的受灾职工在临时办公点前排起长队。短短 3 天时间，震后“新挂牌”的帮扶中心为州客运公司下属砖瓦厂、州粮油公司、玉树县环卫公司、四川建筑务工人员等 160 名受灾职工和农民工发放救灾物资价值 15 万元。

4 月 20 日，省总工会下发《关于做好玉树受灾职工群众走访慰问活动的紧急通知》。21 日下午，省委常委、省总工会主席穆东升专程到中国水电四局医院看望并慰问从玉树灾区转移到西宁接受治疗的 16 名伤病员，并送上鲜花和慰问金。

4月30日，青海省委常委，省总工会主席穆东升（左二）在玉树慰问受灾的干部群众
（青海省妇联 提供）

省总工会主动与中华全国总工会和兄弟地区工会加强联系，积极争取全国各地工会对玉树抗震救灾和灾后重建的支持。至4月20日，省总工会陆续收到北京市、四川省、甘肃省、宁夏回族自治区总工会和中国金融工会等单位捐款380万元。至28日，共收到省内外捐款1516万元、捐赠物资价值61.35万元。省总工会严格执行省有关部门关于救灾资金物资管理办法，将所有接受的捐赠资金全部转入省财政抗震救灾专户，接受的捐赠物资直接交给省救灾物资转运站。

4月30日，穆东升、郎国清及省总工会有关部门负责人，到玉树灾区省建设系统工程救援队、省防汛抢险应急队、交通厅机场项目部、玉树州客运集团公司抢险队、省食品药品监督管理局抗震救灾指挥处，慰问抗震救灾抢险队伍，并发放慰问金；到玉树州工艺美术厂等企业了解企业损失和职工伤亡情况，鼓励企业克服困难，尽快恢复生产。

截至5月6日，青海省总工会先后接收到省外各级工会37家、职工个人6名捐赠支援玉树抗震救灾资金共计1555.88万元。省总工会及时与省、市、区总工会和个人捐赠者沟通联系，5月10日，按照各地捐赠意愿复函和电话反馈情况，确定捐赠款主要用于玉树州及所辖5县职工综合服务中心（职工培训、帮扶救助、职工书屋、文体活动中心）建设资金1035万元，涉及17家捐赠单位；建立灾区困难职工帮扶基金，用于灾区困难职工生活救助、医疗救助、子女就学救助、就业扶持和就业培训资金358.16万元，涉及18家捐赠单位、6名个人；灾区职工综合服务中心设施、州县工会办公设施资金162.72万元，涉及2家捐赠单位。

截至2011年5月，省总工会共接收捐款7374.66万元。其中，接收全国各地工会组织捐款3510.03万元，中华全国总工会转来各地工会捐款3864.63万元，全部汇入省财政专户。根据捐款方指向，全部用于玉树州、县职工综合服务中心建设。

青海省总工会接收兄弟省、市工会玉树抗震救灾捐款统计表

表 2-10　　　　单位：万元

序号	单位	金额	汇入时间	序号	单位	金额	汇入时间
1	四川省总工会	110.00	4 月 15 日	32	山西省总工会	117.74	
2	中国金融工会	30.00	4 月 15 日	33	四川省教科文卫总工会	10.00	
3	北京市总工会	100.00	4 月 15 日	34	西藏山南地区工会办事处	1.00	
4	宁夏回族自治区总工会	10.00	4 月 16 日	35	陕西省教科文卫工会	5.00	4 月 22 日
5	甘肃省总工会	30.00	4 月 16 日	36	内蒙古自治区总工会	10.00	4 月 22 日
6	上海市总工会	20.00	4 月 16 日	37	四川省绵竹市总工会	10.00	4 月 23 日
7	云南省总工会	20.00	4 月 16 日	38	湖南省总工会	30.00	4 月 26 日
8	重庆市总工会	10.00	4 月 16 日	39	黑龙江省总工会	30.00	4 月 26 日
9	浙江省总工会	20.00	4 月 16 日	40	辽宁省总工会	30.00	4 月 26 日
10	辽宁省总工会	50.00	4 月 16 日	41	个人捐款	0.10	4 月 26 日
11	广东省总工会	50.00	4 月 16 日	42	四川省总工会	5.00	4 月 27 日
12	大连市总工会	200.00	4 月 16 日	43	湖北华盛铝业公司工会	5.00	4 月 27 日
13	银川市总工会	3.00	4 月 16 日	44	福建省总工会	100.00	4 月 27 日
14	贵州省总工会	10.00	4 月 19 日	45	个人捐款	1.00	4 月 27 日
15	江苏省总工会	30.00	4 月 19 日	46	山西省总工会	19.28	4 月 27 日
16	海南省总工会	30.00	4 月 19 日	47	山西省总工会	0.08	4 月 27 日
17	新疆兵团工会	5.00	4 月 19 日	48	黑龙江大兴安岭工会	5.62	4 月 27 日
18	青海油田工会	100.00	4 月 19 日	49	天津市总工会	40.00	5 月 3 日
19	个人捐款	0.26	4 月 19 日	50	陕西教育工会商洛学院	0.59	5 月 7 日
20	湖北省总工会	30.00	4 月 20 日	51	新疆维吾尔自治区总工会	36.00	5 月 10 日
21	河北省总工会	50.00	4 月 20 日	52	四川绵竹市总工会	30.00	5 月 14 日
22	山西省总工会	20.00	4 月 20 日	53	银川兴庆区胜利街道工会	1.37	5 月 18 日
23	浙江省总工会	80.00	4 月 20 日	54	黑龙江省总工会	1.46	5 月 28 日
24	陕西省总工会	30.00	4 月 20 日	55	内蒙古乌海市总工会	29.67	5 月 31 日
25	新疆石河子市总工会	1.11	4 月 20 日	56	宁夏中卫市总工会	6.04	6 月 3 日
26	甘肃天水市总工会	0.68	4 月 20 日	57	贵州省总工会	2.39	6 月 18 日
27	河南省总工会	50.00	4 月 21 日	58	四川省总工会	25.12	6 月 23 日
28	广西壮族自治区总工会	15.00	4 月 21 日	59	浙江省总工会	1300.00	6 月 30 日
29	安徽省总工会	15.00	4 月 21 日	60	安徽省总工会	149.18	7 月 12 日
30	新疆维吾尔自治区总工会	14.02	4 月 21 日	61	温州市慈善总工会	129.97	7 月 12 日
31	贵州遵义市总工会	2.00	4 月 21 日	62	四川省总工会	4.87	8 月 30 日

续表 2-10

序号	单位	金额	汇入时间	序号	单位	金额	汇入时间
63	银川市总工会	8.29	8月30日	66	中华全国总工会	1198.7	8月23日
64	中国职工发展基金会	229.19	12月6日	67	宁波市总工会	570.00	8月8日
65	北京市总工会	2665.93	8月23日				
总计		7944.66	省总工会接收总额中 7374.66 万元汇入省财政户				

截至 11 月 1 日，中华全国总工会、青海省总工会先后为玉树州、县两级困难职工帮扶中心安排专项资金 760 万元，对受灾职工给予生活救助、医疗救助、子女上学、职业培训、职业介绍和法律援助等方面的帮扶，其中 190 万元专门用于受灾职工温暖过冬。

（二）省级行业工会组织赈灾

至 4 月 16 日，省交通工会组织交通系统 6626 名干部职工向灾区捐款 65.79 万元，省公路科研勘测设计院等 8 家单位捐款 33 万元；向灾区捐送帐篷、棉被、简易床、火炉等救灾物资，价值 69.86 万余元。至 21 日，交通系统干部职工累计捐款 104.39 万元；捐赠帐篷、被褥、床、煤、方便面、矿泉水、蔬菜水果等物品价值 74.124 万元，其中食品、药品等价值 32.544 万元。青海省正平公路桥梁工程集团公司全体员工捐款 16.81 万元。

青海电力公司工会组织广大职工为抗震救灾捐款。至 15 日，电力公司工会共收到公司系统 26 个单位捐款 286.63 万元，捐款人数 10859 人。

省重工机械轻纺工会向全系统各级工会组织和职工发出倡议书，各单位工会踊跃捐款。其中，中铝青海分公司 15 日派出由工会副主席带队的 13 人救援小分队，配备 2 台叉车、1 台吊车到玉树机场，直接参加抗震救灾物资搬运工作，并采购价值 10 万元的方便面、矿泉水、棉衣等物资，直接送到重灾区结古镇，发送给受灾群众，全公司职工捐款 39.75 万元；青海盐湖集团公司派出由工会副主席带队的 17 人救援小分队，配备 2 台装载车、1 台挖掘机，于 14 日中午奔赴玉树灾区开展救援工作，全体职工捐款 66 万元；西部矿业集团公司采购价值 100 万

4 月 23 日清晨，在玉树县结古镇，青海正平公路桥梁工程集团有限公司施工人员出发前往又一处救援现场

（《青海日报》 晓刚 摄）

元的救灾物资，于15日送到灾区，全体职工捐款15万元；青海煤业集团公司派出3台专用救援车、1台250千安伏移动电源车和19名专业救护队员组成的救援队伍，携带生命探测仪、红外线热成像仪、红外线测温仪、红外线测距仪、卫星电话、负压担架和全自动救援器械，奔赴玉树灾区进行救援，并为灾区运送棉被1710床、帐篷73顶、块煤400吨，全公司职工捐款17万元；西宁特殊钢集团公司迅速派出由50名有救灾经验的职工组成的抗震救灾队伍，配备大中型铲车2台、翻斗车2台、25吨吊车2台及其他必要的救灾工具和救灾物资，紧急赶赴灾区，全力进行抗震抢险救灾，全体职工捐款104万元；青海国有资产投资公司职工捐款2.1万元，华鼎实业股份有限公司职工捐款14万元，正维集团公司职工捐款11.40万元。至19日，33家企事业单位职工参加支援玉树抗震救灾捐款活动，共为灾区捐款289.86万元。

至4月16日12时，青海省高等院校工会收到广大教职工抗震救灾捐款61万元。其中，青海大学本级教职工捐款10.651万元，青海民族大学教职工捐款35.87万元，青海师范大学教职工捐款7.07万元，青海卫生职业技术学院教职工捐款5.5万元，其他院校教职工捐款1.909万元。全部捐款汇到省财政厅玉树州抗震救灾账户及省红十字会。20—22日，省教科文卫工会派员到青海大学附属医院、省人民医院、省中医院、省藏医院、省妇女儿童医院、省第五医院（原铁路医院）看望慰问玉树地震中受伤的教师、医务人员，慰问奋战在收治受灾伤员一线的广大医护人员。先后共慰问受伤职工17名，看望同病房的受灾伤员38名，发放慰问金8500元、慰问品3000元；给6所医院的医护人员送去慰问金4.8万元。

省教科文卫工会系统广大干部职工积极向灾区人民捐款。截至21日12时，省教科文卫全系统干部职工捐款256.3万元。其中，教育系统干部职工捐款21.21万元，科技系统捐款115.5万元（包括国资公司37万元），文化出版系统捐款21万元，卫生系统捐款87.95万元，省计生委捐款1.766万元；高等院校捐款96.68万元，青海师范大学3所附属中学教职工捐款13.318万元（附中3.368万元，附二中5.38万元，附三中4.57万元）；中国科学院高原生物研究所捐款2.85万元。

5月3日，省总工会下发《关于厉行节约压缩支出全力支持抗震救灾工作的通知》。6月1日至3日，根据省总工会安排，省教科文卫工会、青海师范大学组织心理学专家在玉树灾区举办心理疏导讲座两场，走访慰问玉树州民族中学等12个单位，赠送40英寸液晶电视机12台，看望慰问教职员工及医护人员115名，并给每人送去慰问金600元，发放慰问金（包括购买电视机费用）12.7万元。

（三）省属企业工会赈灾

青海油田公司派出两批救援队，第一批救援队伍由25人组成，4月15日到达灾区，开始实施救援，所带救灾物资包括帐篷50顶、柴油15.12吨、发电机3台（共计800千瓦，其中300千瓦的2台、200千瓦的1台）；第二批救援队伍由39人组成，于15日19时从敦煌基地出发，所带救灾物资包括4台440千瓦发电机、25吨吊车1辆、柴油23吨、矿泉水15吨、方便食品15吨、羽绒服286件、棉大衣270件、手套5000双等。同时，公司工会组织动员公司各单位在职职工、离退休职工、职工家属向玉树灾区捐款。至16日15时，青海油田公司43个单位、

4月17日，在西海都市报社举办的义演义卖献血募捐公益活动现场，各企业纷纷捐款支援玉树抗震救灾

（《西海都市报》 祁 彪 摄）

20680名在职员工、离退休职工及其家属，向灾区捐款301.5万元。其中，通过省红十字会捐款50万元，通过省民政厅捐款121.5万元，通过省总工会捐款100万元，通过共青团青海省委捐款30万元。

青海水电集团在迅速投入抗震救灾、抢险保电的同时，集团工会组织本部机关和玉龙水电建设公司、格尔木水电公司、聚能钛业公司、水电工程局、水电实业公司、雪龙滩水电厂的干部职工踊跃捐款，奉献爱心，捐款6万多元。

厦门157名青海籍务工人员得知家乡玉树州玉树县发生7.1级大地震后，迅速行动。16日，在青海（厦门）个体私营工会联合会和青海海东驻厦门办事处工作人员共同捐款活动中，157人为家乡灾区捐款1.196万元。

中国电信青海省工会2489名电信员工捐款44.07万元，向玉树运送救灾物资7批次，总计金额50余万元。青海金吉草原钢网厂工会募集现金10万元，捐赠棉被、发电机、药品、食品、柴油等价值10万元的物资运往灾区。青藏铁路公司各级工会组织、工会会员向灾区捐款214.89万元。

青海机场公司在玉树地震当天，迅速启动应急预案，成立抗震救灾领导小组，工会累计为玉树机场员工购买生活急需用品和米、面、油等食品近5吨，价值7.87万元。同时，组织开展向玉树机场受灾员工捐款献爱心活动，包括戈壁空港格尔木机场在内的全体员工和离退休老员工，以及机场各驻场单位、机场建设单位、候机楼商贸等单位的员工纷纷慷慨解囊、奉献爱心，共募集善款15万元。

水电四局有限公司派出救援队和包括吊车、油罐车在内的50台（套）设备，星夜疾驰玉树抢险救灾，先后有职工、医护人员等300多人次到灾区参加抗震斗争，公司和全体员工捐款捐物价值570万元。

黄河水电公司紧急调配32部车辆、100多台设备、2台1000千瓦柴油发电机、30吨柴油、20顶军用帐篷、50顶棉帐篷等抗震救灾物资支援灾区，并捐助现金200万元，捐赠物资价值300万元；公司工会积极动员4321名员工向灾区捐款86.85万元。

二、共青团青海省委系统赈灾

4 月 14 日 9 时整，共青团青海省委（以下简称“团省委”）向全省团组织发出《关于组织动员全省团员青年积极投身抗震救灾工作的紧急通知》，联合青海省少年儿童工作委员会、青海省青少年发展基金会、青海省青年联合会、青海省学生联合会、青海省青年志愿者协会向全省青少年发出《关于积极参与抗震救灾工作的倡议书》；向省青联委员群发信息，倡议青联委员参与和支援玉树抗震救灾，组建“爱心车队”，参加支援玉树抗震救灾的物资和救援人员转运；及时派人到省垣各高校，积极配合校党委做好在西宁就读玉树籍学生的情绪心理安抚工作；在《青海青年报》和青海共青团网站开辟“众志成城、抗震救灾”专版专栏，对抗震救灾工作进行深入报道，编发《共青团青海省委抗震救灾信息》，及时、准确、高效地向省委、省政府、团中央报送全省各级团组织和团员青年抗震救灾信息；紧急动员社会各界爱心力量，筹措抗震救灾急需物资支援灾区。同时，组织成立由机关干部、医疗行业青年志愿者组成的共青团抗震救灾青年突击队，于 4 月 14 日晚 8 时 30 分启程，带去价值 44.6 万元的食品、饮用水、药品等抗震救灾物资。15 日，团省委先期向团玉树州委筹措拨付 100 万元抗震救灾款。

至 4 月 14 日 18 时，共青团中央向团青海省委下拨抗震救灾款 300 万元，中国青少年发展基金会、北京青少年发展基金会分别向青海青少年发展基金会捐赠抗震救灾款 100 万元。共青团上海市委、上海青少年发展基金会分别向共青团青海省委、青海青少年发展基金会捐赠 20 万元、10 万元。共青团四川省委、共青团安徽省委分别向共青团青海省委捐款 10 万元、20 万元。累计捐款总额 560 万元。

4 月 16 日下午，由团省委、省青联、省青基会、省少工委、省学联、省青年志愿者协会主办，西宁人民广播电台承办，青海广播电台藏语频道、青海腾邦演艺公司、青海纵横文化艺术公司协办的，以“为生命呐喊、为玉树加油”为主题的全省团员、青年支援玉树灾区捐赠活动在西宁市中心广场举行。现场募集到捐款 1637323.2 元。其中，香港江源集团有限公司捐赠价值 25 万元的药品；青海三工镁业集团捐款 121066.2 元，并捐建希望小学 1 所（40 万元）；春天医药广场捐款 15 万元，天驰建筑公司捐款 11.23 万元，省青少年活动中心捐款 5.15 万元，青海民惠实业有限责任公司捐款 5 万元，青海青年创业园捐款 5 万元，西钢集团公司团委捐款 5 万元，西部矿业公司团委捐款 5 万元，青海力盟实业有限公司捐款 5 万元，西宁金佰川商贸有限责任公司捐款 5 万元，青海兴旺水电路桥工程建设有限公司捐款 5 万元，青海凯联商贸有限公司捐款 2 万元，西宁夏都宝玉陈捐款 1.68 万元，青海绿源广发实业有限公司捐款 1.32 万元；正派名人有限公司捐款 1.22 万元，西宁万丰集团公司捐款 1.2 万元，省高等级公路管理局团委捐款 1 万元，中铁二十一局四公司捐款 1 万元，中铝青海分公司团委捐款 1 万元，青海农业机械化集团有限责任公司捐款 1 万元，西宁市城中区唐璜料理茶餐厅捐款 1 万元，福建钧石能源公司白亮捐款 1 万元，克莱德曼音乐艺术学校捐款 1 万元，西宁舒怡商贸有限公司捐款 6000 元，西宁城东博奥百货商行捐款 5000 元，西宁玉生琨宝玉石有限公司捐款 5000 元，省公安厅团委捐款 4000 元，西宁亿丰化妆品有限公司捐款 3350 元，青海爱乐艺术学校捐款 3000 元，厦门万家居装饰公司捐款3000元，青海正平路桥公司金生辉捐款2000元，西宁燎原影楼捐款2000元，青海警官职业学院团委捐款2000元，青海艺凯彩色扩印有限公司捐款1220元，西宁正丰房地产评估公司捐款1000元，西宁市城西区西部计划大学生志愿者捐款370元；活动现场捐款1.74万元，个人不记名捐款2930元。所募捐款全部交青海省青少年发展基金会。

同日，在青海省海南州共和县的河北研究生支教团捐助衣物1万件，青海安利分公司志愿者服务队购置棉衣、棉被、手电筒、食品等，由团省委青年突击队和青年志愿者卫生医疗救灾队带往玉树。中国青少年发展基金会倡导发起的“希望工程紧急救灾劝募行动”，募集善款1500余万元。

4月17日，由中国青少年发展基金会发出公开劝募，迪斯尼公司积极响应，在共青团青海省委积极协调下，紧急援建的第一所抗震希望学校，在玉树地震震中结古镇正式落成，208名在校生搬进5间、建筑面积300平方米的安全、宽敞、明亮的新教室。18日，青海省青联常委、香港江源集团有限公司董事兼总经理吴汉忠捐赠玉树灾区价值25万元的74件救灾药品运抵西宁，经团省委、省青联点收后转交省红十字会运往灾区；来自北京、重庆、四川、陕西、青海等省内外的志愿者队伍直接捐助地震灾区物资价值349.6万元。至19日上午11时，团省委收到捐赠物资价值87.62万元，省青少年基金会到账援助资金477.15万元。

4月20日下午，团省委系统举行支援玉树抗震救灾捐款仪式，系统内干部职工积极踊跃捐款，共募集捐款1.27万元。全国各级团组织和青海各界纷纷伸出援助之手，截至当日，团省委共收到捐款1102.66万元，捐物价值162.55万元。截至28日，共青团青海省委累计接收捐款1241.12万元，救援物资（折价）1314.22万元。

团中央拨付抗震救灾专项工作经费300万元中，100万元划拨共青团玉树州委用于抗震救灾，10.05万元用于抗震救灾物资购买，其余189.95万元用于玉树灾后重建基层团组织建设。团中央拨付玉树青少年活动中心建设专款3500万元，全部交付玉树州委、州政府用于玉树青少年活动中心建设。中国青基会向玉树地震灾区捐款4490万元，建板房希望小学8所，支出977.08万元，购买救灾物资及经费等支出155.92万元，执行中学生资助类751万元，建设希望小学类1758万元，其他848万元。各省青少年基金会捐款1382.6万元，与青海青少年基金会长期保持捐助联系的企业、团体、个人等捐赠214.9万元，省外爱心企业及省内各机关、事业、企业团组织和青联委员、团员个人捐款199.3万元，其他零星个人捐款19.8万元，共计1816.6万元的捐款。多数捐款明确规定捐款用途。其中1363.2万元捐款，捐赠方明确要求用于捐建玉树地区希望小学，8.6万元捐款用于灾后资助贫困学生，广州青基会协议指定374万元用于在曲麻莱县援建青少年活动中心及培训牧区青年创业者。无使用意向的捐款为70.8万元。抗震救灾期间支出163.2万元，用于紧急购买救灾帐篷、食品、棉被、棉衣、药品及援建板房希望教室。广州青基会指定曲麻莱县青少年活动中心和牧区青年创业工作经费，由青海青少年基金会管理，待立项、验收后拨付。剩余捐款1379.44万元按省委、省政府要求全额用于玉树县第四完全小学基建项目，于2010年5月5日上缴青海省财政厅玉树抗震救灾捐赠资金专户。

获得青海青年创业小额贷款扶持的民和县龙彦餐饮消毒公司李玉兰响应团海东地委号召，

向玉树灾区捐款 1000 元。黄南州河南县财政局干部才让南杰交纳特殊团费 3000 元；家境并不富裕的省电力公司黄化公司职工、团员薛海龙在得知玉树地震后，交纳特殊团费 800 元。截至 29 日，全省各级团组织共交纳特殊团费 15 万余元；通过红十字会、民政部门等渠道捐赠赈灾善款 260 余万元。团省委收到的 82.14 万元特殊团费中，用于救助玉树地区转移到海东地区就读孤儿 10 万元；转为支援甘肃舟曲灾区特殊团费 20 万元；为加强灾区基层团组织建设，根据玉树灾区团干部整体需要，连续在玉树、西宁两地举办 4 期灾区团干部心理援助及灾后重建业务知识培训班，支出 15.15 万元；电子汇划手续费 26 元。根据团中央关于特殊团费处理指示精神，经与省民政厅沟通协商，将玉树抗震救灾特殊团费结余的 66.99 万元，全额划拨至省民政厅捐赠专用账户，统筹用于玉树地震灾区立项的灾区重建建设项目。

6 月 13 日，以全国青联副主席、香港资源控股有限公司主席黄英豪为团长的全国青联港区委员青海探望慰问代表团，为玉树地震灾区捐款 200 万元，用于希望小学援建项目。在捐赠仪式上，全国青联港区代表团赠送玉树灾区学生文具套装 200 套，阿福义工队代表和共青团青海省委签署合作意向书，通过两地青少年义工团队互相交流及探访，持续支持灾区青少年志愿者项目。

12 月 9 日，团省委、省青年志愿者协会赴玉树开展暖冬关爱慰问活动，将上海、陕西、青海等地团组织所捐赠的 100 床棉被、1 万件棉衣、400 双手套、780 条围巾等御寒物品，发放到玉树县第三完全小学、治多县多才乡完全小学、囊谦县觉拉乡第二寄宿制小学的 5000 多名师生、贫困学生家长和玉树青年志愿者手中。

截至 2011 年 10 月，团省委收到的捐款总额为 10218.74 万元。主要来源除上述捐赠款外，还有团中央拨付玉树青少年活动中心建设专款 3500 万元，团中央拨付玉树抗震救灾专项工作经费 300 万元，中国青少年发展基金会捐款 4490 万元，各省青少年基金会捐款 1382.6 万元，与青海青少年基金会长期保持捐助联系的企业、团体、个人等捐赠 214.9 万元，省外爱心企业及省内各机关、事业、企业团组织和青联委员、团员个人捐款 199.3 万元，其他零星个人捐款 19.8 万元，特殊团费 112.14 万元。

三、青海省妇女联合会系统赈灾

4 月 14 日上午，青海省妇女联合会（以下简称“省妇联”）向玉树州妇联发出慰问电。同时，立即向全省妇联组织发出紧急通知。15 日 10 时，省妇联在新华网、青海妇女网向全省各州、地、市妇联发出倡议，号召为灾区广大妇女儿童捐款捐物。

4 月 15 日，省妇联主席马海莉、副主席谢琼赶赴灾区，援助慰问灾区妇女儿童，并携带 20 万元的救灾物资和现金；省妇联机关党员干部职工开展支援玉树抗震救灾捐款活动，共募得捐款 7.465 万元；省妇联再次筹集 10 万元，购买灾区妇女儿童急需的卫生用品、牛奶及一次性碗筷送往灾区。16 日上午，青海省女企业家协会举行心系玉树灾区捐款仪式，青海杰森集团、青海省芒芒美容集团、青海龙升实业集团、青海西海国际旅行社、青海机电控股有限公司、青海第二毛纺织股份有限公司、北京华联综合超市股份有限公司、青海省宏基交通物业管

4 月 15 日，青海省妇联开展“爱心就是希望”——心系玉树灾区捐款活动

（青海省妇联　提供）

4 月 18 日，青海省六一幼儿园开展的向灾区小朋友献爱心活动

（青海省妇联　提供）

理有限公司、青海科达眼镜集团有限公司、西宁宁熙商贸有限公司、西宁大熙园商贸有限公司、西宁奥康彩塑有限责任公司、西宁巾帼同心编织有限公司等 13 家企业参加，募捐现金 8.6 万元。

4 月 21 日，省妇联机关党委组织全系统党员开展“心系灾区，交纳特殊党费，支援抗震救灾”活动，马海莉带头交纳特殊党费 2000 元。此次活动收到特殊党费 3.295 万元。其中，机关支部 1.685 万元，六一幼儿园党支部 6500 元，三毛幼儿园党支部 6250 元，妇女干部学校党支部 1500 元，老干部党支部 1850 元。

至 4 月 19 日，省妇联共收到全国妇联、国务院妇女工作委员会办公室、中国妇女发展基金会、中国少年儿童发展基金会及 15 个省、自治区、直辖市妇联捐款 362 万余元，到账资金 114 万元；捐赠救灾物资价值 510 万元。其中，20 余万元物资运至灾区，90 余万元的物资运达西宁。

4 月 22 日，省妇联驻玉树工作组冒着风雪组织 5 辆“母亲健康快车”，行程 200 多千米，为玉树县结古镇禅古、甘达、果青等 21 个受灾严重村的妇女儿童送去急需的奶粉、洗涤用品、睡袋、大衣及学生书包等价值 50 万元的生活用品。25 日，工作组与李连杰壹基金会驻玉树工作站经理杨立生取得联系，该站为灾区妇女儿童捐助毛毯 3000 条、牛奶 200 箱、妇女卫生巾 400 箱、睡袋 200 条。下午，省妇联驻玉树工作组组织“母亲健康快车”将首批壹基金会捐助的物资送到灾区妇女儿童的手中。

至 4 月 23 日，省妇联共接收到全国妇联、全国妇联直属部门及 22 个省（自治区、直辖市）妇联、香港妇协会和社会爱心人士捐赠资金 425.9 万元，救灾物资价值 968.14 万元，经多方协调，325.1 万元的物资运达灾区。

为帮助灾区妇联组织尽快恢复正常工作，5 月 4 日，省妇联为玉树州及所属 6 个县妇联配备价值近 10 万元的笔记本电脑、数码照相机、传真机等办公设备，为优秀母亲代表发放慰问金 1.95 万元，同时还配发妇女儿童急需的各种物资，价值 90 余万元。

地震牵动着青海省女企业家协会每位会员和会员企业员工的心。省女企业家协会会长、中国农业发展银行青海省分行行长冉华，带领员工启动“中国农业发展银行青海省分行应对突发

9月16日，全国妇联"蓝天春蕾项目"启动仪式在玉树县结古镇寄宿制学校举行

（青海省妇联　提供）

事件紧急预案"，成立"中国农业发展银行青海省分行抗震救灾领导小组"，先后向中国农业发展银行玉树州分行派出3个救援组，分别将帐篷、折叠床、被褥、棉大衣，以及炉子、煤、水桶、汽油和挂面、矿泉水等急需用品送抵灾区。省女企业家协会常务副会长、青海龙升实业集团总经理黄滑，带领公司全体员工为玉树灾区进行募捐，黄滑个人捐款5万元，公司员工捐款1.38万元。省女企业家协会副会长、青海杰森集团董事长冯全忠，带领公司全体员工为玉树灾区捐助价值40万元的彩钢房。省女企业家协会副会长、青海省芒芒美容集团董事长潘杰带领芒芒美容学校全体师生为2名在校玉树学员捐款2110元，学校补助物品价值1500元，潘杰个人通过省女企业家协会、省鉴定指导中心、省政协捐款7000元。省女企业家协会副会长、青海第二毛纺织股份有限公司董事长虞珠莲，带领公司全体工作人员通过省女企业家协会、海南州政府等渠道，为玉树受灾群众捐款3.02万元，捐赠价值2万元的棉衣；省女企业家协会副会长、青海西海国际旅行社总经理申海莲个人捐款1.05万元；省女企业家协会副会长、青海省机电控股有限公司党委书记肖燕飞捐款500元；省女企业家协会副秘书长、西宁华飞商贸有限公司总经理陆友红，带领公司工作人员通过省女企业家协会、省工商联、海湖路市场管理处、海湖路市场党支部共捐款5500元。省女企业家协会理事、青海省宏基交通物业管理有限公司总经理丁秋花带领公司员工捐款3300元。省女企业家协会理事、青海科达眼镜集团有限公司经理卢霓个人捐款1000元。省女企业家协会理事、西宁宁熙商贸有限公司董事长魏荣利个人捐款1000元。省女企业家协会会员、西宁奥康彩塑有限责任公司总经理金风兰，带领公司员工通过红十字会捐款1万元，并将1吨环保垃圾袋送往灾区；省女企业家协会会员、西宁大熙园商贸有限公司总经理常华个人捐款1000元。

9月16日，中国儿童少年基金会春蕾办主任胡文新带着全国妇联的嘱托与全省妇女儿童对灾区学生的牵挂，与马海莉一道看望慰问玉树县结古镇和隆宝镇两所寄宿制学校的全体师生，在结古镇寄宿制学校举行"蓝天春蕾项目"启动仪式，胡文新向玉树县颁发项目牌，为学生代表发放资助款。同时，为隆宝镇寄宿制学校的383名学生送去价值31.5万元的被褥等生活急需用品。

2011年4月20日上午，由省妇联举行的"2011年玉树儿童公益行动"在玉树县政府板房会议室正式启动，8 岁的小姑娘昂文求占作为该项活动的首批受益者，受领中国儿童少年基金会、中国扶贫基金会、中电投蒙东能源集团、南京南瑞继保电器有限公司、上海恒源祥集团赠送的爱心毛衣和爱心 T 恤衫。由中国儿童少年基金会、中国扶贫基金会、中电投蒙东能源集团、南京南瑞继保电器有限公司、上海恒源祥集团等单位出资开展的玉树儿童公益行动，使玉树州 1 万名孤残、贫困儿童获得 12 种重大疾病公益保险，500 名孤儿获得每年 2000 元的助养金，近千名孤残儿童获赠爱心毛衣和爱心 T 恤。同时，玉树州 7 个“中电投蒙东春蕾女童班”开班，200 名贫困中小学生得到资助。

四、青海省归国华侨联合会赈灾

省归国华侨联合会向玉树地震灾区捐助款 3 万元。甘肃省归国华侨联合会通过青海省归国华侨联合会捐款 2 万元，两笔捐款汇缴省委统战部一并捐助给玉树州委统战部。

五、青海省工商业联合会系统赈灾

4 月 14 日，青海省工商业联合会（以下简称“省工商联”）紧急从省商会会费中列支第一批抗震救灾款 5 万元捐赠灾区，并向玉树州工商联致慰问电。同时，与省委统战部、省光彩事业促进会（以下简称“省光彩会”）共同向全省广大非公有制经济人士发出救灾捐赠倡议。当日组织机关干部开展向玉树灾区捐款活动，收到捐款 1600 元。19 日，省工商联、省光彩会发出通知，要求全省各级工商联和非公有制经济组织，继续援助玉树灾区做好抗震救灾和灾后重建工作。5 月 7 日，青海省工商业联合会提出《关于支持玉树灾区个体私营等非公有制经济组织灾后加快发展的建议》，建议政府及早考虑个体私营等非公有制经济组织灾后恢复重建问题。

4 月 17 日，青海汇吉实业集团有限责任公司向玉树灾区捐赠的救灾物资抵达结古镇。图为救灾物资分发现场

（青海省委统战部　袁志远　提供）

4 月 16 日，青海富康医药集团组织全体员工向玉树灾区捐款

（青海省委统战部　袁志远　提供）

7月15日，省工商联、省光彩会向全省各级工商联组织、广大非公有制经济人士发出认捐认建倡议书。至22日，非公有制经济人士捐赠物资和资金总额超过6400万元。青海庆华集团董事长霍庆华夫妇以个人名义捐款1000万元，并组织公司员工捐款250万元；青海省工商联副主席、青海物通集团董事长杨生良交纳特殊党费1万元，并以集团公司名义捐款300多万元；青海藏格钾肥董事长肖永明以公司名义捐款1000万元；青海汇吉集团、青海兴旺集团、西宁伟业集团等工商联会员企业负责人也通过民政、红十字会和慈善总会等渠道积极捐款捐物。到28日，省工商联组织全省非公有制经济人士及其企业捐款捐物价值9270.16万元。截至5月7日，全省非公有制经济组织和非公有制经济人士共向玉树灾区捐款捐物价值9859.63万元。

在抗震救灾关键时刻，省工商联广大会员向海内外非公有制经济人士积极呼吁捐款捐物支援玉树灾区。苏宁电器西宁公司及时向总公司汇报灾区情况，总公司立即向灾区捐款300万元；台湾旺旺集团、台湾顶新集团文教基金会等企业通过驻西宁公司分别捐款100万元；福建商会、温州商会等民间组织向海内外本籍企业家发出呼吁，组织大家捐款捐物，情系灾区；河北省政协常委、香港北方船务有限公司董事长高彦明，主动联系青海省光彩会，向灾区捐款100万元。省商会副会长、西北铝合金材料集团公司董事长杨世荣，无偿向灾区提供价值50多万元的20吨铝合金材料，用于灾后重建；中华见义勇为基金会理事单位——天狮集团在捐赠价值500万元物资和100万元善款的基础上，副总裁白萍承诺尽快在玉树筹建一所“天狮博爱学校”。至5月12日，全省有396家民营企业为支援玉树灾区抗震救灾捐款捐物，捐赠款物总计10259.75万元，其中捐赠现金7025.27万元、捐赠物资价值3234.48万元；工商联机关捐赠现金75050元。

青海省各级工商联组织和工商联成员企业为玉树灾区捐赠情况表

表2-11　　单位：万元

统计栏目	填报内容	备注
参与企业	396家	—
捐赠款物总计	10259.75	—
捐赠现金数额	7025.27	—
捐赠物品价值	3234.48	—
工商联机关捐赠金额	约7.51	—

捐赠额在100万元以上的企业名录

表2-12　　单位：万元

企业名称	捐赠数额	备注
华实科技投资管理集团	1065.00	其中现金1011.00
庆华矿冶煤化集团董事长霍庆华及夫人周亚芹	1000.00	现金
青海省温州商会	870.00	其中现金260.00

续表 2-12

企业名称	捐赠数额	备注
庆华矿冶煤化集团公司	430.00	现金
青海省江苏商会	424.05	其中现金 399.24
青海省浙江企业家联合会	388.00	其中现金 200.00
物通集团	301.00	现金
青海省汇吉集团	300.00	物资
江苏伟业集团	267.34	其中现金 17.34
青海雪舟三绒集团	151.20	物资
青海省三江药业有限公司	150.00	物资
青海兴旺集团	135.00	其中现金 115.00
富康药业集团公司	130.00	其中现金 6.00
三榆集团	115.662	其中现金 100.00
世全集团	110.00	现金
青海洁神集团	105.82	其中现金 15.82
格尔木庆丰钾肥有限公司	104.50	现金
格尔木昆仑宝玉石有限公司	102.07	现金
甘肃祁连山水泥厂青海分公司	100.00	现金
亚洲硅业青海分公司	100.00	现金
西宁金座房地产开发有限公司	100.00	现金
青海奥凯煤业集团有限公司	100.00	现金
西旺实业集团有限公司	100.00	现金
青海省吉美矿业有限公司	100.00	现金
青海九州富强房地产有限公司	100.00	现金
安利（中国）日用品有限公司青海分公司	208.00	其中现金 200.00

第二节　省级社会组织赈灾

一、青海省红十字会系统赈灾

玉树发生地震当日，青海省红十字会立即启动《青海省红十字会系统自然灾害等突发事件应急预案》Ⅰ级响应，并向省内外、国内外发出募捐呼吁书，请求支援，并紧急动员和组织红十字志愿者参与抗震救灾。

4 月 14 日开始，北京、上海、江苏、湖南等 32 个省（自治区、直辖市）红十字会积极响应，广泛动员社会各界为玉树地震灾区捐款捐物；香港特别行政区红十字会、澳门特别行政区红十字会、台湾红十字组织大力支援，为玉树地震灾区捐款捐物。

4月17日，青海省红十字会在西宁市中心广场举行玉树“4·14”抗震救灾大型募捐活动。中央驻青海单位、省党政军机关、企事业单位等150余家单位及市民4000余人参加活动，向玉树灾区捐款1.5亿余元，捐赠物资价值5000万余元。图为大型募捐活动现场　　（省红十字会　王海涛　摄）

4月16日，塔尔寺红十字会、寺管会通过省红十字会向玉树灾区捐赠善款50万元，并在青海省佛教协会会长赛赤活佛的带领下，全寺17名活佛、700余名僧侣同工作人员及部分前来朝拜的佛教信徒自发向地震灾区捐款12.65万元。

4月17日，省红十字会在西宁市中心广场举行玉树“4·14”抗震救灾大型募捐活动。省人民政府副省长、省红十字会会长马顺清，中国人民解放军96351部队李保国少将，中国红十字会总会副会长郝林娜，中国红十字会总会赈灾救济部副部长李立东、联络部副部长杨会新等领导及来自省垣中央驻青海单位、省内各党政军机关、企事业单位的150多个单位代表和社会各界群众近千人参加集体捐赠仪式。青海盐湖工业集团股份有限公司通过省红十字会向灾区捐款1100万元，青海庆华集团向灾区捐赠善款1450万元，中共青海省委统战部受中央统战部委托为青海省地震灾区捐款200万元，农工党青海省委通过省红十字会为灾区捐赠价值200万元的药品。当日，省红十字会共收到社会各界的捐款及意向捐款1.5亿余元，物资折合5000万余元。

4月23日，西宁东关清真大寺组织4万名穆斯林群众为青海玉树地震中的伤者和罹难的同胞做“都阿宜”祈祷。马长庆教长带领数万名穆斯林群众同声祈祷。当天，捐赠善款和物资价值共200万元。

5月2日，同仁县隆务寺寺主夏日仓活佛将全寺僧众捐赠的8万元现金送到省红十字会，并表示要前往青海大学附属医院和青海红十字医院看望慰问在地震中受伤的玉树同胞。

抗震救灾期间，省红十字会克服人员少、任务重等困难，分别在飞机场、火车站、物流中心、陆路货运车站接收四面八方运来的救灾物资，将包括中国红十字会、中国红十字基金会、全国红十字会系统和港、澳、台红十字组织和红十字国际委员会，红十字会与红新月会联合会、其他国家红十字会及国内外、省内外社会各界捐赠的26大类、100多个品种，价值18473.44万元的5000余顶帐篷、43892床棉被、28187件衣物、5.46万余箱（件）方便食品、饮用水、急救药品和700余吨其他救灾物资及时运送到玉树地震灾区一线。

二、青海省残疾人联合会系统赈灾

4月14日，省残疾人联合会（以下简称“省残联”）及时与地震灾区残联组织取得联系，向地震灾区发出慰问信，并随时了解灾区情况及当地残疾人、残疾人工作者及其亲属受灾情况。15日上午9时，省残联召开全体干部职工专题会议，通报玉树地震灾情，部署抗震救灾工作。决定由省残疾人福利基金会拨付50万元资金，专项支援玉树灾区残疾人抗震救灾工作，同时迅速启动救助玉树地震灾区残疾人专项募捐活动，向各企事业单位和社会各界发出《为玉树地震灾区募捐倡议书》；由省残联机关党委组织开展机关和直属事业单位全体干部职工捐款活动；在省残联门户网站开辟玉树抗震救灾专栏，及时报道灾情和募捐情况；省残联康复部牵头与康复中心研究灾区残疾人康复救助工作；省残联教（育）就（业）部负责了解灾区残疾人生活问题，并向灾区组织运送急需生活物资。16日上午，省残联办公室向全国各省、自治区、直辖市残联发出《关于请求紧急支援青海省玉树县残疾人抗震救灾工作的函》，广泛争取全国各地残联的支持。

4月16日上午11时，省残联机关和直属事业单位干部职工开展献爱心捐款活动，共募集捐款1.4万元。15时，省残联党组书记、理事长肖建军率有关人员紧急赶往玉树灾区了解情况，看望灾区残疾人家庭，指导残疾人抗震救灾工作，并随队向玉树地震灾区送去价值5万元的方便面、矿泉水等急需的生活物资。17日凌晨3时，肖建军一行抵达地震灾区，迅速展开工作，调查残疾人家庭受灾情况，开展残疾预防指导，尽最大可能减少灾区群众因伤致残情况的发生；实地查看在地震中被损毁的玉树州残疾人综合服务中心，看望慰问玉树州及玉树县残联工作人员，为他们送去1万元慰问金，并看望5户残疾人家庭，为每户残疾人家庭送上慰问金1000元。20日，省残联系统46名党员交纳支援玉树抗震救灾特殊党费1.75万元。

同日，省残联紧急联系到香港心理辅导专家到青海对受灾群众开展心理辅导、心灵抚慰、情绪支援等相关服务活动。18日下午开始，8名心理辅导专家分成4个小组，在省人民医院、青海大学附属医院、省红十字医院等处，对灾区转运来的伤员及其亲属开展为期两天的情绪疏导服务。20日，8名专家前往玉树灾区，对当地民众开展灾后心理辅导、心灵抚慰服务。省残联在玉树震区建立抗震救灾心理辅导点，协同无国界社工，持续安排相关心灵抚慰、情绪疏导、心理支持方面的专家陆续前往玉树地震灾区开展相关心理服务活动。

4月26—27日，省残联向地震灾区提供第二批紧急援助物资包括：捐赠玉树州及玉树县残联皮卡汽车各1辆；优质棉帐篷50顶；米、面、油、菜、肉、蛋等急需的生活物资；辅助器具一批；5万元临时工作经费。5月5—8日，省残联副理事长曹晓代表省残联党组、理事会慰问玉树州、玉树县、称多县残联干部职工，看望6户残疾人家庭，发放慰问金4.39万元，为玉树州残联捐赠多功能传真机1台。

截至5月6日，省残疾人福利基金会收到全国残联系统和各方面捐款838980元，以及价值20万元的轮椅等辅助器具。省残联党组、理事会和全体党员心系灾区，累计向灾区捐赠价值41万元的物资和辅助器具。

三、青海省慈善总会赈灾

4月17日，青海省慈善总会工作人员装运玉树抗震救灾捐赠物资
（青海省慈善总会　提供）

4月14日，正在福州参加会议的青海省慈善总会秘书长莫重录得知玉树发生强烈地震的消息，当即向与会代表详细介绍玉树地区的经济、地理等概况，并呼吁大家通过慈善渠道，对玉树灾区给予支持和援助。次日，省慈善总会通过新闻媒体和互联网，向社会发出关于支援灾区的慈善呼吁书，并公布慈善总会的办公电话和秘书长莫重录的手机号码。秘书处连夜召开工作会，总会分别成立物资接收运送组、财务统计组、联络接待组，同时在西宁火车站、长途汽车站、民政厅物资仓库等地开设物资接收点3个，并陆续开展捐赠活动。

4月14日，只有两岁半的藏族小姑娘胡·泽仁旺姆在姥姥和妈妈等人陪同下来到省慈善总会，将自己的200元压岁钱捐给灾区。17日，省慈善总会收到一封寄自“吉林省公主岭市岭西街道党工委”的信，信内夹带着50元钱，信笺上落款为“低保户家庭全体成员”。信中这样写道：“……特捐献50元整人民币，表达我们全家人对灾区的一份爱心。”吴修一老人原任广东广播电视大学首任专职副校长，他和夫人龚硕蕙都是90多岁、有着71年党龄的老党员，玉树地震发生后，灾区孤儿学校的孩子们牵动着两位老人的心，他们将多年积蓄的20万元捐赠给玉树灾区，希望这些钱能帮助受灾的孩子们早日重返校园。20日，青海省慈善总会接到一个捐赠者的电话，工作人员如约来到冷湖路的一家银行，看到一位衣着朴素的中年妇女，她将自己多年积蓄的银行存款连同利息共15.72万元，全部取出来捐赠给灾区，从存折上工作人员发现了她的名字叫赵燕云。此后，媒体记者按照工作人员提供的电话号码多次与她联系，希望进行采访报道，但她始终没有接受任何媒体的采访。4月15日，有60余家单位和个人，通过省慈善总会捐款捐物总价值311.24万元。19日，省慈善总会与省委宣传部、省文化厅、省广播电视厅、省民政厅、省红十字会共同主办，由青海电视台、湖南电视台承办“青海玉树抗震救灾特别节目”，现场接收捐赠款物 11.77 万元。

4 月 24—26 日，省慈善总会与青海省摄影家协会，在西宁市中心广场共同举办 2010“青海玉树抗震救灾纪实摄影展”，共展出 260 余幅摄影作品，集中反映出抗震救灾的真实场景和人物，广场上参观的人群络绎不绝，当日募集善款 3284.5 元。24 日，由济南市慈善总会联系山东单信网络科技有限公司为灾区群众定制的 6215 件羽绒棉衣（价值 217.5 万元）到达西宁，与省慈善总会举行交接仪式；辽宁曙光汽车集团有限公司（丹东黄海特种专用公司）捐赠巡回医疗车 1 辆，价值 100 万元。27 日，在西宁奇瑞汽车 4S 店举行汽车捐赠仪式，奇瑞公司总经理助理金弋波、青海万华汽车贸易有限公司总经理高飞，代表奇瑞汽车公司向省慈善总会捐赠威麟 X53.0L 大型越野车 10 辆、瑞虎 1.8L 越野车 30 辆，加之其他款物，公司总计捐款 600 余万元。省人大常委会副主任郭汝琢、副省长马顺清等参加仪式。28 日，浙江省十大慈善之星、滴水公益创始人魏钧到达西宁，向省慈善总会表达捐赠意愿，并携部分捐赠物品前往玉树。

4 月 29 日，省慈善总会收到一封来自上饶市宏云镔光学元件厂署名为“王旺福”的信件，信中寄来 20 元钱，以对灾区人民“略表关切之情”。难能可贵的是，此后，同样的信件每个月会准时寄来，一直延续了整整一年。在捐款的爱心人士当中，很多人都不愿说出自己的姓名。据统计，没有提供姓名的捐款人有 41 人，共捐款 4.91 万元。

5 月 4 日，省慈善总会收到化隆县群众捐赠的面粉 2.6 吨。

5 月 5 日，汕头市存心慈善会会长蔡木通等一行 6 人，携带总价值 160 万元的物资抵达西宁，并亲自到青海省慈善总会临时仓库进行交接。之后，又深入灾区慰问看望福利院的孤儿，到医院看望地震中的伤员，深切表达汕头人民对玉树灾区人民的一片爱心。存心慈善会在汕头数次发起“青海玉树抗震救灾捐款”活动和“心系玉树爱聚青海”大型烛光追思活动，共收到凝聚着无数汕头人爱心的善款 101.93 万元，通过青海慈善总会转捐玉树灾区。

5 月 7 日，省慈善总会给中华慈善总会上报救灾资金接收情况，截至当日，省慈善总会共收到各地慈善组织、企业、团体和个人捐款 4434.43 万元。其中，单位、团体捐款 4316.52 万元，

5 月 25 日，徐州市红十字会募集的价值 34 万元的救灾物资由该市中大物流公司过青海省慈善总会转运玉树灾区

（《西海都市报》何耀军 摄）

个人捐款 117.91 万元。物资折价 7346.54 万元。根据省玉树抗震救灾指挥部的统一调度，已发往玉树灾区 2700 万元的物资，库存物资 4600 余万元。18 日，世界宣明会总干事王超、副总监简祺伟、高级紧急救援主任梁慧美、助理项目官员张进等人到达西宁。喇秉礼等举行欢迎会，对世界宣明会一行的到来表示欢迎和感谢，并就有关情况作了全面介绍（截至 2012 年 12 月，世界宣明会共捐款 1671.62 万元）。24 日，在西宁举办汽车捐赠仪式。山东五征集团向玉树捐赠工程自卸车 10 台，价值 96 万元。

5 月 13 日，省慈善总会对本会自玉树地震发生后接受捐赠资金、物资的情况作出《关于救灾资金上缴情况的报告》。17 日，省慈善总会秘书处召开会议，安排接收调运组与财务统计组具体手续衔接、沟通事宜。

同日，省慈善总会收到一批总价值约 34 万元的救灾物资，随车押运物资的张生旭是互助土族自治县人，他和妹妹张生菊同在江苏省徐州市中大物流公司工作。玉树地震后，他和妹妹发动公司员工捐款、捐物，并联系徐州市红十字会筹集棉被、棉衣、文化用品等救灾物资，由公司派车运到玉树灾区。

6 月 1 日，省慈善总会会长喇秉礼主持召开会议，听取总会赈灾情况专题汇报。张光荣、晁海军等应邀出席会议。7 日，总会秘书处召开会议，研究支援玉树抗震救灾工作完成、跟踪情况和物资统计问题。24 日，秘书处召开会议，研究《青海省人民政府办公厅关于印发进一步动员社会力量深入开展玉树地震灾区恢复重建社会认捐认建工作实施方案的通知》落实意见。

6 月 22 日，众泰汽车公司捐赠仪式在西宁举行，湖南江南汽车制造有限公司、浙江永康众泰分公司捐赠 5008 型越野车 30 辆，价值 180 万元。

截至 6 月底，省慈善总会接收包括全国各地慈善机构、企业、团体和个人捐款在内的各类捐款合计 5809.89 万元。其中，定向用于福利设施的捐款 2668.13 万元，其他定向捐款 1812.41 万元，非定向捐款 1329.35 万元。

7 月 5 日，江苏先声药业有限公司委托江苏省慈善总会向玉树地震灾区捐赠 100 万元救灾款和总价值 200 万元的药品。随后，先声药业发起“玉树儿童世博行”活动，江苏省慈善总会、省慈善总会联合组织实施慈善公益活动，带领玉树孩子参观世博会，组织孩子们游览南京红山森林动物园、南京中山陵风景区、南京海底世界等景点。先声药业资助金额 13.5 万元。此外，公司 50 名员工还通过“一对一”的帮扶活动，为玉树孤儿学校 50 名学生提供资助，标准为每人 1100 元 / 年，直至其完成学业。10 日，浙江省侨联负责人一行和中共青海省委统战部、省侨联及省慈善总会负责人在省委前楼会议室商定，由浙江省侨联出资 87.15 万元汇到青海省慈善总会账户。

截至 2010 年 8 月 10 日，省慈善总会共接收捐赠资金 9860 万元，其中定向资金 6339 万元、非定向资金 3521 万元；接收物资折价 8213 万元。至 9 月 3 日，省慈善总会账户接收中华慈善总会捐款 23.88 万元。19 日，省慈善总会协作单位意大利亚洲团结协会秘书长安德烈亚一行到访省慈善总会。该协会捐赠玉树地震受灾群众购置生活用品资金 300 多万元。同日，民生人寿保险公司给玉树灾区捐赠价值 92.04 万元的金杯救护车 12 辆，捐赠仪式在青海宾馆会议中心举行。10 月 14 日，西安市慈善总会捐款 3.68 万元。11 月 2 日，海南马自达汽车有限公司确定给玉树灾区捐赠富士达小面包车 9 台、福美来轿车 18 台，总价值 201 万元。

企业和团体通过慈善机构捐赠物资统计表（4 月 14 日至 5 月 3 日）

表 2-13 单位：万元

序号	单位和企业名称	捐款金额	物资折价
1	中华慈善总会	100.00	—
2	广州市慈善总会	52.32	—
3	江苏省慈善总会	50.00	556.00
4	江苏伟业建设集团	—	245.00
5	威海众和康复材料股份有限公司	—	29.95
6	秦皇岛市傲奔尔装具服装公司	—	110.00
7	青海省兴旺建工贸有限公司	100.00	20.00
8	青海省隆豪置业有限公司	10.00	—
9	广东省慈善总会	100.00	—
10	青海新概念厨房设备有限公司	—	18.31
11	紫金矿业集团股份有限公司	100.00	—
12	天津市慈善总会	30.00	—
13	北京市崇文社会福利慈善协会	500.00	—
14	浙江五洲新春集团公司	35.00	—
15	山西省慈善总会	—	10.00
16	民政部紧急救援中心深圳分中心	—	133.74
17	山东省青州市慈善总会	—	221.00
18	青海云天化国际化肥有限公司	30.00	—
19	青海省海西州慈善总会	1300.00	—
20	青海贤成矿业股份有限公司	50.00	—
21	上海汇聚会务有限公司	110.00	—
22	青海吉美矿业有限公司	100.00	—
23	温州市鹿城区慈善总会	100.00	—
24	中国人寿保险股份有限公司青海分公司	100.00	—
25	东盟卫视	10.00	—
26	湖南有色地质勘探局	30.00	—
27	杭州汇聚投资咨询有限公司	90.00	—
28	波司登控股公司	—	1000.00
29	青海仁济医院	—	15.25
30	杭州华联置业有限公司	30.00	—
31	华联发展集团	30.00	—

续表 2-13

序号	单位和企业名称	捐款金额	物资折价
32	中海壳牌石油化工有限公司	130.00	—
33	日立建机（中国）有限公司	—	200.00
34	中华慈善总会宝马爱心基金	19.00	—
35	陕西省慈善总会	—	76.16
36	无限极（中国）有限公司	—	330.00
37	河南省慈善总会	12.00	24.00
38	北京中寰工程项目管理有限公司	10.00	—
39	青海天象投资实业有限公司	50.00	—
40	中国诚信信用管理有限公司	31.73	—
41	晋城市慈善总会	20.00	—
42	青海嘉年绒业有限公司	13.00	—
43	洛阳市慈善总会	—	10.00
44	济南市慈善总会捐献中心	—	217.53
45	杭州麦伦时装有限公司	—	100.00
46	巨力影视传媒有限公司	—	100.00
47	四川天药医药保健品有限公司	—	40.04
48	奇瑞汽车销售公司	—	400.00
49	辽宁曙光集团丹东黄海特种专用有限公司	—	100.00
50	益海嘉里集团	—	100.00
51	四川莫氏贸易有限公司	—	24.00
52	峨眉山市慈善总会	173.45	—
53	盛宇集团公司	—	65.00
54	四川众恒建筑设计有限公司	10.00	—
55	九江自由舰舶工业公司	10.84	—
56	杭州萧山区慈善总会	134.66	—
57	湖北金洋冶金服务有限公司	10.00	—
合计		3682.00	4145.98

企业和团体通过慈善机构捐赠物资统计表（5 月 4—30 日）

表 2-14　　单位：万元

序号	单位和企业名称	捐款金额	物资折价
1	北京四中龙门网络教育技术有限公司	1.00	—
2	浙江省慈善总会	29.00	—
3	温州市慈善总会	926.81	—
4	合肥市慈善总会	200.00	—

续表 2–14

序号	单位和企业名称	捐款金额	物资折价
5	深圳市社会捐助接收管理服务中心	253.56	—
6	汕头市存心慈善	—	160.51
7	天津市慈善协会	—	56.43
8	深圳市张帆服装有限公司	—	39.77
9	湖北美尔雅股份有限公司	—	496.59
10	北京斌海丝绸制衣有限公司	—	200
11	富华国际集团有限公司	—	300
12	上海卡帕体育用品有限公司	—	600
13	芬理希梦（北京）商贸有限公司	—	10
14	南京市慈善总会	—	18.01
15	中国铝业公司东北轻合金有限责任公司	20.86	—
16	长江设计院	100	—
17	汉江集团	70	—
18	长江科学院	15	—
19	长江委水文局	15	—
20	天津市津通房地产开发有妈公司	10	—
21	广东雅士利集团股份有限公司	—	109.10
22	汕头市救灾捐献物资接收储备站	—	80
23	宁波日用品有限公司	—	70.50
24	杭州市慈善总会	—	139.61
25	广州惠美怡汽车有限公司	22.17	—
26	徐州市社会捐助服务中心	—	34.03
27	深圳市捐助中心	—	81.16
28	北京轻舟世纪建筑装饰工程有限公司	10	—
29	日照市慈善总会	—	96
30	南京市慈善总会	—	209.26
31	郑州市慈善总会	—	50
32	黄石市慈善总会	—	33.94
33	太原市慈善总会	—	22.18
34	西安市慈善总会	541.19	—
35	广东省深圳市招商局物流集团有限公司工会委员会	17.45	—
36	景宁畲族自治县人民政府	100	—
合计		2332.04	2807.09

企业和团体通过慈善机构捐赠物资统计表（5 月 31 日至 6 月 5 日）

表 2-15　　单位：万元

序号	单位和企业名称	捐款金额	物资折价
1	华中农业大学	26.00	—
2	京信通信系统（中国）有限公司	60.00	—
3	伊宁慈善总会	10.36	—
4	北京市丰台区 ABC 外语学校	—	30.00
5	重庆市慈善总会	—	10.00
6	中华慈善总会	—	100.00
7	湛江市慈善总会	25.00	—
8	广东一禾药业有限公司	—	20.71
9	广东同德药业有限公司	40.13	—
10	众泰控股集团有限公司	—	180.00
11	浙江上虞市慈善总会	—	16.68
合计		161.49	357.39

第三节　省内企业赈灾

一、省属企业赈灾

4 月 14 日，省新能源集团公司连夜组织生产 100 套、价值 5 万元太阳能户用电源，于 15 日发往灾区。省新华发行集团有限公司职工向玉树灾区捐款 33790 元。16 日，省经济委员会、省国有资产监督管理委员会举行抗震救灾捐款仪式，省投资集团有限公司、西宁特殊钢集团有限责任公司、西部矿业股份有限公司各捐款 1200 万元。西宁特殊钢集团有限责任公司职工捐款 104.11 万元。西部矿业股份有限公司之后又捐赠 230 万元和价值 100 万元的救灾物资。17 日，青海盐湖工业集团股份有限公司向灾区捐款 1100 万元。19 日，青海华电大通发电有限公司向玉树灾区捐款 8.28 万元，三普药业公司捐赠价值 3.5 万元的 50 件藿香正气水。

省经济委员会、省国有资产监督管理委员会接受的企业捐赠还有：省农村信用社联合社捐款 80 万元，青海物资产业集团总公司捐款 27 万元，青海物资产业集团总公司送温暖基金办公室捐款 13 万元，青海创安有限公司捐款 10 万元，青海银行捐款 100 万元，青海煤业集团有限责任公司捐款 50 万元，青海机电国有控股有限公司捐款 53.68 万元，省三江集团建设责任公司捐款 71.5 万元，省国有资产投资管理有限公司捐款 60 万元、公司职工捐款 7300 元。

地震中，玉树电力公司和玉树汽车站遭受巨大损失，死亡 49 人，财产损失过亿元。5 月，青海省国有资产监督管理委员会收到两家企业请求解决资金困难的报告后，再次向各监管企业发出援助倡议，共募集捐款 349.49 万元。具体为：西部矿业集团公司捐款 100 万元，青海盐湖工业集团股份有限公司捐款 100 万元，省投资集团有限公司捐款 50 万元，西宁特殊钢集团有限责任公司捐款 50 万元，省三江集团建设责任公司捐款 15 万元，青海物资产业集团总公司捐款 10 万元，青海银行捐款 10 万元，省国有资产投资管理有限公司捐款 6 万元，深圳市青鹏集团有限公司捐款 5 万元，青海机电国有控股有限公司捐款 3.486 万元。

二、民营及外资企业赈灾

4 月 14 日，青海互助青稞酒有限公司发出“向地震灾区献爱心”倡议书，至 4 月 15 日 20 时许，公司员工捐款 11 万元。该公司捐赠物资折价 54.18 万元，并于 22 日捐款 1000 万元。

省正平公路桥梁工程集团有限公司组织大型机械 44 台，救援人员 110 人，携带大米、面粉、方便面、大衣、被褥、燃料等物资，在该公司董事长金生光的带领下，于 14 日晚赴玉树救援。15 日，青海纺织品百货公司紧急购买 340 件羽绒服、60 床丝绒被及数吨方便食品等，价值 10 万元，连夜送往灾区。同日，西宁石油机械厂向灾区捐赠活动板房 100 间，青海杰森集团向灾区捐赠 99 间价值 60 万元的活动板房，青海贝正实业有限责任公司向灾区捐赠 14.75 吨液化气、50 套灶具等价值 10 万元的物资，青海兴旺集团向灾区捐赠 2000 箱方便面、1200 件矿泉水及手电筒等价值 20 万元的物资，均运往灾区。

同日，青海健翔集团开展职工捐赠活动，17 时，由董事长南雪迅带队，将 3.5 万元捐赠款购置的 20 顶帐篷等物资运往玉树灾区；江苏伟业投资集团向玉树灾区捐赠发电机设施、御寒棉衣、被褥等价值 250 万元的物资，下午由董事长王伟明带队送往灾区；西宁博奥房地产开发有限公司董事长张文郡带领 5 名志愿者，组织 6 辆汽车，装载棉被 1000 条、帐篷 20 多顶、柴油和汽油 12 桶等价值 30 万元的物资，前往灾区支援抗震救灾；青海物通（集团）实业有限公

4 月 15 日，西宁惠客家超市员工搬运抗震救灾物资
（青海省商务厅　提供）

司在所属百通公司办公楼为玉树灾区举行捐款仪式，募集善款30万元，其中公司捐款20万元、公司员工捐款10万元；苏宁电器通过省民政厅抗震救灾募捐点，向玉树灾区捐赠500万元，西宁王府井百货有限责任公司为玉树灾区举行捐款仪式，公司员工捐款7516.6元；金佰川鞋业总部，甘、青、宁三省（区）各门店同时举行捐款仪式，千余名员工捐款，受现场气氛感染，围观群众亦捐款，其中金佰川鞋业大十字店捐款2.39万元；青海省浙江企业联合会号召各会员企业向玉树灾区捐款捐物，筹集20万元的物资运往玉树地震灾区。

玉树地震发生后，久美藏药公司董事长久美彭措召开紧急会议，抽调11名医护人员组成医疗小分队，携带价值6.45万元的药品及医疗用品，于15日凌晨赴灾区救援。16日，该公司再次组织价值15.56万元的药品，17日运抵灾区。青海晨菲制药有限公司通过青海省政协向玉树灾区捐赠价值170万元的药品，捐赠仪式于16日在省政协举行，省政协主席白玛接受捐赠，省政协副主席陈资全、仁青安杰、李忠保、马志伟等出席。

同日，青海兴旺建工集团捐款100万元，西宁市金座房地产开发有限公司捐款100万元，青海春天医药广场捐款15万元，西宁万丰集团公司捐款1.2万元，青海绿源广发实业有限公司捐款1.32万元，青海三工镁业集团捐款12万元，青海力盟实业有限公司捐款5万元，青海天驰建筑工程有限公司捐款11.23万元，西宁正派名人餐饮娱乐有限公司捐款1.2万元，青海农业机械化集团有限责任公司捐款1万元，西宁玉生琨宝玉石有限公司捐款5000元，西宁夏都宝玉陈捐款1.68万元，西宁市城中区唐璜料理茶餐厅捐款1万元，青海凯联商贸有限公司捐款2万元，西宁城东博奥百货商行捐款5000元，西宁克莱德曼音乐艺术学校捐款1万元，青海民惠实业有限责任公司捐款5万元，西宁舒怡商贸有限公司捐款6000元，西宁燎原影楼捐款2000元，西宁亿丰化妆品有限公司捐款3350元，青海青年创业园捐款5万元，青海兴旺水电路桥工程建设有限公司捐款5万元，厦门万家居设计装饰工程有限公司青海分公司捐款3000元。

同日，青海富康医药集团向灾区捐款6万元、捐赠药品折价102万元，青海西北铝合金材料集团捐款15万元、捐物折价20万元，青海省汇吉集团捐物折价300万元，华实科技投资管理集团捐棉被1400床、棉大衣900件、外套1000件、方便面3000箱、矿泉水2500件、面粉10吨，青海省江河源投资集团子公司江河源农牧科技公司、天露乳业有限公司捐物折价33万元，青海省天乐实业集团捐款1.2万元、18名技术人员携30台特种设备赴灾区救援，青海省华德集团捐物折价10万元并有30人救援队、5辆救灾物资保障车、两辆大型装载机赴灾区救援，青海三榆房地产集团捐物折价20万元，青海省伊佳民族用品有限公司捐款6万元、捐物折价28万元。

同日，省工商局组织举行捐赠仪式，西宁地区100多户个体经营者和29户私营企业现场捐款38.74万元、捐物折价481.6万元。

得知玉树灾区搜救人员急需扩音器，青海交电大楼迅速联系市内厂家和营销点，组织127个扩音器和328节1号电池，于16日夜送往灾区。该企业全体员工向玉树灾区捐款1.004万元。17日，西宁宝光金银首饰实业总公司向灾区捐款100万元。

从4月18日开始，青海裕泰畜产品有限公司派职工带6吨牛肉和两口大铁锅，在灾区每天煮3次肉，无偿供给受灾群众，直至6吨牛肉煮完为止。

截至4月19日，青海庆华集团向灾区累计捐款1493万元。其中，董事长霍庆华及夫人周亚芹捐款1000万元，青海庆华集团总经理丁平捐款50万元，集团公司捐款250万元，下属的木里煤矿、乌兰煤化公司、格尔木铁矿各捐款50万元，员工捐款43万多元。22日，该公司196名共产党员交纳特殊党费2.4万多元。

青海龙升实业集团公司组织捐款活动，总经理黄渭捐款5万元，公司员工捐款1.38万元。青海省芒芒美容美发技术学校师生向灾区捐款7800元，并为2名在校玉树学员补助款物。青海第二毛纺织股份有限公司向灾区捐款3.02万元、捐物折价2万元。青海西海国际旅行社总经理申海莲向灾区捐款1.05万元。西宁华飞商贸有限公司工作人员向灾区捐款5500元。青海省宏基交通物业管理有限公司员工向灾区捐款3300元。西宁奥康彩塑有限责任公司通过省红十字会，向灾区捐款1万元并捐赠1吨垃圾袋送往灾区。青海科达眼镜集团有限公司经理卢霓、西宁大熙园商贸有限公司总经理常华、西宁宁熙商贸有限公司董事长魏荣利向灾区各捐款1000元。

19日，青海路桥建设股份有限公司向玉树灾区捐款13.5万元，青海省汽车运输集团有限公司向玉树灾区捐款7.4万元，青海制药集团有限责任公司向玉树灾区捐款3.43万元，青海省新型建材工贸有限责任公司向玉树灾区捐款3200元，青海物通（集团）实业有限公司数千名员工向玉树灾区捐款303.79万元，青海芳谱精炼油有限公司向灾区捐赠价值18万元的食用油，青海应录集团公司向灾区捐款10万元，青海金吉（集团）草原钢网制造厂向灾区捐款10万元并捐赠价值10万元的棉被、发电机等物资，青海省医药有限责任公司捐赠价值4000余元的消毒液，江河源投资集团公司和青海安康粮油集团公司捐赠价值近86万元的救灾物资，并组织11台车辆将物资运往灾区。青海威远路桥有限责任公司组织2台挖掘机、4台装载机、4台自卸车，参与打通结古镇至巴塘机场的公路，项目部员工为灾区捐款2万元，公司为灾区捐款10万元。21日，该公司被中华全国总工会授予“工人先锋号”称号。

5月5日，青海金大地现代农业发展有限公司向灾区捐款10万元。

第五章 各州、地、市赈灾

第一节 西宁市赈灾

一、全市赈灾工作

4 月 14 日，西宁市成立由省委常委、西宁市委书记王建军任组长的支援玉树抗震救灾领导小组，紧急拨付 100 万元支援灾区，并紧急筹集价值 50 万元的棉被、帐篷等救灾物资运往灾区。西宁市委、市政府召开支援玉树抗震救灾动员会，要求西宁市各相关部门做好物资储备、调运工作，全力为灾区群众生产生活供应物资。西宁市公安局 80 名特警组成的抢险救援队于地震发生当天奔赴灾区，卫生部门组织的 3 支医疗队携带医疗设备和价值 15 万元的急救药品前往灾区。至 15 日 12 时，西宁市组织的 6 支抢险、医疗救援队伍抵达灾区。15 日，西宁市委、市政府干部职工捐款 7.18 万元；市总工会向玉树州总工会发去慰问电，同时下发紧急通知，号召全市各级工会组织以捐款、捐物、交纳特殊党费等形式积极做好抗震救灾捐助工作。市总工会在《西宁晚报》上向全社会发出倡议，号召全市广大职工向灾区群众伸出援助之手。市慈善总会及时向社会公布募捐账号，开通 24 小时捐款热线电话，接受社会各界捐款。市商务局发出倡议，动员各商贸流通企业积极行动起来，迅速向玉树灾区人民伸出援助之手。

4 月 19 日，西宁市民政、文化广播电视部门组织大型抗震救灾集中募捐活动，各区县和市民政局、市红十字会、市慈善总会、市文化广播电视局等部门规范有关赈灾捐助活动，全市各行各业继续做好赈灾款物的募集工作。有关部门继续抓紧筹集灾区急需的活动板房、粮食、食品、药品等各种物资，做好储备、调运工作。企业主管部门督促各相关企业合理调度，加班加点，加快生产救灾及灾后重建的物资。各有关部门和区县加强与青藏铁路公司等单位的协调衔接，各区政府、旅游等部门做好对因不能及时赶赴灾区而滞留在西宁的救灾人员，以及从灾区返回等待离西宁人员的安置工作，提供便利和服务。全市城区各类学校安排 1800 个名额用于

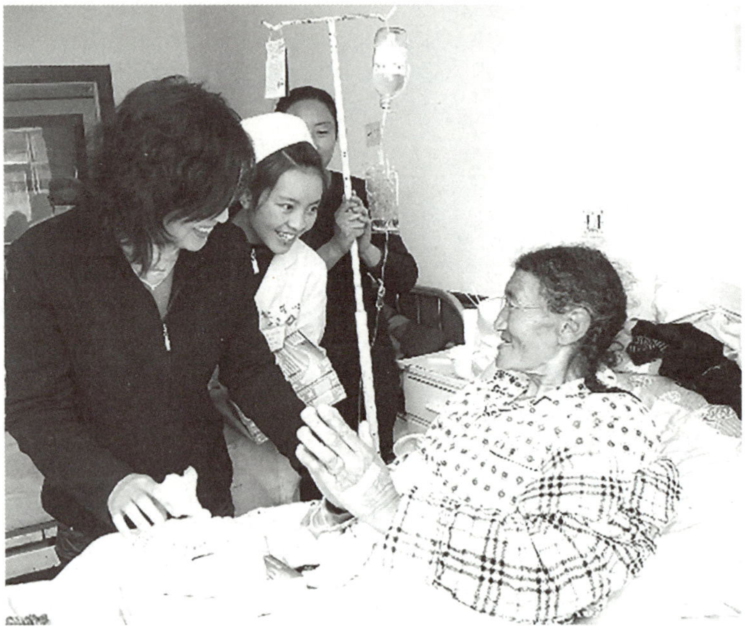

4 月 26 日，西宁市城北区大堡子镇工具厂社区工作人员和居民代表到西宁市第三人民医院，看望来自玉树灾区的伤病员
（《西海都市报》 李月娟 摄）

接纳灾区学生。成立流动受灾群众返乡临时救助领导小组，经西宁市政府协调，西宁市救助站分别在西宁火车站、西宁汽车站开辟两处绿色通道救助窗口，集中解决返乡受灾群众车票问题。并在火车站设立帐篷临时救助点，免费为地震受灾群众提供方便食品、矿泉水、开水等，确保受灾群众能吃饱、穿暖、有地方住。至 27 日 15 时，西宁市共救助地震灾区流动受灾群众 400 人。

至 4 月 30 日 12 时，全市实际募集救灾资金 3190.72 万元，上交省级及直达灾区捐赠资金共 2921.93 万元，实际结余 268.79 万元。筹集捐赠物资折价总额 831.01 万元，拨出 806.25 万元，结存 24.76 万元。全市共筹集、捐赠抗震救灾资金和物资折价 4021.73 万元。

5 月 4 日，省委常委、西宁市委书记王建军率市党政领导，携带 80 万元的慰问金和慰问物资，专程奔赴玉树灾区，慰问奋战在灾区一线的玉树广大党员干部。

二、市直单位赈灾

4 月 15 日，市总工会向灾区捐赠资金 10 万元，并组织市工会系统全体党员和干部职工为地震灾区捐款捐物，88 名干部职工累计捐款 17850 元（其中特殊党费 7700 元），并多方筹集资金 54050 元，购置衣物 729 件（套）送往灾区。至 20 日，全市各级工会累计捐款 1300 万元，捐赠棉衣 200 件，老北京布鞋 60 双，蔬菜 10 吨，食品、水、药品 6 车，活动板房 1000 余间；全国劳动模范何海兰到市总工会捐款 300 元；甘河工业园区企业为灾区捐建小学 1 所，价值 1200 余万元。5 月 8 日，针对灾区恢复重建干部职工最为紧缺和急需生活用品的实际，市总工会捐赠价值 6908 元的洗洁精等洗漱用品。

4 月 15 日，市工商局、个体私营企业协会组织个体工商户和私营企业捐款 212.3 万元，捐赠物资折合 315.8 万元。没有稳定工作、生活并不宽裕的西宁市民赵宏凯、逯启新等联络几名

4月19日下午，在西宁市民政局、市慈善总会、市红十字会举办的向玉树灾区捐款活动现场（新宁广场），一位小朋友将爱心捐款投入募捐箱

（青海省慈善总会　提供）

朋友，筹集100床棉被、100箱矿泉水、100箱方便面，行车22小时，于16日下午送到玉树县第二完全小学居民安置点。

4月17日上午，由西海都市报社联合省红十字会举办的“玉树，我们和你在一起”大型义演义卖献血募捐公益活动在西宁体育馆北广场举行。活动现场募集善款166.67万元、救灾物资价值358.93万元。同日，市红十字会组织全市基层红十字会及23家市、区医院和民营医院的139名医务人员，在城东、城中、城西、城北区21个社区开展义诊、咨询、募捐活动，各募捐点共接受捐款1.24万元。

4月19日下午，西宁市民政局、西宁市慈善总会、西宁市红十字会在新宁广场举行西宁地区向玉树地震灾区捐赠仪式。来自四川成都、在西宁经营服装生意的唐生莲，在把1000元钱投进捐赠箱后说：“2008年，我们四川经受大地震时，青海人民伸出了有力的援助之手，现在，玉树同胞遭受地震灾难，我们理应献出自己的爱心，灾难让我们的心贴得更近，手牵得更紧。”工商企业界人士现场捐款捐物513.3万元。其中，现金405.8万元，物品折价107.5万元；社会各界群众现场捐款86.98万元，现场共为灾区募集捐款600.3万元。湟源县振兴建筑有限责任公司总经理、共产党员刘生录现场捐赠10万元。有着20多年党龄的刘生录动情地说：“越是在这种群众遭受灾难的紧要关头，更要发挥共产党员的先锋模范作用，捐赠10万元钱作为自己的特殊党费，支持灾区人民渡过难关，是我作为一名党员义不容辞的责任。”

5月3日，西宁市文化广播电视局、市红十字会、市慈善总会、市旅游局等主办单位决定，在人民大会堂上演的大型音画舞蹈诗《天域天堂》，由商业演出调整为赈灾义演，所有门票及赞助收入用于支援玉树抗震救灾。18日，按省玉树抗震救灾指挥部要求，西宁市城中区向玉树灾区支援20辆环卫垃圾收集人力车。29日，西海都市报社联合西宁市胜利路小学、城西区妇联、北气象巷社区居委会共同举办“情系灾区，书暖心灵”为灾区孩子捐建爱心图书室活动。

西宁市胜利路小学 1645 名学生捐赠图书 2000 多本，经过整理后转交西海都市报社，在玉树建成第四个爱心图书室。

至 5 月 19 日，全市 24 家重点商贸流通企业捐款 609.4 万元，捐赠各类生活必需品及物资价值 176.8 万元。其中，捐赠牛羊肉、方便面、饼干、蔬菜、火腿肠等生活必需品 145.4 万元；捐赠汽油 18.3 吨、柴油 21 吨，价值 31.4 万元。

西宁地区向玉树地震灾区企业捐赠情况统计表

表 2–16　　单位：万元

单位	合计	其中	
		已到位现金	已到位物资折价
大通县企业	236.62	236.62	—
湟中县企业	137.51	90.23	47.28
湟源县企业	103.70	51.70	52.00
城东区企业	289.60	158.60	131.00
城西区企业	78.70	72.70	6.00
城北区企业	476.75	301.65	175.10
城中区企业	144.60	57.00	87.60
市慈善会	217.00	217.00	—
市红十字会	98.30	98.30	—
合计	1782.78	1283.80	498.98

至 7 月 12 日，西宁市本级实际募集救灾资金 1312.24 万元。其中，西宁市委、市政府筹集资金 100 万元，市民政（慈善总会）接收捐赠 850.12 万元，市红十字会接收捐赠 141.29 万元，市委组织部接收捐赠（特殊党费）200.41 万元，市妇联接收捐赠 13.03 万元，团市委接收捐赠（特殊团费）7.39 万元（共接收 54.16 万元，其中 46.77 万元包括在市慈善总会中）。市本级上交省级及直达灾区捐赠资金共计 1312.24 万元。上述款项分别转入省财政厅救灾捐赠专户 963.15 万元，转入省红十字会 121.29 万元，转入玉树州红十字会 20 万元，上交省委组织部 200.41 万元，上交团省委 7.39 万元。全市筹集捐赠物资折价总额 248.11 万元。其中，西宁市政府筹集捐赠物资折价 50 万元；市慈善总会 106.27 万元，市红十字会 19.25 万元，市妇联 17.8 万元，市直机关工委 54.79 万元。捐赠物资拨出 244.53 万元。其中，直接到达灾区 104.79 万元，转入省民政厅物资储备处 117.43 万元，市红十字会用于在西宁灾区伤病员 8.09 万元，市妇联用于在西宁灾区伤病员 14.22 万元。捐赠物资结存 3.58 万元。

三、各区县、开发区赈灾

（一）城东区

中共城东区委、区政府向灾区捐款 30 万元，同时广泛动员全区社会各界积极捐款捐物。4 月 15 日下午，城东区委、区政府组织区机关干部职工为玉树地震灾区捐款 188250 元。19 日下午，城东区民政局组织东关清真大寺、城东区慈善协会和辖区 10 家企业及各族各界群众 600 余人参加由西宁市民政局在新宁广场举办的“情满玉树、抗震救灾”大型募捐活动。活动中，城东区青海省玖鹰集团房地产开发有限公司、青海绒业有限公司、青海越州房地产公司、青海高原绿色肉食品有限公司等企业为灾区捐款 235 万元、捐助物资价值 341 万元；城东区各族各界群众纷纷伸出援助之手，大众街道办事处参加募捐活动的群众捐款 5000 元。

在自愿多交纳党费支援抗震救灾活动中，城东区 2276 名共产党员自愿多交纳党费 21.69 万元，全区一次性多交纳党费千元以上的党员有 16 人。原青海省物资交易中心干部、现城东区老干部办公室管理的离休老党员洪耀光虽身处异地，却心系玉树灾区，通过市老干部管理局以交纳特殊党费形式向灾区捐款 5 万元；青海宗业地产公司经理、共产党员韩宗业，主动到区委组织部交纳抗震救灾党费 1 万元。

区政协及时发出“立刻行动起来，为抗震救灾做贡献”的倡议。广大政协委员和政协机关全体干部积极响应，捐款 101 万元。区政协委员、青海高原绿色肉食品公司董事长马生福捐款 40 万元；马海全、韩宗业、喇海青、赵子仁、冯彦亮、马叶林、史建斌、马君义、冶金寿、哈岩、蒋盛福、马功等委员均为灾区捐款万元以上。书画界委员马国良、沙雨农等拿出自己的书画作品进行义卖，所得义卖款全部捐赠灾区。

4 月 19 日，西宁市城东区群众为玉树灾区捐款
（西宁市民政局　提供）

至4月19日下午，全区累计收到捐款698.62万元。其中，捐款231.72万元，捐助物资价值466.9万元。其中，义乌商贸城捐赠价值20万元的物资运抵灾区，青海玖鹰冬虫夏草国际交易中心为灾区捐赠彩钢活动板房100套，并派出8名志愿者赴灾区指导安装板房。区工商联合会会员企业响应区委、区政府号召，迅速行动起来，捐款捐物，区工商联主席、西宁小商品批发市场董事长马云和副主席、副董事长卢明亮带领广大个体经营户，捐款捐物22.3万余元；副主席、青海莱麦丹工商贸集团董事长马显云捐款10万元，并带领个体经营户捐款1.2万余元；副主席、青海高原绿色肉食品有限公司董事长马生福捐物30万元；副主席、青海穆斯林建筑集团董事长韩文林捐款5万元，集团职工捐款8630元；副主席、青海雪峰房地产开发有限公司董事长马奴海捐物7.6万元；副主席、西宁大厦董事长赵子君捐款2万元；副主席、青徽连锁集团董事长郑国光，副主席、西宁海豹西服制衣有限公司总经理宗文利捐款、捐物各1万元。

区红十字会组织区属医疗卫生机构在亚泰商城、西宁商场、国际村钟楼、火车站和中庄大院开展“众志成城、抵御灾难”大型义诊募捐活动。玉带桥清真寺管委会号召宗教界人士及广大信教群众为灾区募捐，募集资金15万元，物资价值6万元；青海省雪域阳光新能源有限公司捐助食品、帐篷等物资价值60万元。

区妇联组织各基层妇联积极开展抗震救灾募捐活动。周家泉办事处妇联为灾区筹集价值6万余元的食品、药品等救援物资，并且联系车辆于地震当日运往玉树灾区。东关大街办事处妇联收到捐款9421.2元，及时送到区民政局，同时，为灾区群众能及时吃到熟食，采购600个大饼，通过有关部门及时送往灾区；火车站办事处妇联为灾区捐款4153.4元。区妇联积极响应市妇联倡议，充分发挥协调、组织的优势，组织具有心理学方面知识和心理辅导相关实践经验的心理疏导师20名，擅长医务护理、生活护理，具备一定服务技能的护工22名，并将其中责任心强、具有奉献精神的13名人员招募为巾帼志愿者，随时准备为灾区妇女送去心理安抚、精神支持。

团区委组织开展“爱与希望同行”系列活动，内容包括“灾区青少年寻找行动”“爱心志愿者招募行动”“灾区青少年安抚行动”“灾区青少年慰问活动”4部分。通过寻找、掌握灾后到东城区就读、居住的灾区青少年基本情况及面临的困难和问题，有针对性地开展结对关爱活动，组建心理辅导志愿者队伍，引导他们走出心理恐惧和阴影，全区各级团组织组织团员青年、青年志愿者到医院、学校慰问灾区青少年，用爱心帮助灾区青少年树立生活信心。

4月19日，城东区慈幼社区开展赈灾慰问活动，到军民共建单位省人民医院、武警医院，给玉树受灾伤者送去可口饭菜和藏族同胞最喜爱的奶茶、酥油、炒面等慰问品；周家泉街道党工委和社区党总支以及社区工作人员，自筹资金1500元，购买牛奶、奶粉等营养品到第五人民医院看望和慰问地震中受伤的玉树同胞。20日，八一路街道党工委到康乐医院慰问由玉树灾区转来伤员赛果一家，带去牛奶、鸡蛋、方便面等慰问品。22日，韵家口镇党委、镇政府领导到康乐医院看望慰问地震灾区伤员，给他们带来鲜花和亲切的问候，并给每一位伤员送上慰问金150元。27日，周家泉社区和辖区内热心居民自发筹集资金4000元，为第五人民医院的87名伤员购买内衣，并亲手送到伤员手中。

（二）城西区

玉树地震发生后，城西区委、区政府当日立即召开紧急会议，全面动员部署支援玉树地震灾区工作，向玉树县灾区捐款 50 万元，支援和帮助玉树县抗震救灾工作，并以区四大班子名义向玉树县委、县政府发慰问函。同时，号召全区广大机关干部和人民群众积极行动起来，为抗震救灾贡献出一份力量。同日，城西区全体机关干部职工在区政府门口为玉树灾区进行募捐，共捐款 3.286 万元。中共城西区虎台街道工作委员会、城西区政府虎台街道办事处、西关大街街道办事处，向辖区广大市民、学校师生、社会各界发出捐款倡议。西关街物业管理处向辖区各市场经营户发出捐款倡议。15 日、19 日，胜利路小学两次开展“玉树抗震救灾爱心捐助”活动，全体师生共捐款 6.74 万元。其中，学生捐款 4.32 万元，教师捐款 1.13 万元，党员教师交纳特殊党费 1.29 万元。全部捐款通过红十字会支援玉树抗震救灾。

4 月 16 日，中共城西区委、城西区政府为加强支援玉树州抗震救灾工作组织领导，成立由区委书记李勇为组长，区委副书记、区长吴天晓为第一副组长，区委副书记王宏亮为副组长的支援玉树抗震救灾领导小组。区委发出《关于倡议全区广大党员自愿多交纳党费支援抗震救灾工作的通知》，并于当日下午组织全区党员干部举行“城西区支援玉树抗震救灾党员自愿多交纳党费”仪式，李勇带头自愿交纳特殊党费 1500 元。胜利路街道党工委在五四大街北京华联超市门前开展向地震灾区集中捐款活动，现场收到捐款 1.77 万元。虎台街道办事处与青海师范大学社会学系社工专业大学生志愿者发起倡议，为转送到西宁各医院的灾区伤员及其家属捐献生活用品。虎台辖区居民积极捐献衣物，青越人力资源有限公司购买棉被 100 床和大量食品，当晚送到省人民医院骨科 170 多位灾区伤员和伤员家属手中。截至 16 日，城西区中共党员自愿交纳支援玉树抗震救灾特殊党费 26.3 万元，干部职工和各企事业单位个人捐款 29.53 万元。

4 月 17 日上午，城西区民政局等有关部门在中泰百货门前开展“众志成城抗震救灾”大

4 月 27 日，西宁市城西区福禄巷南社区工作人员到沈家寨小学，把学习用品送到在此就读的灾区孩子们手中

（《西海都市报》　王复莲　摄）

型募捐活动，辖区商户“过江龙火锅旗舰店”捐赠灾区急需物资——矿泉水1500件，店内员工捐款1600元。家住海湖路的张玉兰，带着自己和3个亲戚家的6个孩子，来到西宁体育馆大型义卖义演献血募捐公益活动现场，孩子们逐一将准备好的零用钱投入募捐箱，并齐声说出他们的心愿：“希望玉树的小朋友早日回到学校上课。”张玉兰说：“我们回族和藏族，还有其他民族，都是一家人，我相信大家只要齐心协力，一定能够战胜灾难。”19日上午，彭家寨镇举行“彭家寨地区农民群众心系灾区爱心捐募”活动，为灾区捐款74986.5元。其中，彭家寨镇政府捐款1万元，刘家寨村1.27万元，火东村2428元，火西村2124元，阴山村2000元，杨家湾村7356元，张家湾村5000元，西北园村1.01万元，晨光村2.08万元，西川南路社区1563.5元，青青果幼儿园415元，杨家湾村江源驾校500元。城西区政协组织全体委员和机关干部职工，为玉树地震灾区捐款2.835万元，其中委员捐款2.38万元。至20日17时，共青团城西区各级团组织、团员青年为玉树灾区募集捐款和特殊团费8.2万元。20日，西关大街办事处得知结古镇西杭社区受灾群众急需帐篷、面粉、蔬菜等物资，与区财政局、区民政局共同出资购置9顶帐篷、250千克面粉、3吨炒面、20床棉被和棉大衣及学生学习用品等近5万元的物资，及时运往玉树灾区。同时，西关大街办事处党员干部积极交纳特殊党费，履行党员义务，累计交纳特殊党费8000多元。至21日18时，累计接收辖区社会各界捐款6.2万余元和价值6万元的捐赠物资，与青海大学附属医院取得联系，购买牛奶、饼干、核桃粉等营养品和鲜花，慰问灾区伤员20人。

4月21日，城西区政府筹措资金5.26万元，购置帐篷9顶、棉被40床（件）、食品8吨、发电机2台，送往玉树县结古镇西杭社区，同时在西宁市城西区设立20个临时救助登记点，及时登记灾区到西宁投亲靠友的受灾群众信息，对存在实际困难的群众提供帮助。至28日，城西区四大班子领导及区属各单位、驻区部队、企事业单位、个体户、宗教界人士先后看望和慰问转到西宁的灾区伤员及其亲属400余人次，送去3万余元慰问金和慰问品。至30日，城西区企事业单位、党员、团员及各族各界群众捐款219.18万元，捐物价值13.06万元，全区接收安置玉树灾区的小学生126名。

截至5月18日，城西区1445名党员交纳支援玉树抗震救灾特殊党费45.06万元，全部上缴市委组织部。杨家湾村党支部书记周全带头交纳500元特殊党费。北商业巷社区居民、党员李竹青获交纳特殊党费500元。区机关聘用工作人员、党员刘丽娜，虽然工资不多，家庭生活也并不富裕，依然从自己工资中拿出200元作为特殊党费。区妇联退休老党员康海生，委托他人交纳特殊党费1000元。兴胜巷社区老党员闫松林，妻子瘫痪在床，他还要照看年幼的外孙，平时省吃俭用，生活简朴。2008年“5·12”四川汶川特大地震后他第一个到社区捐款100元。此次玉树地震又第一个到社区交纳特殊党费1200元。新宁路小学退休老教师、党员薛珍英交纳特殊党费500元。

（三）城中区

4月14日，区委、区政府发出倡议，呼吁市民伸出援助之手，帮助灾区同胞渡过难关。各镇、街道办事处动员所属社区、农村等基层组织的力量和辖区企事业单位、人民团体和民间组织向玉树灾区捐资捐物，并在重点街道、路口、市场等人员密集场所设立募捐点。截至 14 日 19 时，区四大班子、机关单位及个人捐款 10.25 万元。城中区慈善协会接受捐款 20.39 万元。

4 月 15 日，南山东社区居民、共产党员于金云在西宁市城中区南滩党工委组织的募捐现场捐款 2600 元，并在海湖路蔬菜综合批发市场筹集价值 4 万多元的 10 吨新鲜蔬菜，送往地震灾区；南滩办事处干部、全国劳动模范郭艳荣为灾区捐款 1000 元。

4 月 16 日，餐饮企业马忠食府一次性捐款 10 万元。西宁市盛世春商贸有限公司向灾区捐献 1 万余元救灾物资，大十字地下商业街捐赠物资折价 100 余万元，法幢寺捐赠物资折价 10 万元。西宁阳光女人商场总经理郑健龙组织 10 名商场员工组成抗震救灾志愿者，携带灾区急需的发电机、棉衣、棉被、方便面等价值 10 万元的救灾物资奔赴抗震救灾第一线。

4 月 18 日，苏宁电器股份有限公司、西宁世纪佳和房地产开发公司等企业通过省、市、区民政部门捐赠款物 1595.9 万元（捐款 1033.3 万元，物资折价 562.6 万元）。截至 19 日，教育系统广大教职员工和全体学生捐款 37.67 万元，接收捐款 88.8 万元；区慈善协会募集捐款 50.53 万元；全区接收捐款 1033.3 万元，物资价值近 562.6 万元。

辖区 4 所省、市级医院接受治疗灾区伤员 250 余名。区委、区政府向 237 名灾区伤员送去价值近 1.3 万元的慰问品。各镇、街道办事处以不同形式慰问灾区在西宁的伤员和陪护人员。人民街办事处联系辖区 2 家宾馆，为灾区伤员的陪护人员提供 15 张床位。礼让街办事处为互助巷医院捐赠 45 把椅子和价值 2400 元的饭锅。仓门街、南滩、饮马街等办事处为在西宁伤员陪护家属送去洗漱用品、换洗衣物和陪护用具。

区教育部门将华罗庚实验学校西宁分校作为重点，配备可接纳 300 名学生宿舍生活、学习设施，接收玉树灾区学生到校寄宿。对玉树灾区到西宁投亲靠友零散学生，按照就近、方便原则，随到随时入学。截至 19 日 20 时，城中区区属 12 所学校和 1 所民办托幼机构分散接收玉树灾区学生 21 名。

4 月 20 日，城中区有关领导携带 2 万元的慰问品，前往青海仁济医院、省红十字医院、省中医院和市第一人民医院，为 283 名灾区伤病员送去衣物、食品、餐具及洗漱用具等生活用品。南川西路办事处为灾区儿童献爱心，组织在辖区就读的灾区 34 名学生游玩人民公园、参观博物馆。区工商联为华罗庚实验学校西宁分校的 124 名灾区学生捐助价值近万元的衣物和学习用品。水井巷小学举行少年先锋队入队仪式，12 名灾区学生加入该校少年先锋队大队。

截至 5 月 4 日，接收捐款约 160.87 万元。其中，区属单位 106.04 万元，辖区单位 54.56 万元，爱心人士 2654.4 元；接收捐赠物资价值 618.6 万元。区属各学校接收玉树灾区学生 225 名。

（四）城北区

4 月 14 日，区委、区政府号召全区各单位、广大干部群众发扬“一方有难、八方支援”精神，自愿向灾区捐款。15 日上午，区委、区政府组织区属机关事业单位工作人员在区政府一楼大厅进行现场捐款活动，募集捐款 5.12 万元。退休干部朱成宝捐款 1 万元。辖区单位青海省西宁市壹加壹食品有限公司捐赠方便面 200 箱、矿泉水 200 箱、床垫 100 张等物资，价值 1.6 万元。

4 月 16 日，城北区民政局收到自开始募捐以来最大一笔捐款：青海省虎彩印刷有限公司为灾区捐款50万元，公司职工捐款3.13万元。

4月19日，城北区政府紧急采购7吨价值5.25万元的大米和3吨挂面，连夜安排车辆，办理通行手续，送往玉树县人民医院。同日，区民政局为西宁市第二人民医院解决平板推车5辆、被套100床、被褥100床，以及枕头、枕套、枕巾各100件。

4月21日，西宁市东风工程机械设备有限公司服务中心聘用工作人员马胜利受服务中心指派驱车前往玉树灾区，维修该公司配备的救灾工程机械设备。15时左右，在行驶途中不幸发生交通意外，当场因公殉职。城北区委常委、区政府副区长马若凌以及民政局人员慰问马胜利家属，并送去慰问金3000元及慰问品。

在玉树抗震救灾期间，城北区接收社会各界向地震灾区捐款180.446万元。其中，企业捐款51.256万元（含职工捐款），个人捐款59.44万元，机关、事业单位干部职工捐款34.88万元，村（居）委会捐款34.87万元。

（五）大通县

4月14日，县民政局迅速行动，立即成立接收捐助工作领导小组。在县电视台连续播放捐助热线电话及账号，设立临时捐助箱，安排干部职工24小时轮流值班。各社区开办宣传板报、悬挂横幅标语等活动。民政局加强捐赠会各界捐款31

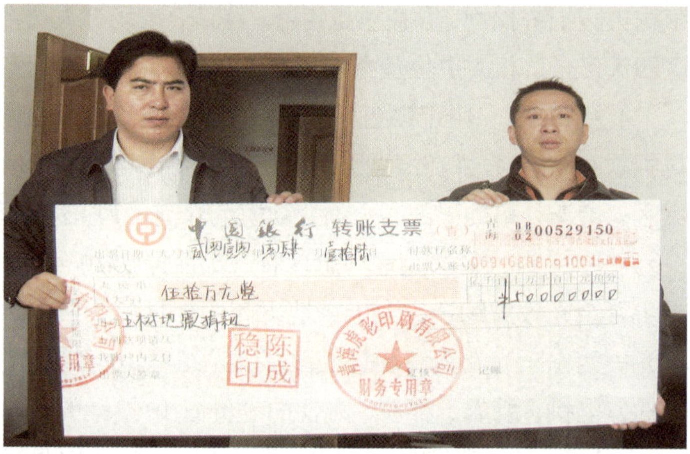

4月16日，城北区民政局接受青海省虎彩印刷有限公司为灾区捐款50万元　　（西宁市城北区民政局　提供）

4月19日，区委、区政府、马坊办事处慰问在玉树抗震救灾中因公殉职的西宁市东风工程机械设备有限公司服务中心工作人员马胜利家属　　（西宁市城北区民政局　提供）

4月14日，在县直单位捐款仪式上，大通县委、县政府向玉树灾区拨付救灾款100万元　　（西宁市民政局　提供）

万元，131 万元及时汇入省慈善总会和省红十字会捐赠账号。16 日，大通县民政局副局长桓洪带队，抽调一支由 27 人组成的救灾物资运输队，将价值 12 万元的救援物资运抵灾区。

截至 7 月 14 日 18 时，县民政局接受捐款捐物 363.65 万元。其中，行政单位 193.19 万元（单位 102.19 万元、个人 91 万元），事业单位 58.7 万元（单位 0.1 万元、个人 58.6 万元），企业 63.16 万元（单位 47.16 万元、个人 16 万元），人民团体 6.5 万元，村（居）委会 10.8 万元，其他 31.3 万元。

（六）湟中县

4 月 15 日，县委、县政府号召全县人民发扬“一方有难，八方支援”精神，伸出援助之手，踊跃捐款捐物。县四大班子领导及全县各机关单位干部职工捐款 32.38 万元。青海盈吉建筑集团经理樊秉仓捐款 10 万元，青海同欣房地产公司经理景禄德捐款 5 万元，青海缘江藏式家具公司捐款 3000 元。县民政局职工雷世兴捐款 2000 元。

4 月 16 日，全县党政机关、企事业单位干部职工、社会各界人士，捐赠款物 74.66 万元。多巴镇农民企业家马少云组织 32 名救援队，调运 5 台大型挖掘机、3 台装载机和 4 台自卸车，赶赴灾区救援。正在囊谦县修建水渠的县城乡建设总公司项目经理李延海，将筹集到的 300 箱方便面、100 余件纯净水和 7 顶帐房送到灾区。曲麻莱县私立仁济医院院长、上五庄人阿怀俊，筹集价值 5 万元的药品和医疗器械，组建 10 名医护人员医疗队赶赴灾区开展医疗救援，仅 3 天时间就治疗伤员 700 余名。阿怀俊、李延海自发成立湟中受灾群众联络点，组织开展自救和救援。大才乡前沟村回族党员马宝祥组织 8 名亲友，购买 5000 多元的方便面、矿泉水等生活用品及救援工具，驾驶 2 部私家车赶赴灾区救助。弘大粮油公司经理尤良山捐助价值 5 万元的 200 件矿泉水、150 箱方便面、2000 个油饼等物品。通发粮油公司经理罗贵帮捐助价值 5 万元的 420 箱矿泉水、100 箱菜籽油。西堡镇东两旗村村民张廷福捐助价值 2 万元的 2000 千克糌粑、400 箱方便面。万元工贸公司捐助价值 5 万元的 400 千克肉、3 吨蔬菜及 150 箱酒。县银铜器

4 月 19 日，湟中县 10 家企业、个人在市民政局、慈善会、红十字会组织的玉树赈灾捐款仪式上捐款

（西宁市民政局　提供）

协会捐助价值5万元的1111箱方便面。

4月17日，县民政局局长杨永德率领工作人员，组织9辆救灾运输车队昼夜兼程，将捐赠的11吨蔬菜、620箱矿泉水、1661箱方便面、2000千克菜籽油、400千克猪肉、3500千克马铃薯、2000千克炒面、2000个油饼等价值28.6万元的救灾物资，转交玉树州抗震救灾救灾物资接收点。

4月22日，杨永德再次带队赴玉树灾区，将价值21.3万元的110顶帐房、420箱方便面、210箱矿泉水、160余件其他食品，分发给玉树湟中籍受灾群众，并向湟中籍返乡受灾群众发放2.09万元补助款。

截至4月25日15时，全县接收各类捐赠款物581.87万元。其中，捐款419.7万元，捐物折价162.17万元。

（七）湟源县

4月15日，县委、县政府下发《关于做好支援玉树地震灾区抗震救灾工作的紧急通知》，向全县各部门各单位干部职工发出倡议，号召全县干部职工积极向灾区群众捐款捐物。县红十字会向广大群众发出倡议。同日，湟源海源网围栏厂总经理余海生紧急购置价值31万元的100顶账房、6000箱方便面、1400件矿泉水、2000箱饼干等救灾物资，运往玉树州农牧局受灾群众安置点。有着20年党龄的湟源县振兴建筑公司经理刘生录在玉树地震发生后，到湟源县委组织部交纳10万元特殊党费。

4月15日，青海华电铁合金公司向玉树灾区捐款317530元
（西宁市民政局　提供）

在玉树抗震救灾期间，县民政局接受捐款126.87万元，物资折价2.357万元；县红十字会募集善款20.25万元；县委组织部缴交特殊党费56.52万元。

全县31家企业捐款捐物价值达109.696万元。其中，华电公司捐款34.37万元，晨辉拔丝镀锌有限责任公司捐赠帐篷、药品等物资折值10万元，三田工贸公司、湟源巴燕源泉网围栏公司捐赠帐篷、面粉等物资价值6万元，大盛公司捐款5万元，青海炊宝采暖公司捐赠民族藏式炉子、炉筒物资价值3.2万元，田川实业公司捐款2万元。

（八）西宁经济技术开发区

4月14日，西宁经济技术开发区东川工业园区党委、管理委员会发出倡议，以捐款方式向灾区人民提供援助。园区管委会召开主任办公会议，研究支援抗震救灾工作，先后下发《关于向玉树地震灾区紧急捐款的通知》《关于向玉树地震灾区捐款的倡议书》和《关于倡议广大

4 月 21 日，乐家湾镇党员、干部职工 100 余人举行默哀活动后再次捐款

（西宁市民政局　提供）

共产党员自愿多交纳党费用于支援抗震救灾工作的通知》，紧急动员园区内各方力量，帮助灾区人民早日渡过难关。

4 月 16 日，园区管委会捐赠价值 4.6 万元的矿泉水和面粉，干部职工捐款 2.745 万元。乐家湾镇政府捐款 4600 元，各外派机构捐款 4.95 万元，园区国税分局将价值 10 万元的救灾物资送往灾区。亚洲硅业（青海）有限公司、青海奥凯煤业有限公司、西宁宝光首饰有限公司各捐款 100 万元。青海电子材料实业有限公司捐款 36 万元，并派出专人采购 3 万余元的救灾物资，组织救灾车队奔赴玉树，参与一线抗震救灾工作。

截至 4 月 19 日，管委会机关、各外派机构、乐家湾镇政府和直属公司广大干部职工捐款 81550 元，捐赠面粉、矿泉水及生活日用品折价 14.6 万元，为来自灾区的伤病员发放慰问金 6.5 万元。亚洲硅业有限公司、西宁宝光首饰实业总公司等 53 家非公企业捐款 410.98 万元，捐赠饮用水、食品、药品、太阳能照明系统和生活用品折价 88.04 万元。园区内所属 194 家商贸型企业、36 家生产型企业及员工捐款 18.83 万元，捐赠各类物资价值 49.39 万元。

西宁经济技术开发区管委会组织各园区开展支援玉树灾区抗震救灾工作，至 4 月 18 日，捐款 715.7 万元，捐赠各类救灾物资价值 1627.6 万元。19 日下午，东川工业园区管委会副主任带领管委会机关部分职工到解放军第 4 医院，看望慰问正在接受康复治疗的 130 名玉树地震灾区伤员，并为每名伤员发放慰问金 500 元，共计 6.5 万元。

乐家湾镇广大党员干部、群众，先后多次捐款。镇机关、各村、社区广大群众捐款 4.691 万元，辖区党员多交纳党费 1.57 万元。4 月 21 日，镇党委组织辖区党员、干部职工 100 余人在镇政府院内举行默哀活动，之后，在场人员再次捐款共计 1128 元。

四、宗教界祈愿捐款

4 月 16 日，塔尔寺民主管理委员会举行“人道救助、爱心关情”捐赠仪式，该寺民主管理委员会主任宗康活佛、副主任赛赤活佛，将寺院民主管理委员会赈灾款 50 万元转交青海省红十字会。塔尔寺17名活佛和700多名僧人为灾区捐款12.63万元。其中，宗康活佛捐款3万元，拉科、格嘉、却西、尼隆、堪布活佛分别捐款1万元。同时，塔尔寺还举行7天诵经祈愿法会。19日，塔尔寺赛赤、拉科、扎西、杨加等活佛到解放军4医院，看望正在接受治疗的128名灾区受伤群众，为每个病人送去炒面5千克、酥油1千克及现金100元。

西宁市大通县广惠寺等组织诵经祈愿法会。截至4月19日，西宁市各佛教寺院捐款72.63万元。

4月23日，西宁东关清真大寺组织穆斯林群众为青海玉树地震中伤者和罹难同胞做“都阿宜”祈祷，并举行募捐仪式捐赠物资和善款200万元。

第二节　海东地区赈灾

一、全地区赈灾工作

4月14日，中共海东地区委员会、海东行政公署向玉树州党委、政府和玉树县党委、政府以及灾区人民发出慰问电，向灾区人民首期捐助130万元，组织并派由40名公安干警、12名消防人员、2辆抢险救援车、14辆交通疏导车组成的救援先遣队分批赶赴玉树州，解救被困在废墟下面的群众。地区卫生部门迅速启动帮困救急济难工作机制，紧急抽调业务骨干80余人组成7个应急医疗队待命；各县人民医院挤出400张床位，确保受灾转移群众能够及时得到救治。地区供销社协调所属企业海东署光商贸有限责任公司为前往灾区抗震救援人员配送总价值20多万元的食品，并协调各县供销社全力做好抗灾救灾商品调配、储备工作。海东供电公司主动请战，迅即成立应急抢险机构，由87人组成的输电线路、设计和安全监察等救灾抢险队伍携带发电机、抢修工器具等74种抢修物资奔赴灾区，同时运送18吨柴油、660千克汽油、150个充电床及饮用水、食品、药品、灶具等。青海博川矿业公司组织42名职工，连同正在作业的3台挖掘机、2台装载机、5辆运输车、1车燃油，于14日从格尔木出发奔赴玉树灾区，后续棉被、棉大衣、帐篷、药品、食品等救灾物资从西宁发往灾区。当晚，海东地委、行署紧急专题研究部署支援玉树灾区抗震救灾工作，成立海东地区支援玉树灾区抗震救灾指挥部，同时成立以行署分管领导为组长，行署副秘书长及平安、互助两县政府分管领导为副组长，地区交通、公安、民政、卫生部门负责人，互助县高寨镇政府主要负责人为成员的抗震救灾人员及物资中转安全保障协调小组。15日，地区发改委紧急协调落实乐都县生产抗震救灾炉具2000台，由乐都县发展改革委负责运往灾区，生产厂家派出10名技术人员一同前往灾区协助安装。19日，海东地区教育局安排接纳玉树灾区1000余名学生在各县各级各类学校就读。其中，民和县180名，乐都县180名，互助县180名，化隆县170名，平安县150名，循化县150名。

2010 年 4 月 16 日，海东交警支队民警帮助受灾群众搬运救灾物资

（《青海日报》 董维良 摄）

玉树地震后，海东交警支队先后组织 20 名民警赶赴灾区，协助当地交警疏导交通，保障公路畅通。与此同时，深入居民安置点开展救援活动。

5 月 6 日，省人大常委会副主任、海东地委书记王小青，地委副书记、行署专员陈兴龙，与地区人大、政协工委及相关部门领导组成慰问团，带着海东各族人民的关怀之情、支援之意赶赴玉树灾区，慰问奋战在抗震救灾第一线的当地干部群众。在慰问中，海东地委、行署向安冲乡和巴塘乡捐赠现金 20 万元，向玉树州委、州政府捐赠现金 60 万元和价值 10 万元的蔬菜。

二、各部门赈灾

玉树地震发生后，海东地委、行署号召在全区范围内开展向玉树地震灾区捐款捐物活动，各级民政部门认真做好捐赠活动组织协调，实行 24 小时值班制度，确保随时接收各界群众捐款捐物，并加强捐赠款物管理。同时，海东行署下发《关于进一步加强玉树抗震救灾捐赠物资管理的通知》，对玉树抗震救灾捐赠物资的捐赠、接收、管理、统计、转运、公布、质量检验检疫、卫生监督和督查等作出明确规定。

4 月 14 日晚，海东地区中级人民法院协调两级法院安排近 10 万元救灾专款，紧急采购灾区急需的帐篷、御寒衣物、饮用水、食物、药品、发电设备等连夜装车运往玉树。互助青稞酒有限公司组织采购棉被、棉大衣、方便面、矿泉水、面粉等救灾物资数十吨，在当地不能满足采购需求的情况下，迅速动员驻各地经销人员组织采购。15 日 15 时，该批救灾物资用 10 辆卡车运往灾区。

4 月 15 日上午，海东地区各党政机关、企事业单位、社会团体和各界爱心人士开展捐赠活动，地直机关 1689 位干部职工捐款 31 万元，各县干部职工共为灾区捐款 351.27 万元。其中，平安县捐款 27.8 万元，乐都县捐款 40 万元，化隆县捐款 96 万元，循化县捐款 38.47 万元，互助县捐款 112 万元，均直接送往灾区；民和县捐款 37 万元，由县红十字会上交省红十字会。当天，在海东电视台举行的"抗震救灾、奉献爱心"捐款活动中，地区工商局干部职工现场捐款 5300 元。至 16 日上午 9 时，全区累计向灾区捐款捐物 647.95 万元，其中，地区、县政府捐款 130 万元。

4 月 15 日、16 日，地区工商局机关和平安、互助、乐都、民和、化隆、循化工商局干部分别为灾区捐款，全系统 417 名工商干部捐献救灾款 52960 元，全区个体、私营经营者捐款 29.49 万元、捐物价值 23360 元；党员干部职工多交纳特殊党费 37960 元。至 16 日 12 时，全区工业和商贸企业为玉树地震灾区捐款 103.23 万元。其中，乐都县工业和商贸企业捐款 730260 元（含实物折价）。全区个体、私营企业主捐款捐物 82.21 万元（捐款 52.77 万元，捐助棉大衣、消毒液等救灾物资价值 29.44 万元）。海东银监分局干部职工捐款 1.1 万元。至 19 日 12 时，全区教育系统师生捐款 290 万元，分别归口送交当地红十字会、县政府办公室、县民政局等部门，特殊党费送交组织部门。至 19 日 16 时，全区各级各部门、各行各业、干部群众、宗教人士等为玉树灾区捐款 1147.3 万元，捐物资折价 1503.4 万元。所捐物资主要有帐篷、棉衣被、矿泉水、食品、面粉、蔬菜、取暖火炉、药品和水利设备、电力设备等。所捐款物通过省民政厅、省红十字会、省佛教协会（以下简称"省佛协"）、省慈善总会陆续汇集运往灾区。海东地区卫生系统干部职工个人捐款和中共党员交纳特殊党费 113240 元。26 日，各县红十字会筹集到善款 509.17 万元（单位捐款 111.57 万元，个人捐款 397.60 万元），衣物、面粉、食物和药品等物资价值 69.04 万元。

省总工会海东地区办事处和 6 县总工会捐款 2.8 万元（办事处 1 万元，6 县总工会各 3000 元），全区职工捐款 289.51 万元（特殊党费 86.27 万元），单位企业捐献款物折价 188.13 万元。地直机关各工会积极组织本单位党员干部职工自愿捐款 23.19 万元（特殊党费 20 万元）。共青团海东地委发出倡议书，全区各级团组织上缴特殊团费约 41.6 万元。其中，团互助县委组织交纳特殊团费 20.71 万元（上缴青基会 1 万元，向玉树灾区捐赠爱心包裹 6000 元），团乐都县委 11.16 万元，团民和县委 5.17 万元，团平安县委 2.54 万元，团循化县委 1.01 万元，团化隆县委 9212.5 元，海东医院团委 900 元。民和县官亭镇青年农民朱西花捐赠价值 2000 元的学生用具；民和县龙彦餐饮消毒公司李玉兰前往团省委捐款 1000 元。海东地区妇女联合会向各级妇女组织发出倡议，动员广大妇女为玉树灾区献爱心，全区各族各界妇女捐款 165.96 万元，其中妇联干部捐款 1.44 万元。

至 5 月 6 日，海东地区累计捐款 1722.3 万元，捐赠物资折价 1682.6 万元，赴灾区支援抗震救灾人员 565 人，在曹家堡机场承担中转工作人员 943 人，转移物资 470 吨，安置灾区孤儿 21 名到互助土族自治县学习就读。

海东地区工会组织赈灾捐赠款物统计表

表 2-17　　　　单位：万元

单位	通过办事处上交		各地单独上交		单位企业捐献款物折价
	工会组织捐款	职工捐款	职工捐款	特殊党费	
海东办事处	1.00	—	—	—	—
地直机关	—	3.19	—	20.00	—
平安县	0.30	0.84	86.63	0.09	48.00
循化县	0.30	—	38.47	—	50.20
乐都县	0.30	—	12.39	—	51.03
互助县	0.30	11.14	0.51	0.07	—
民和县	0.30	—	2.04	0.11	—
化隆县	0.30	—	48.03	66.00	38.90
合计	2.80	15.17	188.07	86.27	188.13
总计	480.44				

三、各县赈灾

（一）平安县

4 月 14 日，平安县成立由县委副书记、县长任组长，县委宣传部部长、政法委书记、县政府各副县长任副组长，县有关部门为成员的服务玉树抗震救灾救援人员后勤保障临时协调领导小组，领导小组下设后勤保障组、交通运输组、安全保卫组、募捐联络组、宣传报道组、医疗卫生组 6 个工作组，抽调公安干警深入全县各大宾馆，加强治安保卫工作，全力保障入住救援人员安全；抽调公安干警加大平安高速公路路口交通秩序管理；抽调 30 名公安干警，调派

4 月 16 日，在平安县举行的为地震灾区捐款仪式上，青海应录集团现场捐款
（海东地区民政局　提供）

4月16日，平安县干部职工为玉树灾区募捐款物现场
（海东地区民政局 提供）

9辆警务用车，分3个小组在机场进行24小时不间断治安巡逻执勤；由1名副县长带队，组织全县各宾馆负责人召开会议，安排救援人员中转接待及食宿；在西宁飞机场设立平安县抗震救灾中转站接待处，公安、交通等部门24小时在机场待命，做好救援人员接待服务工作；交通部门组织17辆客车、租用11辆应急货运车，组成救援人员转运运输车队，为救援人员在中转期间提供交通保障。平安县水务局组织技术和管理人员15名，携带自来水管3吨10千米和其他救灾物资折合价值5万元，紧急赶赴灾区开展抗震救灾工作。抗震救灾期间，平安县在机场为救援人员临时安置、中转服务和救灾物资提供临时储存、中转服务的各类人员239人，出动警车13辆、其他工作车辆10辆，接送滞留机场的广东、河南、陕西、宁夏、山东等地救援人员、医务人员、新闻记者、机场滞留旅客15批次、943人。

4月14日下午，平安县举行首次干部职工抗震救灾捐款仪式，为玉树灾区募集现金2780150元；全国劳模、青海金吉集团董事长张鸣和青海金吉（集团）草原钢网制造厂全体员工捐款10万元，捐赠价值10.12万元的军用棉被、发电机、药品、食品和柴油等救灾物资，15日8时30分，金吉（集团）草原钢网制造厂选派专人和运输车辆运往玉树地震灾区。之后张鸣又购买价值20万元的第二批救灾物资棉被、棉衣、药品、火炉、食品、柴油、蔬菜等送往灾区。16日上午，青海芳谱精炼油有限公司总经理、青海省劳动模范贾文芳为玉树地震灾区捐赠价值18万余元的食用清油，从平安出发运往玉树地震灾区；省劳动模范、青海应录集团董事长马应录在县委办公楼前举行的捐赠仪式上，为玉树灾区捐款10万元；晨云房地产开发有限公司负责人个人为灾区捐款4万元，公司干部职工捐款6750元。以上所捐现金全部汇入省财政厅玉树抗震救灾专户，捐赠的15吨精炼油20日启程运往灾区。在河北省唐山市开牛肉面馆的平安籍流动党员马福军，委托家人将300元特殊党费交到洪水泉乡党委。

截至4月27日，全县社会各界100多个单位、近万人为玉树灾区捐助资金86.62万元，捐助精炼油、衣物棉被、户外帐篷、食品药品等物资60余吨，折合48万元。全县471名流动党员多交党费2.58万元。至5月30日，全县干部群众和各社会团体、企事业单位，累计向玉树灾区捐款142.15万元。其中，民政部门接收捐款95.58万元，县委组织部接收特殊党费26.49万元，县总工会接收捐款2.52万元。

（二）互助县

4 月 14 日下午至 15 日上午 10 时，全县共捐款 130 多万元。五十镇个体工商户李发森将自己积攒的 1 万元钱捐给灾区。丹麻镇桦林村 7 社 25 户 106 名农民为玉树灾区捐粮 3820 千克、现金 985 元。高寨镇东村三社回族村民马占山，多方购买价值 2.1 万元的棉衣 300 多件、东村四社全体藏族村民自发募捐善款 2000 元、西村部分回族村民自发募捐善款 315 元送交高寨镇政府，请镇政府将款物转交地震灾区。互助县青稞酒有限公司筹集价值近百万元的各类物资，于 15 日 15 时用 10 辆卡车运往灾区。

嘎扎寺堪布旭日嘉措，18 日购买价值 2.6 万元的挂面、炒面、酥油、毛衣等救灾物资运往灾区。同日，互助县彩虹文化资源发展中心，为玉树灾区捐助价值 1.64 万元多的 500 箱方便面、300 箱矿泉水等救灾物资，与佑宁寺僧人林毛兰个人向灾区捐助的价值 2000 元的救灾药品同时发往灾区。各寺院僧侣向灾区人民捐款 17835 万元。其中，佑宁寺捐款 1.04 万元，却藏寺 3670 元，乩尔寺 500 元，华严寺 300 元，财隆寺 115 元，馒头寺 330 元，松蕃寺 120 元，扎隆寺 2400 元。全县伊斯兰教界向地震灾区捐献救灾款 4265.4 元。20 日，佑宁寺、却藏寺两寺民主管理委员会将筹集到的价值 4.5 万余元的各类物资冒雨送往省慈善总会。其中，佑宁寺运送面粉 25 千克、方便面 670 箱、干粮 1000 千克和土豆 1250 千克等，价值 2 万多元；却藏寺运送土豆 1000 千克、大饼 1 万个、炒面 150 千克、酥油 50 千克、清油 50 千克、方便面和矿泉水各 100 箱等，价值 2.5 万余元。只有 11 名僧侣的加定镇扎隆寺，捐款 2400 元，并在寺院举行为玉树灾区诵经祈福法会。

至 4 月 20 日 15 时，县交通系统捐款 13.64 万元。其中，系统各单位职工捐款 1.64 万元；威远路桥有限公司捐款 10 万元；威远路桥有限公司玉树巴塘机场路建设工地 35 名职工，主动参加一线救灾，在当地银行停止营业拿不到现金的情况下，东凑西借，筹集 2 万元善款捐给灾区。县交通系统党员交纳特殊党费 12950 元。

截至 4 月 26 日，全县累计向玉树地震灾区捐款 1356.45 万元，捐赠各类物资价值上百万元。其中，青海互助青稞酒有限公司通过中华思源工程扶贫基金会捐款 1000 万元，公司员工通过西宁市慈善总会捐款 12.03 万元；县红十字会接收全县干部职工、中小企业、各界群众捐款 260.03 万元，其中汇往玉树州财政局救灾专户 249 万元；县财政捐款 20 万元，通过海东财政汇往灾区。

此外，接收中共党员特殊党费 420620 元，工会会员特殊会费 8.36 万元，团县委倡议全县青少年捐款 11.99 万元，县妇联倡议全县妇女同胞捐款 1.71 万元。至 6 月 1 日，互助县总工会接收抗震救灾捐款 11.95 万元，其中爱心包裹收条 1 张，计 5100 元。

（三）化隆县

玉树大地震发生后，化隆回族自治县委、县人民政府下发《关于切实做好支援玉树地震灾区有关工作的紧急通知》，对支援玉树抗震救灾作出部署。4 月 15 日 16 时 30 分，在县委门口由县民政局、县慈善总会牵头开展集中募捐活动，县教育局机关及县城周边 9 所学校共为地震灾区捐款 15.95 万元。其中，教师捐款 13.66 万元，学生捐款 2.29 万元。至 18 时，化隆县募

4月20日，化隆回族自治县群众、西宁市杨家庄清真寺第二次筹集爱心款10多万元，购买蔬菜、方便面、矿泉水等物品运往玉树灾区

（《青海日报》 祁国彪 摄）

集各类捐款96万元。同日，县卫生局抽调8名业务精、工作能力强的医护人员组建化隆县赴玉树灾区医疗队；县公安局派两名公安干警押运广东省为玉树灾区捐赠的食品药品前往玉树灾区。16日，县委、县人民政府组织县红十字会、县民政局、县工会、县团委、县妇联等单位慰问玉树地震中化隆籍遇难人员家属，给每户送去慰问金2000元、面粉200千克、棉被2床。

至4月18日，全县各中小学及教育局机关，累计为玉树灾区捐款38.26万元。其中，教师捐款33.27万元，学生捐款4.99万元。全县各族群众为玉树灾区捐赠物资价值20余万元，全部送往灾区。

4月22日晚，化隆驻福建省厦门办事处工作人员和部分青海籍农民工参加由厦门市总工会、厦门市红十字会、厦门市广电集团等部门举办的大型“地震无情、同胞有爱”为玉树抗震救灾义演晚会，为灾区人民捐款1.29万元。

4月27日，县委、县政府成立以副县长马维忠为组长的化隆县赴玉树灾区协调工作小组赶赴玉树灾区，协助玉树州抗震救灾指挥部开展灾情调查登记、善后服务和落实政策等工作。

5月4日，化隆县农民自发组织捐赠，一家一户农民汇聚起来的2.6吨面粉送到青海省慈善总会。

截至5月30日，全县干部、职工、党员、企业人士捐款114.03万元（含中共党员特殊党费66万元），各企业工会捐款17.9万元，捐赠物资价值21万元。

（四）循化县

4月15日13时，循化撒拉族自治县下发紧急通知，组织各方力量积极为灾区捐款捐物，奉献爱心。16时，县委、县政府组织开展循化县向玉树地震灾区献爱心募捐活动，现场募集善款38.47万元，捐助帐篷、面粉、方便面等各类物资价值11.45万元。到县上办事的甘都镇阿河滩村村委会主任韩长保掏出身上仅有的500元钱放入募捐箱。县民政局、县红十字会紧急筹集面粉5000千克、帐篷10顶、棉被80床、方便面100箱、矿泉水200件和价值4000元的药品，于当晚送往玉树灾区。

4月16日早晨，循化县交通部门从全县47辆客运车辆中，挑选30座以上、车况较好的5辆客车，赴西宁汽车客运站集结，为参加抢险救灾的大批救援队、医疗队等提供运输中转服务。

7时，循化县部分群众自发组织、紧急筹募价值10万元的方便面等食品，从西宁出发赶赴灾区。省总工会海东地区办事处发出为玉树灾区捐款倡议书后，全县各级工会组织和广大职工积极响应，至17时，全县72个单位的3000余名干部职工，为玉树灾区捐款38.47万元。同日，县水利局组织20名水利技术骨干，组成水利抢险救援服务队，携带3辆专业机械车辆、20千米备用水管等专业设备，紧急赶赴灾区支援抗震救灾工作。18时，全县宗教界人士捐款累计9.15万元。

循化县29家中小企业为灾区捐款50.2万元。其中，青海伊佳民族用品公司捐款5万元，天香两椒公司捐款2万元，忠华核桃公司捐款2万元，恒祥畜产品公司捐款1万元，玉峰宾馆捐款3000元。海东地区劳动模范、循化县仙红辣椒开发有限公司董事长韩文成向灾区捐款2万元，并带领18名公司员工，载着约2吨价值3.6万元的"仙红"产品线辣酱、方便面、羊肉、矿泉水等救灾物资，于15日早晨以志愿者的身份奔赴玉树抢险救灾。青海雪舟三绒集团在西宁已捐赠价值151.12万元物资基础上，在循化县又捐赠价值30.125万元的物资；青海兴旺集团在西宁已捐款120万元基础上，在循化又捐款10万元，捐赠价值20万元的物资；循化县谢坑铜金矿捐款6万元；撒拉尔集团、白驼旅游开发有限公司、振荣水泥有限公司各捐款3万元；雪驰肉食品公司、民和享堂电站各捐款2万元。博艺旅游文化公司、甲秀畜产品公司等中小企业也积极捐款捐物，奉献爱心。至21日，循化县共有30家企业向灾区捐款171.2万元，捐赠物资价值205.845万元，合计377.045万元。

循化县积石镇草滩坝村清真寺寺管会及部分群众自发组织，紧急筹募价值10万元的方便面等食品，于4月17日早晨7时从西宁出发赶赴灾区。道帏、文都等藏族乡党员干部及群众自发筹集藏族食物、用品等物资运往灾区。21日，循化县金华物贸有限公司，选派30名撒拉族青年职工组成电力水利抢险队，带着8吨面粉、400箱方便面、100千克酥油、100千克糌粑、1台挖掘机赴玉树灾区协助抢修电力、水利设施。循化化青有限责任公司和循化县医院、县红十字会分别为灾区送去鸡蛋60箱和价值3.5万元的药品。

79岁的退休老干部宁万福交纳特殊党费300元，年逾古稀的离退休干部、老党员王守仁主动向所在支部交纳特殊党费2000元；65岁的县老干部第一支部书记赵超，腿脚不便，挨家挨户地向老党员们传达党中央、省委、地委、县委号召精神，4月20日将26名老党员交纳的1700元支援玉树抗震救灾特殊党费交到直属党委；清水乡下庄村党支部书记韩德禄到县委组织部，将1万元党费捐给玉树灾区，这是他继2008年给汶川地震灾区捐款5000元之后的又一次爱心捐款。至21日，全县共有12个党委284个党支部5096名党员自愿多交纳党费22.35万元。其中，直属机关单位党员交纳12.03万元，各乡镇党员交纳10.32万元。

循化县道帏乡26个党支部、426名党员多交纳党费144330元，三仓王家党支部老党员斗改、流动党员扎西东知分别多交纳党费1000元。清水乡广大党员多交纳党费19990元。积石镇党委、镇政府组织开展为玉树灾区捐款活动，到22日收到捐款5.35万元，加入、新建、尕别列等村还在村里组织群众开展捐款活动。岗察乡岗察村筹集价值1万元的方便面、被子、面粉、糌粑、酥油等救灾物资运到救灾现场。

至4月22日12时，县红十字会累计收到捐款26.84万元，其中全县教育系统干部职工和在校学生捐款 25.27 万元。捐款全部汇往省红十字会救灾专户。至 23 日 18 时，县民政局累计接收到全县干部职工及社会各界人士 22770 人的捐款 101.44 万元,收到捐赠物资鸡蛋 60 箱（价值约 1 万元）、药品价值 3.5 万元、军用被褥 20 床、行军床 2 个。捐款全部汇往省民政厅指定账户，救灾物资全部送往灾区。

截至 4 月 27 日 16 时，循化县社会各界累计向玉树灾区捐款捐物 512.525 万元。其中，捐款 271.81 万元（县民政局收到各类捐款 101.64 万元，红十字会收到捐款 27.44 万元，县委组织部收到特殊党费 22.73 万元；青海兴旺集团在西宁捐款 120 万元）；向玉树灾区捐助帐篷、药品、食品、矿泉水、衣物等各类物资折合 240.715 万元，其中包括社会各界人士自发组织捐赠及循化籍企业家在西宁捐赠物资。

（五）乐都县

4 月 14 日，乐都县成立抗震救灾应急动员指挥小组，启动应急动员预案，发出《关于开展向玉树地震灾区捐款捐物活动的通知》。21 时，县公安局 4 名公安干警乘两辆警车赶赴玉树地震灾区维护交通秩序，并立即购买价值 1.6 万元的取暖烤箱及配套炉具 20 套，于 15 日早运送到省公安厅，发往灾区。碾伯镇沙沟村从事烤箱加工的申存宝，得知县公安局购买烤箱是支援玉树地震灾区的情况后，主动捐出价值 8000 元的 10 套烤箱，并委托县公安局一并送给灾区受灾群众。15 日，县民政局在县电视台公布捐款热线电话、开户银行及账号，为方便社会各界人士捐赠，在县城繁华地段设立救灾捐赠接收点 2 处，并专门设立赈灾款专户。同日，县政协常委会召开会议对支援玉树抗震救灾工作作出部署，号召全县政协委员、政协工作者积极行动起来，投身到抗震救灾实际工作中去。上午 9 时许，乐都县向玉树州玉树县地震灾区捐款活动在县委大院正式启动，仪式现场共筹得爱心捐款 3.945 万元。当日，乐都县委、县政府组织县直机关干部职工向灾区捐款 40 万元；县委统战部组织宗教界、各民主党派、非公有制经济人士为灾区捐款 21 万元。在乐都农业示范园区智能温室展示区施工的北京绿东国创农业科技有限公司，组织企业员工向灾区捐款 1 万元。

4 月 16 日下午，县直机关全体党员干部为支援玉树抗震救灾自愿交纳特殊党费 23050 万元；县政协委员韩玉科、洛桑分别组织调运新鲜蔬菜和购买 5.8 万元的被褥、药品运往玉树。县政协常委王杰立与香港陈廷骅慈善基金会取得联系，并受其委托，亲赴玉树向孤、残受灾群众发放现金 300 万元，争取到善款 4000 万港元，用于援建玉树州寄宿学校项目；县政协常委晏尚海组织 180 人的援建队伍奔赴玉树，参与危房加固工程和灾后重建工作。乐都县宗教界教职人员，包括佛教、道教、伊斯兰教、基督教以及信教群众，为灾区捐款 1.45 万元。其中，著名藏传佛教寺院瞿昙寺捐款 1 万元；“主麻日”当天，乐都县碾伯清真寺组织信教群众为灾区捐款 3633.1 元。

同日，乐都县非公有制经济人士举行为玉树灾区捐款仪式，募得捐款 63.42 万元。其中，青海华夏水泥有限公司捐款 20 万元，青海乐都玻璃制品有限责任公司捐赠价值 15 万元的 2500 重量箱平板玻璃，青海康泰铸锻机械有限公司捐款 8 万元，乐都县金鼎房地产有限公司捐款 5 万元，乐都福海碳化硅有限公司捐款 3 万元，泰宁水泥、湟润水电、大路水电、华西建

4月18日，乐都县妇联积极组织非公企业女员工向玉树灾区捐款献爱心

（海东地区民政局　提供）

筑各捐款2万元，青乐化工、中冶铁合金、莱矿铁合金、华泰碳化硅、烁华铁合金、通力铁合金、光明农机、长源特种硅业、盛基硅业、鑫丰铁合金、一通铁合金、盛祥石墨电极、宇通商贸各捐款1万元等。

同日22时，县委、县政府紧急筹备价值40万元的50吨新鲜蔬菜与其他捐助物资，由副县长蔡艺武负责运往玉树地震灾区。

4月18日，县红十字会累计收到爱心款5.74万元。20日，县民政局累计收到捐款163.4万元；县特殊党费交纳总额11.39万元，华夏水泥厂党支部书记周志明自愿多交纳党费5000元；雨润镇大地湾村75岁的老党员祁彩林自愿多交纳党费1111元支援灾区；碾伯镇西门村党员林海平在自愿多交纳党费1000元的基础上，在村民自发组织的募捐活动中捐款1000元，并捐赠价值1.5万元的新鲜蔬菜4吨；县关工委、团县委、县妇联联合在县城中心广场开展关爱玉树地震灾区青少年书画义卖捐助活动，邀请省书协会员、湟中县书法家王明玉，甘肃省白银市书画协会副主席李树才，河北省唐山市中国国画院理事胡小春，陕西省中美协会会员赵天平，中国书画家协会会员、甘肃省天水市书画院书画家崔云龙、王小平，陕西省宝鸡市书协主席获剑若8名省内外著名书画家和县内10余名书画家，通过展示书画技艺，奉献精美作品，激发全县干部群众与灾区人民心手相连、风雨同舟、共渡难关的信心，为玉树地震灾区青少年献出爱心。义卖捐助活动共卖出书画50幅，募集捐款9500元。乐都县妇联干部职工以及各乡镇妇女为奋战在抗震救灾第一线的解放军、武警官兵缝制、捐赠鞋垫6115双，鞋41双，袜子36双，衣服19套，手套5100双。21日，县政府再次调运价值10万元的柴油6吨、汽油0.3吨、机油13桶、大肉1730千克、烤箱20个、色拉油50箱及日常生活用品等救灾物资运往地震灾区。至22日10时，乐都县统战系统成员为玉树地震灾区捐款累计约70.31万元。其中，统战干部职工捐款4500元，宗教界人士捐款3.0万元，民主党派人士捐款34370元，非公有制经济人士捐款63.42万元。同日，乐都县兴农农产品产销协会捐出新鲜瓜果蔬菜700箱（9吨，价值7万元），由省扶贫开发局统一调往玉树灾区。县教育系统近5万名师生捐款25.84万元。玉树地震1周年，全县42所学校及教育局机关再次捐款15.67万元。

至 5 月 18 日，全县党员干部、群众共为灾区捐款 297.44 万元，其中党员自愿多交纳党费 56.49 万元。县民政局收到捐款 242.97 万元，全部汇入海东地区民政局账户。接收捐赠的 300 件矿泉水、20 个烤箱、50 箱色拉油、1730 千克猪肉、50 吨蔬菜等物资全部运到玉树灾区，总价值 25.32 万元。

（六）民和县

4 月 14 日，民和回族土族自治县（以下简称“民和县”）县委、县政府紧急召开专题会议，安排部署支援玉树灾区抗震救灾工作。至 15 日下午，民和县共向灾区捐款 89.6 万元。其中，青海生元建筑有限公司、民和天利铝业有限公司等 7 家民营企业共捐款 17 万元；民主党派和 11 个清真寺捐款 1 万元；君吒药业公司捐赠价值 50 万元的药品；民和宏达驾校 27 名员工捐款 7000 元，34 名学员捐款 420 元，总经理马忠英捐款 1 万元。同一时间，民和县统战系统、非公有制企业在川口镇南大寺进行捐款活动，非公有制企业捐款捐物价值 67 万元，宗教界及信教群众捐款 2 万元，各民主党派捐款 400 元。转导乡宏化寺、甘沟乡卡地卡哇寺、满坪镇本康滩寺等佛教寺院僧侣和马营镇清真大寺穆斯林信教群众筹募善款 14670 元。民和县驻苏州办事处人员，向苏州地区民和籍 68 家拉面馆经营户发出为灾区做贡献的倡议，募得捐款 6200 元转交民和县红十字会。川口镇西大街社区低保户冶学明、马索菲牙夫妇，以摆冰柜卖雪糕为生，玉树发生地震后，拿出 2 个人 1 个月的低保金 220 元捐给灾区。在北京务工的民和籍人员向当地红十字会捐款 580 元。西沟乡南垣村三社村民白四辈、东周巴毛夫妇在玉树地震中不幸遇难，留下老迈的双亲、双目失明的哥哥及 3 个未成年孩子。闻此噩耗，村党支部组织人员挨家挨户开展募捐活动，捐得现金 3271 元，并将捐助的 1000 元现金送到遇难者家中，乡党委、政府给遇难者家属送去抚慰金 500 元和 50 千克面粉。至 19 日下午，全县各级党组织和广大党员共交纳特殊党费 37 万元。青海平兴建设有限公司董事长罗平兴以个人名义向县红十字会捐款 2 万元，同时召开董事会和员工会，倡议大家为灾区捐款，至 20 日，平兴建设有限公司及职工共捐款 214950 元。

至 4 月 23 日 17 时，全县捐款总额 197.81 万元。其中，干部职工捐款 137.48 万元，企业 44.75 万元，个体 13.71 万元，宗教组织 1.87 万元。捐赠资金统一由县红十字会上交省红十字会 39.6 万元，上缴省财政厅抗震救灾专户 158.21 万元。价值 62 万元的物资，按红十字会渠道运往玉树灾区。另外，全县党员交纳特殊党费 40 万元，全部按规定上交地区组织部；全县团员交纳特殊团费 5.17 万元，全部交地区团委。至 5 月 30 日，全县收到募捐款 228 万元。其中，39.6 万元上交省红十字会，188.4 万元转省财政救灾专户。收到募捐物资价值 62 万元，全部转交省红十字会。

民和县制定慰问遇难者家属和救治受伤返乡群众的具体措施，将属于农村和城镇医保范围的受伤群众纳入新型农村合作医疗和城镇医保，全额报销医疗费用；由县级领导带队分赴遇难者家中进行慰问，县财政按每名遇难人员 3000 元标准向其家属发放慰问金。

第三节　海西蒙古族藏族自治州赈灾

一、全州赈灾工作

4 月 14 日，海西州委、州政府成立由省政协副主席、海西州委书记罗朝阳任组长的海西州支援玉树抗震救灾工作领导小组，决定立即向灾区划拨 520 万元紧急救援资金。迅速组建快速、精良（以大型救援设备为主）的 320 人抗震救灾应急救援队伍及卫生防疫应急队、救护队，携带大量医疗设备和 115 台挖掘机、装载机、铲车等大型机械迅速赶赴灾区开展救援。14 日下午，州委机关干部职工在两个小时内捐款 3.2 万元。州委组织部党员干部捐款 3300 元，多交纳党费 6000 元。州民政局从州救灾储备物资中调拨总价值 624 万元的 1300 顶帐篷，于 18 时装车运往玉树灾区。州安监局成立由主要领导任组长，格尔木市、德令哈市、都兰县、乌兰县、天峻县、大柴旦行委等 6 个地区的安全监管局主要负责人为成员的全州安监系统对玉树地震灾区支援工作小组，集结青海义海能源公司矿山救护中队和青海煤业鱼卡有限公司矿山救护小队 2 支救援队伍共 36 人，协调落实可供调用的大型机械 115 台、救援人员 230 人，全部待命，随时赶赴震区开展救援工作。

5 月 12 日，省政协副主席、海西州委书记罗朝阳（左一）在玉树县隆宝镇慰问受灾干部群众

（海西州民政局　提供）

4 月 14 日，海西州军分区官兵紧急装运支援玉树抗震救灾物资

（海西州民政局　提供）

4 月 15 日，海西州政协机关

干部职工为玉树灾区捐款7200元。15日15时，协调青海义海能源公司矿山救护中队39人，赶赴玉树灾区，承担抢险救援任务。18时，海西州落实玉树救灾资金1850.17万元；派出近270人组成的6支救援队，配备51台大型机械、84台运输车辆，携带总价值670万元的帐篷、煤炭、食品、药品等物资赶赴灾区。

海西州组建州卫生局和格尔木市卫生局2支卫生防疫队，21日上午分别从德令哈市、格尔木市出发，携带总价值30.84万元的医药物资，赶赴地震灾区开展卫生防疫工作。至此，海西州共出动救援人员1752人，出动运输车辆243辆，调用大型机械74台，接收玉树地震灾区伤员183名。海西州赴玉树抗震救灾餐饮服务队（第七分队）共有队员14名，其中特级烹饪师4名、二级厨师1名，主要负责为国家、省抗震救灾指挥部和海西州前线指挥部提供24小时不间断餐饮服务。至23日，为国家、省玉树抗震救灾总指挥部，海西州前线指挥部提供饮食服务4320多人次。25日，海西州将来自玉树地震灾区的105名师生妥善安置在天峻县设在德令哈市的生格乡寄宿小学。为了让灾区来的学生们安心学习，海西州在进一步优化教学环境、提高生活质量的同时，从州教育局抽调3名业务精、觉悟高、责任心强的教师指导灾区学生高考复习。

至9月28日，全州有64名州政协委员（不包括州政协主席、副主席等州政协机关的常委、委员）捐款24.15万

5月12日，海西州在地震灾区再次向玉树州捐款120万元，捐赠物资价值36.75万元

（海西州民政局　提供）

4月15日，海西州三江源生态移民定居点村民向玉树灾区捐款（海西州民政局　提供）

4月15日，海西州社会各界向玉树灾区捐款

（海西州民政局　提供）

元，捐物价值 35.05 万元。其中，中共党员委员交纳特殊党费 1.7 万元；州政协委员、格尔木市红伟集团董事长殷红伟向 179 位在格尔木救治的灾区伤员捐款 8.95 万元，向灾区捐物 30 万元；州政协委员、中天硼锂公司总经理张茂捐款 10 万元；州政协委员、格尔木市政协主席马家峰向灾区捐款 1600 元，交纳特殊党费 2000 元。州军分区 165 人捐款 3.43 万元，于 16 日 10 时 30 分电汇省军区后勤部供应处。各县（市）人武部在积极响应省军区号召的同时，自发参加地方组织的捐助活动。天峻县人武部 14 人向灾区捐款 1040 元，通过天峻县红十字会捐给灾区。

4 月 16 日，海西州支援玉树州抗震救灾工作领导小组发出《关于做好玉树地震救灾款物募捐接受有关工作的紧急通知》，对救灾捐赠款物的接收、移交、统计、管理等做出规定。至 16 日 17 时，全州累计收到中共党员支援抗震救灾多交纳党费 51.44 万元。其中，州直机关单位党员自愿多交纳党费 19.51 万元，各市、县、工行委党员自愿多交纳党费 31.93 万元，并及时汇入省委组织部省管党费专用账户。全州宗教界为灾区募集捐款 7.13 万元，捐赠毛毯 60 条、衣物 245 件、鞋 55 双、茶叶 500 块，各类物品折价 1.73 万元，捐赠款物合计 8.86 万元。

州工会原主席、离休干部张世杰平时生活非常俭朴，当得知玉树灾情后，便赶到州直机关工委交纳 1000 元党费。乌兰县柯柯镇赛纳村党支部书记仲万云身患重病，在近一年的住院治疗期间，几乎花光了 30 多万元的积蓄。当得知玉树受灾的消息后，在北京住院的他毅然从自己并不宽裕的治疗费中挤出 2000 元，汇到柯柯镇赛纳村包村干部手里，委托其向组织交上自己的特殊党费，并嘱托包村干部说：“在我生病困难的时候，组织上给了我很多值得我铭记一生的关爱，现在，我们的同胞遭受了严重的灾难，作为一名村党支部书记，我要为灾区人民尽一份力。”在西宁看病治疗的香日德镇老党员乃杰从电视上看到支援灾区的新闻报道后，马上打电话叮嘱儿子替他向组织多交纳党费 200 元。都兰县香日德金鑫客运公司经理马金鑫及时义务派出 7 辆抗震救灾专用客车，并一次性多交纳党费 1 万元。都兰县有 5 名党员企业家自愿多交纳党费 12.98 万元。远在杭州的青海中鑫矿业都兰热水钼矿普查项目部经理王柏松主动与县委组织部联系，向灾区捐助党费，并从杭州直接将 10 万元现金转入县委组织部党费专户。在乌兰县经商创业的江苏南通籍流动党员高绍华专程到县委组织部，自愿多交纳党费 1 万元，通过党组织为地震灾区献出一份真情。州民族语言办公室普通党员扎西，在妻子无工作、家庭条件不宽裕的情况下，依然积极交纳 5000 元党费。都兰县宗加镇哈西哇村普通党员温国忠，一次性拿出 5000 元交给党组织，香日德镇沙珠玉村贫困党员关曲在家庭没有固定收入、经济负担较重的情况下，仍怀着一份质朴的情谊，交纳 300 元党费。察苏镇和平街社区下岗失业党员也纷纷献出爱心，16 名党员每人自愿多交纳特殊党费 100 元。

海西州驻西宁第二干休所组织开展“住所老干部、老同志、住户及全所干部职工向灾区人民捐款活动”，现场收到捐款 9310 元，活动结束时收到捐款 14950 元，捐款送交青海省红十字会。该所离退休老党员及在职党员 29 人交纳特殊党费 3720 元，送交州机关工委。至 4 月 30 日，中共海西州委组织部累计收到特殊党费 327.15 万元，全州有 17688 名党员为支援玉树抗震救灾、灾后重建交纳特殊党费，其中交纳千元以上的 364 人。

二、州直单位赈灾

4月14日，根据州委、州政府决定，海西州财政局从救灾专户中拿出300万元专项资金，从预备费中拿出200万元，共500万元拨付灾区。州财政局党组号召和动员全局干部职工大力压缩机关办公费、接待费、差旅费等一般性支出，拿出一个季度的机关办公经费20万元，捐往灾区财政部门。全局干部职工个人捐款1.18万元；34名党员多交纳党费1.22万元，个人交纳特殊党费最高额2000元。同日，州司法局全体干部职工捐款2900元，上交特殊党费5800元。州商务局紧急部署全州商务系统抗震救灾工作，调查统计全州支援玉树州抗震救灾应急重要商品库存情况，并牵头组织海西州好好爱家超市有限公司、福源超市配送中心两家重点流通企业组成抗震救灾商品销售服务小组，筹集价值10万余元的灾区民众急需的食品和生活日常用品300余种，赶赴玉树灾区，开展流动商业网点服务。下午，海西州职业技术学校教职员工捐款1.95万元。州交通局机关及局属州公路运输管理处、州地方公路建设管理中心干部职工36人开展支援玉树灾区爱心捐款活动，现场捐款4200元，汇交州红十字会。

4月15日上午，州职业技术学校全校共产党员向党组织交纳特殊党费2.52万元。州农牧局党委组织全系统干部职工举行捐款仪式，全局系统13个机关和单位的228人捐款25810元，全部送交州红十字会。其中，局机关3610元，州动物疫控中心4700元，州草原站2400元，州水产养殖场3200元，州动物卫生监督所2400元，州农科所2100元，州种子站1200元，州农机推广站1400元，州区划大队1800元，州农牧经营管理站800元，州农牧业信息服务站800元，州农机监理所800元，州渔政站600元。70多岁高龄的退休职工李泉霖，家住广西桂林，在得知玉树地震灾情后，生活并不宽裕的老人主动打电话与州农牧局工会联系，捐款200元，表示要为灾区人民战胜灾害尽微薄之力。局属州水产养殖场李胜杰等3名临时工，从自己微薄的收入中各为灾区捐款200元。局属莫河畜牧场党委动员全场干部职工伸出援助之手，给玉树灾区捐款，奉献一份爱心。15时，州国税局组织第一批价值6万余元的食品、生活用品等救灾物资运往玉树灾区。17时，州局党组书记、局长阮余农带队运送第二批价值6万元的食品等救灾物资赶往玉树震区。州局机关党委和工会向全州国税系统干部职工发出捐款倡议，为灾区群众捐款11.17万元。18日，海西州国税局召开机关全体党员大会，倡议广大党员多交纳党费支援玉树抗震救灾。第四党支部退休党员陈希文，在自身经济条件并不宽裕的情况下，毅然多交纳党费300元。至19日，机关110余名党员共自愿多交纳党费2.23万元。截至27日，全系统共计捐款25.3万余元，捐物折价12.54万元。其中，向地方政府、红十字会交纳捐款68470元，向各级党组织多交纳党费70340元，向省局机关工会交纳捐款11.42万元。

4月16日，州旅游局11名干部职工（包括志愿者、临时工5名）给灾区捐款1240元。州工商局筹措价值5.5万元的20顶棉帐篷、20箱肉罐头、2个烤箱、2套煤气灶以及其他生活用品等救灾物资运往灾区。至22日，全州工商系统干部职工累计向玉树灾区捐款10.46万元，其中州局机关干部职工捐款8250元。全州个体私营企业和个体工商户捐款65.53万元，捐物折合1000元。5月25日，海西州各级工商局，积极响应省工商局号召向玉树灾区捐赠帐篷，用于灾区危房拆迁、安置受灾群众和存放拆迁房商户货物。全州54家企业参与捐款14.73万元。州林业系统32名职工捐款3700元。其中，州林业局机关1700元，州森林公安局900元，州森防站1100元。州林业局党支部和州森林公安局党支部20名党员自愿多交纳党费8100元。其中，州林业局党支部14名党员多交纳党费6300元，州森林公安局党支部多交纳党费1800元。全州邮政员工捐款3.88万余元，分别上交海西州慈善会6540元，上交省邮政公司工会3.227万元；党员自愿多交党费1.215万元，汇入海西州州委组织部账户。与此同时，在全州范围内开辟免费寄往玉树灾区汇款和包裹的绿色爱心通道。至19日，揽收“爱心包裹”、赈灾免费包裹和赈灾免费汇款435件（笔）。

4月16日上午，州交通局开展“党员支援玉树灾区爱心捐款”活动，党员交纳特殊党费4400元。其中，局机关党员捐款2800元，州公路运输管理处党员捐款1600元。至当天上午11时30分，州交通局共调集各类车辆45辆，其中重型普货车辆38辆、轻型普货1辆、客运车辆2辆、油罐车4辆；调集各类机械设备28台，其中吊车5台、装载机13台、挖掘机5台、翻斗车5台。

4月17日，州发展和改革委员会干部职工为灾区捐款12520元；全委系统党员多交纳党费1.46万元，全额上交州委组织部；州属企业义海公司捐款10万元，捐赠价值20万元的民用煤150吨，同时，派出30余人的救援队赶赴灾区抢险救灾。大柴旦各工矿企业的大型机械整装待发，随时听候调运；金穗公司职工捐款1.3万元；中天公司职工捐款10万元；柯柯制盐分公司职工捐款4.16万余元；茶卡制盐分公司职工捐款2.72万元；青海乌金公司职工捐款5000元；中航资源有限公司捐款100万元；海西民爆公司捐款3000元；冷湖俄北钾肥捐款5000元；开元钾肥捐款6000元；海西化建捐赠价值40万元的水泥350吨、方便面2122件、矿泉水1166件、饼干120件。另外，在海西州施工的二十三冶建设集团员工捐款10.51万元。州畜牧场、盐厂职工及当地有关社会人士捐款1.44万余元，全部送交州红十字会。其中，畜牧场职工捐款9030元，盐厂职工捐款5010元，社会人士捐款370元。畜牧场、盐厂党员交纳特殊党费1.87万元，其中畜牧场党员交纳1.3万元、畜牧场盐厂党员交纳5700元。

海西地税局为灾区群众送去价值4.29万元的煤、食品、药品等生活急需物品，并向全州地税系统发出倡议，为灾区群众做些力所能及的事情。4月15日，全州地税系统240余名干部职工和大学生志愿者个人捐款4.1万元。至18日，局系统个人累计捐款5.19万元，全部捐至各地红十字会或慈善总会；各基层局捐款25万元，汇往省地税局。全系统党员多交纳党费共5.23万元，全部交至各地组织部门。全州地税系统累计捐款捐物近40万元。州卫生系统（不包括格尔木市人民医院）党员交纳特殊党费7.83万元，个人捐款15.47万元，捐赠蒙、藏药品价值3.43万元，卫生材料价值3367.50元；格尔木市人民医院党员交纳特殊党费8750元。

4月18日7时，由海西州商务局牵头，海西州好好爱家超市有限公司、福源超市配送中心两家重点流通企业选派8人，组成抗震救灾商品销售服务小组，出动车辆3台，组织罐头、挂面、食盐、酱油、醋、手套、蜡烛、电池、灶具、清洁用品等300余个品种、价值10万余元灾区民众急需的食品和生活日常用品，紧急赶赴玉树灾区，开展流动商业网点服务。同日，州气象局全体干部职工累计捐款1.47万元，局机关党员交纳特殊党费3500万元。全州水利系统职工为地震灾区捐款5.89万元，党员自愿交纳党费117万元。州中级人民法院全体干部职工捐款7200元。州住房和城乡建设局25名党员自愿多交纳党费6100元。州质监局全局32名干部职工捐款3600元。州审计局筹集2万元支援玉树州审计机关抗震救灾。州粮食局干部职工捐款2530元，党员交纳特殊党费1600元。州人口计生协会干部职工为玉树地震灾区捐款3500元，党员自愿多交纳党费2000元。州科技局捐款4300元，党员交纳抗震救灾党费6500元。州环境保护局45名干部职工捐款5760元。州残疾人联合会干部职工向灾区捐款1100元，机关6名党员自愿交纳特殊党费2500元。建行海西分行全辖员工捐款2.85万元，交由省建行工会通过有关部门汇往灾区；全辖75名党员多交纳党费3.92万元。河西支行员工韩克明家庭条件并不富裕，爱人没有工作，两个孩子在上学，毅然从不多的积蓄中拿出1000元支持地震灾区。

4月19日，州委组织部向玉树州委组织部发出慰问电，并从代州委管理的党费和州直机关管理的党费中捐助10万元。州扶贫开发局全局6名干部职工捐款800元，6名党员交纳支援抗震救灾党费3700元。在观看青海卫视和湖南卫视联合播出的《永不放弃——向生命致意》赈灾演出后，州草原站党员王生福难以抑制沉重的心情，在16日交纳特殊党费500元的基础上，再次向灾区捐款500元。州动物疫控中心38名干部职工又一次为灾区捐款8400元，捐赠青稞炒面117千克。至19日，海西州2家省级产业化扶贫龙头企业、7家州级产业化扶贫龙头企业、3家县级产业化扶贫龙头企业通过各种方式捐款18.79万元，捐物价值3.3万余元。其中，通过其他途径捐款14.89万元，捐物价值3.3万元；通过省扶贫开发局捐款3.9万元，该笔捐款由省扶贫开发局会同青海省其他产业化扶贫龙头企业捐款一同捐给玉树灾区。州国土资源局全体干部职工24人，捐款4200元；全局党员12人，自愿多交纳党费1600元。全州国土资源系统干部职工捐款30030元，党员自愿多交纳党费1.91万元。

全州各律师事务所、公证处动员全体律师、公证员捐款献爱心，至21日，全州12家律师事务所的48名律师捐款1.12万元，全州6家公证处的17名公证员捐款6650元；全州检察机关单位和个人共捐款19.4万元。其中，州院捐款4.82万元，格尔木市院捐款2.71万元，德令哈市院捐款2.58万元，都兰县院捐款1.75万元，乌兰县院捐款1.25万元，天峻县院捐款2.21万元，大柴旦矿区院捐款1.34万元，冷湖矿区院捐款1.015万元，茫崖矿区院捐款1.725万元。同日，安监局党员干部捐款4050元。州食品药品监督管理局机关及局属事业单位干部职工捐款2280元。

4月23日，海西各地扶贫局筹集价值5万元的大茯茶200封、牛奶200箱、挂面200箱、大米150袋（每袋25千克）等物资捐赠给玉树灾区。其中，州扶贫局捐赠价值1.5万元的物资，格尔木、德令哈、都兰、乌兰、天峻、茫崖、大柴旦扶贫局各捐赠价值0.5万元的物资。海西州扶贫开发局与海西州邮政局联合下发《关于对玉树地震灾区学生及学校捐赠爱心包裹的通知》。截至4月30日，各地捐赠“爱心包裹”51件、5100元。

4月25日，玉树地震灾区103名师生转移到海西州就读，受到社会各界的广泛关注，各界通过不同方式给灾区学生捐助或进行慰问活动。26 日，海西军分区为玉树灾区学生捐赠电视机 1 台，饮水机 3 台和足球、排球、羽毛球等体育用品；义海能源有限公司为学校无偿捐赠生活用煤 100 吨；天峻县政协为灾区学生带来慰问金 1 万元和酥油、炒面等食品。9 月 17 日，183 名玉树灾区学生被转移安置到海西州，州教育局主动与玉树州教育局沟通联系，将他们分批安置到格尔木市民族中学和都兰县民族中学就读。格尔木市民族中学新增高一年级两个教学班和初三年级 1 个教学班，安排 140 名灾区学生就读；都兰县民族中学安置 43 名初一学生就读。两地教育局抽调教学经验丰富、工作能力强的骨干教师到民族中学担任灾区学生文化课教师，负责灾区学生学习；抽调心理健康教师，负责灾区学生心理疏导及安抚工作。

根据省教育厅、青海教育发展基金会《关于在全省教育系统开展纪念玉树地震一周年活动的通知》和《关于开展“我为同龄人献爱心”活动的倡议书》的精神，州教育局在全州教育系统开展“献爱心”捐款活动。截至 4 月 26 日，全州教育系统捐款 26.64 万元。

三、各人民团体、社会组织、宗教界赈灾

4 月 14 日，海西州总工会党组向机关全体干部职工发出捐款倡议，号召大家积极行动起来，当日机关干部职工为灾区捐款 2700 元。16 日，12 名党员又捐赠特殊党费 4800 元。至 20 日，海西州总工会收到各级工会捐款 550.3 万元。

玉树大地震发生后，共青团海西州委先后向全州各级团组织、广大共青团员和各界青少年发出《抗震救灾倡议书》和《号召全州团员青年积极交纳特殊团费的通知》，全州各级团组织和各界青少年通过各种形式踊跃捐款。4 月 17 日，首批灾区伤员到达格尔木，80 名抗震救灾青年志愿者迅速前往各医院开展藏汉双语翻译、生活照料、心理疏导等志愿服务工作。19 日，团州委、州青年联合会举办“情系玉树、为玉树祝福”募捐活动，现场收到社会各界青少年捐

4 月 19 日，共青团海西州委、州青年联合会举办“情系玉树、为玉树祝福”募捐活动

（海西州民政局　提供）

款 1.35 万元。至 20 日，团州委收到州政府机关、州委党校、州科技局、州财政局、州公路总段、州职校、州人民医院、州邮政局、海西宾馆、海西建行、海西电信公司等单位特殊团费 1.65 万元。至 29 日，团州委募集善款 24.91 万元，收到特殊团费 4.66 万元，及时全额上缴团省委。

州妇联 5 名党员在参加州直机关向玉树地震灾区捐款活动的同时，自愿多交纳党费 1700 元。全州各级妇联干部捐款 8700 元，交纳特殊党费 1600 元。女职工、女党员、女干部纷纷奉献爱心。大柴旦 158 名行政事业单位女职工捐款 3.48 万元，18 家企业 71 名女职工捐款 4580 元，49 名女党员交纳特殊党费 1.17 万元。天峻县 292 名妇女捐款 3.394 万元。州科技局 15 名妇女干部为灾区捐款 3500 元。

4 月 15 日 16 时，州红十字会累计收到州级单位捐款 14.92 万元。其中，14 日收到 8.32 万元，15 日收到 6.6 万元。至 16 日 16 时，全州红十字会募集支援玉树地震救灾捐款 1408.76 万元。其中，格尔木市红十字会收到捐款 1008.35 万元，天峻县红十字会收到青海焦煤公司捐款 50 万元，海西州红十字会募捐 26.55 万元，德令哈市红十字会收到捐款 1100 元，中国航空技术深圳有限公司捐款 200 万元，青海中航有限公司 100 万元，青海碱业捐款 5800 元，都兰县红十字会收到捐款 7.97 万元，兴宇中心艺术幼儿园捐款 2782.2 元。募集捐赠棉衣 500 件，价值 10 万元。至 23 日 12 时，全州红十字会系统募集捐款 2118.41 万元（有 3 家企业的 320 万元未到账）。其中，行政事业单位职工捐款 97.78 万元，企业单位及职工捐款 2016.27 万元，社会个人捐款 4.36 万元。按地区分，州红十字会募集捐款 476.96 万元，其中 2 家企业 300 万元未到账；格尔木市红十字会募集捐款 1414.07 万元；德令哈市红十字会募集捐款 3.86 万元；都兰

4 月 16 日，州委常委、德令哈市委书记张高社代表德令哈市红十字会接受青海昆仑碱业 200 万元捐款

（海西州民政局　提供）

县红十字会募集捐款 8.21 万元；乌兰县红十字会募集捐款 1.28 万元；天峻县红十字会募集捐款 214.03 万元，其中 1 家企业的 20 万元未到账。

全州宗教界捐款捐物 23.88 万元。其中，藏传佛教界捐款 7.08 万元，捐赠价值 1.73 万元的毛毯 60 条、衣物 245 件、鞋 55 双、茶叶 500 块；伊斯兰教界教职人员和信教群众捐款 15.07 万元。同时，都兰县香日德班禅寺、龙玛日寺，乌兰县都兰寺，天峻县札查寺、舟群寺，德令哈市阿力腾德令哈寺等寺院僧侣，齐聚各自寺院，为灾区受伤遇难同胞诵经祈福。

四、企业捐款

截至 4 月 23 日 16 时，海西州向玉树地震灾区捐款和捐物价值超过千元的大中小型企业有 176 家，捐款共计 3062.30 万元（未含 6 家企业直接汇入省玉树抗震救灾指挥部的 2830 万元），捐物价值 104.26 万元。其中，青海中航资源公司直接汇入州红十字会 300 万元；格尔木企业捐款 1664.24 万元，捐物价值 41.46 万元；德令哈企业捐款 235.27 万元，捐物价值 60 万元；都兰县企业捐款 62.25 万元，捐物价值 1.2 万元；乌兰县企业捐款 7.12 万元；天峻县企业捐款 211.82 万元；大柴旦企业捐款 253.77 万元；冷湖企业捐款 111.1 万元；茫崖企业捐款 152.63 万元，捐物价值 1.6 万元。

海西州各企业支援玉树抗震救灾捐款、捐物统计表

表 2-18　　　　单位：万元

企业名称	捐款数额	企业名称	物资折价
青海盐湖工业集团公司	1200.00	青海富康医药连锁格尔木钰鑫配送站	0.10
青海庆华矿业公司	1450.00	格尔木西部钢结构工程有限公司	0.10
青海创安有限公司	10.00	格尔木四环电子发展有限责任公司	0.10
青海西旺矿业公司	100.00	青海格尔木华明发展有限公司	0.66
青海圣雄矿业	10.00	格尔木昆成矿业开发有限责任公司	0.77
茫崖兴元钾肥公司	60.00	格尔木昆仑宝玉石有限责任公司	100.00
青海中航资源公司	300.00	格尔木金洋土方工程有限公司	0.20
格尔木市胜华矿业有限责任公司	102.46	青海中信国安科技发展有限公司	200.00
青海柴达木盐湖化工有限公司	102.23	格尔木永靖劳务队	1.00
北京昆龙伟业格尔木有限公司	20.00	青海西豫有色金属有限公司	12.00
藏格钾肥有限公司	18.60	格尔木昆鹏市政建设有限责任公司	0.665
格尔木超越工程有限责任公司	10.76	格尔木永益劳务有限责任公司	0.10
青海联宇集团有限公司	10.00	格尔木市财苑宾馆	0.20
格尔木豫源有限责任公司	10.00	格尔木市玉精灵玉器	1.00
格尔木垚鑫矿业有限责任公司	6.49	青海际华江源实业有限公司	1.19

续表 2-18

企业名称	捐款数额	企业名称	物资折价
格尔木佳裕砂石销售有限公司	5.00	格尔木洋嘉机动车检测公司	0.185
青海俊民化工有限责任公司	5.00	四川森普管材有限公司西宁办事处	0.20
青海香江盐湖开发有限公司	5.00	萨铁保洁服务有限责任公司	0.223
都兰钾肥有限责任公司	5.00	格尔木泽瑞实业有限公司	1.00
青海广厦建筑工程有限公司格尔木项目部（职工捐款）	3.18	西藏那曲地区天冠矿业有限公司锡铁山分公司	1.725
柴达木盐湖化工有限公司	2.23	体育场三号楼项目部	0.112
格尔木智力新旧机动交易中心	3.00	聚浪潮洗浴中心	0.507
盐化集团有限责任公司	2.86	格尔木市昆宝钾肥有限责任公司	3.00
格尔木滨铁储运有限责任公司	2.00	格尔木丰益颗粒钾肥有限公司	1.00
中国银行格尔木分行	1.97	格尔木润玉苑玉器店	0.10
格尔木翔宇有限公司	1.00	青海高端盐湖科技有限公司	5.50
宏源有限责任公司	1.00	格尔木市玉丰有限责任公司	2.30
青海格尔木恒星市政发展有限公司	1.00	格尔木永益劳务有限公司	0.10
格尔木西珂玛实业有限责任公司	1.00	格尔木通汇管业有限公司	0.50
格尔木青格工贸有限责任公司	1.00	青海昆仑碱业有限公司	200.00
格尔木盐化集团有限责任公司	0.86	内蒙古乌海化工股份公司	30.00
青海玖玖汽车销售有限公司（职工捐款）	0.72	德令哈建材市场	1.61
中国联通格尔木市分公司	0.71	德令哈金世界宾馆	1.06
青海黄河实业集团建安有限公司（职工捐款）	0.69	德令哈国胜实业有限公司	1.00
格尔木顺义物资有限责任公司	0.50	青海金峰实业公司	0.50
格尔木昆仑物流实业有限公司	0.50	德令哈医药股份合作公司	0.10
格尔木美宝氧化镁有限公司	0.50	德令哈拓鑫公司	1.00
格尔木鑫丰矿业鸿洲选矿厂	0.50	乌兰庆华煤化有限公司	50.00
格尔木兰金电子科技有限公司	0.45	乌兰庆华煤化有限公司职工捐款	13.725
青海奋翔路桥工程有限责任公司	0.40	都兰海寺多金属矿业有限责任公司	10.00
格尔木宝海工贸有限责任公司	0.35	都兰天源矿业有限公司	5.00
金财财务工程服务咨询有限责任公司	0.30	都兰海鑫矿业有限责任公司	5.00
格尔木天阳工贸有限责任公司	0.22	都兰双庆矿业有限责任公司	4.00
格尔木市河东三砖厂	0.20	青海山金矿业有限公司成员（审查会）	2.35
正海镁业科技开发有限责任公司	0.20	都兰汇聚工贸有限公司	2.00
格尔木格岭石材加工有限责任公司	0.20	都兰灵德矿业有限公司	1.00
格尔木芳龙输送机械工贸有限责任公司	0.10	都兰县银峰矿业有限责任公司	1.00

续表 2-18

企业名称	捐款数额	企业名称	物资折价
拉萨兴旺商贸公司格尔木液化气销售处	0.10	都兰中色矿业	0.60
格尔木飞虹印刷有限责任公司	0.10	都兰天源矿业有限公司（职工捐款）	0.48
格尔木新时代广告传媒文化发展有限责任公司	0.10	格尔木亿佳建筑安装公司青海山金工程项目部	0.31
甘肃送变电工程公司格尔木至拉萨输线路工程项目部	0.10	都兰县吉安运输有限公司	0.20
都兰县兰天矿业有限公司	1.00	都兰永达公交公司	0.12
西旺矿业开发有限公司	0.50	青海创达建筑安装工程有限责任公司（含职工捐款）	2.00
青海大雪山实业有限责任公司	10.00	都兰县钾肥有限责任公司	8.00
格尔木超越工程有限公司	1.00	都兰县隆迪矿业有限责任公司	1.63
青海昆明民爆物品销售有限公司都兰分公司（含职工捐款）	1.06	都兰县五龙沟金矿有限责任公司	5.00
乌兰县友明盐化公司	5.00	折合隆铅矿	0.30
乌兰县东达铁选厂	1.50	龙门钨矿	0.30
乌兰县京柯盐化公司	1.00	天成公司（天棚二货场）	0.20
青海焦煤产业集团	50.00	中国石油天峻分公司	0.12
青海庆华矿业有限公司	50.00	天峻宾馆	0.10
青海江仓能源发展有限责任公司	20.00	天峻县汽车站	0.10
青海圣雄矿业有限公司	10.00	青海庆华矿冶集团公司木里煤矿	5.00
中铁十六局	2.00	青海集通商贸储运有限公司	0.50
青海科宇矿业有限公司	1.00	天峻县邮政局	0.20
天峻县电力公司	0.50	义海能源有限责任公司木里煤矿	60.00
天峻集通公司（天棚一货场）	0.50	天峻县银海物流园区	10.00
天峻县锦辉国有资产投资经营公司	0.50	大柴旦矿业有限公司滩间山金矿	70.20
天峻雪峰房地产开发公司	0.50	茫崖康泰钾肥有限责任公司	90.00
青海创新矿业有限公司	60.44	茫崖兴元钾肥有限责任公司	60.00
青海昆源矿业有限公司高泉昆源煤矿	32.71	367° 音乐广场	0.30
海西州大头羊煤业公司	21.57	海西州联方科贸有限责任公司	0.20
青海五彩矿业有限公司	20.62	龙太子足浴	0.18
青海中天硼锂矿业公司	10.00	茫崖隆兴商贸有限公司	0.15
青海隆安煤业有限公司绿草沟煤矿	1.74	茫崖大兴实业有限公司	0.10
大柴旦腾达矿业有限公司新高泉煤矿	0.50	青胜机电有限公司	0.10
大柴旦国土资源和环境保护局绿化工程队	0.20	中原石油技术服务有限公司	0.10
大柴旦大华有限公司	0.19	茫崖远盛运输有限公司	0.10

续表 2-18

企业名称	捐款数额	企业名称	物资折价
华冶资源开发有限公司锡铁山二矿	35.598	振兴商贸有限公司	0.10
冷湖滨地钾肥公司	100.00	敦煌二建公司茫崖分公司	0.10
冷湖开元钾肥公司	0.60	海洋运输有限公司	0.10
冷湖俄北钾肥有限公司	0.50	茫崖佳成运输有限公司	0.10
冷湖昆湖钾肥有限公司	10.00	茫崖花土沟水木年华娱乐会所	1.10
格尔木宏伟集团	29.20	格尔木家乐综合市场	0.22
格尔木旅游系统	7.77	大地商贸有限公司	0.15
天天好商贸有限公司	1.83	海西化工建材股份有限公司	40.00
格尔木爱家超市	1.02	义海能源公司	20.00
明珠购物有限责任公司	0.37	青海雪羊肉联有限公司	1.20
格尔木青百商场	0.27	茫崖花土沟爱家超市	0.60
格尔木西单商场	0.26		

五、各市县（工行委）赈灾

（一）格尔木市

4 月 14 日，格尔木市慈善协会、市红十字会发出倡议书，并在报纸、电视、网络上刊播，动员社会力量捐钱、捐物，援助玉树地震灾区。当天，格尔木市红十字会、市慈善机构分别累计收到为灾区捐款 1008.35 万元、3.49 万元；捐物价值 140.38 万元，其中捐赠棉大衣 125 件、棉裤 100 件、棉皮鞋 100 双、棉被褥 379 套、帐篷 45 顶、毛毯 144 条、药品 10 件、矿泉水 90 件、方便面 70 件、牛奶 10 箱、食品 20 件、手电 20 个、1 号电池 897 节、发电机 4 台、柴油和汽油 140 余吨、插接板 4 个。市宏伟集团有限公司捐赠价值 2.8 万元的 25 吨米、面、矿泉水、干粮、蔬菜肉类等救灾物资。

玉树县发生 7.1 级地震时，正值格尔木市第三期“今冬明春农牧民专业合作组织培训”开班，格尔木市金鱼湖种养殖信息专业合作社等 19 家农牧民专业合作组织响应海西州农牧局、格尔木市农牧局为玉树地震灾区捐款的倡议，捐款 7600 元。

4 月 15 日，格尔木市抗震救援工作组和市经贸委分别协调组织 17 万元的救灾物资、49 台大型机械设备和肉类 400 吨、矿泉水 2.2 万件、牛奶 5000 件、饼干 500 件、方便面 6000 件、罐头 500 件，启程运往地震灾区。

4 月 17 日上午，团格尔木市委联合格尔木市昆玉公司，紧急为玉树地震灾区捐赠总价值 6.5 万元的面粉 10 吨、方便面 150 箱、矿泉水 100 箱，由格尔木市昆玉公司常务副经理马成录带队送往灾区。

至 4 月 21 日，格尔木市红十字会收到捐款 1386.15 万元；慈善机构收到捐款 399.82 万元；

中共党员交纳特殊党费 53.48 万元。累计捐助物资价值 536.85 万元，全部运往玉树地震灾区。同日，金峰路工商所干部职工购买 1 辆童车、1 床棉被、1 箱奶粉、2 箱牛奶，带着 500 元现金，到解放军 22 医院看望慰问地震中失去 12 位亲人的桑周多杰小宝宝。至 28 日 15 时，格尔木市红十字会收到捐款 1423.73 万元，其中上缴海西州红十字会 1056.7 万元；慈善机构收到捐款 491.92 万元，其中上缴海西州慈善会 490 万元；中共党员交纳特殊党费 54.21 万元，其中上缴州委组织部 53.48 万元。累计收到捐助物资价值 565.45 万元。

格尔木市国税局干部职工累计捐款 3.62 万余元，共产党员交纳特殊党费 4300 元，单位筹措 7 万余元购买帐篷、大衣以及食品等生活用品送往灾区；市人大常委会干部职工向玉树灾区捐款 2520 元；市人事劳动和社会保障局干部职工为灾区捐款 4600 元，其中党员交纳特殊党费 2000 元；市地方税务局工会组织及干部职工个人捐款 6.2 万元，党员、重点培养对象及入党积极分子自愿多交纳党费 1.08 万元；市工商局 119 名干部职工为灾区捐款 1.395 万元，62 名党员交纳特殊党费 1 万元；市国土资源局 38 名干部职工捐款 6600 元，22 名党员、预备党员交纳特殊党费 5400 元；海西供电公司 740 余名员工为灾区捐款 22 万余元，市统计局 19 名干部职工以交纳特殊党费和其他形式捐款 3600 元；河东、河西清真寺于“主麻日”募捐 5.03 万元，其他清真寺募捐 8.25 万元，格尔木伊斯兰教界共募捐 13.28 万元；格尔木市工商局登记注册大厅作为 2009 年度全国“巾帼文明岗”集体，全体工作人员向地震灾区捐款 3000 元。

至 4 月 21 日，格尔木个体工商户、私营企业通过格尔木市工商局、格尔木市个体协会捐款 35.96 万元，直接向民政部门、红十字会捐款 1582.23 万元；格尔木唐古拉山地区个体工商户、私营企业主为支援玉树抗震救灾捐款 5.63 万元。5 月 5 日，达西达尔吉灵寺举办法会，表达对遇难同胞的哀悼之情，寺院民管会主任四郎郎加个人捐款 4 万元，僧众与信教群众捐款 1.47 万元。

至 6 月 11 日 9 时，格尔木市红十字会收到捐款 1460.49 万元，全部上缴海西州红十字会；慈善机构收到捐款 512.56 万元，全部上缴海西州慈善会；中共党员交纳特殊党费 55.24 万元，全部上缴州委组织部。累计收到捐助物资价值 565.45 万元，全部运往玉树地震灾区。

格尔木市各企业积极捐助资金，至 4 月 19 日 18 时，格尔木市胜华矿业有限责任公司捐款 102.46 万元，青海柴达木盐湖化工有限公司捐款 100 万元，北京昆龙伟业格尔木有限公司捐款 20 万元，青海联宇集团有限公司捐款 10 万元，格尔木超越工程有限责任公司捐款 10.76 万元，豫源有限责任公司捐款 10 万元，格尔木垚鑫矿业有限责任公司捐款 6.49 万元，格尔木佳裕砂石销售有限公司捐款 5 万元，青海俊民化工有限责任公司捐款 5 万元，青海香江盐湖开发有限公司捐款 5 万元，都兰钾肥有限责任公司捐款 5 万元，青海广厦建筑工程有限公司格尔木项目部捐款 3.18 万元，柴达木盐湖化工有限公司捐款 2.23 万元，格尔木智力新旧机动交易中心捐款 3 万元，盐化集团有限责任公司捐款 2.86 万元，格尔木滨铁储运有限责任公司捐款 2 万元，中国银行格尔木分行捐款 1.97 万元，格尔木翔宇有限公司捐款 1 万元，宏源有限责任公司捐款 1 万元，青海格尔木恒星市政发展有限公司捐款 1 万元，格尔木青格工贸有限责任公司捐款 1 万元，格尔木西珂玛实业有限责任公司捐款 1 万元，中国联通格尔木市分公司捐款 7120 元，青海黄河实业集团建安有限公司捐款 6874.20 元，青海玖玖汽车销售有限公司捐款 7150 元，格尔木顺义物资有限责任公司捐款5000元，格尔木昆仑物流实业有限公司捐款5000元，格尔木美宝氧化镁有限公司捐款5000元，格尔木鑫丰矿业鸿洲选矿厂捐款5000元，青海兰金电子科技有限公司捐款4480元，青海奋翔路桥工程有限责任公司捐款4000元，格尔木宝海工贸有限责任公司捐款3500元，金财财务工程服务咨询有限责任公司捐款3000元，格尔木天阳工贸有限责任公司捐款2210元，格尔木市河东三砖厂捐款2000元，正海镁业科技开发有限责任公司捐款2000元，格尔木格岭石材加工有限责任公司捐款2000元，格尔木芳龙输送机械工贸有限责任公司捐款1000元，拉萨兴旺商贸公司格尔木液化气销售处捐款1000元，格尔木飞虹印刷有限责任公司捐款1000元，格尔木新时代广告传媒文化发展有限责任公司捐款1000元，甘肃送变电工程公司±500千伏格尔木—拉萨输电线路工程项目部捐款1000元，青海省富康医药连锁格尔木钰鑫配送站捐款1000元，格尔木西部钢结构工程有限公司捐款1000元，格尔木四环电子发展有限责任公司捐款1000元。

格尔木市各企业捐赠各类物资价值536.85万元。其中，市属单位和部门捐赠矿泉水、油料等价值179万元，青海玉珠峰矿泉水公司捐赠价值71.3万元的矿泉水6058箱，青海柴达木地矿化工集团公司捐赠食品等物资价值120万元，格尔木胜华矿业有限公司捐赠物资价值102.46万元，格尔木红伟集团捐赠大米、棉被等价值29.2万元，格尔木水电有限责任公司捐赠物资价值16.5万元，青海昆玉公司捐赠面粉等价值6.5万元，格尔木宾馆捐赠被子等价值2.096万元，天天好商贸有限公司捐赠方便面等物资价值1.83万元，青港宾馆捐赠棉大衣等价值1.38万元，爱家超市捐赠矿泉水等物资价值1.02万元，华星饭店捐赠被子等价值5600元，盐湖酒店捐赠被子等价值5190元，金鱼湖旅游度假村捐赠帐篷等价值5000元，长城建安公司捐赠帐篷等价值5000元，格尔木大厦捐赠军大衣等价值4220元，迎宾饭店捐赠被子等价值4200元，金地宾馆捐赠矿泉水等价值3770元，明珠购物有限责任公司捐赠物资价值3690元，青百商场捐赠物资价值2712元，西单商场捐赠物资价值2580元，翔宇宾馆捐赠物资价值2240元，家乐综合市场捐赠物资价值2225元，奥桥广告公司捐赠帐篷等价值2000元，金轮宾馆捐赠被子等价值1600元，大地商贸有限公司捐赠物资价值1512元，格尔木中国国际旅行社捐赠帐篷等价值1500元，威尔士大酒店捐赠方便面等价值1030元。

4月20—22日，格尔木市各企业捐助资金335.4万元。其中，青海中信国安科技发展有限公司200万元，格尔木昆仑宝玉石有限责任公司100万元，青海西豫有色金属有限公司12万元，青海高端盐湖科技有限公司5.5万元，格尔木市昆宝钾肥有限责任公司3万元，格尔木市玉丰有限责任公司2.3万元，西藏那曲地区天冠矿业有限公司锡铁山分公司17250元，青海际华江源实业有限公司1.19万元，中国电信格尔木分公司1.12万元，格尔木永靖劳务队1万元，格尔木泽瑞实业有限公司1万元，格尔木市玉精灵玉器1万元，格尔木丰益颗粒钾肥有限公司1万元，格尔木昆成矿业开发有限责任公司7700元，格尔木昆鹏市政建设有限责任公司6650元，青海格尔木华明发展有限公司6600元，聚浪潮洗浴中心5070元，格尔木通汇管业有限公司5000元，萨铁保洁服务有限责任公司2230元，格尔木金洋土方工程有限公司2000元，市财苑宾馆2000元，四川森普管材有限公司西宁办事处2000元，体育场三号楼项目部1120元，格尔木永益劳务有限责任公司1000元，格尔木洋嘉机动车检测公司1000元，格尔木润玉苑玉器店1000元，格尔木永益劳务有限公司1000元。

（二）德令哈市

4月14日，德令哈市组织全市干部职工在市政府办公楼前举行向玉树灾区群众捐款仪式。16日下午，德令哈市支援玉树灾区运输队16辆载重汽车，满载着价值78万元的150吨煤、350吨水泥、150套炉具、4吨牛肉、1166件矿泉水、2122件方便面、12件饼干等各类救灾物资赶赴灾区。玉树抗震救灾期间，德令哈市社会各界捐款349.67万元，其中上缴州委组织部党员多交纳党费63.99万元。市红十字会筹集善款4.09万元，市慈善协会筹集捐款281.58万元。

（三）都兰县

4月17日，都兰县调配7辆大货车组成救援运送车队，拉运价值28.53万元的面粉35吨（1400袋）、矿泉水1200箱、方便面805箱、挂面40件、棉衣300件、茶叶800包、棉被500床、毛毯60条、藏服28套及部分常用药品等救援物资，于8时启程运往玉树地震灾区。全县捐款金额12.01万元。青海都兰县宗加镇哈西哇村普通党员温国忠，拿出5000元交给党组织，作为支援玉树抗震救灾的特殊党费。

（四）乌兰县

玉树大地震发生后，乌兰县各相关部门积极做好支援抗震救灾的物资筹备和赈灾工作。县民政部门储备25万元救灾资金和价值39.4万元的救灾物资

4月15日，德令哈市幼儿园小朋友到捐款募集点献爱心（海西州民政局 提供）

4月17日，都兰县支援玉树抗震救灾的物资装车待发（海西州民政局 提供）

4月16日，乌兰庆华煤化公司及员工踊跃为灾区捐款（海西州民政局 提供）

（棉帐篷 14 顶、单帐篷 60 顶、棉衣裤 300 套、棉被 300 床、棉褥 300 床、面粉 60 吨），县卫生部门储备价值 6393 元的急救药品、价值 23184.96 元的常用药品和价值 2262.8 元的消毒药品。4 月 18 日 13 时，县红十字会累计收到爱心捐款 1.28 万元，县慈善会累计收到爱心捐款 83.97 万元（县委、县政府从财政拿出 5 万元应急资金支援玉树灾区，干部群众捐款 15.24 万元，乌兰庆华煤化公司及其职工捐款 63.73 万元），县委组织部收到特殊党费 14.64 万元。全县累计收到爱心捐款及特殊党费共计 99.89 万元。19 日上午，乌兰县丰农合作社等 13 个种植养殖、农机合作社捐款 4671 元。20 日，乌兰县第一中学全体师生员工捐款 6845 元，县东达铁选厂捐款 1.5 元，县妇联组织妇女捐款 1260 元，柯柯镇赛纳村党支部书记钟万云个人交纳特殊党费 2000 元，县友明盐化公司捐款 5 万元。21 日，县京柯盐化公司董事长王吉雷捐款 1 万元。至 27 日 16 时，县慈善会收到爱心捐款累计 103.27 万元，县委组织部累计收到特殊党费 18.26 万元，县红十字会累计收到爱心捐款 1.28 万元，全县累计收到爱心捐款及特殊党费 122.81 万元。截至 5 月 6 日 16 时，县慈善会收到爱心捐款累计 108.06 万元，县委组织部累计收到特殊党费 18.26 万元，县红十字会累计收到爱心捐款 1.28 万元。全县累计收到爱心捐款及特殊党费共计 127.6 万元。

（五）天峻县

4 月 14 日，天峻县委、县政府紧急筹备棉衣棉裤 100 套、棉被 170 件、棉帐篷 10 顶、面粉 15 吨、牛奶 240 箱、矿泉水 1200 件、火腿肠 150 箱、方便面 1700 箱、饼干 1500 千克。同时集结 16 台大型挖掘机、20 台大型运输车辆待命，随时听从上级调遣。同日，天峻县政府发出倡议书。县民政局和县红十字会动员广大人民群众积极向灾区捐款。15 日上午，各部门、各单位干部职工进行献爱心捐款活动，收到各类捐款 21.23 万元。县委、县政府组织两批志愿者赶赴灾区工作。15 日晚，由 54 人、25 台车辆组成的天峻县第一批赴玉树抗震救灾救援队，启程运送价值 40.8 万元的 300 吨原煤、300 套炉具、1200 件矿泉水等救灾物资及 14 套救灾机械（包括挖掘机、装载机等）前往灾区。16 日，县委、县政府从县救灾资金和县财政预备金中各拨出 100 万元，计 200 万元支援玉树灾区。同日下午，全县个体经营者捐款 30249 元，由青海省个体劳动者协会统一转汇给相关部门帮助玉树灾区重建家园。

4 月 25 日，来自玉树地震灾区的 105 名师生被安置在天峻县设于德令哈市的生格乡寄宿小学。图为欢迎大会现场

（海西州民政局　提供）

4 月 17 日，共青团天峻县委向全县团员青年发出“情系玉树，关爱灾区”的倡议，全县团员、青年捐款 1.04

万元，其中特殊团费 6320 元。针对灾区部分学生转送至天峻县各校就读的情况，天峻县团委在全县青少年中开展“救助同胞、奉献爱心”志愿者招募活动，招募“青少年爱心志愿队”和“心理辅导志愿队”，为到天峻县就读的灾区青少年服务。

同日下午，天峻县第一批抗震救灾物资运抵灾区，移交给玉树县抗震救灾指挥部。至 18 日 12 时，全县累计募集捐款 176.63 万元。其中，县委组织部收到特殊党费 4.71 万元，县民政局募集社会各界捐款 44.05 万元，县红十字会募集捐款 127.87 万元。

4 月 19 日，在天峻的庆华集团、兴青公司直接通过省民政厅和省红十字会向玉树灾区分别捐款 1300 万元和 200 万元。通过天峻县向灾区捐款的企业有：青海焦煤 50 万元，庆华公司 50 万元，义海公司 60 万元。

4 月 25 日，天峻县将来自玉树地震灾区的 105 名师生（高三年级学生 90 人，任课教师 15 人），安置在天峻县设在德令哈市的生格乡寄宿小学，县财政拨付 200 万元资金作为安置经费，购置高低床 60 套、床上用品 120 套、学习用品 120 套，安排学生宿舍 14 间、教师宿舍 5 间，搭建彩钢板房 300 平方米，并购置冰柜、消毒柜、餐桌等厨房用品。按照每人每天 30 元的伙食标准免费供餐。天峻县教育局及时通过省教育厅申请 10 名藏族大学生志愿者管理灾区师生生活和对其进行心理辅导，县教育局抽调副局长 1 名、干部 2 名协助开展工作。

4 月 28 日，天峻县木里镇派出 8 名代表带着群众捐款 21 万元抵达灾区，通过玉树州委副书记协调，捐给受灾最严重的玉树县上拉秀乡加吉娘社区（村）党支部和村委会。同时，天峻县新源镇 8 社昝维文向玉树地震灾区捐赠 19 顶帐篷，价值约 3 万元；天峻县扎查寺直接向灾区捐赠酥油、曲拉等物品价值 22 万元；牧民群众自发捐赠酥油、曲拉等物品价值 11.1 万元。5 月 3 日，天峻县牧民群众自发募捐的价值 15 万元的酥油、炒面、曲拉、大米和面粉等 28 吨急需食品，由天峻县藏传佛教阿汗德勒寺集中装车送往玉树灾区，再次捐赠给受灾最严重的玉树县上拉秀乡加吉娘社区（村）党支部和村委会。

截至 5 月 2 日，全县累计募集善款 525.2 万元。其中，县财政 200 万元，共产党员多交纳党费 25.51 万元，个人及社会捐款 139.69 万元，企业捐款 160 万元。

（六）茫崖行委

4 月 15 日上午，在茫崖工委、行委会议中心楼门前，由工委组织部、宣传部和行委民政局联合组织开展“茫崖地区支援玉树州地震灾区集中捐款活动”。现场募捐善款 5.91 万元。16 日，全区党员干部响应州委组织部、茫崖工委组织部号召发挥党员战斗堡垒和先锋模范带头作用，为玉树地震灾区捐助特殊党费 9.63 万元。同时，在工委、行委的安排下，行委民政局采取应急措施，积极筹备棉被 166 床、救灾粮食 10 吨、矿泉水 500 件、方便面（清真）300 箱、榨菜 10 箱、棉衣裤 100 套、手套 860 双、手电筒 100 个、电池 10 盒、棉胶鞋 257 双、饼干 10 箱、纯牛奶 100 箱、砖茶 10 箱、医用口罩 270 只、火腿肠 20 箱等 20 万余元的救灾物资。其中，花土沟地区爱家超市捐赠价值 6000 余元的物品，水木年华娱乐会所捐赠价值 1 万余元的食品、衣物及 1 万元现金。以上救灾物资于 19 日启程送往玉树灾区。

截至 4 月 27 日 18 时，茫崖地区各单位干部、职工向玉树地震灾区捐款 1705417.5 元。捐款全部汇往海西州慈善协会。

（七）冷湖行委

4月14日玉树地震发生当天，冷湖地区干部、群众及企事业单位捐款2.47万元，参与捐款人数400余人次。截至16日中午共收到个人爱心捐款2.9万元，其中外来务工人员、个体工商户共计83人，捐款4667元；党员领导干部捐款2.525万元，冷湖工委、行委捐款5万元。截至4月28日，冷湖行委民政局接收单位、个人捐款共计约120.20万元。其中，广大干部、职工、群众爱心捐款90980元，行属企业冷湖滨地钾肥公司捐款100万元，冷湖昆湖钾肥公司10万元，冷湖开源钾肥有限责任公司职工捐款6000元，冷湖俄北公司捐款5000元。

（八）大柴旦行委

4月14日，大柴旦工委、行委号召全区广大干部职工、社会各界积极为玉树地震灾区捐款捐物。截至16日17时，全区共向灾区捐款捐物214.08万元。其中，个人捐款10.97万元，企业捐款180万元（其中60万元由企业直接汇入省红十字会），大柴旦行委捐款10万元，驻大柴旦省、州企业通过行业统一向灾区捐款1.11万元；捐赠物资折价12万元。

第四节　海南藏族自治州赈灾

一、全州赈灾工作

4月14日，海南藏族自治州（以下简称“海南州”）州委、州政府紧急召开应对玉树县地震灾情会议，迅速安排部署救援工作并向玉树州委、州政府发去慰问电，代表海南州42万人民向灾区人民表示深切慰问，向在地震中不幸遇难的同胞表示沉痛哀悼。州民政、交通、卫生、安监等部门，积极准备救灾物资，迅速送往灾区。当日，准备救灾物资面粉2.5万千克、被褥100床、帐篷20顶、方便面320箱、矿泉水500箱。下午4时，州邮政局派出一辆装载价值3万元食品和药品的运输车辆赶赴灾区。

4月15日，州委副书记、州长更藏加主持召开支援玉树灾区抗震救灾工作会议，要求州委办公室、州政府办公室认真做好全州广大干部群众进行抗震救灾捐款捐物的组织工作。中午，州委书记旦科主持召开州党政联席会议，决定全州5县政府筹资250万元、州级财政安排150万元共计400万元作为支援救灾资金，紧急调运救灾物资羊肉20吨、牛肉30吨、面粉30吨、大米20吨。由州委副书记李廷祥和副州长董杰人先期携带300万元现金、价值150万元的物资，连夜送往玉树地震灾区。

5月11日至5月13日，由州委副书记、代州长张文魁带队组成慰问组，携带5万元现金和价值19.4万元的剔骨牛肉、油桃等，慰问玉树州委、州政府，玉树县委、县政府，玉树县仲达乡党委、乡政府，以及基层干部、农牧民党员代表、海南州救援队。截至 5 月 13 日，海南州为树灾区捐款捐物累计 2270 万元。其中，到账资金 1700 万元，物资折价 570 万元；向灾区一线派出救援人员 800 多人次。至 7 月 6 日 17 时，州民政局共接收抗震救灾捐款 1395.28 万元。

二、州直单位赈灾

4 月 14 日，州委组织部向各县县委、州委各部委、州直各机关单位党组、党委，各人民团体党组发出《关于倡议广大党员自愿多交纳党费支援抗震救灾工作的通知》，号召广大党员响应省委组织部的倡议自愿多交纳党费支援抗震救灾工作。同时，向玉树州委组织部发去慰问电。15 日，州委组织部从州管党费中向玉树灾区拨款 3 万元，全州组织系统干部职工向灾区捐款 3.05 万元，自愿多交纳党费 4.7 万余元，其中州委组织部 18 名党员自愿多交纳党费 1.74 万元。共和县切吉乡东科村老党员、卸任村干部才秀加向县委组织部交纳 1.01 万元抗震救灾党费后说：“尽管我不能去抗震救灾一线抢救伤员、帮助灾区同胞重建家园，但我会以捐款、捐物和多交纳党费的方式与灾区人民共渡难关。”截至 20 日，全州有 14184 名党员自觉交纳抗震救灾党费 136.44 万元，其中一次性交纳 1000 元以上的党员 236 名，交纳党费 27.78 万元。州委组织部将全部抗震救灾党费汇往青海省委组织部党费专用账户，用于支援灾区抗震救灾。

州、县两级分别组织干部职工开展支援玉树地震灾区募捐活动，旦科、更藏加分别捐款 5000 元、2000 元，州人大、州政协领导也纷纷带头捐款。到 15 日晚 11 时，全州共募捐 427.79 万元。其中，州直机关 91.43 万元，共和县 126.9 万元，兴海县 120 万元，贵南县 51 万元，同德县 30 万元，团州委组织全州广大青年团员和少先队员募捐 8.46 万元。州、县政府支援灾区抗震救援资金 400 万元；捐赠方便食品 1320 箱、牛奶 1020 箱、矿泉水 2.44 万箱、价值 75 万元的急救药品、帐篷 472 顶、被褥毛毯 222 床（条）、羊肉 20 吨、牛肉 30 吨、面粉 38 吨、大米 28 吨。

州各级政协组织和机关党员干部纷纷伸出援助之手。4 月 15 日，州政协副主席、当家寺活佛更藏班玛南杰举行法会，为灾区遇难同胞祈福、诵经，并向灾区捐款 2087.7 元。其中，寺院捐款 1000 元，全体僧侣自发捐款 1087.7 元。更藏班玛南杰在寺院法会上说，当家寺通过为灾区祈福诵经捐款，为遇难同胞祷告；祝愿受伤同胞早日康复；希望各地救援队伍和救灾物资及时平安到达地震灾区。至 20 日，州、县政协组织和机关党员干部向灾区捐款 11.98 万元。其中，州政协捐款 2.614 万元，共和县政协捐款 3.085 万元，同德县政协捐款 2.25 万元，兴海县政协捐款 2.13 万元，贵德县政协捐款 9660 元，贵南县政协捐款 9350 元。

4 月 20 日，由共青团海南州委和海南州青年联合会共同发起“企业界青联委员向玉树地震灾区献爱心暨交纳特殊团费支持玉树灾区活动”，州青联委员、青海华谊房地产开发有限公司董事长华格加个人捐款 10 万元，州青联委员、共和县第一汽车运输有限责任公司总经理韩世华个人捐款 5000 元，团州委、州青少年宫工作人员也纷纷捐上特殊团费，献出爱心，活动共募集善款 10.68 万元。州妇联及时向玉树州妇联发去慰问电，在全州范围发起妇女同胞为玉树灾区捐款捐物献爱心活动，全州妇联系统捐款 1.92 万元。其中，海南州妇联捐款 6900 元，共和县妇联捐款 2700 元，贵德县妇联捐款 3200 元，贵南县妇联捐款 2900 元，同德县妇联捐款 1500 元，兴海县妇联捐款 2000 元。海南州总工会捐款 475.6 万元；海南州工商局、个私协会组织个体工商户和私营企业捐款 49.6 万元，捐赠物资折价 21 万元。至 23 日，州审计局向灾区人民捐款 1.6 万元。其中，单位捐款 8000 元，干部个人捐款 5700 元，党员多交党费 2300 元。5 县审计局共向灾区人民捐款 23010 元。其中，单位捐款 8500 元，干部职工捐款 1.13 万元，党员多交党费 3210 元。

至 4 月 25 日，海南州社会各界捐款到账金额 961.2 万元。其中，14 日、15 日从西宁调运挖掘机，紧急购置大米、面粉、牛羊肉、方便食品、急救药品和医疗设备、发电机等救灾物资支出资金 300 余万元，所有救灾物资全部运达灾区；16 日划转援助资金 300 万元；23 日划转 300 万元到省财政厅支援玉树抗震救灾专户。26 日，赤哇活佛捐款 1 万元，尕藏多杰捐款 1 万元，陕成林捐款 5000 元；1984 年退休的州委宣传部老干部申抒真，捐出一个月退休金 3081 元；州第一高级中学单位和师生捐款 10.07 万元，州第二高级中学单位和师生捐款 8.51 万元，州第一民族高级中学单位和师生捐款 13.81 万元，州第二民族高级中学单位和师生捐款 3.76 万元。

截至 7 月 9 日，全州共接收捐赠款物和州、县财政为玉树抗震救灾专项拨款 2334.75 万元。其中，单位和个人捐款 1378.02 万元，州、县财政专项拨款 400 万元，捐物折价 556.73 万元。

州、县民政局接收捐赠款物 1311.37 万元。其中，单位及个人捐款 1026.3 万元（州本级 278.22 万元），捐物折价 285.07 万元（州本级 53.74 万元）。州民政局上缴青海省财政厅玉树抗震救灾专户 495.28 万元，上缴青海省民政厅 200 万元，划转玉树州财政局救灾专户 300 万元，共计 995.28 万元。州、县民政局送达玉树灾区捐物折价 283.38 万元，结存捐物折价 1.69 万元。

州委组织部接收中共党员多交纳党费 159.39 万元。其中，州本级接收党员多交纳党费 35.57 万元，各县委组织部向州委组织部汇缴 123.82 万元，全部上缴省委组织部。

州团委接收团员特殊团费 10.4 万元。其中，州本级 1.77 万元。

红十字会接收捐赠款物 35.58 万元。其中，捐款 27.21 万元。捐赠款物全部上缴省红十字会。

单位和个人直接向灾区捐赠款物 275.39 万元。其中，捐款 12.095 万元（单位 8.7 万元，个人 3.395 万元），捐物折价 263.295 万元（州本级 90.8 万元），全部转运灾区。

中央、省驻地方单位和个人及州县单位和个人捐款 142.62 万元，全部缴省直相关部门。

三、企业捐赠

在海南州的各企业积极捐款捐物，支援玉树抗震救灾。戈德集团海南州黄河源集团捐款 50 万元，青海华谊房地产开发有限公司（华格加）捐款 10 万元，海南百佳民族贸易有限公司捐款 5 万元，青海黄河建筑有限责任公司（马叶林）捐款 5 万元，海南环发矿业公司捐款 4 万元，青海银河纺织有限责任公司捐款 4.04 万元，青海省青海湖药业有限责任公司捐款 3.49 万元，海南州晟通畜牧业实业有限公司捐款 3.19 元，共和县金河水泥有限责任公司捐款 2.21 万元，青海第二毛纺织股份有限公司捐款 2.02 万元，海南州顺丰工贸有限责任公司捐款 2 万元，青海昆仑民爆器材销售公司海南分公司捐款 2 万元，海南州天和路桥有限公司捐款 2 万元，海南州邮政储蓄银行捐款 1.61 万元，共和县新华铁合金有限责任公司捐款 1.55 万元，海南宾馆捐款 1.38 万元，州寿险公司捐款 1.18 万元，青海可可西里实业开发集团有限公司捐款 1.12 万元，金鑫物业公司（李义军）、青海鼎泰房地产开发公司（王同玲）、海南州水泥公司、共和县玉龙工贸有限公司各捐款 1 万元。海南州正源供水有限责任公司捐款 8550 元，海南州鑫源铁合金有限责任公司捐款 8000 元，海南州海汇投资有限公司捐款 6200 元，共和县绿源生猪屠宰场捐款 6100 元，海南州四通担保有限公司捐款 5800 元。青海宏星建设工程公司（胡远荣）、甘肃安岳建设集团（代宏斌）、青海明瑞房地产开发公司（胡仲明）、青海广汇建设集团（潘革命）、诚鑫房地产开发公司（俞深强）、海南州金谊油脂工业有限责任公司、海南州桥头福利汽车交易有限公司、海南州四方热力有限责任公司、州农发行各捐款 5000 元。州联通公司捐款 4420 元，州财险公司 4080 元，青海华夏建筑公司（王新）捐款 3160 元，豪仁房地产开发公司（俄日）捐款 3000 元，海南州中青石化公司捐款 2200 元，共和元年房地产开发公司（王有年）、青海旺宅房地产开发公司（阿梅贤）各捐款 2000 元。青海寒雪宝毛纺有限公司捐款 1520 元，共和建筑公司捐款 1500 元，共和县洁康消毒公司捐款 1330 元。海南州三丰商贸有限责任公司、共和县元年工贸有限公司、海南州长风物资有限公司、共和县恰卜恰供销社、闽德房地产开发公司（肖积云）、河北沧州房地产公司（李学忠）各捐款 1000 元。

海南州“玉树抗震救灾”捐款情况表

表 2-19　　　　单位：万元

序号	捐款单位及个人	捐款金额		
		单位捐款	个人捐款	合计
1	州委组织部（州直工委）	0.50	1.05	1.55
2	州检察院	1.00	3.47	4.47
3	州老干部局	0.30	2.37	2.67
4	州公安局	—	4.31	4.31
5	州财政局	1.00	1.08	2.08
6	州人大	1.00	1.28	2.28
7	州发展改革委	1.00	0.72	1.72
8	州教育局	0.50	2.40	2.90
9	州科技局	0.50	0.84	1.34
10	州农牧局	1.00	0.61	1.61
11	州兽医站	0.50	1.13	1.63
12	州草原站	0.50	0.60	1.10

续表 2-19

序号	捐款单位及个人	捐款金额		
		单位捐款	个人捐款	合计
13	州卫生局	0.30	11.04	11.34
14	州法院	2.00	1.73	3.73
15	州交通局	1.00	0.73	1.73
16	州林业环保局	0.50	0.55	1.05
17	州委宣传部	0.50	0.62	1.12
18	州统计局	0.50	1.04	1.54
19	州水务局	0.60	0.50	1.10
20	州交警支队	—	2.85	2.85
21	州委党校	0.50	1.67	2.17
22	州总工会	0.80	0.37	1.17
23	州第一高级中学	1.00	9.07	10.07
24	州政协	1.00	1.21	2.21
25	州政府办	0.20	2.47	2.67
26	州第一民族高级中学	0.30	13.51	13.81
27	州第二民族高级中学	0.20	3.56	3.76
28	州气象局	0.30	1.44	1.74
29	州水电队	0.50	0.51	1.01
30	州电视台	0.10	1.00	1.10
31	州歌舞团	0.10	1.72	1.82
32	州纪委	0.50	0.71	1.21
33	州寿险公司	—	1.18	1.18
34	州委办公室	1.00	1.22	2.22
35	州建设局	0.30	2.52	2.82
36	陕西成林矿业工程有限公司	—	0.50	0.50
37	甘肃安岳建设集团（代宏斌）	—	0.50	0.50
38	金鑫物业公司（李义军）	—	1.00	1.00
39	青海宏星建设工程公司（胡远荣）	—	0.50	0.50
40	共和元年房地产开发公司（王有年）	—	0.20	0.20
41	青海明瑞房地产开发公司（胡仲明）	—	0.50	0.50
42	青海鼎泰房地产开发公司（王同玲）	—	1.00	1.00
43	青海华夏建筑公司（王新）	—	0.32	0.32
44	青海广汇建设集团（潘革命）	—	0.50	0.50
45	青海旺宅房地产开发公司（阿梅贤）	—	0.20	0.20
46	诚鑫房地产开发公司（俞深强）	—	0.20	0.20

续表 2-19

序号	捐款单位及个人	捐款金额		
		单位捐款	个人捐款	合计
47	豪仁房地产开发公司（俄日）	—	0.30	0.30
48	州民政局	1.00	0.78	1.78
49	州委、州政府拨款	150.00	—	150.00
50	贵南县	50.00	105.58	155.58
51	贵德县	50.00	111.07	161.07
52	海南州个体劳动者协会	—	1.10	1.10
53	海南州邮政储蓄银行	—	1.61	1.61
54	州第二高级中学	1.00	7.52	8.52
55	戈德集团海南州黄河原集团	50.00	—	50.00
56	海南环发矿业公司	4.00	—	4.00
57	青海银河纺织有限责任公司	3.50	0.54	4.04
58	青海省青海湖药业有限责任公司	3.00	0.49	3.49
59	海南州晟通畜牧业实业有限公司	3.00	0.19	3.19
60	共和县金河水泥有限责任公司	1.00	1.21	2.21
61	青海第二毛纺织股份有限公司	1.00	1.02	2.02
62	海南州顺丰工贸有限责任公司	2.00	—	2.00
63	青海昆仑民爆器材销售公司海南分公司	2.00		2
64	州经贸委	1.00	0.66	1.66
65	共和县新华铁合金有限责任公司	1.00	0.55	1.55
66	海南宾馆	1.00	0.38	1.38
67	海南州水泥公司	1.00	—	1.00
68	共和县玉龙工贸有限公司	1.00	—	1.00
69	州天和路桥有限公司	2.00	0.74	2.74
70	海南州职业技术学校	1.50	4.98	4.98
71	兴海县	50.00	136.03	186.03
72	同德县	50.00	164.66	214.66
73	州工商局	价值 2 万元帐篷	2.70	4.7
74	海南州人民医院	18.5 万元药品医用材料	6.50	25.00
75	州藏医院	—	1.43	1.43
76	青海华谊房地产开发有限公司（华格加）	—	10.00	10.00
77	海南百佳民族贸易有限公司	5.00	—	5.00
78	青海可可西里实业开发集团有限公司	25 万元牛肉干及奶茶粉		1.12
79	青海黄河建筑有限责任公司（马叶林）	5.00	—	5.00

续表 2-19

序号	捐款单位及个人	捐款金额		
		单位捐款	个人捐款	合计
80	共和县	50.00	199.36	249.36
81	申抒真	—	0.31	0.31

四、各县赈灾

（一）共和县

共和县各族各界干部群众迅速行动，以捐款、捐物、赴现场救援等方式全力支援灾区抗震救灾。4 月 14 日 19 时 30 分，共和县召开县直相关部门主要负责人专题会议，部署支援玉树地震灾区工作，当晚筹备面粉 8 吨、青稞 8 吨、食用油 3 吨和价值 10 万元的常用药品，连夜落实运输车 3 辆、中巴车 1 辆、救护车 1 辆，于 15 日上午 11 时运往玉树灾区，首批救灾物资折合 16.9 万元。一同启程的还有价值 10 万元急救医疗器械和药品，由县人民医院、恰卜恰镇卫生院 12 名内科、外科、护理等医护人员组成的共和县赴玉树地震灾区医疗救护队。县委、县政府下发《关于开展玉树抗震救灾捐款活动的紧急通知》。15 日上午，举行“共和县支援玉树地震灾区抗震救灾募捐仪式”，现场收到捐款 113.3 万元。同时，县财政筹措 30 万元资金，捐助灾区开展抗震救灾工作；共和县各中小学响应县委、县政府号召，组织捐款活动，全县教育系统捐款 59.3 万元。其中，教育局及局属单位工作人员捐款 1.5 万元，县属 9 所学校及幼儿园师生捐款 47 万元，乡镇 11 所小学师生捐款 10.8 万元。15 日，县民政局成立由民政局局长、副局长分别担任组长、副组长的募捐管理工作领导小组，负责捐赠款物的接收、登记、管理工作。

至 4 月 19 日，全县干部职工、个体协会、工商业户为灾区捐款 157.79 万元，捐衣物 245 件、帐篷 50 顶；全县 4610 名党员自觉多交纳党费 34.99 万元，其中交纳 1000 元以上的 42 人。切吉乡东科村老党员、卸任村干部才秀加，于 14 日傍晚得知玉树发生地震的消息，连夜骑着摩托车到县委组织部交纳特殊党费 1.01 万元。第二天天刚亮，他又与村党支部一班人走家串户，动员全村党员、群众多交纳党费和捐款捐物支援灾区。短短 3 个小时，全村党员、群众捐款和多交纳党费 1 万多元。倒淌河镇黑科村党支部书记多杰看卓，自愿多交纳党费 3000 元。全县民营企业和个体工商户捐款捐物 38 万余元。其中，州百佳实业集团有限公司捐款 6.1 万元、捐物价值 15 万元，州雪峰乳业有限公司捐款 2400 元、捐物价值 4.8 万元，州环发矿业有限责任公司捐款 4 万元，县久美根磐藏医院捐款 1.25 万元，县玉龙工贸有限公司捐款 1.1 万元，县元年工贸有限公司捐款 1.02 万元，县绿源生猪屠宰场、县公交公司各捐款 6000 元，州桥头汽车修理交易有限公司捐款 5000 元，县建筑工程公司、恰卜恰供销社各捐款 2000 元，县东风汽车运输公司捐款 1500 元，县洁康餐具清洁消毒中心捐款 1300 元，恰卜恰荣达清真牛羊屠宰场捐款 1200 元，县三联商贸城、明昌清真肉食品公司各捐款 1000 元，个体工商户捐款 1.81 万元。

至 4 月 20 日，县水利系统投入救灾物资及救援设备 11.82 万元，捐款 1.84 万元，其中中共党员交纳特殊党费 1500 元。同日，铁盖乡干部群众捐款 4.68 万元（乡机关干部及教师捐款 1.77 万元，各界群众捐款 2.91 万元），党员交纳特殊党费 1.291 万元（机关党员、教师党员交纳特殊党费 3160 元，各村党员交纳特殊党费 9750 元），拉才村“怜济基金会”向省红十字会捐款 5000 元，共计捐款 6.47 万元。与此同时，全乡各族群众为灾区群众捐馍馍 3000 余千克、炒面 150 千克，并于当天直接运往灾区。

至 4 月 22 日，塘格木镇全镇干部、群众及学校师生累计捐款 10.67 万元。其中，机关干部职工、学校捐款 6.83 万元，全镇 296 名党员交纳特殊党费 2.14 万元。倒淌河镇机关（站所）干部职工、小学师生员工、个体工商户及农牧民党员和群众，为玉树灾区捐款 11.9 万元。其中，党员捐款 2.81 万元，部分村民自发组织购买价值 5.08 万元的方便食品、棉衣、棉被等救灾物资运往玉树灾区。恰卜恰镇在青海湖中心广场举行向玉树地震灾区捐款仪式，260 余名村民、社区居民和企事业单位员工，代表集体和个人捐款，现场捐款 14.4 万元，村民们自发赶制焜锅馍馍 314 箱 2400 个，捐棉被褥 4 套、面粉 679 千克，部分企业捐衣物 9886 件、皮鞋 200 双、灯具 9886 件。甘地乡干部群众捐款 3.7 万元，村民自发制作焜锅馍馍 170 个；沙珠玉乡农牧民群众捐款 3.7 万元，村民自发制作焜锅馍馍 1079 个；黑马河乡、石乃亥乡举行向玉树地震灾区“送温暖、献爱心”活动，干部群众分别捐款 6.1 万元、5.5 万元；切吉乡干部群众捐款 8.5 万元，哇合村村委会主任扎西得知灾区群众住宿困难后，慷慨解囊，当场捐赠价值 3 万元的帐篷；江西沟乡以村为单位举行各种形式的捐款活动，农牧民群众捐款 4.1 万元；龙羊峡镇及时发出倡议，辖区 3000 多名群众和企业员工捐款 3.1 万元。截至当天，全县各族农牧民群众、社区居民和个体工商户捐款 73.8 万元。

共和县个体私营商户纷纷主动找到所在的工商所、个私协分会，自发捐款，共同为玉树加油、为灾区同胞加油。共和县中园加油站捐款 3000 元，自主创业的大学生赵晓菲捐款 200 元，河东宜和配送超市负责人张红忠捐赠价值 690 元的 30 箱方便面。至 23 日，共和县个体私营企业协会共收到捐款 5.3 万元，捐赠物资价值 1000 余元。河西工商所个体工商户 10 人，组成救援队，携带价值 16 万元的物资，通过民政部门协调，连夜赶赴灾区为受灾群众解难。百佳实业集团有限公司、雪峰乳业有限公司、玉龙工贸有限公司、四通畜牧业网围栏有限公司等 18 户私营企业通过民政、红十字会等渠道捐款捐物 36.31 万元，1337 位个体工商户捐款捐物 21.46 万元。

截至 4 月 27 日，全县各族各界干部群众向玉树灾区捐款 204.8 万元，中共党员自觉交纳特殊党费 38.7 万元，县红十字会接受社会各界捐款 5.5 万元，共计捐款 249 万元；县民政部门接受社会捐赠衣物 10321 件、帐篷 50 顶、棉被 24 床、皮鞋 270 双、焜锅馍馍 521 箱 3649 个、炒面 150 千克、面粉 679 千克、饼干 10 箱、饮料 2 箱、灯具 9886 件；县红十字会接受捐赠药品价值 5.7 万元。各类救灾物资全部运往玉树灾区。

（二）贵德县

4 月 15—17 日，贵德县各族干部群众响应县委、县政府发起为灾区奉献一份爱心的号召，为灾区群众制作焜锅馍馍（青海特有的一种发面烤制食品，既是餐桌上的主食，也是馈赠的礼品，亦常做出远门的干粮）6 万多个。下排村村民们还送来炒面 250 千克、酥油 100 千克。

贵德县妇联在全县开展的捐献“爱心焜锅”活动中，动员妇女们紧急行动起来，为急需食物的受灾群众和救援人员每家每户捐献 3 ~ 5 个焜锅馍馍。18 日，县妇联在县园艺场举行全县妇女捐献“爱心焜锅”活动，接收全县各族各界妇女捐献的价值近 15 万元的“爱心焜锅”4.5 万多个，矿泉水 1132 瓶、炒面 7175 千克，以及棉衣、棉被、面粉、方便面、酥油、清油、曲拉等物资。上述物品当日运往地震灾区。

至 4 月 19 日，全县社会各界为支援灾区捐赠款物 165.511 万元。其中，县民政局接受单位、个人款物 111.07 万元；县红十字会接收捐赠款物 209950 元；单位和个人直接向灾区捐赠款物 32.16 万元；县政协捐款 9660 元，县妇联捐款 3200 元。

（三）同德县

4 月 15 日，县委、县政府捐款 30 万元。县妇联和亚洲团结协会项目官员协商后，迅速组织中亚合作同德县妇女缝纫培训班的全体师生，参加爱心捐款、捐物活动。培训班的全体师生利用 3 个中午和晚自习时间加班加点，赶制出价值 2.2 万元的成人藏服 100 套、儿童藏服 50 件，连同 1163 元现金一起捐给玉树地震灾区。

4 月 17 日，县民政局在县城城关人口集中的地点设立募捐箱，开展向灾区献爱心募捐活动。至 20 日 16 时，全县共接受捐赠款物 224.34 万元。县民政局接收单位及个人捐赠款物 164.65 万元，其中捐物折价 72.38 万元；组织部汇缴 15.77 万元，单位和个人直接向灾区捐赠款物 33.37 万元；县政协捐款 2.25 万元，县妇联捐款 1500 元，团委 8.15 万元。

（四）兴海县

老党员、退休干部、县直属机关原党委书记李普毛患有严重的关节炎，平日里足不出户、举步维艰，妻子患有高原肺心病。4 月 14 日下午，当他从电视中看到玉树发生地震的报道后，立刻与老伴商量，决定拿出前不久儿子汇给他们的 1 万元治疗费和平日里积攒的 500 元，作为支援抗震救灾党费交给组织。第二天，夫妻俩相互搀扶，乘车来到县委，将 1.05 万元交给县委组织部。李普毛说：“我的状况比受灾群众好得多，我向党组织多交纳一点党费，请把我的心意带到灾区，为灾区人民重建家园尽一点绵薄之力。”全国劳动模范、省级党建示范村——兴海县温泉乡长水村党支部书记普洛加在带头向党组织交纳 5000 元抗震救灾党费后，随即联系派出所、寄宿制学校、个体户、牧民群众 30 余人，组建“玉树抗震救灾 214 国道志愿队”，从自己家中搬来桌椅，拿来暖瓶、茶杯和驱寒用的大衣、毛毯等用品，在国道 214 线设立“开水供应、医疗救助”服务点，24 小时为抗震救灾过往车辆和救援人员提供服务。

截至 7 月 9 日，兴海县筹集救灾资金和物资 315.633 万元，其中救灾资金 221.738 万元。民政部门筹集资金 194.4 万元，包括：县政府捐款 50 万元，县直各单位以单位名义捐赠 13.89 万元，全县职工及学生捐款 39.79 万元，社会团体捐款 2.96 万元，社会个人捐款 50.98 万元，企业捐款 36.78 万元；县委组织部收到党员多交党费 26.62 万元；红十字会筹集资金 7180 元。筹集的救灾物资折价 938950 元。支出 221.728 万元。其中，上缴州民政局 186.4 万元，上缴州委组织部 26.62 万元，上缴省红十字会 7180 元，购救灾物资及运费开支 7.99 万元；运抵玉树灾区的捐赠物资价值 92.21 万元，另有价值 1.68 万元的面粉经请示上级主管部门同意后存入县民政局救灾物资库中备用。

（五）贵南县

4 月 15 日，县卫生局组织县疾控中心、县卫生监督所 5 名工作人员在贵南县城开展“用爱心为玉树灾区人民祈福募捐活动”，截至 16 时筹得善款 1126.5 元。

截至 7 月 9 日，县委、县政府捐款 51 万元。县民政局接收捐赠款物 105.58 万元，捐物折价 2.05 万元；接收党员多交纳党费 19.797 万元，县政协捐款 9350 元，县妇联捐款 2900 元，团委捐款 4858.8 元；单位和个人直接向灾区捐物折价 70.57 万元。

第五节　海北藏族自治州赈灾

一、全州赈灾工作

4 月 14 日，海北藏族自治州委书记严金海作出重要指示：尽快组织抢险队伍赴玉树灾区开展抢险救灾工作，民政部门迅速筹集救灾物资，并组织各地各部门开展捐助活动。州委副书记、州长尼玛卓玛组织召开民政、卫生等部门负责人会议，专题部署支援灾区事宜。州政府下发《海北州人民政府办公室关于报送玉树灾区捐款捐物情况的通知》，州、县两级民政部门、红十字会、慈善会、工会、团委发出为玉树地震灾区捐款的倡议书，通过媒体公布捐款接收单位、户名、账号、开户行、地址、联系人、电话等信息，迅速开展抗震救灾募捐活动。州、县组织部门发出倡议或通知，开展交纳特殊党费活动。22 时 30 分，州政府组织价值 20 万元的棉被褥、棉

4 月 15 日，海北州社会各界向玉树灾区捐款仪式在西海镇奥凯文化广场举行

（海北州民政局　提供）

4月15日凌晨，海北州第一批援助玉树灾区救援物资整装待发　　（海北州民政局　提供）

衣裤、绒衣裤和方便面、矿泉水、榨菜、火腿肠等首批赈灾物资，连夜出发送往灾区。15日上午，海北州社会各界向玉树灾区捐款活动在西海镇奥凯文化广场举行，严金海和尼玛卓玛分别委托工作人员各捐款2000元，其他州领导李忠、卡先、王振昌、毕晓宁、玛久、李加、马福元、朱清、党永魁、才福旦、马成贵、桑周、张宗盛、蔡建国，州人大常委会原主任王忠海及州直部门单位干部职工踊跃向灾区捐款。截至12时，全州各级党政机关、企事业单位及其干部职工向玉树灾区捐助款物300万元。其中，善款280万元，物资折价20万元。州人大常委会机关召开全体干部职工大会，通报玉树“4·14”地震及抗震救灾工作进展情况，机关工作人员向玉树灾区捐款和多交纳党费2.62万元，以自己的实际行动，表达对灾区群众的爱心。17日至18日，州委常委、州委政法委书记杨海林带领州有关部门负责人组成慰问组，携带价值3万元的棉帐篷、煤气罐、矿泉水、方便面、炒面、酥油、新鲜蔬菜、罐头食品、牛羊肉等物资赴玉树地震灾区，看望慰问奋战在抢险救灾第一线的海北州消防官兵、交通民警和矿山救护队队员。

至4月20日17时，全州筹集爱心款物400.14万元。州政协动员州、县两级广大政协委员，为玉树灾区捐款捐物，奉献爱心。州、县政协和政协委员共捐款26.59万元。州政协机关个人捐款7000余元，机关中共党员交纳特殊党费7600元。27—28日，尼玛卓玛率海北州党政领导组成的慰问组赴玉树地震灾区，看望奋战在抗震救灾一线的海北州防疫、交警工作队员和党员领导干部支援队全体队员，并向玉树地震灾区捐款200万元，向玉树州委、州政府机关捐赠电脑20台。至28日，全州共收到捐款533.95万元。其中，州委、州政府捐款32万元，祁连县委、县政府30万元，门源、刚察、海晏三县县委、县政府各20万元，全州企事业单位捐赠158.41万元，个人捐赠253.54万元。祁连县、刚察县、海晏县部分牧民群众及寺院僧侣捐赠价值18.45万元的酥油1565.25千克、曲拉2531.75千克、炒面5124千克、面粉10250千克、大米 2350 千克及其他物品。

截至 5 月 24 日，全州累计收到各类捐款 719.2 万元。其中，民政部门收到捐款 575.84 万元（州本级到账资金 557.78 万元），支出 314 万元（向省民政厅转入 280 万元，购置发往玉树灾区救灾物资 20 万元，祁连县政府代表州委、州政府慰问玉树灾区在西宁救治的伤病员 14 万元）；中共党员自愿多交纳抗震救灾党费 118.25 万元，117.81 万元转入省委组织部抗震救灾党费专用账户；共青团员自愿多交纳抗震救灾团费 4.98 万元，全部转入团省委专用账户；工商系统干部及个体户、工商户捐款 18.40 万元，转入省消协 3.14 万元，转州民政局 15.26 万元（此数据不再重复合计到累计数中）；州消防支队官兵捐款 1.73 万元，全部转省消防总队。全州累计收到捐赠物资折价 25.22 万元（民政物资价值 18.82 万元，药品价值 6.4 万元），全部捐赠玉树灾区。

二、州直各部门赈灾

4 月 15 日 11 时，由州民政局、州慈善会联合发起海北州社会各界向玉树灾区捐款活动倡议，组织州直机关全体干部职工和社会各界在西海镇奥凯文化广场举行海北社会各界向玉树灾区捐款活动，4 个县同时举行捐款活动。当日，全州共筹措捐款 278.4 万元。州民政局干部职工个人捐款 2780 元。接收到的善款通过省民政厅救灾专户捐赠给玉树灾区。同日，州红十字会发出为玉树地震灾区捐款倡议书，同时在媒体上公布捐款接收单位、户名、账号、开户行、地址、联系人、电话等信息。同日上午，州职业技术学校举行捐款仪式，全体教职员工踊跃捐款，筹得善款 2.48 万元。海北供电公司全体员工向灾区捐款 15.17 万元。州邮政局组织全州 124 名邮政员工向灾区捐款 2.54 万元。

同日，州总工会向全州工会发出《关于组织动员全州各级工会干部和广大工会会员为玉树地震灾区捐款献爱心的紧急通知》，组织动员全州工会干部和工会会员开展捐款献爱心活动。16 日，州总工会机关捐款 5000 元，干部职工捐款 1000 元。至 22 日，州总工会收到单位和个人捐款 42.1 万元。其中，州总工会先后两次以单位名义捐款 5.5 万元，职工党员捐款 3640 元。同时，共青团海北州委发出《关于动员全州各级团组织和广大团员青年积极投入抗震救灾工作的紧急通知》，号召全州广大团员青年加入爱心援助活动中来，以实际行动支援灾区重建。

州委组织部向全州各级党组织和广大党员发出倡议和通知。全州组织部门累计收到爱心捐款 716 万余元。其中，党员自愿多交纳抗震救灾党费 118 万余元，收到捐赠物资折价 25.22 万元。安排州委、州政府领导赴玉树州委组织部，送去慰问金 2 万元，并重点慰问玉树县下拉秀镇基层干部群众，给下拉秀镇党委、政府送去价值 1 万元的电视机 2 台、电脑 2 台，给下拉秀镇机关干部送去慰问金 2 万元。

州委统战部向全州统战系统干部职工发出倡议，并组织州工商联、宗教团体和倡议全州非公有制（以下简称“非公”）经济人士，特别是担任各级人大代表、政协委员和工商联会员的非公经济人士及宗教界人士立即行动起来，发挥带头作用，伸出援助之手，为灾区人民群众奉献爱心。

4月16日，海北州安监局在地震灾区为受灾群众发放救灾物资
（海北州民政局　提供）

全州统战系统机关干部职工累计捐款1.77万元。全州非公经济人士累计捐款79.15万元。其中，门源县非公经济人士捐款18.2万元，祁连县非公经济人士捐款48.2万元，刚察县非公经济人士捐款2.4万元，海晏县非公经济人士捐款6万元，其他非公经济人士捐款4.35万元。海北州宗教团体向全州宗教界发出倡议书，要求藏传佛教界和伊斯兰教界，动员广大宗教界人士和各宗教寺院开展献爱心活动。

全州宗教界共捐款18.88万元。其中，门源县宗教界捐款2.62万元，祁连县宗教界捐款3.71万元，刚察县宗教界捐款4万元，海晏县宗教界捐款捐物价值8.55万元。州民族宗教系统干部和宗教界人士为玉树地震灾区捐款捐物价值12.91万元。其中，藏传佛教界捐款捐物价值2.64万元，伊斯兰教界捐款3.8万元，全州宗教界人士个人捐款5.2万元，州县民族宗教部门干部职工捐款1.27万元。全州27座藏传佛教寺院民主管理委员会组织僧人开展“佛教慈悲为怀，普度众生”祈愿法会，表达对玉树地震遇难同胞的深切悼念，祈祷灾区受伤人员早日恢复健康，重建美好家园。州委政法委积极开展捐款活动，共捐款3450元。其中，上交民政2360元，工会230元，机关工委860元。

州人力资源社会保障局及时组织开展为灾区人民募捐活动，先后为灾区捐款3.34万元，其中特殊党费1.29万元。组织开展送温暖献爱心、捐资助学、帮扶困难党员等捐款活动，全体党员捐款2300元。州安监局干部职工积极响应州慈善总会、红十字会等有关组织的倡议，累计捐款2000元，全体党员多交纳党费3000元。州食品药品监督管理局党组向玉树州食品药品监督管理局致电慰问，组织干部职工为灾区捐款、交纳特殊党费4300元；并向全州药品经营使用单位发出捐赠药品等灾区急需物资的倡议书，州局为灾区捐赠价值1万元的矿泉水、方便面、饼干、牛肉肠等食品。新绿州、富康医药连锁公司7家药品配送中心带头捐赠，全州50家药品经营企业捐赠价值6.4万余元的感冒类、抗菌类等常用药品及纱布、药棉等医疗器械。州人口计生委组织机关干部职工开展向灾区群众献爱心活动，捐款4720元，其中州计生委单位捐赠1000元，按照捐赠渠道分别送交州民政局、州红十字会、州直机关工委、州总工会。至20日，全州人口计生系统向灾区捐款4.788万元。其中，全系统捐款4.15万元，党员交纳特殊党费 6380 元。州人防办捐款 3440 元。其中，单位捐款 1000 元，个人捐款 1600 元，全体党员交纳抗震救灾党费 640 元，工会会员捐款 200 元。州住房城乡建设局系统 57 名干部职工先后捐款 4 次，累计捐款 1.3 万元。

州气象局党组织及时发出慰问电并表示将全力以赴支援玉树抗震救灾。同时，积极捐助善款，向州直机关工委交纳党员特殊党费 3550 元，向州总工会交纳个人捐款 2200 元，向州民政局交纳个人捐款 4330 元，向省气象局机关党委交纳个人捐款 1 万元，以州气象局工会名义向省气象局交纳捐款 1 万元，共计捐款 30080 万元。

州广播电视局全体干部职工向灾区同胞捐款 2.4 万元。州旅游局动员干部职工先后 4 次为玉树震灾区捐款 6930 元，并出资 6582 元给玉树州旅游局捐赠电脑 2 台。州教育局党组召开紧急会议，成立以局党组书记、局长李顺邦为组长的海北州教育系统支援玉树灾区领导小组，研究制订教育系统支援玉树灾区实施方案，并为灾区捐助 4 万元现金，同时，受合作伙伴联合利华（中国有限公司）委托，将其捐助的价值 30 万元的急需物资送达玉树灾区。14 日，州职业技术学校及时与 10 名在校玉树籍学生的家长沟通联系，了解情况，并看望慰问所有玉树籍在校学生，为每位学生发放慰问金 200 元，学校教职员工捐款 2.48 万元。州祁连山小学向全校师生发出倡议，全校共计捐款 2.02 万元。州直文化系统干部职工募集现金 25780 元。其中，15 日，在民政部门组织下捐款 1.32 万元，全体党员交纳特殊党费 7190 元，各工会组织捐款 3680 元，各妇女组织捐款 1710 元。21 日，海北州民族歌舞《碧海云天——金银滩》慰问演出团调整演出计划，在北京丰台开展为玉树灾区赈灾筹款义演活动，丰台区各企业慷慨解囊，捐款 60 万元。州科技局干部职工捐款 1900 多元，平均每个干部捐款 237 元。

州财政局全体干部职工向灾区捐款 3.86 万元。其中，个人捐款 1.86 万元，交州民政部门；局机关捐款 2 万元，用于慰问玉树财政局干部职工。州财政局并积极筹措 139.3 万元资金，支援玉树地震灾区的建设。其中，州财政局安排资金 43 万元，各县财政局安排资金 96.3 万元。州财政安排资金 260 万元，在州职业技术学校安排 220 名玉树灾区学生就读。到 16 日 15 时，州经贸

4 月 20 日，海北州交警支队赴灾区救援的民警自发为玉树孤儿院捐款 4000 元并送去慰问品
（海北州民政局　提供）

4 月 16 日，海北州国税局支援玉树灾区的生活燃煤运达灾区　（海北州民政局　提供）

委支援玉树灾区捐款 2610 元，党员自愿多交纳党费 9250 元。19 日，州经贸委驻西宁办事处退休干部及职工通过省红十字会捐助玉树灾区 2520 元。青海奥凯煤业集团公司员工捐款 3.25 万元。青海奥凯煤业集团公司通过省红十字会捐助玉树灾区 100 万元，海北恒德碳化硅有限公司、海北永强碳化硅有限公司通过州民政渠道各捐款 1 万元。海北供电公司员工自发向灾区捐款 18.27 万元。州国土资源局 24 名干部为灾区捐款 2210 元，16 名党员交纳抗震救灾党费 2050 元，单位捐款 5000 元，向玉树州国土资源局捐助工作经费 3 万元，共捐款 39260 元。州水利局在州直机关为玉树地震捐款活动中捐赠现金 500 元，州水利系统干部职工捐赠现金 1240 元。

截至 4 月 20 日，全州交通系统通过州红十字会、州总工会、州委组织部等渠道，捐款 6.02 万元。全州环保林业系统为玉树灾区捐款 7.71 万元。其中，海北州环境保护和林业局通过为玉树灾区“送温暖献爱心”活动捐赠现金 1.11 万元，刚察县环保林业水利局捐款 1.2 万元，祁连县环保林业局捐款 3.36 万元，门源县环保林业局捐款 1.09 万元，海晏县环保林业局捐款 9500 元。

4 月 15 日上午 9 时，海北州国税局召开紧急会议研究部署系统抗震救灾工作。11 时，局机关参加海北社会各界向玉树灾区捐款仪式，捐款 3800 元。17 时，海北州国税局举行抗震救灾捐款仪式，州局机关干部捐款 1.1 万元，同时机关团员青年响应团州委号召捐款 1100 元。21 时，州局党组成员、总经济师辛秉荣带领州局救灾慰问组启程，将州局购置的灾区急需的生活用煤、发电机和药品等第一批价值 10 万余元的救灾物资送往灾区。16 日，州局机关全体党员多交纳党费 2750 元，通过系统工会捐款 4000 元，州局领导及有关人员再次捐款 520 元，州局机关累计捐款 2.32 万元。同时，海晏县国家税务局干部职工捐款 1.37 万元，门源县国家税务局 60 名干部职工捐款 1.4 万元，刚察县国家税务局干部职工捐款 1.14 万元，祁连县国家税务局干部职工捐款 9084 元。截至 16 日，全州国税系统共捐款 7.13 万元。9 月 6 日 17 时，海北州国税局第二批抗震救灾物资 118.9 吨原煤运往玉树灾区。

州工商局向所属 4 个县级工商局、西海工商分局及各县个体私营工商业协会下发《关于开展向玉树地震灾区捐款的紧急通知》，指定由州工商局办公室负责具体捐赠事宜。4 月 16 日，州工商系统捐助的第一批价值 1.67 万元的 6 顶帐房运往灾区。青海省开源农牧业生态开发有限公司总经理侯生奎到西海工商分局一次性捐款 2 万元，公司 16 名员工捐款 650 元。至 19 日，全州工商系统共募集善款约 39.7 万元。其中，州工商局（含西海工商分局）干部职工捐款（包括党员特殊党费）1.51 万元；门源县工商局干部职工捐款 4300 元，个体工商户和私营业主（以下简称“个私业主”）捐款 4.13 万元；海晏县工商局干部职工捐款 7090 元，个私业主募捐现金 7500 元，棉被、衣物、食物等救灾物资价值 19.62 万元；祁连县工商局干部职工捐款 6114 元，个私业主捐款 1.55 万元；刚察县工商局干部职工捐款 6400 元，个私业主募捐现金 5.35 万元；西海分局在个私业主中募捐 4.4 万元。截至 22 日，海北州工商局、个私协会组织全州个体工商户和私营企业捐款 142.7 万元，捐赠物资价值 6.8 万元。州统计局捐款 3210 元。其中，干部职工捐款 1560 元，共产党员上缴特殊党费支持玉树抗震救灾 1000 元，州统计局工会向玉树灾区捐款 650 元。

4 月 15 日、16 日，在州公安消防支队、州公安交警支队驰援玉树地震灾区的同时，州公安局党委号召州局全体民警向灾区人民伸出援助之手，全体民警、特警、辅警捐款 1.34 万元。各级交警部门为玉树地震灾区捐款 4.12 万元。当得知玉树交警支队民警张飞在地震中失去亲人的消息后，全体民警自发为张飞捐款 1.1 万元。州交警支队在玉树参加救援的民警自发为灾区孤儿学校捐款 4000 元，捐赠方便面 6 箱、矿泉水 2 件；6 月 1 日儿童节当日，副支队长高清山组织全体执勤民警到玉树孤儿院看望慰问全体师生，向孤儿院赠送篮球、羽毛球、足球、排球、食品等价值 1700 多元的物品。州、县两级人民法院积极筹措资金和物品支援灾区，15 日下午，州中级人民法院上交个人捐款 2600 余元，交纳特殊党费 2300 元，全州两级法院筹措资金 7.5 万元，并通过省法院送往玉树灾区。至 18 日，全州两级法院干警通过省法院捐款 8.23 万元，通过民政部门捐款 2.28 万元，通过工会捐款 3850 元，94 名党员交纳特殊党费 1.5 万元，共计捐款 12.395 万元。14 日，州检察院党组召开会议，就抗震救灾相关工作做出安排部署。州人民检察院干部职工先后参加州直机关、省检察院、州工会、州红十字组织的为玉树灾区捐款活动，共捐款 1.26 万元；全体党员为玉树灾区交纳特殊党费 5800 元。至 20 日，州司法行政系统干部职工累计捐款 2.212 万元。其中，州司法局 4510 元，门源县司法局 4470 元，祁连县司法局 3450 元，刚察县司法局 4400 元，海晏县司法局 5290 元。

4 月 18 日下午，州地税局慰问组携带价值 2.2 万元的牛羊肉、蔬菜、茶叶等物资，前往灾区看望慰问在抗震救灾一线的武警水电二总队全体官兵。玉树大地震后，海北州地税局组织全州地税系统的干部职工先后通过州地税系统工会、省地税系统工会、州民政局，各县政府、工会、团委，州直属机关工委向玉树灾区捐款 6.2 万元。

4 月 28 日，州政府办公室全体干部职工通过民政捐款、自愿多交纳党费、工会捐款等渠道向玉树地震灾区捐款 2.75 万元，州委副书记、州长尼玛卓玛个人向玉树灾区捐款 1 万元。州老干部局组织退休老干部及家属捐款 3.8 万余元。

三、各县（场）赈灾

（一）门源县

4 月 14 日，门源县成立青海玉树“4·14”地震抗震救灾工作领导小组。县委、县政府召开专题会议，向全县发出捐款倡议书，并捐款 20 万元。县药监局筹集募捐价值 2.3 万元的药品运往灾区。县民政局向各界发出捐款救灾的电话通知，15 日上午举行“门源县支援玉树地震灾区捐款仪式”，当场收到捐款 35 万元。团县委向志愿者发出捐款的号召，共筹到捐款 1600 元。县委组织部门发出《关于倡议广大党员自愿多交纳党费用于支援玉树抗震救灾工作的通知》，收到自愿交纳的特殊党费 15 万元。各药品经营企业纷纷捐赠救灾急需的药品 73 种价值 2.3 万元，并于 16 日连夜运往灾区。

门源县教育系统为玉树灾区捐款统计表

表 2-20

学校单位	教职工捐款		学生捐款		合计（元）
	人数（人）	金额（元）	人数（人）	金额（元）	
苏吉	17	1000	59	324	1324
皇城	14	770	116	181	951
青小	83	5576	1800	2117.7	7693.7
青中	74	4575	616	1221	5796
大滩	58	3635	1074	1912.5	5547.5
一小	64	6320	1500	4773.2	11093.2
二小	109	8240	1792	8546.8	16786.8
一中	153	14100	2289	9168.7	23268.7
二中	129	11750	1300	7125	18875
女中	92	8300	860	2953.1	11253.1
职校	17	1500	306	1030.9	2530.9
一幼	46	3260	—	—	3260
二幼	43	3430	—	—	3430
浩门	49	3770	800	1181.1	4951.1
北山	43	3450	980	601.5	4051.5
西滩	55	3750	758	1124.5	4874.5
西中	63	3870	513	519	4389
旱台	64	4485	1980	1383.3	5868.3

续表 2-20

学校单位	教职工捐款		学生捐款		合计（元）
	人数（人）	金额（元）	人数（人）	金额（元）	
旱中	53	5680	352	2236	7916
泉沟台	41	3610	100	100	3710
东川	55	3390	1200	1367	4757
东中	87	5300	600	1174.5	6474.5
阴田	51	5450	840	1680	7130
麻莲	52	5980	927	1030	7010
克图	42	5380	—	—	5380
仙米	47	3030	1100	1605.1	4635.1
珠固	46	3100	600	1379.5	4479.5
教育局	41	4710	—	—	4710
总计	1688	137411	22462	54735.4	192146.4

4 月 16 日，门源县总工会向县教育工会、县属各基层工会发出支援玉树抗震救灾倡议书。19 日上午，全县各级工会组织在县委大院开展捐款活动，县总工会捐款 3670 元，县政府机关工会捐款 5700 元，县财政局工会捐款 2250 元，西滩乡、泉口镇、青石嘴镇农民工工会会员捐款 1.93 万元，仙米林场工会捐款 2440 元，县第一中学工会捐款 3260 元，县女中工会捐款 2160 元，皇城农牧场工会捐款 1950 元，北山兴源公司工会捐款 3200 元，浩云煤业公司工会捐款 2200 元。至 20 日上午，全县 107 家工会组织的 4192 名工会会员共捐款 10.15 万元。

县工商局向全县私营企业和个体工商户发出“灾害无情人有情、大家齐心献爱心”抗震救灾倡议，并召开部分私营企业动员会，现场捐款 8200 元。工商所干部和个体协会工作人员一起，在街道、市场、经营场所开展募捐活动，至 19 日，门源县个私协会收到捐款 3.38 万元，全县团员青年、少先队员、大学生青年志愿者和社会各界青年朋友累计捐款 5.78 万元，其中县直各学校团组织、少先队组织捐款 4.81 万元；全县妇女通过各种渠道累计捐款 40 余万元。截至 20 日 15 时，全县累计收到善款 133.44 万元。其中，县民政局募捐善款 92.39 万元，县委组织部募捐善款 15.36 万元（特殊党费），总工会募捐善款 10.15 万元，厂矿和建筑企业捐款 6.38 万元，穆斯林协会募捐善款 2.6 万元，县团委募捐到大学生志愿者和乡镇团委善款 3669 元。县教育系统 27 所中小学及幼儿园、1688 名教职工和县教育局干部职工捐款约 13.74 万元，22462 名学生捐款约 5.48 万元，371 名党员教职工交纳抗震救灾党费 3.2 万元，工会会员捐款 3.26 万元。门源县教育系统师生员工共计向玉树地震灾区捐款 30.64 万元（包括 2011 年玉树大地震 1 周年全县教育系统师生员工再次捐款 4.96 万元）。门源县各级人大机关干部和各级人大代表捐款 3.36 万元；县政协委员和县政协机关干部、职工向玉树地震灾区捐款 4.86 万元。其中，县政协机关中共党员以特殊党费的形式捐款 2200 元，政协机关工会会员捐款 590 元。县公安局民警、职工先后 3 次为玉树灾区捐款共 1.71 万元；交警大队全体民警、职工为玉树灾区捐款 5590 元；

4 月 16 日，门源县南关清真寺信教群众为玉树地震灾区捐款
（海北州民政局　提供）

公安消防大队官兵为玉树灾区捐赠 3 万元，帮助灾区修建活动板房；武警门源县中队官兵为玉树灾区捐赠 6000 元及部分衣物。门源县政法系统向灾区捐款 2.39 万元。门源驻西宁干休所离退休老干部捐款 9400 余元。

全国劳动模范、民营企业家李存德心系灾区，组织兴源公司职工党员积极交纳特殊党费，并带头捐款 1000 元。苏吉滩乡扎麻图村牧民老党员昝宝林，在得知玉树地震的消息后，第二天一大早赶到募捐现场，为受灾同胞捐款 440 元。居住在南京的门源县离休干部王忠毅，通过汇款形式捐款 1000 元，以表达对灾区人民的深切同情与关怀；老干部王升、马祖垦分别捐款 500 元；退休干部杨桂莲艰难地迈着有病的双腿来到干休所将 500 元现金交到工作人员手中，深情地说："钱虽不多，但表达了我的心意，这能让灾区人民深切感受到党和政府的关怀，感受到社会主义大家庭的温暖。"63 岁的回族老人韩世功家住西滩乡崖头村，他看到《西海都市报》刊登的支援玉树抗震救灾倡议书后，给在西宁打工的女儿打电话，让她带着孩子去捐款。可是，女儿工作很忙，请不了假。17 日一大早，韩世功从门源回族自治县乘班车赶到女儿家，带着外孙女来到西宁体育馆北广场的公益活动现场。韩世功老人从上衣口袋里掏出 10 元钱，两个外孙女拿出平时攒下的零用钱，一同放进募捐箱。

至 2010 年 6 月 18 日，门源县慈善会、县红十字会等共收到社会各界人士捐款约 161.47 万元。其中，县慈善会、红十字会募集 127.44 万元，中共党员交纳特殊党费 17.91 万元，共青团员交纳特殊团费 9719 元，工会会员捐款 10.69 万元，个体经营户捐款 4.46 万元。捐款全部通过规定渠道上交至有关部门汇往灾区。

（二）刚察县

4 月 14 日，县委、县政府紧急召开抗震救灾动员大会，号召向灾区捐款捐物。至 5 月 20 日，全县募集支援玉树抗震救灾捐款 101.26 万元。其中，县委、县政府捐款 20 万元，全县各党政组织捐款 13.15 万元，干部职工捐款 14.66 万元，全县共产党员多交纳党费 16.21 万元，农牧民群众捐款 14.95 万元，寺院及僧侣捐款 3.32 万元，中小学生捐款 2.43 万元，村“两委”会捐款 3.38 万元，企业捐款 13.16 万元（青海百生物流有限公司捐款 6 万元、青海博海煤炭开发有限公司捐款 5 万元、青海省物产民爆器材刚察分公司捐款 1.16 万元、甘肃永靖县金发房地产开发有限责任公司青海分公司捐款 1 万元），全部汇往省、州民政部门抗震救灾资金专户。牧民群众及寺院僧侣自发组织捐款捐物 53.44 万元（资金 26.83 万元，酥油 1679.65 千克、曲拉 1084.9 千克、炒面 1.26 万千克、面粉 1.29 万千克、大米 4750 千克、清油 950 千克及其他物品折价 26.61 万元），直接送往省民政厅和灾区。私营个体经营户通过工商部门捐款 4.95 万元。36 岁身患心脏病的伊克乌兰乡角什秀麻村牧民战斗加布，平时省吃俭用，舍不得花钱看病，但听说玉树发生地震、人员伤亡严重的消息后，拿出准备给自己看病的 1 万元钱捐给灾区。

另外，泉吉乡农牧民群众捐助物资价值 3.24 万元，哈尔盖镇农牧民群众捐助物资价值 9700 元，伊克乌兰乡农牧民群众捐助物资价值 3650 元，沙柳河镇农牧民群众捐助物资价值 7.37 万元。捐助物资主要是藏族群众喜爱的炒面、酥油、曲拉、茶叶和大米、面粉、方便面、牛奶等食品。青海奥凯煤业集团公司全体职工，通过刚察县工会捐助玉树灾区 3.2 万元；县工商局以“伸出我们的双手，献出我们的爱心，援助灾区人民渡过难关”活动为载体，组织全局干部职工、个体私营经营者捐款 7400 元。刚察县法院捐款 2 万元，全体干警个人捐款 3050 元，13 名党员交纳特殊党费 1100 元。刚察县人大机关干部职工向灾区捐款 4550 元。

（三）海晏县

4 月 14 日，县委、县政府做出紧急安排，由县财政筹措救灾专款 20 万元，汇入州民政局支援玉树抗震救灾资金账户；并由县民政局牵头发出倡议，动员广大群众向灾区人民奉献爱心，在全县范围开展抗震救灾募捐活动。下午，海晏县白佛寺组织僧侣举行佛事活动，为玉树地震灾害中遇难同胞超度，祈愿灾区人民早日重建家园。同时，县内 3 座藏传佛教寺院自发向地震灾区捐款 7000 元，汇入州民政局救灾账户。海晏县麻秀寺寺管会主任、活佛尔甘·洛桑雪郎以个人名誉购买价值 3 万余元的矿泉水、方便面、蜡烛等生活用品，派专人送往灾区。县工商局向全县个体私营业主发出向玉树地震灾区捐款倡议书，海晏县晏强草原开发有限公司购买价值 5 万元的棉被、衣物、食品等物资随同海北州政府组织的救援物资车队运往灾区，海晏县中能精煤有限公司、海晏县瑞吉物流有限公司、餐饮企业“韩家大院”店主及员工分别捐款 2000 元，海晏县西岔奶牛育种场捐款 1000 元。

15 日上午 10 时许，在县党政综合楼前的捐款现场，全县干部职工向玉树地震灾区捐款 19 万余元。至 16 时，全县个体工商户累计捐款 1.1 万元，捐助矿泉水、方便面、帐篷、棉被等应急物资 5 万余元，并委派专人将应急物资紧急送往灾区。16 日，青海湖乡同宝村 25 名党员带头为灾区捐款 2.5 万元，120 名牧民群众自发为灾区捐款 3.6 万元，共计 6.1 万元。至 20 日，全县开展抗震救灾募捐活动 8 次，收到全县党政军机关、企事业单位、社会团体和广大干部群众及社会各界爱心人士捐款 90 余万元，捐助衣物、棉被等 102 件，酥油、炒面等食品 180 千克。21 日，海晏智源煤业有限公司向灾区捐款 2 万元，甘子河乡尕海村农牧民捐款 8745 元，哈勒景乡哈勒景村农牧民、三角城镇社区居民和退休干部捐款 540 元。22 日，海晏县瑞丰公司向玉树灾区捐款 11.49 万元。其中，瑞丰公司企业捐款 10 万元，企业员工捐款 1.49 万元。截至 22 日，海晏县为玉树灾区捐款捐物合计 91.21 万元。其中，县财政救灾专款 20 万元，基层工会会员捐款 2.86 万元，中共党员交纳特殊党费 11.82 万元，干部职工、学校、寺院、企业、个体户及农牧民群众等社会各界捐款 56.53 万元。海晏县政协机关干部捐款 2400 元。

其间，县交警大队先后组织警力 60 余人次赴玉树州结古镇开展抗震救灾道路交通应急保障工作 200 余日次。县委选派党政干部赴玉树灾区开展抗震救灾工作 10 余人次。

（四）祁连县

玉树大地震发生后，祁连县委、县政府号召全县各族群众支援灾区救灾重建。县民政局、县红十字会向社会各界发出《支援青海玉树州玉树县灾区抗震救灾倡议书》。4 月 15 日上午，县委、县政府组织开展向玉树灾区捐助仪式，现场捐款 103 万元。患病 14 年之久的祁连县退休干部三智布，一次性拿出看病的 2 万元钱捐给玉树灾区。三智布说："谁遇到灾难都无法预料。"至 19 日，祁连县辖区捐款上万元的厂矿企业有：祁连县青海鸿福宝玉石有限公司 20 万元，祁连县东铜矿业有限公司 10 万元，青海玉林矿业有限责任公司 10 万元，祁连县野牛沟辽班台铅锌矿 5 万元，青海博凯矿业有限公司 1 万元。至 21 日，全县收到社会各界向玉树灾区捐款 147.94 万元。县人大常委会机关 9 名干部职工捐款 3610 元。县工商局、个私协会累计捐款 2.78 万元。其中，县工商局干部职工捐款 2500 元，党员自愿交纳特殊党费 1700 元。县地税局全体干部职工募集捐款 8250 元。县计生协会用募捐到的 1.58 万元，购置 3 台配置较高的笔记本电脑赠送给玉树县计生局，同时购买 100 只小学生书包请玉树县计生局转赠给在地震中失去亲人的孤儿。

4 月 17 日，祁连县妇联组织的向玉树地震灾区捐款活动现场

（海北州民政局　提供）

（五）青海湖农场

4 月 15 日，农场党委召开动员大会，要求各级党组织把支援玉树抗震救灾作为一项重要任务。20 日上午，在场机关大楼门前举行各分场、单位募捐活动，各支部自愿多交纳抗震救灾党费的党员和其他群众、学生在所在支部或单位进行捐款。全场 526 名职工群众捐款 2.34 万元，158 名共产党员交纳特殊党费 5050 元，427 名在岗工会会员捐款 1.5 万元。

第六节　玉树藏族自治州赈灾

一、赈灾组织工作

地震发生后，玉树州在第一时间成立由副州长布尕为组长，州法院院长布松、州民政局局长洛阳为副组长，州民政局全体干部职工为成员的州抗震救灾指挥部群众生活组，下设物资接收组（分别定点在军分区大院、结古镇东大门和玉树飞机场3处）、物资分拨组和灾情联络组、灾情核查组。专门负责救灾物资的登记、接收、分拨和发放工作。州抗震救灾指挥部群众生活组（州民政局）充分发挥职能作用，迅速组织人员抗震救灾，及时做好捐赠款物接收管理、救灾物资调运发放和受灾群众安置保障的各项工作。地震发生后，灾区20万名受灾群众的生活得到有效救助，1万名受伤群众全部得到医治，300名孤儿都得到妥善安置。

二、州财政局接受捐赠款物

地震发生当日，玉树州财政局迅速组织干部职工开展自救，搭建临时办公场所，抢出部分办公设备和档案资料，财政工作的正常运转得到基本保证；立即组织召开玉树州抗震救灾捐款工作会议，成立玉树州抗震救灾捐款办公室，抽调6名干部，由副局长张志春带队驻省抗震救灾指挥部（设在军分区大院）开展捐款接收工作。救灾捐款办公室落实责任、明确职责分工、规范工作流程。全州各级财政部门及时调整预算安排，合理调度资金，紧急开辟救灾资金拨付“绿色通道”，全力以赴保障抗震救灾的资金需要；按时拨付下达抗震救灾专项资金，保证抗震救灾工作顺利开展。对社会各界救灾捐赠的资金、接收捐款的账户和捐款信息在青海省玉树抗震救灾指挥部玉树州指挥点显要位置和玉树州人民政府官方网站上公布；各县财政部门和州直相关部门接收的捐赠资金统一划归财政专户。

至4月27日19时，全州共收到社会各界及广大民众捐款6569.63万元。其中，单位捐款169笔，共计6396.71万元；个人捐款233笔，共计172.92万元。从捐款接收渠道看，玉树州抗震救灾捐款办公室接收现金716.58万元，通过银行汇款（转账）转入玉树州财政局救灾专户5215.78万元、转入政府过渡户637.26万元。至8月1日，玉树州救灾专户共接受北京、天津、辽宁、山东4省各类捐款119笔、722.595万元。其中，北京地区个人捐款61笔、5.7万元，单位捐款21笔、687.07万元；天津地区个人捐款8笔、2700元，无单位捐款；辽宁地区个人捐款8笔、105750元，无单位捐款；山东地区个人捐款20笔、13.98万元，单位捐款1笔、5万元。

至5月10日，全州累计接收社会各界捐赠款物16.75亿元。其中，捐款11.43亿元，捐物共26大类100多个品种、折价5.32亿元。省民政厅直接接收捐赠款物8.37亿元，其中捐款5.03亿元、捐物折价3.34亿元。

至5月15日，上级部门累计向地震灾区调运救灾物资25类97种。其中，帐篷78412顶，被褥167352床，衣物143374件（套），瓶装水160945件，食品3158吨，药品838吨，成品油344吨，折叠床19911张，大型救援设备36台，小型救援工具994套，简易厕所500个，其他救援物资1513吨。

至8月11日，全州共收到社会各界及广大民众捐款1159笔，10353.27万元（全部转入省财政厅抗震救灾捐款专户）。其中，接受单位捐款378笔，10058.95万元（含地、市、县捐款106笔，6915.54万元；集体捐款18笔，23.71万元；企事业单位捐款138笔，1508.51万元；社会团体捐款81笔，1039.26万元；省部级捐款2笔，188.18万元；其他捐款33笔，383.76万元）；接收个人捐款781笔，294.32万元。

至9月7日，全州共接收社会各界及民众捐款1170笔，共计11270.95万元。其中，接收单位捐款387笔，10972.58万元（含地、市、县捐款110笔，7011.04万元；集体捐款18笔，23.71万元；企事业单位捐款140笔，1815.15万元；社会团体捐款83笔，1550.12万元；省部级捐款2笔，188.18万元；其他捐款34笔，384.39万元）；接收个人捐款783笔，298.37万元。所接收的捐款，分10次全部汇缴省财政厅抗震救灾捐款专户。至9月14日，玉树州财政局救灾专户共接收安徽、浙江、江苏3省各类捐款53笔，673.252万元。其中，安徽省个人捐款6笔、1160元，单位捐款3笔、2.406万元；浙江省个人捐款12笔、8.8万元，单位捐款5笔、632.81万元；江苏省个人捐款14笔、2.17万元，单位捐款13笔，26.95万元。

截至2011年10月25日15时，玉树州共收到社会各界及广大民众捐款1238笔，15795.41万元。除天津市北辰区慈善协会定向捐赠的50万元，按照捐赠意向书要求，经请示州政府和省财政厅同意后，转回玉树县财政局外，剩余捐款全部转入省财政厅抗震救灾捐款专户。其中，接收单位捐款432笔，15171.32万元（含地、市、县捐款122笔，7542.92万元；集体捐款18笔，23.71万元；企事业单位捐款150笔，5029.93万元；社会团体捐款91笔，1940.28万元；省部级捐款2笔，188.18万元；其他捐款49笔，446.3万元）；接收个人捐款806笔，624.09万元。

异地安置的80岁高龄老党员、玉树州公安局离休干部刑元昌，在得知玉树发生地震后，当日与玉树州老干部局联系，要求从其离休金中扣除5000元，作为抗震救灾捐款。

截至4月22日，住休外地的26名老干部打电话给州老干部局领导和财务人员，要求将5月份离退休金捐出，以支持第二故乡玉树的抗震救灾和恢复重建工作；玉树州驻西宁干休所离退休干部集中捐款5万余元，分散住休西宁地区老干部捐款8万余元，两名离休干部遗属各捐出当月的遗属生活补助。

青海省玉树抗震救灾接收单位捐款情况表

表 2-21　　　　单位：万元

捐款单位	意向性捐款额 省外	意向性捐款额 省内	实际到账资金额 合计	省外 直接接收捐款 定向捐款	省外 直接接收捐款 非定向捐款	省外 间接接收捐款 定向捐款	省外 间接接收捐款 非定向捐款	省内 直接接收捐款 定向捐款	省内 直接接收捐款 非定向捐款	省内 间接接收捐款 定向捐款	省内 间接接收捐款 非定向捐款	捐款时间（月·日）	备注
海西州委、州政府			500.00								500.00	4·15	政府过渡户
果洛州委、州政府			10.00						10.00			4·15	
青海果洛州达日县委、县政府			20.00						20.00			4·15	
安徽省国轩动力			0.15		0.15							4·15	
果洛州甘德县委、县政府			50.00						50.00			4·15	
西宁市湟中县文元养殖公司			1.00						1.00			4·15	
中国重汽（香港）有限公司驻西宁办事处			1.72						1.72			4·15	
西宁浩瀚基业有限公司			0.30						0.30			4·15	
青海华德集团物业管理公司			0.10						0.10			4·16	
西宁赛奥科技公司			0.05						0.05			4·16	
海北州教育局			4.00						4.00			4·16	
西宁艺之源装饰设计公司			0.15						0.15			4·16	
青海威远路桥公司（结古至机场 A 标段）			2.00						2.00			4·16	
青海省人防办公室			3.00						3.00			4·16	
青海海东行署			130.00						130.00			4·17	

续表 2–21

捐款单位	意向性捐款额		实际到账资金额										
	省外	省内	合计	省外				省内					
				直接接收捐款		间接接收捐款		直接接收捐款		间接接收捐款		捐款时间（月·日）	备注
				定向捐款	非定向捐款	定向捐款	非定向捐款	定向捐款	非定向捐款	定向捐款	非定向捐款		
河北省唐山市委			350.00		350.00							4·17	
青海互助县委、县政府			112.00						112.00			4·17	
江西稀有金属钨业控股集团有限公司			100.00		100.00							4·17	
青海水利水电集团			100.00						100.00			4·17	
四川省北川县委、县人民政府			100.00		100.00							4·17	
四川省德阳市委、市人民政府			200.00		200.00							4·17	
青海黄南州人民政府			20.00						20.00			4·17	
上海桥宇货运代理有限公司			1.00		1.00							4·17	
云南省迪庆州德钦县委、县政府			30.00				30.00					4·17	政府过渡户
北京市东城区人民政府			100.00				100.00					4·17	政府过渡户
四川省甘孜州洛尼玛福利院（敬老院）			10.00		10.00							4·17	
青海省大通县博爱医院			1.08						1.08			4·17	
果洛州班玛县委、县政府			25.00						25.00			4·17	
青海伊佳民族服饰有限责任公司			1.35						1.35			4·17	
青海省科学技术协会			1.51						1.51			4·17	

续表 2-21

捐款单位	意向性捐款额		实际到账资金额										
	省外	省内	合计	省外				省内				捐款时间（月·日）	备注
				直接接收捐款		间接接收捐款		直接接收捐款		间接接收捐款			
				定向捐款	非定向捐款	定向捐款	非定向捐款	定向捐款	非定向捐款	定向捐款	非定向捐款		
省委党校四十期中青年领导干部培训班			1.94						1.94			4・17	
铁道部机关			22.93		22.93							4・17	
中国工商银行党校第十八期进修班			1.45		1.45							4・17	
中央党校第八期中青一班二支部			2.70		2.70							4・17	
溧阳市委、市政府			3.09				3.09					4・18	政府过渡户
秦皇岛同兴飞达五交化机电超市有限公司			0.30				0.30					4・18	政府过渡户
延安市委、市政府			100		100.00							4・18	
文巴集团			0.10						0.10			4・19	
果洛州久治县委、县政府			89.92						89.92			4・19	
西藏类乌齐县加桑法轮土登达吉林寺			0.50		0.50							4・19	
四川省都江堰市福士莱酒店有限公司			1.00		1.00							4・19	
四川省甘孜县那丛寺			3.00		3.00							4・19	
四川省甘孜州尼姑寺			0.21		0.21							4・19	
果洛州甘德县岗隆乡夏日乎寺			1.00						1.00			4・19	

续表 2-21

捐款单位	意向性捐款额		实际到账资金额									捐款时间（月·日）	备注
	省外	省内	合计	省外				省内					
				直接接收捐款		间接接收捐款		直接接收捐款		间接接收捐款			
				定向捐款	非定向捐款	定向捐款	非定向捐款	定向捐款	非定向捐款	定向捐款	非定向捐款		
果洛州玛沁县拉日寺			1.00						1.00			4·19	
果洛州甘德县岗隆乡恰江牧委会			1.00						1.00			4·19	
果洛州甘德县岗隆乡隆木其牧委会			1.00						1.00			4·19	
四川省德格县察察区当噶乡噶东寺			0.51		0.51							4·19	
果洛州久治县白玉寺			4.01						4.01			4·19	
果洛州雪域社会敬老院			1.00						1.00			4·19	
四川省甘孜州道孚县灵雀寺			0.18		0.18							4·19	
四川省甘孜州德格县多扎寺			1.00		1.00							4·19	
四川省甘孜州白利寺			2.00		2.00							4·19	
西藏昌都类乌齐县早桑卡乡东丁卡村			0.20		0.20							4·19	
四川省甘孜州哲活甘孜寺			10.00		10.00							4·19	
四川省甘孜州甘孜寺			3.78		3.78							4·19	
湖南省株洲市红十字会			15.00	15.00								4·19	要求定向用于州红十字会建设

续表 2-21

捐款单位	意向性捐款额		实际到账资金金额											
				省外				省内					
				直接接收捐款		间接接收捐款		直接接收捐款		间接接收捐款			
	省外	省内	合计	定向捐款	非定向捐款	定向捐款	非定向捐款	定向捐款	非定向捐款	定向捐款	非定向捐款	捐款时间（月·日）	备注
河北华一商标代理有限公司			0.12		0.12							4·19	
青海省黄南州人民政府			70.00						70.00			4·19	
康美清水牛排			0.07		0.07							4·19	
重庆利工不锈钢泵阀销售有限公司			0.20		0.20							4·19	
石家庄市委、市政府			200.00		200.00							4·19	
合肥报业集团江淮晨报			1.47		1.47							4·19	
四川省江油市委、市政府			50.00		50.00							4·19	
文山州委、州政府			30.00		30.00							4·19	
四川省攀枝花市委、市政府			100.00		100.00							4·19	
西部机场集团有限公司			100.00		100.00							4·19	
西部机场集团有限公司			10.00		100.00							4·19	
四川省南充市委、市政府			100.00		100.00							4·19	
果洛州久治县尖木达寺与当地群众			3.09						3.09			4·19	
四川省甘孜州道孚县热瓦岗寺			3.00		3.00							4·20	
西藏昌都地区尕玛恭青寺			1.00		1.00							4·20	
青海省化隆县夏琼寺			7.00						7.00			4·20	

续表 2-21

捐款单位	意向性捐款额		实际到账资金额										
	省外	省内	合计	省外				省内				捐款时间（月·日）	备注
				直接接收捐款		间接接收捐款		直接接收捐款		间接接收捐款			
				定向捐款	非定向捐款	定向捐款	非定向捐款	定向捐款	非定向捐款	定向捐款	非定向捐款		
四川省甘孜州白玉县白玉寺			10.39		10.39							4·20	
河南省郑州市中原区陈伍寨卫生所			0.10		0.10							4·20	
四川省什邡市金山协会			0.10		0.10							4·20	
北京市民族画报社（齐放）			0.05		0.05							4·20	
内蒙古包头市劝业慈雨爱心协会			10.00		10.00							4·20	
长春市财政局			200.00		200.00							4·21	
广州全视文化传播有限公司			2200.00		2200.00							4·21	
广州旅易商务服务有限公司			0.20		0.20							4·21	
咸阳市财政局			50.00		50.00							4·21	
青海西宁东关清真大寺			2.00						2.00			4·21	
四川省康定县瓦泽乡居里寺			6.00		6.00							4·21	
青海省黄南州热贡隆务寺			38.14						38.14			4·21	
青海省甘德县龙恩寺			3.00						3.00			4·21	
青海西宁东关清真大寺			8.00						8.00			4·18	
果洛州各界群众			54.65						54.65			4·17	
黄南州民政局			50.00						50.00			4·19	

续表 2-21

捐款单位	意向性捐款额		实际到账资金额									捐款时间（月·日）	备注
	省外	省内	合计	省外				省内					
				直接接收捐款		间接接收捐款		直接接收捐款		间接接收捐款			
				定向捐款	非定向捐款	定向捐款	非定向捐款	定向捐款	非定向捐款	定向捐款	非定向捐款		
河南省郑州市中原区西流湖老拖院			0.10		0.10							4·20	
东方航空公司			200.00		200.00							4·20	
青海豪盛公司			100.00						100.00			4·20	
连云港市国家税务局第四分局			0.37		0.37							4·20	
甘孜州道孚民政局			30.00	30.00								4·20	要求安排4万元定向捐助孤儿院
西南民族大学党委办公室	17.00											4·22	
中央人民广播电台（甘肃站）			0.20		0.20							4·22	
青海省囊谦县多巴乡德庆勒寺			10.00						10.00			4·22	
甘孜州曲登乡江永更邦寺			14.24		14.24							4·22	
四川省毛亚区曲登乡人民政府			1.00		1.00							4·22	
榆林市财政局			200.00		200							4·22	
四川省射洪县复兴中学初2010级5班			0.07		0.07							4·22	
海南藏族自治州州委、州政府			300.00						300.00			4·22	
中国北车股份有限公司			4.30		4.30							4·22	
海南汉地阳光石油化工有限公司			3.00		3.00							4·22	

续表 2-21

捐款单位	意向性捐款额		实际到账资金额											
	省外	省内	合计	省外				省内				捐款时间（月·日）	备注
				直接接收捐款		间接接收捐款		直接接收捐款		间接接收捐款			
				定向捐款	非定向捐款	定向捐款	非定向捐款	定向捐款	非定向捐款	定向捐款	非定向捐款		
围场满族蒙古族自治县渊涛煤炭经销有限公司			0.10		0.10							4·22	
九龙县委统战部			0.85		0.85							4·22	
杭州市委、市政府			300.00		300.00							4·22	
北京真实华贸易有限公司			1.00		1.00							4·22	
深圳市润物通石化产品有限公司			1.00		1.00							4·22	
黄冈市英山县委组织部机关党员			0.38		0.38							4·22	
黄冈市英山县吴家山林场大河冲村 9 名党员			0.07		0.07							4·22	
湖北省英山县委组织部			0.10		0.10							4·22	
四川省安县县委、县政府			10.00		10.00							4·22	
四川省泸州市委、市政府			50.00		50.00							4·22	
瑞安市欧邦汽车电器有限公司			0.10		0.10							4·22	
北京网盟信息技术发展有限公司			1.00				1.00					4·22	政府过渡户
果洛州达日县查郎寺			3.00						3.00			4·23	
大庆江福汽车销售有限公司			1.00		1.00							4·23	

续表 2-21

捐款单位	意向性捐款额		实际到账资金金额										捐款时间（月·日）	备注
	省外	省内	合计	省外				省内						
				直接接收捐款		间接接收捐款		直接接收捐款		间接接收捐款				
				定向捐款	非定向捐款	定向捐款	非定向捐款	定向捐款	非定向捐款	定向捐款	非定向捐款			
深圳市冠天祥科技有限公司			0.06		0.06								4·23	
交通部运输公路科学研究所			18.31		18.31								4·23	
西南民族大学			17.91		17.91								4·23	
大庆市委、市政府			300.00		300.00								4·23	
交通运输部			165.25	165.25									4·23	定向用于州县交通部门重建各 30 万元
广东韩江建筑安装工程有限公司分公司			1.26		1.26								4·23	
成都信息工程学院二炮驻校选培办全体国防学员			0.43		0.43								4·23	
循化县文都大寺、中库大寺、康毛寺、散毛寺及全体人民			7.14		7.14								4·24	
湖南省中科恒源科技股份有限公司			17.83		17.83								4·24	
果洛州玛沁县四大班子及全县干部群众			100.00						100.00				4·24	
四川省阿坝州若尔盖县康沙寺			1.00		1.00								4·24	

续表 2-21

捐款单位	意向性捐款额		实际到账资金额										
	省外	省内	合计	省外				省内				捐款时间（月·日）	备注
				直接接收捐款		间接接收捐款		直接接收捐款		间接接收捐款			
				定向捐款	非定向捐款	定向捐款	非定向捐款	定向捐款	非定向捐款	定向捐款	非定向捐款		
甘肃省甘南州夏河县才科乡才科寺			6.10		6.10							4·24	
四川蓥峰实业有限公司全体干部职工			18.84		18.84							4·24	
果洛州委、州政府			3.51						3.51			4·24	
深圳妙乐乐电子商务有限公司			1.04		1.04							4·24	
互助县卫生局红十字会			137.00						137.00			4·24	
深圳市深茂（集团）有限公司			10.00		10.00							4·24	
嘉兴市委、市政府			100.00		100.00							4·24	
海鑫矿业有限公司			5.00			5.00						4·24	要求定向用于州国土资源局灾后重建（州国土局转入）
四川省巴中市、海北州人事局			2.92			2.92						4·24	要求定向用于州人事局灾后重建（州人事局转入）
果洛州玛多县委、县政府			50.00						50.00			4·25	
四川省德格县扎湖乡丁清寺			1.00		1.00							4·25	
囊谦县东坝乡热拉村噶桑寺			2.00						2.00			4·25	

续表 2-21

捐款单位	意向性捐款额		实际到账资金额										
	省外	省内	合计	省外				省内				捐款时间（月·日）	备注
				直接接收捐款		间接接收捐款		直接接收捐款		间接接收捐款			
				定向捐款	非定向捐款	定向捐款	非定向捐款	定向捐款	非定向捐款	定向捐款	非定向捐款		
甘孜州新龙县弋西寺			1.00		1.00							4·25	
甘孜州新龙县莫乃寺			0.20		0.20							4·25	
甘孜州新龙县瓦琼寺			0.20		0.20							4·25	
甘孜州新龙县格加寺			0.50		0.50							4·25	
四川省德格县超丛寺			1.00		1.00							4·25	
西藏江达县森达乡着扎寺			0.50		0.50							4·25	
西藏江达县达西寺			0.10		0.10							4·25	
西藏江达县布格寺			0.10		0.10							4·25	
西藏江达县拉志寺			0.11		0.11							4·25	
西藏昌都莫日寺			1.00		1.00							4·25	
西藏登庆县孜珠寺			4.00		4.00							4·25	
西藏医疗队（全队人员）			1.71		1.71							4·25	
成都师范大学附小四年级五班			0.10		0.10							4·25	
西藏昌都县扎阳乡德格镇扎阳布格寺			2.00		2.00							4·25	
四川理塘县长青春科尔寺及全体群众			40.00		40.00							4·26	
四川省石渠县长沙贡马乡扎加寺			1.00		1.00							4·26	

续表 2–21

捐款单位	意向性捐款额		实际到账资金额										
	省外	省内	合计	省外				省内				捐款时间（月·日）	备注
				直接接收捐款		间接接收捐款		直接接收捐款		间接接收捐款			
				定向捐款	非定向捐款	定向捐款	非定向捐款	定向捐款	非定向捐款	定向捐款	非定向捐款		
西藏昌都县托华乡白日哈加寺			1.00		1.00							4·26	
中央直属管理机构			100.00			100.00						4·26	定向全部用于玉树县灾区建设（玉树县财政救灾专户转入）
汶川县委、县人民政府			100.00			100.00						4·26	
云南姚安县委、县政府			30.00			30.00						4·26	
黄南州河南县委、县政府			10.00			10.00						4·26	
石渠县地税局			5.00			5.00						4·26	定向用于州地税局灾后重建（州地税局转入）
汶川县地税局			1.36			1.36						4·26	
杂多县委、县政府			213.28						213.28			4·26	
四川省石渠县色须寺民管会	227.00											4·26	
吉林延边州委、州人民政府	200.00											4·26	
首都机场集团公司	300.00											4·26	
江西稀有稀土金属钨业集团公司机关工会			14.87		14.87							4·27	
黑龙江众合劳务派遣有限公司			0.30		0.30							4·27	
温州市委、市政府			300.00		300.00							4·27	
云南省玉溪市红塔区供销合作社总公司			13.90		13.90							4·27	

续表 2-21

捐款单位	意向性捐款额		实际到账资金额										捐款时间（月·日）	备注
				省外				省内						
				直接接收捐款		间接接收捐款		直接接收捐款		间接接收捐款				
	省外	省内	合计	定向捐款	非定向捐款	定向捐款	非定向捐款	定向捐款	非定向捐款	定向捐款	非定向捐款			
工业和信息化部电子第五研究所			13.01		13.01								4·27	
海普胫房地产经济有限公司全体员工			0.22		0.22								4·28	
秭归县茅坪小学师生			0.40	0.40									4·28	定向用于捐建玉树县巴塘小学
河北双滦钒钛基地征地拆迁指挥部			1.27		1.27								4·28	
山西曲沃二中 144 班高三学生			0.02		0.02								4·28	
江苏射阳海通镇工委			0.15		0.15								4·28	
四川省阿坝州若尔盖县辖曼乡哲蚌寺			10.00		10.00								4·28	
四川省若尔盖县桑周寺			0.10		0.10								4·28	
四川省若尔盖县色拉寺			0.15		0.15								4·28	
四川省若尔盖县卓仓寺			0.10		0.10								4·28	
四川省若尔盖县尼显寺			0.15		0.15								4·28	
四川省若尔盖县吉巴寺			0.20		0.20								4·28	
四川省若尔盖县索格藏寺			0.26		0.26								4·28	
青海电视台玉树报道组全体			0.26						0.26				4·28	

续表 2-21

捐款单位	意向性捐款额		实际到账资金额											
	省外	省内	合计	省外				省内				捐款时间（月·日）	备注
				直接接收捐款		间接接收捐款		直接接收捐款		间接接收捐款			
				定向捐款	非定向捐款	定向捐款	非定向捐款	定向捐款	非定向捐款	定向捐款	非定向捐款		
四川省甘孜州玉科片区			9.68		9.68							4·28	
四川省道孚县玉科片区甲宗乡			0.60		0.60							4·28	
四川省道孚县玉科片区唯它乡			0.50		0.50							4·28	
四川省道孚县玉科片区银恩乡			0.59		0.59							4·28	
四川省道孚县玉科片区七美乡			0.63		0.63							4·28	
《人民日报》抗震救灾前方报道组			1.00		1.00							4·28	
成都市委、市政府、市慈善总会	500.00											4·29	
杭州奥派服饰有限公司			1.10		1.10							4·29	
杭州黄铺管理咨询有限公司			1.37		1.37							4·29	
甘孜州稻城县桑堆乡卓杰寺			1.00		1.00							4·29	
碧辟普瑞太阳能有限公司全体员工			0.62		0.62							4·29	
西双版纳州委、州政府			30.00		30.00							4·29	
北方民族大学09级青海学生			0.15		0.15							4·30	
张家界市爱心联盟			6.24	6.24								4·30	定向用于捐建孤儿学校

续表 2-21

捐款单位	意向性捐款额/省外	意向性捐款额/省内	实际到账资金额/合计	省外/直接接收捐款/定向捐款	省外/直接接收捐款/非定向捐款	省外/间接接收捐款/定向捐款	省外/间接接收捐款/非定向捐款	省内/直接接收捐款/定向捐款	省内/直接接收捐款/非定向捐款	省内/间接接收捐款/定向捐款	省内/间接接收捐款/非定向捐款	捐款时间（月·日）	备注
四川康定故咱镇四川民族学院			3.00		3.00							4·30	
四川大学青年志愿者协会			1.19		1.19							4·30	
广东百斯盾服饰有限公司			60.06		60.06							4·30	
云南大关翠华中学全体师生			2.28	2.28								4·30	定向用于州民中购置学生用品
东莞市横沥雨霖家私厂			2.26		2.26							4·30	
深圳市巨邦电子仪器设备有限公司	14.23												
成都市慈善总会	500.00												
凤凰卫视美容专刊			0.23		0.23							5·1	
广州品鑫咨询有限公司			1.15		1.15							5·1	
广东·暨大美塑公司			1.40		1.40							5·1	
武汉·爱维经贸有限公司			0.50		0.50							5·1	
山西·名黛健康事业发展有限公司			0.10		0.10							5·1	
新疆·一方永和化妆品公司			0.10		0.10							5·1	
西安·盛唐美业生物科技有限公司			0.10		0.10							5·1	

续表 2-21

捐款单位	意向性捐款额		实际到账资金额										
				省外				省内					
				直接接收捐款		间接接收捐款		直接接收捐款		间接接收捐款			
	省外	省内	合计	定向捐款	非定向捐款	定向捐款	非定向捐款	定向捐款	非定向捐款	定向捐款	非定向捐款	捐款时间（月·日）	备注
广东·暨大美塑公司			0.10		0.10							5·1	
广东·暨大美塑公司			0.10		0.10							5·1	
广东·暨大美塑公司			0.10		0.10							5·1	
大庆全体人民			5.00		5.00							5·1	
甘肃省卓尼县委、县政府			53.8			53.80						5·1	定向全部用于玉树县灾建设（玉树县财政救灾专户转入）
廊坊古莱特石油技术有限公司			0.47		0.47							5·1	
广东科顺化工实业有限公司			1.84		1.84							5·1	
杂多县苏鲁乡端玛寺			3.26						3.26			5·2	
重庆市星星灾害救助基金会			5.00		5.00							5·2	
重庆双远实业（集团）有限公司			4.80		4.80							5·2	
重庆兴达实业（集团）有限公司，西安市赵村建设发展有限公司			1.20		1.20							5·2	
广州保税区雅兰国际化妆品有限公司			1.82		1.82							5·3	

续表 2-21

捐款单位	意向性捐款额		实际到账资金额										
	省外	省内	合计	省外				省内				捐款时间（月·日）	备注
				直接接收捐款		间接接收捐款		直接接收捐款		间接接收捐款			
				定向捐款	非定向捐款	定向捐款	非定向捐款	定向捐款	非定向捐款	定向捐款	非定向捐款		
成都市委、市政府、市慈善总会			500.00	500.00								5·5	定向捐建州民政综合福利中心
江西稀有稀土金属钨业集团公司机关工会			8.40		8.40							5·5	
江西财经大学青海老乡会			0.52		0.52							5·5	
荥阳市烟草专卖局全体干部职工			1.01		1.01							5·6	
利联实业发展（深圳）有限公司			0.41		0.41							5·6	
广东科顺化工实业有限公司全体员工			0.40		0.40							5·6	
洪湖市第二中学（二十）班全体同学			0.03		0.03							5·6	
上级单位			2.00			2.00						5·6	定向用于州人大灾后重建（州人大转入）
清华大学			163.4		163.4							5·7	
北京兰德伟业科技发展有限公司			3.24		3.24							5·7	
北京立高企业集团有限公司全体员工			1.80		1.80							5·8	
北京盛世恒通信息咨询有限公司			0.10		0.10							5·8	

续表 2-21

捐款单位	意向性捐款额		实际到账资金金额										
				省外				省内					
				直接接收捐款		间接接收捐款		直接接收捐款		间接接收捐款			
	省外	省内	合计	定向捐款	非定向捐款	定向捐款	非定向捐款	定向捐款	非定向捐款	定向捐款	非定向捐款	捐款时间（月·日）	备注
曲麻莱县委、县政府			49.00						49.00			5·8	
河池南方有色冶炼有限责任公司			30.15		30.15							5·8	
四川大唐国际甘孜水电开发有限公司			1.87		1.87							5·8	
湘西自治州委组织部			5.61		5.61							5·8	
深圳市巨邦科技发展有限公司			14.23	14.23								5·8	要求定向用于州孤儿院建设
豪顿华全体员工			3.76		3.76							5·8	
世界华人企业互助促进会			7.00	7.00								5·9	震后孤儿九年义务制教育学费
西藏山南地区洛扎县洛卓沃龙寺			20.00		20.00							5·10	
湖南永顺县人民医院			2.73		2.73							5·10	
湖北当阳市慈善协会			30.00			30.00						5·11	隆宝镇镇政府机关设施建设（玉树县财政救灾专户转入）

续表 2-21

捐款单位	意向性捐款额		实际到账资金金额									捐款时间（月·日）	备注
	省外	省内	合计	省外				省内					
				直接接收捐款		间接接收捐款		直接接收捐款		间接接收捐款			
				定向捐款	非定向捐款	定向捐款	非定向捐款	定向捐款	非定向捐款	定向捐款	非定向捐款		
甘肃省卓尼县人民			3.60			3.60						5·11	玉树县恢复重建（玉树县财政救灾专户转入）
西安赢达通信工程有限公司全体职工			0.27			0.27						5·11	
深圳市纵横飞扬技术发展有限公司			0.20		0.20							5·11	
玉树州扶贫开发局			0.40						0.40			5·13	
工业和信息化部电子第五研究所			0.98		0.98							5·13	
民革中石化仪征化纤股份公司支部			0.18		0.18							5·13	
广东喜市多便利连锁有限公司			0.10		0.10							5·13	
南京市国投控股（集团）有限责任公司			12.31		12.31							5·13	
四川省阿坝州壤塘县宗科乡群众			0.50		0.50							5·14	
四川省阿坝州金川县观音桥乡群众			0.50		0.50							5·14	
四川省阿坝州壤塘县宗科乡日阿塘寺			1.00		1.00							5·14	
中国水电工程顾问集团公司			195.36	195.36								5·14	用于玉树州教育事业发展
湖南马矿子校 83 班			0.36		0.36							5·14	

续表 2-21

捐款单位	意向性捐款额		实际到账资金额										
	省外	省内	合计	省外				省内				捐款时间（月·日）	备注
				直接接收捐款		间接接收捐款		直接接收捐款		间接接收捐款			
				定向捐款	非定向捐款	定向捐款	非定向捐款	定向捐款	非定向捐款	定向捐款	非定向捐款		
中建二局沪杭项目部			0.41		0.41							5·16	
中央党校中青一班三支部全体学员			2.60		2.60							5·16	
省工商局			5.00								5.00	5·16	州工商局转入
治多县委、县人民政府			101.98						101.98			5·16	
池州市委、市人民政府			120.00		120.00							5·16	
杂多县委、县政府			27.21						27.21			5·20	
大关县第一中学			2.20	2.20								5·20	定向玉树州民族中学
焦作市国土资源局			3.88			3.88						5·20	定向用于玉树国土系统建设
新疆哈密市法院			3.00	3.00								5·24	用于玉树县法院建设
四川汶川县法院			0.74	0.74								5·24	
都江堰市法院			2.36	2.36								5·24	
江苏省宿城区法院			1.50	1.50								5·24	
江苏省宿豫区法院			1.50	1.50								5·24	
江苏省沭阳县法院			1.50	1.50								5·24	
江苏省泗阳县法院			1.50	1.50								5·24	
江苏省泗洪县法院			1.50	1.50								5·24	
江苏省宿迁市法院			2.53	2.53								5·24	

续表 2-21

捐款单位	意向性捐款额		实际到账资金额										
				省外				省内					
				直接接收捐款		间接接收捐款		直接接收捐款		间接接收捐款			
	省外	省内	合计	定向捐款	非定向捐款	定向捐款	非定向捐款	定向捐款	非定向捐款	定向捐款	非定向捐款	捐款时间（月·日）	备注
甘肃省渭源县法院			1.10	1.10								5·24	
四川省北川县法院			1.62	1.62								5·24	用于玉树县法院建设
四川省彭州市法院			2.00	2.00								5·24	
青海省红十字会			49.50						49.50			5·24	
青海省红十字会			0.50						0.50			5·24	
甘孜州驻蒲江大塘离退休协会			1.01		1.01							5·25	
厦门市总工会	10.00												
山东省威海市总工会	30.00												
江西省九江市总工会	26.00												
果洛州总工会及六县总工会	10.00												
合计	1834.23	—	10209.71	958.80	6292.67	347.82	134.39	—	1971.00	—	505.00	—	—

三、州民政系统组织赈灾

4 月 14 日 10 时，玉树州民政局全体干部职工紧急从各县救灾物资储备库调运救灾帐篷近 900 顶，连续奋战近 30 个小时，全部搭建到集中安置点和重灾区；从州救灾物资储备库调运救灾帐篷 400 余顶，搭建到州体育场、州赛马场、西杭重灾区、扎西大同重灾区、普措达赞重灾区、折龙达重灾区，集中转移安置受伤人员，为抢救和转运重伤员提供场所、争取时间。同时，给州军分区紧急调拨、搭建办公用救灾帐篷。玉树县以外的称多、囊谦、杂多、治多、曲麻莱 5 个县民政局，在州赛马场附近设立临时办公点，安排专门人员开展工作。

根据州抗震救灾指挥部的安排部署，玉树州民政局在全力参与抢险救灾、核灾查灾基础上，分别于结古镇东大门、巴塘飞机场及州抗震救灾指挥部设置赈灾物资接收点，专门负责物资接收与分拨工作。每一批物资到达后，先进行登记，然后向抗震救灾指挥部群众生活组交接，由群众生活组负责人共同研究物资分拨方案，其中重要物资上报州抗震救灾指挥部研究，并征求省民政厅意见，再由各发放点联络人员带往发放点卸货，发放点人员确认物资全部收到后，返回群众生活组办理接收手续，并对接收物资录入微机。地震发生后第三天到第九天是救灾物资到达的高峰期，有时一天到达大型车辆近400辆，物资登记、接收与分拨工作十分繁忙，在国家审计署、省审计厅、省民政厅玉树抗震救灾现场指挥部的协助指导下，赈灾物资登记、接收和分拨程序得到进一步加强。

4月14日，地震发生后受灾群众在临时安置点结古镇体育场互助自救　　（玉树州地方志办公室　提供）

4月18日，玉树州民政局工作人员进行灾情登记
（青海省民政厅　李书海　提供）

江苏省瑞华投资发展有限公司委托南京市慈善总会给玉树州困难家庭捐款200万元，其中100万元由江苏瑞华公司及南京市慈善总会有关领导亲临玉树县分发给500户困难家庭每户2000元，剩余100万元委托州民政局分配给各县和州慈善会。根据江苏瑞华公司和南京市慈善总会的分配意向和要求，州民政局于7月28日，将剩余捐赠款作了如下分配：玉树县10万元、囊谦县20万元、杂多县17万元、治多县13万元、称多县10万元、曲麻莱县10万元、州慈善会20万元。

9月26—30日，州民政局精心部署迎国庆困难群众大型慰问活动，各厅级干部带领慰问工作组走村入户，对城市低保对象、农村低保对象、特困重点优抚对象、特困残疾人家庭、特困孤儿、特困“五保”对象、特困僧尼等7类民政对象3710户进行慰问。其中，慰问结古镇10个片区管委会辖区共1400户、19个受灾乡镇（包括原哈秀乡）1400户、26个未受灾乡镇

910户。为每户城乡困难群众送去慰问金500元、大米和面粉各1袋（25千克），合计送去慰问金185.5万元，大米和面粉各9.275万千克。

10月18日，州民政局下发《关于下拨救灾物资的通知》，将省民政厅下拨的毛毯1.5万条、棉大衣2200件、棉衣裤2200套、棉鞋2250双、棉被21820床、棉褥2100条、火炉700个分配给结古镇极重灾区10个片区管委会，由各管委会负责发放给受灾的困难群众。各片区管委会经过调查、评选、公示，确定发放对象，并将发放方案报州民政局审批。经州民政局审查同意后，统一拨付分配救灾物资，由州民政局各联系工作组现场监督，登记造册，逐户发放。

至2010年11月1日，玉树州共接收20平方米救灾棉帐篷45118顶，其中州民政局储备4000顶（从中给驻扎在玉树结古地区的特警等部队解决帐篷75顶，给志愿者及下派干部解决65顶）、发放41118顶，发放率为100%；发放粮食13423吨，完成总发放任务的99%；发放食用油250吨，完成总发放任务的99%；发放各类生活补助金4.65亿元，发放率为99%。除玉树县结古镇极重灾区外，其他5县和玉树县一般灾区乡镇帐篷、口粮全部发放完毕，各项资金发放率99%。给玉树县结古镇10个管委会共下拨救灾资金1.14亿元，截至2010年11月1日发放1.13亿元，发放率99%，帐篷、口粮及食用油全部发放完毕。

四、州纪委监察局、州财政局机关赈灾

（一）州纪委监察局

地震发生后，州纪委监察局干部职工全力投身于抗震救灾工作。5月2日，州委常委、州纪委书记董晓淇和州纪委副书记、监察局长更求扎巴，州纪委常委达哇看望委局因地震受灾的退休老干部，详细询问老干部亲属伤亡和财产损失情况，对老干部遇难亲属表示哀悼，给老干部带去床、被子、牛奶、洗漱用具等生活物资；前往结古镇新寨敬老院看望敬老院“五保”老人，为新寨敬老院29名“五保”老人送去炒面、被子等慰问品。5月6日，州纪委监察局机关全体纪检监察干部自发开展“献爱心、伸援手”活动，为受灾贫困群众捐款1500元，交纳特殊党费9500元。

（二）州财政局

6月1日15时，玉树州财政局举行“情系玉树·感恩社会·关心下一代暨‘六一’儿童节慰问品发放仪式”，将财政部和省财政厅对灾区儿童的关心——一份小礼物和150元现金分发给财政系统干部职工的28个子女。

五、州总工会、团州委、州妇联赈灾

（一）州总工会

玉树州各级工会、工会干部积极组织开展生活自救和救灾赈灾，州总工会深入受灾企业了解企业和职工的受灾情况，采取向全州手机用户发送短信的方式，及时通知遇难职工和农民工

及家属到州总工会登记造册。州总工会常务副主席布尼玛带领工会干部，先后多次深入受灾严重的州粮油公司、副食品公司、肉食品公司及玉树县多家企业，对企业受灾情况及职工伤亡情况展开详细的调查和了解，并就职工伤亡数、财产损失等情况进行细致的登记，为进一步展开救助准备真实可靠的第一手资料。州总工会及时将50顶帐篷、410条防寒棉被、600箱方便面、100箱火腿肠、100件矿泉水及时分发到受灾职工和农民工手中，确保部分受灾职工群众有饭吃、有衣穿、有干净水喝、有临时住处。州总工会特制定“4·14”地震伤亡职工救助办法，对救助对象、救助条件、救助标准作出规定。在摸清企事业单位职工受灾情况的基础上，先后为受灾的17家企业和近千名职工发放帐篷600顶，发放救助金100余万元；为地震中遇难的120名职工和农民工发放抚恤金24万元。

（二）团州委赈灾

大地震发生后，共青团玉树州委迅速反应，立即动员组织州、县、乡三级团干部、青年团员、志愿者、红领巾组织投身抗震救灾，当日组建青年突击队7支、突击队员126名，成立临时团支部19个、团员283名。抢险救灾期间，玉树青年火线入团172名。各级团组织引导青少年大爱同心、投身抢险，及时参加生命搜索、物资发放、藏汉翻译、受灾群众安置、伤病转移等救援工作。率先在受灾群众安置点（州体育场、赛马场）设立青年志愿者招募站，及时组建并迅速发展“红飘带”青年志愿者服务队2580人，分组开展人员搜救、伤员护理、受灾群众寻亲、语言翻译、物资装卸工作，并选派向导主动与北京、上海、山东、天津、四川等22支志愿救援队进行对接，强力配合，抢抓黄金救援期宝贵时间。抓紧与中国青少年基金会、团省委、省青少年基金会对接，及时协助成立“全国希望工程抗震救灾前线指挥部”，协调希望工程劝募和资助，积极协助中小学生过渡安置工作。4月17日，由中国青少年发展基金会承建的第一所板房希望小学——玉树州孤儿学校正式落成并复课。5月20日，州职业学校、州红旗小学等11所中小学的334间、20890.2平方米板房教室搭建完成。在中国青少年基金会和省青少年基金会的大力支持下，顺利实施“希望工程玉树圆梦行动”“希望影院”“快乐电影”“希望小学基础设施建设”“新湖——玉树成长救助项目”“孤儿长期救助项目”“新湖——玉树儿童新村项目”“灾区学生世博游项目”等20余个项目，促成投资达9796万元。

为了引导全州青少年尽快走出震灾阴影，保持良好的成长方向，团州委精心策划活动载体，多方协调资源，先后开展“希望·使命·责任——共青团抗震救灾特别行动”、“争当四好少年、投身玉树建设”主题开学日、“情系祖国——万条红领巾在行动”、“海南——灾区学生、心理抚慰”、“争做爱卫青年”、“争做抗震救灾小英雄”等一系列主题团（队）活动，充分调动青少年积极性，引导广大青少年团结友爱、互助共进，在力所能及的范围内贡献力量，与全州各族人民同心同德，重建家园。其间，涌现出了才让旦周等一批优秀青少年。

（三）州妇联

4月22日，州妇联主席西晓玲带领州、县妇联干部前往结古镇德宁格村看望受灾妇女儿童。该村500多人在地震中遇难50人，其中妇女儿童30多人。地震中，70多岁的藏族老阿妈才永吉3位亲人遇难、1位重伤，房屋倒塌，她和两个父母双亡的孤儿无房居住。州妇联得知该情况后，很快为他们协调解决帐篷 1 顶，组织巾帼志愿者帮助搭建帐篷，安排好各项生活用品，并为老人捐助 400 元钱。

六、州直其他单位赈灾

玉树州、县工商干部职工和个体工商户一道迅速投入救援工作，地震后的第二天，不少个体经营者从自家商铺的废墟中挖出食品、衣物等商品，无偿发给受灾的群众。结古镇工商所辖区内的个体户，地震当日捐赠食品和衣物价值 10 余万元。在扎西科居民安置点和结古镇商业一条街，很多个体经营户不计个人利益得失，主动组织货源，以低于或接近于震前价格出售食品、日用百货以及蔬菜水果，方便受灾群众。在玉树县经营川味饭馆 3 年多的四川北川县宁健，从废墟中清理出家当后，于 4 月 20 日和同乡刘安华联手在民主路搭起简易帐篷，开起免费便民就餐点，为过往群众提供就餐。玉树州工商部门在条件相对成熟的胜利路和民主路确定 3 处应急市场，为部分个体经营户提供相对固定的经营场所，方便灾区群众日常生活。28 日，玉树州工商局启动个体工商户登记工作，到 5 月 2 日，个体工商户登记 4098 户 12270 人，并为发放受灾补助金做好前期工作。至 5 月 24 日，灾区恢复经营各类摊点、门店 850 户，其中 451 户进入应急市场开展经营活动。

玉树州食品药品监督管理局迅速采取有效手段，发动结古地区药品经营使用单位积极捐助急救药品，以保障重伤病人的救治。各地捐赠的医疗器械、药品送抵灾区后，工作人员到现场检测，严把药品质量关，将检测合格的一批批紧急药品及时分配到各医疗救助点。4 月 26 日下午，玉树县残疾人联合会在结古镇准备帐篷、火炉、被褥等生活用品，一边完善设施，一边开始收留需要帮助的残疾人。

州司法局及时组织干警编写有关民族团结、社会稳定方面的藏文宣传材料，至 22 日，共开展法制宣传 6 次，受教育受灾群众 3 万人次以上；编写法制宣传信息 5 条，并通过电信、移动通信网络发送到各手机用户；开展公证、法律援助等咨询 19 起。玉树县司法局 49 名干警在

4 月 19 日，玉树州妇联领导在结古镇重灾区慰问受灾妇女儿童
（青海省妇联　提供）

进行自救互救的同时，成功搜救地震掩埋人员 23 人，转移救助伤员 78 人次，挖出遇难者遗体 7 具。玉树州和玉树县司法机关在结古镇设立 2 个震后法律咨询帐篷服务点，截至 29 日晚，共解答遇难者抚恤、房屋买卖、财产继承等法律咨询 125 起，累计接待 1700 余人次，在受灾群众安置点开展法律宣传 5 次。囊谦县司法局 36 名干警在囊谦县委、县政府统一组织领导下，成立抗震救灾先锋队，于地震发生当日中午赶到结古投入抗震救灾，共抢救伤员 13 人、财产 50 余万元，并捐助 1 万余元的物资。此外，解答受灾群众法律咨询 200 余人次，调节农民工工资等纠纷 6 起。

4 月 14 日 9 时，玉树州水利局电站员工迅速赶往禅古水库大坝，疏散下游群众，检查水库大坝安全，以避免水灾等次生灾害的发生。同时，州水利局组织干部职工，检查饮水安全，检查电力设施，做好记录和标记，带领昼夜兼程赶到的省水利厅抢险队全力疏通水源和电力设施，20 日水源全部修通，各受灾群众临时安置点喝上干净水、放心水。25 日电力设施抢修完毕，各安置点临时照明得以解决。同时分派人员带领省水利厅抢险队分赴受灾严重地区，巡查抢修损毁严重的水利设施和电力设施，派专业技术人员会同水利部、省水利厅编制《青海省玉树地震灾后恢复重建水利专项规划》。州林业环保局在包点区认真开展受灾情况调查登记及救灾物资发放工作，共调查登记 900 余户（包括外来户、租住户等），发放矿泉水 670 件、方便面 1460 件、棉大衣 1550 件、棉被 2328 件、帐篷 460 顶、煤 20.8 吨、炉子 476 个、干粮 1200 箱、罐头 1356 箱。州交通局积极筹措资金 10 万元，为原公路养护队 298 名受灾职工排忧解难，购买并发放面粉、大米 7500 千克、挂面 4500 千克、食用油 1500 千克。

在抗震救灾期间，州审计局干部职工按照州委、州政府和抗震救灾指挥部的统一部署，一直坚守在极重灾区结古镇当代村，冒着余震危险，和人民解放军、武警官兵、志愿者、当地群众一起在废墟中抢救伤员和群众财产，并协助村两委有序发放救灾物资，认真统计受灾损失，妥善安置受灾群众，积极主动为受灾群众做事。

灾难发生后，州文联在州委统一安排下，以高度的责任心和使命感，组织文艺工作者，以影像、图片、文字为抓手，全力投入抗震救灾，把身边涌现出的许多感人场面及时记录下来并发送到祖国的四面八方。玉树州摄影家协会冶青林、贺大明、昂公扎西等人，拿起自己手中的相机，保留下珍贵的历史瞬间。冶青林在震后 12 小时内拍摄地震照片 1218 张，向各地报道玉树灾情，当时国内所有门户网站报道玉树地震的图片几乎全部来自冶青林的镜头；4 月 18 日，即震后第四天，州文联安排玉树州舞蹈家协会普布永措、旦珠措毛赴西宁参加由青海省委宣传部主办、湖南卫视和青海卫视承办的玉树抗震救灾大型募捐晚会。玉树州文联副主席、诗人昂旺文章，用自己深情的笔墨，创作诗集《玉树，我遗失的一百零八颗念珠》，描绘出各方面救援力量在地震废墟上集结、奋战的壮丽景象，真诚讴歌人民子弟兵、白衣战士等社会各界力量的无疆大爱。5 月，受州委、州政府及灾区各族人民的委托，州文联组织当地民族民间风土歌舞团先后赴广州、上海、北京等地参加为玉树灾区募捐的慈善演出活动，并代表灾区人民表达对祖国大家庭大爱无疆和全国各族人民鼎力相助的感激之情。同时，州文联安排玉树州音乐家协会著名歌手央金兰泽、阿山、阿德·青梅才仁、陈林江措等人，参加各类慈善义演，用音乐抚慰受灾群众受伤的心灵。

地震发生后，由于交通、通信全部中断，玉树顷刻间成一座孤岛，玉树州广播电视局玉树电视新闻部利用抢救出来的设备，及时向中央台和省台发布消息，并积极配合各级新闻媒体向全国各地传送节目，在特大灾害面前，用实际行动树立了玉树文体广电工作者的良好形象。

七、各县赈灾

（一）玉树县

县司法局积极开展受灾群众救助安置工作，设立“法律咨询服务点”1处，解答法律咨询400余人次，在受灾群众安置点开展法律宣传5次。

4月20日，玉树县根据外来流动人口多的实际，开设外来流动人口临时救助点。截至4月25日下午，共救助外来务工人员959人，发放食品、饮料、炒面1车，架设床铺21张。26日，再次调拨救灾食品，确保外来流动人口有饭吃，有地方住。

4月26日下午，县残疾人联合会在结古镇准备火炉、被褥等生活用品，开始救助地震致残人员。玉树县统计局和基层组织积极统计核实当地受灾人数、孤老、孤儿和孤残人数，以便后期有针对性地提供服务。

“五一”前夕，省、州、县妇联组织党员干部，慰问奋战在抗震救灾第一线的解放军指战员、武警官兵和公安干警，送来价值5万元的蔬菜、水果等补给品。

5月2日，县政府下达学校活动板房建设任务5000平方米。其中，县第一民族中学搭建板房1000平方米，第二民族中学搭建板房300平方米，第一完全小学搭建板房600平方米，第二完全小学、第三完全小学、结古镇中心寄宿制学校和隆宝镇寄宿制学校3100平方米。

（二）称多县

4月20日，称多县抗震救灾指挥部针对称多籍人员在玉树县结古镇居住较多的实际，组织常住结古镇的称多籍受灾群众，采取群众推荐、组织提名的方式，在结古镇胜利路选举产生胜利路南北两个临时党支部和称多籍社区居民委员会。称多县委对成立的两个临时党支部举行授党旗仪式，要求临时党支部充分发挥战斗堡垒作用，组织广大党员带头开展群众自救、互救工作，协助调查群众生命财产受损情况，自觉遵守救灾物资发放秩序，真正做到公平、公正发放救灾物资，做到社区不漏户、户不漏人。截至22日，临时党支部和称多籍社区居委会为本社区受灾群众发放帐篷1800顶、棉衣5230件、面粉5万千克，各种食品、纯净水12799箱。

4月29日上午，县委、县政府专门安排县财政资金7万元，在结古镇称多县抗震救灾指挥部（玉树县第一民族中学院内）举行慰问仪式，向140名遇难者家属发放慰问金人均500元。县委、县政府鼓励受灾群众要坚定信心，顽强拼搏，按照省、州、县抗震救灾指挥部的工作要求和部署，全身心地投入重建美好家园以及当前备耕春播等正常生产生活中去。

（三）囊谦县

4月14日，县司法局成立由36名干警组成的抗震救灾先锋队，当天中午赶到结古镇投入抗震救灾。抗震救灾期间，抗震救灾先锋队干警们共抢救伤员 13 人、财产 50 余万元，并捐助 1 万余元的物资。此外，还解答受灾群众法律咨询 200 余人次，调节农民工工资等纠纷 6 起。

“4·14”地震发生后，囊谦县抽调部分干部职工在玉树县扎西科赛马场受灾群众安置区参与环境整治工作，防止各类传染病发生和蔓延。成立环境卫生整治组，由一名县级领导负责。在生活区设立简易垃圾收集点 30 个，并定期拉运处理。协调设立帐篷厕所，定期处理粪便，并做消毒处理。从集中安置的外来受灾群众中聘请 30 人组建环卫队，在生活区按时打扫卫生。加强宣传，引导安置点群众整治帐篷内部卫生，保证帐篷内部干净整洁。

加强学校安全教育工作，在各校进行抗震救灾自救知识专题讲座和紧急疏散演练，督促各学校对教室、宿舍、食堂、大门、围墙、厕所等进行拉网式排查，清除易坠物品，在危险地带设置安全警示牌，消除安全隐患。强化寄宿制学校的食品安全，让学生吃到安全食品。加强安全工作日志制度和学校安全日报制，严格执行 24 小时值班制度和安全零报告制度，加大安全监管力度。

积极采取措施，将遇难人员抚慰金、转移补助金、困难群众生活补助金、“三孤”人员生活补助金（以下简称“四项补助”）落实到户，发放到人。建立公示制度，以乡镇为单位在广大受灾群众中对发放对象进行公示，接受群众监督。由县级领导联点乡镇“四项补助”发放工作，县委、县政府主要领导随机督查。加大监督力度，由纪检部门全程监督。全县对 7369 名受灾群众发放“四项补助”，发放资金总额 569.77 万元。

（四）杂多县

玉树大地震发生后，杂多县各族各界干部群众发扬中华民族“一方有难、八方支援”的优良传统，纷纷伸出援助之手，踊跃为灾区捐款捐物。从 14 日下午到 23 日，杂多县各族各界干部群众为灾区捐款 213.28 万元，捐助各种救灾物资折价 73 万余元。

（五）治多县

4 月 24 日，县妇联召集各乡镇妇联，县直机关、企事业单位，县直各社区，同卡牧委会及索加生态移民区等妇联基层组织，召开“献爱心，送温暖”动员会，发动妇女同胞烙饼子、炸油条。两天时间里，该县制作 5000 多千克饼子和油条，并由县妇联主席带队，将这些包含浓浓情意的食品送到每一位失去母亲的孩子、失去妻子的丈夫、失去女儿的老人手中。

4 月 24 日，玉树州治多县妇联组织全县妇女为灾区捐赠自制熟食品
（青海省妇联　提供）

（六）曲麻莱县

叶格乡龙马村是州审计局、州统计局定点帮扶村。震后第四天，即4月18日，村委会班子及老村干部一行15人，带着村民自制的麻花、酥油、炒面、风干肉和方便面等价值600多元的食品，前往州府结古镇慰问在一线抗灾救灾的州审计、统计系统全体干部职工。从14日下午至20日，曲麻莱县各级干部群众共为受灾群众捐款32.75万元，捐物折价4.1万元。

八、宗教界赈灾

4月14日，玉树县龙西寺、当头寺、帮群寺、结古寺、禅古寺等20座寺院2000余名僧人，称多县、囊谦县、杂多县、治多县、曲麻莱县1300余名僧人，自发组织起来，及时赶赴灾区，参与搜救，安抚受灾群众，给受灾群众发放食品。玉树县安冲乡嘎巴寺院元旦西然活佛带领7名僧人赶到受灾最严重的结古镇西杭路、新建路，救出被困人员10名，挖出遗体10具，并与北京、四川、西宁等地有关人士联系，给灾区捐助5卡车价值32.7万元的急需物资。玉树州曲麻莱县巴干寺活佛罗松龙日从北京发来慰问电，派该寺活佛、江河源甘思慈善协会会长热腾带领20名僧人，携带5万元救灾款到灾区第一线救灾。杂多县龙卡寺捐款10万元，左青寺捐款1.5万元、捐赠食品价值1.5万元，思日寺捐款1.5万元，并组织1000人举行祈祷法会。

4月15日，身在北京的曲麻莱县巴干寺活佛罗松龙日发来慰问电，在深切表达对遇难群众的沉痛哀悼以及对党和政府全力救灾感激之情的同时，派该寺热腾活佛代表他从北京携带一批救灾物资返回玉树参加赈灾，并让所在寺院20名僧人携带5万元救灾款在赶赴重灾区，开展抢险救灾工作，并向灾区捐赠价值11.6万元的救灾物资。位于震中的结古寺在遭受重大损失的情况下，顾全大局强忍伤痛，派出300余名僧人参加抗灾抢险活动，并按照宗教仪规，为地震中蒙难同胞诵经祈福，按当地习俗举行丧葬仪式。

九、玉树地区企业赈灾

4月14日地震发生后，玉树州江霖有色金属有限公司组成32人的抗震救援队立即赶赴灾区进行救援。同时，公司母公司江西稀有金属钨业控股集团公司紧急捐款100万元，会同公司全体干部职工、离退休职工自发捐款261398.7元，直接汇到玉树州救灾专户。15日上午10点30分，江钨救援队作为第一支企业救援队、第一支自带救援物资的志愿救援队到达灾区，并按指挥部部署投入救援工作。

正在山西省寿阳县出差的玉树赤古藏源贸易公司经理郑丛辛，得知退休后开诊所当医生的母亲与弟弟在地震中遇难的噩耗后，立即从山西驱车返乡，途经西宁时购买价值20万元的救灾物资，15日返回结古镇时，获悉母亲及弟弟的遗体已火化。他强忍悲痛，积极投身抗震救灾，将20万元的救灾物品分发给扎西大同村受灾村民，并把母亲诊所里遗留的价值10万元的药品捐给灾区医疗救治点。

第七节　果洛藏族自治州赈灾

一、全州赈灾工作

4 月 14 日，果洛州党委、人大、政府、政协立即向玉树灾区发出慰问电，并在积极开展支援玉树灾区救援工作的同时，对国道 214 线果洛境内段抗震救灾运输通道畅通工作迅速作出安排，对组织发动赈灾捐赠工作作出部署。

至 4 月 18 日 16 时，全州向玉树灾区捐助资金 355 万元。其中，州委、州政府拨付慰问金 10 万元，州级党政干部捐款 54.6 万元，共青团果洛州委和社会青年捐款 9.3 万元，州公安局捐款 3 万元，红十字会捐款 3.7 万元，玛沁县捐款 23.7 万元，甘德县捐款 50 万元，甘德县岗龙乡夏日乎寺院部分僧众和岗龙乡恰不将牧委会、隆木切牧委会部分牧民群众捐款 12 万元，达日县捐款 28.1 万元，班玛县捐款 25 万元，班玛县知钦乡多知钦寺捐款 18 万元，玛多县捐款 15.6 万元，久治县捐款 102 万元。全州捐助药品、食品、帐篷等救援物资价值 164.04 万元。其中，州卫生局投入救灾物资价值 25.6 万元，玛多县投入救灾物资价值 13.76 万元，玛沁县投入救灾物资价值 11.8 万元，甘德县投入救灾物资价值 62.28 万元，甘德县岗龙乡夏日乎寺院部分僧众和岗龙乡恰不将牧委会、隆木切牧委会部分牧民群众投入救灾物资价值 13 万元，达日县投入救灾物资价值 18 万元，班玛县投入救灾物资价值 12 万元，班玛县知钦乡多知钦寺投入救灾物资价值 3 万元，久治县投入救灾物价值资 4.6 万元。州民政局紧急调运棉帐篷 200 顶、棉衣裤 200 套，捐赠新藏服 50 件、衣帽等 49 件、衣物 90 件；团州委捐助棉衣 1100 件。全州投入救援人员 278 人，投入救援车辆 75 辆，投入挖掘设备 7 台，州消防支队投入抢险救灾用气动起重垫、金属切割机、机动链锯、空呼器、备用气瓶、液压泵、液压剪扩器、液压千斤顶等各类特种工具 76 套。

5 月 11—12 日，州委、州政府、州军分区主要领导，代表果洛州党政军各部门和全州 16 万各族人民赴地震灾区慰问玉树州、玉树县和玉树县小苏莽乡党政干部职工、重灾户，给玉树州慰

5 月 12 日，果洛州党政领导慰问玉树州玉树县小苏莽乡江西村受灾户　　（果洛州民政局　提供）

问金 50 万元、小苏莽乡 10 万元，每个重灾户 3000 元；并到玉树县前进村、巴干村，看望慰问果洛赴玉树灾区参加抗震救灾的公安特警和卫生防疫队工作人员。

截至 7 月 9 日，全州接收捐赠玉树抗震救灾物资折款 210.7 万元。其中，调运玉树棉帐篷 243 顶，折款 12.39 万元（玉树州民政局 242 顶，检察院 1 顶）；衣物价值 7.02 万元，药品价值 41.46 万元；饮料食品价值 36.84 万元；其他价值 1.45 万元。各救灾募集单位严格执行青海省玉树抗震救灾指挥部关于接收捐款捐物必须手续完备、专账管理、专人负责、专户存储、账目清楚的规定，及时向社会公开救灾款物的来源、数量、种类和去向，自觉接受社会监督，救灾款物的捐赠、管理、使用、接收、汇缴等各环节工作规范有序、公开透明、管理严格。州民政部门收到的各类捐款由州民政局汇入玉树州财政局设立的抗灾救灾指定账号；州红十字会收到的各类捐款由红十字会汇入省红十字会设立的抗灾救灾指定账号；团州委收到的各类捐款由团州委收转至玉树团州委；全州党员干部交纳的特殊党费，由州委组织部收转至省委组织部；州总工会收到的捐款由州总工会收转至玉树州总工会。收到的各类救灾物资由各地、各部门组织车辆运往玉树地震灾区，交至玉树州抗震救灾指挥部。

4 月 15 日，州委组织部号召全州中共党员以自愿多交纳党费的方式支援玉树抗震救灾。至 27 日，州委组织部机关通过爱心捐款、自愿多交纳党费等多种形式，向玉树灾区捐款 2.49 万元，组织大武地区和驻西宁干休所的离退休老干部为灾区捐款 4.08 万元，收缴自愿多交纳党费 104 万余元，并从州、县两级党费中筹资 10 万元支援灾区。选派 5 名政治素质和工作能力较强、懂藏语、汉语、身体素质良好的优秀县级后备党员干部，于 18 日 8 时到达玉树，在地震灾区帮助开展工作。

二、州直单位赈灾

4 月 15 日 10 时 30 分，州直机关干部职工开展向灾区捐款献爱心活动。州委、州人大、州政府、州政协领导带头，每人捐款 2000 元，州委政法委全体干部捐款 5800 元，在短短半小时内收到捐赠资金 37 万余元、新藏服 50 件、衣帽 49 件。同日，州直属机关工委下发《关于倡议广大党员自愿多交纳党费用于支援抗震救灾工作的通知》。次日，下发《关于州直机关各级党组织和广大党员干部积极投身支援玉树抗震救灾工作的紧急通知》。

州总工会退休干部关却、州人大退休干部尕岱和州医院退休干部军荣在得知多交纳党费的事情后，主动到州老干部局，分别交纳抗震救灾党费 1000 元。久治县人事局见习生、党员才卓，虽然月工资只有 600 元，但她仍旧主动多交纳党费 200 元。果洛州委党校教职工捐款 1.42 万元，交纳特殊党费 4674 元，校工会组织工会会员捐款 3500 元。

至 4 月 21 日 17 时，全州累计收到支援抗震救灾党员多交纳党费 92.99 万元。其中，州直机关单位党员自愿多交纳党费 24.08 万元，各县党员自愿多交纳党费 68.91 万元。全州自愿多交纳党费的党员 3879 人，其中交纳千元以上党费的党员 116 人。所有多交纳党费汇缴省委组织部。

州人大常委会机关 32 名干部职工为灾区捐款 4.6 万余元。此后，23 名中共党员交纳特殊党费 1.39 万余元。州政协机关 37 名干部职工捐款 2.69 万元，14 名党员交纳特殊党费 5700 元。正在四川调研考察的 3 位副主席和秘书长打电话委托工作人员捐款。因病在外地治疗的副主席图旦·龙杨多杰委托家人，通过班玛县民政局向灾区捐款 18 万元，并购买价值 3 万元的方便食品、炒面、大米等送往灾区。在久治县的副主席尕昂尼玛通过久治县民政局捐款 12.88 万元。与此同时，州、县政协委员也在所在单位和地区的捐款捐物活动中积极发挥带头作用，州政协委员、久治县政协副主席次科为灾区捐款 9 万元；省、州政协委员，甘德县龙恩寺寺主宏格多杰，发动全寺僧人捐款近 30 万元，购买 50 余吨日常生活用品送往灾区。

4 月 15 日 12 时，州总工会及 6 县总工会筹措资金 10 万元送往玉树灾区。玉树地震发生后，州总工会与州民政局等单位一起组织州直机关干部职工捐款 37 万元；各县总工会与县民政等部门组织县直机关及各乡镇干部职工捐款 178.29 万元，捐物折价 12.57 万元。15 日，州总工会给全州行政企事业单位及劳动模范发出为玉树灾区捐款的通知，至 19 日 17 时，收到行政企事业单位职工及劳动模范（以下简称"劳模"）捐款 1.766 万元。其中，州自来水公司职工捐款 410 元，州供暖公司职工捐款 950 元，州江源公司职工捐款 1230 元，州路桥公司职工捐款 520 元，州大武饭店职工捐款 1000 元，州运输公司职工捐款 800 元，果洛州利众汽车出租公司职工捐款 5000 元，州检察院干部职工捐款 2750 元，劳模刘峰捐款 300 元，劳模蒋小兰捐款 1000 元，劳模李启良捐款 1000 元，劳模李晓成捐款 500 元，劳模角巴加捐款 1000 元，劳模马学金捐款 200 元，劳模泽珍·达日杰捐款 1000 元。果洛州利众汽车出租公司工会组织公司职工，积极参与玛沁县公安局交警支队组织的捐款活动，捐款 10.08 万元。至 22 日，果洛州总工会组织行政企事业单位职工为玉树灾区捐款 165.7 万元，捐赠物资价值 12.6 万元。

果洛州妇联向全州广大妇女发出《众志成城抗震灾　八方支援献爱心》的倡议书。共青团果洛州委员会、果洛州青年联合会向共青团玉树州委员会、玉树州青年联合会发出慰问电，同时向全州各级团组织发出《关于动员全州各级团组织和广大团员青年积极投入抗震救灾工作的紧急通知》，并在大武格萨尔广场举行向玉树灾区献爱心捐款活动。16 日，向全州各级团组织发出《关于交纳特殊团费支援抗震救灾的紧急通知》，至 18 日，果洛团州委收到全州各级团组织交纳的特殊团费 3.02 万元。至 20 日，共青团果洛州委募集到爱心捐款 11.75 万元和价值 2.5 万元的物资。玛沁县各级团组织和各界青年捐款 10.39 万元，甘德县各级团组织和各界青年捐款 6.2 万元，达日县各级团组织和各界青年爱心捐款 13.43 万元，班玛县各级团组织和各界青年捐款 6.22 万元，久治县各级团组织和各界青年捐款 17 万元，玛多县各级团组织和各界青年捐款 5.2 万元，共青团果洛州委及全体干部职工捐款 8100 元。20 日晚，由果洛团州委组织的"玉树不哭！玉树加油！果洛人民与你们同在！"祈福活动在大武格萨尔广场举行，广场千盏酥油灯和千根蜡烛照亮夜空，果洛州近 3000 名青年、学生、各族群众参加祈福活动。截至 5 月 13 日，果洛团州委收到爱心捐款及特殊团费 12.06 万元，与此同时，共青团果洛州委自筹价值 2.5 万元的新衣物 22 大袋。5 月 13 日，共青团果洛州委书记周吉一行 4 人前往玉树州开展爱心慰问活动。先后到玉树州孤儿学校、玉树团州委临时办公点、受灾团干部家、禅古村村民灾后临时安置点，向 60 名震后孤儿捐赠 60 套书包、文具盒等学习用品和爱心寄语卡片，向孤儿学校捐款 3 万元，向玉树团州委和玉树团县委捐赠慰问金 2 万元，给在地震中失去亲人并受伤的团干部仁措送去慰问金 1000 元，向禅古村小学的学生捐赠 40 套书包等学习用品和爱心寄语卡片，并捐款 1 万元。15 日早上，团州委一行人到玉树州抗震救灾指挥部，将 4 万元爱心捐款交到玉树州委副书记阿宝的手中。下午，慰问赴玉树州抗震救灾的果洛州青年公安特警和果洛州青年医疗卫生工作者，给他们带去果洛人民对他们的深深牵挂和敬意，并送去慰问金 4400 元。

果洛州共青团组织、团员青年支援玉树抗震救灾特殊团费、爱心捐款统计表

表 2-22　　单位：万元

序号	单位或个人名称	捐款金额	备注
1	青海威斯特铜业有限责任公司	5.00	爱心捐款
2	共青团果洛州委员会	0.30	特殊团费
3	果洛州广大团员青年	0.83	特殊团费
4	果洛州广大青年志愿者	1.48	爱心捐款
5	果洛州藏文高级中学团委	0.88	特殊团费
6	团玛沁县委	0.21	特殊团费
7	团甘德县委	0.10	特殊团费
8	团达日县委	0.30	特殊团费
9	团班玛县委	0.10	特殊团费
10	团久治县委	0.10	特殊团费
11	团玛多县委	0.10	特殊团费
12	州直属机关团委	0.10	特殊团费
13	4 月 15 日下午格萨尔广场捐款仪式	1.00	募集爱心捐款 特殊团费
14	青海电信公司果洛分公司	0.15	爱心捐款
15	扎西吉（州药监局）	0.10	爱心捐款
16	4 月 20 日晚格萨尔广场祈福活动	1.11	募集爱心捐款
17	州爱我家园环保协会	0.20	爱心捐款
合计		12.06	

宗教界政协委员组织所在寺院僧侣开展为灾区祈祷诵经活动。至 4 月 20 日，全州宗教界人士为灾区捐款 134.69 万元，捐物折合 33 万元。向灾区派遣僧侣 60 余人开展抢险救灾活动。全州各寺院举行诵经祈祷法会 300 余场次，参加法会僧众 4 万余人次。果洛州道扎福利学校捐赠 8340 元，果洛雪域大吉利众藏医药学校捐款 3800 元，德洛拉杰·班玛洛周（活佛）举行佛事活动并捐款 1.01 万元。

至 4 月 26 日，全州政法干警向灾区捐款共计 64.489 万元。其中，州委政法委捐款 6950 元，州公安局捐款 70150 元，州检察院捐款 5 万元，州法院捐款 8.43 万元，州司法局捐款 2.59 万元，州国家安全局捐款 1.34 万元，玛沁县政法部门捐款 7.02 万元、捐物折价 8900 元，久治县政法部门捐款 6.12 万元、捐物折价 1 万元，玛多县政法部门捐款 9.62 万元、捐物折价 6000 元，班玛县政法部门捐款 7.73 万元，达日县政法部门捐款 4.627 万元，甘德县政法部门捐款 18120 元。果洛检察机关和广大干警向灾区检察机关捐款 11.909 万元。其中，州检察院捐款 5 万元，玛沁县检察院捐款 1 万元，玛多县检察院捐款 1 万元，班玛县检察院捐款 5000 元，达日县检察院捐款 5000 元，久治县检察院捐款 5000 元，甘德县检察院捐款 5000 元；检察干警个人捐款中，州检察院干警捐款 1.11 万元，玛沁县检察院干警捐款 3190 元，玛多县检察院干警捐款 4100 元，班玛县检察院干警捐款 1900 元，达日县检察院干警捐款 5500 元，久治县检察院干警捐款 2100 元，甘德县检察院干警捐款 1200 元。全州检察机关中共党员交纳特殊党费 12.5 万元。州检察院干警杭丹，前后两次通过州红十字会以个人名义向灾区捐款 4000 余元，并多次到道扎孤儿院看望玉树籍孤儿学生，给学生们送去学习生活用品。全州两级法院筹备价值 72.58 万元的帐篷 21 顶、发电机 3 台、被褥 50 套、太阳能光伏电源 1 套和价值 2000 元的药品，以及方便面、矿泉水、蜡烛、榨菜、火腿肠、面包等救灾物资，并派专人送往灾区；全州法院及干警个人捐款 35050 元，按规定交往当地民政部门。

州财政局干部职工个人捐款 3500 元，中共党员交纳抗震救灾特殊党费 3300 元，单位捐款 5 万元。全州新闻宣传系统捐款物 7 万元。州审计局机关干部职工捐款 5000 元。在再次开展的为玉树审计同行送温暖、送光明、送希望活动中，州及州属各县审计机关和干部职工捐款 2 万元。

州文体广电局系统职工捐款 42490 元，其中党员交纳特殊党费 1.13 万元。州电视台干部职工捐款 1.24 万元，捐衣物 90 件；党员交纳特殊党费 3200 元。州人事局干部职工为玉树地震灾区捐款 6500 元，全州各自主择业军队转业干部党支部 187 名自主择业军队转业干部捐款 3.02 万元。州人力资源社会保障局筹措救灾资金 5000 元，干部职工捐款 1.07 万元。州烟草专卖局干部职工捐款 1650 元，州委机要局干部职工捐款 4700 元，州委组织部、州老干部局干部职工捐款 1.69 万元。卫生系统党员交纳特殊党费 55150 元，职工捐款 8.34 万元，合计 13.855 万元。

在整个抗震救灾活动中，州卫生系统投入救灾物资价值 25.6 万元。州中心血站全站 8 名职工、党员干部为玉树灾区捐款 2100 元。

州发展改革委干部职工向灾区捐款 2.96 万元。其中，18 名党员交纳特殊党费 1.8 万元，委机关干部职工 12 人捐款 6400 元，州物价局 8 人捐款 3000 元，州粮食储备库 5 人捐款 2200 元。特殊党费上交州委组织部机关工委，个人捐款统一交州民政局。

州环境保护局和水利局及下属州环境监察支队、州水利水保站干部职工共 17 人，向玉树灾区捐款 4500 元，7 名党员交纳特殊党费 2700 元。

果洛州东格尔驾驶员学校通过交通局向玉树灾区捐款 2 万元，通过州人民政府捐款 1 万元。州统计局工作人员为玉树灾区捐款 4800 元。

全州经贸系统捐款和多交纳党费 119.415 万元。其中，州经贸委机关党员干部捐款 1500 元，多交纳党费 2200 元；6 县经贸委党员干部捐款 2.44 万元，多交纳党费 5100 元；企业捐款 105.3 万元，企业职工捐款 107950 元。

州食品药品监督管理局组织全系统干部职工捐款 1.1 万元，12 名在职党员及 1 名退休党员自愿交纳特殊党费 3300 元。

州民语办 6 名工作人员为玉树灾区捐款和多交纳党费 6000 元。州农牧和林业局在得到地震消息后，立即向玉树州农牧局和林业局分别打电话询问灾情，表示慰问，并于 16 日发出慰问信，全局捐款 1.394 万元。其中，通过民政部门捐款 7660 元，20 名党员交纳特殊党费 3400 元，工会会员捐款 2770 元，4 名共青团员捐款 110 元。州编制办公室干部职工 13 人为玉树震灾区捐款 8250 元。地税局干部职工通过民政部门和邮政爱心包裹为玉树灾区首次捐款 16650 元，定向为受灾的玉树地税干部自发捐款 1.4 万元、捐物价值 2800 元。州质监局干部职工在地震当日捐款 1 万元，共产党员交纳特殊党费 1800 元。

4 月 14 日，中国人民银行果洛州中心支行党委召开会议，启动应急预案，开通国库资金绿色通道。同时决定立即捐款捐物，并组成由党委委员、工会主任徐尚功带队的赈灾小分队赶赴玉树赈灾，向灾区捐赠救灾帐篷、矿泉水、方便面、手电筒等。中国人民银行果洛州中心支行成为人民银行系统第一个到达灾区赈灾的中心支行。中国人民银行果洛州中心支行为玉树地震灾区捐款 2 万元，全行 61 名干部职工捐款 1.46 万元，共计 3.46 万元。中国银行业监督管理委员会果洛监管分局在发出慰问信的同时捐款 8000 元，分局 21 名干部职工捐款 1.8 万元，共计 2.6 万元。同时，组成由党委书记、局长徐尚彪带队的赈灾小分队赶赴玉树赈灾，向灾区捐赠救灾帐篷、矿泉水、方便面、手电筒等生活急需日用品。农行果洛分行党委迅速组织召开全员大会，及时向全辖 6 个县支行发出援助信号，全面开展向玉树灾区农行同胞献爱心捐款活动。至 15 日 18 时，二级分行机关及 6 县支行员工向受灾行捐款 3.8 万元。其中，单位捐赠 2 万元，员工捐赠 1.8 万元。所有捐款由慰问小组直接送往灾区农行玉树分行，并派遣两名前台柜员前往灾区，帮助玉树兄弟行早日渡过难关，尽快恢复经营活动。农发行果洛分行员工捐款 7200 元，及时汇往农发行青海省分行救灾账户。

4 月 15 日，州气象局员工捐款 34450 元。其中，25 名党员交纳特殊党费 3550 元，全局职工 118 人捐款 2.5 万元，妇女职工 36 人捐款 5900 元。果洛统计调查队捐款 2000 元。果洛公路总段机关、大武公路段、大武路政大队干部职工，为灾区捐款 3.595 万元；总段机关及大武公路段和路政大队 49 名党员多交党费 1.03 万元。州邮政局 79 名职工捐款 2.23 万元，34 名党员交纳特殊党费和爱心包裹分别为 4400 元、2400 元，捐款上交省邮政公司工会，由其转交灾区。

三、各县赈灾

（一）达日县

达日县委、达日县人民政府向全县发出倡议，在全县开展为玉树灾区捐款活动。截至 15 日 18 时，全县捐款 22.44 万元。至 18 日 16 时，全县募捐善款 32.92 万元。妇女募集 2.88 万元，团员青年、少先队员捐款 1.68 万元，宗教界捐款 3000 元，县教育系统捐款 2 万元，离退休老干部捐款 10650 元。个体户、私营企业捐款 58.3 万元。居民卓保个人捐助价值 10 万元的食品、药品和衣物，并雇车送往灾区。全县报名参加玉树抗震救灾的青年志愿者 200 人，宗教界僧侣自发组成志愿者队伍赶赴玉树灾区参加救援。至22日，上红科乡乡机关党员干部职工、基层干部、老职工老党员老干部、个体工商户捐款4800元，下红科乡党员、团员、干部职工捐款6810元，满掌乡机关干部职工、牧委会捐款5140元，特合土乡捐款4300元。全县投入救灾物资价值18万元。

藏传佛教查郎寺捐款5万元、捐物折价5万元，年毛寺捐款7万元、捐物折价12万元，桑日麻寺捐款1000元，特合土寺捐款1.3万元，德昂寺捐款3.94万元，莫巴寺捐款1000元，岗巴寺捐款2510元，多日瓦寺捐款1000元，红科寺捐款2万元，东穷寺捐款3600元，全县僧人个人捐款1.33万元。达日县寺院、僧人合计捐款21.481万元，捐物折价17万元，其中部分捐赠款物直接送达灾区。

截至4月22日，全县筹集善款100.16万元、救灾物资折价10万元。其中，用于抗震救灾的费用和药品款22万元，特殊党费12.43万元（含离退休老党员交纳1.63万元），社会捐款65.73万元。妇女捐款2.88万元，共青团捐款1.3万元，工商界捐款5.83万元，离退休老干部捐款1.065万元，干部职工及社会各界人士捐款9.44万元，宗教界捐款19.76万元。上述捐款捐物中，有35.57万元的善款和价值10万元的食品、药品、衣物送抵灾区。

（二）玛多县

玛多县离玉树县结古镇只有300多千米，是果洛州距离灾区最近的一个县。地震发生后，玛多县委、县政府立即召开会议，抽调卫生专业技术人员10名、救护车2辆，公安干警20名、警车3辆和参加过“5·12”汶川特大地震救援的复转军人1名、后勤保障人员5名，组成救援队，携带价值7.2万元的灾区急需食品、药品和简单救援器械及部分饮用水、方便食品。15日上午10时，玛多县举行支援玉树抗震救灾捐款仪式。全县党政主要领导干部，纷纷带头捐款，县直机关、各乡镇干部职工、个体工商户纷纷伸出援助之手，为灾区人民献爱心。捐款活动共收到捐款13.6万元。其中，单位捐款6.2万元，干部职工和个体工商户捐款7.4万元。中午11时，玛多县向玉树地震灾区捐赠的第二批价值6.56万元的方便面1400件、火腿肠100件、矿泉水100件、面包750千克，以及价值2.6万元的应急药品等救灾物资启程送往玉树州结古镇。

至4月18日16时，玛多县共为玉树灾区捐款15.6万元，投入救灾物资价值13.76万元。至19日，玛多县县直机关及各乡镇干部职工捐款16.84万元。措哇尕泽寺捐款1370元，和科寺捐款1.32万元，卡科寺捐款2万元、捐物折价1万元。玛多县各寺院合计捐款3.457万元，捐物折价1万元。玛多县卫生和人口计生系统各单位通过县红十字会个人捐款4670元，通过县民政局捐款3000元，个人捐款6260元，各单位党员交纳特殊党费2650元，累计捐款1.658万元。

4月24日，县长当周一行到玉树地震灾区，专程看望慰问坚守在抗震救灾第一线的玛多县救援队成员，并前往玉树州抗震救灾指挥部向玉树州政府捐赠现金50.7万元。至5月10日，全县各单位和干部职工筹募善款20.7万元，县政府捐助30万元，各级党组织672名党员交纳特殊党费13.46万元，临时党支部党员交纳特殊党费1.32万元。

玛多县电信公司在国道214线旁设立志愿服务点，为外来救援人员和受灾群众提供各项免费服务。至21日，为外来救援人员和受灾群众提供免费报平安电话230人次，免费氧气袋270袋，免费吸氧100余次，免费提供水和食物价值1500余元。玛多县电信公司全体党员先后3次为灾区捐款2570元。玛多县地税局为畅通和方便西宁至玉树抗震救灾大通道救灾人员和物资通行，先期投入3000元，在玛多县三岔路口设立玛多县地税局抗震救灾志愿服务点，为过往救灾车辆及人员免费提供热开水、矿泉水、奶茶、方便面等食品，以及在高原抢险救灾必需的抗缺氧、抗疲劳及感冒、消炎类常用药品，并为过往司机人员主动提供玛多至玉树段公路路况及气候信息咨询。

（三）玛沁县

4月16日，玛沁县、乡两级政府同时组织开展抗灾救灾爱心捐赠活动，全县共计捐款197万余元，捐物价值25万余元。玛沁县各寺院自发为灾区进行诵经祈福活动，为玉树灾区捐款16万余元，并组织救援小分队将救灾物资送往灾区，赴灾区开展抗震救灾。至18日16时，全县投入救灾物资11.8万元。至19日，县直机关及各乡镇干部职工捐款33万元，县委组织部收到党员交纳特殊党费10.12万元。雪山乡阴柯河村党支部书记扎保亲自到县委组织部交纳特殊党费500元；退休老干部措尕和增托夫妇到县委组织部交纳特殊党费1000元；退休在西宁的贺北海老人交纳特殊党费1000元的同时，组织在西宁的退休老干部交纳特殊党费共计7032元，并将特殊党费电汇到县老干局。

4月23日，县长才让多杰、政协主席多伟及民政、财政等部门负责人代表县四大班子，将县政府捐款60万元和全县社会各界捐款40万元以及价值8.5万元的捐助救灾物资、价值8万元的捐赠药品运往地震灾区，交至玉树县抗震救灾指挥部。玉树抗震救灾期间，拉加寺派10名僧人赶赴灾区参加救援工作，并将13万元捐款送往灾区；喇日寺派3名僧人赶赴灾区参加救援工作，并将6万元捐款送往灾区。县法院干警捐款3800元，连同单位捐款8000元和2顶棉帐篷、1套太阳能设备，直接送往灾区。

（四）甘德县

4月14日，县委、县政府研究决定，由财政拨付救灾专款50万元，另购买羊肉80件、牛肉40件、帐篷30顶、价值42万余元的医疗器材和救灾药品，以及方便面、矿泉水、牛奶等救灾物资，共计折价62.28万元，15日15时启程送往灾区。16日11时，甘德县赴灾区救援组为玉树州孤儿院送去羊肉60件、牛肉40件、矿泉水50箱、牛奶100箱，以及价值2400元的藏药、价值5000元的西药等物资。

4月16日下午，在甘德县城吾勤广场开展的抗灾救灾爱心捐赠活动，县委各部门、县政府各单位、各乡镇党委政府以及省、州驻县各单位捐款12.55万元，干部职工捐款11.65万元，共计24.2万元。至18日16时，甘德县社会各界捐款50万元，投入救灾物资62.28万元。

4月19日16时，甘德县赴玉树灾区救援组在玉树州副州长才让陪同下，第二次对玉树州孤儿院进行慰问。慰问组将共青团甘德县委捐赠的100件新衣穿在孤残儿童的身上，同时送去方便面50箱、矿泉水50箱及价值1万元的消毒药品。6月9—11日，由县委常委、组织部部长谢德荣，县妇联主席多秀卓玛率领工作组，赴玉树灾区开展慰问活动，在玉树禅古村看望受灾妇女儿童，送去慰问金4万元，以及价值2.22万元的大米650千克、挂面20箱、食用油

125 千克、酥油 354 千克、曲拉 143 千克、蕨麻 7 千克、藏式点心 6 千克、粉条 125 千克以及“爱心妈妈”赶织的儿童毛衣 90 件。

4 月 17 日上午 9 时，由甘德县岗龙乡夏日乎寺院部分僧众和岗龙乡恰不将牧委会、隆木切牧委会部分牧民群众共 25 人自愿组建的赴玉树县抗震救灾小分队，携岗龙乡夏日乎寺院部分僧众和岗龙乡恰不将牧委会、隆木切牧委会部分牧民群众捐助的 12 万元资金和价值 13 万元的各类救灾物资，前往灾区抗震救灾。甘德县下藏科乡扎西曲龙寺，在驻寺活佛藏哇·尖德的倡议下，为玉树灾区捐款 4 万元，并捐赠衣服、被褥等物资。19 日，龙什加寺及周边信教群众捐款 5267.7 元，龙什加寺活佛拉合叁捐款 1000 元，班玛闹吾活佛捐物价值 5 万元；多利多卡寺及周边信教群众捐款 2909 元，哇英寺捐款 3730 元，恰义寺民管会捐款 1500 元，噶智格尔寺民管会捐款 1000 元，哈果寺民管会捐款 500 元，龙恩寺及周边信教群众捐款及赠物价值共计 35 万元，东吉多卡寺民管会僧侣、周边信教群众捐款 2 万元。龙恩寺僧人罗桑曲杰，通过青海慈善协会向玉树灾区捐助善款 20 万元，同时到西宁各大医院慰问灾区伤病员 90 名，给每人送去慰问金 50 元，累计金额 4500 元。至 21 日，甘德县宗教界人士和各寺院捐款 760406.7 元。从玉树大地震发生至 5 月 4 日，甘德县宗教界捐款和捐物价值共计 125.85 万元。

（五）久治县

4 月 14 日，县委、县政府迅速做好支援灾区抗震救灾的准备工作，并号召社会各界为灾区人民捐款捐物。17 日 15 时，久治县组成慰问团和医疗救护队赴玉树地震灾区开展慰问工作和医疗救援。至 18 日 16 时，全县捐款 102 万元，投入救灾物资 4.6 万元。久治县 473 名党员交纳抗震救灾特殊党费 9.52 万元，其中党支部交纳 2325 元。白玉寺活佛尕昂尼玛捐款 12.29 万元。康赛寺捐款 5000 元。白玉寺派僧人 12 名赶赴灾区参加救援工作，并将 8 万元救灾物资和 11.48 万元捐款送往灾区。德合龙寺捐款 7.23 万元，洛桑加羊活佛捐款 5000 元。隆格寺捐款 1500 元，东宗寺捐款 1575 元，宁友格鲁寺捐款 5000 元，宁友觉囊寺捐款 1000 元。门堂寺派 2 名僧人赶赴灾区参加救援工作，并将寺院捐款 1 万元和多杰旦活佛个人捐款 10 万元送往灾区。尖木达寺捐款 4 万元，其他寺院捐款 6 万元，阿绕寺才保活佛捐款 500 元。全县宗教界合计捐款 41.18 万元，捐物折价 8 万元。

（六）班玛县

4 月 15 日上午 12 时，县工商局组织全体干部、企业和个体工商户在工商局办公楼前开展募捐活动，至 15 时，募捐现金 1.73 万元，所捐钱款通过州个体劳动者协会送往地震灾区。下午，县民政局组织向玉树灾区群众献爱心捐款活动，募集善款 25 万余元。16 日晚，县卫生和人口计划生育局从县医院、县疾控中心抽调技术骨干 8 人组成急救医疗组，由县卫生和人口计划生育局局长赛吉带队到达玉树灾区赛马场救灾点，开展医疗救治工作，同时将带去的价值 8000 元的大米、面粉、蔬菜、方便面、矿泉水等物品，发放给当地受灾群众。

县委、县政府筹措价值 5 万元的生活必需品及 7 万元的救援应急帐篷 10 顶和被褥 100 套，于 4 月 17 日 7 时，由副县长张进舟和副县长、公安局局长华多带队送往灾区。

4 月 17 日，县江日堂民间格萨尔王艺术团自发组织在人民路举行“众志成城、抗震救灾爱心捐款”活动，至 17 时收到爱心募捐 1 万元。县教育局在派出救灾援助人员 21 名的同时，在全县教育系统发起支援青海玉树“4·14”抗震救灾募捐活动，收到捐款 4.3 万元；18 日，再次组织全县教职工向灾区捐款 50 万元，捐赠毛毯 500 条、帐篷 100 顶、被褥 1000 套，以及面粉、大米、糌粑等食品 60 吨；局党支部捐出党费 2300 元。县法院干警捐款 12950 元，捐赠帐篷 2 顶。

4 月 19 日，班玛县 23 座寺院僧侣及县藏族中学、慈善学校学生近千人聚集在菩提塔下，举行为玉树灾区同胞祈福仪式，点灯诵经，祈福受灾群众早日解脱困苦、快乐安康、吉祥圆满。同时，开展为灾区募捐活动，现场募捐到善款 12.58 万元。截至当日，班玛县县直机关及各乡镇干部职工共计捐款 25 万余元。

县民政局积极协同县统战和民族宗教部门向全县寺院及宗教界人士发出倡议，号召僧侣和宗教界人士发扬佛教慈悲济世、救苦救难的传统美德，向玉树灾区捐款捐物。知钦乡多智钦寺捐赠款物 21 万元。其中，现金 18 万元，食品等救灾物资价值 3 万元。知钦寺龙杨多杰活佛捐款 18 万元、捐物折价 3 万元，扎洛寺民管会主任公却才让捐款 1.2 万元、捐物折价 20 万元，唐尕玛寺成列尼玛活佛捐款 2 万元，白扎寺民管会主任门杰捐款 1 万元，江日堂民间格萨尔艺术团捐款 1 万元，华日德寺僧人和周边群众捐款 7100 元，多贡麻寺民管会主任拉参捐款 5000 元，吾扎寺和周边群众捐款 2493 万元，灯塔寺民管会主任尕昂多杰捐款 2000 元，卡昂寺活佛俄才捐款 1700 元，邦义寺捐款 1500 元，特合土寺捐款 1000 元，桑谢班洛活佛捐款 1000 元，僧人格勒捐款 1000 元，僧人桑尖捐款 500 元，民管会主任加羊尼玛捐款 350 元；各寺院僧人捐款 11.17 万元。全县宗教界合计捐款 36.73 万元，捐物折价 23 万元。

四、企业赈灾

玉树大地震发生后，紫金矿业集团公司董事长陈景河、总裁罗映南明确要求在果洛的下属公司威斯特公司迅速投身到抗震救灾的各项工作中。威斯特铜业公司董事长谢健强、总经理罗耀坤迅速召开专题会议，主动向果洛州政府请求参加玉树抗震救灾工作，公司组织的救援队包括工程机械驾驶、管理和技术人员 16 人，救灾车辆 6 辆。其中，2 辆皮卡车、1 辆越野车载满价值 2.5 万元的矿泉水、饮料、面包、饼干等食品及帐篷、被褥、大衣和炉子等生活用品，3 辆平板车分载 1 台铲车、2 台挖掘机，于 4 月 15 日 17 时从矿区出发前往玉树；同日，由副总经理黄金德代表公司向灾区捐款 5 万元。至 19 日，紫金矿业集团公司领导代表集团公司及全资子公司向灾区捐款 150 万元。果洛州雪域珍宝有限责任公司组织全体员工捐款捐物，筹集救灾资金 4.59 万元。20 日，公司董事长吉美坚赞不畏艰辛，亲自赴玉树地震现场慰问受灾群众和发放价值 1333 元的糌粑，以及 50 千克酥油和 50 箱藏式奶酪，并将其余 4.46 万元现金发放到受灾群众手中。至 22 日，果洛州工商局、个体私营协会组织个体工商户和私营企业捐款 14.2 万元，捐赠物资价值 1.9 万元。

第八节　黄南藏族自治州赈灾

一、全州赈灾工作

4月14日，黄南藏族自治州（以下简称“黄南州”）州委、州政府紧急召开会议，部署支援玉树灾区工作。15日一早，迅速将筹集到的20万元救灾资金汇往灾区；下午，价值3万元的200件方便面、50件早餐饼干、30件火腿肠、30件榨菜等灾区应急食品启程运往灾区。至18时，全州共为玉树灾区募集捐款72.48万元。

4月16日上午，副州长阿更登、州民政局局长万玛等，携现金40万元，带领满载着价值65万元的100顶帐篷、600箱矿泉水、500箱方便面、300件鸭绒服等救灾物资的运输车队，紧急奔赴玉树灾区，支援抗震救灾。州政协常委更登桑布组建的更登桑布慈善协会，捐赠价值389360元的运动服1060套、风衣1040件、棉衣810件、棉被520床、方便面330箱。该批赈灾物资于17日运往玉树灾区。

截至5月5日15时，全州社会各界为玉树灾区累计捐款809.935万元，捐赠物资折价405.508万元，总计1215.443万元。其中，通过州民政部门捐款429.33万元，捐赠物资折价148.61万元；通过州总工会捐款160.33万元，捐赠物资折价5万元；通过州委组织部交纳特殊党费103.39万元；通过州卫生局（红十字会）捐款15.97万元，捐赠物资折价11.7万元；通过各寺院向灾区捐款644950元，捐赠物资折价789680元；乡镇、村社群众自发送往灾区捐款16.8万元，捐物折价157.25万元。还有通过团州委、邮政、药监、各寺院捐往省民政厅以及宗教人士到各医院慰问伤员等渠道捐款19.62万元，捐物折价3.98万元。

5月8日，州委书记李选生率黄南州党政慰问团一行16人，带着63万元慰问金和物资，先后到玉树州、玉树县和玉树县上拉秀乡、玉树县第二民族中学、上拉秀乡加吉娘社区看望各级党政干部、学校师生、农牧民群众及黄南州派驻玉树州抗震救灾的公安干警、医护人员和党政干部。

二、州直单位赈灾

4月14日，州总工会向玉树灾区捐款5万元，州总工会机关干部职工捐款3200元；州纪委监察局领导赴玉树，给玉树州纪委监察局送去慰问款1万元。全州纪检监察系统干部通过向民政部门捐款、自愿交纳特殊党费等形式捐赠2.85万元。

至4月17日15时，州民政系统累计接收捐款895.34万元；收到州水电开发公司捐赠的棉衣裤100套、方便面20箱、矿泉水20箱，州食品药品监督管理局捐赠的价值17.6万元的

4 月 17 日，黄南州隆务寺等捐赠的救灾物资集中在隆务寺门前广场等待装车起运

（黄南州民政局　提供）

4 月 18 日，各界群众向玉树灾区捐款

（黄南州民政局　提供）

化学药品、藏药制剂、消毒产品、卫生材料等 34 个品种 240 余件，以及矿泉水、方便面等 60 箱。该批物资由州食品药品监督管理局负责运往玉树灾区。

4 月 19 日上午，州地税局捐赠价值 79.13 万元的电视机及接收器和炒面、酥油、牛羊肉、馍馍、锅灶、鼓风机、喷灯等物资，直接运往玉树灾区。20 日，州民政局收到河南县捐款 5 万元，黄南州驻西宁离退休干部捐款 2.13 万元，州银监局捐款 1.33 万元；21 日，收到捐款 44.69 万元（包括隆务清真寺捐款 1.5 万元，同仁县建筑开发有限公司 1 万元，李家峡建筑开发有限公司 1 万元）。22 日，黄南州总工会通过省总工会捐款 116.1 万元；州工商局、个体私营经济协会组织个体工商户和私营企业捐款 13.1 万元，捐赠物资折价 2.5 万元；州直机关捐款 55.54 万元。24 日，州民政局收到泽库县捐款 104.94 万元。州福利慈善卫生中心关却加捐款 1 万元，州就业局退休干部夏吾加捐款 1000 元。

至 4 月 25 日 15 时，州民政系统累计接收捐款 339.24 万元，接收捐赠物资折价 146.23 万元。当日，灾区 220 名玉树籍学生转移到黄南州就读，州民政局从募捐资金中开支 30.1 万元，作为玉树就读学生所需被褥等生活用品和伙食费用。28 日，黄南建筑工程总公司韩有发为灾区捐款 1 万元，州水电开发公司为玉树地震灾区捐款捐物 7.5 万元。

三、各县赈灾

（一）同仁县

灾情发生后，县委、县政府高度重视，紧急召开会议，安排部署救灾援助相关工作。4 月 15 日，县民政局向全县各乡镇、社区发出倡议，倡议以捐款方式为灾区困难群众提供关怀和援助，为灾区重建贡献力量。倡议发出后，在全县各乡镇、社区引起了广泛的响应。同仁县隆务、曲库乎等乡镇村民向灾区捐赠 7000 余个焜锅及炒面、酥油、砖茶、方便面等。年都乎乡尕沙日村 80 岁的老党员曲毛太，家中缺少劳动力，生活困难，家庭日常开销主要靠最低生活保障。15 日一大早，她来到村党支部，向党组织交纳特殊党费 50 元。同仁县隆务寺及其他各寺院和各村捐赠价值 13 万元的馍馍、酥油、炒面、矿泉水、方便面、毛毯等救灾物资，于 17 日晚运往玉树灾区。

（二）尖扎县

接到灾情通报后，县委、县政府召开会议，就抗震救灾工作作了部署，并由尖扎县人民政府副县长阚广宏和县民政局局长才让端智拉运紧急调拨的总价值 28.8 万元的救灾物资和药品（帐篷 50 顶、棉被 300 床、方便面 280 箱、饼干 10 箱、火腿肠 30 箱、5.1 万元的药品）前往灾区。尖扎县祥龙配送中心自行为灾区拉运去价值 1.5 万元的方便面。

4 月 15 日上午，开展了全县干部群众、学生、离退休人员和社会各界向玉树地震灾区捐款活动，全县 55 个单位、1940 人次参加捐款。截至 15 日 18 时，共募集到善款 28.98 万元。所有募集到的善款全数送往玉树地震灾区。

4 月 16 日早晨，身患重病的尖扎县康杨镇西么拉村党支部书记王占华，专门委托他人把自愿多交纳的 5000 元党费，送往尖扎县委组织部。尖扎县德欠寺赛赤活佛捐款 3000 元。坎布拉镇直卡村保下藏社村民闹果捐款 1000 元。坎布拉镇尕布村村民斗合太捐款 1 万元。李家峡建筑开发有限公司经理张维国捐款 1.2 万元，其弟张维权捐款 3000 元。县祥龙配送中心捐赠折价 2.5 元的方便食品和日用品，并派车运至灾区。

6 月 1 日，尖扎县妇联干部职工，带着 14 套运动服、14 套生活日用品等节日礼物，看望地震后到黄南州儿童福利院的 14 名玉树籍孤儿，为他们送去节日的美好祝愿。

（三）河南县

河南县赛尔龙乡尕庆村 60 岁的卸任村党支部书记、全国劳动模范索南，得知玉树发生地震后，赶着 100 只羊，带着 600 元现金到乡政府，准备雇车把羊送往灾区，被乡上工作人员拦下来，告诉他通往灾区的道路目前限制通行。多松乡完小代课教师更尕，家有 7 口人，月工资仅有 1000 元，他拿出多年积蓄 1 万元捐给玉树灾区。柯生乡柯生村党支部书记公保加交纳特殊党费 5000 元。月工资仅有 590 元四五十岁再度就业的周毛措，为灾区捐出 1000 元。

（四）泽库县

灾情发生后，县委、县政府召开专题会议，要安排部署抗震救灾工作，广泛宣传动员全县各级党政部门、各企事业单位、各社会团体、群众组织及各界各族群众发扬人道主义精神，积极开展为地震灾区募捐活动。截至 4 月 24 日，共捐款 104.94 万元。其中，泽库县国税局干部斗格杰布捐款 1 万元，宗教人士谢日布、巴格日各捐款 1 万元。

第三篇 志愿者赈灾服务

玉树大地震发生后，共青团中央，共青团青海省委、青海省青年志愿者协会，各省、自治区、直辖市团组织、青年志愿者组织积极联络、协调、部署，来自北京、重庆、四川、陕西、青海等省内外共 29 支志愿者队伍在西宁、玉树参与抗震救灾志愿服务。青海省各级团组织、省红十字会、大专院校以及部分机关单位、企业，分别组成志愿者服务队或小组，积极主动参加救灾、赈灾工作。省内各地、群众民间志愿者积极行动、自发组织，迅速前往灾区一线或在当地参加救灾、赈灾活动。共青团玉树州委组织的红飘带青年志愿者队伍，由青海本地和来自吉林、福建、北京等省市的青年志愿者组成。省内外、港澳台地区和国外有组织的或自发的志愿者，特别是在灾区的志愿者和义工，通过与红十字会、慈善会等社会组织以及工会、共青团、妇联等人民团体联系，广泛参加募集救灾款物、抢险救灾、物资转运、伤员救护、物资分发、心理抚慰等赈灾服务，成为玉树地震救灾、赈灾的一支重要力量。

众志成城　抗震救灾

第一章　省内志愿者赈灾服务

第一节　有组织志愿者服务

一、组织发动

（一）共青团

4月14日上午9时，共青团青海省委紧急召开书记办公扩大会议，对共青团参与抗震救灾工作做出安排部署。筹备第一批共青团青年突击队支援灾区所需救灾物资，并发出《关于紧急招募医疗卫生抗震救灾青年志愿者的通知》和《致玉树州青年志愿者的慰问信》。同日，青海青少年发展基金会向全国各省市、自治区基金会发出志愿抗震救灾邀请函。《青海青年报》和青海共青团网站开辟“众志成城、抗震救灾”专版专栏，对抗震救灾工作进行深入报道，及时、准确、高效地向省委、省政府、团中央报送全省各级团组织、团员青年、青年志愿者抗震救灾信息。

共青团青海省委、省青年志愿者协会面向全省紧急招募医疗卫生专业青年志愿者，组建青年医疗卫生志愿者抗震救灾服务队，赴玉树灾区开展抗震救灾工作。14日晚，团省委、省志协招募的7名医务人员从西宁赶赴灾区。他们是第一批赶赴灾区的省内志愿者。

震后不到4个小时，共青团玉树州委、玉树县委紧急招募37名团员、青年、中小学生成为首批抗震救灾红飘带志愿者。在接下来的几天中，红飘带青年志愿者人数猛增到上千人。共青团青海省委在西宁汽车站二楼应急候车室，设立临时办公点，接待、登记、安排来自四面八方的大学生、公司职员、自由职业者等志愿者。至18日10时，共青团系统组织省内6支志愿者队伍参与到玉树抗震救灾志愿服务工作中。至19日11时，团青海省委对接各地团组织派遣的志愿者队伍超过10批。14日，共青团果洛州委发出《关于动员全州各级团组织和广大团员青年积极投入抗震救灾工作的紧急通知》；20日晚，共青团海南州委接到“关于组织10名青年志愿者参加抗震救灾的通知”后，连夜组织青南计划志愿者、西部计划志愿者和自愿加入志愿者队伍的青年10人，共同组成海南州抗震救灾青年志愿者服务队。

（二）省红十字会

省红十字会组织发动红十字志愿者2500多人，其中注册的红十字志愿者500余人。这些志愿者来自不同民族、从事不同职业、具有不同文化层次和处在不同年龄段，分别义务担当救灾物资的搬运、装卸、运输、管理工作，或为抗震抢险救援队伍、因灾伤病员、外地到青海红十字志愿者提供服务。

（三）大专院校

4月14日，省卫生职业技术学院发出招募志愿者的通知，通知公布仅仅几个小时，就有100多名学生报名。青海民族大学、青海师范大学、青海大学的行政、团组织和工会，下发文件和通知，先后动员、组织370多名大学生和教职工作为志愿者参加各种抗震救灾活动。

（四）其他单位和组织

省玉树抗震救灾指挥部发出招募康巴语志愿者的通知后，4月17日和21日，青海省民族宗教事务委员会选派机关干部和青海民族大学、青海师范大学双语志愿者组成的工作组，参与抗震救灾工作。19日上午，省人大常委会机关组成一支135人的志愿者服务队，投入救灾物资装卸、搬运工作。省政协机关成立志愿者服务组到医院、车站或服务于灾区来的伤病员，或参加物资装运。省妇联组成210人巾帼志愿者队伍，为玉树灾区妇女儿童提供服务。西宁市妇联紧急向全市发出倡议，向社会各界、全市家庭招募巾帼志愿者，支援救助灾区人民。另外，省教育厅、省社会科学联合会、青藏铁路公司、省司法厅、省监狱管理局、省工商联、省光彩事业促进会、青海乐平心理卫生咨询中心等单位和企业也动员、组织志愿者承担救灾物资装卸、灾后心理危机干预等工作。

4月26日，青海省妇联巾帼志愿服务队为玉树灾区群众服务

（青海省妇联　提供）

二、工作部署

团省委陆续组织3批47名志愿者服务队分赴灾区开展抗震救灾志愿服务活动。4月14日20时30分，首批抗震救灾青年突击队开赴灾区；15日7时，第二批青年志愿者抗震救灾服务队32人奔赴灾区开展志愿服务；同日12时，第三批医疗卫生和救灾保障志愿服务队，带着价值10万元的救灾物资赶赴灾区，为灾区救援提供医疗物资保障。15日上午，省教育厅抗震救灾领导小组召集省属各高校和西宁市教育局负责人，部署教育系统志愿者，进行抗震救灾心理救援工作。下午，共青团青海省委组织青海、四川、广州等地的899名志愿者前往灾区。

4月20日晚，团省委向共青团海南州委等团组织发出《关于组织10名青年志愿者参加抗震救灾的通知》，进一步部署志愿者救灾服务工作。其间，团省委组织省内青年志愿者救援队6支，青年志愿者救援队队员55人（团省委机关干部20人、青海红十字医院8人、青海卫生职业学校27人），青年志愿者救援队捐助物资价值44.6万元。青海新华医院青年志愿者救援队18人，捐助医疗物资价值20万元；黄南州同仁县青年志愿者救援队14人，捐助物资价值16万元；玉树州杂多县、治多县、曲麻莱县青年志愿者救援队24人，主要开展救援翻译工作。团省委、省青年志愿者协会组织的3批医疗卫生志愿者，赶赴地震灾区一线开展医疗救助的同时，指导、协调在玉树的各地青年志愿者队伍开展抗震救灾活动。省青年志愿者协会共动员和储备玉树抗震救灾专业志愿者1600余人。青海大学、青海民族大学、青海师范大学等省内高等院校共组织安排志愿者1978人次，分批分期前往医院、物资转运站等地开展志愿服务工作。共和县的河北研究生支教团志愿者自愿报名参加救援工作，同时捐助衣物1万件；青海安利分公司志愿者服务队购置若干棉衣、棉被、手电筒、食品等由团省委青年突击队和青年志愿者卫生医疗救灾队带往玉树灾区；省交通职业技术学院、青海警官职业技术学院青年志愿者纷纷报名参与抗震救灾志愿服务活动。

三、志愿者服务活动

（一）组织队伍

省内共青团、红十字会、大专院校和人大机关、政府机关、政协机关、妇联、企业以及其他社会组织招募、动员的志愿者队伍，主要从事救灾物资装卸、搬运、运输，医疗救治护理，心理咨询抚慰，双语翻译等志愿服务工作。玉树抗震救灾期间，在省内各医院服务的大学生志愿者有1008人，省外医院17人，地震灾区140人，其他岗位494人。

4月14日，共青团果洛州委发出《关于动员全州各级团组织和广大团员青年积极投入抗震救灾工作的紧急通知》后，大武地区广大青年志愿者纷纷走上街头，手捧募捐箱，手持青年志愿者旗帜和倡议书为灾区人民筹集善款。共青团果洛州达日县委迅速组建青年医疗卫生志愿者抗震救灾突击队，准备随时奔赴灾区参加抢险救灾，全县800余名少先队员和100余名团员、志愿者、“养路青年文明号”成员立即行动起来，在参加学校和单位捐款的同时，开展为灾区募集善款活动。由共青团玉树州委组织起来的红飘带青年志愿者队伍，成员由青海当地和来自吉林、福建、北京等省市的青年志愿者组成。

吉林长白山红飘带队队长高树友等人13日到玉树务工，第二天便赶上地震，他们主动与共青团玉树州委取得联系，组织起红飘带青年志愿者队伍，在灾区展开力所能及的救援工作。

在救治灾区伤员工作中，省红十字医院购置大型医疗设备及垫付医药、治疗费用，购买临床用具投入240多万元，为伤病员购买食品支出4326元、免费提供三餐15529份，为志愿者制作服装及服务标志开支1096.8元，制作病号服开支1.3万元。

（二）双语翻译

4月16日起，玉树地震灾区伤病员陆续抵达省会西宁各大医院和甘肃、陕西、四川等省外医院。在省城省人民医院、省红十字医院等收治玉树地震中受伤群众的13家医院里，有300多名藏族大学生志愿者为藏族伤员做语言翻译，其中青海民族大学的70多名大学生志愿者，承担康巴藏语翻译等志愿工作。省工商联、省光彩事业促进会组织民营企业捐款捐物的同时，协调青海民族大学抽调179名懂汉语和康巴语的大学生志愿者，到省内外17家医院为藏族伤员当翻译。

（三）医疗救治

4月14日20时30分，由团省委机关干部、医疗卫生行业青年志愿者13人组成的“共青团抗震救灾青年突击队”连夜启程，经过近14个小时的奔波抵达灾区，立即前往受灾群众安置点对受伤群众进行医疗救助。15日清晨，由省卫生职业技术学院22名学生党员和入党积极分子组成的抗震救灾志愿者医疗服务队赶赴灾区，并于当晚23时抵达玉树。在学院志愿者医疗服务队抗震救灾临时党支部领导下，学院临床医学和药理学系学生、年龄不满22岁的共产党员孙伟荣、张利斌、索南项秀、英科加、许国策等人，在一栋坍塌的楼房废墟里，立即对刚刚解救出的7名被困受伤群众，展开救治和基本医疗护理。学院临床医学系19岁的玉树籍学生普措文杰和罗周江才凭着良好的双语功底，成为医务人员和受灾群众之间沟通的桥梁。共青团达日县委组建青年医疗卫生志愿者抗震救灾突击队，在4月15—28日14天的救援工作中，门诊救治1474人次，其中住院治疗42人次（到26日已全部病愈出院）、转院14人，巡诊731人次、B超X线透视40人次；巡回医疗行程1410千米。16日9—16时，青年志愿者医疗服务队在结古镇赛马场等两个安置点，共诊治受伤、患病群众近千人。当日计有1400多名各地青年志愿者在灾区一线开展各类志愿服务。18日一早，共青团青海省委组织数十名医疗志愿者在结古镇赛马场开展义诊活动，为受灾群众诊病施药千余人次。

地震灾区伤病员在西宁住院治疗期间，省政协机关各党支部、党员干部50人次，前往省人民医院、省妇女儿童医院开展志愿者服务，积极做好医生和灾区伤病员双方的协调、沟通、服务工作。西宁市招募巾帼志愿者，对玉树地震灾区到西宁救治的伤员尤其是妇女儿童开展一对一结对帮扶活动，帮助他们早日走出地震带来的心理恐慌，消除失去亲人的悲伤，恢复重建家园的信念。城中区妇联组织志愿者为灾区到西宁救治的伤员捐款捐物，并到省人民医院、解放军第536医院慰问从灾区到西宁救治的受伤妇女。城东区妇联发动辖区妇女志愿者开展做好辖区内多家医院周边道路、车辆的整治及环境卫生的日常保洁工作。

（四）心理卫生咨询

4月15日上午，省教育厅抗震救灾领导小组召集省属各高校和西宁市教育局负责人，部署教育系统组建抗震救灾心理救援工作组赴灾区开展心理救援工作。根据部署，青海大学和青海师范大学15名有一定心理学基础的教师，经过强化培训后分期分批前往灾区。第一批4名心理援助教师，于18日前往玉树开展心理援助志愿活动。第二批11名心理援助队队员来自青海师范大学、青海广播电视大学和西宁市教育局，其中包括心理学教授2人、硕士生4人及心理学高级教师和一级教师3人，于22日启程前往灾区。来自全省大、中、小学的200余名心理教师，经过紧张培训后，作为第三批心理援助志愿者，于5月2日赶赴玉树灾区。三批心理援助志愿者，在引导灾区师生尽快走出心理阴影的同时，主动承担玉树灾区相关心理救援师资培训任务。

青海首家专业心理健康卫生服务机构——乐平心理卫生咨询中心，组织200多人参加的心理救援小组，分批赶赴灾区开展灾后心理援助。15日，第一队心理咨询师赴玉树进行前期调研，第二队在西宁随时做好衔接。在参加由卫生部组织的、为期两天的心理危机干预培训后，第二队心理咨询师于4月20日抵达玉树，第三队心理咨询师于5月18日抵达玉树。该中心志愿者在玉树期间主要为玉树州公安干警、果洛州公安干警进行心理疏导，并和果洛州特警队达成长期心理援助意向。

4月16日一早，前期到达灾区的青年志愿者按照共青团青海省委抗震救灾一线指挥部的安排，分成两个组，分别到玉树州体育场和赛马场受灾群众安置点开展服务。同日起，有近500名青海各大专院校的大学生志愿者，在省内西宁、格尔木和省外兰州、西安、成都、昌都等地收治玉树灾区伤病员的军地医院，为伤病员做心理疏导和抚慰工作。省政协机关干部卓玛，在得知玉树灾区伤病员转抵西宁后，主动前往医院，在认真做好医患双方沟通翻译工作的同时，还积极参与孤儿陪护、心理疏导、爱心安抚等工作。17日和21日，青海省民族宗教事务委员会先后选派和抽调9名掌握藏汉双语的机关干部志愿者及12名青海民族大学、青海师范大学藏汉双语志愿者，组成工作组赶赴兰州、西安等地，协助当地政府和医疗机构做好住院玉树地震伤员的心理疏导和协调沟通，引导教育伤员和陪护人员配合医院管理，积极统计伤员和陪护人员基本信息，协助发放生活补助，组织伤员和陪护人员返回青海工作。省司法厅、省监狱管理局抽调15名民警作为灾后心理危机干预工作志愿者，参与西宁市各医院收治伤员的灾后心理干预工作。24日，玉树灾区103名师生在海西州天峻县生格乡寄宿学校得到妥善安置后，天峻县向省教育厅申请，派遣省城10名藏族大学生志愿者到生格乡德令哈寄宿学校，为灾区师生管理生活和进行心理辅导。

5月中旬，玉树震后心理援助工作，依托政府，吸纳教师、村干部、妇联工作者、社会工作者、志愿者等诸多群体，形成自上到下的运作体系。19日，中国科学院心理研究所危机干预中心主任、玉树心理援助工作队队长史占彪，率心理援助工作队和在西宁招募的、负责帮助解决语言沟通问题的100多名懂康巴语的大学生志愿者到达玉树灾区，开展心理援助工作。20日，由省社会科学联合会和中国科学院心理研究所共同建立的震后心理援助玉树工作站在结古镇成立，省委宣传部副部长夏学平和中国科学院的史占彪出席启动仪式。震后心理援助工作设立玉树和西宁两个工作站，工作周期为3年。

（五）物资搬运

4月16日，青海大学工会、青海民族大学工会配合行政组织270多名志愿者，协助省红十字会开展赈灾募捐，并到捐赠物资集中点搬运救灾物资。省人大常委会机关第一批40多名干部职工组成的志愿者服务队，于19日16时30分前往西宁火车站东货场，装卸由西宁转运玉树灾区的棉被、帐篷、饮用水等救灾物资64吨。同时，为支援灾区群众开展抗震救灾工作，组成一支50人的抗震救灾志愿服务队，随时听从省抗震救灾指挥部调遣。省妇联根据省玉树抗震救灾指挥部的要求和灾区的实际情况，及时组织成立巾帼志愿者队伍，为玉树灾区妇女儿童提供服务。至17日，灾区巾帼志愿者人数发展到210人，为540多户受灾群众分发急需生活物资14吨左右，有90多名巾帼志愿者始终坚守在玉树体育场医疗点和赛马场救助点，清理环境卫生和为各医疗单位提供翻译服务等。21日，省妇联在玉树州结古镇举行青海省巾帼志愿者授旗仪式。抗震救灾期间，灾区巾帼志愿者尽力为灾区广大妇女儿童服务，分发物资，安抚受灾妇女儿童情绪，抚慰受灾群众心灵创伤，保护环境卫生，做好翻译工作。一直在安置点担任翻译工作的巾帼志愿者代吉，冒着余震救出一位藏族尼姑。

4月19日，青藏铁路公司成立青年志愿者突击队和装卸工人突击队，快运快跑、快卸快装，保证救灾物资卸、装、转安全、快捷。当日下午，公司党委又专门组织成立51人的铁路抗震救灾党员突击队、101人的青年志愿者突击队和41人的装卸工人突击队，仅用3天时间就集中卸、装救灾物资6万余件。20日晚，海南州团委连夜选拔、组建由10人组成的海南州抗震救灾青年志愿者服务队，于次日上午迅速集结完毕，奔赴海南州青海省抗震救灾物资军地转运站，承担物资卸、装任务。至22日，省红十字会组织15支物资运送志愿服务队，向灾区运送棉帐篷、棉衣、棉被、食品、矿泉水、药品等救灾物资价值650余万元。至30日，省红十字会组成200多名红十字志愿者参加的、77支红十字物资运送志愿服务队，承担运输任务，将价值2200余万元的救灾物资运抵灾区。整个抗震救灾期间，省红十字会组织红十字志愿者运送救灾物资价值8829万余元。夏都红十字志愿者每天自带干粮，参加救灾物资搬运工作。青藏假日饭店总经理刘钰，向灾区送去价值10余万元的食品；为省红十字会提供两辆抗震救灾专用服务车，全程提供无偿服务；组织饭店10余名志愿者，协助省红十字会搬运救灾物资；为灾区受伤的特困户家属及到青海的外地红十字志愿者提供免费客房。青海储备物资管理局535处，全力保障救灾物资的装卸和管理工作。祁连路庆芳水泥批发部主动将库房提供给省红十字会，用于救灾物资的存放和周转。24日，为完成两个批次166名伤员的转运工作，青藏铁路公司党委成立伤员转运工作现场指挥部，开辟伤员转运绿色通道，组织400多名志愿者，确保救护车快速进站、伤员安全乘降和服务伤员时无障碍交流。伤员专列车厢内，鲜红的康乃馨散发着阵阵清香，广播员用亲切温柔的汉藏双语播音，列车员随时为伤员和陪护人员送上酥

4 月 21 日，青藏铁路公司青年志愿者突击队和装卸工人突击队抢卸抢装抗震救灾物资

（青藏铁路公司　提供）

油茶、糌粑、奶茶等食品，让他们感受到家的温暖，感受到铁路职工对灾区人民的关爱。当天 18 时 5 分、20 时 10 分，两趟伤员专列先后到达兰州站、西安站。经过兰州局和西安局周密安排、精心组织和在志愿者们的协助下，所有伤员顺利转运到指定医院接受治疗，铁路部门完成伤员转运任务。

4 月 25 日至 5 月 5 日，青海大学志愿者应急医疗队、高原病防治志愿者服务队、医疗服务志愿者队，在灾区开展医疗救助的同时，还进行心理援助、搬运物资、双语翻译、后勤保障等多项志愿服务活动，并向灾区捐助价值 4000 多元的物品、衣物等。高原病防治志愿者服务队在灾区的 9 个昼夜里，共诊治患者 1100 多人次，抢救严重急性高原病患者 22 人，发放高原病防治宣传材料 2000 余份及价值 2 万多元的药品，为来自兰州军区、成都军区的官兵及北京 120 急救队 500 余人宣讲高原病知识。医疗服务志愿者队共诊治病人 1200 多人次，其中巡诊 300 多人次，帮助其他医疗点救助病人 31 人次，抢救危重病人 25 人，往返机场护送危重患者 16 人，发放药品价值 2.7 万多元。

4 月 20 日，兴华医院的 17 名志愿者抗震救灾结束后，在返回西宁途中遭遇车祸，年仅 41 岁的志愿者张建华经抢救无效不幸去世。29 日 8 点 30 分，抗震救灾优秀青年志愿者张建华追悼会在西宁市殡仪馆举行。青海玉树抗震救灾指挥部，共青团青海省委，省卫生厅，青海青年志愿者协会，西宁市委、市政府，玉树州委、州政府，玉树州驻西宁办事处，西宁市卫生局，西宁市城东区委、区政府等部门和单位的代表敬献花圈和挽联。

第二节　自发志愿者服务

一、社会组织志愿者

4 月 23 日，民建青海省委宣传部邀请心理专家邓明昱博士，在西宁市第三人民医院给部分教师、医生、护士、警官讲授灾后心理危机干预实操课程。同日，青海乐平心理卫生咨询中心的咨询师在劳动路小学，为灾区学生进行灾后心理创伤治疗，并由国家二级心理咨询师、

EAP 中级咨询师祁乐平向该校教师讲授《教师如何对灾后学生进行学校教育中的心理关怀及心理疏导》。26 日，青海省中华职教社和甘肃省心理咨询师莫兴邦、青海乐平心理卫生咨询中心心理援助队队员祁乐平、刚项尼玛、常和平、李洪柱、侯永晶、乔德平、才让多杰等教师，为玉树灾区卫生学校藏医学专业的 133 名学生和教师作团体心理疏导和个案咨询。

地震后，玉树灾区 100 名高中生转移到省城青海民族大学预科部就读。5 月，由广东省妇女儿童基金会提供资金，省妇联组织 50 名志愿者，与在预科部就读的玉树籍高中生“结对子”，帮助他们早日摆脱地震阴影，重树生活信心，先后为他们提供 1930 人次、约 2316 小时的志愿服务。

二、个人、集体志愿者

玉树大地震当日，正在休班的青藏铁路公司西宁客运段北京车队共产党员张永康和他的表哥，自费 7 万余元租赁两台挖掘机，驱车 15 个多小时赶赴玉树灾区，以志愿者的身份在第一线参加抢险救灾。4 月 14 日上午，正在忙于业务的青海青年创业园青年创业者、28 岁的郭捃光，听到玉树地震的报道后，立即放下手中的工作，匆匆买了一些糖果、食品，带着简单的衣服赶赴灾区。15 日早晨，他一下汽车，就到结古镇工商宾馆对面塌陷的废墟上，和武警战士、消防官兵一起投入救人当中，先后和其他人员一道挖出遇难者遗体 5 具。作为一名志愿者，在以后的一周时间里，他装卸、发放救灾物资，帮助受灾群众搭建帐篷等。28 岁的刘启青经营了十几年的餐馆和所有家庭财产在玉树地震中蒙受损失，她毅然决然支持丈夫加入抢险志愿者队伍，每天在废墟上搜救幸存者。15 日上午，闫立平等 8 名西宁“的哥”，组成西宁市出租车抗震救灾应急小分队，于当晚 23 点到达玉树灾区。16 日上午 7 点，闫立平等到省总工会抗震救灾指挥部报到。8 位“的哥”负责工会、共青团和妇联救灾物资搬运和医疗队出车任务。在一次搬卸物资时，余震再次袭来，周成江从货车上摔下受伤，但他依然坚持不肯撤下。8 位“的哥”每天搬运 300 多吨救灾物资，转运伤员五六趟。在抗震救灾一线的 6 天时间里还抽空担任义务治安员，并为受灾群众搭建帐篷 6 顶。

4 月 16 日上午，在青海大学附属医院急救中心大厅，许多市民和学生自发赶来当翻译，其中 42 岁的达娃联合 20 位亲朋好友一早便到这里当起志愿者，为灾区伤员服务。在玉树巴塘机场，每天有大量《青海日报》《西海都市报》《青海藏文报》运达，志愿者主动加入灾区“报纸发行”队伍，把报纸及时送到灾区各族群众和救援队伍手中；在曹家堡机场坐镇指挥的省民政厅巡视员陈有珍和监察处处长田延英、社会福利处处长李巷泰、助理调研员杨辉川，省抗灾办副主任索南，机场货运室主任周付强，省政府综合处副处长王有东与来自湖南的吴渊平父子一起当起志愿者，不时加入救灾物资的搬运行列中。14 时许，100 多名志愿者通过网上联系在西宁中心广场集合，他们大多是西宁市公交有限责任公司的员工，其中有二分公司四队大队长黄琥带领的队里 20 多名共产党员和牺牲轮休时间参加志愿者服务队的 20 路公交车司机李大年。下午，志愿者们在市政府大院卸、装救灾物资数十吨。17 日，青海省血液中心在西宁市街头和青海畜牧兽医学院等地设采血车 3 组，青海畜牧兽医学院经管 0901 班的 27 位同学自发到献血点献血；在西宁市西门的采血点前，自愿献血者排成十几米的长队，献血者有四川到青海的打工人员，有河南等地来的经商者，也有普通市民。

4 月 19 日，鹤童老年福利协会、鹤童公益基金会韩海燕从全国各地组织志愿者 20 余人赶到西宁。在省藏医院、省红十字医院、市第二人民医院为玉树地震伤员免费提供专业护理服务。

4 月 21 日，河南蒙古族自治县 7 名“老兵志愿者”开着借来的一辆“长安”小货车，携带 30 箱矿泉水、50 箱方便面和价值 1000 多元的药品，经过 1200 千米的长途跋涉赶到玉树灾区。在接下来的三天三夜里，这支由 4 名回族、2 名汉族、1 名藏族同胞组成的志愿者救援队，白天抬运伤员、运送物资，夜里席地而睡。来自玉树州杂多县的 14 名大学毕业生组成的救援队伍加入红飘带青年志愿者队伍，为灾区群众提供志愿服务。中午，民建会员学校三源公学高一年级玉树籍学生久美巴丁、尕玛代吉和更乔曲吉，在学校办妥请假手续后，分别到省红十字医院、省交通医院和市第三人民医院担任志愿者，协助医护人员救助伤员。同日，在省红十字医院，来自青海民族大学的藏族学生才多杰，组织同学们为医生和伤员作语言翻译，为伤员办理各种入院手续。

地震发生时，在玉树务工的海南州农民石福忠全家和弟弟石福云全家成为受灾群众，两家房倒屋塌，所幸家庭成员无伤亡。震后，兄弟俩带着 17 名家庭成员，包括他们 10 岁的孩子，组成家庭志愿者救援队，留在灾区帮助其他受灾群众，先后在废墟中救出 3 人，挖出遇难者遗体 5 具。56 岁的志愿者珠姆在西宁市第一人民医院，自愿照顾受伤的兄弟俩——14 岁的哥哥卜尕和 13 岁的土丁仁增。地震中小哥俩被压埋，伤势严重，他们辗转到西宁接受治疗。由于刚脱离危险期的卜尕和土丁仁增兄弟并未住在同一间病房，看护难度加大。珠姆不厌其烦，精心看护，亲自喂水、喂饭。结古镇红旗小学 4 年级学生才仁旦周，在青海省交通医院临时充当起灾区伤员及家属与医护人员之间交流的“小翻译”。

三、宗教界志愿者

果洛州玛沁县各寺院组织志愿救援小分队将救灾物资送往灾区并开展抗震救灾工作。17 日晨 9 时，由甘德县岗龙乡夏日乎寺院部分僧众和岗龙乡恰不将牧委会、隆木切牧委会部分牧民群众共 25 人自愿组建的赴玉树县抗震救灾志愿者小分队，携岗龙乡各界捐款 12 万元和价值 13 万元的各类救灾物资，前往地震灾区开展救援工作。达日县宗教界僧侣自发组成志愿者队伍赶赴玉树灾区参加救援，玛沁县拉加寺、喇日寺，久治县白玉寺、门堂寺分别派遣 10 名、3 名、12 名、2 名僧人志愿者赶赴玉树地震灾区参加抢险救援。玉树大地震发生后，经有关部门同意，果洛州各寺院向灾区派遣僧侣 60 余人开展抢险救灾活动。4 月 16 日是穆斯林群众“主麻日”，全省各地清真寺利用“主麻日”和讲“瓦尔兹”机会，纷纷举行捐款仪式，西宁东关清真大寺、玉带桥清真寺组成赈灾救灾志愿队，赶赴灾区慰问。

专记：青海省第一支农民救援小分队

4 月 14 日上午，正从格尔木返乡途中的湟中县大才乡前沟村回族农民、共产党员马宝祥，从收音机里听到玉树发生强烈地震的消息后，立即与省红十字会取得联系，并马上打电话让家里人迅速集结，着手进行赴灾区实施救援的准备工作。省红十字会很快批准了他的请求，将他组织的志愿者队伍命名为“青海红十字会‘抗震救灾，情系玉树’马宝祥小分队”，并为小分队签署赴玉树灾区抗震救灾的公函、授予“红十字”会旗、颁发救援工作标识胸卡等。

马宝祥抗震救灾志愿者小分队由马宝祥的弟弟马宝云、儿子马福海和马福德、侄子马福荣、妹夫马忠海、女婿韩俊、亲戚张全珍共 8 人组成。14 日 20 时 30 分，小分队携带自备车辆、救援设备和自发筹措的赈灾物资，由西宁出发连夜奔赴灾区，成为青海省第一支由农民群众自发组织，并于地震当天紧急赶往灾区的民间抗震救灾队伍。

4 月 15 日上午，马宝祥率救援小分队主力到达玉树，其长子马福海组织的挖掘机、装载机司机等人随后抵达。玉树州红十字会把马宝祥小分队作为州红十字会的抗震救灾应急小分队，分配给他们的任务是抢救伤员，接收、保管和运送救灾物资，如遇到紧急救援情况时必须迅速出动，马宝祥二话没说痛快地接受了任务。

4 月 16 日，玉树州红十字会相继把来自兰州、西安、浙江、湖南和省内互助等地的 70 多名青年志愿者派到马宝祥小分队中工作。马宝祥从当地藏族学生中招募志愿者作为翻译，让他们和外地青年志愿者分别组成 20 多个小组，分派出去寻找那些缺少食品、露宿野外的受灾群众，然后将帐篷、棉被、矿泉水、方便面等急需救灾物资送到受灾群众手中。小分队成员则在驻地按照州红十字会安排接收、搬运、分发救灾物资和转运伤员。在玉树参加一线抗震救灾期间，马宝祥不时将自己的款物捐赠给遇到的困难群众，并为 100 名地震遇难者家属每人捐赠 300 元。当他了解到香港义工黄福荣在抗震救灾中遇难，黄福荣的生前好友、江苏姜堰志愿者李树忠，专门留下来继续挖掘、寻找黄福荣遗物，但因高原反应，身体不适、力不从心时，立即带领小分队赶到黄福荣遇难的孤儿院，经过四五个小时的挖掘、寻找，终于找到了黄福荣的日记本、衣服和一些生活用品，并交到黄福荣亲友手中。19 日，省总工会代表中华全国总工会在玉树州体育场，将“工人先锋号”的旗帜授予马宝祥抗震救灾志愿者小分队。22 日傍晚 7 时左右，马宝祥和他的救援队从玉树启程返回家乡。

第二章　省外志愿者赈灾服务

第一节　有组织志愿者服务

一、基金会志愿者

4 月 14 日上午，中国红十字基金会博客基金“西部公益”志愿者团队，从兰州出发前往玉树震区，随行运送第一批救援物资，包括帐篷、棉被、军大衣、食品等，经过 36 小时的行程，在 15 日 17 时抵达玉树。在玉树抗震救灾期间，“西部公益”志愿者团队先后向青海玉树震区运送救灾物资 4 批，总价值 153 万元，累计派出志愿者 60 余人。之后，该志愿者团队常年在玉树开展公益慈善活动。

5 月 28 日，中国红十字基金会副秘书长刘选国、秘书长助理雷淑敏及珠海纳思达数码科技有限公司北京销售分公司总经理助理蒲伟等前往北京军区总医院看望术后的玉树地震灾区先天性心脏病患儿马胡赛尼。出生仅 6 个月的小马胡赛尼是回族人，家住玉树县结古镇。震后第五天，由于环境恶劣，原本就患有先天性心脏病的小马胡赛尼因重症肺炎、呼衰、心衰被紧急送入青海省妇女儿童医院急救科急救。由于孩子病情复杂，在当地无法实施根治手术。在志愿者的帮助下，天使阳光基金办公室接过救助任务，办公室工作人员立即联系珠海纳思达数码科技有限公司，并得到企业的慷慨捐助。5 月 13 日，小马胡赛尼被送到北京军区总医院，并顺利进行了手术。

二、其他地区志愿者

（一）北京市

4 月 14 日，首都青少年社会组织、青少年社区网络向全市青少年发出倡议，积极为灾区

4 月 20 日，北京市志愿者联合会紧急动员应急志愿者奔赴玉树抗震救灾第一线，一批志愿者为玉树灾区孩子送来食品　　（北京市民政局　提供）

青少年献爱心，部分社团发挥自身优势，开展各类支援活动。共青团北京市委、北京青少年发展基金会、北京市志愿者联合会迅速为玉树灾区募集 100 万元善款。北京青年志愿救援服务队 13 人，捐助灾区救援医疗物资价值 2 万元。15 日，团北京市委员会和北京青少年发展基金会在和平区太原北街 2 号门口和和平区砂阳路 278 号门口设置两个募捐点，方便市民捐款。团市委派出的首批具有专业抗震救灾能力和经验的北京志愿者综合应急服务队 16 日赶赴灾区，参与抗震救灾工作。次日，由 9 名专业志愿者驾驶 3 辆配备专业搜救工具、通信装备和部分救援物资的救援车也开赴灾区。同时，北京青年压力管理服务中心派出 4 名心理专业志愿者，对受灾青少年开展心理干预。18 日，绿手套户外探索俱乐部、西部车友会分别组成救援队，迅速到达灾区前线，发放救灾物资、抢救财产、协助当地政府部门开展救援工作；回龙观社区网、首都的士雷锋车队等多家社团开展形式多样的“送温暖、献爱心”募捐活动；双截棍俱乐部、老百姓国学社开展多场次大型公众募捐、义演及祈福活动。首都的青少年社会组织，不论大小，在支援灾区的大合唱中，都发出了自己的声音。北京市仁爱慈善基金会在玉树扎西科赛马场受灾群众安置点建立仁爱社区服务中心，通过志愿者与受灾群众、北京志愿者与当地志愿者乃至两个团队相互之间在社区建设与服务中的互动，为受灾群众提供行之有效的物资和心灵的服务与关怀，得到了灾区政府、媒体、居民等的普遍认可和支持。

（二）河北省

青海玉树大地震消息传到平山县革命老区，4 月 14 日，参加过四川汶川特大地震救援的西柏坡志愿服务队马上开展募捐活动，向灾区伸出援助之手。全队为玉树募捐 3499 元。其中，杨全友 500 元，杨新忠 500 元，杨军会 200 元，李永明 200 元。志愿服务队队长杨军会说：“俺们亲身经历过抗震救灾工作，非常了解灾区人民现在最需要全国人民的关爱。”志愿服务队队员不但踊跃捐款，还抓住西柏坡桃花浴旅游文化节举办的时机为灾区募捐。

（三）内蒙古自治区

玉树大地震发生后，内蒙古包头市商业银行部分员工纷纷报名加入志愿者行列，当他们得知西宁市华罗庚实验学校接纳了 120 余名玉树灾区小同学的消息后，怀着对灾区人民尽一份心的迫切愿望，5 月 4 日，该行负责人和包头市团、区委一行 50 余人驱车到西宁专程看望灾区孩子们。包头市商业银行向华罗庚实验学校捐赠善款20万元，用于孩子们的学习和生活，30余名志愿者与灾区孩子们互动表演《感恩的心》《藏族和汉族是一个妈妈的女儿》等精彩节目。

（四）安徽省

4月28日，蚌埠市志愿者徐国军带领5名理发师志愿者赶到玉树县结古镇，在灾区为救援人员和受灾群众理发，每天工作近10个小时，4天半时间义务理发300多人次。志愿者徐国军曾于2008年两次赴汶川地震灾区参加抗震救灾，被安徽省支援四川灾区抗震救灾指挥部评为省级抗震救灾先进个人。在玉树灾区，他为灾区困难群众捐款5万余元，以表达对灾区孤寡老人和孩子们的爱心。蚌埠市美佛儿国际学校在中华儿童慈善基金会的协调下，安排19位玉树孤儿进入该校上学，免费资助直到他们高中毕业。美佛儿国际学校在校内成立玉树班，配备高素养的教师。许多当地市民自愿到学校认领孤儿，并且像对待自己的孩子一样呵护着他们。

5月初，安徽省砀山县审计局就玉树地震灾情向青海省审计厅厅长张国生致函，表示局党组对玉树灾情的高度关注，在组织干部职工向玉树灾区捐款的同时发起支援抗震救灾审计志愿者小分队的倡议，有6名业务能力、身体素质等条件均能胜任工作的人被遴选为“审计志愿者”小分队成员，将根据工作需要，随时准备赴玉树灾区参加审计工作。砀山县审计局自愿资助一名在地震中失去亲人的孤儿，并承担其日后的学费及生活费，直至完成高中学业。同时与玉树县审计局结为友好共建单位，进行长期交流合作。

（五）福建省

4月15日，福建省红十字会、福建义工俱乐部共同发起“凝聚爱心·守望玉树——红十字义工在行动”捐款救灾活动。青海玉树大地震发生以来，一支支志愿者队伍活跃在福建红十字会各个募捐活动现场。无论是设在各级红十字会的接受款物捐赠现场还是省内其他的义演、义卖地点，都能看到红十字志愿者们忙碌的身影，他们引导捐款人员、维持秩序、搬运救灾物资、开具捐款发票、开启各个活动点募捐箱。由于红十字会工作人员有限，志愿者们每天都要加班加点，承担着巨大的工作量。16日，福建省红十字会、福建义工俱乐部、福建红十字义工服务团、福建义工俱乐部团委组织200多名义工在福州市宝龙城市广场、东街口、大利嘉城、中亭街、火车站和莆田市步行街、凤凰山以及福清市街心公园等地方举行募捐活动，活动得到广大市民的热烈响应，至4月18日晚，共募捐6.2万多元。此外，活动主办方还于19—25日在福州永辉超市各分店开展募捐活动。福建医科大学医学技术与工程学院的216位红十字志愿者在五一广场、东街口、宝龙城市广场、

4月22日，福建遗体器官捐献志愿者为玉树灾区捐款奉献爱心 （福建省民政厅 提供）

台江步行街等处开展“情系青海、天佑玉树”慈善募捐活动。

（六）山东省

7 月 29 日上午，313 名来自山东和青海的大学生西部计划志愿者，分赴青海省 12 个县（区、市）开展为期 1 ～ 3 年的志愿服务。其中，100 名大学生志愿者到玉树县在医疗、教育、城市建设等行业开展为期 1 ～ 3 年的服务。

4 月 26 日，来自山东淄博的志愿者在灾区分发《青海日报》和各类宣传品　　（《青海日报》4 月 29 日 5 版）

（七）湖北省

湖北省社会各界和志愿者有组织地通过哀悼、祈福、致电、捐赠等多种形式表达对受灾地区人民群众抗灾自救的关切和支持。4 月 22 日，全国助人为乐道德模范吴天祥带领湖北省志愿者小分队一行 8 人赶往地震灾区，慰问受灾群众，带去救灾物资和祝福问候。

（八）广东省

4 月 18 日 12 时，广东省青年志愿者抗震救灾服务队一行 20 人抵达西宁机场。在共青团青海省委的安排下，服务队在共青团广东省委副书记曾颖如带领下，带着部分药品、帐篷、棉衣等救灾物资，于 18 日 19 时赶赴玉树灾区。广东青年志愿者服务队主要由南方医科大学下属的南方医院、珠江医院以及南方医科大学第三附属医院的青年骨干医师及护士组成，包括骨科、神经骨科、神经外科、心理科等灾区急需的医护人员。23 日下午，由团广东省委组建的广东专业志愿者医疗队抵达玉树灾区“希望少儿之家”，为地震孤儿进行心理援助。深圳特区 3 名青年志愿者报名参加玉树灾区抗震救灾志愿服务活动。

（九）广西壮族自治区

4 月 14 日，广西红十字会紧急动员自治区红十字会医院 15 名外科、内科、心理安抚、卫生防疫及护理等专业医护人员，组建广西红十字会紧急医疗救援队，前往玉树灾区参与救援。在这支救援队伍中有 2 名具有搜救经验的红十字志愿者及 2 名红十字新闻志愿者随队同行。在中国红十字会总会举行的青海玉树抗震救灾先进集体和个人表彰活动中，随紧急医疗队赴灾区救援的广西电视台吕丽娜、广西红十字会医院张政、王美春被评为“抗震救灾优秀志愿者”。

（十）海南省

曾在“5·12”汶川特大地震中积极组织募捐的志愿海南爱心社，于 4 月 15 日组织志愿者到南亚广场为灾区募集捐款。在省红十字会、海口团市委指导下，志愿海南爱心社的志愿者们连续数日每天都准时出现在南亚广场的募捐点，站在募捐箱后，呼吁过往群众捐款。同时，志愿者们也加入捐款的队伍中。

（十一）四川省

玉树大地震发生后，四川省派出700多人赴灾区投入抗震救灾工作。共青团四川省委志愿者工作部派遣四川省抗震救灾应急救援志愿者服务队7人赶往玉树参加救援；重庆青年志愿者救援队26人，捐助救援物资价值22万元；四川青年志愿者救援队400人，捐助救援物资价值200万元。

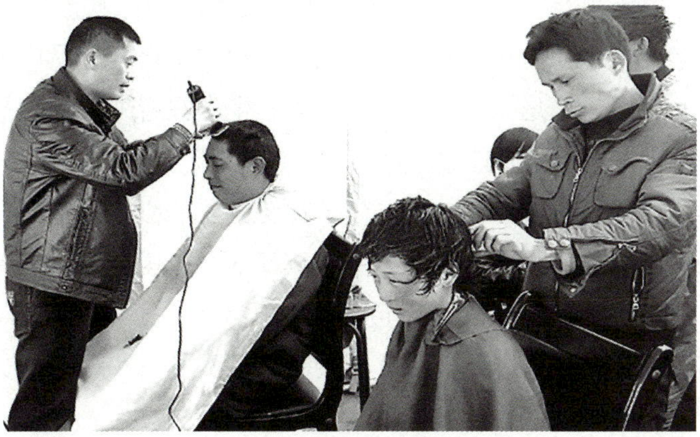

4月30日，来自成都大邑的志愿者在玉树街头义务为群众理发　　（《青海日报》4月29日5版）

至4月28日8时，四川省累计收治玉树地震伤员417名（玉树灾区403人，甘孜收治当地伤员14人），其中重症伤员50人、危重症伤员99人。已累计治愈出院113人，无伤员死亡。28日新出院13人，仍在住院的伤员304人，其中重症伤员25人、危重症伤员14人。其间，有8000多市民志愿者直接或间接为接收的灾区伤病员服务，并捐献血液255万多毫升。仅28日当天，志愿者参与募捐服务200多人次，接听电话1500次以上，开具捐款收据1000多张，公布网上募捐信息2000余条。华西医院等医院还专门组织懂藏语、汉语的大学生志愿者前来为伤员当翻译。

（十二）西藏自治区

玉树大地震发生后，昌都地区人民医院医护人员踊跃报名，主动请战，要求赴玉树灾区参加抗震救灾志愿者服务。经过筛选，36名业务素质高、工作能力强的医疗人员赴灾区开展医疗救护服务。4月18日，拉萨市、城关区民政部门，自治区红十字会等先后组织志愿者共276人次，秉承“一方有难、八方支援”的服务理念，怀着对灾区人民的丝丝牵挂，走上街头，向路人介绍灾情，手捧募捐箱，向过往的市民分发《为地震灾区募捐的倡议书》，动员更多的市民为灾区人民做点力所能及的事。他们用真诚的心和温情的话语，感动着广大市民，不少人纷纷伸出援助之手，表达对受灾群众的关爱。

（十三）陕西省

在玉树抗震救灾期间，共青团陕西省委宣传部招募省抗震救灾医疗卫生志愿服务队队员50人，参与到玉树抗震救灾志愿服务活动中。4月24日20时10分，西安火车站“救2”次专列提前1小时进站。西安火车站青年志愿者、西安铁路局青年志愿者和一些会藏语的志愿者，以及解放军战士、西铁车辆段工作人员排队等候在每节车厢车门对应的站台上。在解放军官兵和志愿者的共同努力下，军队、卫生、公安、铁路等部门以及志愿者相互配合，来自玉树灾区的82名伤员全部安全转运到医院。玉树抗震救灾期间，陕西青年志愿者救援队的8名队员，捐助救援物资价值45万元。

（十四）甘肃省

4 月 18 日上午，甘肃省在省卫生厅举办救治玉树地震灾区伤员志愿者心理干预培训班，兰州大学第二医院精神科主任张玉堂为来自西北民族大学和西北师范大学的 200 多名志愿者进行了培训。培训结束后，该批大学生志愿者先后到收治玉树灾区伤病员的甘肃省内各医院，为医护人员和伤病员做翻译，开展心理抚慰和伤病员护理等。29 日，甘肃省 8 家医院共救治玉树灾区伤员 294 名。为准确了解伤员需求，甘肃省中医学院附属医院参与救治的护士们，跟着西北民族大学的学生志愿者们认真学习藏语，医院还特地准备了藏香和艾条，每天在病房内点燃熏蒸。为减轻灾区伤员病痛，负责救治玉树伤员的各大医院开通“玉树伤员绿色通道”，腾出病床，组建专用病区，抽调专人负责照看和医治伤员。

第二节　自发志愿者服务

一、社会组织、企业志愿者

友成企业家扶贫基金会从青海、四川会员单位中招募有抗震救灾经验的志愿者 20 名，于 16 日赴玉树灾区救灾，开展灾情调查。

中国莲花爱心志愿者联合会筹备价值 100 万元的救灾药品、被褥、食物和衣服等震区急需的第一批物资，于 15 日派专人飞赴西宁送往玉树灾区。同时，该联合会又在北京募集物资直接从北京运送至玉树灾区。至 18 日上午，到中国莲花爱心志愿者联合会报名的志愿者有 400 多名，他们来自吉林、陕西、四川、广东等地。

二、个人、集体志愿者

汶川特大地震重灾区茂县 6 名羌族村民租车前往玉树地震灾区参与救灾。6 名村民来自该县渭门乡椒园村。惊闻玉树发生大地震，椒园村村民们感同身受，一起商议决定租用大货车 1 辆，并挑选 6 名有技术特长、没有家庭负担、身强力壮的村民，带上村民们捐赠的帐篷、彩条布、棉衣棉被和食物到玉树支援抗震救灾。甘肃省心理咨询师学会、甘肃省职业与成人教育协会心理援助队 28 日抵达青海，与青海省中华职业教育社、青海乐平心理卫生咨询中心共同携手组成援助队并肩工作。16 日中午，身背行囊的 11 名重庆青年应急志愿者走出西宁机场，他们来自不同的行业，有教师、医护人员、企业员工，还有来自国家摩托车队的顶级赛手，但目标都是一致的，要尽自己的所能救助灾区更多的人。

刘炯来自四川成都，汶川发生特大地震后，学习教育学的她和很多志同道合的朋友前往灾

4月14日，得知玉树发生地震的消息，陕西西安的辛兔计带着儿子直奔玉树灾区，于15日凌晨4时赶到玉树当起了志愿者。19日，辛兔计、辛鹏父子（左一、左二）忙碌在受灾群众安置点

（《西海都市报》　海东　摄）

区开展心理疏导工作。此次玉树发生大地震后，刘炯赶到玉树，在玉树藏族自治州孤儿学校给三年级的学生们当起了语文教师。刘炯和其他两位志愿者还时常陪孩子们做游戏，让他们摆脱灾难带来的心理阴影。和刘炯一样在灾区当教师和心理辅导员的人还有很多很多。在北京当厨师的赵永刚辞去工作，自己掏钱坐车赶到玉树为孩子们讲故事，当起故事大王。在澳门工作的高树友和朋友在玉树旅游时遭遇地震，幸运地逃过一劫后，他们爬上邻近的废墟投入紧张的搜救，他一连在灾区坚持工作数天，嘴唇干裂，发着高烧，与玉树州团委工作人员合作，专门招募组织志愿者。18日上午，在玉树县抗震救灾指挥中心，来自四川的志愿者赵成才和29名战友组成“老兵联盟”，哪里有任务，他们就出现在哪里。

4月14日，甘肃省康乐县退伍老兵周安仁从电视里看到玉树发生强烈地震，立即找到赵继平、徐成刚和马存仁，说出自己想去灾区做志愿者的想法，大家一致赞同。临行前，4个老兵在周安仁家开会，并立下生死状。来到灾区，他们与来自甘肃陇西的复转军人车世杰相识。车世杰在老家开办诊所，地震发生后，他把诊所的药品全部带到灾区。听说周安仁他们为救灾立下生死状的事后，车世杰也毅然在生死状上签下自己的名字。一支由退伍老兵组成的志愿者队伍，日夜忙碌在抗震救灾一线。党员志愿者河北省枣强县芍药村党支部书记王文忠是一名复转军人，曾经参加过“5·12”四川汶川特大地震抗震救灾。14日晚上7点，他组织了一支以他为队长、18名党员志愿者为队员的河北省枣强县芍药村党员抗震救灾突击队，不远千里到玉树参加抢险救灾。

王臣眠是四川省绵阳市梓潼县石牛镇的一位普通农民，当他得知玉树大地震的消息后于14日14时坐火车赶往青海，15日中午到达西宁火车站。他赶到西宁货场义务帮助搬运了5天的救灾物资。21日下午，在青海省红十字会登记并获得许可后，王臣眠和其他志愿者们坐客车赶赴灾区。一到灾区他们就主动去赛马场帮助搬运物资和搭建帐篷。看到灾区人民吃不上热饭，他就提议办一个免费的供饭点。刚好西宁特钢集团和云南第三人民医院撤离，就把灶具、蔬菜、大米等留给王臣眠。王臣眠和另外5位志愿者合力，每人出资500元置办餐盒和碗筷，于22日在结古镇民主路开办名为“爱心餐厅”的免费供餐点。每天中午和晚上两餐供餐点接待六七百人。

4月15日凌晨5时，武汉至西宁的9105航班飞机徐徐降落曹家堡机场，在这一航班上有三成的乘客都是来自全国各地支援玉树抗震救灾的志愿者。有一位不愿说出自己姓名的志愿者，他是个河北人，小伙子到广州旅游听到玉树地震的消息，便直接由广州飞抵西宁，迫切希望到灾区当一名志愿者，但身穿短袖衣服的他，根本无法想象海拔4000米以上的玉树的寒冷程度。从4月14日到12月5日，235天，数千名志愿者全力以赴支援玉树抗震救灾，与玉树人民一起重建家园。爱心QQ群“明天的微笑”的创始人王兴辉，作为灾区志愿者队伍中的一员，一到玉树，便迅速投入抗震救灾工作中。他利用自己掌握的医学知识，帮助百余名受灾群众脱离险境。有着两年医疗护理经验的黎梦涵觉，在西宁负责联系医院转移玉树灾区伤员，了解医疗救护急需物资情况，并向社会呼吁伸出援手，为灾区的人民做点事。

36岁的深圳人伊萨是位个体老板，一直在全国各地做志愿活动。4月14日玉树发生地震后，青海团省委发出倡议，招募志愿者，正好在西宁的伊萨立即向团省委报名，成为玉树灾区第一批志愿者，并于15日晚上和大部队到灾区玉树县结古镇。伊萨已经到青海玉树3次，前后给玉树州囊谦县毛庄乡孜荣小学支教近半年。

4月20日，来自山东的志愿者史学军正在为救援人员和受灾群众免费修鞋

（《青海日报》4月29日5版）

1949年出生于北京的孙暄，得知玉树大地震的消息后，积极捐款捐物，还来到玉树州八一孤儿学校开展志愿服务工作，她照顾低年级学生的生活和学习，主动承担后勤工作，安排孩子们的膳食营养。2011年4月8日，孙暄再次到玉树州八一孤儿学校。她在培养孩子们良好卫生习惯的同时，教孩子们数数字、唱儿歌、做游戏，给孩子们讲述做人的道理，让孩子们树立起生活的勇气和信心。2011年暑假期间，她动员爱心企业出资，将玉树孤儿学校的教师们组织到厦门进行休养，同时把孤儿学校的部分孩子组织到北京开展夏令营活动，并把他们带到自己家里做客。2012年3月中旬，玉树孤儿学校新校区将要建成并投入使用时，为让孩子们珍惜和爱护新学校的设施，孙暄专门讲授了一堂“如何爱护和使用新学校”的课，并告诉孩子们：“2012年3月5日是毛泽东主席为雷锋叔叔题词49周年纪念日，雷锋叔叔是我们大家每个人应该学习的榜样。”之后，孙暄为孩子们播放电影《雷锋》，还给孩子们教唱《学习雷锋好榜样》的歌曲。

来自河南的农民赵俊方，在汶川特大地震后，一直和其他十几名志愿者一起在汶川帮助当地群众灾后重建，听说玉树发生地震，他们直接从四川赶到玉树参加救援。40岁的甘肃省积石山县农民赵正平，在云南省迪庆州香格里拉县打工，听到玉树地震的消息，自驾微型面包车从云南出发，历经四天三夜到达灾区，找到有关部门时他恳切地说：“我没有带来太多的钱财，但我懂得水、电、暖技术，我想实实在在地帮灾区人民出份力。”在玉树的7天里，赵正平一直在玉树州委大院检修水电线路和设施。

第三章　港台及国际组织志愿者服务

第一节　有组织志愿者服务

一、香港演艺界志愿者

4月14日，玉树发生大地震后，香港演艺界人士情系灾区，成立情系玉树关爱行动筹委会，在香港为地震灾区民众举办筹集义款的大型文艺会演活动。为发动香港市民踊跃参与赈灾活动，筹委会特别组织部分演艺界人士到青海慰问、探访，拍摄医院救治伤员等为主题的影像片段，以便在会演现场穿插播放。26日18—23时，会演如期在香港红磡体育馆举办。香港、内地以及台湾地区300余名艺人齐聚一堂共献爱心，支持玉树地震灾区同胞重建家园。穿插播放的一幅幅电视画面生动展示了抗震救灾的动人场面，会演气氛热烈感人。晚会结束时，现场募得义款3506万港元。香港情系玉树关爱行动筹委会将该笔善款交给香港红十字会、联合国儿童基金会香港委员会等5家社会慈善机构，用于玉树地震灾区基础设施、学校重建资金和购买救援物资等。23—25日，香港导演刘国昌、麦咏麟，艺人郑秀文、张家辉、莫少聪等10人先后赴青海省人民医院、省儿童医院、西宁市第一人民医院、省红十字医院，重点慰问、看望在抗震救灾第一线因疲劳过度和高原反应等原因患病的救援先进人物杨文海、白钰、昂吉多杰、王耀华以及灾区受伤群众、孤儿和医疗救护人员。另外，香港演艺界人士一行还在西宁机场拍摄运送伤员和物资的场景，探访了部分机场工作人员。

二、台湾红十字医疗救援队

4月17日，台湾红十字组织派遣由台北市立联合医院、坜新医院、成大医院20人组成的医疗救援队，携带800余千克的药品和医疗器械等救护物资前往青海参与玉树地震伤员医疗救治工作。其中 6 名医师分别具有救急、骨科、家庭医学、小儿科和公共卫生等专长，多名护理人员和药剂师具备地震、水灾等丰富救助经验，多名医师曾参与汶川特大地震等医疗救护工作。医疗救援队于 18 日上午离开台北，经香港和北京于当日 20 时 40 分抵达西宁曹家堡机场。青海省台办、省红十字会、省卫生厅召开协调会，按照国台办、中国红十字总会、卫生部通知要求，为保证台湾红十字医疗救援队顺利参与救助工作进行详细安排和充分协调。

4 月 19 日 8 时 30 分，台湾红十字医疗救援队进驻西宁市第一人民医院，投入救治工作中。为期两天紧张的救治工作结束后，台湾红十字大陆驻地代表、副领队陈大诚带领医疗救援队员与西宁市第一人民医院的同行密切协作，又于 21 日 7 时 25 分乘坐 7581 次列车赴格尔木市开展灾区伤员救治工作。

省台办、省卫生厅、省红十字会等单位各派 1 名干部随医疗队赴格尔木进行协调、服务。医疗救援队赴格尔木途中，列车上 1 名 1 岁半的藏族女婴因感冒引发高烧，其奶奶急切地向列车长求救。医疗队闻讯后，立即派出领队医师洪士奇和两名护士对女婴进行及时诊治，女婴病情稳定好转。22—23 日，台湾红十字医疗救援队在格尔木市第一人民医院、海西州第二人民医院和青海油田格尔木石化基地职工医院开展灾区伤员救治工作。

在格尔木市期间，台湾红十字医疗救援队与来自北京、天津、山西的医疗救援队以及当地医院通力协作，为 108 名灾区伤员提供医疗协助诊治服务，并将 20 箱药品捐赠给格尔木市卫生局。23 日下午，利用救治伤员间隙的两个小时，台湾红十字医疗救援队同上述 3 所医院院长、医生和以北京大学第三医院医疗救援队领队田耘为代表的各医疗队专家 50 余人进行学术研讨和病例分析。研讨分析会为两岸医疗救治专家提供了相互学习的机会，增进了两岸医疗救援队员之间的友谊。

三、国际组织志愿者

（一）国际救援队

中华海外联谊会常务理事、中国西藏文化保护与发展协会理事、美国美东华人社团联合会总主席、美国万宝路公司董事长梁冠军向灾区捐赠 100 万元及价值 10 万元左右的急救药品。日本国家抢险队通过青海省有关旅行社，了解到外国抢险队前往玉树地震灾区救灾如何办理相关手续的情况后，派 3 名抢险队员乘飞机于 4 月 15 日抵达西宁，赶赴灾区了解情况。

（二）国际医疗队

4 月 16 日，日本德洲会医疗机构（该机构是专门的国际灾难救治伤病机构）派 3 名医疗人员到达青海，其中一位是一所医院的院长。3 位援助大夫在中国期间的各类费用包括医疗器械、药品等均由日方全部承担。

第二节　自发志愿者服务

一、香港同胞志愿者

2010年4月8日，46岁的香港人黄福荣与甘肃省兰州市的朋友一起到玉树县慈心喜愿孤儿院进行爱心慈善活动，事后独自一人留在孤儿院做义工。4月14日7时49分，玉树地区发生7.1级强烈地震，黄福荣在已经脱离危险的情况下，重新返回救助被困人员，救出了3个孩子和1位教师。在救援另两位教师时，遇到6.3级余震，他被瓦砾掩埋，后虽被救出，但终因伤势过重抢救无效不幸去世，遗爱青海。黄福荣的事迹传开后，青海和香港纷纷以各种方式表达对英雄的崇敬与怀念，中央政府驻港联络办公室也发出唁电，对黄福荣舍己救人的高尚品质表示敬意，对其不幸离世表示沉痛哀悼。香港特别行政区政府政务司司长唐英年也向黄福荣表达了最崇高的敬意，称他代表了“香港精神”，香港特别行政区政府民政事务局局长曾德成表示，将向授勋委员会建议追授黄福荣英勇勋章。8月13日，国务院追授黄福荣“抗震救灾舍己为人杰出义工”。11月20日，香港特别行政区政府追授黄福荣金英勇勋章。

10月27日，北京“家·盒子”文化有限公司志愿者曾敏杰、杨浩、王瑞3人，在前往玉树灾区两所小学送过冬物资途中，车辆失控冲下148米山坡。事故导致曾敏杰、杨浩身亡，王瑞受重伤，被紧急送往医院救治。

35岁的曾敏杰是香港人，2009年他和妻子到北京定居，创办“家·盒子”公司。9月4日，曾敏杰等公司人员去玉树地震灾区探望孤儿。得知吉尼赛乡瓦作村小学和麦曲村小学地处大山内，物资难以供应，100多名孩子生活困难。玉树10月就入冬，孩子们缺少过冬的衣物，尤其是棉鞋。回京的曾敏杰组织募捐，并购买价值10余万元的帐篷、棉鞋、火炉等用品。10月25日，曾敏杰和公司员工杨浩、王瑞，带着过冬物资踏上去往灾区的飞机，27日不幸罹难。他们积极参与志愿者服务，用生命和爱心深刻诠释了“人道、博爱、奉献”的红十字会精神，为此，青海省红十字会追授曾敏杰、杨浩“青海省红十字会杰出志愿者”荣誉称号，授予王瑞“青海省红十字会杰出志愿者”荣誉称号，并号召全省各级红十字会及广大专兼职干部、红十字会会员、红十字志愿工作者学习曾敏杰、杨浩等志愿者的先进事迹。

二、台湾同胞志愿者

玉树大地震发生后，社会各界不分族群、不分职业纷纷伸出援手。一位祖籍河南，在北京工作的台湾商人希望能作为志愿者加入抗震救灾的队伍里，为灾区民众尽一点自己绵薄之力。地震后第八天，他以志愿者身份到西宁，不慎在机场与团队失去联系。在青海省对台事务办公室和青海省红十字会的帮助下，他辗转抵达灾区，参加医疗救助。参加救灾前后，他一直不愿透露自己的姓名，只称自己是一名热心的商人。

三、国际社会人士志愿者

加拿大籍华人、高速公路建设专家、就职于湖北省某国际公司负责工程监理项目的王昭林，致电灾区向遇难者表示沉痛哀悼，向遇难者家属、受灾群众致以诚挚慰问，并表示愿意赴玉树做义工。正在中国江苏进行学术交流的旅华日本籍研究员、防灾心理学者、医师古茉照良，曾经参加过日本关西大地震、四川汶川特大地震等 20 多次抢险工作。听到玉树地震的消息，他立即给青海省外事办发来传真，并提出地震抢险活动若干建议：当地是典型的干燥地带，倒塌房屋大部分是砖混结构，抢险活动可能产生大量粉尘并夺取呼吸空间的正常呼吸，粉尘吸入和窒息，1 ～ 2 小时是最大的生命关键要点；请及时安排洒雾水的设备（车），防止粉尘发生，千万不要使用高压力水枪挖现场，需要洒雾水同时进行，雾水渗透呼吸空间，极限控制产生粉尘；请相关医院调派洗肺设备和这方面的医师。

第四篇
灾区民生

中共中央、国务院及青海省委、省政府高度重视“4·14”玉树7.1级地震抗震救灾、灾区生活安排工作，要求全力做好抗震救灾工作，千方百计救援受灾群众，维护灾区社会稳定，妥善安排灾区群众生活。民政、交通、教育、卫生、农业、商务、住建、广电、水电、通信、金融等部门，迅速展开行动，具体部署灾区群众生活安排，千方百计调集足够数量的棉衣、棉被、帐篷，确保受灾群众防寒防冻；积极安排搭建学校帐篷，满足灾区孩子早日恢复上学的需求；在公用设施相对集中的地方搭建板房，保障受灾群众吃、住、行供给；采取积极措施，恢复通信、道路、供电和供水等基础设施运行，确保灾区群众基本生活。

地震发生当晚20时，全面恢复机场通信，次日凌晨5时开始恢复玉树县通信。震后24小时内损毁的道路基本修复，震后48小时通电问题基本解决。震后第二天，金融和邮政秩序开始恢复。震后第三天下午，玉树州孤儿学校率先复课。震后第五天，应急性的水、电、路和通信全面恢复，大部分机关单位搬进活动板房办公，日常办公秩序全面恢复。震后第六天，从西宁组织大的商业企业到灾区设点营业。地震发生后第七天，灾区社会管理全面转入有序常态，社会秩序进入和谐状态。震后10天内，灾区各学校高中班陆续复课。

众志成城　抗震救灾

第一章　生活救助

第一节　生活安排

4 月 14 日，民政部紧急从天津、沈阳、郑州、武汉、西安 5 个中央救灾物资储备库，向青海灾区紧急调拨棉帐篷、棉大衣、棉被，帮助受灾群众解决生活困难，并及时与灾区州县建立直接联系，掌握受灾地区的灾情发展和受灾群众的生活安排情况。民政部国家减灾中心及时启动“空间与重大灾害国际宪章”机制（以下简称 CHARTER 机制），确保从相关国际机构迅速获取灾区卫星遥感数据，及时开展灾害评估工作，为救灾决策工作提供科学依据。同时，要求灾区各级民政部门要在当地党委、政府的统一领导下，积极配合，切实做好被困群众的救援工作和遇难群众的善后工作、遇难群众家属的安抚工作；视灾区需求，抓紧调运救灾帐篷和各类生活物资，指导各地做好方便食品、饮用水等生活必需品的筹集和发放工作，帮助受灾群众解决临时住所问题，千方百计解决受灾群众生活困难，全力以赴做好受灾群众生活保障工作；进一步核查灾情，组织灾害损失评估，指导灾区做好因灾倒房恢复重建工作，及时会商财政部下拨中央农户住房恢复重建补助资金，帮助受灾群众重建家园。

青海省民政厅立即着手安排灾区生活，特别提出具体要求。首先，解决受灾群众的基本生活问题，第一步基本解决受灾群众的生存问题，做到“四有”：即有水喝，有饭吃，有地方住，有病能看；第二步做到“五有”：即有热水喝，有热饭吃，有较为宽松的住所，有病能及时看，孩子有学上。直至完全解决灾区群众的生活问题，使他们能住上宽敞的瓦房，过上安居的生活。其次，在灾区有近 5 万顶帐篷的基础上，着力解决帐篷不配套、无法安装的问题和因受灾群众居住分散，一户分为几户，从而导致帐篷紧缺的问题；保证救灾物资的发放做到尽快、公平、保质保量，确保受灾群众能及时得到救灾物资；分派干部下到灾区 19 个片区帮助安排受灾群众生活，依靠“村两委”（村党支部委员会、村民自治委员会）、社区组织等发放救灾物资，努力排除灾区管理盲角。省农牧厅连夜组织动员 5 家省级农牧业产业化龙头企业向玉树地震灾区

4月18日，省商务厅紧急组织15家餐饮企业在灾区为受灾群众供应免费早餐
（《青海日报》 孔祥瑞 摄）

捐赠面粉、清油、方便面、牛羊肉等价值55.3万元的食品和饲料。15日，省农牧厅再次紧急组织价值162万元的救灾物资。

4月16日，商务部发出《关于赴玉树地震灾区开展“粥棚献爱心”活动的紧急通知》，要求青海省、四川省、西藏自治区商务厅组织地震灾区毗邻地区的餐饮企业，赴灾区开展“粥棚献爱心”活动。同日，成都市商务局会同成都餐饮同业工会组织成立爱心食堂指挥部，经过4天，携10卡车物资到达玉树，组建爱心食堂，24小时为灾区群众提供1000～1500人饮食服务。住房城乡建设部副部长仇保兴、齐骥召开部有关司局和直属单位负责人会议，研究和部署住房城乡建设部支援玉树州抗震救灾工作。赈灾期间，除大量各种规格的救灾帐篷运抵灾区，供受灾群众临时过渡居住外，青海省住房和城乡建设厅精心组织施工力量，抓进度、抢工期，全面铺开结古镇州县党政机关临时过渡活动板房建设，扎实推进重灾区隆宝镇等8个乡镇及7所学校活动板房建设。组织四川成锦钢结构有限公司、陕西升腾钢结构有限公司两家企业，连夜生产准备板房材料5000平方米，为隆宝镇、安冲乡、上拉秀乡、下拉秀镇、小苏莽乡、仲达乡、巴塘乡等受灾较严重的地区，搭建临时过渡活动板房。协调甘肃金地钢结构有限公司承担结古镇第三完小临时过渡板房建设任务，建成6间活动板房及雨棚共400平方米。

4月17日，省商务厅从青海华联超市、大百集团、青海宁食集团、青百集团、惠客家超市等企业调配矿泉水、饼干、火腿肠、榨菜、炉具等灾区急需物资共计600吨运送灾区。18日，组织青海裕泰食品有限公司、海西州宾馆、青海宾馆、西宁宾馆、乌兰宾馆等10余户餐饮企业在灾区开始服务。先期到达玉树的裕泰食品有限公司为第一批1400多人次提供免费就餐，供应的品种有牛肉汤、稀饭、炒菜、米饭、菜汤等，19日，5个粥棚餐饮服务点陆续在灾区投入供应。17时，住房城乡建设部派4名技术人员，紧急征调1台自重约8吨，水源不限，出水达标，日出水量达200～300吨、可满足2万～3万人饮用等生活用水的四驱越野型饮用水应急救援车，从北京出发星夜兼程奔赴灾区，19 日凌晨顺利赶到灾区。青海省住房和城乡建设厅紧急筹措资金购置 1 台 30 千瓦柴油发电机，作为饮用水应急救援车的动力电源送到灾区。

至 5 月 10 日，玉树县开工建设的蔬菜温棚有 870 栋，同时，农业部门规划在玉树全州重建、维修 1925 栋蔬菜温棚。之前，囊谦县 452 栋蔬菜温棚开始重建。标志着有 30.6 万名农牧业人口的玉树州农牧业生产有序恢复。在各县温棚建设有序开展的同时，当地政府积极组织安排虫草采挖工作，以增加牧民收入。

第二节　生活补助

4 月 15 日上午，民政部部长李学举召集会议，贯彻落实国务院抗震救灾总指挥部会议精神，研究部署青海玉树地震抗震救灾和受灾群众生活安排工作措施。会议决定，在救灾应急阶段，民政部相关部门协调落实救灾资金拨付。对于解决受灾群众吃住问题所需资金，协商财政部及时从中央救灾资金中拨付；落实国家对受灾群众生活补助、遇难人员亲属抚慰金等政策。同时要求，在汶川抗震救灾工作经验的基础上，针对青海省省情和民族地区实际情况，抓紧研究制定受灾群众救助安置、“三孤”（孤儿、孤老、孤残）人员救助安置等相关政策，指导青海省民政厅做好因灾倒房群众的紧急安置、受灾群众生活安排等各项工作。

民政部于 16 日发出《关于对青海玉树地震灾区困难群众实施临时生活救助有关问题的通知》，指出临时生活救助包括补助金和救济粮两项，规定从灾害发生之日起，对因灾无房可住、无生产资料和无收入来源的困难群众，每人每天发放 10 元补助金和 0.5 千克成品粮；对因灾造成的“三孤”人员，每人每月补助 600 元（受灾的原“三孤”人员补足到每人每月 600 元），补助时间为 3 个月。发放补助所需资金，在中央财政安排的 2 亿元抗震救灾综合财力补助中解决；救济粮由中央从中央储备原粮中无偿划拨给青海省人民政府，省级人民政府统一负责原粮的出库、调运和将原粮加工成成品粮，免费提供给救助对象。补助金由民政部门直接发放给救助对象，实行按月发放。救济粮的出库、调运、加工和发放由粮食部门会同民政部门办理。

《通知》要求，灾区各级民政、财政、粮食部门要准确把握救助政策，尽快制定本地区实施方案；立即组织力量，深入灾区核查灾情，审核确定救助对象，并登记造册、张榜公布，接受群众监督，做到不漏不重。青海省人民政府民政、财政部门要尽快将审核确定的分县（区）救助对象人数上报民政部、财政部。灾区各级民政、财政、粮食部门切实加强因灾生活困难群众补助金、救济粮的发放管理，专账核算，专款专用，无偿使用，严禁挤占挪用和虚报冒领，一旦发现违纪违规行为，要依法予以惩处；以高度负责的态度，密切配合，抓紧实施，及时、足额地将补助金、救济粮发放到救助对象手中，并将有关情况上报民政部、财政部、国家粮食局。

4 月 18 日，青海省玉树抗震救灾指挥部印发《关于全面落实受灾群众灾后各项补助政策的通知》，责成省财政厅会同省民政厅制定对受灾群众粮、款补助，遇难人员抚慰金，“三孤”人员补贴，转移安置群众补助等政策的具体实施办法，要求全面落实国家对玉树地震灾区群众的灾后补助政策。19 日，青海省民政厅向省抗震救灾指挥部呈报玉树地震灾区流动受灾群众返乡临时救助方案的紧急报告。报告内容包括身份确定、救助标准、救助步骤、管理机构、组织领导等事项。

4 月 20 日，民政部发出紧急通知，要求青海省民政厅切实做好玉树地震灾区发放救灾物资工作，发放物资要优先保障遇难者和重伤员家庭、孕妇、婴幼儿、孤儿、孤老和残疾人员。同时要求，灾区各级民政部门认真制定临时生活救助方案，并细化具体落实措施，以社区和村组为单位，加紧排查，摸清需救助人员底数，建立名册，尽快组织发放临时生活救助资金；坚持属地管理原则，将符合救助条件的本地户籍及滞留本地的外地户籍受灾困难群众全部纳入救助范围；在灾区遇难的所有人员，包括户籍在本地和外省（市、州、县）籍人员，其家属应在遇难地县级民政部门领取抚慰金。

同日，省民政厅、财政厅印发《青海玉树地震灾区遇难人员抚慰金发放管理办法》。主要内容包括制定《办法》的目的、地震灾区遇难人员的范围、遇难人员身份的认定主题及程序、遇难人员抚慰金发放的领导及流程、组织及形式、纪律要求、汇总公布、责任追究等。规定抚慰金的发放标准为每位遇难人员 8000 元。其中，中央财政补助 5000 元，地方财政补助 3000 元。省民政厅、财政厅同时印发《青海玉树地震灾区“三孤”人员抚慰金发放管理十条办法》（抚慰金，也称为生活补助金）。《办法》阐明抚慰金发放管理的要求及制定依据，明确“三孤”人员是指“4·14”大地震灾害发生后，因灾造成的孤儿、孤老和孤残人员以及遭受此次地震灾害的原有孤儿、孤老和孤残人员。《办法》对“三孤”人员的确定及排查，提出具体要求，并明确抚慰金发放的领导及发放部门。

“三孤”人员抚慰金标准为每人每月 1000 元（受灾的原“三孤”人员补足到每人每月 1000 元。其中，中央财政补助 800 元，地方财政补助 200 元），补助时间 3 个月（从地震发生之日算起）；抚慰金的发放以集中统一、现金发放的形式进行，以村或社区为单位，由州、县民政部门统一组织人员，设立发放点，并登记造册，签名盖章，张榜公布，做到手续、资料齐全（有条件的

4 月 22 日，省民政厅在玉树县仲达乡电达村土门达社，为玉树地震灾区遇难家属发放 8000 元慰抚金
（《青海日报》 曹礼耿 摄）

4月25日，在青海省玉树县巴塘乡，武警官兵将政府救济粮从车上卸下。当日，第一批1500吨抗震救灾粮运抵玉树地震灾区受灾点

（新华社　张宏祥　摄）

以社会化发放的方式发放）；补助金的发放不得附加任何条件，不得降低发放标准，不得发放给非“三孤”人员；补助资金发放情况要及时汇总，定期向社会公布。办法强调严禁工作人员滥用职权，玩忽职守，徇私舞弊，挪用或者贪污补助资金；对违纪违法的，依纪依法处理，构成犯罪的，由司法机关依法追究刑事责任。

当天，省民政厅、财政厅、发展改革委印发《青海玉树地震灾区困难群众补助款物发放管理办法》。办法规定：困难群众补助款物的发放对象是“4・14”大地震灾害发生后，因灾造成无房可住、无生产资料和无收入来源的困难群众；补助款物的发放对象由灾区乡镇人民政府会同村（牧）委会、社区居委会进行详细排查，在此基础上，编制花名册，报县人民政府批准后进行发放；补助款物的发放在州、县人民政府领导下，由民政部门负责，根据最终认定的花名册统一发放；困难群众生活补助标准为每人每天10元补助金和500克成品粮，补助从地震发生之日起算，时间为3个月；困难群众生活补助款物的发放以集中统一发放的形式进行，以村或社区为单位，由州、县民政部门统一组织人员，设立发放点，并登记造册，签名盖章，张榜公布，做到手续、资料齐全；有条件的以社会化发放的形式进行。

4月28日，省民政厅出台《地震灾区“四金”发放实施细则》。《细则》指出，“四金”（遇难人员抚慰金、转移补助金、困难群众生活补助金、“三孤”人员生活补助金）发放管理办法中涉及的遇难人员是指玉树州“4・14”大地震灾害发生后，因灾直接死亡，或因灾致伤，医治无效死亡的人员；困难群众是指因玉树“4・14”地震造成无房可住、无生产资料和无收入来源的群众；“三孤”人员是指玉树“4・14”地震造成的孤儿、孤老、孤残人员，以及灾区原有孤儿、孤老、孤残人员；紧急转移人员是指因玉树“4・14”地震而转移的农牧民和国家机关事业人员。补助金发放对象由灾区乡、镇政府会同村（牧）委会、社区居委会进行详细认真的排查，编制花名册，报县人民政府核准，并由民政部门发给玉树地震受灾群众证。

4月30日晚，中共玉树州委召开青海省玉树抗震救灾指挥部玉树指挥点工作会议，对“四项政策补助”的发放工作进行部署。会议要求，玉树州5个县按照自己登记的数量负责发放本县域受灾群众和本县在结古地区受灾群众的补助。补助资金经玉树指挥点审核后，由州财政局下拨到各县财政局，困难受灾群众成品粮油补助由州民政局分发到各县民政局。5个县在结古地区的受灾人数分别为：称多县6215人，囊谦县21641人，杂多县7239人，治多县1190人，曲麻莱县459人。5个县本县域受灾人口分别为：称多县33610人，囊谦县7460人，杂多县8440人，治多县6894人，曲麻莱县1940人。玉树县负责本县受灾群众（包括结古镇地区）93804人的补助发放。5个县受灾“三孤”人员为：玉树县444人、称多县36人、囊谦县299人、杂多县76人、治多县3人。州直各机关单位负责发放登记的受灾群众紧急转移补助和“四项政策补助”，由州直各机关先和玉树县政府统一核定数据，再到玉树县民政、财政部门办理拨发手续后再下发到受灾群众手中；州直机关和事业单位的干部职工不享受每天10元和500克成品粮的困难补助以及抚慰金。具体发放政策界线按照省政府《地震灾区“四金”发放实施细则》执行。各县根据上报的人数，从5月1日起开始发放。

会议通报，全州地震灾后前3个月的中央和省各类补助资金足额落实到位，“四金”中遇难人员抚慰金2870.4万元，困难生活补助金2.02亿元，“两孤一残”人员补助金844.86万元，紧急转移补助金3500.99万元，总金额2.74亿元。

5月1日，玉树州制定《“4·14”地震灾区“四金”发放实施细则》。根据《实施细则》，资金发放以集中统一、现金发放的形式进行，以村或社区为单位，由州、县民政部门统一组织人员，设立发放点。资金发放时登记造册、签名盖章，手续、资料齐全，程序公开、透明，并及时向社会公布发放和领取情况。

《实施细则》规定，抚慰金的领取人为遇难者的配偶、子女、父母，领取抚慰金时必须同时出具死亡证明、家属关系证明（由死亡者所在单位和乡镇出具）和本人有效身份证明，遇难家庭有两名以上符合领取人条件的，亲属间必须达成抚慰金领取协议，领取人同时递交亲属间签订的书面协议书。由国家供养的农村“五保”对象、城镇“三无”人员、孤儿，或抚慰金领取人为无民事行为能力人、限制行为能力人的，抚慰金暂不发放，由民政部门统一管理。遇难者家属在异地，因路途遥远领取抚慰金有困难的，由所在地民政部门提供准确文字证明材料，与遇难人数统计地民政部门取得联系，核实无误后，由死者遇难地民政部门办理代发事宜；“三孤”人员的生活补助金按其供养形式发放，集中供养的“三孤”人员由供养机构提供花名册，到发放点办理代发事宜，散居“三孤”人员的生活补助金由所在地（村）牧委会、社区或寄养家庭办理代发事宜；紧急转移补助金和困难群众补助款物的领取需出具玉树地震受灾群众证和有效身份证明，发放点对符合条件的办理审核手续。依据《实施细则》，各发放点规范程序、完善手续，受助人填写救助卡，并加盖本人印章或手印，对户籍地和居住地不一致，居住地为灾害发生地，并在居住地连续生活3个月以上，且符合救助条例的，经居住地村（牧）委会、社区居委会调查、核实，县政府认定，凭相关证明发给补助款物（户籍地是指玉树州以外地区）。县级以上民政部门加强对“四金”发放工作的领导和监督管理，指定专人负责“四金”发放工作，并做好资金发放的监督、数据统计和上报工作；相关部门认真细致地核实领取人员身份，确保资金、粮食不错发、漏发、重发。

5月3日，玉树地震灾区按照受灾“三无”人员每人每天10元钱、500克粮的标准，为

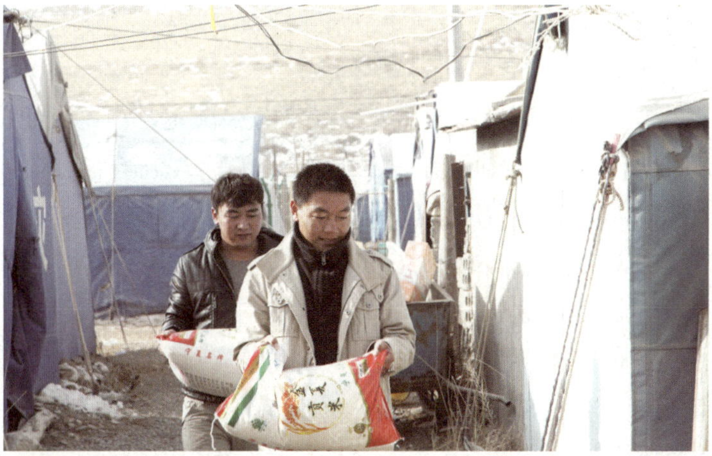

5月5日，县乡民政工作人员将救灾大米送往安置点受灾群众家中
（青海省民政厅　李书海　提供）

6月12日，玉树州民政部门工作人员在受灾群众安置点发放补助款
（青海省民政厅　李书海　提供）

1235名受灾群众一次性发放50天的临时生活补助金，为17382名受灾群众发放成品粮；按照每人每月1000元的标准，为40名受灾“三孤”人员发放一个月的临时生活补助金；按照每名遇难人员8000元的标准，为532名遇难人员的家庭发放抚慰金；按照每人150元的补助标准，为9063名紧急转移的农牧民群众发放补助金。同时灾区民政部门对灾后居民燃料补助标准做出说明：根据居民在正常年景下牛粪使用的情况，四口之家1个采暖期（6个月）所使用的牛粪为每天2袋计360袋，夏季（6个月）所使用的牛粪为每天1袋计180袋，共计1年使用的牛粪量540袋，以市场最低价8元/袋计算，共需燃料费用4320元。其中，居民承担每袋3元计1620元，国家补助5元计2700元。

5月10日，省民政厅宣布，玉树抗震救灾从应急状态进入有序状态，工作重心转向全面安置、恢复秩序、灾后重建，同时进一步开展四项补助的核发工作，并及时向社会公布各项补助发放情况。

截至5月13日，民政部门为玉树地震灾区受灾群众发放各类补助资金1.6亿元，救助口粮292吨。其中，按照每人150元的标准，发放农牧民群众紧急转移补助金16.37万人；按照灾后3个月内每人每天10元钱、500克粮的标准，发放受灾“三无”困难群众补助金和救助粮 16.11 万人；按照灾后 3 个月内每人每月发放或补足到 1000 元钱的标准，发放受灾“三孤”人员补助金 1331 人。

7 月 20 日，青海省教育发展基金会决定，利用交通银行青海省分行 50 万元的定向捐款，对下年玉树地震灾区考入省内外普通高等学校全日制本科、专科（含高职）的家庭经济困难新生和继续深造的贫困学生予以资助。资助金额每人 5000 元，共资助 100 人，以现金形式一次性发给资助对象。对此，省民政部门作出规定，玉树灾区家庭经济困难新生申请资助的条件为：玉树灾区参加 2010 年高考考生，经省招办批准正式录入省内外普通高等学校全日制本、专科（含高职）的新生，并且由于家庭经济特别困难，无力支付首期学费或因孤残、家庭发生意外导致贫困的新生。凡已接受国内外机构或个人资助和享受减免学费政策的学生，不在本次资助范围。申请资助的办法为：由符合条件的贫困生提出书面申请，填写登记表，学生户口所在地乡镇政府或街道办事处出具家庭贫困状况证明，玉树藏族自治州教育局通过调查、核实，将符合申请资助者的相关材料报青海省教育发展基金会参加评审。经评审确认，公布资助对象名单，并按相关规定办理资助事宜。

8 月 8 日，玉树州为 2010 年考入大中专院校的 152 名大学贫困生发放 54 万元助学金。其中大学本科 84 人，每人发放助学金 4000 元；大学专科 68 人，每人发放助学金 3000 元。这笔资金是“4·14”玉树地震发生后，州民政局对低保户家庭、地震中家人遇难家庭考入大中专院校学生进行认真调查登记后，经申请得到青海省慈善总会、西北电网集团的援助而获得的。16 日，来自山东泰安伟业钢铁公司和中国建设银行泰安银行的员工驱车到离结古镇 90 千米、平均海拔 4400 米的玉树县上拉秀乡中心寄宿小学、查荣小学、上日玛小学，看望在这里学习生活的师生们，给孩子们送来书包、文具盒、铅笔、书籍等学习用品，并资助 30 名孩子每人 300 元的学费。这些孩子大部分是贫困家庭、孤儿或单亲家庭的孩子。

2010 年青海省民政厅下达玉树地区发放救灾资金情况表（一）

表 4-1

单位：人、万元

地区	第一批“四金”发放													
	转移补助金			遇难抚慰金			“三孤”人员补助金			困难群众生活补助金			合计拨付资金	合计发放资金
	人数	拨付资金	发放资金	人数	拨付资金	发放资金	人数	拨付资金	发放资金	人数	拨付资金	发放资金		
玉树州合计	221110	3292.651	3279.345	3643	3013	2914.43	3056	1700.385	499.485	221922	20128.471	20012.82	28134.51	26706.08
玉树县	129737	1906.905	1906.905	2517	2013.6	2013.6	1263	338.985	338.985	121951	10975.59	10975.59	15235.08	15235.08
称多县	39825	597.375	597.375	129	110.4	103.23	36	10.8	10.8	39825	3584.25	3584.25	4302.825	4295.655
囊谦县	27416	419.896	406.59	752	693	601.6	417	1326	125.1	26855	2532.421	2416.77	4971.317	3550.06
杂多县	6689	100.335	100.335	182	145.6	145.6	76	22 8	22.8	16129	1451.61	1451.61	1720.345	1720.345
治多县	10469	157.035	157.035	36	28.8	28.8	1261	0 9	0.9	10188	916.92	916.92	1103.655	1103.655
曲麻莱县	6974	111.105	111.105	27	21.6	21.6	3	0 9	0.9	6974	667.68	667.68	801.285	801.285

2010 年青海省民政厅下达玉树地区发放救灾资金情况表（二）

表 4-2

单位：人、万元

地区	第二批“五金”发放																
	困难群众生活补助金			“三孤”人员补助金			生活用具补助金			火炉购置补助金			取暖补助金			合计拨付资金	合计发放资金
	人数	拨付资金	发放资金	人数	拨付资金	发放资金	户数	拨付资金	发放资金	户数	拨付资金	发放资金	人数	拨付资金	发放资金		
玉树州合计	197949	18201.18	18025.46	6130	1070.72	1070.72	58650	826.845	826.845	52247	1567.41	1567.41	199784	21177.104	21177.04	42843.26	42667.54
玉树县	131501	12098.092	12098.092	1716	267.12	267.12	38859	544.195	544.195	34222	1026.66	1026.66	133196	14118.776	14118.776	28054.84	28054.84
称多县	36908	3395.536	3219.816	2940	529.2	529.2	11084	160.45	160.45	11084	332.52	332.52	36908	3912.248	3912.248	8329.954	8154.234
囊谦县	6142	565.064	565.064	140	25.2	25.2	1186	17.315	17.315	1091	32.73	32.73	6282	665.892	665.892	1306.201	1306.201
杂多县	9440	868.48	868.48	76	22.8	22.8	3609	49.4	49.4	1938	58.14	58.14	9440	1000.64	1000.64	1999.46	1999.46
治多县	8894	818.248	818.248	1258	226.4	226.4	2223	30.15	30.15	2223	66.69	66.69	8894	942.764	942.764	2084.252	2084.252
曲麻莱县	5064	455.76	455.76	—	—	—	1689	25.335	25.335	1689	50.67	50.67	5064	536.784	536.784	1068.549	1068.549

2010 年青海省民政厅下达玉树地区发放救灾资金情况表（三）

表 4-3　　单位：万元

地区	第三批"321 资金"			2011 年 1—3 月帐篷户取暖补助			2011 年 1—3 月低保对象生活补贴		
	人数	拨付资金	发放资金	人数	拨付资金	发放资金	人数	拨付资金	发放资金
玉树州合计	199805	11988.3	—	80000	1440	—	57641	172.923	—
州本级	—	—	—			—	2193	6.579	—
玉树县	133217	7993.02	—	60000	1080	—	12405	37.215	—
称多县	36908	2214.48	—	10000	180	—	8938	26.814	—
囊谦县	6282	376.92	—	2000	36	—	13132	39.396	—
杂多县	9440	566.40	—	3000	54	—	8619	25.857	—
治多县	8894	533.64	—	3000	54	—	6091	18.273	—
曲麻莱县	5064	303.84	—	2000	36	—	6263	18.789	—

第三节　转移补助

4 月 20 日，为加强地震灾区紧急转移补助金发放管理工作，做到有序发放，规范管理，省民政厅、财政厅印发《青海玉树地震灾区紧急转移补助金发放管理办法》。《办法》明确，紧急转移人员是指因玉树“4·14”地震而转移的农牧民和国家机关事业人员。紧急转移补助金是指“4·14”大地震灾害发生后，对受震灾影响范围内的农牧民和国家机关事业人员，因紧急转移而产生的相关费用的补助资金；补助金的发放对象由灾区乡镇政府会同村（牧）委会、社区居委会进行详细认真的排查，在此基础上，编制花名册，报县人民政府批准后发放；补助金的发放工作在州、县人民政府领导下，由民政部门根据最终认定的花名册统一发放；补助金的发放标准为每名受灾农牧民 150 元，党政机关事业单位受灾转移人员每名发放 100 元；补助金的发放以集中统一、现金发放的形式进行，以村或社区为单位，由州、县民政部门统一组织人员，设立发放点，并登记造册，签名盖章，张榜公布，做到手续、资料齐全。《办法》同时强调，转移补助金的发放不得附加任何条件，不得降低发放标准，不得发放给非受灾转移人员；补助金发放情况要及时汇总，定期向社会公布；严禁工作人员滥用职权，玩忽职守，徇私舞弊，挪用或者贪污转移补助资金。对违纪违法的，依纪依法处理，构成犯罪的，由司法机关依法追究刑事责任。根据 30 日省抗震救灾指挥部玉树指挥点会议的通报，中央和省足额落实到位紧急转移补助资金 3500.99 万元 23.75 万人。

至5月3日，按照每名受灾农牧民150元、每名受灾党政机关事业单位人员100元的标准，发放紧急转移补助金3500.99万元、23.75万人。对受灾的外省、区、市籍居住不满3个月的暂住人员，愿意回原籍的，发给紧急转移补助金150元和50元、80元、100元不等的返程路费。确系3个月以上的常住人口，按规定发放受灾群众证、紧急转移补助金和生活困难补助金。西藏昌都地区（7089名）、四川甘孜州（4043名）受灾群众的有关补助金由当地政府负责发放。

省民政厅于6月2日给玉树州及所属各县民政局下发《进一步明确玉树灾区部分受灾人员相关救助政策的通知》，要求各县对在结古镇上学的学生，按校分类登记造册，经核实后，按“四金”发放标准，统一发放紧急转移安置金和困难群众生活补助金，学生不再在原籍享受其他救助政策；州属除玉树之外的各县经核实地震发生当天在玉树县境内学经或坐禅闭关的受灾僧尼，纳入玉树县受灾流动人口范围，可享受紧急转移安置补助。其他相应政策按本人所在寺院受灾程度由当地民政部门给予落实；对玉树州机关、事业单位之外的其他受灾城镇居民按人均150元标准发放转移安置费。

第二章　生活安置

第一节　应急性安置

4月14日，民政部向青海紧急调拨救灾帐篷2万顶、棉大衣5万件、棉被5万床。震后3小时，省民政厅从玉树州救灾物资储备库紧急调运500顶帐篷，迅速发放到重受灾群众手中，并于当日从省救灾物资储备中心和玉树周边地区物资储备库紧急调拨8000顶帐篷、1万套棉被褥、5000件棉大衣，以及食品、应急灯、发电机等一大批急需物资和应急设备，迅速运往地震灾区，以最快的速度、最短的时间分发到受灾群众手中，使得20多万名受灾群众得到及时转移和妥善安置。地震发生当日，省民政厅组织人员迅速赶赴地震灾区，全力组织抢险救灾，及时调运发放物资，紧急转移安置受灾群众。根据玉树地震灾区的实际情况，按照就地就近、安全快捷、便于管理的原则，采取集中安置与分散安置相结合的办法，千方百计安置受灾群众。震后第四天，受灾群众有饭吃、有水喝、有帐篷住的预定目标实现；第十天，受灾群众有热饭吃、有热

4月14日后，玉树县结古镇格萨尔广场成为受灾群众的临时安置点
（《西海都市报》　海东　摄）

4月19日，受灾群众在临时搭建的帐篷外生火做饭

（青海省民政厅　李书海　提供）

水喝、有比较宽松的帐篷住、有病能够得到及时医治的工作目标基本实现。

4月15日上午，民政部部长李学举召集会议要求，抓紧摸清灾区民房倒塌和损坏情况，会同有关部门研究确定农村因灾倒塌民房重建补助标准，做好灾后重建前期准备工作。

青海省民政厅于17日派出由假肢康复专业技术人员组成的专家工作组，赴玉树州实施“福彩助残健康行”项目，为从全州6个县近600名肢体残障人员中筛查出来的292名残疾人免费装配和发放价值110万元的295件康复辅助器具。其中，现场为符合技术条件的92人完成假肢取型、配制矫形器，为符合政策条件的200名重度肢体残障人员（无法配发康复辅具的人员）配发轮椅、拐杖。同时，专家工作组对700多名在“4·14”地震中致残致伤后接受过辅具康复治疗的人员进行回访复诊，评估受助残疾人的康复情况，并对他们康复训练提供咨询服务。

4月20日，民政部发出紧急通知强调，受灾群众临时安置工作，尊重群众意愿，鼓励自力更生，采取分散安置和集中安置相结合等多种方式进行。通过紧急采购和调运、协调建立流动商业网点等方式，解决受灾群众生活必需品问题，尤其提供符合当地群众民族习俗和生活习惯的生活物资。在23日的新闻发布会上，民政部特别强调，青海玉树地震致孤儿童是受灾群众中最困难的群体，要坚持“政府主导、多方参与”的原则，对他们予以妥善安置，给予特别关爱。按照工作预案，民政部门将暂时将无人认领的儿童与其他受灾群众分开，积极为他们查找父母，并在西宁等地条件较好的福利机构腾出300多张床位，安置孤儿和其他暂时无人认领的儿童。在青海省内安置有困难时，民政部协调跨省安置。对于已经确认孤儿身份的，采取亲属监护、家庭收养、家庭寄养、集中供养的办法进行长久安置。在安置过程中，充分尊重孤儿意愿和少数民族孤儿的宗教传统、风俗习惯。

5月14日，玉树州抗震救灾指挥部制定《州直机关干部职工灾后住房临时安置方案》（以下简称“《方案》”）。《方案》提出，坚持集中、就近、方便，集中安置与零散安置相结合，统一安置与分类安置相结合，优先满足办公需要与解决干部职工生活问题相结合，营造安全、整洁的工作和生活环境的安置原则。根据《方案》将集中安置区州委、州政府机关大院划分为办公

5月10日清晨，玉树县结古镇扎西科受灾群众安置点
（《西海都市报》 海东 摄）

区和生活区两个片区，并相对就近、集中安置。办公区用房以活动板房为主，生活区用房以帐篷为主，结合部门职能和工作需要，分类、分单位划分生活区。除在州委、州政府机关大院统一安置的单位外，其他部门、单位采取零散或分类安置，原则上以震前原有的办公区和生活区为选址，按照就近、集中、方便的要求，由各部门自主解决，也可另选新址安置。部门管辖的事业单位职工安置工作，由主管部门协调解决。干部职工中难以集中安置，且有条件、有能力、有选址，愿意自行安置的，原则上可自行安置。州委、州政府机关大院内干部职工安置工作，分别由州委办公室、州政府办公室具体负责；其他机关单位干部职工安置工作，由安置单位负责；两个或两个以上单位联合集中安置的，由联建单位共同负责。震前已有宅基地的干部职工，以原有宅基地为主，自行安置。夫妻及子女同在结古镇工作生活的，由夫妻及子女所在单位协商，只在一方安置。单身职工 2 ~ 3 人分配 1 顶帐篷。夫妻异地分居的，另一方到结古镇探亲期间的住宿，由本人自理。干部职工生活用帐篷由单位负责。集中生活区内水、电、路、卫、厕、消防等配套设施，由安置单位负责建设；卫生保洁和安全保卫由牵头单位或具体责任单位协调公安机关和环卫部门解决。

第二节　过渡性安置

4 月 23 日，民政部、住房城乡建设部、商务部对青海玉树地震受灾群众过渡性安置工作提出指导意见。根据指导意见，在过渡性安置地点的选择上，坚持就地、就近、规模适度，方便开展恢复重建，方便群众生产生活，方便学生上学，方便群众就医，易于管理的原则，避开地震活动断层和可能发生山体滑坡、泥石流等地质灾害的区域，避免对自然保护区、饮用水源保护区以及生态脆弱区域造成破坏，认真做好安置点规划；采取多种方式、措施，解决受灾群

4 月 26 日，玉树县结古镇禅古村受灾群众领取救灾物资
（《青海日报》　董维良　摄）

众临时住所，在及时发放并积极帮助受灾群众搭建棉帐篷的同时，鼓励、动员群众自建简易过渡住房，保证每户有一顶棉帐篷或一间过渡住房；加强生活必需品市场监测，及时将已经运抵灾区的粮食、肉类、食用油等生活物资分发到受灾群众手中，尽快恢复城乡商业网点，搞活商品流通，保障群众主要消费品市场供应，解决好日常生活所需炉具、灶具等生活用品紧缺问题，逐步做到受灾群众每家可以独立开伙。

与此同时，按照民政部、财政部、国家粮食局有关通知要求，迅速落实临时生活救助政策，抓紧制定受灾群众临时生活救助实施方案，组织力量，深入灾区核查灾情，审核确定救助对象，及时、足额地将补助金、救济粮发放到救助对象手中，及时将符合救助条件的本地户籍及滞留本地的外地户籍受灾困难群众全部纳入救助范围，确保他们的基本生活；协调有关部门做好过渡性安置点水、电、加油站（点）、道路等基础设施的配套建设，按比例配备医疗点、集中供水点、公共卫生间、垃圾收集点、日常用品供应点、少数民族特需品供应点等配套公共服务设施，同时配备相应的消防设施，防范火灾发生；组织州、县分区划片，加强集中安置点管理，对受灾群众的过渡性安置，在尊重个人意愿的前提下，尽量参照灾前村（居）委会的建制，建立灾后基层群众性自治组织，同时，选派干部蹲点做好指导工作，切实加强安置点管理，随时解决群众生活中出现的问题；统筹灾区各类需求，确定救灾物资优先安排的对象，棉帐篷、棉衣被等物资优先保障遇难者家庭、孕妇、婴幼儿、孤儿、孤老、残疾人员，大帐篷、活动板房等优先用于学校、医疗点、福利机构、商业网点等公共服务设施，物资发放公正、公开、公平，避免因分配问题引发矛盾。在灾区各级政府统一领导下，形成民政、住房和城乡建设、商务等部门责任明确，各尽其职、密切配合的受灾群众过渡性安置保障机制。

4 月 27 日，民政部副部长罗平飞在青海省抗震救灾指挥部群众生活组帐篷召开抗震救灾阶段工作专题汇报会，对受灾群众安置工作提出要求。要求立即从临时安置逐步向过渡性安置转移，着手建立过渡性安置点完备的组织管理体系和水、电等便利的生活服务设施；落实好已经制定的各项补助政策，尽快组织发放各类补助金；着手制订永久性安置规划方案；尽快摸清人口底数，为灾害评估提供准确的基础数据。

5月1日，省民政厅厅长、党组书记更阳主持召开省民政厅党组扩大会议，安排部署受灾群众过渡性安置。会议决定，由救灾处具体抓好落实受灾群众过渡性安置事宜；受灾群众过渡性安置坚持就地安置与易地安置相结合的原则，易地安置要尽可能将受灾群众转移到生产资料所在地进行安置，鼓励受灾群众投亲靠友，由易地政府落实灾害补助；就地安置坚持集中安置和分散安置相结合的原则，充分发挥基层组织的服务功能，以原行政村（牧委会）和社区为单元进行分片（区）安置；加大过渡性安置期间保温棉帐篷和火炉的供给，保证每户受灾群众有保温棉帐篷和1个火炉；协调有关部门抓紧落实过渡性安置期间的水电、消防、环卫等配套设施，切实保障受灾群众基本生活。10日，省民政厅进一步落实5月1日厅党组扩大会议精神，积极开展受灾群众过渡性安置工作。随着玉树抗震救灾从应急状态进入有序状态，西宁市和玉树州成立流动受灾群众返乡临时救助领导小组，并建立办事机构即办公室。两地成立的办公室分别设在西宁市流浪乞讨人员救助管理站和玉树县民政局。两个办公室结合当地实际制定《流动受灾群众临时救助方案》，明确受灾群众身份确定、救助标准、救助步骤、管理机构、组织领导等相关要求，对在地震灾区需要给予救助的流动受灾群众给予返乡交通费和生活补助费方面的救助。西宁市救助站为方便受灾群众救助，经市政府领导协调在青藏铁路公司和西宁汽车站两处分别开辟绿色通道救助窗口，集中解决返乡受灾群众的车票问题。同时，严格制定身份确定的办法。针对玉树地震发生后，滞留人员多、返乡人员情况复杂的实际，严格按照省抗震救灾指挥部关于流动受灾群众及相关亲属身份确定的相关规定，在受灾群众个人提出申请的基础上，筛查确定因地震灾害造成生活暂时困难、需要给予返乡临时救助的对象，具体划分地震遇难亲属、地震受轻伤人员、志愿者（省内外部分志愿者存在因捐款造成无钱回家的现象）及在医院救治后返回玉树的人员。在此基础上，实施有效救助。对符合救助条件的流动受灾群众，坚持特事特办，减少工作环节，实行一站式服务，即：在玉树县救助的流动受灾群众，属于省内的受灾群众，按直接到家的标准给予一次性临时救助；属于省外的受灾群众，先救助到西宁，并给西宁救助站出具需要再次救助的证明，由西宁救助站再按路途远近协调青藏铁路公司和火车站解决车票的同时再按标准给予生活救助。在西宁市救助的受灾群众，返回玉树的，通过汽车站绿色通道救助窗口解决车票，民政厅给予50元的生活补助；返回外地的，通过火车站绿色通道救助窗口解决火车票并由民政厅按路程标准给予相应的生活救助（西宁至西安以内的发补助费80元，西安以远的发补助费100元）。西宁市救助站在火车站设立帐篷临时救助点，免费为地震受灾群众提供方便食品、矿泉水、开水等，确保受灾群众能吃饱、穿暖、有地方住。至4月27日15时，西宁市救助地震流动受灾群众近400人，发放临时救助费15万元。

5月13日，青海省民政厅召开厅务会议，研究通过厅救灾处提交的《关于玉树地震灾区群众过渡性安置生活救助的意见》。会议要求，加强过渡性安置生活救助政策与临时性生活救助政策的衔接，在学习借鉴“5·12”汶川特大地震救助政策的同时，充分考虑玉树灾区的自然条件、人员成分、经济社会发展、群众生产资料的特殊性，使玉树地震灾区群众过渡性安置生活救助政策更加科学合理。

6月4日，青海省玉树地震灾后重建现场指挥部发出《关于印发玉树地震灾后重建现场指挥部近期重点工作和时间节点安排的通知》，对过渡安置工作做出安排。灾区各级政府和民政部门按照集中、分散、自主安置的3种方式抓紧做好过渡安置工作，统计全州受灾群众户数，提出投亲靠友受灾群众补助办法，抓好过渡安置点的治安、消防安全，受灾群众的心理疏导和社会面的稳定工作；国土、地质加强监测，防止地质灾害的发生，工商、商贸等部门按照布局合理的原则，筹建应急市场并规划长期固定市场。

7月11日，省政府办公厅转发《青海省民政厅等部门〈关于玉树地震灾区群众过渡性安置生活救助及伤残人员康复救助意见〉的通知》，就过渡安置期受灾群众基本生活救助的范围、期限、标准作出明确规定：延长灾区困难群众后续救助时间，在前3个月临时生活救助政策到期后，将救助期延长到10月15日，困难群众救助标准同前3个月一样，“三孤”人员每人每月补助600元；在加快保障性住房建设进度的同时，对9月底之前未入住永久性住房的受灾群众及时发放棉帐篷（每户1顶20平方米）用于过冬期间临时居住；对发生地震以来未配发火炉的受灾群众按每户300元的标准发放火炉购置补助资金；按照7个月取暖期,对受灾群众（不包括在工资部分中发放取暖补贴的机关干部职工和事业单位职工）每人每天发放5元取暖补助；对自愿投亲靠友的受灾群众，由政府给每户提供5000元补助资金；对自愿放弃安置住房、选择异地自行安置的，按照省住房城乡建设厅、发展改革委、财政厅《关于印发玉树地震灾后城乡居民住房恢复重建及维修加固补助政策意见》规定的标准和方式进行补助；对选择政府安置的，由政府负责提供过冬帐篷和口粮等生活物资。

《关于玉树地震灾区群众过渡性安置生活救助及伤残人员康复救助意见》明确规定受灾群众后续生活救助期间，向符合条件的受灾群众发放补助所需资金由省财政统筹安排，救济粮按国家有关政策从现有中央储备或国家临时存储粮库中无偿划拨；对因地震截肢或原佩戴假肢在地震中受损的残疾人，免费安装符合标准的国产普及型假肢；对因地震伤残或原来配发的辅助器具在地震中受损的残疾人，免费配发轮椅、拐杖、坐厕椅、助行器等辅助器具；对受灾地区患白内障的视力残疾人免费实施复明手术，对低视力患者免费验配助视器；灾后恢复重建期对灾区0～6岁贫困残疾儿童实施抢救性康复救助，每年为受灾地区残疾人综合服务设施配备伤残人员功能恢复训练的康复器材，并对灾区伤残人员开展康复训练和辅助器具适配工作；对因地震导致心理、精神障碍的人员免费提供心理康复治疗、发放治疗药品。《意见》还提出扶持残疾人教育和就业创业相关政策措施：因灾致残的中小学生在灾后恢复重建期全部实行免费教育，对考入高等院校的残疾大学生，从省贫困大学生救助基金中一次性给予补助；将受灾地区残疾人优先纳入就业援助范围，在政府开发的公益性岗位中优先安置因灾失业的残疾人就业；免征恢复重建期受灾地区用人单位残疾人就业保障金；对受灾地区残疾人免费开展就业和实用技术培训。

8月6日，省民政厅在玉树县结古镇召开玉树地震灾区群众生活救助性安置工作会议。会议强调灾区群众生活救助必须科学统筹，及早谋划，确保过渡安置期群众生活基本生活；过渡期群众生活安置工作应遵循州、县人民政府承担主导责任，各级民政部门认真履职、主动作为，规范工作程序、严格操作规程的原则；加大对“五保”对象、“三孤”人员、城乡低保对象等特殊困难群体的救助力度；在物资保障和生活救助上，优先考虑重灾区和重受灾群众。同时要尊重群众意愿，妥善安置受灾群众；落实救助政策，确保受灾群众基本生活。9月30日，省民政厅、省财政厅对玉树地震灾区群众过渡期安置工作做出安排。过冬棉帐篷除结古镇地区集中搭建外，其他受灾乡镇按城乡居民住房重建户数每户1顶发放，维修加固户不再发放；结古地区机关、学校、医院、商用等公共服务用棉帐篷按实际需要统一搭建，所有权归主管部门；由省民政厅、省财政厅对公共服务用棉帐篷的数量进行核算，保证需要；将城乡居民生活用棉帐篷和公共服务用棉帐篷总数的10%交玉树州作为机动，用于应急需要；过冬帐篷的发放工作必须公平、有序，规范管理，切实保障玉树灾区城乡居民过冬和公共服务的需要。对玉树灾区学校和机关的烤火费，在按规定标准正常拨付的基础上，再给予一次性补助。

灾区各级党委政府早动手、早安排，采取有效措施，稳步推进灾后群众过冬安置工作。民政部门认真做好棉帐篷、棉衣被、米面油物资的调配工作。水利部门做好冬季供水保障工作，应急供水水源及过渡性安置点供水工程全面完成，玉树州结古镇冬季供水保障工程、玉树州结古镇农村牧区冬季供水保障工程和集中搬迁过渡性安置点供水工程全面开工，进展顺利。教育部门全力做好学生过冬安置工作，确定在2010年冬季至2011年春季135天的取暖期间，极重灾区和重灾区学校每个班、每间学生宿舍、每间办公室各配发1套炉具，共配发炉具769套；一般灾区按现有教学班级、学生宿舍、办公室数的40%配发炉具，共配发炉具385套。总计配发炉具1154套，保证原地复课的30863名学生安全温暖过冬。电力部门全力保障玉树灾区重建和群众生产生活用电，加快实施安置点通电工程，9个安置点已完成高压线路架设0.6千米，低压线路架设3.85千米，立杆116根，安装变压器10台，进户安装715户。玉树电力公司完成玉树灾区电力平衡研究测试，禅古电厂、拉贡电厂全部满发和燃油电站投产发电后可基本保障灾区的电力供应。截至10月5日，省民政厅调拨救灾棉帐篷40498顶，玉树州接收36826顶，发放21998顶。其中，玉树县26328顶，发放12000顶；称多县6350顶，发放6350顶；囊谦县1016顶，发放1016顶；杂多县1500顶，发放1000顶；治多县1500顶，发放1500顶；曲麻莱县132顶，发放132顶。第二批后3个月口粮基本全部发放完毕，发放受灾群众口粮

10月17日，民政部门在灾区安置点发放取暖火炉
（青海省民政厅　李书海　提供）

7199.4吨，菜籽油14.94万瓶。第二批生活补助资金于10月5日开始发放。10月6日，省民政厅再次调拨救灾帐篷5000顶，用于应急储备和公共服务。

至10月19日，民政部门按照就地、就近和集中、分散、自主安置相结合的原则，将地震灾区群众过渡安置的范围扩大到整个受灾地区，为灾后重建打下基础。同时，加强对过渡安置点的管理和服务，全面开展心理抚慰和形式多样的群众性活动，帮助受灾群众尽快克服地震造成的心理影响；全面落实国家救助政策，突出做好“三孤”人员生活保障，累计发放各类补助金、抚慰金16447.71万元，受灾群众得到妥善安置；部署环境卫生整治，强化卫生防疫，持续开展消杀灭和传染病疫情、鼠疫疫情、水质监测以及粪便无害化处理、健康教育等工作，灾区没有发生重大传染病疫情和突发公共卫生事件。灾区正常秩序全面恢复，大部分机关单位已搬进活动板房恢复正常办公秩序；农牧业生产和虫草采挖有序展开，商业贸易繁荣，灾区生产生活秩序恢复正常。

在地震受灾群众过渡安置工作中，玉树州共安置受灾群众6.82万户，22.32万人。其中，结古镇区集中安置9383户，3.07万人；分散安置5932户，1.75万人；自主安置1.09户，3.32万人。结古镇以外共安置受灾群众4.2万户，14.1万人。其间，成立州县受灾群众安置领导小组，出台《关于进一步加强过渡安置点建设和管理工作的通知》和《玉树州灾后居民及施工队伍过渡安置实施方案》，确定居民安置点10处，施工队伍临时居住地7处，建筑材料堆放点1处；及时拟定并向省政府上报请求解决受灾群众自主安补助、受灾群众过冬燃料补助以及24平方米的加厚棉帐篷和取暖炉具等各项报告；在省住房城乡建设厅的技术指导下，充分考虑商业、文化娱乐、公共服务等基本设施布局，完成各安置点平面规划布置图绘制工作，同时开展较大安置点的水、电、路和临时防洪、广播电视、环卫保洁、商业网点等配套设施和各项服务跟进工作；成立帐篷社区和社区临时党支部，确定主要负责人和工作人员，加强社区管理工作，成立警务室、建立消防执勤点，开展社会治安综合治理和消防隐患排查，逐级逐户落实防火责任，部署各安置点医疗服务点和卫生防疫、防雷等工作，保证群众生命财产安全。

第三节　救助性安置

4月14日，青海省财政厅、民政厅向玉树州财政局、民政局下发《关于预拨玉树州地震救灾资金的通知》，从省特大灾害应急救灾储备资金中紧急预拨玉树州地震救灾资金1000万元，专项用于受灾群众的生活救助如帐篷、棉衣、棉被、面粉、水、医疗药品等方面的支出。《通知》要求玉树州抓紧安排并使用好救灾资金，切实保障受灾群众得到及时救助。玉树州民政局及各县民政局把受灾困难群众生活救助作为最重要、最紧迫的任务，高度重视，加强领导，统筹组织安排，密切协调配合，克服各种困难，优先安排好灾区“三孤”人员的生活，全力保障好受灾困难群众的基本生活，保证各项救助公开、公平、公正。各地在审核确定救助对象时，实行登记造册，张榜公布制度，接受群众监督；实施各项救助政策时，向群众公布救助标准、救助条件、救助人员名单和救助内容，严格执行政策标准和条件，努力确保各项救助政策全面落实。

4 月 23 日，青海省制定《青海省玉树抗震救灾粮油供应管理办法》，对玉树地震灾区需救助的人员供应粮油。《供应办法》规定：经民政部门核准的，因灾无房可住、无生产资料和无收入来源的困难群众；救援部队、武警、消防官兵；由省玉树抗震救灾指挥部安排执行救援任务的队伍，每人每天发放 500 克成品粮，品种为面粉和大米、发放 3 个月，从地震发生之日算起，每月集中发放 1 次。国家发展改革委、国家粮食局、财政部、中国农业发展银行下达抗震救灾粮计划成品粮 4600 吨（面粉 3680 吨，大米 920 吨），根据需救助人数，按面粉 80%、大米 20% 的比例供应。青海省委、省政府决定对玉树灾区群众的粮油供应在品种上增加青稞和食用油，青稞按灾区需救助人员每人每天 560 克发放(青稞按照青稞折青稞面 0.89 的折率供应)，同时一次性发放 1.8 升装（1.656 千克）食用油 1 桶。供应灾区的粮油品种为大米、面粉、青稞、食用油 4 个。救济粮品种和质量标准为：特一粉、一级米，国标三等青稞、四级菜籽油，由灾区群众自愿选择。灾区群众的粮油发放由民政部门负责，救援部队、武警和消防官兵的粮油供应由青海省军队粮油采购供应站负责专供，省玉树抗震救灾指挥部安排执行救援任务的队伍的粮油供给，救援队伍持省玉树抗震救灾物资集中采购工作协调小组办公室核准的相关手续，由省粮食局负责组织供应。

青海省人力资源和社会保障厅及全省就业系统于 4 月 25 日确定，采取措施对口援助灾区。一方面，关心灾区员工生活，维护员工权益，帮助解除后顾之忧，做好在玉树灾区务工伤亡人员的安置工作，对返回本地区有就业需求的务工人员，努力帮助其实现就业；另一方面，通过开发公益性岗位，鼓励用人单位吸纳灾区群众就业和在恢复重建中努力扶持当地创业者等措施，促进灾区各类人员特别是高校毕业生就业。西宁市，海东地区，海西、海南、海北、黄南、果洛州就业系统积极提供一批就业岗位，帮助灾区群众就业。

5 月 2 日，省民政厅给玉树州及各县民政局下发《关于加强玉树地震灾区“两孤一残”人员救助安置工作的意见》。提出加强对玉树地震灾区的孤儿、孤老和残疾人员（以下简称“两孤一残”人员）的救助安置工作意见。孤儿安置工作，坚持“一切为了孩子”的原则，通过采取临时安置和省内其他福利机构集中安置相结合的办法，保障孤儿的生活、学习和身心健康；为维护儿童的权益，保障救灾工作有序进行，未经民政厅同意，境内外机构和组织不得转移安置孤儿和暂时无人照料的未成年人；省内安置有困难的，民政厅报告民政部，由民政部协调在省外妥善安置，转移出省的要登记清楚，加强联系监管，待条件成熟后保证顺利接回玉树。孤老安置，充分尊重孤老人员的意愿，尊重少数民族的宗教传统和风俗习惯，采取省内藏区现有老年福利机构集中安置、亲属照料、社区照料等有效途径安置，并提倡社会爱心人士帮扶孤老人员，以满足孤老的养护、康复、托管等需求。残疾人救助，在对原有的残疾人和震后伤残人员进行摸底调查的基础上，了解并掌握他们对康复辅具的配发需求，由中国康复器具协会通过民政部、宝钢集团根据残疾人员的实际情况，免费为有需要的残疾人员安装假肢及配制其他康复辅助器具，使他们尽快可能恢复生活自理和劳动能力。

依据省民政厅、财政厅5月4日下发的《对玉树地震受灾群众发放生活用具补助费的通知》，玉树州民政局、财政局以发放现金进行补助的方式解决玉树地震受灾群众锅碗瓢盆等生活用具短缺的困难，为地震灾区范围内所有受灾农牧民、城镇居民、僧侣和非本籍外来受灾人员发放灾区群众基本生活用具补助。标准为：农牧民和非本籍外来受灾人员每户发放150元，城镇居民（包括寺院僧侣）每户发放100元。基本生活用具补助金的发放，由灾区乡镇人民政府会同村（牧）委会、社区居委会对受灾群众进行详细认真的排查后，在发放玉树地震受灾群众证的基础上，按户发放补助资金。资金的发放以村或社区为单位，由民政部门统一组织人员，设立发放点，并登记造册，签名盖章，张榜公布，做到手续齐全、资料完整。

针对玉树灾区受灾群众构成复杂、流动人口数量多、"三孤"人员比重大的状况，5月4日，省民政厅从灾区实际出发，一手核查统计灾情，一手组织受灾群众救助，及时确立"区分对象、确定标准、制定政策、安抚受灾群众"的工作思路。会同有关部门制定下发玉树地震困难群众补助、转移安置补助、"三孤"人员生活补助、遇难人员抚慰金发放管理办法、伤愈人员返程安置、遇难人员遗体处理、流动受灾群众返乡救助、"四金"发放实施细则等9项政策规定，为妥善安置受灾群众、依法赈济受灾群众提供政策依据。依据这些政策，累计对18.5万受灾困难群众发放受灾群众转移安置生活补助1.28亿元；对1531名"三孤"人员发放生活补助418万元。其间，转送返乡流动受灾群众420名，发放临时救助金15万元。接收安置伤愈伤员和陪护人员4108人，发放生活补助金和返程车费补助112万元。

10月30日，省民政厅通知玉树州民政局、财政局，对玉树地震受灾群众中符合条件的生活困难群众纳入城乡低保救助范围。根据玉树灾区后续生活救助政策到期后，灾区群众生活还将面临较大困难的实际，省政府决定新增保障对象人数按受灾程度不同区别比例。其中，极重灾区、重灾区按受灾人口15%以内核定，一般灾区按受灾人口的10%以内核定。符合条件的困难群众从2011年1月起纳入城乡低保范围。灾区生活困难群众纳入城乡低保后，新增城乡低保资金仍按原城乡低保资金承担比例，由省、州县财政分级承担。其中，城市低保资金省财政承担80%，州县财政承担20%；农村低保资金省财政承担90%，州县财政承担10%。玉树州、县财政部门负责保障资金的筹集和落实工作。玉树州民政局、财政局对新增玉树城乡低保对象名额，严格按极重灾区、重灾区和一般灾区不同保障比例控制，根据受灾损失程度核定低保对象，全力保障灾区符合条件受灾群众的基本生活。新增保障对象由玉树州、县民政部门严格按照《青海省城市居民最低生活保障操作规程》和《青海省农村牧区最低生活保障操作规程》有关规定，在认真核查受灾群众家庭收入、财产状况的基础上，严格按照个人申请、乡镇审核、县级审批以及三榜公示的程序，准确核定保障对象，做到应保尽保。

根据青海省人民政府12月8日《关于将玉树地震受灾群众中符合低保条件的生活困难群众纳入城乡低保的决定》，省民政厅、财政厅下发通知要求玉树州、县民政部门严格按照有关操作规程，在2011年1月20日前完成低保证发放和当月补助资金发放工作。同时，针对玉树灾区冬季取暖期长，取暖费用高，物价涨幅比全省各地普遍较高的实际，省民政厅提请省政府出台政策，对居住在帐篷里的受灾群众增发临时取暖补贴，并对城乡低保对象增发临时物价补贴，以缓解受灾群众和城乡低保对象的生活困难问题。

第四节　后续性安置

4 月 23 日，民政部、财政部、国家粮食局下发通知，部署青海、四川两省玉树地震灾区困难群众后续生活救助工作。通知指出，后续生活救助对象主要包括："三孤"（孤儿、孤老、孤残）人员、生活困难的遇难（含失踪）者家庭和重伤残者家庭人员、异地安置人员、因灾住房倒塌或严重损坏且生活困难的受灾群众。后续生活救助时间为 2010 年 7 月中旬（临时生活救助政策结束后）至 10 月中旬，共计 3 个月。后续生活救助期间，向符合条件的受灾群众每人每天发放 10 元补助金和 500 克成品粮。灾区省份要根据救助对象的生活困难情况实施分类救助，适当提高"三孤"人员、生活困难的遇难（含失踪）者家庭和重伤残者家庭人员的补助标准。10 月中旬后续生活救助政策到期后，对于生活困难仍需救助的灾区群众，区别不同情况纳入城乡最低生活保障、农村"五保"供养和冬春受灾群众临时生活困难救助范围，保障其基本生活。通知要求，灾区各级民政、财政、粮食部门要严格按照"民主评议、登记造册、张榜公布、公开发放"的程序，及时将补助金和救济粮发放到救助对象手中。已实行涉农资金"一卡（折）通"的地方，要将补助金纳入"一卡（折）通"发放。要切实加强困难群众补助金和救济粮的管理使用，严禁挤占挪用和虚报冒领，一经发现违纪违规行为，要依法予以惩处。

青海省民政厅于 4 月 30 日上报省玉树抗震救灾指挥部《关于对玉树地震灾区困难群众实施后续生活救助有关问题的请示》，就玉树受灾群众生活救助后续有关事项做出安排。玉树地震灾区后续生活救助政策的具体范围为省政府确定的受灾地区。享受临时生活救助的地震受灾群众中的困难对象包括："三孤"人员，生活困难的遇难（含失踪）及重伤残者家庭人员，异地安置的受灾人员（含集中安置人员、符合条件的寄宿制学生）和因灾住房倒塌或严重损坏且生活困难的受灾群众。救助时间从 2010 年 7 月 14 日至 2011 年 5 月 14 日，共计发放 10 个月生活费。后续生活救助以现金补助的方式，每人每月平均 700 元，不再发放口粮。因灾造成的"三孤"人员每人每月补助 1000 元，受灾的原"三孤"人员每人每月补足到 1000 元；生活困难的遇难（含失踪）及重伤残者家庭人员每人每月补助 600 元；异地安置的受灾人员（含集中安置人员、符合条件的寄宿制学生）和因灾住房倒塌或严重损坏且生活困难的受灾群众每人每月补助 500 元。2011 年 5 月份后续救助政策到期后，对于生活困难仍需救助的灾区群众，分别不同情况纳入城乡最低生活保障、农村"五保"供养和冬春受灾群众生活困难救助范围，保障其基本生活。

4 月 23 日晚，青海省玉树抗震救灾指挥部玉树指挥点召开工作会议，对妥善安排灾区群

6月8日，省民政厅工作人员在救灾物资临时储备点了解物资储备情况（青海省民政厅　李书海　提供）

众过渡安置和生活救助提出具体要求。会议指出，根据省委办公厅下发的147号文规定，对“三孤”人员，生活困难的遇难（含失踪）及重伤残者家庭人员，异地安置的受灾人员（含集中安置人员、符合条件的寄宿制学生）和因灾住房倒塌或严重损坏且生活困难的受灾群众的后续生活救助工作正在紧张有序地开展。与此同时，城乡低保对象调查统计以及将符合条件的城乡困难居民纳入保障范围内的事宜，已与省有关部门开始衔接。灾区各级民政、财政部门核实全州“三孤”人员12744名、“五保”对象5915名、城乡低保人员47521名，准备实施政策衔接，保障后续生活救助政策向现行社会救助制度平稳过渡。

为确保安排好受灾群众后续生活，玉树州决定新增加城镇就业2600人，其中紧急开发环卫保洁、治安协管、交通协警、卫生防疫等阶段性公益岗位，实现临时就业1600多人；农村剩余劳动力转移就业1万人次以上，组织开展下岗失业人员、农牧民、生态移民等技能培训438人，其中跨省培训及转移就业230人。举办汽车驾驶员培训班，培训300余人。

玉树州、县各级民政部门认真履行职责，充分发挥综合协调作用，做好受灾群众后续生活安排的各项工作。属民政部门职责任务范围内的，立即采取有力措施解决；属有关部门职责范围的，主动与有关部门沟通协调，迅速解决问题。当地方解决确有困难时，按照问题的归属关系，及时向上级主管部门暨省、州、县玉树抗震救灾指挥部生活保障组报告；及时掌握受灾群众的生活状况，包括口粮、衣被、帐篷等情况，尽快落实各项政策，尽快将补助金和救济粮发放到户、发放到人。

9月12日，青海省民政厅公布，受灾群众延长后续生活救助政策落实到位后，共向灾区困难群众发放生活补助金22.32万人、2.05亿元；“三孤”人员生活补助金3011人、903.3万元；口粮1.04万吨，食用油397.14吨。在前期发放2万个火炉的基础上，对没有领到火炉的受灾群众按每户300元的标准发放火炉购置补助资金，并按标准落实受众群众冬季取暖补助。玉树灾后农牧民房屋重建开工1.67万户。玉树灾区过渡性安置政策基本到位，救灾帐篷发放有序，受灾群众基本生活得到保障，灾区社会稳定，人心安定，能确保受灾群众温暖过冬，安全过冬。同时，省民政厅、财政厅全力、多方筹集各类过冬所需生活物资。到9月底，筹集储备到位20平方米加厚棉帐篷5.28万顶（民政部调拨4.28万顶，青海省自行采购1万顶），棉大衣

6 万件（民政部调拨 3 万件，青海省接收各类捐赠 0.5 万件，省级储备 2.5 万件），棉被 10 万床（民政部调拨 3 万床，青海省接收各类捐赠 5 万床，省级储备 2 万床），棉衣裤 2 万套（均为省级储备）。26 日，省民政厅驻玉树工作组协调驻玉树武警部队，帮助受灾群众集中搭建帐篷近 5000 顶，部分受灾群众已陆续入住越冬帐篷。截至 10 月 5 日，第二批后续 3 个月救济粮基本全部发放完毕，共计发放给受灾群众救济粮 7199.4 吨，菜籽油 14.94 万瓶。第二批生活补助资金从 10 月 5 日开始发放。

针对玉树灾区受灾面大、灾区群众生活困难，即将面临过冬采暖等问题，青海省玉树地震灾后重建工作领导小组于 10 月 10 日召开会议，决定再次延长灾区困难群众后续救助时间。玉树震后 6 个月临时生活救助政策到期后，再次延长 3 个月，延长时间为 2010 年 10 月 15 日至 2011 年 1 月 15 日。延长后续生活救助期间，受灾群众领取基本生活补助金标准为：10 月 15 日后第一个月每人每月补助 300 元，第二个月补助 200 元，第三个月补助 100 元。不再发放成品粮。发放补助所需资金由省财政厅和民政厅统筹安排。

11 月 8 日，省民政厅向玉树州民政局下发《预拨玉树灾区群众后续生活救助资金的通知》，明确救助对象是玉树地震灾区受灾范围内除干部职工以外的其他人员，共计 21.31 万人（总的受灾人数 22.32 万名中剔除 1.01 万名干部职工）。按照上述补助标准和对象，省民政厅下拨资金 1.28 亿元。玉树州各级民政部门在省重建工作领导小组的安排部署和州、县党委、政府的具体指导下，深入细致地开展后续生活救助资金发放工作，严格按照受灾群众证登记的人数全额发放补助资金。截至 11 月 5 日，玉树州共接收 20 平方米过冬棉帐篷 45498 顶。其中，玉树州民政局储备 5000 顶，玉树县发放 3 万顶，称多县发放 6350 顶，囊谦县发放 1016 顶，杂多县发放 1500 顶，治多县发放 1500 顶，曲麻莱县发放 132 顶，发放率达到 100%。发放成品粮 1.3 万吨。其中，玉树县发放 8579.6 吨，称多县发放 3092.12 吨，囊谦县发放 587.9 吨，杂多县发放 289.8 吨，治多县发放 833.423 吨，曲麻莱县发放 335.9 吨；发放食用油 250 吨；发放各类生活补助金 44640 万元。其中，各类生活补助玉树县发放 3.03 亿元，称多县发放 8348.994 万元，囊谦县发放 1989.879 万元，杂多县发放 1940.94 万元，治多县发放 1090830 元，曲麻莱县发放 970.125 万元，发放率均达到 99%。

12 月 8 日，省民政厅再次向玉树灾区调拨救灾面粉 80 万千克，并为玉树灾区安排 4000 万元生活补助资金，作为灾区受灾群众的后续救助，重点解决受灾群众生活困难。

第三章　基础设施

第一节　交通通信、供水供电

一、交通

玉树大地震发生后，交通部两次派出专家组赴灾区现场进行技术指导，部相关司局坚持24小时全天候指导和服务灾区，确保进出灾区道路畅通。青海省交通厅迅速启动应急预案，全力抢通和守护救灾“生命线”，震后21小时实现国道214线、玉树机场和省道308线全线通车，震后第三天打通通往四川石渠、西藏昌都公路，至此通往灾区的4条救援通道全部通车。地震当天落实应急客货车辆900辆，迅速组织救灾人员、物资和灾区伤员转运工作。铁路部门迅速与其他部门建立联系协调机制，加强调度指挥，采取一系列有效措施做好救灾物资和抢险救援人员输送工作。

至5月6日，玉树汽车客运站内的废墟全部清理完毕，各项站务全面恢复，客运站承担的玉树至西宁及玉树州境内9条客运班线，核准日发班次13.5班、日均客流量近400人次满负荷运行。国道214线保通工作进展顺利，姜路岭至清水河段完成沙砾找平67600平方米，灌缝6.12万米；倒淌河至共和段通行正常；倒淌河至鄂拉山段累计养护便道34千米，增设公路标志98千米，处理沉陷742平方米。省道308线结古至曲麻莱段累计清理塌方5.81万立方米，增设排水设施3894米，加宽路基36.4千米，加固涵洞、修筑便道65道，增设标志、护栏10千米，应急养护通道87千米。至22日，青海省交通部门累计安排伤愈人员1438人返乡；调派客车19辆，运送重建工作人员695人次。

二、邮电

4月16日10时，玉树地震灾区“临时邮局”与邮政临时服务车正式对外营业，邮政通信恢复。青海省公路运输服务总站发动灾区汽车站工作人员清理场地，修整受损车辆，于17日13时恢复原班线路，开通第一辆长途汽车。截至21日，青海省公路养管部门在通往灾区公路沿线累计投入保通人员7349人次，各类机械车辆1005台班，累计清理塌方3.7万余立方米，处理桥头跳车75道，填补缺损路基、路面2095立方米，保证了邮路通畅。

三、电信

4月14日9时45分，青海省通信管理局召开紧急会议，成立抗震救灾通信保障领导小组，组织带领电信运营企业通信抢险队伍紧急赶赴灾区，组织协调各通信部门尽全力保障通信畅通。中国电信玉树分公司立即组织抢险人员为州委、州政府和州委机要局紧急接通8部固定电话。随后，为玉树州抗震救灾指挥部安装连通6部指挥电话，并提供5部移动电话和1部卫星电话。中国电信青海公司紧急协调集团公司调动12支抢修队伍，出动抢险人员102人，向灾区征调4500部天翼移动电话并预充话费，用于抗震救灾人员的指挥调度和对外联系。运送海事卫星电话106部、应急保障车34辆、便携油机101台和大量救灾物资。

在地震后不到10分钟，中国电信青海公司迅速启动应急预案，全力抢修阻断的通信，确保当地党、政、军、机场等部门的通信指挥。震后1小时公司副总经理率领抢险队伍，率先奔赴地震灾区，19点45分到达灾区一线后立即投入紧张的通信指挥和抢险工作中。震后两小时，中国电信在玉树分公司院内开设报平安电话和寻亲热线，并通过10000号向全省的天翼手机和小灵通用户发布免费寻亲热线电话号码，为当地群众寻亲提供帮助，并通过省红十字会开通捐款热线，公布捐款方式，开始玉树震区天气预报、防震知识等公益短信的发送工作，安抚群众情绪。中国移动青海公司组成3支通信抢险突击队，首先开通省抗震救灾指挥部的专用通信和巴塘机场的移动通信，连夜铺设结古镇与巴塘机场之间阻断的9千米光缆，全面恢复地面基站通信，空中通信生命通道得到保障。中国联通青海公司组织人员赶赴灾区抢修通信线路，先后有245人次、45车次参加抢险，物资设备投入186万余元。14日下午，中国联通对玉树全州联通用户提供欠费不停机服务，随后对漫游至玉树的省内联通用户也开通欠费不停机服务。17时，中国电信派出的由果洛州玛多县出发的一支通信抢险队抵达玉树灾区现场，并迅速抢通曲麻莱方向的光缆。20时，机场通信恢复。15日凌晨2时15分，中国电信在3家运营商中第一个恢复玉树机场移动通信。凌晨5时许，玉树机场固定电话、C网基站恢复正常运行，随着杂多和囊谦两个县的移动电话和固定电话的拨通，中国电信全面恢复灾区通信。15日，中国电信开通电话收音机赈灾专区免费收听玉树抗震救灾消息；16日，经青海省人民政府批准，中国电信114号码百事通临时升级为青海省玉树抗震救灾信息咨询服务热线。17日18时10分，中国电信实现地震灾区玉树机场沿线信号的全覆盖。18日，玉树电信临时营业厅开始正常营业，为当地群众和外来救援人员的正常通信工作提供服务。19 日 20 点，中国电信恢复玉树州所有县、乡、村固定电话，对外通信保持稳定。至 23 日 17 点，中国电信号码百事通信息咨询呼入量达 2.3 万次，登记寻亲报平安及其他求助信息 291 条，成功找到 133 人。

在全力支援玉树灾区一线恢复通信的同时，为保障前后方救灾通道的畅通无阻，中国电信为玉树军分区、甘肃空管局等多家单位和公司开通应急电路和多部应急电话，提供相当数量的无线上网卡，方便省政府、省消防总队、省公安厅、省卫生厅等重要单位和部门更好地开展指挥救灾工作。同时，青海联通推出多种通信保障举措，减免玉树全州联通用户 4 月欠费及历史欠费，减免省内联通用户漫游至玉树地区的 4 月欠费，减免玉树全州联通用户 5 月套餐的月租费，赠送玉树全州联通用户 5 月每户 20 元话费。中国移动青海公司推出多项服务举措，向玉树县移动用户赠送其 4 月所有手机通信费用，向 4 月省内漫游至玉树用户赠送其漫游通信费用，向灾区客户赠送话费及免除漫游客户通信费。至 5 月 21 日 15 时，青海省玉树地震灾区通信基站恢复正常工作。移动公司在全州的 103 个基站（其中新增 5 个临时站）、电信公司在全州的 46 个基站、联通公司的 41 个基站全部正常工作。同时，218 个小灵通基站有 86 个恢复通信。青海各通信运营公司设立 20 多个免费亲情电话服务点、23 个免费手机充电服务点，提供欠费不停机服务 23 万多个用户。

四、广播电视

4 月 14 日 8 点 30 分，青海省广电局成立省广电局玉树抗震救灾工作领导小组并设立抗震救灾前线指挥部。深夜，经省广电局救援人员一行 20 人的抢修，在省广电局下属玉树 920 发射台开通中波 882KHZ 广播频率，恢复中央人民广播电台一套节目的播出。随后，又安装调试自带的广播、调频发射机，恢复调频 106MHZ 青海人民广播电台藏语节目的播出。15 日，开通调频应急广播系统，完成玉树州抗震救灾指挥部与 920 发射台的光缆连通任务，在 920 台临时搭建的康巴藏语调频广播演播室帐篷内，当地播音员用康巴藏语播出省、州两级指挥部的各项抗震救灾指令，并通过临时装配在人员密集区的高音喇叭进行播报。同时，恢复本地康巴藏语节目的播出。在国家广电总局的统一调度下，远在格尔木的 916 台以 3 部大功率发射机向玉树州定向转播中央人民广播电台第一套节目、青海人民广播电台新闻综合节

6 月 12 日，玉树县隆宝镇君勤村村民家用太阳能电池板看上了电视　　（新华社　费茂华　摄）

目和青海人民广播电台藏语节目，以此提高玉树州各县广播的覆盖面。18日，省广电局救援人员和玉树州广电局技术人员成功恢复模拟无线电视发射，灾区干部群众通过无线接收方式接收到3套电视节目。同时，通过配发大批的直播卫星接收机，使更多的灾区群众接收到专用卫星传输的中央人民广播电台一套、二套、十一套，青海人民广播电台藏语卫星广播、青海新闻综合频率等45套节目。20日，经过紧张安装和精心调试，国家广电总局援助的摄录编播数字系统正式投入使用，玉树电视台自办节目恢复播出，灾区群众不仅能收看到中央电视台新闻频道和青海电视台综合（藏语）频道节目，还能收看到本地自办节目。23日，该系统正式投入试运行，玉树电视台恢复播出《玉树新闻》。24日，正式恢复播出康巴藏语《玉树新闻》，玉树广播电视自办节目播出步入正轨。之前，按照强卫的指示，省广电局在灾区结古镇格萨尔广场、赛马场两处受灾群众集中安置点安装完成大型户外LED显示屏，并投入使用。

玉树大地震发生后，青海省电力公司、青海省水电集团、黄河上游水电公司、玉树州电力公司并肩合力，组建电力系统救援队，全力以赴抢修和保障电力供应。地震发生第二天，抗震救灾指挥部、受灾群众安置点、抢险救灾医疗点等重点部位电力供应得到保障。14日夜，国家防总、水利部工作组抵达青海抗震抢险一线指导工作。15日下午，水利部紧急通知湖南省水利厅组织电力抢险队赶往震区，排查检修完成结古镇至歇武镇50千米主干线输电线路，通天河大桥到拉贡电站30千米输电线路。17日，西宁应急供水抢修队两台150千瓦大功率柴油发电机组运达结古，17时15分，玉树州自来水公司临时恢复水源地及管网系统的运行，其中，一号泵成功实现向第一个应急供水点供水，2号泵20日向赛马场安置点供水，灾区部分群众喝到干净的自来水。

五、供水供电

4月18日，结古镇体育场和格萨尔广场的安置点通上自来水。至此，玉树县8个乡镇有7个开通应急供水，重灾区结古镇的7个受灾群众安置点通水，灾区基本实现恢复通水。19日，国家电网青海分公司提供的应急电源覆盖所有安置点，并为群众开设多处免费手机充电点，机场3.5千伏线路运行平稳。

经过青海水电集团及省电力公司抢险突击队的努力，至20日17时，结古镇规模最大的3个受灾群众临时安置点全部恢复系统电源供电。其中，中心广场19日17时35分恢复系统电源供电，体育场19日20时30分恢复系统电源供电，赛马场20日16时49分恢复系统电源供电。

4月22日上午10点，安装在扎曲河边的一台组合式净水机正式工作，玉树灾区的赛马场、结古寺两个受灾群众安置点通水。23日10时，青海省国土资源厅找水分队经过四昼夜连续工作，玉树县结古镇镇政府扎西科村附近，第一眼应急供水井成井出水，日出水1000立方米，1.5万人的饮水问题得到解决。26日10时许，玉树结古镇自来水厂二号泵投入运行。至此，重灾区19个片区应急供水工程和过渡性供水任务全面完成。至30日，应急水利设施建设能够满足8.9万人用水。27日，禅古电站2号、3号机组维修完毕，拉贡电站所有机组正常发电。

4 月 17 日下午 5 时 15 分，玉树州自来水公司临时恢复水源地及管网系统的运行，灾区群众喝到干净的自来水

（青海省民政厅　李书海　提供）

5 月 2 日早上，省水利厅派出厅属第八应急抢险队到结古寺，铺设管道 1.5 千米，设立 6 个应急供水点，结古寺 500 多名僧人和安置在结古寺的 1200 多名受灾群众饮水问题得到解决。截至当日 22 时，地震后中断运行的玉树州自来水公司，累计为灾区 10 个应急供水点供水 16650 立方米。玉树州自来水公司日供水量近 1800 立方米，按每人每日 60 升的应急供水标准计算，能够满足 3 万人的用水需求。5 日，装机 4800 千伏的禅古电站启动低水头发电。15 日，玉树州结古镇抗震保电、供水工作取得新进展，当日新增供电单位和区域 20 个，建成 20 个应急供水区域、61 个应急供水点，日供水量 2268 吨。30 日 8 时至 21 时，新增供电单位和区域 15 个，新增帐篷供电 120 顶，有 3355 顶帐篷通电，玉树电网有 200 台变压器通电，最高供电负荷为 6672 千瓦，在受灾群众相对集中的安置点安装小型便民供电配电盘共 7 副。至 30 日，建成 22 个应急供水区域和 62 个应急供水点，并全面完成供电应急抢修任务，恢复正常发电。

第二节　生态环境

地震发生后，环保部门启动突发环境事件应急预案和 I 级响应机制，及时组织开展灾后次生环境安全隐患排查，对可能造成污染的食品加工企业、医疗卫生机构及救护点、油库及加油站点、饮用水水源地、生活垃圾处置等重点环境监控目标进行排查。环境保护部核与辐射安全管理司、西北核与辐射安全监督站时刻关注地震灾区辐射环境安全工作。青海省环境保护厅启动辐射环境应急预案，同时对玉树州放射源监管工作记录、核技术利用监管系统数据及放射源异地使用备案记录进行核实。经记录核查、实地检查，青海省环保厅向玉树抗震救灾指挥部汇报：灾区核与辐射环境安全。

4 月 25 日，青海环保部门紧急采购 5000 把扫帚、5000 个塑料垃圾收集袋和 100 辆手推垃圾车空运至玉树灾区，紧急处置灾后居民安置点附近的成堆生活垃圾，力求消除重大环境污染隐患。至 27 日，灾区共有 10 台垃圾清运车、3 台洒水车、3 台吸粪车投入使用，基本做到垃圾日产日清。地震发生以后，青海省环境保护厅分批派出监测人员，对玉树灾区环境空气质量不间断地开展监测工作，随时发布和报告监测结果。5 月 2 日，青海省环境保护厅厅长赵浩明在灾区一线进一步部署生活垃圾清理处置、调查了解基础设施的破坏情况、危险化学品的处置、饮用水水源的水质监测等工作。随着环保监测仪器设备的陆续到达，监测手段不断完善，挥发酚、亚硝酸盐氮、硝酸盐氮、石油类、硫化物、生物毒性等水污染物指标被纳入监测范围。同时，为提高群众自觉保护生态、防范污染的意识，环境保护部、青海省环境保护厅前方工作组编制散发玉树地震灾区饮用水安全保障技术指南、固体废物安全处置技术指南、生活垃圾处理常识等宣传手册 2 万余册，宣传普及生态环保常识，引导群众做好环境安全防范。

5 月 12 日，青海省环境保护厅、玉树州林业环保局、青海省化工设计研究院、玉树州消防支队等部门，经过 4 个多小时的清理，对玉树州职业技术学校因地震造成的危险化学品残渣进行安全处置，工作人员将清理完毕的 30 桶危险化学品残渣用危险化学品运输专用车辆运往西宁，随后对现场地面进行化学解毒处理，经对 54 种常规有毒有害气体监测，除产生少量苯系物气体外未检出其他有毒气体，对区内环境空气和人群健康未产生污染影响。14 日上午，在省环境保护厅有关工作人员指导下，所有的危险化学品残渣在具有危险化学品处置资质的青海水泥股份有限公司水泥回转窑高温煅烧，实现安全处理处置。至此玉树州职业技术学校因地震造成的危险化学品残渣得到全部安全处理。

5 月 18 日，农业部、青海省农牧系统抗震救灾前线指挥开展死亡家畜的统计调查和无害化处理、消毒工作。至 22 日，结古地区 1432 只死亡藏犬全部得到无害化处理。同时，紧急调运 8 万头（份）狂犬病疫苗、69 万毫升无毒炭疽疫苗等人畜共患病疫苗运往灾区。至 28 日中午，在玉树地震灾区共无害化处理死亡牛羊 3.96 万头（只）、犬獒 3107 条、马 58 匹，消毒场地 3.6 万平方米，累计免疫犬獒 3.08 万条；截至 5 月 9 日，共免疫家畜 66.85 万头（只）。

震后 17 天，玉树灾区抢险救灾、应急救援工作基本结束，中共中央、国务院把三江源保护、生态环境保护摆上灾后重建的重要位置，要求抓紧开展资源环境承载能力评价，对震后地质、水文、生态环境等进行科学论证，综合考虑玉树灾区自然地理条件、生态环境要求、民族宗教历史等因素，并根据专家论证的意见，采取原地重建、局部避让、重新规划的方式开展重建。青海省提出玉树灾后重建总的目标是建设高原生态旅游城市。

第三节　商贸金融

一、商贸

商务部启动Ⅰ级应急响应机制，启动生活必需品市场监测日报制度，密切监测灾区及周边地区生活必需品市场供应及价格变化情况。至 4 月 16 日，商务部向灾区投放国家储备库牛

4 月 19 日，献爱心“粥棚”开始供应温暖一餐

（《青海日报》治晓刚　孔祥瑞　摄）

羊肉 600 吨。同日，商务部发出《关于赴玉树地震灾区开展“粥棚献爱心”活动的紧急通知》。20 日清晨，由青海省商务厅组织的 15 户商贸流通企业抵达玉树县结古镇搭建销售网点，至 17 时，有 11 个“省商务系统抗震救灾商品销售服务点”开始营业。当天，玉树灾区有 25 家商业企业、30 个商业网点开始营业。

至 4 月 21 日，省商务厅共组织发运应急物资 1307.63 吨。其中，方便面 121.05 吨，矿泉水 914.65 吨，火腿肠 83.28 吨，榨菜 39.84 吨，饼干 148.81 吨，火炉 6873 个，保温杯 5000 个，电热水壶 500 个。商务部万村千乡市场工程灾区流动售货车 6 辆送至玉树。26 日早 8 时，由商务部组织支援的第二批 24 辆流动售货车到西宁后，省商务厅迅速组织青百超市、宁食集团、大十字百货、王府井超市、华联超市、荣盛商贸公司等 12 家企业连夜装载生活日用品送往灾区。至此商务部支援的 30 辆流动售货车全部到位，灾区商业网点覆盖面进一步扩大。27 日，紧急调配玉树地震灾区的 50 间活动板房商店陆续在结古镇开业，加上此前 47 家帐篷商店，30 辆流动售货车，结古镇已实现商业网点全覆盖，除了澡堂、餐馆外，服务业基本恢复正常。灾区也有 147 家商户陆续采取搭建帐篷、设临时摊点等方式开始营业，销售的商品从食品、日化、日用百货、鞋帽、蔬菜等商品，扩充到肉食品、小型家电、服装等生活用品。30 日起，美容美发、餐饮、汽车修理、报废车辆回收、喷绘广告等行业也陆续开始营业。5 月 19 日，在结古镇胜利路原集贸市场附近，经彻底清除废墟，建成占地面积 9300 平方米的灾区最大综合应急市场（商贸基地），以方便结古镇居民购买生活必需品。

4 月 22 日，青海省工商局从各地抽调业务精通、熟悉藏语、身体健康、政治性强以及了解民族习惯的 16 名优秀共产党员组成赴灾区恢复市场交易、维护交易秩序工作小分队，携带 2 辆食品检测车和大量救灾物资奔赴玉树灾区，协助玉树工商系统开展自救和帮助灾区尽快恢复市场交易秩序。小分队协助玉树工商系统，配合相关部门建设 50 多个灾区生活必需品应急商业网点；支持、动员灾区有条件的经营者尽快恢复开展经营活动，鼓励个体工商户采取搭篷经营、流动经营、送货上门等多种灵活的方式开展经营；通过抽调非灾区工商干部和食品检测车赶赴灾区，补充力量，协助加强灾区的市场监管工作，严厉打击欺行霸市、以次充好、囤积居奇、哄抬物价、制假售假和散布虚假信息等扰乱市场秩序的严重违法行为；协助有关部门加强对救灾物资的管理，打击不法分子倒卖救灾物资，防止救灾物资流入市场，确保灾区有市场就有工商，有交易就有工商，有工商就能确保良好的交易秩序和市场稳定；协助玉树工商系统，组织执法人员对灾区流通环节的饮用水、方便食品、奶制品、肉、禽、蛋、水果、蔬菜等生活必需品每天进行不间断的质量监测，严防过期、变质等不合格商品出现在灾区市场，确保灾区群众的食品消费安全。小分队还在灾区市场集中地设立投诉举报受理站。同时，省工商局加强对西宁、海东、海西等与灾区商品销售息息相关重点地区的综合批发市场、重要商品集散地的监督管理，确保商品来源清楚、进货渠道正规、去向清楚、投向灾区的商品货真价实；根据灾区需要，省工商局组织西宁、海东等地区的一些生活必需品经营大户到灾区开展经营活动，以弥补应急商业网点的不足。

4月30日，省工商局出台“三免”措施，支持灾区企业恢复正常生产经营秩序，帮助企业走出困境。玉树州企业年检推迟至2010年年底，对所有企业一律免收年检费；对受灾企业一律免予提交审计报告；对会计账目损毁的企业，一律免予提交资产负债表和损益表。玉树州所属企业在省内各地设立的分支机构，超过年检期限的，企业说明情况后，予以补检，免交年检费；因地震造成印章损毁不能加盖的，企业说明理由可先通过年检，印章俟后补盖。省内各工商局对辖区内玉树籍企业进行走访，上门年检，并补办遗失、损毁的营业执照。

二、金融

4月14日，地震当天玉树银监分局成立金融稳定组。上午8时30分，青海保监局党委召开紧急会议，成立青海保险业抗震救灾工作领导小组，并组织两套人马，一套立即出发去抗震救灾一线，一套在西宁做好保障。中国人保财险青海分公司员工分4个批次赶赴灾区。其中，海南州分队14日夜11时抵达结古镇格萨尔广场，在帮助受灾群众搭建60顶捐赠帐篷的同时建立起第一个保险集中理赔服务站，开展灾后报案、理赔服务。中国人寿前线救援组一行8人15日凌晨5时抵达玉树，立即投入灾区客户排查寻访工作。中国平安旗下财险、寿险、养老险3家分公司整合力量，组成一个领导小组，分3个批次赶赴一线，现场启动绿色理赔通道，以最快速度、最短时间完成保险赔案。新华人寿青海分公司救援队进入震区各街道，逐户寻访客户，进行拉网式大排查。“安邦财险青海分公司救援先锋队”15日凌晨1时到达玉树，立即会同当地出单点员工，投入查勘与抢救灾区群众生命财产的工作中。太平洋财险青海分公司领导带着志愿者到达灾区后，立即查勘、确定玉树农业银行严重倾斜的办公大楼以及坍塌房屋的损失程度。荣安代理公司志愿者救援队进入灾区后，在搜寻客户、寻找受伤员工的同时立即挂出阳光财险理赔服务点的横幅，开始代理理赔服务。在银监会、青海银监局、玉树银监分局现场指导组和灾区银行业机构的共同努力下，各行迅速抢救出埋在废墟下的银行现金和账册，开始搭建临时营业网点。15 日 14 时，省农业银行玉树州分行帐篷银行在灾区开始营业，灾区金融活动恢复。至 16 日 12 时，累计通过国库系统的“抗震救灾绿色通道”拨付各级政府赈灾资金 12 笔，金额 8.9 亿元。

4 月 17 日上午，中国太平洋保险向在地震中受损的农业银行玉树分行预付赔款 200 万元，成为保险业在玉树地区的最大一笔预付款。下午，中国人保财险青海省分公司支付首笔 4 万元震后理赔款。这笔赔款为被保险人颜帮文,在中国人保财险青海西宁城东支公司投保的 2 份“与您同乐”意外健康定额保险。经查勘了解，被保险人已在地震中遇难，公司随即启动赔付程序，按照“特事特办”原则，现场支付赔款 4 万元。

4 月 18 日上午，地震灾害最为严重的玉树县结古镇的 4 家银行机构开始恢复对外营业。玉树农业银行和农村信用社分别在街面上设置帐篷网点开始办理业务，邮政储蓄银行从省分行紧急调配的流动服务车投入使用，农业发展银行开通服务网络。至 19 日 18 时，4 家银行机构网点累计办理存取款、汇兑、转账、开户、挂失、查询等业务 1096 笔 12876 万元，其中赈灾资金约占 55%。同时，为丢失卡、折或有效证件的储户办理特殊业务 2 笔，办理口头挂失 3 笔。21 日，玉树地区 25 个银行网点全面恢复营业，震区实现必需资金结算服务。同时，青海银监局下发《关于全力做好抗震救灾金融服务工作的通知》，要求各银行业机构合理布设灾区银行网点，建立救灾专款汇兑快速通道，免除救灾专用账户捐款手续费，灵活调整信贷政策，加大灾区信贷支持力度，有效增加信贷投放，支持灾后重建。各银行开辟救灾专款快速通道，公示捐款受理机构及账号，设立赈灾捐款优先办理指示牌，免除相关转账汇划手续费，延长营业时间，确保赈灾款及时到达灾区。

第四章　社会事务

第一节　基层组织建设

地震发生后，灾区基层组织严重受损，社会管理困难重重，急需重建基层社会管理系统。针对这一问题，青海省民政厅积极动员州、县、乡（镇）及村委会和社区工作力量，协调驻地部队参与社会管理，强化基层管理功能，迅速恢复社会秩序，建立起军地联合、三级联动的受灾群众救助体系、社会服务体系和社会治安管理体系。特别是在救灾物资发放过程中，充分发挥新组建基层组织的职能作用，先后在基层社区、乡村设立 20 多个救灾物资发放点，动员基层干部群众，协调部队官兵，共同做好救灾物资调运、发放工作，以最快的速度、最短的时间将急需物资发放到受灾群众手中，以稳定受灾群众思想情绪，维护灾区社会秩序。

各级党组织充分发挥党组织的战斗堡垒作用和党员的先锋模范作用。地震发生后，省委组织部从省里抽调干部，把玉树州各县支援干部组织起来，由州级领导牵头组建工作队，分片负责，指挥村社基层组织有效开展救援等各项工作。发放 1800 多面党旗、国旗和 5500 多块共产党员胸牌，建立帐篷社区党支部，使灾区有群众的地方就有基层党组织挂牌办公，有帐篷的地方就有党旗、国旗高高飘扬，群众有困难随时能够找到党和政府，找到党员和干部。各基层党组织积极组织党员“突击队”“救援队”“抢险队”，团结带领广大党员全力搜救被困群众、救治受伤人员、安排受灾群众生活。广大共产党员带头帮助身边的群众抗震救灾，积极宣传党的政策，积极做群众思想工作。在开展废墟清理这项难度极大的工作时，所有党员干部都签订保证书，有的带头拆除自己受损的房屋，为群众做出表率。在抗震救灾的关键时期，有 93 名积极分子火线入党，还涌现出结古镇甘达村党支部、扎西大同村党支部等一批先进基层党组织和才哇、叶青、索南达杰、李海峰、布周才仁等一大批优秀共产党员。相关部门密切配合，在地震灾区成立帐篷社区和社区临时党支部，确定主要负责人和工作人员，加强对社区的管理工作；

成立警务室，积极开展社会治安综合治理，保证群众生命财产安全。灾区所到之处，群众发自肺腑地感恩共产党。

在抗震救灾的关键阶段，中共玉树州委根据震后学校复课、医疗救治和基层党建工作的需要，决定州厅级党员领导干部联点灾区学校、医院和帐篷社区，实行联系点负责制。州委副书记等领导干部联系 21 个帐篷社区党支部、州人民医院、州职业技术学校、州妇幼保健院、州民族中学、州红旗小学等。联点干部每周不少于 3 次、每次不少于 1 个工作日，深入联系点，深入重灾区，认真听取受灾群众的意见，了解掌握联系点受灾群众生产生活状况和基层组织建设及工作开展情况，针对存在的困难和问题，加强工作指导，认真总结经验，推广好的做法，与联系点基层组织、受灾群众共同探讨推进灾后重建、创新发展的新思路、新办法，并负责督导联点单位的抗震救灾、灾后重建、基层组织建设。

4 月 20 日，民政部发出紧急通知，强调在救灾帐篷集中安置点，设立管理机构，实行社区化分片管理，指派干部驻点工作，及时发现和解决受灾群众存在的困难和问题。建立治安、消防联队，开展治安、消防巡查等自防自救工作，切实维护好安置点安全和社会秩序。与此同时，针对受灾干部群众一段时期内要集中居住在统一搭建的救灾安置点内，根据集中连片的帐篷社区的实际，中共青海省委组织系统及时做出建立“帐篷社区党支部”的决定，充分发挥原有村、社区党组织的作用，组建“帐篷社区临时党支部”。“帐篷社区党组织”承担社区日常管理、群众生活安排、救灾物资发放、重建项目落实、维护社会秩序等工作。帐篷社区党组织不仅有组织机构和领导机构，而且有办公帐篷、有办公设施、有党旗和国旗、有帐篷社区党支部和帐篷社区工作站标志牌。

4 月 30 日，省民政厅向玉树州民政局及所属各县民政局下发《关于进一步解决好“4·14”玉树地震受灾困难群众生活问题的通知》(以下简称“《通知》”)。《通知》特别对加强基层群众组织的自治管理提出具体要求。各社区居委会、村民委员会及各安置点的临时社区管理委员会在工作中不推诿、不扯皮，主动做好受灾困难群众的思想工作，积极向受灾困难群众宣传党和政府关于救灾、防疫、安置、重建的各项政策措施，引导灾区困难群众互帮互助、苦干实干，在中央和全国各地大力支持下，用自己的双手和辛勤劳动重建美好家园；建立与户籍地、居住地、安置地不一致的异地受灾困难群众的沟通、协调、配合机制，主动与相

5 月 9 日，玉树县禅古村四社村民达索和卓玛旺姆领到玉树地震受灾群众证，从果洛州科协选派的挂职干部、村党支部副书记索南昂秀在给她俩讲解该证的用途

（《西海都市报》　郁海　建强　摄）

关部门和地区联系，确保对受灾群众救助政策的全覆盖。5 月 1 日，青海省民政厅召开党组扩大会议，进一步安排部署救灾工作，研究加强灾区基层群众自治组织建设。会议责成省民政厅现场救灾工作组配合当地政府抓好灾区基层群众自治组织建设的落实工作。同日，玉树州抗震救灾指挥部发出关于《玉树州"4·14"地震灾区"四金"发放实施细则》的通知。通知指出，为充分发挥基层组织的积极性，对村长、支书每人每天 40 元补助，副职每人每天 30 元补助。同时，鼓励待业大学生协助进行受灾群众登记、发放受灾群众补助款等工作，给予参加协助工作的大学生每人每天 20 元补助。

5 月 5 日，省委政法委召开书记办公会议，深入分析玉树地震灾区社会稳定形势，研究部署维护稳定工作。会议强调，要着力抓好矛盾纠纷排查化解、社会稳定风险评估、社会治安综合治理、舆论宣传引导、乡镇综合治理维稳工作中心和村（社区）综合治理维稳工作站建设等工作，有效整合基层维稳力量，切实筑牢基层维护稳定工作基础。同时，抓好维稳责任制，严格落实各级党政主要领导的第一责任和分管领导、直接领导的责任，强化督促检查，确保措施落实。

6 月 22 日，省民政厅出台《关于加强玉树地震灾后重建期间基层组织和城乡社区建设的指导意见》。依照《指导意见》精神，玉树州及各县民政部门在各级党委、政府的领导下，结合灾区实际和人员情况，进一步健全灾区群众集中安置区（点）的基层组织建设，完善以基层党组织为领导核心、以城乡村（居）委会为责任主体、以社区群团组织、民间组织和志愿者组织为基础，职责明确、协作互助的抗震救灾、重建期间社区组织体系，构建区域化的灾区社会管理新格局。极重灾区结古镇各集中安置区（点）结合总体规划和重建要求，在抢险救灾阶段组建的应急管理片区的基础上，按照 100 ~ 700 户的规模组建、充实帐篷党支部和帐篷社区居委会；灾区受损严重的有关社区（村）按相关程序建立健全基层党组织和社区居（村）民委员会组织。在后续救灾工作中，凡是设立临时安置点的片区，都同时组建临时帐篷党支部和社区居委会，实现基层组织建设的全覆盖。所有的安置区（点）居民，无论是单位人还是社会人，无论是常住人口还是流动人口，都编入所在社区，接受属地化的服务和管理，实现社区服务和基层社会管理的全覆盖。在灾后重建工作进入常规阶段，党组织和社区居（村）委会按照灾后重建工作的总体要求，适时调整内设工作委员会的设置，有针对性地建立健全社会治安综合治理、生产自救、数据统计、文化娱乐、流动人口管理、计划生育、志愿服务等内部自治和服务机构，搭建联系群众、服务群众的有效载体和工作平台，增强服务群众、服务重建工作的能力。

在安置社区工作人员中，党员、群众和单位代表各占三分之一的比例，推行联点联建，共驻共建。适时从州、县机关事业单位选派社区工作指导员联点指导和帮助工作，增强基层组织的管理和服务能力。灾区各基层组织建立完善工作制度和民主管理制度，推进居（村）务公开，全面、准确、及时地宣传落实党和政府的各项救助安置政策和通报工作进展情况，在安置区设立公开栏、宣传栏或采取其他有效形式进行公示，接受群众监督。对涉及灾区群众切身利益的诸如救灾款物发放、过渡期房屋安置、救助对象确定以及城乡住房重建等重大事项，积极搭建群众参与重建的制度化平台，推进民主决策和民主管理，确保群众的参与权、决策权和监督权，确保各项重建政策全面准确地落实到位。在农牧区，村级组织贯彻执行省委办公厅、省政府办公厅转发省委组织部、省民政厅、农牧厅《关于在全省村级组织推行“三议一表决”制度的意见》的通知精神，村级重大事项由党支部提议，“两委”会商议，党员大会审议，村民会议或村民代表会议表决，实行会议决议公告、决议实施结果公示和完成事项由党员和村民进行监督，组织和动员群众参与重建工作民主决策。在城镇社区，建立健全社区居委会议事规则和居务公开制度，动员和鼓励居民积极参与重大决策、重大款物、重点项目等事项的民主决策和民主管理。安置（区）点社区居（村）委会建立居（村）民理财小组和民主监督小组，切实加强对安置点社区事务的管理和“两委”班子的监督。灾区各社区和村级组织结合实际，积极配合有关部门做灾情数据统计和受灾群众核实工作，掌握本安置区内人员（包括流动人员）的基本情况，建立人口信息、救灾物资发放等台账，配合政府部门及时准确发放救灾款物；积极组织专业社工、心理咨询师进入社区，开展群众精神家园重建，缓解灾区居民心理压力，帮助群众树立生产生活信心；积极参与灾后重建有关工作，代表居民签订重建住房合同，组织群众开展生产自救，通过以工代赈等方式参与废墟清理、建筑垃圾无害化处理和再利用、土地整理、地质灾害治理等。

从 2010 年 4 月起到过渡安置期结束，安置区社区工作者的报酬，在原来基础上提高 30%，村干部报酬在原来基础上提高 50%，安置区社区组织的工作经费，在原来省财政每年补助 1.5 万元的基础上，每年增加 0.5 万元。并且健全考核管理机制，建立村（居）委会成员向村（居）民（代表）会议述职制度、安置点居民评议村（居）委会成员制度，由灾区各县社区建设领导机构统一对安置点社区工作和社区工作者工作情况进行考核，将考核结果与创先争优及个人报酬挂钩，以此调动基层干部服务灾区群众的积极性。

7 月上旬，在灾后基层组织建设中，玉树州、县各级民政部门在开展和谐社区建设，维护灾区社会稳定上创新工作方法。要求各城乡社区组织及时了解和反映群众关切的热点、难点问题，畅通群众利益表达渠道，加强矛盾纠纷原因的排查和调解，妥善化解社会矛盾，努力维护社会和谐稳定的大局；认真筹划城乡社区综合服务设施建设，科学谋划和积极争取将灾区城镇社区服务设施和村级综合服务设施恢复重建纳入灾后重建整体规划。同时，加强安置点社区工作者队伍建设，着力在“加强管理、提高素质、调动积极性”上下功夫。一方面根据灾区工作实际，采取召开培训会、现场观摩、示范引导等形式，加强对安置点城乡社区工作者特别是居（村）委会“两委”班子成员的培训，提高他们在灾后重建阶段服务群众、凝聚人心、协调利益关系和化解矛盾等方面的能力。另一方面，针对安置点社区工作者工作任务重、环境条件恶劣的实际，灾区各县想方设法解决安置点社区工作者的实际困难，提高他们的生活待遇。

第二节　医疗防疫及心理疏导

4 月 14 日 18 时，卫生部派出青海、四川、西藏、甘肃共 5 支 287 人的医疗卫生救援队伍携带医药物资赶赴灾区，并在全国组织 18 支 396 人的专家组和 60 支 1320 人的医疗救援队伍随时待命。同时，要求中国疾病预防控制中心对灾区鼠疫防控形势进行分析评估，并迅速组织落实防控措施，有效防范鼠疫暴发和流行。此外，北京派出 20 辆救护车运往灾区，四川、云南、陕西、甘肃、广东、新疆和西藏的医疗队 170 余人赶赴灾区。17 日，卫生部门下发通知，要求做好地震灾区的食品和饮用水卫生安全，防控食源性和水源性疾病发生。强调积极组织、广泛开展饮食卫生和饮用水卫生安全的宣传教育，教育灾区群众不食用病死畜禽和腐败变质食品，不购买和食用摊贩销售的未包装的熟肉和冷荤菜品，做到食品生熟分开，现吃现做、做后尽快食用；食品加工点做到所有现场加工的食品要烧熟煮透，剩饭菜一定要在食用前单独重新加热，存放时间不明的食物不要直接食用；指导合理使用饮水消毒产品，教育群众饮水要烧开煮沸，不要饮用生水。青海卫生防疫部门在灾区全面开展传染病临床症状监测、消毒杀虫灭鼠、疫苗接种、鼠疫防治预防性灭獭等防疫工作。截至 25 日，各卫生防疫工作组累计完成消杀灭面积 159.7 万平方米、帐篷消毒 6600 顶次；对 51 个水质监测点累计监测 91 个点次；设立 27 个点开展传染病监测；累计鼠疫监测 745 公顷；累计发放和接种狂犬疫苗 55 支；设置 7 个医疗点，对 8800 人进行健康教育。5 月 9 日，通过州、县医疗卫生系统和来自全国 42 家医疗单位的共同努力，玉树医疗卫生服务基本能满足当地人民群众的需求。设在结古镇州体育场和赛马场的两处大型医疗服务点开展正常的诊疗服务，各县、乡卫生机构在帮扶单位的协助下，医疗卫生服务工作正常展开。至 6 月底，全面完成灾区县、乡临时卫生机构建设，灾区正常医疗卫生服务秩序基本恢复。

4 月 15 日上午，省教育厅抗震救灾领导小组召集省属各高校和西宁市教育局负责人，部署教育系统开展抗震救灾心理救援工作。抽调全省教育系统心理健康教育专家组成心理救援专家小组和现场救援工作组，确定 3 人一组，每组由 10 人组成，做好赶赴玉树灾区随时开展抗震救灾心理救援工作准备。第一组由青海大学带队，第二组由青海民族大学带队，第三组由青海师范大学带队。成员从省属各高校和西宁市教育系统抽调。根据部署，青海大学和青海师范大学对 15 名有一定心理学基础的教师，经过短期强化培训后分期分批赴灾区开展心理健康服务活动。青海首家专业心理健康卫生服务机构——乐平心理卫生咨询中心组织有 200 多人参加的心理救援小组，分批赶赴灾区开展灾后心理援助。

4 月 19 日，卫生部选派两位心理专家在青海红十字医院开展心理自救和互救，以人为本地抢救生命和如何排除焦虑、压抑情绪等方面的知识，进行心理疏导培训。该院 200 多位救治和护理一线的大夫、护士和志愿者参加培训。之后，卫生部心理专家相继在青海大学附属医院、省人民医院等救治玉树伤员的医院开展了心理疏导知识培训。

6月11日，省民政厅向玉树州民政局下发《关于做好受灾群众心理疏导工作的通知》（以下简称“《通知》”），要求高度重视心理问题，增强树立重建心灵家园意识。《通知》强调，地震灾难给人民群众带来各种心理问题，诸如失去亲人的群众，心理受到重大创伤，过于悲痛的心灵久久难以抚慰，很长时间沉浸在无限的悲伤之中；生产生活资料顷刻的巨大损失，灾后恢复重建中面临的新困难，生活、教育、就业等压力的增加，心灵负担加重；灾区基层国家工作人员工作负荷重、压力大，处于高度紧张工作环境中，加之心理卫生知识缺乏，会出现心理失衡现象；不少群众面对灾难造成的废墟、摧残生命、惨不忍睹的场面挥之不去，恐惧心理很难消除；还有少数受灾群众经历无法抗拒的巨大自然灾害，失去生活信心，产生悲观厌世、消极情绪、心理不健康等。《通知》要求，灾区各级民政部门要认清这些心理问题存在的严重后果，采取有效措施，把帮助受灾群众做好心理疏导，建设心灵家园作为支援灾区，夺取抗震救灾全面胜利一项重要工作，坚持抓好。玉树州各级民政部门在重视灾后物理安置、设施重建、资源配置的同时，密切关注受灾群众精神家园、家庭、社区以及社会关系、社会功能等方面的恢复和建设，帮助各地在支持灾后重建工作中，统筹协调，有计划、有步骤地开展心理援助工作，把物质救援和危机干预、心理疏导、人文关怀、心理健康救援工作有机结合起来，加强心理健康知识教育和宣传，消除受灾群众悲伤、恐惧、愤怒、厌世和不稳定的情绪和地震给人民群众带来的负面效应。充分利用抗震救灾中先进人物和典型事例以及举办心理知识专题讲座和媒体网络宣传等形式，增强受灾群众对地震灾难的认识，体验在大灾面前经受锻炼和克服困难的勇气。引导受灾群众正确认识死亡，体验生命的意义和价值，提高面对灾难和承受重大打击的耐受力；充分认识大爱无疆，人间有暖，化悲痛为力量，重新树立生活的信心。各级民政部门帮助各地积极开展心理干预活动，恢复受灾群众正常生活，充分发挥社会工作师和心理咨询师的重要作用，组织专业人才队伍介入灾后重建工作。在受灾群众集中安置点、城镇和农村社区建立心理疏导和社会工作服务站，加强对受灾群众心灵慰藉、创伤抚平、心理疏导工作。特别注重丧亲群体、儿童青少年群体、老年人群体、残疾人群体的心理专业疏导服务，在充分利用现有社会组织、各类社会团体、社区服务力量的同时，加强社会工作者和心理咨询师这两支专业队伍的建设，注意统筹民政系统内和社会心理疏导工作资源，增强工作合力，将心理疏导、心理健康教育、人文关怀注入灾后恢复和受灾群众生活的各个方面。

第三节　学校教学

4月18日上午，教育部召开党组会议暨教育部玉树地震救灾工作领导小组第三次会议，研究做好抗震救灾各项工作。会议要求地震灾区实现4月底开始复课；5月20日前实现基本复课，让85%的灾区学生进入校园；6月20日实现全面复课，恢复正常教学秩序。16日上午，青海省教育厅副厅长高海宾在省玉树抗震救灾指挥部新闻中心举行的第三次新闻发布会上宣布，争取15日内让灾区即将参加高考的高三学生恢复上课，其他学生争取在6月前恢复上课。同日，青海新华印刷厂和青海西宁印刷厂组织人员，开始全力以赴为玉树地震灾区印刷中小学教材。截至24日，由青海新华印刷厂负责印刷的小学、初中及高中共15个品种的教材（汉、藏文版）和青海西宁印刷厂负责印刷的小学、初中及高中21个品种的教材（汉、藏文版），全部19.12万册教材交付教育部门。

同时，青海省教育厅下发紧急通知，要求省内各级各类学校无条件接收灾区学生就学。灾后仅仅3天，玉树孤儿学校的孩子们重新走进课堂，成为灾区复课的第一所学校。17日，成都特警救援玉树灾区青年突击队，在玉树州民族中学操场，搭建成灾后玉树首个帐篷希望小学——成玉帐篷希望小学，学校开设语文、数学、美术、体育等科目，增设防震知识教育课程，对学生进行心理辅导，同时开展有针对性的对口教学和帮扶工作。15时40分，强卫、骆惠宁专程到玉树孤儿学校看望学生，和学生们一起参加升旗仪式，向学生们复课表示祝贺。

4月18日，胡锦涛在率先复课的玉树州孤儿学校板房教室内，用粉笔写下“新校园，会有的！新家园，会有的！”12个大字。震后第五天，玉树县第一民族中学成为灾后第一所复课的中学。19日，玉树灾区1800名学生（小学生900人、初中生400名、高中生500名）安排到西宁市15所中小学和职业学校上课。

4月20日，青海省教育厅《玉树灾区学生异地入学接收方案》确定转移安置学生6200名。其中，西宁市接收1800人，海东地区接收1000人，黄南州接收1000人，海南州接收1000人，果洛州接收500人，海北州接收600人，海西州接收200人，青海民族大学附属中学接收100人。

4月21日，玉树州职业技术学校高三年级在学校操场大帐篷教室前举行复课仪式。23日，玉树地震灾区671名高三学生全部复课。至25日，“4·14”地震重灾区玉树县辖区乡镇以上17所中小学校5020名学生全面复课，称多县有3所学校339名学生复课，囊谦、治多、杂多、曲麻莱4个县全面复课。28日，玉树州红旗学校正式复课。

截至4月30日，玉树全州192所中小学校，除重灾区结古镇1所幼儿园暂未复课外，其余全部复课；教育部门安排3535名灾区学生在省内转移就学，5074名中学生分别转移到四川、山西、辽宁、天津、河北、宁夏、山东等省区市异地就学。5月1日，教育部决定，国家单独增加招生计划，专门用于招收玉树地震灾区考生，并出台一系列优惠政策措施，确保玉树地震灾区2010年高考录取率高于上年，包括同意青海省招生委员会对当年地震灾区参加高考的考生给予加分照顾；要求各高校对高考成绩进入本校提档线的地震灾区考生予以优先录取。6月灾区高考、中考顺利结束。青海省教育厅还为没有考上大学的地震灾区考生提供各类学习和就业技能培训机会，让灾区所有想上学的高三应届毕业生都有学可上。

第四节　婚姻证件补办

5 月 31 日，省民政厅上报省人民政府《关于请求批转为玉树地震灾区遗失婚姻证件人员出具婚姻登记证明意见的请示》。玉树“4·14”地震致使大量房屋倒塌，许多群众的婚姻登记档案资料、证明遗失。做好婚姻证明的补办和相关登记工作，方便地震灾区群众中婚姻证件遗失、配偶一方死亡的当事人或夫妻双方均死亡的当事人亲属，按有关规定办理涉及婚姻状况的银行取款、房产变更及财产继承等相关事宜，确保地震受灾群众合法权益，成为灾区恢复重建工作有序进行的重要基础。

6 月 9 日，省民政厅给玉树州民政局下发《关于为玉树地震灾区遗失婚姻证件人员出具婚姻登记证明的通知》（以下简称“《通知》”）。根据《通知》要求，按照户籍管辖范围和婚姻登记管理规定，玉树地震灾区具有办理婚姻登记职能的乡（镇）人民政府或县级人民政府民政部门，开始有受理出具婚姻登记证明的。

《通知》规定申请出具婚姻登记证明的人员范围为：婚姻关系双方健在的，申请人为夫妻双方；婚姻关系一方当事人死亡的，申请人为对方当事人；婚姻关系双方当事人死亡的，申请人为任何一方婚姻关系当事人的亲属，包括近亲属（父母、子女、兄弟姐妹、祖父母、外祖父母、孙子女、外孙子女）及继承等原因要求出具证明的其他家庭成员。灾区具有办理婚姻登记职能的乡（镇）人民政府或县级人民政府民政部门依据《通知》规定，认真审查申请出具婚姻登记证明的当事人按规定提交的下列证件和证明材料：婚姻关系双方健在，婚姻登记证件因地震遗失的，当事人凭身份证到原婚姻登记机关提出补领申请；婚姻登记机关婚姻档案因地震遗失，无法确认双方夫妻关系的，当事人要提交由双方所在单位或村（居）民委员会出具的当事人现在仍为夫妻关系的证明；当事人婚姻登记档案中的姓名、出生日期、身份证号码与现有身份证不一致的，当事人应提供公安机关出具的原婚姻登记档案中的姓名、出生日期、身份证号码与现有身份证的姓名、出生日期、身份证号码属同一人的证明；婚姻关系一方或双方死亡的，申请出具婚姻登记证明的当事人应提交三方面的证明材料：申请人的居民身份证和户口簿，婚姻关系当事人双方的户口簿（申请出具离婚登记证明的，提供一方当事人户口簿），婚姻关系当事人的死亡证明（公安机关出具的死亡证明、医疗卫生机构出具的死亡医学证明书和人民法院宣告死亡的判决书均可作为死亡证明）；申请出具结婚登记证明的，如果户口簿中未记载双方当事人夫妻关系或婚姻状况一栏与申请内容不符的，申请人需提交婚姻关系当事人任何一方所在单位或村（居）民委员会或其他近亲属出具的夫妻关系证明材料；申请出具离婚登记证明的，如果户口簿中婚姻状况一栏与申请内容不符的，申请人需提交婚姻关系当事人任何一方所在单位或村（居）民委员会或其他近亲属出具的夫妻离异证明材料；申请人为婚姻关系当事人亲属的，如果户口簿中未记载申请人与婚姻关系当事人的亲属关系，申请人需提交婚姻关系当事人任何一方所在单位或村（居）民委员会出具的亲属关系证明；申请人无法提供居民身份证的，可以提供临时身份证；无法提供户口簿的，可以提供公安部门出具的户籍证明。

在整个为灾区遗失婚姻证件人员出具婚姻登记证明的过程中，玉树地区具有办理婚姻登记职能的乡（镇）人民政府或县级人民政府民政部门依据《通知》要求，由申请出具婚姻登记证明的当事人填写申请出具婚姻登记证明声明书，并根据所要出具的婚姻登记证明，按照固定的婚姻登记状况公告文书格式，将婚姻登记当事人的婚姻登记状况，在婚姻登记机关办公地点以及婚姻关系当事人户籍所在地的乡（镇）人民政府、街道办事处办公地点或过渡安置的办公地点公告 15 天。公告期满无异议后，在 3 个工作日内为婚姻登记证明申请人出具婚姻登记证明。灾区具有办理婚姻登记职能的乡（镇）人民政府或县级人民政府民政部门婚姻登记机关，从维护地震灾区群众切身利益的高度，切实加强婚姻登记规范化管理，建立专门的婚姻登记证明档案，妥善保存出具婚姻登记证明过程中形成的档案材料，包括申请人身份证、户口簿复印件；婚姻关系当事人户口簿复印件，婚姻关系当事人死亡证明复印件；申请人填写的申请出具婚姻登记声明书；出具婚姻登记证明时的公告文书及其他有关材料。

第五节　遇难失踪者善后

4 月 15 日上午，李学举召集会议，要求民政部指导、支持青海省民政厅做好遇难者遗体识别、认领和处理工作，切实做好遇难者家属的思想工作和心理安抚，落实国家对于遇难人员抚慰金政策，确保遗体处理工作快速、安全、顺利完成，让死者安息、让生者安慰。

同日，青海省民政厅办公室发出《关于玉树“4·14”地震遇难者遗体的紧急通知》（以下简称“《紧急通知》”）。该《紧急通知》指出，为妥善及时处理玉树地震遇难人员遗体，预防地震灾区疫情的发生与流行，保障灾区群众身体健康和公共卫生，维护灾区社会稳定，省民政厅决定由西宁市、海东地区、海南州、海北州民政局对运达该地区的玉树“4·14”地震遇难人员遗体进行火化处理。16 日，省民政厅成立震灾遇难人员遗体处理组。周志胜任组长，成员由刘晓兰、王军、熊增华组成。

根据省民政厅办公室《关于玉树“4·14”地震遇难者遗体的紧急通知》要求，西宁市、互助神安、海晏县、共和县、同德县、贵德县、贵南县、刚察县殡仪馆具体承办遗体处理工作。上述殡仪馆在遗体处理过程中严格遵守操作规程，尊重死者，尊重少数民族丧葬习俗，同时，制定工作方案，指派专人负责，严格执行服务规范，免费提供遗体运送、冷藏、火化等服务，免费提供骨灰盒。遗体火化后骨灰由亲属领回；无人认领的，由殡仪馆编号后暂时保存，待灾区生产和生活秩序恢复正常后，由公安部门和殡仪馆负责，根据保存的遇难者相关资料等进行移交。在整个“4·14”地震遇难人员遗体火化处理过程中按照“死者得到安息,生者得到安慰”的原则，充分体现“以人为本，为民解困，为民服务”的民政工作核心理念。对遗体拉运中一度出现的无序现象，及时进行妥善处置。

香港爱心人士黄福荣在地震中不幸遇难，省民政厅协助省外事办从互助神安殡仪馆调派运尸专用车辆将其遗体接运到西宁，并根据省政府的安排于4月17日晚承办庄重的遗体告别仪式。玉树地震中遇难的四川、广东、湖北、江西、陕西等省的农民工或个体经营者，其亲属到青海处理他们的善后事宜，在遇难者被火化后，部分人员由于没有路费回不了家，省民政厅及时通过西宁市救助管理中心，购买车票安排返乡。至4月18日，得到这方面的特殊被救助人员有30余人。此次玉树“4·14”地震遇难人员遗体处理中，民政部门共妥善处理遇难人员遗体1232具。其中，集中火化917具，寺院火化153具，土葬65具，协调省内殡仪馆火化97具。

5月9日，民政厅党组2010年度第七次会议决定，成立玉树地震遇难人员核查统计工作领导小组，由副厅长孙林任组长，张作森、王长明任副组长，协调玉树州政府及有关部门对地震中遇难人员的户籍所在地进行全面核查统计，省内统计到村、省外统计到乡（镇）或社区。

5月22日，省民政厅向省政府呈报《关于玉树地震遇难、失踪人员核查认定情况的报告》。该《报告》指出，玉树发生强烈地震，造成重大人员伤亡，青海省各有关部门认真落实骆惠宁“一定要严谨，核实到人”的工作要求，以高度重视、认真负责的态度，依法开展对遇难、失踪人员的核查认定工作，对提供的数据进行反复查证，确保真实准确掌握遇难、失踪人员的情况。玉树州先后派出20多个工作组,对外省籍和省内非玉树籍的遇难、失踪人员进行查证确认。省民政、公安、卫生和玉树州政府等有关部门“多管齐下”，组织力量对遇难、失踪人员进行联合复核认定。玉树州逐级出具遇难、失踪人员底册和相关证明材料，民政部门依据卫生机构出具的死亡证明和殡葬机构出具的火化证明，结合遇难人员抚慰金发放工作，及时健全和完善遇难人员台账，复核确认遇难人员数量；公安部门对玉树籍遇难人员复核进村入户、逐人核实确定，对非玉树籍遇难人员通过青海流动人口网和全国人口网进行逐个排查，并致函10多个省区公安部门配合协查，把遇难人员户籍核查落实到乡镇和社区。

截至5月22日,经省公安厅和省民政厅核查确认,核准“4·14”玉树地震遇难人员2716人、失踪373人。比4月26日省玉树抗震救灾现场指挥部对外公布(遇难人员2220人、失踪70人)的遇难人员增加496人、失踪人员增加303人。遇难人员数量增加的主要原因是抢险救援阶段，部分少数民族（藏族、回族）遇难者遗体未及登记，便由亲属按照当地风俗习惯自行处理，未列入统计范围；随着清理废墟工作的深入推进，又发现一些遇难人员遗体；随着对受灾群众救助宣传力度的加大和遇难者抚慰金等相关政策的落实，一些遇难者家属主动提供死亡证明；周边四川、云南、西藏、甘肃、河南等省区，以及本省海东、西宁等地流动人口遇难情况的漏统补登，需要一定的时间。失踪人员登记数增加的主要原因是地震灾区进入过渡安置阶段后，外地来人、来函查找其亲属下落的增多，对这些下落不明、且地震期间在玉树活动的人员，当地政府列为地震失踪在查人员。

玉树地震遇难和失踪人员绝大多数为玉树籍，鉴于藏族特殊的民族和宗教习俗，没有在新闻媒体上公布遇难、失踪人员名单。对玉树“4·14”地震遇难、失踪人员的数量及籍贯等有关情况，经玉树州人民政府和省公安厅、省民政厅按相关程序核准后，由玉树州人民政府根据具体情况，通过广播、报纸、电视和网络等新闻媒介向社会公布。

经玉树州民政、公安、统计等部门核查，核实玉树大地震中因灾直接死亡 2709 名（含 11 具无名尸体），转院医治无效死亡 7 名，除 11 具无名遗体外，玉树籍人员死亡 2394 人，本省非玉树籍人员死亡 38 人，外省籍人员死亡 272 人，香港籍人员死亡 1 人。4 月 14 日至 4 月 26 日统计遇难人员 2220 人，处理遗体 2220 具。其中，集中火化 917 具，寺院火化 595 具，指定殡仪馆火化 106 具，土葬 602 具。4 月 27 日至 5 月 22 日，按照“医院出具死亡证明，公安部门按程序审核登记，村（社区）配合民政部门核对数据”等办法，统计新增遇难人数 496 名，处理遗体 496 具。其中，寺院火化 279 具，土葬 217 具。2705 名死亡人员的基本构成（不含 11 具无名遗体），按照户籍分：玉树籍人员 2394 名，占遇难者总数的 88.5%；流动人口 311 名，占遇难者总数的 11.5%。按民族分：藏族 2574 名，占遇难者总数的 95.2%；其他民族 131 名，占遇难者总数的 4.8%。按职业分：农牧民及流动人口 1532 名，占 56.6%；干部职工 112 名（包括教职工 25 人），占 4.2%；宗教界僧尼 90 名，占 3.3%；学生 193 名，占 7.1%；儿童 778 名，占 28.8%。对 11 具无名遗体全部在玉树州公安局进行 DNA 样本采集，遗体全部火化，并计入《地震遇难人员名册》之内。对 373 名登记失踪人员，查实核对列为地震失踪在查人员。由于外来人口较多，构成较复杂，一些遇难和失踪的外来人员信息不全，需继续根据相关部门提供的信息比对后进行确定。

截至 6 月 21 日，民政部门发放遇难人员抚慰金 2687 人 2149.6 万元。

第五篇 赈济款物使用管理与监督

赈灾救济是抗震救灾的基础环节和重要任务。救灾款物使用管理工作，直接关系广大受灾群众的切身利益，具体体现党和政府的特殊照顾和格外关爱，也根本体现着党和政府的形象和声誉。玉树“4·14”地震发生后，党和政府十分关心灾区群众的生产生活，紧急调拨了大量救灾款物，社会各界也广泛开展了捐款捐物活动，积极帮助受灾群众解决临时生活困难、恢复生产和重建家园。各级各部门深刻认识救灾款物使用管理工作的重要性，牢固树立“以民为本，为民解困”的工作理念，强化组织领导和监督审计，各类赈灾款物使用管理实现了效益最大化，保障了玉树大地震灾后恢复重建和灾区群众生活的恢复及改善。

众志成城　抗震救灾

第一章　赈灾救济款物使用管理

第一节　管理制度及方法措施

一、捐赠款物使用原则

4 月 15 日，省玉树抗震救灾指挥部印发《青海省玉树抗震救灾指挥部关于接收救灾款物的意见》，明确由省财政厅、民政厅、慈善总会、红十字会具体组织募捐活动或授权部门、团体募捐；捐款由省财政厅颁布管理办法，捐物由省民政厅颁布管理办法；款物按规定程序使用，由省审计厅对捐赠款物管理使用情况及时审计监督，定期向社会公布审计结果。

4 月 16 日，国务院抗震救灾总指挥部印发《青海玉树地震抗震救灾捐赠资金使用管理监督办法》，明确由民政部会同监察部、国家发展改革委、财政部、审计署、青海省及中国红十字会总会、中华慈善总会等单位建立救灾捐赠资金管理使用协调机制，指导青海省做好玉树地震抗震救灾捐赠资金管理使用事宜；由青海省制定捐赠资金管理使用细则，全程接受纪检监察、财政、审计等部门的监督检查；民政部、中国红十字会总会、中华慈善总会和 13 个全国性基金会等捐赠接收机构，根据救灾捐赠资金管理使用协调机制研究确定的意见，分别向青海省提供捐赠资金总规模、定向资金规模及定向项目清单、非定向捐赠资金使用建议；青海省根据民政部和有关社会组织提供的资金规模、项目清单、使用建议以及相关规划，研究确定定向捐赠资金使用方案和非定向捐赠资金统筹安排使用方案；各捐赠接收机构根据捐赠资金使用方案，将捐赠资金全部拨付青海省；项目组织实施由青海省统一负责。

4 月 16 日，省玉树抗震救灾指挥部颁布《玉树地震抗震救灾捐赠资金管理办法》，规定 6 项使用原则，即捐赠资金全部拨付到青海省，连同青海省接收的捐赠资金，统一纳入灾后恢复重建规划，由青海省统筹安排恢复重建；尊重捐赠人意愿，优先安排捐赠人定向重建项目；严格区分财政资金与社会捐赠资金的性质，专账管理，专款专用；实行项目管理制度，确保捐赠资金安全、合理、合法使用；按照“谁接收、谁反馈”的要求，认真做好捐赠资金使用管理情况的反馈，定期公告项目进展情况和资金拨付使用进度，确保公开透明；严格规范捐赠资金的安排使用程序，实行全过程跟踪监督管理。

4 月 30 日，经国务院抗震救灾总指挥部同意发布的监察部、民政部、国家发展改革委《青海玉树地震抗震救灾捐赠资金管理使用实施办法》规定，青海玉树地震抗震救灾捐赠资金的使用管理原则是：救灾捐赠资金的使用要充分尊重和体现捐赠人的意愿，做到专账管理、专人负责，确保专款专用，全部用于灾区，用于受灾群众；救灾捐赠资金的使用要根据抗震救灾和灾后恢复重建实际需要，合理安排，有序使用，重点用于玉树灾区民生项目重建；严格规范救灾捐赠资金的安排使用程序，实行全过程跟踪管理，及时向社会公开安排使用情况，加强监督检查，确保救灾捐赠资金安全、合规使用。

7 月 7 日，省玉树地震灾后重建工作领导小组印发《青海玉树地震抗震救灾捐赠资金管理使用实施办法》，要求省民政厅、省财政厅、红十字会、慈善总会等负责跟踪项目进展和捐赠资金使用情况统计，定期分别向民政部、中国红十字会总会、中华慈善总会等反馈捐赠资金使用情况和拨付进度信息；由民政部、中国红十字会总会、中华慈善总会和 13 个全国性基金会负责向社会公告项目进展情况和资金拨付进度，并负责向捐赠人反馈定向资金使用情况信息。省民政厅、省财政厅、红十字会、慈善总会等机构作为捐赠者代表，参与有关项目的全过程监督检查，负责公示使用捐赠资金项目的执行情况，并向上级拨款单位反馈相关信息。

二、捐赠款物管理程序

7 月 7 日，监察部、民政部、国家发展改革委《青海玉树地震抗震救灾捐赠资金管理使用实施办法》从 4 个方面明确了各类捐赠资金的管理要求。

一是由民政部门接收的捐赠资金管理：民政部接收和各地汇缴到民政部的捐赠资金，统一汇缴至民政部—中央财政汇缴专户，由民政部会同国家发展改革委、财政部指导青海省人民政府，根据灾后恢复重建规划和资金安排方案，严格按照有关规定和规范程序，将捐赠资金逐级拨付到灾区和项目资金使用单位。

二是由有关社会组织接收救灾的资金管理：15 家全国性社会组织和公募基金会所募资金，由民政部会同国家发展改革委、财政部和青海灾区恢复重建领导机构，与各捐赠接收机构协商沟通，按照灾区恢复重建规划认领重建项目，并按照严格、规范的要求确定建设项目和资金拨付方式。

三是由青海省接收的捐赠资金的管理：青海省直接接收的捐赠资金，由青海省人民政府根据恢复重建规划和相关政策规定统筹安排使用，逐笔登记接收管理和使用情况并报民政部备案。

四是对救灾捐赠物资的管理：各有关地区、部门和社会组织接收的捐赠物资，要做好分类登记和组织调拨等工作，及时发放到受灾群众手中。

玉树大地震发生后，海内外各界高度关注，许多国家政要、驻华使节、外国组织、国际友人、华人华侨、社团组织以及港澳台同胞发来慰问电函，有的还通过省外办向灾区捐款捐物。对此，省外办在积极协调为灾区捐款捐物相关事宜的同时，规定所接收资金物资管理使用程序：由外办协调捐赠的款物，要求直接捐到指定渠道或运往灾区；由外办接收的款物，严格执行省财政厅、民政厅、审计厅等部门的相关文件精神，按照有关会计制度及时建立台账，入账核算并每天按规定的时限将捐赠资金物资统计数据上报相关单位；对海内外捐赠单位和个人，外办均及时开具由省财政厅统一印制的《捐款统一收据》，并严格实行专户管理，按规定时限上缴省财政厅玉树抗震救灾捐赠资金专户；对所接收的物资，派专人全部运送至玉树灾区。

三、救灾资金物资使用管理办法

4 月 16 日，省财政厅紧急印发《青海省玉树抗震救灾捐赠资金管理办法》，对捐赠资金接收、管理、支出、跟踪检查等方面“约法三章”。

5 月 4 日，省民政厅印发《关于规范玉树地震灾区救灾物资发放管理工作通知》。《通知》要求，玉树州及所属各县民政部门明确救灾物资管理责任人，并指定专人负责各类救灾物资的出入库登记、验收、保管，完善制度，严格执行救灾物资的收、发、存制度和操作流程。对于救灾物资的出入库，建立台账，做好登记管理工作。在接收物资时，对物资的种类、品名、规格、数量、折价金额、捐赠人及受赠时间进行准确详细的登记，并由验收员或库管员签字确认。做好凭证管理工作，在接收救灾物资时，向捐赠人出具凭证，在发出物资时，及时取得州、县、乡、村或个人签收的回执或收条。及时统计救灾物资当日接收数量、品名和折价金额，累计接收数量、品名和折价金额；救灾物资当日发放灾区数量、品名和折价金额，累计发放数量、品名和折价金额；各类救灾物资结余数量等。库存物资要妥善保管，归类存放，防止过期变质。对贵重物资建立卡片，标明出入库时间、来源、去向和数量，确保物资安全。

8 月 10 日，省玉树地震灾后重建工作领导小组召开第九次会议，研究进一步做好捐赠资金的使用和管理问题。会议要求，对社会捐赠资金，要坚持尊重意愿、专款专用、公开透明、有效监督的原则，高度重视和切实加强社会捐赠资金的管理和使用，并将有关情况及时向社会公布；省玉树地震灾后重建现场指挥部要有计划地邀请民政部门、红十字会、慈善机构、捐赠单位和个人代表参加设计审查、项目审批、项目开工和施工监督等活动。

9 月 16 日，省政府办公厅发出《关于扎实做好玉树地震社会捐赠资金使用管理有关事宜的通知》（以下简称“《通知》”）。要求扎实做好玉树地震社会捐赠资金使用管理，提高认识，切实增强管好用好社会捐赠资金的责任感；狠抓落实，统筹推进社会捐赠资金使用管理；强化监管，确保社会捐赠资金安全有效使用。《通知》指出，有关地区、部门和单位要强化大局意识，认真履行职能，密切协同配合，齐心协力管好用好社会捐赠资金，由省财政厅牵头，会同省发展改革委、民政厅、监察厅、审计厅、红十字会、中华慈善总会共同制定《青海省玉树地震救灾捐赠资金使用管理实施细则》，进一步明确和规范捐赠资金使用管理原则、范围、拨付、监管及信息反馈等；根据民政部等五部委《青海玉树地震抗震救灾捐赠资金管理使用实施办法》

和省政府与中国红十字会、中华慈善总会签订的备忘录相关要求，玉树州政府要分别与省红十字会、慈善总会签订捐赠资金项目援建协议，明确双方权利义务；由省政府办公厅牵头，玉树州政府、省民政厅、红十字会、慈善总会等部门和单位配合，筹备组建玉树州灾后重建社会捐赠资金管理中心。省民政厅、红十字会、慈善总会分别在管理中心设立 3 个账户；建立由省民政厅牵头，省财政厅、发展改革委、监察厅、审计厅、红十字会、慈善总会和玉树州政府等相关部门配合的社会捐赠资金使用管理协调机制，共同指导玉树州做好捐赠资金使用管理和监督。该《通知》强调，各有关地区和部门要严格规范使用社会捐赠资金，监察、财政、审计等部门要加强对社会捐赠资金管理使用情况的监督检查，强化监督管理，提高使用效率，切实维护捐赠者和受灾群众的权益。玉树州政府要以对捐赠者和灾区群众高度负责的精神，统筹协调，整合力量，建立健全管理中心工作制度规定，明确工作职能，细化工作措施，严肃工作纪律，切实做好资金管理、拨付、信息收集反馈等相关工作。社会捐赠资金使用管理协调机制要充分发挥协调作用，主动跟进，强化服务，及时研究和解决捐赠资金使用管理工作中出现的新情况、新问题。按照“谁接收、谁反馈”的要求，民政、红十字会、慈善总会等部门要负责跟踪项目资金进展和使用情况，及时向捐赠者和有关方面反馈情况。各相关部门和单位要各司其职、各负其责，密切协作、互通信息，相互配合、形成合力，确保社会捐赠资金安全运行、规范使用。

9 月 30 日，省玉树地震灾后重建工作领导小组第十一次会议召开，对灾区过冬棉帐篷的发放、管理做出决定，要求满足灾区城乡居民过冬和公共服务的需要，确保公平。除结古镇地区集中搭建外，其他受灾乡镇按城乡居民住房重建户数每户 1 顶发放，维修加固户不再发放；结古地区机关、学校、医院、商用等公共服务用棉帐篷按实际需要统一搭建，所有权归主管部门；由省民政厅、省财政厅对公共服务用棉帐篷的数量进行详细核算，保证使用需要；按城乡居民生活用棉帐篷和公共服务用棉帐篷总数的 10%，交玉树州作为机动棉帐篷，用于应急需要。过冬帐篷发放工作必须确保有序发放、规范管理。

四、信息统计及公布制度

4 月 30 日，国务院抗震救灾总指挥部下发《青海玉树地震抗震救灾捐赠资金使用管理监督办法》，要求民政部、国家发展改革委、财政部要加强协调配合，及时沟通工作信息，发挥信息的反馈作用，研究提出加强捐赠资金使用管理的具体办法，指导各地区、部门、社会组织做好捐赠资金使用管理工作。

5 月 1 日，青海省玉树抗震救灾指挥部在给省民政厅、财政厅、外事办、红十字会、慈善总会、玉树州抗震救灾指挥部《关于做好玉树地震抗震救灾捐赠款物统计工作的通知》中强调，要切实做好玉树地震抗震救灾捐赠款物统计工作，确保向社会公布的数据真实、准确，口径一致；要高度重视捐赠款物统计工作，指定专人负责，做到严谨、细致、准确，不重复、不遗漏，未经审定不得对外发布，遇有重大问题及时向省玉树抗震救灾指挥部报告。省民政厅负责全省救灾捐赠款物统计汇总，省财政厅、外事办、红十字会、慈善总会、玉树州抗震救灾指挥部配合支持做好统计汇总工作；省财政厅负责统计上报接收捐赠资金数据（包括直接接收和汇入财政专户资金）及捐赠款支付数据；省外事办、红十字会、慈善总会负责统计汇总全省本系统接收捐赠物资和资金（不包括已汇入财政专户资金）；玉树州抗震救灾指挥部负责统计汇总直接接收捐赠资金和物资（不包括接收省民政厅、外事办、红十字会、慈善总会调运的捐赠物资和省财政下拨的捐赠资金）。《通知》要求，从 5 月 2 日起，以上各单位每天要对截至当日 15 时的捐赠款物进行统计，填报统计表，经单位负责人签字盖章后于当日 18 时前报送省民政厅，省民政厅汇总并上报省玉树抗震救灾指挥部审核后，于次日 12 时前上报国务院抗震救灾总指挥部群众生活组。同时，各单位要将负责统计工作的人员姓名、联系方式告知省民政厅。

4 月 29 日，省财政厅公布截至 28 日国内外各界向玉树灾区捐赠资金信息，总体情况见表 5-1。

国内外各界向玉树灾区捐赠资金信息情况表

表 5-1　　　　单位：万元

捐助者	捐款数额						
	人民币	港币	澳门元	美元	欧元	日元	挪威克朗
合计	458382.40	15080.00	305.00	27.70	0.90	1670.00	200.00
一、新闻媒体	285300.00	3506.00	—	—	—	—	—
1. 中央电视台义演募捐	217500.00	—	—	—	—		—
2. 青海、湖南卫视抗震救灾晚会募捐	67800.00	—	—	—	—	—	—
3. 香港赈灾义演募捐	—	3506.00	—	—	—	—	—
二、中央国家机关	82000.00	—	—	—	—	—	—
三、企事业单位	4742.90	—	—	—	—	—	—
1. 贝因美公司	200.00	—	—	—	—	—	—
2. 四川省国资委举行捐赠仪式捐款	2565.70	—	—	—	—	—	—
3. 中国长江三峡集团公司	500.00	—	—	—	—	—	—
4. 红博商业	45.00	—	—	—	—	—	—
5. 35 家基金公司	1398.90	—	—	—	—	—	—
6. 太平洋寿险山东分公司	22.00	—	—	—		—	—
7. 中电投南方分公司	5.70	—	—	—	—	—	—
8. 石家庄东风日产恒辰专营店募捐	5.60	—	—	—	—	—	—
四、民间和社团组织	28457.40	—	—	—	—	—	—
1. 宁波各级慈善机构	1127.40	—	—		—	—	—
2. 中国红基会接收捐赠	330.00	—	—	—	—	—	—
3. 四川社会组织	27000.00	—	—	—	—	—	—
五、社会个人	7749.10	—	—	—	—	—	—
1. 中国侨联副主席朱奕龙	100.00	—	—	—	—	—	—
2. 临洮供电公司员工	3.76	—	—	—	—	—	—

续表 5-1

捐助者	捐款数额						
	人民币	港币	澳门元	美元	欧元	日元	挪威克朗
3. 莎车县爱国宗教人士	3.00	—	—	—	—	—	—
4. 北京市科协干部职工	2.50	—	—	—	—	—	—
5. 大亚湾在押人员	1.10	—	—	—	—	—	—
6. 山东省滨州市侨联干部职工	0.34	—	—	—	—	—	—
7. 鄂尔多斯市各界捐款	7500.00	—	—	—	—	—	—
8. 天水市社会各界	138.40	—	—	—	—	—	—
六、全军和武警部队	37500.00	—	—		—	—	—
七、境外	10000.00	11574.00	305.00	27.70	0.90	1670.00	200.00
1. 香港特区政府拨款	—	11174.00	—	—	—	—	—
2. 澳门特区	10000.00	400.00	305.00	—	—	—	—
3. 台湾红十字组织	—	—	—	10.00	—	—	—
4. 美国驻华大使馆	—	—	—	10.00	—	—	—
5. 美国红十字会	—	—		5.00	—	—	—
6. 挪威红十字会	—	—	—	—	—	—	200.00
7. 日本红十字会	—	—	—	—	—	1000.00	—
8. 土耳其红新月会	—	—	—	0.50	—	—	—
9. 日本花王公司	—	—	—	—	—	500.00	—
10. 日本大阪以及关西各界	—	—	—	—	—	170.00	—
11. 德国侨团为玉树举办赈灾义演	—	—	—	—	0.90	—	—
12. 纽约近 50 家华侨团体赈灾义演募款	—	—	—	2.20	—	—	—
八、其他部门	2633.00	—	—	—	—	—	—
青海省委组织部（全省特殊党费）	2633.00	—	—	—	—	—	—

五、救灾党费接收及管理规定

5 月 9 日，省委组织部制定《玉树抗震救灾党费使用和管理暂行规定》，对抗震救灾党费的收缴、使用、管理和监督检查等做出详细规定。抗震救灾党费，包括党员在按照规定交纳党费之外自愿多交纳的，以及各级党组织捐赠的，用于支援玉树抗震救灾和灾后重建的党费，一般由县级以上党委组织部门代收，转交省委组织部统一拨付灾区。

抗震救灾党费全部用于抗震救灾和灾后重建工作，重点用于灾区基层党组织、帐篷社区党组织恢复和筹建经费，灾区基层党组织党建工作经费；统一制作和购买党旗、国旗、红旗、共产党员胸卡、“帐篷社区党支部、帐篷社区工作站”标志牌及其他党组织和党员抗震救灾用品；对因地震受损的村级组织活动场所、农牧区党员干部现代远程教育接收站点的修缮和重建给予配套，对室内受损的办公设施给予配置；对灾区党员干部进行教育培训，印制党员培训资料、订阅党报党刊、购买党员电化教育设备；慰问受灾党员、灾区家庭贫困党员和遇难党员的家属；表彰在抗震救灾和灾后重建工作中的先进基层党组织和优秀共产党员以及其他必要开支。

抗震救灾党费根据抗震救灾阶段和工作需要，及时划拨。使用时由玉树州委组织部提出意见，报省委组织部备查；专款专用，单独核算，明确专人管理；使用和管理情况公开透明，广泛接受党员、党组织和全社会监督；省委组织部适时通过省级新闻媒体公布使用和管理情况，并适时对灾区抗震救灾党费的使用和管理情况进行检查。同时，严肃工作纪律，坚决杜绝挪用、挤占或截留抗震救灾党费的现象，对违反抗震救灾党费使用和管理规定的，依据有关规定严肃查处。

4 月 21 日，青海省委组织部接收全国组织系统划拨党费 653.2 万元，省外 1596 名党员多交纳党费 72.51 万元；收到省内广大党员多交纳党费 912.34 万元，共计 1638.05 万元。

至 5 月 14 日，省委组织部接收全国组织系统划拨党费 888.84 万元、省外近 3000 名党员多交纳党费 1883.96 万元、收到本省 5 万多名党员 2798.59 万元、省直机关拨入 30.9 万元，共计 5602.29 万元。

截至 2011 年 9 月 30 日，省委组织部收到省内外各级党组织和党员个人捐赠党费 11189.74 万元。全国各级组织系统拨付抗震救灾党费 580.99 万元（因与之前 2010 年 5 月 14 日数据统计口径不一，故数字减少），省外党员自愿多交纳抗震救灾党费 7593.44 万元，本省各级党组织拨入抗震救灾党费 30.90 万元，本省党员自愿多交纳抗震救灾党费 2984.41 万元。

第二节　资金拨付使用

一、拨付方式

4 月 16 日，国务院抗震救灾总指挥部颁布的《青海玉树地震抗震救灾捐赠资金使用管理监督办法》中明确抗震救灾捐赠资金拨付方式：民政部接收和各地汇缴到民政部的捐赠资金，统一汇缴至民政部—中央财政汇缴专户后，由财政部按照救灾捐赠资金管理使用协调机制确定的意见和财政国库管理制度有关规定核拨民政部，再由民政部将捐赠资金拨付青海省民政厅。社会组织接收的捐赠资金，由社会组织分别负责拨付事宜，其中，中国红十字会总会（含各地红会接收汇缴）将捐赠资金拨付青海省红十字会；中华慈善总会（含各地慈善会接收汇缴）将捐赠资金拨付青海省慈善总会；13 个全国性基金会分别将捐赠资金拨付青海省民政厅、红十字会、慈善总会任一账户。由青海省依据国务院有关规定、相关法律法规以及本办法有关规定及时拨付实施方。用救灾捐赠资金采购救灾物资，应根据省玉树抗震救灾指挥部的命令实施政府采购。

二、救灾救济资金使用范围

4 月 16 日，国务院抗震救灾总指挥部颁布《青海玉树地震抗震救灾捐赠资金使用管理监督办法》，明确定向捐赠资金，按照捐赠人意愿落实，青海省将定向项目具体落实到责任单位，对确实无法落实或确需调整的定向捐赠资金，由青海省提出调整意见，并反馈捐赠接收机构，由捐赠接收机构商请捐赠人同意后，再调整使用，未经捐赠人同意，不得自行调整安排使用；非定向捐赠资金，由青海省依据《玉树地震灾后恢复重建总体规划》和相关专项规划及包干方案统筹安排使用。主要用于城乡居民倒损住房重建，学校、医院、社会福利等公共服务设施重建及设备配套，对特困群众、“两孤一残”人员等特殊群众安置，其他民生类项目的恢复重建。青海省政府于 4 月 19 日制定《抗震救灾捐赠资金管理办法》，对救灾资金使用范围进一步细化。

同日，省财政厅紧急印发《青海省玉树抗震救灾捐赠资金管理办法》，规定抗震救灾捐赠资金拨付范围为：按捐赠者意愿安排的特定项目支出，救灾抢险期间受灾群众转移安置、生活救济、伤员救治、卫生防疫和遇难家属抚慰等支出，与救灾抢险工作相关的直接费用，优先用于民生项目的灾后重建，如民房、学校、医疗、社会福利、公共文化等，道路、桥梁的修复以及其他救灾救济支出。同时，规定抗震救灾资金在应急抢险和过渡期安置阶段的使用范围，主要包括受灾群众生活保障费用，受伤受灾群众医疗救治费用，水、电、路应急保通费用，应急采购生活物资费用，学生复课教学用具用品购置费用，机关事业单位及学校医院过渡办公安置费用以及其他支出费用等 7 个方面，并再次强调用救灾捐赠资金采购救灾物资，要根据省玉树抗震救灾指挥部的命令实施政府采购。

7 月 7 日，国务院抗震救灾总指挥部同意印发的《青海玉树地震抗震救灾捐赠资金使用管理监督办法》规定捐赠资金的使用范围是：除应急抢险救援安排少量支出外，按照恢复重建规划统筹安排使用；对捐赠人明确提出使用意向的捐赠资金，充分尊重捐赠人意愿优先安排使用；对未明确使用意向的捐赠资金，根据灾后恢复重建规划，遵循以下顺序予以安排：农牧民倒损住房重建，学校、医院、社会福利等公共服务设施重建及设备配套，对特困群众、“两孤一残”人员等特殊群体安置，其他民生类项目恢复重建。

三、救灾救助资金使用安排

4 月 25 日，省财政厅副厅长韩德福通报救灾资金使用情况。截至当日，各有关方面累计支出抗震救灾资金 12.84 亿元（含垫支）。主要用于 6 个方面：发放困难群众临时生活救助、“三孤”人员补助、遇难人员抚慰金和灾区安置转移等“四费”补助，安排资金 1.83 亿元；垫支医疗救治费用 3 亿元；安排下达水、电、路等应急基础设施资金 2.7 亿元；在社会各界捐赠物资的基础上，紧急采购方便食品、饮料和炉具等基本生活物资，垫支资金 1.5 亿元；开展紧急救援、保障救灾和受灾群众用电、灾区地震监测评估等工作，紧急采购一批大型专用设备和物资，如挖掘机、发电机、装载机、垃圾清运等设备，安排资金 1.5 亿元；用于支持学校复课、机关临时办公和维护社会治安等工作，安排资金 2.31 亿元。

民政部救灾司通报，至 30 日 12 时，全国共接收青海玉树地震救灾捐赠款物 38.9 亿元，其中捐款 32.73 亿元、捐物折款 6.17 亿元。向灾区拨付使用款物 5.93 亿元，其中直接使用捐款 0.56 亿元，主要用于应急期间受灾群众临时生活救助。

截至 5 月 20 日，财政部 6 次向玉树灾区紧急拨款。青海省共收到各类救灾资金 20.94 亿元。其中，财政部下拨 7.75 亿元；省财政救灾捐赠资金专户收到并汇缴省红十字会、省慈善总会、省民政厅等部门和地区的捐赠资金 13.19 亿元。省财政通过垫支安排 15.62 亿元；玉树州、县财政安排 2518.9 万元。

按照省玉树抗震救灾指挥部关于应急救援资金保障采取先拨付后结算的总体要求，青海省财政依据相关制度规定和分类保障标准，累计下达资金 23.63 亿元，省级各部门垫支 2.77 亿元。主要用于安排受灾群众及抢险人员生活保障和安置，机关临时办公、学生复课、维护社会治安，抢修基础设施，开展清理废墟和危房评估，垫支灾区伤员医疗救治和防疫，垫支紧急采购生活必需品，为灾区重建集中采购大宗建材等。在做好救灾资金保障的同时，先后下达 13 批救灾物资集中采购计划，计划金额 5.58 亿元，实施采购 4.9 亿元，主要采购方便食品、饮用水、煤气灶、火炉、茯茶、熟牛羊肉、学生用高低床、教师用单人床、办公桌、被褥等物资。

青海省抗震救灾指挥部于 5 月 30 日举行新闻发布会，在通报受灾群众安置、灾区恢复正常秩序和灾后重建情况及遇难、失踪人员核实情况时指出，截至当日，全省共收到各类救灾资金 21.85 亿元，按照灾区受灾群众生活补助、过渡安置、灾后重建准备等方面的实际需要，累计安排下达资金 23.63 亿元，省级各部门垫支 2.77 亿元。

6 月 7 日，青海省财政厅《关于玉树灾区应急抢险和过渡安置阶段资金安排的意见》指出，截至 6 月 7 日，中央财政共安排下达青海省地震灾后应急抢险和过渡安置经费 13.75 亿元。其中，安排抗震救灾综合财力补助 13 亿元，主要用于解决应急抢险阶段受灾困难群众生活救助、伤员医疗救治、基础设施抢险修复、应急生活物资采购及学生复课等费用，以及过渡安置阶段后续困难群众生活救助和取暖补助，学校复课配套设施补助，医疗卫生、公共安全运转补助等；安排专项补助资金 0.75 亿元，主要用于水、电、路基础设施抢修等。

8 月 10 日，中华慈善总会拨付 23.1 亿元玉树地震社会捐赠资金到青海慈善总会指定账户，并拟订使用计划：5000 万元用于受灾群众生活困难补助，8000 万元用于倒塌民房重建，3000 万元用于社会福利设施及配套设备，5000 万元用于救灾建设。玉树救灾余款 2.1 亿元于 2011 年年内拨付到省慈善总会账户。

9 月 27 日，省财政厅厅长程丽华向省十一届人大常委会第十八次会议报告玉树地震抗震救灾资金物资管理使用情况：截至当日，累计下达各类抗震救灾资金 104.7 亿元，物资折款 6.7 亿元。确定玉树地震灾后恢复重建资金总盘子为 316.5 亿元。应急救援阶段安排资金 23.5 亿元。其中，安排下达应急救援和过渡安置补助资金 13.5 亿元，主要用于受灾群众、抢险人员生活保障及安置，机关临时办公、学生复课、维护社会治安、抢修基础设施、清理废墟和危房评估，灾区伤员医疗救治和防疫，灾区商业网点恢复运营确保灾区粮油、蔬菜供应，稳定市场物价等方面。垫资预拨大宗建材物资采购资金10亿元，主要用于灾后恢复重建钢材、水泥、木材等大宗建材物资的采购储备和保障。实施政府采购支付3.84亿元。另外，在中央财政支持下，省财政通过农业综合开发项目，安排资金2000万元支持灾区标准化蔬菜种植温棚建设。

救灾捐赠款物接收使用情况为民政部、中国红十字会、中华慈善总会接收的救灾捐赠资金分别拨付到省民政厅、红十字会、慈善总会3个专户，截至9月6日，接收民政部、中国红十字会、中华慈善总会拨付的捐赠资金67.12亿元。其中，民政部26.62亿元，中国红十字会16.52亿元，中华慈善总会23.98亿元。

根据捐赠人的意愿和灾区需求，青海省接收的救灾捐赠款物已支出7.78亿元。其中，资金1.12亿元，主要用于应急救援、灾区群众临时生活救助等方面。同时，通过开展认捐认建活动，广泛动员社会力量支援玉树灾后恢复重建，认捐认建项目24个，意向资金2.63亿元。

第三节　救灾物资调运管理

一、救灾物资调拨发运

4月16日，青海省玉树抗震救灾指挥部向省民政厅、省红十字会发出《关于做好救灾物资调运的紧急通知》，由省民政厅牵头，省红十字会配合，紧急调运救灾棉帐篷5000顶，棉被1万床，棉褥1万床，棉大衣5000件，应急灯200盏，行军床50个，即刻发往灾区；迅速组织救灾棉帐篷1.5万顶，及早发往灾区。截至16日15时，民政部、青海省以及非灾区省份和部队向玉树地震灾区调运棉帐篷41540顶、棉大衣159240件、棉被188210床、野战食品10万份、食品185吨、活动板房400套、折叠床20000张、简易厕所500套。其中，民政部向灾区调拨2万顶棉帐篷、5万件棉大衣和5万床棉被、36平方米帐篷500顶、简易厕所500套。紧急协调江苏、浙江、福建、山东、广东等省民政部门，每省紧急向灾区空运30吨即食食品。至此，棉帐篷8370顶、棉大衣5000件、棉被1.05万床、野战食品10万份运

4月16日，青海省民政厅运送救灾物资的车辆满载待发
（青海省民政厅　李书海　提供）

抵玉树灾区。另外，民政部安排调运发电机 49 台、应急灯 17 部，用于电力供应和应急照明。

截至 4 月 19 日 16 时，累计向灾区发送帐篷 32070 顶，棉衣被 16.07 万件（含储备库物资），食品 761 吨（含储备库物资），药品 72 吨，方便面及饮用水 6.29 万件，各类设备 202 台，活动板房 4 个，折叠床 16277 个，简易厕所 500 个，担架 500 副。

至 4 月 23 日，玉树地震灾区收到棉帐篷 5.6 万顶，其中含 1500 顶 36 平方米大帐篷。此外，抵达玉树地震灾区的其他救灾物资还包括棉大衣 11.7 万件、棉被 20.8 万床、野战食品 10 万份、取暖煤炉 1.1 万台、方便食品和矿泉水共 1670 吨、大米 358 吨、面粉 1443 吨、活动板房 97 套、折叠床 2 万张、简易厕所 932 套等。

4 月 25 日，民政部再次紧急向玉树地震灾区调拨 1 万顶帐篷。至 12 时，共运送到帐篷 5.91 万顶、棉被 20.80 万套、棉衣 11.7 万件、折叠床 1.93 万张、火炉 13 万个、燃煤 1520 吨、移动厕所 932 个、方便面和饮用水 1670 吨。

截至 4 月 28 日 16 时，民政部调 6.26 万顶棉帐篷（含 4000 顶 36 平方米大帐篷）抵达玉树。此外，抵达玉树的物资还包括棉大衣 11.7 万件、棉被 20.80 万床、野战食品 10 万份、取暖煤炉 1.1 万台、方便食品和矿泉水 1670 吨、大米 358 吨、青稞 5000 吨、面粉 1443 吨、活动板房 97 套、折叠床 20000 张、简易厕所 932 套等。至此，全省累计接收民政部调拨物资和社会各界捐赠物资共 26 大类 100 多个品种，接收捐赠物资折价 4.398 亿元；全省累计向玉树灾区调拨物资 25 类 97 种，折价 3.886 亿元，占接收捐赠救灾物资的 88.35%。

9 月 27 日，省财政厅厅长程丽华向省十一届人大常委会第十八次会议报告玉树地震抗震救灾资金物资管理使用情况时指出，截至 9 月 6 日，全省接收捐赠物资折款 8.2 亿元，主要是省民政厅、省慈善总会、省红十字会接收和直接送达灾区的帐篷、板房、食品药品、大型机械设备等约 25 类物资。根据捐赠人的意愿和灾区需求，接收的救灾捐赠款物已支出 7.78 亿元，其中物资折款 6.66 亿元，主要用于应急救援、灾区群众临时生活救助等方面。

二、运费价格标准管理

6 月 5 日，青海省政府批准执行由省交通厅制定的《玉树抗震救灾紧急道路运输期间的客运运价、货运运价、集结待命车辆计费办法和计费标准及灾后重建政府指令性物资道路运输运价方案》。玉树抗震救灾往返运输执行任务的客运车辆，按《青海省道路旅客运输运价规则实施细则》规定票价计算运费；执行单程运输任务的车辆，按现行规定票价计算运费，另按空驶里程的 50% 计付空驶损失费；集结待命的车辆，按计时包车每座每小时 2 元计算运费，整日包车每日按 8 小时计，超过 8 小时仍按 8 小时计；执行短途转运任务的车辆，按实际转运里程计算运费，运费低于集结待命车辆的，按集结待命车辆计费规定计算。执行单程运输任务的货运车辆，按《青海省公路工程汽车货物运价表》规定车辆重驶里程每吨每千米 0.51 元计算运费，另按空驶里程的 30% 计付空驶损失费；执行往返运输任务的车辆，按车辆重驶里程每吨每千米 0.50 元计算运费；集结待命的车辆，按计时包车每吨每小时 3 元计算运费，整日包车每日按 8

小时计，超过 8 小时仍按 8 小时计；执行短途转运任务的车辆，按实际转运里程计算运费；运费低于集结待命车辆的，按集结待命车辆计费规定计算。另外，灾后重建政府指令性物资道路运输运价参照紧急运输运价执行。对灾区学生赴外地就学，伤员痊愈返乡人员的运价按照抢险救灾应急运输的运价标准执行。

三、交通运输组织管理

（一）公路运输

4 月 14 日，青海省交通厅紧急调集客车 16 辆、总客位 600 多个，货车 4 辆，总吨位 99 吨，用于省军区和省粮食局运送救灾人员和粮食，并于 15 日 13 时 30 分开始陆续起运。与此同时，省交通厅储备应急客车 150 辆、总客位 4500 个，货车 45 辆，总吨位 1710 吨。还紧急协调驻地部队应急运输车辆 260 台，随时准备起运救灾物资。省高等级公路建设管理局、收费公路管理处立即部署，保证救灾物资快速通行，为运送救灾人员和物资的车辆提供便利，开辟救灾运输专用车道，救灾车辆一律免费通行。

截至 4 月 16 日，可以通往玉树灾区的公路主要有 3 个方向的路线，即由北经国道 214 线从西宁经共和、玛多至玉树，总里程 820 千米；由南经国道 214 线从西藏昌都至玉树，总里程 450 千米；由东从四川甘孜经国道 317 线转省道 217 线经石渠进入青海接省道 308 线、国道 214 线至玉树，总里程 496 千米。北线国道 214 线西宁至结古段当时道路畅通，是运送救灾物资主通道。其中，雁口山至结古段有 20 余处塌方，救灾车辆可以缓慢通行；国道 214 线青藏省界多普玛至囊谦至结古段道路畅通，沿途零星塌方，公路管养部门全力清理，确保即塌即清。国道 214 线西宁至玉树段通天河大桥（774 千米处）经技术人员检测，人行道路面发现裂纹，桥梁主体未受损，运送救灾物资车辆可通行。省公路管理部门对该桥值守监控，确保桥梁安全运行。

玉树灾后重建，各类建材物资通过多种方式源源不断运往灾区。截至 6 月 17 日，累计运来钢材 11051.39 吨、水泥 6690 吨、木材 550.31 立方米。

青海省内通往玉树的救援通道于 16 日开始实行 24 小时分段交通管制。主要管制路段是：国道 214 线倒淌河至玉树州路段、马西高速西宁机场至朝阳收费站路段，西倒一级公路西宁至倒淌河路段，玉树机场至结古镇路段。除抗震救灾车辆、工程抢修机具和持有青海省交通厅、公安厅应急交通通行证的车辆和管制区域内的车辆外，禁止其他车辆通行。另外，车辆

6 月 18 日，来自宁夏、西宁等地的几十辆满载物资的货车排队等候卸货 （《青海日报》6 月 20 日 3 版）

4 月 22 日，玉树东大门物资转运点情形

（青海省民政厅　李书海　提供）

通过桥梁及特殊路段时实行单车单向放行，限速每小时 5 ～ 10 千米。

4 月 19 日，玉树灾区出现小到中雪天气，气温下降。省交通部门迅速安排，及时组织 800 多名养护职工，储备足够的防滑料和机械，应对风雪恶劣天气。公路管理、养护单位紧急调集涵洞保温管，在国道 214 线巴颜喀拉山、雁口山、姜路岭及省道 308 线哈秀山等易出现积雪的重点山头路段储备大量的防滑料，在原有设备的基础上增调 6 台保通机械，并组织 90 多名职工充实到养护一线。同时，进一步加大道路巡查和隐患排查的工作力度，密切关注雨雪天气实时情况和道路通阻情况，一旦出现险情，人员、机械随时投入使用，保证在雨雪等恶劣天气下道路畅通，救灾物资安全运输。至 20 日，省交通部门调派客车 457 辆，运送人员 10088 人次，储备客车运力 189 辆、6407 座；调派货车 698 辆，运送货物 1.38 万吨，储备货车运力 259 辆、4509 吨。至 22 日，第 100 列运输救灾物资的火车到达西宁站，公路交通部门累计调配货车 835 辆次，运送物资 1.67 万吨；储备货车 262 辆，载重量 4207 吨。针对玉树震区牧民新居示范点等重建工程开工建设，青海交通部门加紧恢复和抢修地震中受损的交通设施，5 月 4 日，禅古村、甘达村两个牧民新居示范点顺利开工建设。

4 月 14 日至 5 月 18 日，省交通系统在玉树抗震救灾应急救援阶段，调配客车 588 辆次，运送人员 1.44 万人次；调派货车 1067 辆次，运送物资 2.48 万吨。从 6 月 12 日组织省内骨干运输企业正式起运重建物资至 9 月底，调配货车 4786 辆次，运输重建物资 12.93 万吨，1.88 万立方米。自 4 月 24 日开始启动地震治愈伤员返乡运输工作至 10 月 15 日，调派客车 9 辆次，安排伤愈人员 1728 人返乡。

6 月 26 日至 9 月 17 日，调用客车 189 辆次，向省内外转移安置学生 7833 名。同时，制定玉树地震抗震救灾应急运输、灾后重建物资运输车辆免征公路通行费的优惠政策，印制免费通行证 11.08 万张，发放 1.64 万张。其中，印制“青海省玉树抗震救灾车辆通行证”800 张，4 月 14—21 日，发放 712 张；印制“青海玉树地震灾后重建物资运输车辆通行证”10 万张，5 月 13 日至 9 月 30 日，发放 5686 张；印制“青海省玉树灾后重建紧急物资运输通行证”1 万张，发放 1 万张。

（二）铁路运输

4月14日，铁道部和各铁路局迅速启动地震灾害应急预案。铁道部和青藏铁路公司成立调度指挥中心救灾台，24小时负责处理救灾物资装车、卸车和运输事宜，掌控救灾物资运输信息，指导和督导铁路局对救灾物资运输全程盯控，做到“信息畅通、反应快捷、指挥有力、运输高效”，确保救灾物资以最快速度运抵灾区。青藏公司制定《青藏铁路公司抗震救灾物资转运指挥工作方案》，在救灾物资到达、转运重点的西宁站设立抗震救灾物资现场指挥部，公司停办货场内所有其他货物运输业务，组织清理出救灾物资专用货物站台、库房、场地和通道，并加长7条专用货位，搭建临时站台，准备134块方石托盘、10台2吨叉车及200人的装卸力量，做好抢险救灾物资到达与卸车的准备充分。地震发生后17小时54分，第一列“抢”9次专列载着5000顶帐篷和2500件棉衣从西安西站发出抵达西宁站，青藏公司采取直卸方式24小时不间断装卸车，切实做到救灾物资随到随运、快装快卸。同时，青藏公司加强与青海省应急办的联系，在物资到达前及时通知青海省应急办前来提取。地震发生后22小时，全国铁路从沈阳、北京、郑州、武汉、西安、成都、广州等地铁路（集团）公司先后组织运送救灾物资18车。地震发生后28小时，医护人员集结完毕，整装待发的首趟救援人员专列“救”913次列车从重庆开出。从地震发生后27小时11分起，全国铁路紧急开行“救”字头916次、1209次、917次等专列，并在T151次、K146次、1048次旅客列车上加挂卧铺车厢，从重庆、西安、太原、北京、昆明、成都等地迅速运送826名医务人员奔赴抗震救灾一线。

4月15日0时46分，成都铁路局除机车外只有3节车厢的抢12次救灾专列，装载1.5万床棉被驶离成都北站，开往青海西宁。此时在成都车站还有24250顶帐篷、7.25万床棉被、3.5万件棉衣和203辆救护车正在组织装运。3时30分，江西省抗震救灾物资在南昌南站集结，首批救灾物资1万床棉被于4时15分用专列运往西宁。至6时，全国铁路从沈阳、北京、郑州、武汉、西安、成都等地组织运送救灾物资18车，运送帐篷750顶、棉大衣5万件、棉被3.74万多床。8时，青藏铁路公司停办西宁站的日常货运业务，清空7条货位线，并搭建临时站台，10台叉车、107块篷布、134块方石托盘和200名装卸工全部就位，为救灾物资快速接卸、转运做好各项准备工作。8时30分，全国首趟救援专列救913次列车从重庆抵达西宁，102名医务专业人员从西宁站转乘客车前往玉树地震灾区。

4月18日，青藏铁路公司与青海省交通厅、民政厅、卫生厅等相关单位于召开玉树抗震救灾物资运输专题会议，进一步细化修订抗震救灾物资运输方案，成立6个工作小组，全力配合做好救灾物资到达西宁后卸车、装车、检疫和运输事宜。19日，西宁站到达救灾物资50列（848辆），运送帐篷2.6万顶、棉被10.1万床、棉衣3.6万件、救护车209辆、汽柴油469吨、食品饮料2.8万件、药品832件、活动厕所500个、简易床3073张。这批物资按照青海省玉树抗震救灾指挥部的统一调拨，全部发往玉树灾区。青海省机动车更新交易管理办公室先后紧急调集的90余辆军车满载矿泉水、方便面、饼干、火腿肠、榨菜等灾区急需生活品近900吨运往灾区。

玉树大地震发生后，中铁快运公司启动地震灾害应急预案，提前了解救灾物资运输需求，

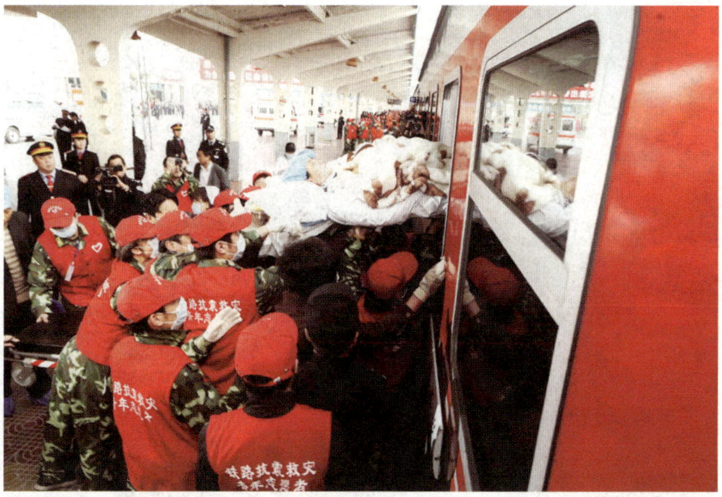

4 月 18 日，玉树大地震中的伤病员在西宁火车站被安全送上列车，转往内地救治

（青藏铁路公司　提供）

按照手续从简、重点保证、从速发运的原则，全力以赴抢运救灾物资。4 月 15 日 13 时 26 分，经过中铁快运股份有限公司上海分公司干部职工的抢装，载有 200 顶帐篷的 K376 次列车开出南京站，紧急驶往玉树地震灾区。16 时从国家救援物资储备中心沈阳储备库运送救灾棉被棉衣的汽车，驶入沈阳车务段大成站，该站干部职工立即组织装卸，22 时 52 分，装有 2 万床棉被、1 万件棉衣的“抢”46 次专列从大成站出发开往西宁，成为沈阳铁路局 24 小时内开出的第二趟抗震救灾物资专列。截至 16 时，全国铁路从沈阳、北京、郑州、武汉、西安、成都等地组织运送救灾物资 18 车。17 时 30 分左右，首趟从西安始发的装有 750 顶帐篷和 2500 床棉被的抗震救灾物资专列驶入西宁火车站，40 分钟后满载这批物资的大卡车从西宁出发驶往玉树灾区。从 15 日晚到 16 日凌晨，从西安开来的“抢”19 次、“抢”33 次列车，从郑州开来的“抢”5 次列车，从成都开来的“抢”11 次列车，从武汉开来的“抢”1 次列车等 5 趟专列陆续到达西宁火车站。当日，从重庆、西安、太原、北京驰援灾区的 4 支医疗救援队、600 多人和部分医疗器械通过铁路运抵西宁。

4 月 17 日，青海省玉树抗震救灾指挥部决定，由西宁机场航班协调及救灾物资、人员进出领导小组统筹兼顾铁路方面运达物资的转运工作，全力协调确定转运计划，确保各类救灾物资和装备及时安全运往灾区。至 12 时，全国铁路累计开行“抢”字头救灾专列 52 列，紧急运输救灾物资 770 车，运送帐篷 2.66 万顶、棉大衣 6 万件、棉被 14.08 万床、毛毯 500 条、折叠床 2.06 万张、汽油和柴油 1.3 万吨、药品 3073 件、矿泉水 3.27 万箱、救护车 215 辆、保障车 14 辆、指挥车 3 辆、发电机 100 台、简易厕所 500 个等物资设备。全国铁路开行“救”字头列车 2 列、加挂硬卧车 13 辆，共使用客车 28 辆，累计运送部队和地方医务人员 1687 人。同时紧急调集的 4 列接运伤员的列车全部到达西宁站待命。至 18 时，有 34 列抗震救灾物资专列抵达西宁，累计运送 2 万多顶帐篷、近 10 万床棉被、3.5 万件棉衣、209 辆救护车以及 8800 箱矿泉水、832 箱药品、3073 张床等。当天 18 时至 19 日 18 时，在青藏铁路公司运输、建设等部门的紧密配合下，曾在青藏、兰青等铁路建设中屡建战功的中铁二十一局集团四公司 200 多名职工，调集大型机械设备 20 多台，24 小时施工，仅用 3 天时间在西宁站货场搭建一座高

6月1日，在成都治疗的26名玉树地震康复伤员乘K1059次旅客列车到达西宁站

（青藏铁路公司　提供）

5米、面积300多平方米的彩钢板房，作为铁路抢运抗震救灾物资指挥部的新办公地点。至18日18时，有53列抗震救灾专列到达西宁。

铁道部于4月19日向国家发展改革委、民政部、国土资源部、环境保护部、住房城乡建设部、水利部、农业部、能源局、中石油集团、国家粮食局、中国储备粮管理总公司等11部委（局）和相关单位电话了解抗震救灾和灾后重建物资铁路运输需求情况，积极组织抢运。至当日12时，铁路累计开行“抢”字头救灾专列81列，运输救灾物资1011车，累计运送部队和地方医务人员1687人；加开“救”字头客车2列，加挂硬卧车13辆；开行“抢”字头军列3列，运送2支医疗队及抢险救灾野战部队。至18时，青藏铁路公司共接运救灾人员1111人。当日，铁道部传达贯彻胡锦涛重要讲话精神，结合抗震救灾和灾后重建物资铁路运输实际，明确要求各铁路部门按照“保稳定、保平安、保畅通、保运输”的原则，继续围绕快速转运伤员、抢运抗震救灾和灾后重建物资等工作重点，进一步密切与国家有关部门、地方政府和有关单位沟通联系，及时掌握运输需求，做好运力安排，强化运输组织，全面抓好货源组织、装车、运送、卸车、转运等各环节工作，尽最大努力为抗震救灾和灾后重建物资运输提供可靠保障。下午，在铁路运输救灾物资中转站西宁货场，青藏铁路公司党委专门组织成立51人的铁路抗震救灾党员突击队、101人的青年志愿者突击队和41人的装卸工人突击队，随时突击卸、装救灾物资。截至18时整，有63列救灾专列到达西宁。其中，物资专列55列，救援人员专列8列。

4月20日，青藏铁路公司抢运抗震救灾物资指挥部和地方民政、交通部门在新办公地点合署办公，形成一个集铁路运输指挥、救灾物资装卸和交付于一体的一站式联动管理机构。当日18时至21日18时，到达西宁的物资专列11列20车，运送帐篷571顶、棉被2636床、大衣5360件、食品饮料5143件、军品5车、药品7078件、大米268吨、火炉1000个。至24日，全国铁路累计开行“抢”字头救灾专列164列，紧急运输救灾物资1346车；开行“救”字头客车4列，开行“抢”字头军列3列，加挂硬卧车13辆，累计运送伤员168人，医护人员 1937 人，共 2105 人。至 25 日 18 时，青藏铁路公司共转运救灾物资、人员 145 列 1327 车。

截至 6 月 30 日 18 时，累计到达西宁救灾物资、人员 224 列 1704 车，其中物资 811.21 万吨。运送帐篷 5.35 万顶、棉被 14.43 万床、大衣 16.39 万件、救护车 218 辆、挖掘机 2 台、汽柴油 616 车、折叠床 2.08 万床、保障车牵引车 19 辆、简易厕所 500 座、药品医疗器械 3.44 万件、建筑材料 1654 件、食品饮料 8.95 万件、军品 505 车、发电机 278 台、大米 1380 吨、活动板房 173 套、火炉 1025 个、防潮垫 4.32 万件、轨枕 6968 根、其他 2.05 万件（含润滑油 160 桶）。

（三）航空运输

4 月 14 日，国家民航局立即启动应急预案，青海机场公司全面展开应急救援工作，积极与省政府、空管、航空公司、兰州军区保持联系。公司通过专用短波电台与玉树机场取得联系，了解玉树机场情况，经过专业技术人员详细检查、汇总评估，玉树机场具备适航标准，上午 11 时 05 分，玉树机场开放。西部机场集团公司启动应急预案，发挥集团优势，从陕西、宁夏等成员机场紧急抽调专业人员 70 多人次，专业设备 15 台，全力支援玉树、西宁抗震救灾航空运输保障工作，建立集团化救援保障体系，组织青海机场有限公司及下属的玉树机场，东方航空西北公司、西北空管局、中国航空油料西北公司等单位全力配合，用最短时间打通到玉树的空中生命线，保证救灾人员、物资运得上去，重伤病员能转运出来，同时确保飞行安全。民航西北地区管理局组织指挥西北民航各单位随时准备投入抗震救灾航运工作。咸阳机场股份公司选派 3 名机务人员、2 名电气自动化技术人员分赴西宁、玉树机场支援。15 时 18 分，第一架搭乘 15 名地震救援专家、23 名医护救援人员、52 名青海省公安消防总队官兵和两只搜救犬的抗震救援飞机安全降落在玉树机场。16 时 40 分，搭乘 56 名专业救援人员和大量救灾物品的第二架飞机抵达玉树。18 时，30 名武警官兵开赴玉树机场担任安全保卫任务，25 吨柴油于 23 点 55 分运抵玉树机场。19 点 20 分起，国家民航局紧急调派中国国际航空公司、中国南方航空公司、中国东方航空公司、上海航空公司 6 架运输机从北京、广州、昆明、济南、成都等

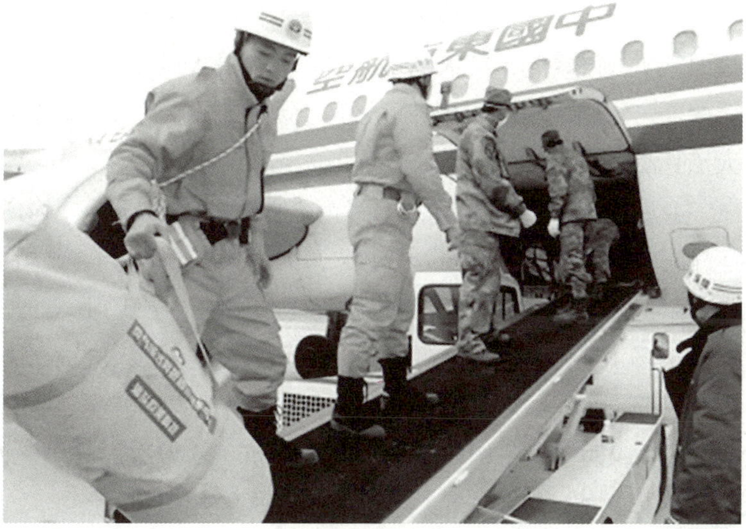

4 月 14 日，中国东方航空公司运输机奉国家民航局调派参加玉树地震紧急救援。图为救援人员将救援器具装上飞机

（《青海日报》 肆归 摄）

方向满载救援人员和物资陆续抵达西宁机场，随后分别从陆、空两路前往玉树灾区。600名抢险救援专业技术人员、武警官兵及大量救灾物资于15日通过西宁机场陆续运送玉树灾区，专业救援技术人员乘坐中国东方航空公司执飞的6218号飞机在玉树巴塘机场着陆，实施救灾指挥工作。

14点44分、15点20分，127名伤病员分两批乘坐飞机安全抵达西宁机场，成为从玉树灾区送往西宁的最早的两批伤病员。西宁机场承担向玉树灾区运送1万件瓶装水、1万件饼干、1万件方便面、5000顶帐篷和大量药品及医疗器械的救灾任务。玉树巴塘机场和西宁机场之间架起一座拯救生命的桥梁。

16时13分、16时18分，中国人民解放军空军派出的两架伊尔–76大型救灾专机，搭乘300多名抗震救灾专业人员、武警官兵及大量物资分别从北京南苑机场起飞，于19点30分左右陆续飞抵玉树巴塘机场，展开紧张的救援工作。

4月14日，咸阳机场股份公司又选派4名现场指挥人员、2名医生、1名气源车工程师分赴西宁、玉树机场支援，银川机场、中卫机场选派2名特种车辆操作技术人员、2辆客梯车赴西宁机场帮助工作，格尔木机场选派3名技术骨干、1辆客梯车、1辆警车驰援玉树机场。咸阳机场股份公司考虑到后续抢险救援工作将会有大型飞机介入，又紧急调派1辆大型平台车，由西安赶赴西宁机场，保障抗震救灾工作。为基本解决玉树巴塘机场飞机夜航起降问题，有效延长机场运行时间，保证地震伤员迅速转移治疗，空军分别从北京南苑机场和空军成都场站调配2辆夜航保障车到玉树机场。至15日，有7架民航飞机，3架军用飞机在玉树运送伤员和救灾物资，每架飞机可以运载60名至70名伤员。玉树巴塘机场在超负荷运转，平均每天有30多架次飞机起降，飞往成都、西宁等地救治伤员。

青海机场公司4月14日8时至19日12时累计保障救灾飞行420架次，运送救援物资184.62万千克，救援人员1.26万人，伤员3565人。其中，西宁机场累计保障救灾飞行204架次，运送救援物资98.83万千克，救援人员5764人，伤员1583人；格尔木机场累计保障救灾飞行18架次，运送救援物资3万千克，救援人员87人，伤员230人；玉树机场累计保障救灾飞行198架次，运送救援物资82.79万千克，救援人员6715人，伤员1752人。15日，国家通过西宁机场陆续向玉树灾区运送600名抢险救援专业技术人员、武警官兵及大量救灾物资，并命令西宁机场承担向玉树灾区运送1万件瓶装水、1万件饼干、1万件方便面、5000顶帐篷和大量药品及医疗器械的救灾任务。

4月16日，西宁机场共保障抢险救灾飞行60架次，物资超过100吨，集结在西宁机场的运输车辆上百辆。从14日8时至16日8时，青海机场公司共安全保证救灾航班139架次。其中，西宁机场75架次，玉树机场54架次，格尔木机场10架次。接送救灾物资382.66吨。其中，西宁机场164.94吨，玉树机场217.72吨。接送救援人员6297人次。其中，西宁机场4007人次，玉树机场2290人次。接送伤员358名。当天，西宁—玉树航线承担伤病员运送达到11架次、500人次；西宁、玉树机场全天起降飞机100架次。其中，西宁机场58个架次，玉树机场42个架次。此外，格尔木机场也有6个架次的救援飞行。

截至4月17日18时，西宁机场起降航班124架次，运送伤员1402人及各类救灾物资1115多吨。18日，青海境内玉树、西宁、格尔木3座机场累计起降各方救援飞行317架次（含军方），运送救灾人员1.16万人次，伤员2883人，运输救援物资1257吨。截至19日11时，民航累计飞行388架次，运送各类人员1.31万人次，运送救灾物资997吨；共有14家国内航空公司参与运送救灾物资和人员；青海机场公司共保障500多架次救援专机起降，运送救援人员超过1.3万人，运送伤员超过4000人，运送救灾物资超过2000吨。到30日青海机场公司累计保障救援飞行903架次，运送人员2.83万人次，运送救灾物资419.55万千克；玉树机场共执行救灾飞行198架次，运送救灾人员6715人次，运送伤员1752人次，运送救灾物资828吨。

从14家航空公司调集的几十架飞机，建起一条稳固的"空中生命线"。一度断电的玉树机场，1小时内完成机场运行保障工作；原来每周只有3个航班的机场成为西部最繁忙的机场，最多时一天起降52架次飞机，以最大负荷承载来自全国各地的救灾人员、物资。在货物运输量骤然增至平时的10倍时，西宁机场无论是机坪的负荷量，还是停机位的容量，已经全部达到饱和，甚至超越安全"红线"。对此，西宁机场一方面加强现场运行指挥，合理规划机坪，增设临时停机位，科学安排机位资源，优先保证放行救灾飞机，救灾航班和正常航班均未因机位发生延误和不安全事件。另一方面，加快货物梳理速度，积极协调兵力装卸物资，全力保证现场救灾物资及时装卸，并设立绿色通道，简化转运手续，实施航班快速过站程序，保证人员、物资随到随运，无一滞留。

截至5月7日，西宁机场累计保障救援飞行509架次，运送人员1.57万人次，运送救灾物资202.83万千克；格尔木机场累计保障救援飞行28架次，运送人员320人次，运送救灾物资3.01万千克；玉树机场累计保障救援飞行490架次，运送人员1.71万人次，其中伤员2133人次，运送救灾物资217.49万千克。

第二章　赈灾款物监督管理

第一节　国务院抗震救灾总指挥部监管

一、工作部署

4 月 17 日上午，胡锦涛主持召开政治局常委会，在听取国务院抗震救灾总指挥部关于青海省玉树州玉树县严重地震灾情和抗震救灾工作情况的汇报时，要求加强对中央抗震救灾决策部署落实情况的监督检查，做好救灾资金和物资使用监管。强调要精心做好涉外工作，妥善管理和使用国外所捐款物。

4 月 20 日，中纪委、中央抗震救灾资金物资监督检查领导小组发出《关于认真做好青海玉树抗震救灾监督检查工作的通知》。《通知》要求加强对中央关于青海玉树抗震救灾决策部署贯彻落实情况和抗震救灾资金物资管理使用情况的监督检查，建立健全监督检查体系，做好信息公开工作，严格执行纪律。强调受灾地区的党员干部特别是领导干部充分发挥先锋模范作用，坚守岗位、恪尽职守、深入一线，带领广大群众全力以赴抗震救灾。对党政领导干部和有关职能部门及其工作人员贯彻落实中央决策部署行动迟缓、措施不力、敷衍塞责，在抗震救灾工作中玩忽职守、失职渎职、临危退缩，造成重大损失或者恶劣影响的，按照《关于实行党政领导干部问责的暂行规定》等严肃追究责任。对贪污私分、截留克扣、挤占挪用救灾款物的，按照《抗震救灾款物管理使用违法违纪行为处分规定》严肃查处。扩大案件线索来源，注意从社会热议和媒体关注的问题中发现案件线索，对群众反映强烈的问题，认真排查核实，做到件件有回音、事事有着落。建立健全案件线索移送机制，发展改革、民政、财政、审计等部门在履行监管职责中发现的案件线索，及时移送纪检监察机关，涉嫌犯罪的及时移送司法机关。纪检监察干部带头严格遵守各项纪律，以优良的作风和扎实的工作保证监督检查顺利进行。

4 月 21 日上午，回良玉在国务院抗震救灾指挥部第八次全体会上提出，切实加强救灾捐赠资金物资的管理使用和监督，从源头上保证捐赠款物接收、分配、拨付、发放、使用等各环节工作有章可循、有据可依，做到专账管理、专人负责、专户存储，保证捐赠款物管理严格规范，全部用于灾区，用于受灾群众；公开透明，主动向社会公布捐赠款物的来源、数量、种类和去向，自觉接受国际国内、社会各界、新闻媒体的监督；主动配合监察、审计等部门加强对捐赠款物管理使用情况的监督检查，民政部会同有关部门，抓紧研究制定加强救灾捐赠款物管理使用和监督检查的办法，按程序报批；适时会同红十字会总会、慈善总会等，以新闻发布会等形式向社会通报相关情况。24 日，回良玉到玉树地震灾区考察，并在主持召开的抗震救灾联席会议上指出，加强救灾资金物资的有序发放和监督管理，完善制度，加强管理，公开透明。

7 月 7 日，监察部、民政部、国家发展改革委印发的《青海玉树地震抗震救灾捐赠资金管理使用实施办法》规定，青海玉树地震抗震救灾捐赠资金的使用管理原则，捐赠资金的使用程序，要求各相关部门按照这些原则、范围、程序开展全程监督检查，民政部指导督促各有关地区、部门和社会组织，切实做好捐赠资金接收、使用的统计工作；各捐赠接收机构按照谁接收、谁反馈的原则，认真做好捐款使用管理情况的反馈工作，由民政部指导捐赠接收机构定期公布捐赠资金接收使用情况；各有关地区和部门按照中央抗震救灾资金物资监督检查领导小组的统一部署，主动配合纪检监察、财政、审计等部门对资金物资使用情况的监督检查，严格规范使用程序，强化监督管理，提高使用效益，切实维护捐赠者和受灾群众权益。民政部、发展改革委、财政部加强协调配合，及时沟通工作信息，研究提出加强捐赠资金使用管理的具体办法，指导各地区、部门、社会组织做好捐赠资金使用管理工作。

二、监督检查

5 月 24 日，中央纪委常委、监察部副部长、中央抗震救灾资金物资监督检查领导小组成员兼办公室主任王伟带领中央纪委监察部、民政部、财政部、审计署组成的中央抗震救灾监督检查组，在仁青加以及青海省有关部门负责人陪同下，对玉树抗震救灾资金物资管理等工作进

5 月 24 日，王伟（右四）在仁青加（右二）等有关部门负责人的陪同下，到青海省救灾物资储备中心实地检查玉树抗震救灾捐赠物资接收管理发放工作

（青海省民政厅　李书海　提供）

行现场指导、检查和调研。24 日至 26 日，中央抗震救灾监督检查组先后到省民政厅、省红十字会、省慈善总会、省卫生厅物资存放点实地检查指导工作，就解决灾区最迫切的帐篷问题、处理保质期物资问题、公告审计结果等，提出意见和建议。

4 月 25 日，青海省召开抗震救灾资金物资监督管理及灾后重建情况汇报会，仁青加主持会议，王伟听取青海省财政厅、民政厅、发展改革委、审计厅、财政部专员办的工作汇报，并就进一步加大监管，加大监督检查力度等提出要求。王伟强调，相关职能部门要按照“谁主管、谁负责”的原则，进一步突出对安置受灾群众和恢复重建资金物资的监管，及时发现和纠正存在的问题，保证救灾款物发挥最大的使用效益，严格执行有关抗震救灾资金物资管理使用的各项规章制度，增强监管工作透明度，加大查处违纪违法案件的力度；纪检监察机关要按照《抗震救灾款物管理使用违法违纪行为处分规定》等，依纪依法快查严办重处违纪违法行为，对涉嫌犯罪的案件，及时移送司法机关处理。27 日至 28 日，王伟带领中央抗震救灾监督检查组到玉树县巴塘物资储存点、结古镇西杭社区、结古镇扎西大同村受灾现场、安冲乡受灾群众安置点，检查救灾资金物资发放和管理情况，并在现场听取抗震救灾及恢复重建监督检查工作情况汇报，对青海省用好、管好救灾资金物资所采取的一系列监督检查措施给予充分肯定，明确要求各级纪检监察机关协助党委政府切实加强组织领导，把监督检查纳入抗震救灾工作总体部署，摆在突出位置，建立常态工作机制，统筹谋划，协调推进，以强有力的监督确保灾后恢复重建又好又快实施；要在加强对中央关于玉树抗震救灾决策部署贯彻落实情况和对抗震救灾资金物资管理使用情况监督检查的同时，保障群众的知情权和监督权，让人民群众明白、放心；要严明党的政治纪律，严格执行《抗震救灾款物管理使用违法违纪行为处分规定》，对违法违纪问题发现一起，坚决查处一起。

第二节　民政部监管

4 月 20 日，民政部成立由副部长和驻部纪检组组长任组长、副组长、有关司局主要负责人为成员的民政部抗震救灾资金物资监督检查领导小组。

5 月 5 日，民政部召集各相关社会组织和公募基金会负责人，传达国务院关于玉树地震救灾捐赠资金监管的要求，就落实《青海玉树地震抗震救灾捐赠资金使用管理监督办法》要求提出具体工作建议。

5 月 11 日，民政部下发《关于做好玉树“4·14”地震抗震救灾捐赠资金汇缴工作的通知》，要求各地尽快汇缴接收的捐赠资金。

5 月 24—29 日，民政部派员参加中央抗震救灾资金物资监督检查领导小组对地震灾区的检查，到青海省民政厅、卫生厅、红十字会和慈善总会了解抗震救灾物资募集、接收、分配、调拨情况，深入受灾群众安置点和部分受灾群众家中察看、检查抗震救灾资金物资发放和领取情况。

6 月 5 日，民政部在官方网站上发布公告，要求向民政部捐款的捐赠人及时与民政部有关人员联系，提供捐赠汇寄凭证和收据寄送地址，民政部承诺收到并核实相关凭证后及时向捐赠人寄送收据。

6 月 25 日，针对审计部门审计数据与各地汇缴数据相差较大以及各地又接收部分后续捐款的实际，民政部又下发《关于做好玉树“4・14”地震捐赠资金汇缴收尾工作的通知》，要求各地迅速汇缴捐款、对捐赠工作进行总结；后续捐款直接与青海省联系。

7 月 7 日，民政部会同国家发展改革委、监察部、财政部、审计署研究制定下发《青海玉树地震抗震救灾捐赠资金管理使用实施办法》，明确、细化救灾捐赠资金的使用原则、使用范围、运作方式、拨付方式、反馈要求及监管方式。办法特别强调捐赠资金管理使用的新方式：要求捐赠资金独立专户管理，使用时不得与财政资金混用，方便向捐赠人反馈；非定向捐赠的资金通过捐赠接收机构认领项目的方式运作，即青海方面要先将资金落实到具体重建项目、经民政部和其他组织审核同意后，再向青海拨付捐款；考虑到灾区为偏远的高海拔地区，民政部和中国红十字会总会、中华慈善总会及其他全国性基金会接收的捐款拨付青海省民政厅、青海省红十字会和青海省慈善总会后，由他们代民政部和其他组织行使认建和监管职能。27 日，民政部召开有关社会组织、公募基金会负责人会议以及有关部委、青海省政府、中国红十字会总会、中华慈善总会等相关人员协调会议，对捐赠资金拨付青海的方式、时限、管理费用等问题进行研究协调，要求青海省尽快根据捐赠资金总盘子提出具体重建项目，并制定捐赠资金管理使用细则。

8 月 12 日，民政部针对社会和网民们普遍关心的捐款统筹方式、捐款拨付、捐款使用去向、捐款监管等问题，有些媒体对“玉树捐款由青海省统筹安排”提出疑问，以接受新华社记者采访的方式予以回应。对于网友提出的统筹政策有无依据、统筹是否影响社会组织和基金会在灾后重建中发挥更大作用的质疑。民政部解释:《国务院关于做好玉树地震灾后恢复重建工作的指导意见》中指出“玉树地震灾后恢复重建任务十分艰巨繁重，并面临高寒缺氧、施工期短、交通不便、生态脆弱和建筑资源严重不足等特殊困难”。因此要求青海省人民政府对玉树地震灾后恢复重建工作负总责，国务院有关部门按照职能分工加强指导和做好相关协调工作。《国务院关于支持玉树地震灾后恢复重建政策措施的意见》中,明确要求“中央有关部门及红十字会、慈善总会等接收的捐赠资金，要直接拨付到青海省，连同青海省接收的捐赠资金，统一纳入灾后恢复重建规划，由青海省统筹安排用于恢复重建。此外，加上居民和企业少量自筹资金，共同组成以中央财政为主的灾后恢复重建资金”。《青海玉树地震抗震救灾捐赠资金管理使用实施办法》提及的统筹正是落实国务院的要求。捐赠资金转到青海省后,青海省民政厅、红十字会、慈善总会等机构即成为捐赠者代表和被委托方，参与有关项目的全过程监督检查，负责公示使用捐赠资金项目的执行情况，并向捐赠者或委托方反馈相关信息。这样就可以保证捐赠接收机构全程跟踪监督捐款使用情况。在监管上,《青海玉树地震抗震救灾捐赠资金管理使用实施办法》

特别强调纪检监察、财政、审计部门要加强专项监督检查，也欢迎社会各界对抗震救灾捐赠资金管理使用进行监督。制度设计，减少统筹渠道，有利于支持青海省加快灾区重建和提高捐赠资金的使用效率和效果：建立政府部门和红十字会、慈善会、公募基金会等社会组织的沟通机制，有利于捐赠资金在青海玉树恢复重建总体规划中发挥更大的作用，避免重复建设和重复投资；确保定向捐赠人意愿的优先落实，同时保障捐赠接收机构在非定向捐赠资金对接重建项目方面的参与权；保证捐赠接收机构在捐款拨付前就掌握建设项目内容和捐款的使用去向。

第三节　青海省玉树抗震救灾指挥部监管

一、工作部署

4 月 16 日，省玉树抗震救灾指挥部出台《玉树地震救灾物资发放管理办法》，对各类救灾物资的接受、管理、调配，分配原则、程序、发放对象，质量监督、安全巡查，法纪法规、责任追究做出明确、具有可操作性的规定。物资接收分配的具体程序是：全部救灾物资由指挥部群众生活组统一接收、调配，并具体负责抗震救灾物资发放工作，19 个片区负责从群众生活组领取救灾物资，再交给村、社，由村、社长负责将物资分发到受灾群众手中。大部分乡镇还成立救灾物资发放监督小组，由纪检干部、老支书、老党员和在群众中有威望的村民组成。

4 月 22 日，省玉树抗震救灾指挥部发出通知，要求各地区、各部门切实把中央和省委、省政府关于厉行节约、坚决制止奢侈浪费行为的要求落到实处，进一步改进机关作风，坚决反对铺张浪费，坚持勤俭节约办事，引导全社会形成厉行节约、共援灾区的良好氛围，全力以赴支持玉树做好抗震救灾有关工作。具体从加强人员编制管理、减少公务用车支出、压缩会议经费支出和接待、差旅经费支出等方面，严格控制和压缩“人、车、会”等一般性支出。同时，大力调整支出结构，加大倾斜帮扶力度。要求省级各部门进一步整合各项资金，集中财力帮助灾区恢复重建；在分配中央和省级预算安排的相关专项资金时，向在地震灾害中受灾严重的县、乡、村、社区倾斜；强化监督检查，严格救灾款物使用管理，建立健全救灾款物接收、采购及发放管理制度，做到有序、规范管理。各级纪检监察、审计部门加大救灾款物使用管理的检查力度，对救灾款物管理使用中存在的问题，一经查实从严、从重处理。23 日，青海省抗震救灾资金物资监督检查领导小组下发《关于成立玉树抗震救灾资金物资审计监察指导组的通知》。玉树抗震救灾资金物资审计监察指导组设省直指导组和玉树灾区现场指导组，省直指导组组长由审计厅副厅长王继卿担任；玉树灾区现场指导组组长由省审计厅副厅长王新平担任。

省抗震救灾资金物资监督检查领导小组办公室召开省直各单位纪检组长（纪委书记）工作部署会，就玉树灾后重建中监督检查工作进行安排。领导小组副组长、省纪委副书记、省监察

5月4日，青海省纪委专项检查组检查省慈善总会救灾物资调运情况

（青海省慈善总会　提供）

厅副厅长张玉娥主持会议。会议要求省直各派驻纪检组（纪委），结合本单位实际，立即着手制订本部门切实可行的监督检查方案，并及时组织实施，加大监督检查力度，认真做好抗震救灾资金物资管理和灾后重建的监督检查，确保玉树灾后恢复重建工作廉洁、有序、高效。

5月4日，省纪检监察玉树抗震救灾现场指挥小组在玉树州纪委监察局帐篷办公室召开会议，省纪委常委、省监察厅副厅长、省抗震救灾资金物资监督检查领导小组办公室主任娄海青组织学习中共中央、国务院、中纪委和省委、省政府、省纪委对抗震救灾工作做出的一系列决策部署，学习民政、财政、审计等部门出台的有关资金物资监督管理办法，并就加强资金物资监督检查工作做出部署，要求明确任务，落实责任；完善制度，强化监督；严明纪律，狠抓落实；整合力量，加强协作。

二、监管办法

4月16日，省玉树抗震救灾指挥部出台《青海玉树地震抗震救灾捐赠资金使用管理监督办法》，规定灾区政府负责项目的规划、选址、招标、组织施工、质量监督、资金监管和监督检查等事宜，并定期向省民政厅、红十字会、慈善总会等提供项目进展情况；省民政厅、红十字会、慈善总会等机构作为捐赠者代表，参与有关项目全过程监督检查，负责公示使用捐赠资金项目执行情况，并向上级拨款单位反馈相关信息；有关部门和机构按照中央抗震救灾资金物资监督检查领导小组的统一部署，加强对捐赠资金管理使用的监管，主动配合纪检监察、财政、审计等部门对资金管理使用情况的监督检查。

4月18日，省玉树抗震救灾指挥部增设组织纪检组和审计组，启动对救灾款物的审计及监督检查工作，要求各部门自觉接受纪检监察和审计部门的监督检查，对于私自接收救灾物资、捐赠款，并擅自发放、挪用的单位和个人，按有关规定给予党纪政纪处分，情节严重者，依法处理。

4月20日，省玉树抗震救灾指挥部制定下发《关于全面加强捐款捐物审计监察监督的通知》，加强对玉树灾区抗震救灾资金物资的监察监督，确保救灾资金物资及时送到灾区最需要的地方，确保抗震救灾工作顺利进行。各地、各单位全面贯彻落实省财政厅《青海省玉树抗震救灾捐赠资金管理办法》和省民政厅《青海省玉树抗震救灾捐赠物资管理办法》，做好捐赠资金、物资登记、发放等各项管理工作。审计部门侧重账目审计，监察部门侧重程序监督，两部门组成联合工作组进行工作。玉树现场指挥部增设审计组，由审计厅负责设立，按现场指挥部要求开展工作。审计、监察部门从资金物资接收源头介入，立即开展工作，每两日向指挥部专报一次审计、监察监督结果。

4 月 21 日，省玉树抗震救灾指挥部发出通知，宣布成立青海省抗震救灾资金物资监督检查领导小组，省委常委、省纪委书记仁青加任组长。领导小组办公室设在省监察厅，其职责是加强对中央关于青海玉树抗震救灾决策部署贯彻落实情况的监督检查和对抗震救灾资金物资管理使用情况的监督检查，建立健全监督检查体系，及时做好与相关部门的协调，牵头负责抗震救灾资金物资监督检查情况新闻发布会、信息公开工作和情况通报会的筹备事宜。领导小组各成员单位的主要职责：省监察厅负责对抗震救灾款物管理使用情况的监督检查，省民政厅负责对灾区群众生活救助专项资金物资管理使用情况的监管，省财政厅按照财政专项资金管理使用办法的规定及时足额拨付专项资金到位，省审计厅负责对财政专项资金和社会捐赠款物的全过程跟踪审计，省政府督查室负责中共中央、国务院、省委、省政府对抗震救灾工作的重要部署和指示精神贯彻落实情况的督促检查，财政部驻青专员办负责监督检查中央财政下拨的前期专项资金及后续资金的管理使用情况。通知还对梳理规章制度，创新监管机制，完善监管办法，建立健全抗震救灾资金和物资管理的规章制度，对抗震救灾款物接受、分配、拨付、发放、使用和公示等环节公开透明度，以及违纪违法行为处理等具体问题提出明确要求。

5 月 31 日，青海省玉树抗震救灾指挥部向省民政厅、省财政厅、省外事办，省红十字会、省慈善总会和玉树州抗震救灾指挥部下发《关于做好玉树地震抗震救灾捐赠款物统计工作的通知》，明确省民政厅负责全省救灾捐赠款物统计汇总，省财政厅、省外事办、省红十字会、省慈善总会，玉树州抗震救灾指挥部配合支持做好统计汇总工作；省财政厅负责统计上报接收捐赠资金数据（包括直接接收和汇入财政专户资金）及捐赠款支付数据，省外事办、省红十字会、省慈善总会负责统计汇总全省本系统接收捐赠物资和资金（不包括已汇入财政专户资金）；玉树州抗震救灾指挥部负责统计汇总直接接收捐赠资金和物资（不包括接收省民政厅、省外事办、省红十字会、省慈善总会调运的捐赠物资和省财政下拨的捐赠资金）。

三、督促检查

4 月 17 日，省玉树抗震救灾指挥部从省委督查室、省监察厅分别抽调 2 名、4 名工作人员与省政府督查室联合组成指挥部督查室，加强抗震救灾工作的督查督办力量，负责指挥部工作部署的跟踪督查落实。

4 月 18 日，骆惠宁在玉树灾区安排部署工作时强调，抗震救灾资金物资的接收、分配信息必须公开、公正、透明，要迅速开展对救灾物资款项的审计工作。

4月22日，仁青加主持召开省抗震救灾资金物资监督检查领导小组第一次会议，学习传达中央纪委、中央抗震救灾资金物资监督检查领导小组《关于认真做好青海玉树抗震救灾监督检查工作的通知》精神。省财政厅、审计厅、民政厅、省政府督查室、财政部驻青海专员办分别汇报各自抗震救灾工作开展的情况和存在的主要问题。会议要求：统一管理、分配和使用抗震救灾捐赠资金；玉树抗震救灾物资必须由省政府采购中心按程序统一采购；救灾资金物资的发放一定要公开、公平、公正、透明；审计监察部门要全过程监督检查抗震救灾资金划转专户、抗震救灾物资采购、抗震救灾资金物资发放工作，对发现的违法违纪问题要严肃查处，确保省委、省政府抗震救灾政令畅通。省抗震救灾资金物资监督检查领导小组各成员单位密切注意抗震救灾工作中出现的倾向性、苗头性问题，畅通信息渠道，力求把问题解决在萌芽状态，在监督检查工作注意统筹兼顾，合理分工，科学安排，确保实效，保证玉树抗震救灾各项工作顺利开展。

4月29—30日，省抗震救灾资金物资监督检查领导小组前往省救灾物资储备中心接收站、西宁火车站救灾物资接收转运点、海南州共和县尕海滩军地地面物资导运中心检查救灾捐赠物资接收、管理、发放工作和救灾物资接收转运情况。通过实地检查，监督检查组认为各站（点）能够按照省玉树抗震救灾指挥部的统一安排部署、统一调度，充实人员、集结力量，将各种急需物品及时、有序运往灾区，并加强对灾区暂时不需要物品的管理，做到救灾物资账目清楚，为省委、省政府决策提供准确信息。

5月2日，省抗震救灾资金物资监督检查领导小组第二检查组，对省妇联玉树地震接收到各地捐赠物资及资金管理情况进行检查，给予省妇联资金物资接收规范、清单明晰、上缴及时、发放有序的工作以充分肯定。同日，省、州纪检监察机关抗震救灾资金物资综合检查组和干部纪律作风检查组，对玉树州抗震救灾资金物资接收发放和干部在岗履职情况进行监督检查。检查组深入25个救灾资金物资发放点，对32个受灾行政村资金物资发放以及干部在岗履职情况进行监督检查，通过对40余名州、县、乡联点干部和部分群众谈话了解，发现各点仍存在物资发放不均匀、部分帐篷不配套、物资发放台账不健全、手续不完备、管理不严格、部分片区驻点干部在岗率不高等问题。针对存在问题，工作组及时向有关部门提出整改建议，要求进一步完善制度，规范工作程序，加大整改力度。

5月4日，仁青加在玉树抗震救灾指挥部主持召开省、州、县抗震救灾资金物资监督检查领导小组联席会议。会议决定，进一步健全组织机构，完善运行机制，明确职责任务；健全完善制度，确保资金物资的使用发放公开透明；加强监督检查，广泛接受社会监督。要求各级领导干部坚持深入群众、深入一线，深入犄角旮旯，查看实情、了解民意，掌握第一手资料，及时发现问题，从群众中找到解决问题的有效办法和手段。5月7日，省抗震救灾资金物资监督检查领导小组第二检查组到省农牧厅检查玉树抗震救灾领导机构和监督机构建立，物资捐赠、调运、发放和库存物资账目，捐赠资金按规定上缴财政专户及下拨的资金到位等情况。10日，青海省监察厅与省政府督查室、省委督查室组成的玉树抗震救灾指挥部联合督查室围绕指挥部部署的伤员救治、遗体处理、卫生防疫、物资调运、食品采购、道路疏通、宣传报道、款物监管、灾害评估、灾后重建、文物保护、金融服务、建材采购等方面工作，拟订紧急督查方案，下发督办通知，通过实地督查、跟踪督查、明察暗访、电话督查、当面约谈等方式开展全面、深入的督查工作。督查中突出重点，把握关键环节，掌握落实情况，注重调查研究。玉树抗震救灾期间，省纪委、监察厅先后组织10批抗震救灾工作组，长期轮流驻守灾区，履行监督检查职责，督促解决问题，及时查处违规违纪问题。

4月25日下午，仁青加召集省财政厅、民政厅、发展改革委、审计厅、财政专员办负责人，向中央检查组汇报青海省抗震救灾资金物资监督管理及灾后重建情况。仁青加强调，对中央抗震救灾资金物资监督检查组提出的意见和建议，各与会单位要认真研究，尽快采取各种措施加以解决，让中央放心、群众满意。

5月，省抗震救灾资金物资监督检查领导小组办公室两个专项检查组，对省人大办公厅、省经委、发展改革委、国土资源厅、交通厅、住房城乡建设厅、民政厅、商务厅、卫生厅、旅游局、质监局、水利厅、文化新闻出版厅、扶贫开发局等36个相关单位资金物资上缴管理情况进行专项检查。通过检查，检查组认为，各被检查单位抗震救灾资金物资管理到位，工作扎实，资金上缴及时，物资接受有序，各单位均指定专人负责捐款捐物工作，建立捐赠资金物资专门台账，制定及时核销办法，确保票款与物资相符；严格按照省抗震救灾指挥部和省财政厅的要求，在规定的时限内，将接受捐赠资金全部缴入抗震救灾捐赠资金专户；对救灾资金物资的接受、转拨情况，进行适时公布，设立举报电话，接受社会监督；深入调研，及早谋划，积极参与灾后重建工作。但也发现一些问题，主要是个别单位接受的捐赠款向财政厅专户缴纳不够及时；部分物资分类不细，食品饮品有积压现象；一些医用物资没有做到归口管理；个别储备物资仓库存在安全设施不足、防火设备缺乏等问题。

四、情况通报

4月18日，青海省玉树抗震救灾指挥部新闻中心召开第十一次发布会，首次通报监察部门开展对玉树地震抗震救灾捐赠资金管理、使用和有关部门履职的专项检查情况。

4月28日上午，省抗震救灾资金物资监督检查领导小组召开新闻通报会，省民政厅、财政厅、审计厅分别通报抗震救灾物资、资金筹集、采购、管理、分配、拨付、发放、使用以及监督检查情况。民政厅通报，至25日，全省累计接收民政部调拨物资和社会各界捐赠物资共26大类100多个品种，接收捐赠物资折价43984.7万元；累计向玉树灾区调拨救灾物资25类97种，折价38864.7万元。各有关方面已累计支出抗震救灾资金12.84亿元（含垫支）。财政厅通报，从14日开始，财政厅紧急下发捐赠资金、专项资金、票据使用管理、应急采购和内部流程等制度，对捐赠资金的接受管理、上报统计、上缴财政专户统一管理、资金的分配使用原则和程序，以及强化捐赠资金的监督管理都做出明确规定；按照“专户管理、统一调配、统筹使用”的原则，对捐赠资金实行财政专户存储、专账管理、专人负责；接收捐赠资金和使用情况向媒体公布，协同监察、审计等部门跟踪检查捐赠资金的管理使用情况。审计厅通报，在跟踪审计中各审计组未发现在救灾资金和物资的接收、拨付、管理等环节中存在违法违纪的情况。省纪委监察厅通报，在加强抗震救灾决策部署落实情况和资金物资管理使用情况监督检查的同时，对 40 多个州直机关、玉树县所属 10 个乡镇及 19 个地震救灾片区干部作风和工作纪律等情况进行监督检查。在新闻通报会上，省抗震救灾资金物资监督检查领导小组又公布两部举报电话，分别设在省监察厅举报中心和省抗震救灾资金物资监督检查领导小组办公室，接受社会各界监督。

5 月 6 日，青海省抗震救灾资金物资监督检查领导小组办公室召开监督检查工作专题汇报会，会议通报检查中发现的问题，研究部署监督检查工作。18 日，召开省直单位开展资金物资管理专项检查情况通报会。

第四节　纪检监察监管

一、中纪委、监察部监管

4 月中旬，贺国强在四川考察时强调，各级纪检监察机关和广大纪检监察干部迅速行动起来，积极投身青海玉树抗震救灾，配合有关方面做好抗震救灾资金、物资的接收、管理、分发以及监督检查工作，为夺取抗震救灾斗争胜利提供纪律保证做出应有贡献。

从 4 月 15 日起，中纪委、监察部陆续下发文件，明确抗震救灾资金物资监督检查的要求、内容、程序、纪律、方法和策略等。这些文件有:《关于严明纪律保证青海玉树抗震救灾工作顺利进行的通知》《关于印发贺国强何勇同志在中央抗震救灾资金物资监督检查领导小组会议上的讲话的通知》《关于认真做好青海玉树抗震救灾监督检查工作的通知》《关于印发贺国强同志在灾后恢复重建和中央扩大内需促进经济增长政策落实监督检查工作汇报会上的讲话的通知》《关于印发贺国强何勇同志在青海玉树地震灾后安置、恢复重建暨监督检查工作汇报会上的讲话的通知》《何勇在中央抗震救灾资金物资监督检查领导小组会议上的讲话》等。

4 月 16 日，中纪委、监察部发出通知，要求各级纪检监察机关坚决贯彻落实中央关于抗震救灾决策部署，在各级党委、政府的统一领导下，深入开展监督检查，严肃党纪政纪，保证抗震救灾工作顺利进行。中央纪委监察部强调，切实加强监督检查，保证中央抗震救灾各项决策部署的贯彻落实，防止抗震救灾资金物资管理使用过程中出现违纪违法行为，切实加强对抗震救灾拨付资金、捐助款物管理、使用情况的监督检查，确保及时发放到灾区和受灾群众手中。对贯彻落实中央决策部署行动迟缓、措施不力、造成严重后果的，对敷衍塞责、玩忽职守、失职渎职、临危退缩的，坚决按照党纪政纪严肃处理；对贪污私分、虚报冒领、截留克扣、挤占挪用抗震救灾资金物资的，快查严办重处，发现一起迅即严厉查处一起，以严明的纪律保证抗震救灾工作科学、有序、统一进行。

5月24—26日，王伟率中纪委、监察部、民政部、财政部、审计署组成的中央抗震救灾监督检查组，对青海省玉树抗震救灾资金物资管理及灾后重建工作开展情况现场进行指导、检查和调研，对基层单位工作人员的工作给予充分肯定。

5月7日，贺国强在《青海省纪检监察机关抗震救灾工作情况汇报》上做出重要批示：玉树地震发生后，青海省各级纪检监察机关和广大纪检监察干部，按照中央的要求和省委、省政府的统一部署，一方面迅即投入抗震救灾斗争，一方面认真履行监督检查工作职责，为抗震救灾工作的顺利进行发挥了积极作用，特向同志们表示诚挚的慰问！希望在下阶段的抗震救灾和灾后恢复重建工作中再立新功，同时要注意保障自身的身体健康。中纪委副书记李玉赋，中纪委常委、秘书长吴玉良等对落实国强书记批示提出要求，有关部门进一步做好支持配合青海省纪检监察机关抗震救灾的各项工作。

二、青海省纪检监察监管

4月16日，省纪委、监察厅向玉树州委、州政府，各州、市、地纪委、监察局，省民政厅、财政厅、审计厅，省直有关单位纪委，省纪委各派驻纪检组，发出《关于加强对抗震救灾资金物资监管的通知》，对抗震救灾资金物资的使用和管理提出具体要求。通知要求以召开新闻通报会的方式，向社会公开举报电话、网络举报以及群众来信的受理方式；制定抗震救灾信访举报工作流程，规范受理、审批、办理、督查、审核等程序，保证群众反映的问题得到及时、有效处理；严格执行岗位责任制，明确要求信访举报工作人员必须严格执行“五严守、五禁止”，认真履行职责，凡是涉及救灾物资、资金管理、发放，灾区重建、受灾群众安置、干部作风等抗震救灾的信访举报，必须做到“快呈、快办、快结”；加强督查督办，对本级承办的信访举报要明确分工、责任到人，坚持做到“谁主管、谁办理、谁负责”，对转交下级办理的，加强跟踪监管和督查督办，指导督促下级机关切实解决。同时强调，建立健全抗震救灾资金和物资管理的规章制度；确保救灾款物合理使用和规范募集；提高救灾款物管理使用效益和公开透明度；强化对救灾款物的跟踪审计监督；加强对救灾款物管理使用情况的纪律检查。同日，省纪委办公厅给玉树州纪委、监察局转发中共青海省委保密委员会印发的《关于加强抗震救灾工作中保密管理的通知》，要求玉树州纪委、监察局结合全州纪检监察系统抗震救灾工作，认真学习和落实通知要求，加强对全州纪检监察保密工作的领导，做好涉密文件的清理和保管，做好涉密人员、涉密载体、涉密设备的管理，严防在工作中发生泄密事件。

4月17日，省玉树抗震救灾指挥部成立组织纪检组，由张玉娥带队赶赴玉树灾区开展工作。19日凌晨2点，张玉娥一行到达玉树灾区连夜在玉树州纪委监察局办公帐篷召开紧急会议，部署抗震救灾工作，传达中纪委《关于严明纪律保证青海玉树抗震救灾工作顺利进行的通知》和青海省纪委《关于加强对抗震救灾资金物资监管的通知》精神，要求纪检监察干部在大灾面前要按照组织的要求和群众的期望，认真履行职责，全力投入抗震救灾工作。会议要求加大对中共中央、国务院以及省抗震救灾指挥部、省委、省政府制定的各项方针、政策贯彻执行情况的监督检查，确保政令畅通；加强对抗震救灾物资款项管理使用的监督检查，督促有关部门强化对救灾物资的科学管理使用，在物资发放上要做到公开、公平、公正，确保救灾物资真正用于灾区，用于解决受灾群众的实际困难上；强化对党员干部作风的教育和监督，引导各级党员干部遵守“四大纪律八项要求”（党的政治纪律、组织纪律、经济工作纪律和群众工作纪律。要同党中央保持高度一致，不阳奉阴违、自行其是；要遵守民主集中制，不独断专行、软弱放任；要依法行使权力，不滥用职权、玩忽职守；要廉洁奉公，不接受任何影响公正执行公务的利益；要管好配偶、子女和身边工作人员，不允许他们利用本人的影响谋取私利；要公道正派用人，不任人唯亲、营私舞弊；要艰苦奋斗，不奢侈浪费、贪图享受；要务实为民，不弄虚作假、与民争利），迎难而上，不畏艰难，不怕疲劳，与灾区群众一同战胜灾难，确保抗震救灾工作扎实推进；严查抗震救灾工作中的违纪违法行为等 4 项工作做出重点部署。会议强调，对在抗震救灾工作中，不执行工作纪律缺岗离岗的，不认真履行职责敷衍塞责的，贪生怕死临阵退逃的党员干部要严肃处理，对私分、贪污、挪用、侵占救灾款物的行为要严惩不贷。

4 月 20 日，省纪委、监察厅下发《玉树抗震救灾物资紧急采购有关事宜的通知》，确定玉树抗震救灾物资采购责任归口单位，对青海省抗震救灾物资采购工作提出明确要求。各相关单位坚决贯彻落实省委、省政府的工作部署，按照职责分工，加强协调配合；省政府采购中心积极配合有关单位实施紧急采购任务，在保证物资质量和交付时间的前提下，以不高于市场平均价进行采购；各级财政、监察、审计等部门根据各自职责，加强对紧急物资采购活动的监督管理和检查。21 日，张玉娥带领检查组到玉树县下拉秀镇、小苏莽乡和结古镇等 4 个乡镇抗震救灾工作联系点，检查指导各乡镇抗震救灾联系点基层党组织建设、党员干部履行职责以及救灾物资管理分配情况，并对各乡镇抗震救灾工作提出具体要求。在抗震救灾物资的发放过程中，灾区各乡镇从应急发放状态到有序发放状态，公开每一笔救灾款物发放情况，做到账目清楚、手续完备、群众知情满意。同时特别关注孤寡老人、五保户、妇幼孤儿等弱势群体，尽力解决好这部分群众的实际困难。

4 月 22 日，仁青加在全省“抓作风建设、促工作落实”主题实践活动动员大会上强调，以严明的纪律，确保省委、省政府抗震救灾的政令畅通；以良好的作风，落实省委、省政府抗震救灾各项决策部署，确保玉树抗震救灾工作的顺利进行；以严格的监督检查，确保抗震救灾资金和物资的安全；统筹兼顾，合理分工，科学安排，确保做好各项本职工作。仁青加要求，在关键时刻把党性原则放在首位，树立严明的政治意识、大局意识和纪律意识，自觉服从和服务于玉树抗震救灾的大局，严格执行省委、省政府抗震救灾的各项决策部署和命令，坚决防止有令不行、有禁不止，擅离岗位、玩忽职守等现象发生。各级监督部门要认真履行监督职责，从公平、公正、公开、透明入手，迅速建立健全抗震救灾资金和物资监管制度，严格规范资金和物资接收和使用程序，做到统一管理、统一调配、统一使用，坚决防止抗震救灾资金和物资被截留挪用、贪污侵占、随意分配、优亲厚友、损失浪费、弄虚作假、滞留克扣等现象发生，严厉查处抗震救灾资金和物资上的违纪违法行为。

省抗震救灾资金物资监督检查领导小组当日召开第一次会议，提出五个方面工作要求：统一管理、分配和使用抗震救灾捐赠资金；由省政府采购中心按程序统一采购玉树抗震救灾物资；救灾资金物资的发放公开、公平、公正、透明，审计监察部门全过程监督检查抗震救灾资金划转专户、抗震救灾物资采购、抗震救灾资金物资发放工作，对发现的违法违纪问题要严肃查处，确保省委、省政府抗震救灾的政令畅通；省抗震救灾资金物资监督检查领导小组各成员单位密切注意抗震救灾工作中出现的倾向性、苗头性问题，畅通信息渠道，力求把问题解决在萌芽状态；监督检查工作要注意统筹兼顾，合理分工，科学安排，确保实效，保证玉树抗震救灾各项工作顺利开展。会后，省玉树抗震救灾指挥部组织纪检组、省州纪检监察监督检查工作组深入灾区村社、敬老院现场了解、监督救灾物资发放情况。

4 月 23 日，省纪委和玉树州、玉树县纪委工作人员到玉树县禅古村和甘达村，现场监督检查县纪委、县民政局向遇难者家属发放灾区遇难人员抚慰金和困难群众补助款物情况。25 日，到 19 个抗震救灾片区及玉树县所属 10 个乡镇，对各级干部工作作风和工作纪律开展监督检查，到玉树县敬老院，现场监督玉树县“四金”发放组发放“三孤”人员生活补助金工作。

4 月 28 日，省纪委办公厅，对纪检监察严肃信访纪律问题提出具体要求。要求信访工作人员严格执行政治纪律和工作纪律，增强大局意识和责任意识，严守办案纪律、保密纪律，对因工作不力、处置不当、不作为等造成严重后果的，要严肃追究有关人员的责任。同时，青海省成立省直抗震救灾资金物资审计监察指导组和玉树灾区现场抗震救灾资金物资审计监察指导组，指导组成员分别由省纪委监察厅、审计厅以及玉树州纪委监察局、玉树县纪委监察局有关人员组成。当日，由省纪委副书记、省监察厅副厅长党少云主持召开青海省抗震救灾资金物资监督检查领导小组新闻通报会。青海日报社、新华社青海分社、《人民日报》驻青海记者站等 14 家省垣和中央驻青海新闻单位参加新闻通报会。会上，省民政厅通报抗震救灾物资接收、管理及调运、发放情况，省纪委监察厅介绍玉树抗震救灾以来开展监督检查工作的情况。29 日，仁青加到玉树县结古镇红卫村、西杭片区检查指导基层党组织建设和救灾物资资金发放情况。

省纪委办公厅于 5 月 1 日印发《青海省纪委监察厅机关抗震救灾信访举报工作及办理流程》，规范抗震救灾信访举报受理，妥善解决群众信访反映问题，促进抗震救灾监督管理工作。2—3 日，省纪委赴玉树地震灾区工作组深入玉树州称多县查看“四项资金”（遇难人员抚慰金、转移补助金、困难群众生活补助金、“三孤”人员生活补助金）发放点资金发放和县民政部门发放物资情况，了解掌握干部作风及上岗情况，并深入称多县受灾严重的部分村社，走村串户，与受灾群众亲切交谈，调查了解群众生活中存在的困难和问题。工作组还到结古镇甘达村第一希望小学和甘达村社区党支部调查了解抗震救灾物资到位、基层组织建设、党员干部作风建设等情况。

5 月 4 日，省纪检委抗震救灾资金物资专项检查组第一检查组组长梁青芳、省纪委常委黄幼良、省纪委监察厅监察综合室副主任司文钰、青海省交通职业学院副院长、省监察厅特邀监察员等人到省慈善总会借用仓库（丁香集团）检查。省纪检监察玉树抗震救灾现场指挥小组在玉树州纪委监察局帐篷办公室召开会议，进一步部署加强资金物资监督检查工作。

5月5日，仁青加赴北京向中纪委专题汇报玉树抗震救灾资金物资监督检查情况。7日，省监察厅抗震救灾资金物资监督检查工作组到农牧厅开展督查检查。同时，省纪委、监察厅赴玉树抗震救灾工作组前往杂多、曲麻莱、治多3个县驻结古镇赛马场受灾群众安置点及扎西科受灾群众安置点，对救灾物资和四项补助发放以及干部履行职责等情况进行检查。杂多县为做好救灾物资资金发放监管工作，县纪委监察局及时抽调县、乡、镇18名纪检监察干部组成监督领导小组，并在9个帐篷工作点上设立监督小组，现场对物资资金发放监督检查。对受灾群众反映的物资发放中存在的问题，及时调查处理。县纪委监察局先后召开各类座谈会议19次，统一干部思想认识，加大受理信访举报工作力度，并对工作拖拉懈怠的干部实施诫勉谈话。曲麻莱、治多县成立物资资金发放监督检查小组，实施全程监督，并对发放的每一笔物资建立清晰的接收发放台账，确保各项物资资金及时足额发放到受灾群众手中。工作组在扎西科受灾群众安置点了解到，受灾初期，扎西科受灾群众安置点将本地户籍人口和外来人员全部纳入救灾物资发放范围，及时稳定受灾群众的情绪，同时逐步健全物资资金登记签押手续，救灾物资资金发放规范有序。

5月9日，省、玉树州纪检监察机关抗震救灾资金物资综合检查组和干部纪律作风检查组对全州抗震救灾资金物资接收发放和干部在岗履职情况进行监督检查。检查组深入25个救灾资金物资发放点，对32个受灾行政村资金物资发放以及干部在岗履职情况进行监督检查，通过对40余名州、县、乡联点干部和部分群众谈话了解，发现各点仍存在物资发放不均匀、部分帐篷不配套、物资发放台账不健全、手续不完备、管理不严格、部分片区驻点干部在岗率不高等问题。针对存在的问题，工作组及时向有关部门提出整改建议，要求强化监督，狠抓整改，完善制度，规范工作程序，加大整改力度。

5月11日，省纪委监察厅赴玉树工作组前往玉树县结古镇红卫村、下拉秀镇受灾群众安置点对救灾物资和“四项补助”发放情况进行检查。20日，张玉娥、省民政厅纪检组组长辛有昌等对省慈善总会抗震救灾物资仓库管理及物资调运等情况进行检查。

三、玉树州纪检监察监管

4月19日，玉树州委、州政府提出严明工作纪律，切实对抗震救灾物资加强管理的要求，明确抗震救灾物资实行统一接受、管理和分发；各类救灾捐赠资金由玉树州抗震救灾捐赠处统一接收、登记和管理，其他单位和部门不得自行接受、使用；各部门、各单位负责做好本部门、本单位安全保卫、财务管护等工作。当日，玉树州纪委、州监察局向各县纪委、监察局，州委各部门，州直各机关单位党组（委）、各人民团体党组、省驻州各单位党组（委）纪委（纪检组），州直属机关纪委，州纪委各派驻纪检监察组，发出《关于严明纪律保证玉树抗震救灾工作顺利进行》的通知，要求以高度的政治责任感，积极投身抗震救灾工作；切实加强监督检查，保证中央和省、州委抗震救灾各项决策部署贯彻落实；严肃党纪政纪，确保抗震救灾工作顺利进行。

4月21日，州纪委监察局下发通知，要求各级党组织和党员干部严明纪律，保证抗震救灾工作顺利进行，各有关职能部门要强化抗灾款物的监管，确保抗震救灾工作顺利进行；各级纪检监察机关要强化监督检查，全力保障救灾工作的正常开展。

4 月 24 日，州纪委监察局成立干部队伍纪律作风检查组，开展对抗震救灾期间党员干部在岗及履行职责情况的监督检查，并不定期发出监督检查通报。26 日，州纪检监察部门组织召开县、乡镇党委书记、村（牧委会、社区）党支部书记座谈会，强调纪检监察部门继续分组深入乡村、帐篷社区，指导基层党组织建设，对救灾物资、资金发放和干部遵守纪律等情况进行监督检查。

当日，州监察局向各县政府、监察局，州统计局、民政局、公安局、建设局、发展改革委发出《关于加强灾情统计数据监管工作的通知》。文件指出，根据《统计法》规定，各相关部门上报的数据必须报送州统计局，由州统计局统一审核认定后报抗震救灾指挥部；受灾人数和物资接收、发放情况的统计，由各县民政局整理上报州民政局，州民政局审核后报州统计局；死亡、失踪人数的统计，按照户籍管理规定，由各县公安局整理上报州公安局，州公安局审核后报州统计局；房屋受损情况的统计，由各县城建局整理上报州城建局，州城建局审核后报州统计局。房屋之外其他财产受损情况的统计，由各县财政局整理上报州财政局，州财政局审核后报州统计局；州县审计局负责对所上报的数据进行审计监督；州、县监察局负责对所上报的数据进行监督检查；统计数据必须由各主管部门负责人认真把关，签字盖章后方可上报；统计数据一天一报，每天 17 时前上报统计数据，如数据未发生变化当天做零数据上报，汇总数据可报前一天数据。

5 月 6 日，州纪委、州监察局印发《关于进一步强化有序管理严肃工作纪律，确保抗震救灾和恢复重建工作顺利进行的通知》，要求各地区、各部门进一步规范资金物资发放的范围、标准以及发放的程序，做到有章可循、规范有序。

5 月 8 日，州纪委、州委组织部发出《关于进一步发挥党员干部先锋模范作用的通知》，要求党员干部特别是领导干部务必带头遵守政治纪律；带头抵制谣言，积极宣传中共中央、国务院，省委、省政府的抗震救灾方针政策；带头严格遵守抗震救灾物资资金发放规定，不虚报冒领救灾物资，不与民争利；积极配合机关单位房屋废墟清理工作，做好档案材料及办公设施的抢救及保管。对党员干部特别是领导干部违反规定、不顾大局，造成不良影响和严重后果的，将严格按照党纪政纪严肃处理。

5 月 19 日，州抗震救灾资金物资监督检查领导小组召开成员单位负责人会议，听取州监察局、财政局、民政局、审计局及玉树县监察局抗震救灾资金物资监督检查工作情况的汇报，同时明确各成员单位的工作职责，研究讨论抗震救灾资金物资监督检查工作方案，要求对抗震救灾工作中存在的诸如物资品种、数量对不上、不配套的问题，救灾物资资金发放不公开的问题，四项补助重登或多发等问题，坚持现场发现，现场纠正，确保督促整改到位。对于发现的重大问题，要及时向领导小组反馈。各单位充分认识对抗震救灾资金物资管理、使用情况进行监督检查的重要意义，切实增强做好监督检查工作的责任感和使命感，加强组织领导，发挥各职能部门的作用，明确工作重点，集中精力开展监督检查，同时高度重视抓好干部作风建设，加大在抗震救灾工作中违纪违法案件的查办力度，增强对违纪行为的震慑力，确保抗震救灾工作扎实有效推进。

5 月 23 日，州监察局、州民政局印发《关于对受灾群众登记和救灾补助资金发放情况进行认真核实的紧急通知》，要求各县充分认识救灾资金监管的重要性，切实管好用好各项救灾资金；认真核实受灾群众登记和四项补助资金发放情况，坚决杜绝多领、冒领、重领等问题；进一步完善救灾资金物资分配、拨付、发放、使用、管理等环节的各项制度，保证救灾资金物资安全使用。要求各级纪检监察机关认真履行职责，及时了解、细致检查救灾资金物资管理使用情况，对不如实上报情况的人员和领导追究相关责任；对贪污私分、虚报冒领、截留克扣、挤占挪用救灾款物等行为，迅速查办，从重处理；对失职渎职、疏于管理，迟滞拨付救灾款物、纵容和许可他人虚报冒领救灾资金物资行为或致使救灾物资严重毁损浪费行为，严肃追究有关人员的直接责任和领导责任，触犯法律的，移送司法机关追究法律责任。

6 月 19 日，州监察局、州审计局、州民政局印发《关于对四项补助资金管理发放情况进行检查的通知》。要求各地区、各单位认真抓好四项补助资金的管理发放工作，切实防止错登、漏登和重复登记现象发生，核减受灾期间不在玉树的不应享受紧急转移补助人员，确保补助资金逐户足额发放到位。

第五节　审计监督

一、国家审计署审计

（一）协调指导

玉树发生地震以后，审计署先后致函青海省委、省政府，青海省审计厅、玉树州和玉树县审计机关，在慰问灾区人民群众和审计干部职工的同时，要求根据实际情况，及早部署审计工作，努力做好抗震救灾资金和物资管理使用情况的审计监督。审计署社保司、投资司、成都办、兰州办的领导专程到青海赴玉树现场指导审计工作。4 月 15 日，在汶川灾区指导检查灾后恢复重建跟踪审计的刘家义，迅速部署对青海玉树地震灾区审计机关抗震救灾的支援和对救灾款物跟踪审计的协调指导工作。16 日，党组副书记、副审计长令狐安组织办公厅、社会保障审计司、投资审计司、机关党委召开专题会议，专门听取抗震救灾款物审计工作准备情况汇报，部署跟踪审计的协调指导工作。17 日，刘家义乘飞机赶赴玉树灾区，看望慰问奋战在抗震救灾一线的玉树州审计干部，并就抗震救灾中的审计工作提出具体要求。

（二）工作部署

4 月 16 日，审计署会议决定成立救灾款物跟踪审计协调指导小组。同时发出《关于做好青海玉树地震抗震救灾资金和物资跟踪审计的通知》，要求各级审计机关切实提高对抗震救灾审计工作重要性的认识，将救灾资金和物资审计作为当前最重要、最紧迫的任务，在审计署的统一领导下，以对党、对国家、对人民和对历史高度负责的精神，克服一切困难，及时跟进，全程监督，全力以赴做好跟踪审计。通过审计，促进救灾资金和物资按要求及时到位、有效监管、规范使用，不出重大问题，给党和人民交一本放心账、明白账。在跟踪审计中，既要全面审计，更要突出重点，尤其加强对接受来自各方面、各渠道的资金和重要、大件、大宗物资的审计监督，保障救灾资金、物资专项用于灾区和受灾群众。加强救灾资金和物资拨付情况审计，促进救灾资金和物资及时、足额下拨；加强救灾资金和物资分配情况审计，促进救灾资金和物资分配的公开、公平、公正；加强救灾资金使用情况审计，促进救灾资金专款专用；加强救灾物资采购和管理情况审计，促进救灾物资规范采购和有效管理；加强社会捐赠接收、划转、管理和使用情况审计，促进完善社会捐赠管理运行机制，提高捐赠资金和物资的使用效果；严肃查处各种违法违纪行为，促进廉洁救灾。各地审计机关从本地实际出发，加强对社会捐赠及其他援助资金和物资的审计监督，确保所有救灾资金和物资安全、及时送达灾区，同时，适时向社会公告救灾资金和物资审计结果。灾区审计机关和审计人员迅速行动，积极参加抗震救灾工作，在努力完成好党委、政府交给的各项抗震救灾工作任务的同时，切实加强救灾资金和物资的审计监督，为抗震救灾工作的顺利进行提供有力保障。

4 月 17 日，刘家义在与玉树州审计干部座谈时指出，审计工作关系到党和政府在广大群众中的形象，特别是在发生重大自然灾害的情况下，每一批救助物资和资金都是中共中央、国务院和省委、省政府对灾区人民的深切关怀，也是全国所有捐助者的爱心。因此，管好用好这些物资和资金是每一个灾区审计干部神圣的职责，要确保这些物资和资金真正用到救灾工作和受灾群众身上，促进阳光救灾和廉洁救灾。由社会保障审计司及相关特派办曾参与汶川抗震救灾审计工作的业务骨干组成的审计署玉树抗震救灾资金和物资审计协调指导小组奔赴灾区，慰问灾区审计干部职工和受灾群众，开展抗震救灾专项审计业务培训；负责抗震救灾审计的指导、协调、联系和沟通，帮助灾区审计机关制定跟踪审计工作方案，推进审计工作；了解灾区审计机关在组织审计力量、审计物质条件等各方面的困难，及时沟通，为审计署组织支援提供决策参考。

4 月 22 日，审计署办公厅印发《关于玉树地震抗震救灾资金物资跟踪审计工作方案的通知》。26 日，审计署向相关单位和部门送达审计通知。同时向各省、自治区、直辖市和计划单列市、新疆生产建设兵团审计厅（局）、署机关各单位、各特派员办事处、各派出审计局发出《关于做好青海玉树地震抗震救灾资金和物资跟踪审计的通知》。要求各级审计机关和审计人员迅速行动起来，积极参加抗震救灾工作，在努力完成好党委、政府交给的各项抗震救灾工作任务的同时，切实加强救灾资金和物资的审计监督。强调各级审计机关和审计人员，提高认识，全力以赴做好救灾资金和物资审计工作；明确目标，切实履行审计监督职责；加强领导，保证审计工作有序进行；严格执行审计工作纪律。

4 月下旬起，审计署派出审计组，正式进驻民政部、中国红十字会总会（含中国红十字基金会）、中华慈善总会、中国宋庆龄基金会、中国老龄事业发展基金会、中国残疾人福利基金会、中国教育发展基金会、中华环境保护基金会、中国儿童少年基金会、中国妇女发展基金会、中国光华科技基金会、中国青少年发展基金会、中国扶贫基金会、中国绿化基金会、中国人口福利基金会、中国医药卫生事业发展基金会，对中央有关单位安排和接收的玉树地震抗震救灾资金物资的总体规模、来源渠道以及拨付、使用、管理情况进行跟踪审计。

（三）审计方案

4月22日，审计署办公厅《关于印发玉树地震抗震救灾资金物资跟踪审计工作方案的通知》，设定具体审计方案，决定对玉树抗震救灾资金物资采取审计署统一组织，全国各级审计机关共同进行跟踪审计的方式。

确定的审计目标：全面掌握玉树地震抗震救灾资金物资的总体规模、来源渠道以及拨付、使用、管理情况，促进救灾资金物资按要求及时到位、有效监管、规范使用，不出重大问题，给党和人民交一本明白账、放心账。确定的审计对象、范围及分工：审计署机关由社保司统一组织、协调和指导，并负责编写审计工作方案，办理审计通知书，汇总审计结果，撰写审计报告；财政司和发展统计审计局分别负责了解财政部、国家发展改革委投入的中央财政资金的总体规模、去向及用途；民政社保审计局负责对民政部、中国红十字会总会（含中国红十字基金会）、中华慈善总会直接接收和中央各部门、单位及地方汇缴的捐赠资金物资的规模、分配、拨付、使用等情况进行审计，同时对审计管辖的中国宋庆龄基金会等3家社会组织和公募基金会接收的捐赠资金物资的规模、分配、拨付、使用、汇缴等情况进行审计；建设审计局等5个派出审计局分别对中国儿童少年基金会等10家社会组织和公募基金会接收的捐赠资金物资的规模、分配、拨付、使用和汇缴等情况进行审计。青海省审计机关在审计署的指导下，对本省接收的中央财政资金、中央部门及社会组织拨入的捐赠资金物资，其他省份拨入的资金物资，本省投入的财政资金和直接接收的捐赠资金物资的总体情况以及采购、分配、拨付、发放、使用、管理、效果等情况进行全面审计。河北、山西等30省（自治区、直辖市）和新疆生产建设兵团审计机关负责对本地区救灾资金物资的筹集、汇缴、直接拨付灾区及使用等情况进行审计。确定的时间安排是：审计署相关业务司及派出局、各省（自治区、直辖市）和新疆生产建设兵团审计厅（局）于2010年5—7月每月5日前报送截至上月底的阶段性审计报告和报表。

（四）审计公告

5月31日，审计署发布《审计署关于玉树地震抗震救灾资金物资跟踪审计情况公告》，对截至5月20日的救灾款物审计情况第一次进行公告。

中央及青海省财政安排救灾资金审计情况：中央及青海省财政共安排抗震救灾资金9.05亿元，其中中央财政安排7.92亿元、青海省财政安排1.13亿元。用于民政救济、物资调运、卫生和基础设施抢修等方面支出3.60亿元，尚结存5.45亿元。

社会捐赠救灾款物审计情况：全国共接收捐赠款物70.44亿元（资金64.11亿元，物资折款6.33亿元），其中民政部和15个社会组织接收36.71亿元（含地方汇缴）。支出4.73亿元用于应急抢险，尚结存65.71亿元，结存的捐赠资金将按捐赠者意愿和灾后恢复重建规划安排使用。

对财政安排的抗震救灾资金和社会捐赠救灾款物的审计评价：审计结果表明，有关部门能够按照中共中央、国务院部署大力开展抗灾救灾工作，及时启动灾害应急预案，认真核查灾情，积极筹集调拨救灾款物，注意加强救灾款物管理，建立和完善相关管理制度和办法。

救灾资金拨付、使用和物资发放情况较好，在维护社会稳定、安置受灾群众生活和灾后恢复重建等方面发挥着重要作用。审计没有发现中央本级存在违纪违规问题。民政部公布的全国捐赠款物数与审计结果数存在差异，主要原因是民政部、中国红十字会总会、中华慈善总会根据“以缴代统”的要求，按实际汇缴到账的金额来统计捐款总额，公布的数据中未包含各地尚未汇缴到账的捐款数，而审计结果是按全国实际接收的捐赠数来统计的。民政部要求各地民政部门、红十字会、慈善会及时汇缴捐赠款项，捐款陆续得以汇缴。

7 月 29 日，审计署发布《对玉树地震抗震救灾资金物资跟踪审计结果的公告》。《公告》称：4 月中旬以来，审计署按照中共中央、国务院的要求，组织对民政部 3 个中央部门、15 个社会组织、31 个省（自治区、直辖市）和新疆生产建设兵团筹集、拨付、使用和管理玉树地震抗震救灾资金物资（以下简称“救灾款物”）等情况进行跟踪审计。截至 7 月 9 日，中央及青海省财政共安排抗震救灾资金 73.02 亿元，其中中央财政安排抗震救灾资金 56.87 亿元、青海省财政安排抗震救灾资金 16.15 亿元。用于抢险救灾、受灾群众过渡安置、公路等基础设施应急抢修、疫病防控等方面支出 23.90 亿元，尚结存 49.12 亿元。全国共接收捐赠款物 106.57 亿元（资金 98.11 亿元，物资折款 8.46 亿元）。其中，境内捐赠 102.85 亿元，港澳台地区捐赠 2.73 亿元，国际组织和海外华侨等国外捐赠 0.99 亿元。安排支出 8.14 亿元用于应急抢险，尚结存 98.43 亿元，按灾后恢复重建规划和捐赠者意愿安排使用。

审计结果表明，有关部门和青海省能够按照中共中央、国务院部署，及时启动灾害应急预案，认真核查灾情，积极筹集调拨救灾款物，建立和完善相关管理制度和办法。各地认真执行国务院及有关部门出台的社会捐赠款物筹集和管理使用规定，捐赠资金汇缴较为及时。救灾资金拨付、使用和物资发放情况较好，在应急抢险和灾后恢复重建等方面起到重要作用。审计相关中央部门和单位未发现重大违法违规问题，但发现部分地方未按规定及时将捐款汇缴民政部、中国红十字会总会和中华慈善总会，涉及金额 1.62 亿元。相关地方经审计机关指出后迅速整改，截至 7 月 22 日，已汇缴 1.26 亿元，剩余捐款有关地方负责抓紧汇缴。

二、青海省审计厅审计

（一）工作部署

玉树大地震发生后，省审计厅迅速召开党组会专题研究抗震救灾捐赠款物审计工作，成立省审计厅玉树抗震救灾捐赠款物审计工作领导小组，厅党组书记、厅长张国生任组长，副厅长王继卿、周文成、王新平、卫强任副组长，全面负责抗震救灾款物审计工作的组织、协调工作。领导小组下设办公室，办公室设在政策法规处，具体承办救灾捐赠款物审计的牵头和日常组织协调等工作。

4 月 15 日，省审计厅党组专题会议决定，抓紧制定《抗震救灾款物跟踪审计工作方案》，为审计工作的全面展开做好前期准备工作；组成现场审计工作指导组，由 1 名副厅长带队前往灾区，指导当地审计机关开展自救和属地管理的救灾款物审计工作；抽调审计业务骨干，组成省级管理救灾款物审计组，做好相关准备工作，随时进驻有关单位实施跟踪审计。同时，向各州（市、地）审计局，厅机关各单位、各派出审计局发出《关于开展玉树地震抗震救灾资金和物资审计工作的通知》，要求全省各级审计机关切实提高对抗震救灾审计工作重要性的认识，把抗震救灾审计作为最重要、最紧迫的任务，加强对本地区救灾款物审计工作的领导，层层负责，明确工作目标和责任，全力以赴做好救灾款物全方位、全过程跟踪审计。初期以摸清情况、促进建立健全制度、规范管理、堵塞漏洞为主，待抗震救灾步入正轨后，实施全面审计。

4 月 18 日，省审计厅派出的审计工作指导组在玉树查看、走访现场救灾款物发放情况后，召集州县两级审计人员，安排部署抗震救灾前期审计工作，要求州县审计机关、审计人员以高度的政治责任感和使命感，把握好审计重点和环节，做到关口前移、主动介入、及时跟进，坚守岗位，勤勉尽责，发挥好审计的服务保证作用，同时保持与现场指挥部、地方政府、财政、发改委、卫生、民政、红十字会、慈善总会等部门的沟通与联系，及时摸清财政专项资金和捐赠款物总体情况，全面掌握捐赠款物接受、分配、拨付、管理、发放、使用情况，做到数据准确、相互衔接，并帮助相关部门建立健全救灾款物管理制度，完善运作程序，规范发放活动，严肃查处滞拨、滞留、随意分配、优亲厚友、损失浪费、弄虚作假、截留克扣、挤占挪用、贪污私分等问题，及时分析研究工作中存在的问题，提出改进措施，健全通报制度，每 3 天向省厅综合协调组报告一次审计情况，适时通报审计结果。

4 月 20 日，省审计厅决定，从非灾区审计机关抽调责任心强、业务素质高、能适应高原气候的审计人员赴玉树灾区参加抗震救灾审计工作。次日，省审计厅增设 24 小时举报电话，并在青海审计网设立抗震救灾审计监督举报信箱，公布电子邮箱号，方便社会各界随时举报抗震救灾款物管理、使用中发现的违法违纪违规问题，及时了解玉树抗震救灾款物跟踪审计工作有关情况。

4 月 23 日，徐福顺听取省审计厅副厅长王新平对抗震救灾审计工作开展情况的汇报，充分肯定抗震救灾审计工作，并希望大家继续努力，认真履行职责，切实做好抗震救灾款物跟踪审计工作，为党和人民交一份明白账、放心账。24 日，省审计厅厅长张国生主持召开抗震救灾资金和物资审计工作研究分析会，要求各级审计机关和审计人员，转变理念，提高审计工作质量意识和质量水平，加强对捐赠资金、物资的审计，严格规范管理，突出对重要、大宗、大件物资的审计监督，查清物资的收发存情况，督促各单位建立健全台账和明细账，密切关注信访举报，严格落实 24 小时值班制度，认真接收接听信访举报电话，做到件件有回声、事事有着落。

（二）审计方案

4 月 29 日，省审计厅向各州市地审计机关和厅机关各单位、各派出审计局下发《玉树地震抗震救灾资金物资跟踪审计工作方案》（以下简称“《工作方案》”），提出“克服困难，及时跟进，全程监督，积极为全省抗震救灾工作有力有序有效开展服务”的玉树抗震救灾款物审计指导思想；明确审计的目标是全面摸清政府投入和国内外救灾捐赠款物的总体规模，来源渠道以及拨付、使用、管理情况，促进救灾资金物资按要求及时到位、有效监管、规范使用，不出重大问题，给党和人民交一本明白账、放心账；审计的范围是中央与地方各级政府投入的财政性资金，各部门、各社会组织接收的国内外捐赠款物（包括特殊党费，下同）的分配、拨付、管理和使用情况；审计的重点是摸清各地区接收、分配、拨付、管理和使用抗震救灾捐赠资金和大件、大宗、重要物资总的数量、性质、构成、去向等基本情况。《工作方案》对审计工作进行明确分工：综合审计组，负责审计省民政厅、省慈善总会、省红十字会等救灾款物接受部门对救灾款物的接收、分配、拨付、管理和使用情况，汇总并适时向社会公告审计结果；省直部门审计组，负责审计省交通厅、省卫生厅、省商务厅等重点部门救灾款物的接收、分配、拨付、管理和使用情况；玉树灾区审计指导组，负责协调指导玉树州、县审计机关开展对灾区救灾款物的接收、分配、拨付、管理和使用情况的审计。玉树州、县审计机关在省厅玉树审计指导组的协调指导下，组织全州审计机关对本地区接受的捐赠资金和物资的接收、分配、发放、管理、使用情况进行跟踪审计，重点关注捐赠资金来源、性质、规模、支出和大宗、大件、重要物资的来源、数量、接收、发放情况。未受灾地区审计机关成立相应领导机构，并抽调业务骨干组成审计组，对本地区接受救灾款物的接收、分配、拨付、管理和使用情况进行全面审计。

《工作方案》对审计程序作出具体规定：玉树地震初期，灾区审计机关要关口前移，提前介入，主动帮助相关部门在筹集、采购、分配、拨付、发放、使用救灾款物等环节上健全制度，完善手续，规范运作，堵塞漏洞，保障救灾资金专款专用、救灾物资及时有效发放。非灾区审计机关要及时跟进，全面了解和掌握本地区接收救灾款物的来源、规模、去向等情况。审计过程中要考虑抗震救灾的实际情况，突出审计工作的实效性，做到边审计、边整改、边规范、边提高，切实做到抗震救灾资金物资到达哪里，审计就跟踪到哪里，涉及哪个环节，就审计到哪个环节。对审计中发现的普遍性、倾向性、苗头性问题，及时向被审计单位提出审计建议书，督促被审计单位边审边改并适时反馈整改情况，防止问题进一步蔓延，确保救灾资金和物资不出问题、少出问题、至少不出大问题。

《工作方案》指出，“4·14”玉树地震发生后，全国各地的大量救灾资金物资集中于青海省，来源渠道多，资金规模和物资数量大，各级审计机关要明确责任，落实到人，逐级负责，层层把关，提高质量，注重加强上下级审计机关之间的协调和沟通，既全面审计更突出重点，保障救灾资金和物资专项用于灾区和受灾群众。要求各地审计机关从 5 月起于每月 2 日前将截至上月底的审计结果及情况及时上报省厅。

（三）审计实施

4 月 17 日，省审计厅玉树抗震救灾现场审计指导组一行 4 人在副厅长王新平带领下启程赶赴灾区，指导当地审计机关开展对抗震救灾相关部门、单位接收、管理、分配、拨付、使用救灾资金和物资情况的审计。18 日，省玉树抗震救灾现场指挥部挂牌成立审计组，省审计厅玉树审计指导组正式开展救灾物资发放情况的审计调查工作。在全面了解掌握救灾物资的管理、使用和发放程序后，审计组立即与省民政厅等部门沟通，帮助相关单位健全救灾物资管理制度，规范管理程序。审计组深入玉树县加吉娘、东尼格、扎西大同、巴塘乡、赛马场等受灾群众安置点和救灾资金物资发放点，核实救灾物资和受灾群众粮款补助、遇难人员抚慰金、“三孤”人员补贴、转移安置群众补助费发放情况。

审计调查结果表明：截至检查日玉树地震灾区救灾物资的管理和发放比较规范有序，尚未发现严重违规违纪问题。但也发现个别安置点发放清册中物资品种、名称不清，台账登记内容不全，凭据保管比较随意，以及在生活用品发放中，虽已经覆盖灾区大部分受灾居民及受灾农牧民，但还有部分工商经营户和部分机关干部未能得到相关补助等问题。对此，审计组发出审计建议书，建议相关部门尽快解决存在的问题，扩大发放覆盖面，做到不遗漏一户受灾群众。

审计组在调查了解省财政厅、州财政局、省民政厅、州民政局、州红十字会等部门救灾工作开展情况时，对州财政局、州红十字会接收捐赠或捐赠活动过程中存在的问题，出具审计建议书，并针对州财政局、州红十字会负责人交换意见，督促两个部门高度重视存在问题，按审计建议进行整改。19 日早晨，王新平召开现场全体审计人员会议，将参审人员分为财政、发改委综合小组，红十字会、卫生小组，民政、交通、建设小组以及后勤保障小组 4 个小组。明确工作职责，细化工作内容，提出审计规范公告的要求。抽调部分审计人员开始对财政、民政、红十字会等部门和物资发放点现场进行日常跟踪审计。对审计组人员提出积极有效履行审计法定职责，切实保障救灾款物规范运作和安全有效使用；建章立制，规范运作，立足整改，严肃查处重大违纪和违法行为，在工作中要把握总体，严谨细致，确保审计结果准确无误；分工负责，各尽其职，协调配合，发挥整体合力，建立审计责任问责追究制度等 3 个方面的具体要求。当日，省审计厅组成审计组，对省发展改革委、省交通厅、省卫生厅、省商务厅等部门救灾款物接收、分配、拨付、管理和使用情况进行跟踪审计。

4 月 22 日，玉树地震灾区突降大雪，刮起六七级大风。风雪交加、气温骤降，突如其来的风雪给灾后的玉树雪上加霜。抗震救灾现场审计人员在道路积雪、车辆无法通行的情况下，不顾恶劣天气和海拔 4000 米带来的高原反应，徒步奔赴 19 个救灾物资发放点查看救灾物资发放情况。随着大批救灾物资运抵灾区，以“三个尽快”（尽快摸清当前全省接受的救灾资金基本情况，尽快规范救灾物资管理，尽快帮助相关单位和部门制定物资管理流程）为目标，将重点放在大宗、重要物资审计方面，确保救灾物资和资金及时到位、规范管理和有效使用。审计中，发现州财政局收到省财政厅下拨的 5000 万元用于发放地震造成的“三无”困难群众临时生活补助、“三孤”人员补助、受灾群众安置转移费和地震灾害死亡人员抚慰金尚未使用，审计组立即建议当地政府责成有关部门尽快推进该项工作，按照先易后难，能够认定的及时发放补助救助金的原则，保证抗震救灾政策及时落实到位，受灾群众尽快得到救助。

4 月 24 日，省审计厅召开抗震救灾资金和物资审计工作研究分析会，听取抗震救灾审计工作领导小组办公室、西宁审计组负责人对前期抗震救灾资金和物资进行跟踪审计情况的汇报，以及西宁地区的 3 个审计小组对省民政厅、省慈善总会、省红十字会等部门接收、发放抗震救灾捐赠资金和物资，对省发展改革委、交通厅、商务厅、卫生厅等部门采购、运输抗震救灾物资进行审计的情况汇报。会议针对抗震救灾物资在收、发、存和建账登记，以及资金管理等方面存在的问题，提出整改意见及工作思路。

4月25日，王新平带领玉树抗震救灾现场审计组人员进村入户，对新寨、红卫、当代、西杭、扎西大同、民主路北6个物资发放点物资发放情况进行检查登记；对玉树县民政局、财政局发放抚慰金和救助金的情况进行现场监督和审计，详细记载截至25日的资金拨付情况：省级财政拨付抗震救灾资金8000万元，州财政拨付4800万元，民政局发放118万元。其中，发放遇难人员补助58.4万元，地震灾害生活补助55.9万元，“三无”人员临时生活救助3.7万元。审计组边向群众宣传相关政策，边详细了解情况，同时积极动员群众进行监督，对八塘草籽场困难补助和抚慰金发放情况进行现场监督，到扎西大同村对“三孤”人员补助金、困难群众生活补助金发放情况进行入户调查。27日，省审计厅副厅长卫强带领第二批审计指导组到达玉树，与前期在玉树开展工作的审计组会合，连夜召开玉树州、县审计人员参加的审计沟通会，并进行第一、二阶段跟踪审计工作交接。会上，省审计厅副厅长、玉树抗震救灾指挥部审计组组长王新平总结前期审计工作时指出，前期抗震救灾跟踪审计工作本着帮助救灾款物接收部门在接收、分配、下拨、发放上健全制度，完善手续，规范程序，立足整改，实现“廉洁救灾、阳光救灾、有序救灾”的目的，经过省、州、县三级审计人员团结协作，各救灾款物接收部门支持和配合，捐赠物资各分发点工作职责履行情况及操作程序，以及存在的薄弱环节已基本摸清，相应的制度已经建立，运作程序更趋规范。跟踪审计第二阶段的任务，重点核实社会各界捐赠物资的来源、数额、分配去向、用途和管理使用情况，进一步核实相关数据，加强省、州审计组以及与相关部门的沟通与协调，继续做好对重要、大宗、大件救灾物资的审计，做好捐赠资金审计和重大资金支出合理性、程序的合规性审计，督促“四项政策”的落实。

至4月28日，省审计厅西宁审计组完成省发展改革委、交通厅、卫生厅、商务厅、民政厅、红十字会等部门的跟踪审计工作，针对前阶段各部门在应急救灾过程中存在的不合规等问题，提出及时上划和调拨捐赠资金、规范管理以及建立健全抗震救灾资金物资台账和明细账的审计建议；对省水利厅抗震救灾工程机械设备和车辆投入、使用情况进行审计调查，对省教育厅接收的活动板房、帐篷、教学用桌椅板凳等教学设备进行登记确认，并帮助建立相关核算账目。西宁市审计局抽调业务素质强的10名人员组成审计工作组，对西宁市民政、红十字会、慈善会等相关部门有关玉树地震救灾资金和物资筹集、拨付及管理情况分阶段进行全过程跟踪审计。海南州审计局将抗震救灾款物审计作为审计工作的重中之重，抽调18名审计人员组成6个审计组，对全州抗震救灾捐赠款物情况进行跟踪审计。海北州审计局成立抗震救灾资金和物资审计领导小组，抽调审计业务骨干组成专项审计组展开工作。

4月29日，省审计厅玉树现场审计指导组召开会议，学习讨论《玉树地震抗震救灾资金物资跟踪审计工作方案》，对玉树州、县抗震救灾审计指导工作做出突出审计重点，拓展审计范围的安排，即开展对省玉树抗震救灾指挥部现场指挥点和玉树州、玉树县抗震救灾指挥部接受捐赠款物及组织部门“特殊党费”管理使用情况的审计和对抗震救灾捐赠资金的管理使用和重要、大宗、大件物资的重点审计，以及对抗震救灾相关政策落实情况的审计监督，特别是对

5 月 27 日，省审计厅副厅长王继卿（左六）主持召开现场审计指导组审计业务会议

（青海省审计厅　提供）

“三孤”人员生活补助、“三无”人员困难补助和死亡人员抚恤金发放等政策落实情况的审计监督，对救灾物资采购和管理使用情况进行监督检查，重点是非紧急采购物资采购和执行政府采购法规定情况。

4 月 30 日，省审计厅副厅长王继卿与省纪委监察厅、省民政厅相关领导对海南州共和县尕海滩军地地面物资导运中心抗震救灾捐赠物资接收、管理和发放情况进行检查，听取物资导运中心负责人的汇报，与导运中心的工作人员座谈，现场实地查看抗震救灾捐赠物资储存情况和物资收发情况。检查结果表明，物资导运中心对玉树抗震救灾物资的接收、管理和导运等工作规范有序，手续齐备，账册清晰，货物码放整齐，在抗震救灾物资接收、管理和发放方面具有表率示范作用。检查组建议导运中心对部分暂时使用不上的和个别数量饱和的捐赠物资，及时向相关部门提出合理化建议，使物资直接变现，所得资金作为救灾款，补助灾区群众生活。

5 月下旬，省审计厅玉树抗震救灾现场审计指导组一行 6 人在玉树灾区指导抗震救灾资金、物资审计工作。其间，审计组多次走访加吉娘、东尼格、扎西大同、巴塘乡、赛马场等受灾群众安置点和救灾资金物资发放点，核实救灾物资和受灾群众粮款补助、遇难人员抚慰金、“三孤”人员补贴、转移安置群众补助费的发放情况。每到一处，审计组认真听取有关部门、单位的介绍，对救灾款物的发放、管理和核算流程进行核查，并实地查看灾情，调查了解受灾群众实际困难。根据审计情况，审计组针对物资发放和管理中存在的突出问题，向省玉树抗震救灾指挥部提交《审计建议》两份，指挥部向有关部门和工作组转发。

（四）情况通报

4 月 23 日，省审计厅召开厅机关抗震救灾及捐赠款物审计工作情况通报会。会上，张国生通报抗震救灾捐赠款物审计工作，提出“4・14”玉树地震发生后，厅党组根据省委、省政府和审计署的要求，立即组织开展抗震救灾资金和物资跟踪审计工作，同时对年初制订的审计项目计划做必要调整，把审计工作的重点调整到救灾款物跟踪审计上，及时与审计署审计指导组认真研究，制定《玉树地震救灾款物审计工作方案》，经过审计署协调工作领导小组审核同意下发各地执行，立足边审边改，不断规范救灾资金和物资管理。在救灾资金和物资的跟踪审计中，发现西宁地区和玉树灾区有关部门对捐赠款物的接收、管理程序不规范，存在未建立救灾资金和物资明细账或未及时登记等问题。有关审计组及时下发审计建议书，由相关单位立即进行整改。

4月28日，省抗震救灾资金物资监督检查领导小组召开新闻通报会，王继卿通报情况，提出省玉树抗震救灾指挥部审计组先后对玉树州发改委、财政局、民政局等单位和部门抗震救灾资金和物资管理进行跟踪审计，重点是接收、管理、分配、拨付、使用救灾资金和物资情况，并走访受灾群众临时安置点，核实救灾物资和受灾群众粮款补助、遇难人员抚慰金、“三孤”人员补贴、转移安置群众补助费的发放情况；西宁地区审计组先后进驻省民政厅、省慈善总会、省红十字会、省发展改革委等部门，对省直部门接收抗震救灾捐赠资金和物资进行跟踪审计，还前往火车站、飞机场、省救灾物资储备中心等处，检查核实救灾物资的接收、拨付、管理和运输情况。截至通报会当日，各审计组未发现在救灾资金和物资的接收、拨付、管理等环节中存在违法违纪的情况。

4月30日，张国生主持召开玉树抗震救灾物资跟踪审计工作情况汇报会，听取西宁审计组对省慈善总会、省民政厅、省财政厅、省经委等部门抗震救灾资金物资的收发用、缴库和调拨、特殊党费接收上缴等进行跟踪审计的情况汇报；听取玉树现场审计组帮助玉树灾区规范物资发放、流转程序，帮助建章立制、核实资金物资数据以及检查救灾政策落实等情况的汇报。

同日，西宁市审计局、市监察局玉树抗震救灾捐赠款物审计组，公布对市民政局、市红十字会、市慈善会等相关单位有关玉树地震救灾资金物资筹集、拨付及管理分阶段、全过程跟踪监督情况。截至当天12时，全市实际募集救灾资金3190.72万元，上缴省级及直达灾区捐赠资金2921.93万元，实际结余268.79万元；筹集捐赠物资折价831.01万元，拨出806.25万元，结存24.76万元。经审计，全市共筹集、捐赠抗震救灾资金和物资折价4021.73万元。各接收单位按照《关于加强玉树抗震救灾捐赠资金管理的通知》《青海省玉树抗震救灾捐赠资金管理办法》《青海省玉树抗震救灾捐赠物资管理办法》的规定，基本做到专户储存、专账核算，接收、上缴程序规范，未发现隐瞒、截留、挪用捐赠资金、物资的问题。

5月6日、6月4日、7月15日，省审计厅分3次向省政府和审计署上报，截至4月30日、5月31日、7月9日，玉树地震抗震救灾捐赠资金物资第一、二、三阶段审计情况报告。

11月19日，省审计厅通过《青海日报》对玉树地震抗震救灾应急阶段（截至2010年9月30日）救灾款物收入、支出和结存（不含灾后重建资金）跟踪审计总体结果进行公告。公告指出，省审计厅组织全省各级审计机关对本省接收的中央财政资金、中央部门及社会组织拨入的捐赠资金物资，其他省份拨入的款物，本省投入的财政资金和直接接收的捐赠款物的总体情况以及采购、分配、拨付、发放、使用、管理、效果等情况进行全面审计，审计涉及省财政厅、省民政厅、省红十字会、省慈善总会等救灾款物接收部门和110个省直属单位及中央驻青海单位、8个州（市、地）。公告显示，中央及青海省财政共安排抗震救灾资金15.03亿元。其中，中央财政安排13.75亿元，青海省财政安排1.28亿元，全部用于应急阶段抢险救灾、受灾群众过渡安置、公路等基础设施应急抢修、疫病防控等方面。全省共接收社会捐赠款物29.02亿元。按捐赠形态划分，资金20.85亿元，物资8.17亿元；按捐赠渠道划分，中央拨入2.11亿元，本省募集9.79

亿元，外省转入 17.13 亿元。捐赠款物支出 8.64 亿元。其中，用于民政救济 6.99 亿元，基础设施抢修、物资储备和调运 5449.49 万元，卫生、公安、教育、广电等救灾支出 3584.04 万元，其他支出 7382.65 万元。全省尚结存捐赠款物 20.38 亿元。其中，省财政厅玉树抗震救灾捐赠资金专户 15.33 亿元，民政部门 8930.66 万元，红十字会系统 1.9 亿元，慈善会系统 1.41 亿元，玉树州财政局 339.33 万元，省级单位和中央驻青海单位 8091.88 万元。上述社会捐赠款物基本情况不含应急抢险工作完成后民政部、中国红十字会总会、中华慈善总会等中央部门和社会组织转入的社会捐赠资金，全省结存捐赠款物和中央部门、社会组织转入的捐赠资金将按照捐赠者意愿和玉树地震灾后恢复重建规划安排使用。全省接收特殊党费 1.16 亿元，支出 860.55 万元，结存 1.08 亿元。

审计评价认为，玉树大地震发生后，全省各有关部门能够按照省委、省政府的部署，及时启动灾害应急预案，认真核查灾情，积极筹集调拨救灾款物，建立和完善相关管理制度及办法。各地认真执行国务院及有关部门出台的救灾款物筹集和管理使用规定，坚持廉洁救灾和“阳光”操作。审计结果表明，青海省救灾资金拨付、使用和物资发放情况总体较好，在应急抢险和受灾群众过渡安置等方面发挥了重要作用，未发现重大违法违规问题。但审计发现，部分地方和个别单位在救灾款物管理使用上存在主要问题是，使用和填写票据不规范，未建立或未及时登记救灾款物明细账，抗震救灾捐款未与其他捐款分别核算，对部分接收价款不明确的捐赠物资折价依据不够充分，部分大宗、重要的捐赠物资无明细清单。此外，审计还发现，至 9 月 30 日仍有个别地方和单位未按规定及时将捐款汇缴至省财政厅、省民政厅、省红十字会和省慈善总会，涉及金额 9072.58 万元。审计厅指出该问题后，相关单位迅速整改，截至 10 月 27 日，已汇缴 2828.29 万元。针对上述问题，各级审计机关及时出具审计建议书，要求有关部门和单位认真整改。截至审计公告日，绝大部分问题得到及时整改。

三、玉树州审计局审计

4 月 18 日，玉树州审计局成立州审计局抗震救灾捐赠款物审计工作领导小组，抽调 30 名州、县审计机关业务骨干成立玉树现场审计组，下设 3 个审计组和后勤保障组，同时，向全州审计机关转发省审计厅下发的《玉树地震抗震救灾捐赠资金物资跟踪审计工作方案》，并及时将玉树地震灾区救灾物资和“四金”发放跟踪审计结果上报省审计厅。随后又将审计组增加为 9 个，对与抗震救灾和灾后重建相关的州建设局、州民政局、州财政局、州宗教活动场所恢复重建项目资金管理中心、州灾后重建社会捐赠资金管理中心、州红十字会、玉树县相关部门、11 个建委会和 5 个一般灾区县等地区和部门的救灾资金、救灾物资和灾后重建资金管理、使用、发放等情况进行跟踪审计。共组织参与灾后各项跟踪审计 120 多人次，涉及资金 170 多亿元，下达审计建议书 71 份，责成各相关单位限期整改。在审计过程中，注重采用“边审计、边规范、边整改、边提高”的审计模式，针对相关单位存在的会计工作比较薄弱、会计基础工作不扎实、会计核算不规范和固定资产管理不规范、违规发放房屋加固费等问题，及时提出有价值、可操作性强的审计意见建议，并联合纪检、监察和财政等部门对审计建议整改情况进行督查，审计建议得到全面落实。通过跟踪审计，促使有关部门和单位规范运作程序，促进资金管理，规范财务管理，加强档案管理，切实保障灾后抗震救灾款物不出重大问题，有效发挥审计“免疫系统”功能。

5月31日，玉树州审计局发布前一阶段审计情况公告。审计结果表明，玉树州抗震救灾资金物资管理较好，资金物资接收、拨付手续较为完备，相关财务资料清楚明晰，捐赠登记较为完整，被审计单位接收的捐款和特殊党费能够按照省、州相关文件规定积极主动上缴省财政专户和省委组织部党费专用账户，未发生挤占挪用、贪污私分捐赠款物等严重违法违纪问题。

6月19日，玉树州监察局、审计局、民政局发出《关于对四项补助资金管理发放情况进行检查的通知》，要求各县监察局、审计局、民政局，州直各机关单位切实抓好四项补助资金管理发放工作，防止错登、漏登和重复登记的现象，核减受灾期间不在玉树不应享受紧急转移补助金的人员，确保补助资金逐户足额发放；各地各单位对四项补助资金的发放情况进行自查，并将自查情况于6月底前报州监察局、审计局、民政局备案。《通知》明确由州监察、审计、民政部门实施对全州四项补助资金发放情况的监督检查，对发现弄虚作假、重复冒领的有关人员，要严格按照有关规定严肃处理，情节严重的，依法追究单位主要领导的责任。

四、青海省其他州（地、市）审计部门审计

（一）西宁市

4月21日，西宁市从市审计局、市监察局抽调10名工作人员组成玉树抗震救灾捐赠款物审计组，对市民政局、市红十字会、市慈善会等相关单位有关玉树地震救灾资金物资筹集、拨付及管理情况分阶段进行全过程跟踪监督。7月12日，西宁市审计局公布对上述单位的审计情况报告。审计报告称，市民政局、市红十字会按照《公益事业捐赠法》《西宁市红十字会募捐款物暂行管理办法》等规定，对本次抗震救灾捐赠资金、物资进行管理。其中，市民政局接受的捐赠款物委托市慈善会进行管理；市本级各单位及区县各部门收取的特殊党费、特殊团费由市委组织部、团市委管理并上缴。审计结果显示，市本级实际募集救灾资金1312.23万元，全部按渠道上缴相关部门，本级接收救灾资金无结余。市本级筹集捐赠物资折价总额248.11万元，截至审计公告发布日，除市妇联捐赠物资结存3.58万元外，其他捐赠物资全部拨出。其中，直接送达灾区104.79万元，转入省民政厅物资储备处117.43万元，市红十字会用于在宁救助伤病员8.08万元，市妇联用于在宁救助伤病员14.22万元。审计结果表明，西宁市接收抗震救灾资金物资的单位均能按照《关于加强玉树抗震救灾捐赠资金管理的通知》《青海省玉树抗震救灾捐赠资金管理办法》《青海省玉树抗震救灾捐赠物资管理办法》等规定，做到专户储存、专账核算，接收、上交程序规范。未发现截留、挪用等现象。

（二）海南州

4月19日，海南州审计局转发省审计厅《关于开展玉树抗震救灾资金和物资审计工作的

通知》，成立海南审计局玉树抗震救灾资金和物资审计工作领导小组，各县也成立相应机构，迅速指派审计组对捐赠款物接收、划转、管理等情况进行跟踪审计。州审计局、财政局转发省财政厅、审计厅《关于进一步加强玉树抗震救灾捐赠资金管理的通知》和《关于加强玉树抗震救灾票据使用管理的紧急通知》。20日，海南州审计局下发《关于审计州本级玉树地震抗震救灾资金和物资情况的通知》，州、县共派出6个审计组18名审计人员开展该项工作。全体审计人员加班加点，克服任务重、时间紧的困难，着眼于事前规范、事中跟踪、源头监管，对所有接收单位和有关捐赠单位进行跟踪审计。全州第一阶段审计工作于28日结束，29日统一汇总上报省审计厅等相关单位。

7月9日，海南州审计局公布全州接收捐赠款物汇总情况。截至当日，全州共接收捐赠款物和州、县财政为玉树抗震救灾专项拨款2334.75万元。其中，单位和个人捐款1378.02万元，州县财政专项拨款400万元，捐物折价556.73万元。

州、县民政局接收捐赠款物1311.37万元。其中，单位及个人捐款1026.3万元，捐物折价285.07万元。州民政局上缴省财政厅玉树抗震救灾专户495.28万元、上缴省民政厅200万元、划转玉树州财政局救灾专户300万元，共计995.28万元；共和县民政局用捐款23.04万元购买救灾物资直接运往灾区；兴海县民政局用捐款7.99万元购买救灾物资直接运往灾区；州县民政系统送达玉树灾区捐物折价283.38万元，结存捐物折价1.68万元（兴海县民政局接收捐赠面粉6475千克，截至审计日，仍存放在兴海县民政局救灾物资库中）。州委组织部接收多交纳党费159.39万元。其中，州本级接收党员多交纳党费35.57万元，各县委组织部向州委组织部汇缴123.82万元。全部上缴省委组织部。州团委接收团员特殊团费10.4万元。其中，州本级1.77万元，贵南团委4858.8元，同德团委8.15万元。全部上缴共青团青海省委组织部。红十字会接收捐赠款物35.58万元。其中，捐款27.21万元，捐物折价8.37万元。捐赠款物全部上缴省红十字会。单位和个人直接向灾区捐赠款物275.39万元。其中，捐款12.095万元（单位8.7万元、个人3.395万元），捐物折价263.29万元。全部送达灾区。中央、省驻地方单位和个人及州县单位和个人捐款142.62万元，全部缴省直相关部门。

（三）海北州

玉树大地震发生后，海北州审计系统先后选派3名审计业务骨干前往灾区参与审计工作。州审计局和门源县、祁连县、刚察县、海晏县审计局对全州支援玉树地震抗震救灾资金物资募集、拨付、管理情况进行跟踪审计，并出具审计报告。审计报告显示，截至4月30日，海北州接收捐款合计643万元。其中，州民政局接收508.2万元，汇缴特殊党费115.8万元（州委组织部汇缴111.7万元、门源县组织部汇缴4.2万元），汇缴团费（团州委）5万元，祁连县僧侣捐赠14万元；全州捐赠物资折价18.82万元。其中，给玉树灾区发送捐赠物资折价18.48万元，保管捐赠物资折价0.34万元（海晏县保管0.21万元、祁连县保管0.13万元）。

审计结果表明，全州对玉树灾区捐赠款物实行专人复核、专账核算、专户储存，做到账款相符，账实相符，接受、拨付（上交）、使用、管理等环节的流转程序、审签手续基本合理、有效、规范，审计中未发现违纪违规问题。

审计结果表明，各接收单位提供的与捐赠款物有关的资料真实、完整，接收捐赠情况张榜公示、公开透明，款物管理均指定专人负责、收支记录清楚。

（四）果洛州

果洛州审计局根据省审计厅的统一部署，按照《玉树地震抗震救灾资金物资跟踪审计工作方案》确定的审计内容和审计工作要求，组织州、县审计机关对各地区、各部门及社会团体等所接收的玉树地震捐赠款物分配、拨付、管理和使用情况进行跟踪审计。截至7月9日，除个别单位和个人直接向玉树地震灾区支援抗震救灾款物资外，果洛州共接收捐赠资金720.99万元。其中，各级民政部门430.53万元，红十字会7.63万元，特殊党费127.52万元，工会组织6.39万元，团委11.95万元，地方财政性资金95万元，公安机关5.51万元，州审计局2万元，检察院机关11.91万元，玛多县法院1.24万元，玛多县工商局0.92万元，达日县有关单位2.39万元，久治县财政局18万元。以上所接收的捐赠资金720.99万元中分别拨付玉树州财政局409.41万元，公安局5.51万元，审计局2万元，检察院11.91万元，团委11.95万元，民政局10万元，慰问玉树相关部门63.72万元，玉树禅古寺2万元，省民政厅救灾专户60.4万元，省红十字会7.63万元，省财政厅救灾专户4.39万元，省委组织部（特殊党费）129.11万元，省法院1.58万元，省工商局0.92万元，其他0.46万元；全州共接收玉树抗震救灾物资折价210.7万元。其中，调运玉树棉帐篷243顶，折价123.93万元（玉树州民政局242顶，检察院1顶）；衣物7.02万元，药品41.46万元；饮料食品36.84万元；其他1.45万元。

审计结果表明，未发现挤占挪用、贪污、私分支援玉树抗震救灾捐赠款物以及克扣救灾资金和倒卖捐赠物资的违纪违法行为。

第六节　行政监管

一、部委（门）联合监管

4月18日，省玉树抗震救灾指挥部新闻中心召开第十一次新闻发布会，公布省财政、审计、监察等部门对救灾捐赠资金、物资的监督检查分工情况，明确定期公布检查结果，发现问题及时处理，提出把用好、管好救灾捐赠资金纳入党风廉政建设责任制考核内容，对不履行职责，造成救灾捐赠资金浪费的，依法追究有关人员行政责任，对情节严重、涉嫌犯罪的，移交司法机关处理。审计部门根据审计情况定期向社会公告救灾捐赠资金接收来源和数额，捐赠者意愿，分配去向、用途、数额、使用结果，以及对违纪违规事项处理情况。财政部门对接收的救灾捐赠资金统一管理、统一使用，加强对各地区、各部门抗震救灾捐赠资金专户管理的监督工作。

4月20日，省玉树抗震救灾指挥部制定下发《关于玉树抗震救灾物资紧急采购有关事宜的通知》，明确各相关单位主要领导为主要责任人，要求各相关单位指定专门工作机构和人员具体负责，将任务分解、落实到人，全力以赴做好抗震救灾紧急物资的采购工作。省政府采购中心积极配合有关单位实施紧急采购任务，在保证物资质量和交付时间的前提下，以不高于市场平均价进行采购。紧急采购工作由至少两名采购工作人员组织实施，采购工作人员及供应商在发票等购买凭据上背书签字。各相关责任单位落实采购人员岗位责任制，及时将采购情况按批次上报集中采购工作协调小组组长和副组长，负责对采购货物进行验收，办理验收和交接手续，确保采购货物的种类、规格、数量、质量、交付时间等准确无误并符合要求。紧急采购活动完成后，省财政厅政府采购监督管理机构对有关单位递交的采购相关凭证进行审核，审核通过后财政国库按有关规定实施国库集中支付。各采购责任单位在中国政府采购网、青海政府网等有关媒体上将采购结果公告，接受社会监督。各级财政、监察、审计等部门根据各自职责，加强对紧急物资采购活动的监督管理和检查。同日，省玉树抗震救灾指挥部制定下发《关于全面加强捐款捐物审计监察监督的通知》，要求各地、各单位全面贯彻落实省财政厅、民政厅玉树抗震救灾捐赠资金、物资管理办法的规定，严格按照要求做好捐赠资金、物资登记、发放等各项管理工作。审计部门侧重账目审计，监察部门侧重程序监督，两部门组成联合工作组进行工作；玉树现场指挥部由审计厅负责设立审计组，按现场指挥部要求开展工作；审计、监察部门从头介入立即开展工作；审计、监察监督结果，每两日向指挥部专报。

4 月 27 日，省抗震救灾资金物资监督检查领导小组出台领导小组办公室及成员单位职责分工意见。领导小组办公室牵头负责抗震救灾资金物资监督检查情况新闻发布会和情况通报会的筹备事宜，负责对中央有关玉树抗震救灾决策部署贯彻落实情况的监督检查，对抗震救灾资金物资管理使用情况的监督检查，建立健全监督检查体系，做好与相关部门的协调和信息公开工作；省监察厅负责对抗震救灾款物管理使用情况的监督检查，督促有关部门和单位特别是领导干部认真履行监管职责，全面掌握工作进展情况，研究解决监督检查工作中的困难和问题，严肃查处违纪违法行为；省民政厅负责对灾区群众生活救助专项资金物资管理使用情况的监管，组织和协调好救灾捐赠活动，依法规范募捐行为和捐赠款物管理使用，保证捐赠款物使用符合捐赠人意愿，负责物资捐赠情况汇总、上报；省财政厅按照财政专项资金管理使用办法的规定，合理安排，科学调度，强化监督，确保抢险救灾、灾后重建等专项资金及时足额拨付到位；省审计厅负责对财政专项资金和社会捐赠款物全过程跟踪审计，建立健全救灾款物管理制度；省政府督查室负责对中央、国务院、省委、省政府有关抗震救灾工作的重要部署和指示精神的贯彻落实情况的督促检查；财政部驻青海专员办按照中央财政部和省委、省政府指示精神，负责监督检查中央财政下拨的前期专项资金及后续资金的管理使用情况，确保抗震救灾资金真正用于灾区。

5 月 24 日，中央纪委、监察部、民政部、财政部、审计署联合组成的中央抗震救灾监督检查组一行 8 人，赴西宁市和玉树地震灾区一线开展监督检查，对青海省玉树抗震救灾资金物资管理等工作开展情况现场进行指导、检查和调研。25 日下午，检查组听取省财政厅、省民政厅、省发展改革委、省审计厅、财政部专员办抗震救灾资金物资监督管理情况汇报。至 26 日，中央抗震救灾监督检查组先后到省民政厅、省红十字会、省慈善总会、省卫生厅的物资存放点实地检查指导工作，就解决灾区最迫切的帐篷问题、处理保质期物资的问题以及公告审计结果等，提出意见和建议。7月7日，民政部会同国家发展改革委、监察部、财政部、审计署研究制定下发《青海玉树地震抗震救灾捐赠资金管理使用实施办法》，明确、细化救灾捐赠资金使用原则、使用范围、运作方式、拨付方式、反馈要求及监管方式，要求捐赠资金独立专户管理，使用时不得与财政资金混用，方便向捐赠人反馈，非定向捐赠资金通过捐赠接收机构认领项目的方式运作，即青海方面先将资金落实到具体重建项目、经民政部和其他组织审核同意后，再向青海拨付捐款。考虑到灾区为偏远的高海拔地区，民政部和中国红十字会总会、中华慈善总会及其他全国性基金会将接收的捐款，拨付青海省民政厅、青海省红十字会和青海省慈善总会后，由他们代民政部和其他组织行使监管职能。

9月21日，省民政厅印发《关于建立玉树地震抗震救灾捐赠资金管理使用协调机制的通知》，建立省民政厅与监察厅、发展改革委、财政厅、审计厅、玉树州及省红十字会、省慈善总会等单位救灾捐赠资金管理使用协调机制，指导玉树州做好玉树地震抗震救灾捐赠资金管理使用事宜。明确省民政厅为牵头部门，在做好协调工作同时，具体负责民政部门的捐赠资金接收管理和全省捐赠资金收支统计工作；省监察厅负责玉树抗震救灾捐赠资金监督检查和违纪问题查处工作；省发展改革委负责玉树灾区认捐项目投资计划下达工作；省财政厅负责财政部门捐赠接收和管理工作，对全省抗震救灾捐赠资金管理使用情况进行监督检查；省审计厅负责抗震救灾捐赠资金跟踪审计工作；省红十字会和省慈善总会按照《中华人民共和国红十字会法》《中华人民共和国公益事业捐赠法》有关规定，负责本行业捐赠接收、管理和分配使用工作；玉树州政府负责项目投资计划分解，协助相关部门及援建单位做好项目的规划、选址、招标、组织施工、质量监督、资金监管和监督检查等事宜，定期向省民政厅、省财政厅、省红十字会、省慈善总会反馈社会捐赠资金援建项目规划、选址、开（竣）工、施工进度、质量监督、资金使用等信息。省民政厅、财政厅、红十字会、慈善总会定期公告社会捐赠资金援建项目进展、资金拨付进度等相关信息。各有关部门按照职责要求，分工负责、密切配合，加强协调沟通，及时协调解决捐赠资金使用过程中所遇到难点问题和各种矛盾，确保玉树灾后重建捐赠资金管理使用规范有序。

9月27日，省民政厅、发展改革委、监察厅、财政厅、审计厅、红十字会、慈善总会联合印发《关于青海省玉树地震抗震救灾社会捐赠资金管理使用实施细则的通知》，规定捐赠资金管理的基本原则是统筹安排、尊重意愿、专账管理、专项使用、公开透明、厉行节约、强化监管、注重实效。接收的定向捐赠资金，按照捐赠人意愿定向将捐赠资金落实到具体项目和责任单位，对确实无法落实或确需调整的定向捐赠资金，由接收捐赠资金的部门提出调整意见，征求捐赠人同意后调整使用，未经捐赠人同意，不得自行调整安排使用。非定向接收的捐赠资金，接收捐赠资金的部门会同省发展改革委依据《青海玉树地震灾后恢复重建总体规划》和相关专项规划统筹安排使用。捐赠资金主要用于城乡居民倒损房屋重建，学校、医院、社会福利、防灾减灾等公共服务设施重建及设备配套，特困群众、“两孤一残”人员等特殊群众生活安置，其他民生类项目的恢复重建。11月15日，省发展改革委、财政厅、民政厅、红十字会、慈善总会印发《青海玉树地震抗震救灾捐赠资金管理使用实施办法的通知》，落实民政部、国家发展改革委等五部委及省有关会议精神，强调强化资金项目监管，主动接受纪检、监察、审计等部门监督检查，保证资金安全运行；主动接受捐赠人及相关方面的监督，公开透明使用捐赠资金；及时通过新闻媒体、政务公开栏、村务公开栏等载体，定期或不定期向社会公开捐赠资金使用情况。

二、财政监管

4 月 15 日，省财政厅紧急下发《关于加强玉树抗震救灾捐赠资金管理的通知》，对接收捐赠资金的管理“约法三章”（严肃财经纪律，严格实行专户管理，严格使用程序、范围和方向），规范管理；坚持“统一管理、统一调配、统一使用”的原则进行分配和使用。要求省级各有关部门及各州（地、市）、县（区、市）人民政府或相关部门做好国内外救灾捐赠资金的接收工作，并按照有关会计制度及时入账核算；接收的救灾捐赠资金，从接受捐赠之日起 3 个工作日内全部转入省财政厅设立的“青海省财政厅玉树抗震救灾捐赠资金专户”，由省财政厅按照省玉树抗震救灾指挥部决定，统一管理、统一使用，逾期不按规定转入的视同违规处理；各地区、各部门不得擅自在接收的捐赠资金中列支任何费用。各地财政部门严格监督，确保捐赠资金及时汇缴省财政厅专户。16 日，省财政厅紧急印发《青海省玉树抗震救灾捐赠资金管理办法》，规定建立报告备查制度，责任追究制度，要求各部门单位对筹集救灾款物来源渠道、分配使用情况及时报同级监察机关和审计部门备查，把管好用好救灾捐赠资金纳入各级党风廉政建设责任制考核内容；对不履行职责，造成救灾捐赠资金浪费的，依法追究有关人员的行政责任，对情节严重、涉嫌犯罪的，移交司法机关处理。同时，紧急启动抗震救灾应急物资采购预案，下发《关于玉树抗震救灾物资紧急采购有关事宜通知》，明确采购程序和有关厅局采购物资、物品分工。

5 月 20 日，财政部驻青海专员办和省财政厅制定玉树抗震救灾资金联合检查工作方案。根据方案实行统一组织，联合检查，分工合作，信息共享，结果认可；全面了解和掌握抗震救灾款物筹集、接收、分配、拨付、管理和发放各环节总体情况及救灾政策执行效果，扩展监督范围，提升监督层次；围绕玉树抗震应急救灾、受灾群众过渡安置和灾后恢复重建三阶段中心工作，确定财政监督检查重点，提升监督效果。方案以“全面摸清政府投入和国内外救灾捐赠款物的总体规模、来源渠道以及拨付、使用、管理情况，促进救灾资金物资按要求及时到位，有效监管，规范使用”为监督检查工作目标，确定各级财政、民政、教育、卫生、建设、交通、水利等部门，红十字会、慈善机构等接收救灾款物的社会团体为监督检查的重点对象。监督检查的主要范围是中央拨付和地方各级政府安排的财政性资金，各部门、各社会组织接收的国内外捐赠款物分配、拨付管理和使用情况，玉树受灾群众过渡安置和灾后恢复重建政策落实、资金使用、工程建设管理、环境保护等情况及效果。5 月 24 日至 6 月 1 日，财政厅监督检查组和财政部驻青海专员办检查组，通过实施检查、实地查看，建立联合监督检查机制，沟通检查信息，相互交流检查经验，掌握一线信息资料，了解抗震救灾政策落实情况，及时发现抗震救灾资金管理使用和捐赠资金管理等方面存在的问题，并提出处理意见和建议。

6 月 7 日，省财政厅和财政部驻青海专员办对玉树抗震救灾资金进行联合检查。按照统一组织、联合检查、分工合作、信息共享的原则和确定的检查对象和范围，由专员办检查组对省卫生厅、教育厅、交通厅和玉树州财政局等单位抗震救灾资金物资管理使用等实施监督检查；由财政厅监督检查局检查组对省民政厅、省建设厅、省水利厅和玉树县财政局等单位抗震救灾资金物资管理使用等实施监督检查。联合检查组到达玉树后，分别关注相关部门负责的危房鉴定、废墟清理、四项补助资金发放、受灾群众数据核实、供水保障、防汛工作、水库维修加固、医疗救治、药品发放、复课资金、保畅通、大型设备自行采购等问题，进行现场查看、实地了解。联合检查组还就玉树抗震救灾资金分配、拨付等情况，听取玉树州财政局和玉树县财政局详细汇报，进一步掌握玉树抗震救灾资金规模、分配流向等情况。

三、民政监管

在玉树抗震救灾阶段，省民政厅牵头协调财政厅、发展改革委出台《青海省玉树抗震救灾捐赠物资管理办法》《青海省玉树地震救灾物资发放管理办法》《青海省玉树地震灾区遇难人员抚慰金发放管理办法》《青海省玉树地震灾区紧急转移补助金发放管理办法》《青海省玉树地震灾区“三孤”人员生活补助金发放管理办法》等 9 个政策规定。

4 月 15 日，省民政厅印发《关于认真做好支援玉树地震灾区救灾捐赠工作的通知》，要求切实做好捐助款物管理使用工作，严格规范捐助款物接收、管理和运送制度。各接收点接收捐助款物后，必须向捐助者开具县级以上民政部门专门接受捐助款物的收据，不得擅自使用其他凭证。各接收点要及时将捐助款物统计汇总、登记造册、妥善保管，做到账目清楚、手续完备、安全可靠。州、县民政部门必须会同财政、监察、审计等部门对社会捐助款物接收、管理、运送进行跟踪监督检查。对于捐助的物品，不限种类，不计大小，不论新旧，只要有使用价值，都要接收，各接收点不得擅自处理捐助物品。接收的捐赠资金须上缴省民政厅或直接转汇玉树州抗震救灾指挥部，由省抗震救灾指挥部或玉树州抗震指挥部根据灾区需求进行统一分配。各级民政部门以及各捐助接收点，要认真做好捐助款物管理使用公示工作，通过广播、政务公开栏、村务公开栏及时公布捐助款物来源、数量、捐赠者的名单及接收者和接收款物数量，接受社会公众和新闻舆论监督。与此同时，驻厅纪检组与监察处配合省纪委监察厅和审计、财政方面开展督察工作。

4 月 17 日，省民政厅印发《玉树地震救灾物资发放管理办法》，明确救灾及捐赠物资在各级政府领导下，由民政部门统一接收后，由州抗震救灾指挥部根据受灾群众需求，统一提出分配方案，进行分配。分配时遵循“先急后缓，突出重点”的原则，统筹安排，合理使用。州抗震救灾指挥部统一组织人员，由乡镇人民政府或设立临时救灾物资发放点，负责发放工作，并登记造册，签名盖章，张榜公布。各发放点建立抗震救灾物资接收和下发日报表及累计报表制度，实行收发“实名制”，物资收发单以及存档记录由负责人签字。救灾物资一律实行无偿发放，以五保户、农村特困户、城市低保户、优抚对象、房屋倒塌户中的生活特别困难户为重点，不得附加任何条件，严禁变相收费、变卖、截留，不得平均发放，优亲厚友。及时汇总抗震救灾物资接收、分配、发放情况，定期向社会公示。州抗震救灾指挥部组织成立民政局、乡镇、村委会、社区居委会组成的抗震救灾物资发放督查小组。督查组采用明察暗访、设立举报电话等多种方式开展督查工作，监督抗震救灾物资发放。各级农业、卫生、质检、药监等部门在当地政府统一领导下，按照各自职责，对拟出库发放的抗震救灾捐赠物资进行质量检验检疫和卫生监督，确保食品、饮用水、药品等在保质期内发放使用。州抗震救灾指挥部统一组织武警、公安等部门加强巡逻，实行 24 小时值勤，负责救灾物资发放点、物资押运和发放过程中的安全。

4 月 27 日，省民政厅印发《关于规范玉树地震灾区救灾物资发放管理工作的通知》和《玉树抗震救灾接收捐赠物资库存管理办法》，对明确救灾物资管理责任人，指定专人负责各类救灾物资的出入库登记、验收、保管，完善制度，严格执行救灾物资收、发、存制度和操作流程等事项做出具体安排。

5 月 13 日，省民政厅向省抗震救灾资金物资监督检查领导小组汇报开展抗震救灾物资监督检查情况。同日，驻厅纪检组组长辛有昌主持召开由监察处、规划财务处、救灾处、慈善总会、社工协会等相关单位负责人与工作人员参加的联席会议，就玉树灾区群众生活救助专项资金物资管理使用情况的监督检查事宜进行专题研究。会议决定，由驻厅监察处牵头成立监督检查小组（成员由监察处、规划财务处、救灾处组成）赴灾区开展工作，对救灾款物接收管理和发放情况进行监督检查。监督检查小组在灾区期间与州民政局纪检组组成联合检查组，会同州县民政部门对玉树灾区结古镇的 23 个片区、玉树县的所有乡镇，以及玉树州其他 5 个县在结古镇设立的救灾物资发放点救灾款物接收管理和发放情况，进行全面监督检查。

5 月 23 日，省民政厅赴灾区救灾物资接收发放监督检查组会同玉树县抗震救灾资金物资发放工作监督检查领导小组，在玉树县隆宝镇召开抗震救灾物资发放现场工作经验交流会，推广隆宝镇集中安置受灾群众，有效缓解受灾群众多与救灾帐篷紧缺的突出矛盾，建立健全救灾物资接收发放台账体系，主动接受监督和增强超前积极防范意识等典型经验；传达学习中央纪委监察部《关于抗震救灾款物管理使用违法违纪行为的处分规定》。会上，省民政厅监督检查组就救灾物资管理的有关规定、“四金”发放的有关政策进行详细解读，并介绍监督检查情况，提出完善抗震救灾资金物资管理的工作建议。6 月 9 日，省民政厅发出《关于进一步做好救灾帐篷发放的通知》，对玉树州各级民政部门接收、调拨救灾帐篷的具体办法和程序做出明确规定。

8 月 10 日，省民政厅向省人民政府呈报《青海省玉树地震灾区过渡安置期间救灾帐篷发放回收管理办法的请示》，提出玉树灾区过渡安置救灾帐篷统一由省民政厅负责调拨，州、县民政部门指定专人负责，具体做好过渡安置救灾帐篷调运、接收、发放、登记、回收等管理工作，做到来有明细、去有登记，账目清楚、手续完备，逐级存档并上报备案，玉树州各级民政部门负责对本地区救灾帐篷使用情况全程监督管理，乡（镇）人民政府负责救灾帐篷发放登记和回收工作，村（牧）委会及社区居委会协助乡镇政府负责本辖区内受灾群众救灾帐篷发放、回收，以及日常管护和正确使用。

四、海关监管

4 月 14 日，西宁海关启动公共突发事件应急预案，组织开展抗震救灾工作。16 日，北京海关做好通关监管应急准备，快速验放北京中泰通科技发展有限公司自澳大利亚进口的抗震救灾物资。18 日，北京海关开辟专门救灾物资报关窗口。16 时 30 分台湾红十字医疗队抵达北京，北京海关按照特事特办的原则，及时了解医疗队携带物资的具体情况，安排专人专岗，开启专用绿色通道，以最短的时间完成医疗队全部通关手续。

4 月 21 日，海关总署印发《关于配合做好青海省玉树县抗震救灾工作的紧急通知》，就积极配合做好玉树县抗震救灾工作，确保境外援助救灾物资快速通关，要求西宁海关和各主要进口地海关加强应急处置工作，保证救灾捐赠物资快速通关。对进境的药品及医疗器械，按照国家食品药品监督管理局《关于加强捐赠救灾药品和医疗企业监管工作的通知》及《关于进一步加强抗震救灾捐赠药品和医疗器械监管工作的通知（特急）》有关要求，做好监管工作。5 月 4 日，针对海关支援青海玉树抗震救灾，相关款物陆续到达西宁的实际，西宁海关加强对抗震救灾物资的监督管理，监审室及时跟进，与财务、法制、人事政工部门主动沟通，加强对救灾捐赠款物交接监督，重点掌握捐赠款物具体数额、接收程序、手续办理、款物存放，以及向地方红十字会等部门移交程序和具体办理情况等，督促救灾捐赠款物接收、移交做到手续完备、专账管理、专人负责、账物相符，从而保证救灾捐赠款物规范、高效、完整交接，防止交接过程中出现违法违纪问题。

5 月 17 日，在准备接受巴基斯坦援助物资的通关监管工作时，西宁海关主动走访青海省民政厅，商定联合验放有关具体事宜，海关现场业务处从民政部救灾司详细了解这批捐赠物资运抵方式、运抵时间、境内直接接收方等具体信息，同时，根据海关总署有关要求，研究确定“巴基斯坦救灾物资通关要点”，制定预案，对可能出现的直接运抵申报、转关运抵申报、其他口岸清关等 3 种报关模式进行具体分析，确定不同情况下的不同监管服务模式。23 日，巴基斯坦向玉树灾区援助的抗震救灾物资运抵西宁机场后，西宁海关凭民政部门出具的证明函，对援助物资进行核对登记后验放。

五、质检监管

玉树大地震发生后，省质监局立即部署全省质监系统开展应急工作，加强质量技术监督保障能力，结合工作职能，加强技术机构建设，建立健全食品安全检测体系，恢复更新计量仪器设备，建立纤维纺织品安全卫生实验室，新增特种设备检测实验室，提高检验检测水平，实施科学监管，加强对灾区食品安全监管和供应灾区食品生产企业的监管，开展粮油生产企业定厂监管工作，严厉打击制售假冒伪劣食品的违法行为；加强与百姓生活息息相关的出租车计价器、加油机等装置检定工作，加强灾区重点产品质量检测，在灾区新增建筑材料检测实验室，对重建过程中建筑材料质量进行检测，利用特种设备安全流动检测车，对特种设备进行检验检测。西宁市质量技术监督局出动执法人员40多人次，对所有出厂产品严格检验，确保合格产品运往灾区。同时，特种设备监察人员深入省人民医院、青海大学附属医院、武警医院等8家单位，对41台压力容器、高压氧舱、近20部电梯做安全保障检查，并要求各维保单位24小时做好维保工作，确保设备安全畅通运行。

4月14日，省纤维检验局安排专人到省救灾物资储备中心、省红十字会及西宁市民政局对救灾絮用纤维制品进行免费检测。至15日16时，共检验絮用纤维制品6批次，经检验合格的1万床棉被、5000件棉大衣、6086顶帐篷由民政厅发往灾区。15日，省质监局要求玉树州质监局将抗震救灾特种设备安全监察工作作为当前最紧迫的任务，对灾后在用特种设备进行全面排查，防止压力容器、压力管道因受损发生二次灾害。16日，省质监局成立由主管领导、执法人员、食品检验专家组成的应急食品质量安全检查组，对生产抗震救灾应急食品的生产企业开展监督检查，督促企业对出厂产品批批检验，严把产品质量关，把质量安全有保障的食品送到灾区；调配快速检测车、快速检测设备、仪器等，开辟应急食品检验检测绿色通道，满足供应灾区食品检测需要，严厉打击制售假伪食品的违法行为；组织6支专业救援队赶赴灾区对生活用锅炉、电梯及医用氧舱等特种设备进行检验，印发《关于做好玉树震区有关特种设备安全监察工作的紧急通知》，安排部署特种设备受损情况排查和防范工作，并派出食品快速检测车赴灾区对群众急需的食品和饮用水等进行快速检测，确保食品质量安全。

青海出入境检验检疫局为应对灾情需要，成立国际援赠物资口岸快速通关工作组，实行快捷有效的救援物资监管放行模式。对于低风险、非敏感的救灾物资，现场审单、查验，在全面保存进境援助物资报检单证、原始记录、查验记录及台账以备追溯的情况下，快速放行。针对生物制品、血制品、食品、医疗设备等捐赠物资的风险程度，青海出入境检验检疫局与海关、民政、药监、卫生部门建立协作关系，各部门严格实施凭证验放、批批查验、临时备案、先留样再检验等分类验放的监管模式，以确保重点敏感进境援赠物资的质量安全。省质监局在西宁市六一桥附近一“军品”商店检查时，发现某公司正在采购420件棉大衣，准备运往灾区。经查，这些大衣使用的棉絮制品全部为“黑心棉”。执法人员立即对这批产品异地封存；在民和县一网套加工店查获“黑心棉”网套20床，劣质废旧絮用原料50千克。17日，国家质检总局特种设备安全监察局专家组和青海省质监系统抢险工作队到武警玉树州支队，对玉树州唯一的制氧站——武警玉树州支队制氧站受损情况及安全状况进行检查，并开展修复工作。经省质监局紧急抢修，4天后，武警玉树州支队制氧站恢复制氧。同日，省食品药品监督管理局救灾前线工作组和玉树州食品药品监督管理局现场监督检查药品和医疗器械总价值565万元，未发现不合格产品。

4月18日，国家质检总局发出《关于切实做好青海玉树抗震救灾急需进口特殊试剂、器材检验检疫工作的紧急通知》，要求各级检验检疫机构高度重视、全力保障玉树地震灾区抗震救灾急需进口的特殊试剂、器材的查验和检验检疫工作有效进行；救灾急需进口的特殊试剂、器材入境时，口岸检验检疫机构凭国家食品药品监督管理局出具的有效证明受理报检，予以快速放行；由食品监管和食品检验技术人员组成核查组，重点对企业生产设备、工艺流程、出厂检验等关键控制环节进行实地核查，对企业生产条件进行确认，同时由辖区质监局重点加强监管；在企业自检合格的基础上，由监管部门随机抽样检验，加强对产品质量监督。

4 月 20 日，省质监局要求各产品质量检验机构积极做好产品质量检测服务，主动联系当地政府和抗震救灾指挥部门，按照抗震救灾工作需要，做好食品、帐篷、被褥、衣物、消毒液、照明器材、发电机组、汽（柴）油等抗震救灾物资质量检测和伪劣鉴别，在开通抗震救灾物资质量检测绿色通道、快速检测、快速出具结果、免费检测的同时，严格检验检测规程，确保检验检测报告的准确性和可靠性，防止不合格救灾物资流入灾区造成次生灾害。

4 月 21 日，省质监局安排部署抗震救灾和震后重建期间全省计量监管工作，要求各级质量技术监督局加强粮油食品生产企业、水泥等建材产品生产企业、加油站等重点领域在用计量器具和抗震救灾物资、群众生活必需品等商品量的计量监管，根据救灾工作需要，做好医疗、防疫、救灾物资调运以及国道 109 线、国道 214 线沿途救灾临时加油站（点）的计量检定等工作，加大计量执法检查力度，建立畅通的举报、投诉渠道，依据计量法律法规严肃查处在抗震救灾和震后重建期间利用计量器具进行作弊和商品量短缺等计量违法行为。

省质监局食品应急检验工作队按照省玉树抗震救灾指挥部的安排，在玉树受灾群众安置点、食品救灾物资接收点和玉树机场货运室，运用食品检测车现场进行食品快速检测。截至当天，质检系统完成饮用水、方便食品、乳粉等 53 个批次救灾食品的检验任务。这天，青海出入境检验检疫局工作人员到省垣省人民医院、省第五人民医院、青海省妇女儿童医院、青海红十字医院等 16 家医院，对爱尔兰、德国、瑞典、英国等国家援赠玉树抗震救灾的 236 台（套）医疗设备进行免费现场检验（总价为 17856 万元）。

4 月 23 日上午，陕西卫生监督所与四川监督执法总队在玉树灾区换防，陕西卫生监督所派出 21 名卫生监督员与青海省卫生监督所及玉树州、玉树县联合进行执法检查。按照工作计划安排，青海省、玉树州、玉树县 25 名卫生监督员分为 6 组联合巡查指导，对 10 个点的饮用水、食品卫生、医疗垃圾处理及环境卫生等进行监督检查，发放《地震灾后食品、饮水卫生、传染病防治知识》宣传资料 150 余份。在生活饮用水监督检查中，针对检查发现的问题进行回访，共计采样 24 份，所采集水样检测指标（肉眼可见物、浑浊度、pH 值、氨氮、亚硝酸盐）基本符合卫生要求，同时，继续对赛马场受灾群众安置点 3 个净水设备供水点进行现场快速检测，检测指标符合要求。在食品卫生监督检查中，对各村庄及安置点食品卫生进行巡查，安置点内家庭自制食品和方便食品，未发现有过期食品。在环境卫生监督检查中，对发现的安置点体育场、军分区、电影院设立的公共厕所未能进行及时清扫，臭气熏天；生活垃圾未进行集中密闭存放，就地裸放且未及时清理等问题，提出尽快处置建议。至 24 日，省质量技术监督局玉树抗震救灾食品安全现场检测工作组，在受灾群众安置点、救灾物资捐赠点、机场货运处等地，现场检验和质量确认 40 多家食品生产企业供应玉树地震灾区的食品样品 66 批次。

至 5 月 23 日，青海省纤维检验局业务技术人员分别在省民政厅救灾物资储备中心、省红十字会、西宁货场、西宁机场等 5 个救灾物资接收站或转运站对救灾纤维制品进行免费检测，累计检验各类救灾物资 375 批次，共计 429816 床(件)。其中，棉被褥 12.85 万床，棉衣 77548 件，帐篷 21457 顶，单夹服装 78094 件，其他 13.64 万床（件）。检查生产销售棉被褥、棉衣裤、棉帐篷、床垫企业 189 个，查处违法经营户 19 户，办理行政案件 18 起，涉案货值 16 万余元，没收劣质产品 1377 床（件），挽回经济损失 16 万元，累计免收各项检验费用近 20 万元。

第七节 社会监督

一、媒体监督

从 4 月 14 日玉树大地震发生至 4 月 29 日，青海省玉树抗震救灾指挥部新闻中心先后在西宁和玉树召开新闻发布会 22 次，其中涉及抗震救灾物资、资金和受灾群众生活方面内容的有 10 次。新闻中心邀请重要环节、关键领域和重要力量的负责人，对不同时段的地震灾情、抢险救灾总体工作进展情况进行发布，并回答媒体的提问，及时、准确、公开、透明地发布信息，成为向省内外媒体和社会公众发布震情和救援进展情况的权威平台。

4 月 15 日，各媒体发布信息，通报截至当天 18 时，省民政厅（省慈善总会、省救灾物资储备中心）和省红十字会接收捐赠款物统计情况：省民政厅累计接收到账国内捐款 5296 万元、捐赠物资折价 452.12 万元，省红十字会收到捐款 563.3 万元以及价值 551 万元的物资，民政部紧急调运 2 万顶救灾帐篷、5 万件棉大衣、5 万套棉被褥支援灾区，省民政厅会同省财政厅向玉树下达 1000 万元救灾资金，并紧急调拨 7800 顶救灾帐篷。

4 月 17 日 9 时，公安机关就“4·14”抗震救灾情况向媒体进行通报，并提醒民众防止不法分子假借救灾之名进行诈骗活动，告知广大市民将自己的捐助善款汇至政府部门公布的指定机构账号，赈灾物资直接运送至政府部门指定地点。如发现借救灾之名进行诈骗，借地震灾害之机囤积居奇、哄抬物价或生产、销售用于救灾的伪劣物资，挪用、侵占救灾款物等违法犯罪活动，立即向公安机关举报。

4 月 21 日，《人民日报》、中央人民广播电台、中央电视台、《中国青年报》、《中国日报》等中央主要媒体分别对玉树灾区成立救灾跟踪审计工作机构，设立救灾款物审计举报电话等内容进行报道。人民网、新华网、中国广播网、国际在线、中国网、中青在线、中国新闻网、新浪、搜狐等 70 多家网站对玉树抗震救灾跟踪审计等工作情况及时报道。

4 月 23 日，《求是》杂志、凤凰卫视、《青海日报》、青海电视台、《西海都市报》等媒体记者，就大家关注的救灾物资发放、学校复课等问题提问相关部门负责人。更阳对确保灾区救灾物资接收发放工作有序透明、程序公开以及赈灾工作人员迅速到位，玉树州民政局统一接收、清点、登记、分发救灾物资，使受灾群众在最短的时间内得到有效救助等情况做出说明；省教育厅副厅长才让太通报灾区学校复课的总体考虑及具体步骤，即先高中年级、后初中和小学，5 月 10 日前初中小学以校为单位实现面上全面复课；何少民对积极做好方便食品、矿泉水等应急物资供应，组织开展“商务爱心粥屋”活动，逐步恢复结古镇商业销售网点，及时到灾区设立商品销售网点等作出承诺；赵浩明介绍围绕“确保群众有干净的水喝”目标任务，继续做好灾区饮水安全和生活垃圾、医疗垃圾安全处置等工作，进一步加强环境监测，加大宣传引导，严防次生环境事件发生所采取的具体办法；曹宏通报为确保大灾之后无疫病，做好动物疫病防控工作，对结古地区死亡藏犬开展无害化处理，派出 8 个工作组分赴玉树县 8 个乡镇开展牲畜紧急免疫，对结古地区藏犬进行紧急免疫措施等情况。

4 月 26 日，国务院新闻办在北京举行新闻发布会，参会的青海省外宣办、省民政厅、省卫生厅、省教育厅、省环境保护厅、省民宗委等部门负责人，分别就相关问题回答中央电视台、《香港南方早报》、中国新闻社、《香港文汇报》、凤凰卫视等媒体记者的提问。

4 月 28 日，青海省抗震救灾资金物资监督检查领导小组召开新闻通报会，青海日报社、新华社青海分社、《人民日报》驻青海记者站等 14 家省垣和中央驻青新闻单位参加新闻通报会。省财政厅负责人通报救灾资金来源以及使用情况，省民政厅负责人通报抗震救灾物资接收、调运和发放情况，省审计厅负责人通报对抗震救灾资金和物资跟踪审计情况，省纪委监察厅负责人通报抗震救灾决策部署落实和救灾资金物资管理使用监督检查情况。

8 月 13 日，民政部有关负责人介绍全国接收玉树地震社会捐赠款物情况，并针对社会和网民对捐款统筹方式、捐款拨付、捐款使用去向、捐款监管等问题的关切，以及部分媒体对“玉树捐款由青海省统筹安排”等疑问，回答记者提问。

二、信息公开

4 月 14 日，省民政厅通过新闻媒体、移动通信、政府网站和西宁市内大屏幕视频，及时向社会公布民政厅、慈善总会和救灾物资接收站的捐赠账户和联络方式等信息。省财政厅建立救灾重大事项通报制度，就重大事项通报出台办法，建立制度，凡救灾资金物资管理使用、大额资金拨付、大宗物资采购等重大事项，均严格按照有关规定通报监督检查领导小组，由领导小组统筹协调，视情向相关方面和社会通报公布，相关部门全程监督。省审计厅在国家审计署门户网站开辟“加强跟踪审计、支援玉树救灾”专栏，报道玉树抗震救灾款物跟踪审计工作有关情况。省红十字会在红十字会网站公示通过省红十字会向玉树灾区捐赠救灾款物的名单。中华慈善总会对玉树地震抗震救灾捐赠资金和物资接收、使用情况进行公示。

4 月 15 日下午 4 时，民政部救灾司司长邹铭出席国务院新闻办公室举行的新闻发布会，介绍青海玉树地震灾害和开展救灾捐赠活动、制定实施灾后救助政策、抗震救灾进展情况，回答记者关于救灾捐赠总体情况、保证捐赠款物公开透明、高效使用等方面的提问。

4 月 18 日，省财政厅副厅长在省玉树抗震救灾指挥部新闻中心第十次新闻发布会上，通报财政部门资金保障、物资采购和接收捐赠等情况，承诺在资金使用过程中，审计、财政部门对救灾捐赠资金接收单位进行跟踪检查，定期公布检查结果，发现问题及时处理。

4 月 19 日，各大报纸公开发表回良玉主持召开的国务院抗震救灾总指挥部第七次全体会议议题及纪要。20 日，中纪委，中央抗震救灾资金物资监督检查领导小组发出《关于认真做好青海玉树抗震救灾监督检查工作的通知》，要求做好信息公开工作，按照《政府信息公开条例》等规定，建立健全救灾款物信息披露制度，把公开透明原则贯穿于抗震救灾资金物资管理使用全过程，主动向社会公开救灾款物的来源、数量、种类和去向，向人民群众交一本明白账、放心账。有关单位的救灾紧急采购在其采购活动完成后，采购结果在政府有关部门指定的采购信息披露媒体或其他媒体上公布，接受社会监督。

4 月 22 日，国务院新闻办公室举行青海玉树地震抗震救灾工作进展第九场新闻发布会，民政部新闻发言人、救灾司副司长庞陈敏介绍地震灾区救灾工作进展情况，着重介绍受灾群众应急期安置、过渡期安置和永久性安置情况。庞陈敏说，指导灾区工作必须坚持尊重民族习惯，鼓励自救，鼓励自力更生，采取分散与集中安置的原则；科学规划安置点，尽快实行社区化管理的原则；与人民生活息息相关的一些市场供应，恢复生活常态的原则；切实维护安置点的秩序和安全，主要做好防灾、防火以及社会治安等为内容的原则。

4 月 26 日，国务院新闻办公室举行新闻发布会，张光荣介绍玉树地震抗震救灾工作进展情况。张光荣说，为把社会各界、国内外各个方面捐赠的钱花好，让大家明白、放心，青海省成立由省委常委、省纪委书记担任组长，纪检监察、财政等相关部门负责人参加的监督检查组，实行全程跟踪监督、跟踪检查；省、州两级及时出台《物资资金管理使用相关办法》，并将这些办法公布于社会，广泛接受社会各个方面的监督；成立审计监督组和财政监督组，将这两个组分组放到玉树，放到地震灾区，放到前线，关口前移，进行现场监督，并且建立监察、审计、财政联席会议制度，及时分析管理中存在的问题，提出建议措施及时改进。28 日，在青海省抗震救灾资金物资监督检查领导小组召开的新闻通报会上，省民政厅通报抗震救灾物资接收管理及调运发放情况，截至 4 月 25 日，全省累计接收民政部调拨和社会各界捐赠物资共 26 大类 100 多个品种，折价 43984.7 万元。这些物资陆续发放到受灾群众手中，受灾群众吃住问题基本解决，基本生活得到保障；省财政厅通报抗震救灾物资募集、安排使用和管理情况，截至 4 月 25 日，募集抗震救灾资金 13.84 亿元，各有关方面已累计支出 12.84 亿元；省审计厅通报对抗震救灾资金物资的审计监督检查情况，玉树抗震救灾指挥部审计组、西宁地区审计组先后对省民政厅、省慈善总会、省红十字会、省发展改革委等部门，玉树州发展改革委、财政局、民政局等单位和部门，接收、管理、分配、拨付、使用救灾资金和物资情况进行跟踪审计，对省直部门接收抗震救灾捐赠资金和物资进行跟踪审计，核实救灾物资和受灾群众粮款补助、遇难人员抚慰金、“三孤”人员补贴、转移安置群众补助费，各审计组未发现在救灾资金和物资的接收、拨付、管理等环节中存在违法违纪的情况；省纪委监察厅就玉树抗震救灾以来开展监督检查工作的情况进行介绍，公布设在青海省监察厅举报中心和省抗震救灾资金物资监督检查领导小组办公室的 4 部举报电话，随时接受社会监督举报。

5 月 31 日，审计署在人民网发布“审计署关于玉树地震抗震救灾资金物资跟踪审计情况公告”。省抗震救灾指挥部在西宁举行新闻发布会，通报玉树地震遇难、失踪人员的核实情况，受灾群众安置、灾区恢复正常秩序和灾后重建情况。

9月27日，省民政厅、发展改革委、监察厅、财政厅、审计厅、红十字会、慈善总会发出《关于青海省玉树地震抗震救灾社会捐赠资金管理使用实施细则的通知》（以下简称“《通知》”）。该《通知》要求有关地区和单位，要按照“谁接受、谁反馈”原则，做好捐赠资金使用管理情况的反馈工作，及时向上级拨款单位及捐赠人反馈相关信息，建立信息公示机制，依法及时向社会各界及捐赠人公告社会捐赠资金分配使用情况、援建项目进展情况、捐赠资金拨付情况，接受社会各界和新闻媒体的监督，做到公开透明。

后　记

《玉树大地震救灾重建志（卷四）社会赈灾志》由青海省民政厅牵头承编。2011 年 8 月，省民政厅根据青海省人民政府《关于印发玉树大地震救灾重建志编纂工作方案的通知》和全志委第一次全体会议精神，成立编纂委员会，省民政厅党组书记、厅长更阳任主任，省委宣传部、省委组织部和省财政厅、玉树州领导任副主任，确定 27 个参编单位及联络员；委员会下设办公室，编纂委员会副主任、副厅长景占荣兼办公室主任。编纂委员会确定由省老龄委员会办公室副主任乔忠民具体负责编纂工作，聘请任斌、蔡建国、林丽为专职编纂人员。2012 年 2 月，根据工作分工变动，由副厅长辛全伟接替景占荣任编纂委员会副主任兼办公室主任。2013 年 3 月，因人事变动，省民政厅党组书记、厅长罗松达哇任编纂委员会主任。

2012 年 2 月，编纂工作正式启动。编纂委员会办公室制定编目大纲和编纂细目，并将编纂细目发送各承编单位广泛征求意见，得到相关专家具体指导；召开编纂工作会议，更阳到会讲话。通过民政部向各省、市、区、建设兵团民政厅（局）发函征集资料，通过《青海日报》《西海都市报》向社会发出征集资料的公告。采取以会代训的方式进行业务培训，向各参编单位参与编修的人员传授修编知识、编志流程。编发《社会赈灾志》信息 18 期。根据工作安排，编辑资料长编共 404.6 万字，征集照片 3032 张。为核实资料，补充内容，向各参编单位和各省市区反馈相关内容，并附编纂规范的典型样板供其参考，征求他们的意见建议。初稿撰写完成后，经过初审、复审，并根据评审意见反复修改，形成送审稿，报全志委办公室组织终审。

《社会赈灾志》的编成，汇集了许多人的辛勤工作。第一篇国家及省外赈灾由乔忠民撰写，第二篇省内赈灾由任斌、乔忠民撰写，第三篇志愿者赈灾服务由林丽撰写，第四篇灾区民生由蔡建国撰写，第五篇赈济款物使用管理与监督由蔡建国撰写，全志由乔忠民统稿、总纂。省民政厅的陈益刚参与了篇目大纲制定和志稿终审后的通校。修编单位编辑资料或撰写稿子的有吴忠、陈元邦、任宽、张霆、丁生东、徐微微、项海军、梁道明、李金莲、梅贤春、绽树忠、刘水全、候亚婕、骆元赟、汪生栋、高亚锋、张玉、柴国贤等。